Johannes Schreiber

Der Kreuzigungsbericht des Markusevangeliums Mk 15,20b—41

Eine traditionsgeschichtliche und methodenkritische Untersuchung nach William Wrede (1859—1906)

Walter de Gruyter · Berlin · New York

1986

Beiheft zur Zeitschrift für die neutestamentliche Wissenschaft
und die Kunde der älteren Kirche

Herausgegeben von Erich Gräßer

48

Gedruckt auf säurefreiem Papier
(alterungsbeständig — ph 7, neutral)

CIP-Kurztitelaufnahme der Deutschen Bibliothek

Schreiber, Johannes:
Der Kreuzigungsbericht des Markusevangeliums : Mk 15,20b—41 ;
e. traditionsgeschichtl. u. methodenkrit. Unters. nach William
Wrede (1859—1906) / Johannes Schreiber. — Berlin ; New York :
de Gruyter, 1986.
    (Beiheft zur Zeitschrift für die neutestamentliche Wissenschaft
und die Kunde der älteren Kirche ; 48)
    ISBN 3-11-010594-2
NE: Zeitschrift für die neutestamentliche Wissenschaft und die
Kunde der älteren Kirche / Beiheft

Johannes Schreiber

Der Kreuzigungsbericht des Markusevangeliums

Den Freunden
der Tübinger Studienzeit

Vorwort

Der Gedanke, meine 1959 in wenigen maschinenschriftlichen Exemplaren vorgelegte Dissertation gemäß meiner ursprünglichen Absicht nun nachträglich doch noch ungekürzt zu publizieren, kam mir, als ich bemerkte, daß sie trotz ihres apokryphen Daseins öfters zitiert wird, aber nun wohl eben deshalb Entleihwünsche von der Universitätsbibliothek Bonn in den letzten Jahren mit dem Stempelaufdruck „Nicht verleihbar defekt" beschieden werden, was dann dazu führte, daß ich gelegentlich gebeten wurde, mein letztes Handexemplar zu entleihen.

Meine diesem Gedanken entgegenstehenden Bedenken, eine 25 Jahre alte Arbeit, an der selbstverständlich nicht nur in der Einzelformulierung vieles zu verbessern wäre, unverändert zu veröffentlichen, wurden schwächer, als ich Zeit fand, mich mit den Exegesen der letzten Jahre zum Kreuzigungsbericht des Markus zu beschäftigen. Mir wurde nämlich klar, daß meine Entscheidung, die 272 Seiten der Dissertation von 1959 in der „Theologie des Vertrauens" 1967 auf 60 Seiten nur zT zu berücksichtigen, zu unnötigen Mißverständnissen geführt hatte und daß außerdem Argumente, die ich 1967 im Aufschwung redaktionsgeschichtlicher Forschung für erledigt hielt, aber vorher in der Dissertation ausführlich bedacht hatte, inzwischen wieder aktuell geworden sind.

Diese Einsichten führten im Widerstreit mit den nach wie vor gegebenen Bedenken zu dem Entschluß, zur Dissertation eine Präzisierung meines Verständnisses des markinischen Kreuzigungsberichtes in der heutigen Forschungslage zu formulieren. Deshalb findet der Leser in diesem Buch mit dem Titel der Dissertation von 1959 auf den Seiten 1—272 deren maschinenschriftlichen Text, in Seitenzahl und Anmerkungsziffern unverändert, so wie sie bislang zitiert worden ist, als Rückblick auf den Forschungsstand von vor 25 Jahren und zugleich als Antwort auf manche heute wieder aufgetauchten Argumente und als Ergänzung meiner allzu knappen Ausführungen in der „Theologie des Vertrauens". Und der Leser findet danach als viertes Kapitel des Buches auf den Seiten 275ff den heutigen Forschungsstand, konzentriert auf wesentliche Kontroverspunkte und die von mir heute für richtig gehaltene Präzisierung meiner Sicht, die, wie die Ergänzung des Untertitels von 1959 („und methodenkritische … nach William Wrede [1859—1906]") anzeigt, betont auch für das methodenkritische Element der Dissertation versucht wurde. Diese Anordnung und die Behandlung übergreifender Probleme, statistischer und forschungsgeschichtlicher Sachverhalte in den Exkursen IV, V und VI ermöglicht dem eiligen Leser hoffentlich einen schnellen Einblick in die Grundprobleme der exegetischen Debatte zum markinischen Kreuzigungsbericht und vermeidet zugleich unnötige Wiederholungen.

Wie es zu den Ergebnissen dieser Arbeit kam, versuche ich in einem gesonderten Wort des Dankes an Lehrer und Freunde anzudeuten (Anhang II). Aber daß ich den Professoren PVielhauer und EDinkler, diesen beiden leider so früh verstorbenen Gelehrten, stets in Dankbarkeit verpflichtet sein werde, ist vor allem anderen Dank schon hier, in diesem kurzen Vorwort hervorzuheben. Denn Professor Vielhauer hat seinerzeit die Dissertation betreut und als Referent beurteilt. Professor EDinkler erklärte sich damals zum Korreferat bereit und war außerdem so freundlich, meinen Promotionsvortrag für die ZThK zu erbitten.

Die jetzt publizierte Gestalt der Abhandlung wurde nur dank der unermüdlichen Hilfe meiner Mitarbeiter Martin Friedrich, Dorothee Kalle, Carlies Raddatz und Beate Wuschka möglich, die weit über die üblichen Hilfsdienste hinaus bestimmte Teilgebiete zwar in enger Absprache mit mir, aber dann doch völlig selbständig bearbeitet haben, weshalb sie diese Arbeiten auch mit ihrem Namen verantworten. Alle unsere Bemühungen um die Sache fanden ihre konkrete Form aber nur dank der nie erlahmenden Geduld und Freundlichkeit von Frau Edeltrud Kändler, die neben aller sonstigen Belastung durch den normalen Betrieb am Lehrstuhl über 2 Jahre hin aus mancherlei Vorformen und Skripten die Druckvorlage erstellte. Frau Kändler gilt mein besonders herzlicher Dank.

Herrn Professor Erich Gräßer danke ich dafür, daß er bereit war, die Arbeit in den „Beiheften zur Zeitschrift für die neutestamentliche Wissenschaft" herauszugeben und an dieser Absicht auch festhielt, als andere Verpflichtungen und die Schwierigkeit der Materie mich hinderten, meinen sicher nach wie vor anfechtbaren Versuch einigermaßen pünktlich zum ursprünglich vorgesehenen Termin abzuliefern.

Bochum, im Dezember 1984   Johannes Schreiber

Inhalt

Abkürzungsverzeichnis

a) ALLGEMEINE HINWEISE

In den Anmerkungen werden in der Regel jeweils nur der Verfasser und erforderlichenfalls eine auf das Literaturverzeichnis hinweisende zusätzliche Kennzeichnung genannt; aaO bzw ebd ist jeweils auf die zuletzt vorher zitierte Literatur zu beziehen.

Neben den Abkürzungen von SSchwertner, Internationales Abkürzungsverzeichnis für Theologie und Grenzgebiete. Zeitschriften, Serien, Lexika, Quellenwerke mit bibliographischen Angaben, Berlin/New York 1974 wurden die Abkürzungen aus dem Theologischen Wörterbuch zum Neuen Testament X,1, 53—85, hg v GFriedrich, Stuttgart/Berlin/Köln/Mainz 1978 sowie die folgenden Abkürzungen, die schon in der Arbeit von 1959 benutzt wurden, gebraucht.

Römische Ziffern im Anmerkungstext sind als Bandzahl zu lesen, wenn nicht vor der Ziffer das Zeichen S (= Seite) steht.

b) BIBLISCHE BÜCHER

Altes Testament (LXX)

Am	Amos	Lev	Leviticus
Ch	Chronik	Makk	Makkabäer
Da	Daniel	Mal	Maleachi
Dt	Deuteronomium	Mi	Micha
Esr	Esra	Na	Nahum
Est	Esther	Neh	Nehemia
Ex	Exodus	Nu	Numeri
Ez	Ezechiel	Ob	Obadja
Gen	Genesis	Pre	Prediger
Hab	Habakuk	Ps	Psalm
Hg	Haggai	Ri	Richter
Hi	Hiob	Sa	Samuelis
HL	Hohes Lied	Sach	Sacharja
Hos	Hosea	Sir	Jesus Sirach
Jer	Jeremia	Spr	Sprüche
Jes	Jesaja	Tob	Tobit
Jo	Joel	Wsh	Weisheit Salomos
Kl	Klagelieder	Ze	Zephanja
Kö	Könige		

Neues Testament

Ag	Apostelgeschichte		Lk	Lukas
Apk	Offenbarung		Mk	Markus
Eph	Epheser		Mt	Matthäus
Gl	Galater		Phm	Philemon
Hb	Hebräer		Php	Philipper
Jd	Judas		Pt	Petrus
Jk	Jakobus		Rm	Römer
Joh	Johannes (Ev u Briefe)		Ths	Thessalonicher
Kol	Kolosser		Tm	Timotheus
Kr	Korinther		Tt	Titus

c) AUSSERBIBLISCHE BÜCHER

AbrApk	Abraham Apokalypse		Eph	Epheser
äthHen	äthiopisches Henoch-Buch		Magn	Magnesier
AscJes	Ascensio Jesajas		Philad	Philadelphier
AssMos	Assumptio Mosis		Pol	Polykarp
Barn	Barnabas-Brief		Röm.	Römer
BarApk	syr. Baruch-Apokalypse		Smyrn	Smyrnäer
Clem	Clemens-Briefe		Trall	Trallianer
DaThSu	Zusatz zu Daniel: Susanna		Jub	Buch der Jubiläen
	(nach Theodotion)		Jud	Buch Judith
Did	Didache		MartJes	Martyrium Jesajas
ElApk	Elias Apokalypse		MosApk	Moses Apokalypse
IV Esr	IV Esrabuch		Od Sal	Oden Salomos
GrBarApk	Gr. Baruch-Apokalypse		Or sib	Oracula sibyllina
H	Hirt des Hermas		PsSal	Psalmen Salomos
m	mandatum		PtrEv	Petrusevangelium
s	similitudo		slavHen	slavisches Henoch-Buch
v	visio		Test XII	Testamente der 12 Patriarchen
Ign	Ignatius		vitAd	Leben Adams und Evas

d) ANDERE ABKÜRZUNGEN

atlich	alttestamentlich
Bult	RBultmann, Die Geschichte der synoptischen Tradition
Dib	MDibelius, Die Formgeschichte des Evangeliums
dsAr	dieser Arbeit
Ev(v)	Evangelium (Plural)
Evglst	Evangelist
evtl	eventuell
f (ff)	folgend(e)
HDA	Handwörterbuch des Deutschen Aberglaubens, Berlin/Leipzig
hg v	herausgegeben von
Hg	Herausgeber
Kap.(p.)	Kapitel (Plural)

KDVS	Det Kgl. Danske Videnskabernes Selskab. Hist.-fil. Meddelelser, Kopenhagen
Klost	EKlostermann, Das Markusevangelium
Kom(m)	Kommentar (Plural)
Loh	ELohmeyer, Das Evangelium des Markus
mk	markinisch
mE	meines Erachtens
ntlich	neutestamentlich
par(r)	Parallele (Plural)
S	Seite
Schnie	JSchniewind, Das Evangelium nach Markus
Syn	Synoptiker
syn	synoptisch
ThW	Theologisches Wörterbuch zum Neuen Testament, Stuttgart
va	vor allem
Vf	Verfasser

ERSTES KAPITEL

A U F G A B E   U N D   M E T H O D E

A. Die Aufgabe

§ 1 Die historische Frage

Folgt man dem Grundzug der heutigen Synoptikerexegese, so hat eine sachgemäße Erklärung des Kreuzigungsberichtes gewiß nicht zuletzt zu zeigen, wie sich die Kreuzigung Jesu historisch ereignet hat. Bis in die formgeschichtlichen Arbeiten hinein ist diese quaestio facti eines der wichtigsten Leitmotive jeglicher Auslegung[1] geblieben[2]. Bei aller Ablehnung der Leben-Jesu-Forschung[3], was deren Methoden und Ergebnisse betrifft[4], hat sich gerade in solcher Ablehnung das dieser For-

---

1 Genau genommen und vom Text her beurteilt, ist freilich bei der Erhebung historischer Fakten und Zusammenhänge nicht von Auslegung zu reden. Geht es doch bei der Frage nach der Historizität des Berichteten nicht eigentlich um die Exegese der Bedeutungszusammenhänge des Textes, sondern um die aus der modernen Bewußtseinssituation gestellte Frage nach der Wirklichkeit des Berichteten, nach dem bloßen äußeren Ablauf des historischen Geschehens; vgl zum Problem Hartlich-Sachs Ursprung 147; Hartlich-Sachs Prüfung 117ff.122; Bertram Glaube 166f; dsAr 234. 232 A1.

2 Vgl Bertram Bedeutung 32. B. selbst lehnt die Eruierung eines historischen Jesus aus der synoptischen Tradition ab (ebd). Doch fällt auch er historische Urteile (Bertram Leidensgeschichte 2.7). Andere Formgeschichtler beschreiben den historischen Jesus, seine Botschaft, so gut es gehen mag; vgl die Jesus-Bücher von RBultmann; MDibelius (dazu Piper 78); neuerdings GBornkamm (Stuttgart 1955); auch Grant Kingdom 1-16. Andere Forscher bewahren das historische Interesse ganz naiv: zB Koehler 41; Procksch Petrus;Taylor The Passion Sayings 249; für die katholische Forschung Meinertz 64f.

3 Diese Ablehnung schon bei Grützmacher, freilich bis heute noch nicht überall eindeutig vollzogen, vgl zB Dunkerley 264ff; Easton Gospel 57ff; Grant Growth spekuliert trotz formgeschichtlichen Ansatzes mit psychologischen Argumenten auf eine Petrustradition. Vgl auch dsAr 1 A2. 2 A1.

4 Vgl zB die scharfe Kritik bei Bertram Leben=Jesu=Forschung 797ff.

Über den Text der Dissertation (dsAr 1-272) hinaus werden aaO 273 und in einigen Anmerkungen (in eckige Klammern ⌊ ⌋ gesetzte) Hinweise auf spätere Ausführungen gegeben; vgl hierzu aaO S VIIf.

schung zugrunde liegende historische Interesse am Leben Jesu
durchgehalten[1]. Wissenschaftliche Exegese der Synoptiker ist
also in der heutigen Zeit nur als in diesem Sinne historisch-
kritische Exegese denkbar[2]. Unsere Aufgabe besteht demnach
zuerst einmal darin, kritisch zu prüfen, welche historischen
Fakten über die Kreuzigung Jesu bei Markus berichtet werden.

Doch die historische Fragestellung reicht seit der Quellenforschung und erst recht seit der formgeschichtlichen Betrachtungsweise weiter. Es geht nicht nur darum, die historischen
Fakten des Lebens Jesu festzustellen, sondern auch darum, den
historischen Ort zu bestimmen, an dem die Quellen beziehungsweise Traditionen, die vom Tode Jesu erzählen, formuliert wurden. Es gilt festzustellen, ob die Kreuzesüberlieferung aus
den palästinischen oder den hellenistischen Gemeinden stammt[3]

---

1 Dies Urteil gilt, gerade wenn man die Verschiebung des theologischen
  Interesses beachtet, vgl Käsemann Problem 141ff; auch Dahl Jesus 114ff;
  Conzelmann Mitte 49 A6; für die englische Forschung zB Dodd Framework
  400. Cullmann Christologie 138 behauptet ganz in der Linie der früheren
  Leben-Jesu-Forschung: "Um bis zu Jesu eigenem Selbstbewußtsein (!) vor-
  zudringen, ist bei der Beurteilung der Evangelientradition die formgeschichtliche Methode anzuwenden".

2 Nur so kann der hemmungslosen Historisierung gesteuert werden, wie sie
  auch heute noch zB mit pseudo-formgeschichtlicher Begründung in der
  pneumatischen Auslegung bei Albertz 11 geschieht. A. beruft sich dann
  freilich sehr deutlich auf "Augenzeugen" und "Polizeiberichte" (aaO 128),
  um die Historizität der Leidensgeschichte zu erweisen. Damit wird die
  Tendenz seiner ganzen Exegese eindeutig. Nicht "pneumatisch" historisiert Stauffer Jesus 102ff. Vgl auch dsAr 1 A2 /; 360ff/.

3 Diesen Gesichtspunkt haben von Bousset herkommend vor allem Bultmann,
  aber auch Dibelius betont. Die Unterscheidung ist berechtigt, jedoch
  wie Bertram Leben=Jesu=Forschung 838 bemerkt und wie auch aus unserer
  wachsenden Kenntnis des synkretistischen Judentums (dem Jesus womöglich verbunden war, WBauer Galiläer 29) hervorgeht, mit Vorsicht zu
  gebrauchen; vgl dsAr 218 A2a /; 302-306/.

und ob der Bericht womöglich palästinischen und hellenistischen Einfluß erkennen läßt und unter welchen Bedingungen diese Einflüsse wirksam waren. Damit läßt sich vielleicht zugleich auch ausmachen, ob der Evangelist unter Berücksichtigung
des Gesamtaspektes seines Evangeliums eine Bearbeitung des
Kreuzigungsberichtes vorgenommen hat.

Aus solchen historischen Untersuchungen ergibt sich somit
ein Bild der Gemeinden, die diese Kreuzigungserzählung tra-
dierten. Ihr Glaube, ihre theologischen Gedanken, aber auch
ihre soziale Struktur werden bis zu einem gewissen Grade erkennbar.

Schließlich erstreckt sich die historisch-kritische Untersuchung des Kreuzigungsberichtes, will man die eben genannten
Aufgaben lösen, notwendigerweise auf die Frage nach dem vor-
und außerneutestamentlichen Traditionsgut, aus dessen Material die Erzählung geformt wurde, so wie sie uns heute vorliegt.

Zusammenfassend kann nach allem bisher Gesagten die durch-
zuführende Exegese als eine traditionsgeschichtliche Untersuchung des Kreuzigungsberichtes bezeichnet werden.

§ 2 Die theologische Frage

Mit dem zuletzt Gesagten wurde schon die andere Seite der
mit dem Thema gestellten Aufgabe angedeutet. Die Exegese umfaßt neben der Feststellung historischer Fakten und Zusammenhänge die Herausarbeitung der im Text ausgedrückten theologischen Tatbestände. Diese Aufgabe ist gerade durch die historisch-kritische Forschung an den Synoptikern in den vergangenen Jahren neu erkannt und in Angriff genommen worden[1]. Der
Einblick in die Vielschichtigkeit des Traditionsstoffes, die

---

1 Hier ist an die ganze sogenannte "kerygmatische" Exegese zu denken. Vgl
aus letzter Zeit zB Conzelmann Mitte; Marxsen Evangelist.

aus seiner Geschichte resultierende Polyphonie, ließ immer mehr
die Erkenntnis zum Durchbruch kommen, daß nicht so sehr die
historischen Fakten als solche eine theologische Qualität haben, sondern daß sie dieselbe erst durch die Interpretation
der urchristlichen Gemeinde, durch das gläubige Verstehen,
empfangen[1]. Weiterhin wurde im Verlauf der Forschung immer
deutlicher, daß diese Interpretation keineswegs immer die gleiche blieb, sondern sich zusammen mit der Gemeindesituation ver-
änderte. Gerade an diesem Umstand wird deutlich, daß die von
uns angestrebte theologische Auslegung des Kreuzigungsberichtes nicht ein zweiter auf die historisch-kritische Untersuchung
folgender Arbeitsgang ist. Vielmehr zeitigt die historisch-kritische Exegese, in ihrer ganzen Variationsbreite angesetzt, neben ihren rein historischen Ergebnissen zugleich auch theologische. Diese Wechselbeziehung zwischen historisch-kritischer und
theologischer Exegese gründet in dem theologischen Tatbestand,
daß Markus wie auch Matthäus und Lukas[2a] Jesus Christus als den
Christus incarnatus, als den Gekreuzigten verkündigen.

Indem wir eben das Verhältnis von historischem Faktum und
urgemeindlicher Interpretation im Hinblick auf die theologische Qualität des Berichteten anvisierten, streiften wir schon
den Problemkreis, der heute unter dem Stichwort "Entmythologisierung" akut geworden ist[2]. Da der Evangelist neben einigen
historischen Tatsachen, die aber, vom modernen Standpunkt aus
geurteilt, höchst unbefriedigend und keineswegs historisch-

---

1 Das modernem Bewußtsein entsprechende Schema: historischer Kern - Interpretation ist freilich, vom Text her gesehen, eigentlich unsachgemäß und
  gar nicht anwendbar, wenn keine historische Tatsache feststellbar ist.
  Vgl die Besprechung des ähnlichen Schemas: eigentlicher Kern - Interpretation bei Bultmann Mythologie 24ff.

2a Für Lk gilt dies freilich nur bedingt, vgl dsAr 262 A3.

2 Vgl hierzu die von HWBartsch herausgegebenen 5 Bände "Kerygma und Mythos",
  Hamburg 1948ff ; Buess 85f.135ff. Englische Literatur bei Aldwinckle 279.

kritisch differenziert dargestellt werden, vor allem die mythologischen Daten die Last der theologischen Aussage tragen läßt,
so ist nicht zu übersehen, daß für ihn nicht die historische,
sondern die mythologische Wirklichkeitsebene[1] für die Darstellung der Kreuzigung entscheidend ist.

In unserer Arbeit kann dieser Haltung des Evangelisten nicht
im größeren Umfang grundlegend nachgegangen werden. Unsere Absicht geht nur dahin, diesem aus der Exegese des Textes sich
ergebenden Tatbestand nicht auszuweichen, sondern vom historisch-kritischen Aspekt her zusammenfassend zu sagen, wie die
hinter dem Markusbericht stehenden Gemeinden und der Evangelist selbst die Wirklichkeit des Todes Jesu verstanden haben.
Daraus ergeben sich dann weiterhin Hinweise für das richtige
theologische Verständnis des Kreuzigungsberichtes in unserer
heutigen historischen Situation. Daß hiermit keine praktische
Auslegung des Kreuzigungsberichtes angekündigt wird, sei ausdrücklich betont, um Mißverständnisse von vornherein auszu-
schließen. Es geht vielmehr um die aller praktischen Auslegung
vorausgehende Inbeziehungsetzung geschichtlicher Situationen
und die dadurch mögliche Erkenntnis ihrer durch den Kreuzigungsbericht bestimmten theologischen Qualität[2].

---

1 Der Ausdruck dürfte von der Intention des Textes Mk 15,20b-41 her notwendig und sachgemäß sein; vgl dsAr 242ff.

2 Selbst diese notwendige Inbeziehungsetzung und theologische Qualifizie-
rung der damaligen und der heutigen historischen Situation durch den
Kreuzigungsbericht nach Mk soll und kann nur im Grundriß skizziert
werden; vgl 249ff. - Wenn wir in Zukunft von dem Evangelisten kurz als
"Markus" reden, so möchten wir ausdrücklich betonen, daß wir damit in
keiner Weise den Verfasser des Markusevangeliums in irgendeinem bestimmten Sinne historisch bezeichnet haben wollen. Die Verfasserfrage der
Einleitungswissenschaft ist bei der Exegese unserer Arbeit von keiner
Bedeutung und kann deshalb unerörtert bleiben.

§ 3 Folgerungen

Aus den bisherigen Ausführungen ergibt sich die Abfolge der
Arbeitsgänge. Bei dem beschriebenen Charakter der Aufgabe ist
es sachgemäß, den Kreuzigungsbericht erst einmal in seiner Ver-
bundenheit mit der übrigen Leidensgeschichte zu untersuchen.
Ist dies geschehen, so kann dann die Einzelanalyse des Textes
erfolgen, die die Grundlage der nun möglichen motivgeschichtlichen Interpretation ist, auf der dann aufbauend auch die Zusätze des Evangelisten recht zu verstehen sind. Erst wenn diese Arbeitsvorgänge abgeschlossen sind, kann nach der Wirklichkeit des Kreuzigungsberichtes gefragt werden, das heißt nach
den historischen Vorgängen und den sie mit umfassenden theologischen Tatbeständen.

Der Weg unserer Arbeit geht also von dem vorgegebenen Ort
unseres Textes im Ganzen des Evangeliums und von seiner eigenen Wesensstruktur aus, um schließlich bei der Feststellung
historischer Daten und theologischer Aussagen zu enden. Wie
die Geschichte der Forschung im Hinblick auf Mk 15,20b-41
zeigt, läßt sich dieser Weg nicht ohne Gefahr einfach umgekehrt gehen. Unsachliche Historisierungen und die Verzerrung
der theologischen Aussagen des Textes wären erwiesenermaßen[1]
die Folge solch einer Umkehrung.

---

1 In unserer Arbeit wird darauf immer wieder bei der Berücksichtigung der
  bisherigen Auslegung hinzuweisen sein. Im übrigen möchten wir mit den
  obigen Ausführungen nur die schon von Wrede 2f.31f.90ff (vgl Dahl Jesus
  108) gestellte Forderung beachten, daß die "Feststellung oder kritische
  Erhebung der ältesten Tradition der historischen Fragestellung voranzu-
  gehen hat" (so formuliert Dibelius Botschaft I 257). Vgl noch Dibelius
  Passion 43f u Haenchen 467 zur Apostelgeschichte: "Die Frage nach der
  historischen Wirklichkeit, die hinter dem Bericht des Lukas steht, darf
  nicht die erste sein, die wir stellen. Ihre Beantwortung hängt mit davon
  ab, welches Ziel sich die lukanische Darstellung selbst gestellt hatte
  und mit welchen Mitteln sie dieses Ziel zu erreichen suchte". Ganz Entsprechendes gilt von der Darstellung des Mk und speziell von seinem
  Kreuzigungsbericht. Vgl auch dsAr 1 A1 /; 325f.369/.

B. Die Methode

§ 1 Die verschiedenen Untersuchungsmethoden

Je nach den verschiedenen Teilaufgaben der vorhin genannten Arbeitsabschnitte ändern sich auch die Methoden, nach denen die Untersuchung durchzuführen ist[1]. Text-, Literar- und Stilkritik[2] sowie vokabelstatistische Beobachtungen[3] ermöglichen die Analyse des Textes. Die motivgeschichtliche Interpretation[4] erhellt dann die traditionsgeschichtlichen Zusammenhänge, in denen der Text steht. Sie wird ergänzt durch die Redaktionskritik[5], die die bei der Analyse ermittelten Zusätze des Evangelisten auf ihren theologischen Gehalt hin auswertet und damit zugleich die Richtigkeit der Analyse prüft[6]. Nach der Bearbeitung

---

1 Dabei ist in der Regel je eine bestimmte Methode in einem bestimmten Arbeitsabschnitt herrschend. Doch sind, um unnötige Wiederholungen zu vermeiden, hier und da auch mehrere Forschungsmethoden gleichzeitig in einem Arbeitsabschnitt verwendet. Vgl zB dsAr 54 /und vor allem aaO 276 A6; 366ff/.

2 Vgl 77f zum Begriff "Stilkritik".

3 Vgl 97-100 zum Begriff "Vokabelstatistik".

4 Zur motivgeschichtlichen Interpretation vgl Riesenfeld Jesus. Das Wort "Motiv" wird von uns also nicht im Sinne von Tendenz, sondern vielmehr in der Bedeutung "Bildmotiv" verstanden.

5 Vgl Conzelmann Mitte 1ff; Marxsen Evangelist 7ff zur methodischen Grundlegung der Redaktionskritik, zu ihrer Genese und speziell zu ihrem Verhältnis zur Formgeschichte.

6 Wenig ergiebig scheinen uns die Ausführungen von Robson 280 zu sein. Die von ihm dort empfohlene Methode der Untersuchung des Rhythmus und der Betonung der Texte wendet er außerdem selbst auch nur in Mk 1-10 an. Auch das von Stauffer Jesus 103 genannte "liturgie- und situationsgeschichtliche Verständnis" der Kreuzesworte Jesu reizt, wenn man auf das Ergebnis solchen Verstehens sieht, nicht zur Nachahmung. Bei näherem Hinsehen erweist sich diese Methode als ein Verfahren, das dem harmonisierenden Subjektivismus der Leben-Jesu-Forschung zuzurechnen ist.

des Abschnittes unter diesen verschiedenen Methodenaspekten
ist schließlich nach den heute allgemein gültigen Maßstäben[1]
historischer Kritik festzustellen, welche Fakten als historisch anzusehen sind und welche nicht.

Für die Beurteilung der unhistorischen Aussagen[2] wurden
bisher noch keine stringenten, allseitig anerkannten Methoden entwickelt, nach denen ihr Gehalt definitiv untersucht und
beurteilt werden könnte. Sah man früher in mythologischen Aussagen nur Äußerungen primitiven Denkens, die für den modernen
Menschen mehr oder weniger eindeutig erledigt sind, so begreift man sie heute weithin, freilich in recht verschiedener
Weise, als Ausdruck der Bedeutsamkeit historischer Fakten, wobei strittig ist, ob die mythologische Bildersprache in moderne Begrifflichkeit umgesetzt werden kann und soll oder ob
die mythologische Sprache auch heute beibehalten werden muß,
um das auszudrücken, was sie nach Ansicht des Evangelisten
ausdrücken soll.

Wir für unseren Teil möchten bei diesem letzten, mehr systematische Fragen betreffenden Schlußabschnitt der Arbeit
unseren obigen Ausführungen gemäß[3] in der Linie historisch-
kritischen Denkens verbleiben und das angedeutete Problem
von daher lösen, soweit dies möglich ist.

---

1 Vgl die saubere Formulierung dieser Maßstäbe im Anschluß an DFStrauß
  bei Hartlich-Sachs Ursprung 142ff: Historisch ist das Geschehen, welches 1. den Naturgesetzen u 2. dem "Gesetz der kontinuierlichen Suk-
  zession im Geschehen" und 3. den psychologischen Gesetzen entspricht.
  Außerdem muß ein historisches Geschehen möglichst einwandfrei u widerspruchslos bezeugt sein.

2 Vom Text her geurteilt könnte man auch von "nicht-historischer Wirklichkeit" sprechen; vgl dsAr 5 A1.

3 Vgl 4f.

§ 2 Die Bedeutung der verschiedenen Methodenaspekte

Wir möchten noch darauf hinweisen, welche Bedeutung wir dem
Umstand beimessen, daß wir ein und denselben Text nach verschiedenen Methoden analysieren. Dieses Vorgehen hat nicht nur
den Zweck, den Kreuzigungsbericht in seiner ganzen Tief- und
Vielschichtigkeit verständlich zu machen. Vielmehr soll damit
vor allem auch der höchst mögliche Grad von Sicherheit bei den
Resultaten der Einzelanalyse erreicht werden, der überhaupt in
solch einer schwierigen Untersuchung erreicht werden kann. Es
darf dann auch für alle übrigen Folgerungen, die sich aus der
Einzelanalyse ergeben, der Anspruch wirklich wissenschaftlich
ermittelter Resultate gemacht werden[1].

Wird schon die Einzelanalyse selbst unter verschiedenen Gesichtspunkten durchgeführt und dabei jeweils derselbe Tatbestand evident,und bestätigen sich diese Erkenntnisse weiterhin durch die motivgeschichtliche und redaktionskritische Untersuchung, so darf der eben genannte Anspruch als berechtigt
gelten. Gelegentliche Wiederholungen sind bei diesem Vorgehen
freilich unvermeidlich, aber aus dem eben genannten Grunde
auch erlaubt und gewollt.

---

1 Es geht uns um den von FOverbeck besonders klar herausgestellten hermeneutischen Grundsatz, daß alle Texte bei wissenschaftlicher Interpretation "des gleichen Schutzes gegen die Attentate ungewaschener Subjektivität ihrer Ausleger bedürftig und würdig" sind (FOverbeck Christentum
u Kultur 76, zitiert nach Vielhauer Overbeck 196). Vielhauer hat (aaO
197), wirft man einen Blick auf die bisherige Exegese von Mk 15,20b-41,
nur zu recht, wenn er meint, daß Overbeck mit solcher Forderung auch ein
heute noch "aktuelles Problem" anrührt. Zu welchen Fehlschlüssen eine
unkontrollierte Exegese führt, hat in jüngster Zeit zB Graves 986ff gezeigt; vgl auch Stauffer Jesus 102ff.

Daß wir auch den letzten Teil der Arbeit, die Untersuchung
über die Relevanz der unhistorischen Aussagen des Textes, unter historisch-kritischem Aspekt durchführen, entspricht nicht
nur der Gesamtintention unserer Arbeit. Vielmehr liegt die Bedeutung dieses Vorgehens vor allem darin, daß nur so deutlich
gemacht werden kann, wie eng der Bezug zwischen den historischen Mitteilungen und den übrigen unhistorischen Aussagen des
Textes ist. Es geht uns also darum, zu zeigen, daß man die Tatsache der Kreuzigung Jesu, so wie sie Markus berichtet, nur dann
richtig verstehen kann, wenn man sieht, wie sich die historischen und unhistorischen Aussagen des Kreuzigungsberichtes gegenseitig qualifizieren und darum notwendigerweise zusammengehören. Das auf den ersten Blick eigenartige Vorgehen, unhistorische, mythologische Aussagen historisch-kritisch zu untersuchen, hat seine Berechtigung somit in dem Umstand, daß die Mythologeme des Berichtes wegen des eben genannten Qualifika-
tionsverhältnisses geschichtlich verstanden werden müssen, so
gewiß sie nicht zufällig mit den historischen Nachrichten vereinigt wurden. Der von uns gewählte methodische Weg hat die
Erkenntnis von dem unhistorischen Charakter mythologischer
Aussagen als Ausgangspunkt, um von daher als Ziel die geschichtliche Bedeutsamkeit und Wirklichkeit dieser unhistorischen Aussagen anzugehen[1].

---

1 Daß unhistorische, mythologische Aussagen geschichtliche Bedeutsamkeit
  und Wirklichkeit haben, ist in dem Umstand begründet, daß hinter den
  konstatierbaren, historischen Einzelereignissen ein geschichtlicher Zusammenhang steht, der sich in mythologischer Sprache ausdrücken läßt.
  Diese Deutung mythologischer Nachrichten kann freilich nur recht geschehen, wenn ihre Verbindung mit den historischen Mitteilungen aus der
  Traditionsgeschichte der einzelnen Mythologeme erhellt wird. Die geschichtliche Plazierung mythologischer Motive, die aus der Traditionsgeschichte der Motive zu erläutern ist, vollendet sich also in der Verbindung mit den historischen Einzelereignissen, die dadurch selber erst in
  ihrer Bedeutung recht verständlich werden.

ZWEITES KAPITEL

E X E G E S E   V O N   Mk 15,20b - 41

A. Mk 15,20b-41 und der Zusammenhang der Leidensgeschichte

§ 1 Die bisherige Forschung

I. Das Problem

Bevor mit der Einzelauslegung von Mk 15,20b-41 begonnen werden kann, ist zu fragen, ob sich der Sinn des Kreuzigungsberichtes wirklich allein aus dessen Exegese erheben läßt[1] und ob bei
ihm selber der Ausgangspunkt zu seinem richtigen Verständnis zu
nehmen ist oder ob nicht vielmehr der Abschnitt so eng mit der
ganzen übrigen Passionsgeschichte verbunden ist, daß er auch
nur aus deren Gesamtzusammenhang heraus richtig interpretiert
werden kann. Die zu beantwortende Frage lautet also: Ist Mk 15,
20b-41 eine in sich geschlossene, gesondert überlieferte Sinn-
und Traditionseinheit ursprünglich gewesen, oder waren diese
Verse von jeher ein Bestandteil des festgefügten Zusammenhanges der Passionsgeschichte, so daß sie auch nur aus und in
diesem festgefügten Zusammenhang verstanden werden können?

Das mit dieser Frage fixierte Problem[2] besteht noch nicht
allzulange für die Synoptikerexegese. Die der historischen
Konstruktion ergebene Leben-Jesu-Forschung

––––––––––––––––

1 Bisher ist, soweit wir sehen, kein umfassender Interpretationsversuch des
  markinischen Kreuzigungsberichtes unternommen worden. Überhaupt findet
  dieser Bericht bei der Darstellung des Heilstodes Jesu gemäß den Gedanken
  der Synoptiker neben den Leidensweissagungen, dem Abendmahlsbericht u Mk
  10,45 nur eine recht geringe Beachtung in der bisherigen Forschung. Kühl;
  Barton Studies 81ff; Manson 121-146; vgl auch Jülicher 300 erwähnen ihn
  zB überhaupt nicht! Die Themastellung von Hollmann ist typisch. Natürlich
  findet sich in den Kommentaren manche wertvolle Exegese; vgl auch Dib
  194ff. Weithin versteht man den Kreuzigungsbericht als eine Geschichtser-
  zählung mit legendären Einschüben, dem man, abgesehen vom Weissagungsbeweis, keine eigentlich theologischen Aussagen zutraut.

2 Zum Folgenden vgl neben Schweitzer Bertram Bedeutung 25ff; Bertram Glaube
  162ff; Bertram Methode 12f; Dahl Jesus 104ff /; Schreiber Markuspassion
  passim/.

verband[1] die verschiedenen Episoden des Auftretens Jesu, wie
sie die Evangelien berichten, mühelos[2] zu einem psychologisch
möglichst einleuchtenden Schicksalsweg, an dessen Ende dann,
zumal bei den kirchlich weniger gebundenen Forschern, die Kreuzigung Jesu als seine Katastrophe stand[3]. Diese ergab sich wie
von selbst aus dem beschriebenen Lebensweg und konnte doch zugleich auch ganz isoliert als historisches "brutum factum" dargestellt und verstanden werden.

Auch die mit der Leben-Jesu-Forschung zeitlich parallel ver-
laufende beziehungsweise nachfolgende Quellenforschung in den
Synoptikern konnte unser Problem nicht zu Gesicht bekommen, da
sie nur Längsschnitte durch die Evangelien legte. Dabei verfolg-

---

1 Forscher wie zB Otto (dazu Bultmann Reich), EMeyer (dazu Bertram Leben=
  Jesu=Forschung 801f) und in allerletzter Zeit Stauffer Jesus zeigen mit
  ihren Darstellungen, daß die Leben-Jesu-Forschung auch heute noch in der
  alten direkten Weise betrieben wird. Auch die Ausführungen von Cadbury
  Jesus über KLSchmidt, MDibelius u RBultmann zeigen den für viele Forscher
  typischen Wunsch, den Kern der Synoptiker als historisch zu retten; vgl
  dsAr 1 A3.

2 Freilich gab es dabei vom Anspruch des NT her für den gläubigen Forscher
  Schwierigkeiten. Die historisierende Reduktion des Kerygmas auf das Individuum Jesus führte zu recht negativen Fragen. So zB Jordan am Ende seiner Übersicht über die Leben-Jesu-Forschung: War Jesus größenwahnsinnig
  oder Gottes Offenbarung? Vgl KLSchmidt RGG III 147f; Dahl Jesus 110f. Gegen
  diese Reduktion wandte sich Schlatter Gottheit 30ff scharf, wobei er freilich seine eigene Befangenheit in moderne Willens- u Bewußtseinskategorien
  nur zu deutlich zeigte.

3 Auf Renans Darstellung der Kreuzigung sei als klassisches Beispiel für
  diese Sicht besonders hingewiesen. Aus neuster Zeit vgl Graves 986ff. Die
  Mittel solcher Historisierung sind hauptsächlich die Harmonisierung, Psychologisierung u auf dem Grunde einer hemmungslosen Erfindungskraft die
  religiösen Gefühle und Anschauungen der jeweiligen Gruppe, der der Forscher geistig zugehört. Der Text fungiert oft nur noch als Anlaß, um in
  freier Imagination das Leben Jesu erstehen zu lassen. So gesehen erscheint die Leben-Jesu-Forschung als eine rationalisierte Form pneumati-
  scher Auslegung der vorangegangenen Jahrhunderte. Die für das Individuum
  vom Kollektiv der Kirche gesetzten dogmatischen Gedanken haben sich aufgelöst. An ihre Stelle tritt die imaginierende Einzelpersönlichkeit, die
  nur noch sich selbst, einer kleineren Gruppe und dem Zeitgeschmack (Renan!)
  verpflichtet ist. Die Leben-Jesu-Forschung darf natürlich nicht nur so als
  Auflösungsprozeß verstanden werden, fundiert sie doch trotz aller ihrer
  Mängel auch die heutige historisch-kritische Forschung.

te sie die mehr oder weniger deutlich zutage tretende Absicht[1], aus der dem Leben Jesu am nächsten stehenden Quelle
ein möglichst getreues Bild des historischen Ablaufes zu gewinnen. Kritische Forscher jedoch wie Strauß, JWeiß, Wellhausen, Overbeck und nicht zuletzt Wrede trugen wesentlich dazu
bei, daß dann später in der sogenannten formgeschichtlichen
Forschung das von uns genannte Problem erkannt und einer Lösung nähergebracht wurde[2]. Denn erst die durch sie geleiste-
te Arbeit ermöglichte einen Einblick in das vorliterarische
Wesen der Überlieferung und damit auch eine Antwort auf die
Frage, ob dieser oder jener Abschnitt der synoptischen Tradition vor seiner Aufnahme in seinen jetzigen Zusammenhang
eine selbständige Überlieferungseinheit gewesen war oder nicht.

Bei den Formgeschichtlern[3] finden wir darum auch die ersten
Lösungsversuche unseres Problems, die wir im folgenden kurz
darstellen.

II. Lösungsversuche

1. Die Betonung des Zusammenhanges
    a) K L S c h m i d t stellt in seiner Untersuchung über
den Rahmen der Geschichte Jesu sehr entschieden fest, die
Leidensgeschichte sei im Gegensatz zum übrigen Inhalt der
synoptischen Evangelien ein sehr festgefügter Zusammenhang[4].
Die Leidensgeschichte sei der "einzige Abschnitt der Evv, der
genau örtliche und zeitliche Dinge, ja Tag und Stunde angibt",
und es sei "ohne weiteres deutlich, daß hier von vornherein
eine fortlaufende Erzählung in der Absicht lag", denn "mit
zwingender Notwendigkeit und Logik" führe "der Bericht zur
Katastrophe"[5]. Diese große Geschlossenheit der Passionserzählung sei durch ihre Entstehung im Kult der christlichen Ge-

---

1 Vgl Bertram Leben=Jesu=Forschung 802.

2 Die regressive Kritik, die zB von Büchsel Hauptfragen an Dibelius u
  Bultmann geübt wird, kann an dieser positiven Tatsache nichts ändern.

3 Auch KLSchmidt rechnen wir in dieser Hinsicht zu den Formgeschichtlern.

4 Vgl KLSchmidt Rahmen 303-306.   5 AaO 303.

meinden zu erklären[1], denn der Erzähler, Liturg und Apologet habe im Falle der Leidensgeschichte nur durch den Zusammenhang der Erzählung seine Interessen befriedigt gesehen und an der Einzelgeschichte, etwa an der vom Verrat des Judas, kein Sonderinteresse gehabt[2]. Denn nur durch den Zusammenhang der Leidensgeschichte konnte die brennende Frage beantwortet werden, warum Jesus von dem Volk ans Kreuz geschlagen wurde, das doch "mit seinen Zeichen und Wundern begnadet war"[3].

Aus dem bisher Gesagten geht nach Schmidt der "besonders hohe, unmittelbar geschichtliche Wert der Leidensgeschichte" hervor[4], was auch durch die Analogie der Märtyrerakten, bei denen der Bericht vom Tode des Märtyrers der historischen Wirklichkeit immer am nächsten stehe, und durch die große Übereinstimmung aller vier Evangelisten im Passionsbericht bestätigt werde[5].

Bei all dem sieht Schmidt freilich auch in der Leidensgeschichte Fugen und Nähte[6]. Alle drei Synoptiker haben literarisch an ihrem Traditionsstoff gearbeitet, was besonders deutlich an der Behandlung des markinischen Passionsberichtes durch Mt und Lk beobachtet werden kann. Die Leidensgeschichte hat also einige "Lücken", und Mt und Lk haben deshalb an dem Erzählungszusammenhang des Mk "herumgebessert"[7], und selbst im Markusevangelium zeigen sich auch abgesehen von der Salbung in Bethanien, einer "in sich abgerundeten Einzelgeschichte"[8], Spuren literarischer Arbeit in Mk 14, 1.2.10f.43[9].

---

1 Schmidt nimmt eine "lectio continua" der "Leidensgeschichte im Gottesdienst" an (aaO 305).

2 AaO 304. Besonders zu beachten sind nun aber die Ausnahmen, die Schmidt macht: Die "Stiftung des Herrenmahles und Jesu Kreuzigung" haben ihr eigenes Gewicht als Erzählungen (ebd).

3 AaO 305;auf S 304 A1 betont Schmidt meines Erachtens zu Recht gegen MDibelius, daß die literarische Eigenart der Leidensgeschichte nicht allein aus der urchristlichen Apologetik zu erklären sei, wie die Analogie der Märtyrerakten zeige.

4 AaO 306.   5 AaO 305.   6 AaO 306ff.   7 AaO 307.   8 Ebd.
9 AaO 308: Die Verse stammen von Markus.

Trotz all dieser Beobachtungen bleibt nach Schmidt das Urteil vom festen Zusammenhang der Leidensgeschichte zu Recht
bestehen. Denn man kann ihre einzelnen Geschichten weder um-
stellen, noch auf verschiedene Traditionsschichten zurückführen[1]. Mk 15,20b-41 dürfte nach der Meinung Schmidts also
nur in Verbindung mit der übrigen Leidensgeschichte sinnvoll
zu deuten und zu verstehen sein.

b) M D i b e l i u s urteilt aus ganz ähnlichen Gründen[2]
wie Schmidt[3]: "Die Leidensgeschichte darf... als das einzige
evangelische Überlieferungsstück gelten, das schon in früher
Zeit Begebenheiten im größeren Zusammenhang darstellte."[4]
"Nur in der Passionsgeschichte sind Predigt und Glaube an
dem Zusammenhang ... interessiert; denn das Rätsel des Kreuzes
kann nur von seinem Zusammenhang her verstanden werden"[5], denn
"in der Folge der Ereignisse" lag "ihre (der Passionsgeschichte) Erklärung und zugleich ihre Rechtfertigung"[6]. Auch Dibelius sagt, nur die Verbindung der Ereignisse könne "dem Bedürfnis nach Deutung Genüge" tun[7], und betont zugleich, etwas
stärker als Schmidt, daß die Passionsgeschichte "Stücke ent-

---

1 AaO 309. — Schmidt meint, daß dies "im ganzen nicht" möglich sei
  (ebd). Rechnet er also im geheimen doch mit der oben abgelehnten Möglichkeit? Vgl dsAr 14 A2⌐;Schreiber Markuspassion 15f, auch zu Dibelius⌐7!

2 Nur im Zshg der Passionsgeschichte konnte das Ärgernis des Kreuzes von
  Ostern her als Heil verstanden werden (Dibelius Botschaft I 248f. 316f.
  342; vgl die Zitate oben im Text). Auf die Gesamtkonzeption gesehen ist
  die Abfolge der Ereignisse historisch (aaO 316.341ff). Die Leidensgeschichte nimmt ihren Ursprung u erhält ihre Form in der Predigt (aaO
  242; Dib 185; vgl Schmidt: im Kult!). Auch der 4.Evglst bestätigt durch
  sein Verhalten den festen Zshg der Leidensgeschichte (Dibelius Botschaft I 317).

3 KLSchmidt Stellung 78 A1 betont selbst die Übereinstimmung mit Dibelius;
  vgl auch Bertram Leidensgeschichte 8 A1; Finegan 84 A1;
  Schelkle 8 A14, der selber auch ganz wie Schmidt urteilt (aaO
  283f). Diese Urteile zeigen freilich, daß im allgemeinen der bestehende
  Unterschied zwischen Schmidt und Dibelius übersehen und der vorhandene
  Gegensatz zu Bultmann verharmlost wird. Dies erklärt sich wohl daraus,
  daß schon bei Sch. u D. fast alle Ansätze zur Lösung Bultmanns vorhanden
  sind, jedoch bei der leichten Variation des angestrebten Zieles nicht
  zur Geltung kommen; vgl dsAr 17ff.

4 Dib 180
5 Dibelius Botschaft I 316f.   6 AaO 342.   7 Dib 21.

hielt, die zunächst in der Gemeinde isoliert umgelaufen waren".[1] Auch nach seinem Urteil weist die Passionsgeschichte
also nicht eine absolute, wohl aber eine "relative Geschlossenheit" auf[2], die der sonstigen Überlieferung von Jesus
nicht eignet[3].

Bei dieser Einstellung von Dibelius ist es nun um so be-
achtlicher, daß er bei seiner über Schmidts Analyse hinausgehenden Einzelinterpretation von Mk 15,20b-41 den Text
weithin aus sich selbst erklärt. Er sieht zwar Zusammenhänge, etwa zwischen der Verhörsszene vor dem Synedrium und der
Kreuzigung[4], aber das eigentliche Verständnis des Todes Jesu
wird aus dem Kreuzigungsbericht selbst gewonnen. Der Schriftbeweis de facto[5] zeigt, daß nach der Meinung der ersten Christen Jesus gemäß dem Willen Gottes starb[6]. Das Zerreißen des
Tempelvorhanges (Mk 15,38) wie das Bekenntnis des Hauptmanns (Mk 15,39) sind Zeichen dafür, daß hier Judentum und
Heidentum die Bedeutung des Todes Jesu erkennen[7]. Der älteste Kreuzigungsbericht bezeugt also, daß in dem furchtbaren
Geschehen des Todes Jesu "Gottes Heilsratschluß vollzogen"
wurde[8].

Dibelius' Meinung über die Bedeutung des Zusammenhanges
der Leidensgeschichte für das Verständnis des Kreuzigungsberichtes ist, wie unsere bisherigen Ausführungen zeigen,
nicht ohne weiteres eindeutig. Die Einzelexegese scheint die
grundsätzlichen Äußerungen kaum zu berücksichtigen. Man wird
aber wohl seine eigentliche Ansicht treffen, wenn man folgendermaßen differenziert: Die Abfolge der Ereignisse in der
Leidensgeschichte ist nur insofern zum Verständnis des Kreuzigungsberichtes notwendig, als sich durch sie erklärt, wes-

---

1 Dib 180. Dibelius nennt dieselben Beispiele wie Schmidt und verweist
   auch auf die Spannungen in der Markuspassion (vgl dsAr 14f mit Dibelius
   Botschaft I 250f.316), wenn er sie auch anders deutet als Schmidt.
2 Dib 178; vgl aaO 21f.
3 Vgl das besonders strikte Urteil Bousset Kyrios 34: Die Leidensgeschichte ist "ein zusammenhängender Bericht..., dessen einzelne Bestandteile
   niemals ein... Sonderdasein geführt haben".
4 Dib 193f beurteilt Verhör- u Kreuzigungsszene als ersten u "zweiten
   Höhepunkt" der Markuspassion.
5 Zu diesem Begriff vgl Maurer 7: Verwendung etlicher Schriftstellen ohne
   ausdrückliche Zitation.   6 Dibelius Jesus 124; ders Botschaft I 327.
7 Dib 195f; Dibelius Botschaft I 329.   8 Dibelius Jesus 124.

halb Jesus gerade von seinem eigenen Volk, dem Volke Gottes,
dem er gepredigt und vor dem er Wunder getan hatte, verworfen
wurde und wie sich in solchem Schicksal Jesu die Verwerfung
Israels durch Gott ereignet. Diese Erklärung des Kreuzestodes, die im Zusammenhang der Leidensgeschichte enthalten ist,
entspringt also einem apologetischen Interesse der Urchristenheit[1]. Der größere Zusammenhang ist in dieser Hinsicht unentbehrlich für das Verständnis des Todes Jesu, jedoch erfaßt man
so nicht den eigentlichen Bedeutungskern des Geschehens, obwohl auch in Mk 15,20b-41 selbst apologetische Interessen eine
Rolle spielen[2]. Das eigentliche Verständnis des Abschnittes,
Gottes Heilsratschluß vollzieht sich im Leiden und Sterben Jesu, ist demnach auch aus dem Kreuzigungsbericht allein ent-
nehmbar, ohne daß der Zusammenhang der Leidensgeschichte wesentlich zur Exegese herangezogen werden müßte.

Die in der Meinung von Dibelius sichtbar gewordene Differenz unterscheidet ihn bei aller zu betonenden Übereinstimmung des Urteils mit Schmidt also doch von diesem. Der Beweg-
grund zu diesem Unterschied liegt in den verschiedenen Methoden beider Forscher, mit denen sie das jeweils verschiedene
Arbeitsziel angestrebt und erreicht haben. Sieht Dibelius wie
Schmidt auf den Rahmen und die Komposition der Leidensgeschichte und untersucht er sie nach den Gesichtspunkten der
literarkritischen Methode, so kommt er zu fast denselben Ergebnissen wie Schmidt. Sieht er dagegen auf den Inhalt der
Einzelberichte, was Schmidt sich nicht zur Aufgabe gemacht
hat, so entsteht die oben am Beispiel des Kreuzigungsberichtes geschilderte Differenz[3].

Hat man sich durch diese Beobachtungen die Augen geschärft
und vergleicht man nun noch einmal die übereinstimmenden
Äußerungen beider Forscher, so kann man jetzt auch hier die
Nuancierung ihrer freilich grundsätzlich gleichen Standpunkte

---

1 Vgl Dibelius Botschaft I 279.   2 Vgl dsAr 215 A4.

3 Sie taucht auch bei KLSchmidt Rahmen 304 auf, sobald er den Inhalt
berücksichtigt; vgl dsAr 14 A2.

besser erkennen. Für Schmidt ist es "ohne weiteres deutlich,
daß hier (in der Leidensgeschichte) von v o r n h e r e i n
eine fortlaufende Erzählung in der Absicht lag"[1]. Dieses Urteil geht in Richtung der Äußerung von Bousset, die wir schon
Seite 16 Anmerkung 3 zitierten. Dibelius dagegen sagt nur,
daß die Leidensgeschichte "schon in f r ü h e r Zeit Begebenheiten in größerem Zusammenhang darstellte"[2], und an anderer Stelle präzisiert er seinen Standpunkt dahingehend, daß
die Leidensgeschichte "in v e r h ä l t n i s m ä ß i g
f r ü h e r Z e i t " in " ä h n l i c h e r W e i -
s e "[3] wie auch die übrige synoptische Tradition komponiert
worden ist. Daraus ergibt sich der Schluß, daß nach Dibelius
auch die Leidensgeschichte wie das übrige Markusevangelium
aus kleinen Traditionseinheiten besteht, die in diesem Fall
nur schon früher zusammengefügt wurden, so daß sie heute nur
noch schwer oder überhaupt nicht mehr als solche zu erkennen
sind[4]. Freilich brauchte diese Feststellung nicht das letzte
Wort zu sein. Denn indem Dibelius auf den Inhalt der einzelnen Geschichten eingeht, zeigt er ja selbst schon einen möglichen Weg, ursprünglich selbständige Überlieferung auch in
ihrem jetzigen festen Zusammenhang zu erkennen[5]. Gesetzt also
den Fall, man würde der diffizilen Aufgabe gemäß differenzier-
tere Arbeitsmethoden verwenden, als sie etwa Schmidt bei seiner Analyse des Rahmens der Geschichte Jesu gebrauchte[6], würde sich dann dessen Urteil bestätigen, die Passionsgeschichte
sei der analytischen Untersuchung auf Tradition und Redaktion
hin "so gut wie ganz entrückt"[7]? Bultmanns Arbeit gibt eine
erste Antwort auf diese Frage, obwohl er sich in der Methode

---

1 KLSchmidt Rahmen 303; Sperrung nicht von Schmidt.

2 Dib 180; Sperrung nicht von Dib.

3 Dibelius Botschaft I 279; Sperrungen nicht von Dib.

4 Vgl das grundsätzlich zustimmende Urteil von D. zu Bultmanns Analyse des
  Kreuzigungsberichtes, Dibelius DLZ, 1922, 133.

5 Vgl Dib zu Mk 14,12 bis 16.39ff.59ff und außerdem dsAr 16 A1.

6 Zur Methode Schmidts vgl KLSchmidt Rahmen S IX.

7 AaO 303.

seiner Analyse nicht grundsätzlich von Schmidt unterscheidet[1],
sie vielmehr nur noch konsequenter anwendet als dieser und mit
Beobachtungen inhaltlicher Art ähnlich wie Dibelius, jedoch
formaler als dieser, kombiniert.

2. Analytische Versuche

a) RBultmann möchte ähnlich wie Schmidt "fast sagen, daß
der Zusammenhang hier (in der Leidensgeschichte) das Primäre
war."[2] Bei genauerem Zusehen ergibt sich aber für ihn dasselbe Urteil, wie wir es bei Dibelius fanden: Für die Passionsberichte hat sich im Gegensatz zur übrigen synoptischen Tradition "schon   f r ü h   ein Zusammenhang herausgebildet"[3].
Bultmann ist aber darüber hinaus der Meinung, daß man ganz
analog den Verhältnissen in der übrigen synoptischen Tradition auch die "Geschichte der Passionstradition"[4] untersuchen
kann. Aus seiner Analyse ergibt sich ihm, daß die Passionsgeschichte kein "organisches Ganzes ist", denn auch "hier besteht die Darstellung wesentlich aus Einzelstücken."[5] Die
grundsätzliche Möglichkeit solcher Tradierung von Einzelstücken, wie etwa der "Berichte von der Salbung, von der Weissagung des Verrats, vom letzten Mahl, von Gethsemane, von der
Verleugnung des Petrus", zeigt die Stelle 1.Kr 11,23ff mit ihrer kurzen Einleitung, die alles Nötige zum Verständnis der
Situation des Abendmahles enthält[6], also einen weiteren Zusammenhang erübrigt.

Die von Schmidt so stark für den von vornherein bestehenden
Zusammenhang der Leidensgeschichte in Anschlag gebrachte logische Anordnung des Stoffes, die keine Umstellung erlaube, er-

---

1 Vgl Bult 298f: Neben den Dubletten dient ihm vor allem das Verhalten des
  Matthäus u Lukas zu Markus nach dem Prinzip des Rückschlusses zur Analyse
  der Markuspassion. Ganz ähnlich KLSchmidt Rahmen S IX. /Vgl dsAr 320./

2 Bult 297. /Vgl Schreiber Markuspassion 21f zum folgenden./

3 Ebd; Sperrung nicht von Bultmann.

4 Ebd.

5 Ebd.

6 Ebd.

klärt sich nach Bultmann "durch die Natur der Sache"[1]. Damit
meint er wohl, daß man zB vom Abendmahl nicht gut nach der
Verhaftung und von der Kreuzigung nicht vor der Verurteilung
erzählen kann. Die verhältnismäßig straffe Anordnung des Stoffes ist also kein Argument für die Ursprünglichkeit des Zusammenhanges, sondern ergibt sich von selbst aus dem Inhalt der
Einzelerzählungen.

Von den anfänglich isoliert umlaufenden Einzelgeschichten
der Passion Jesu unterscheidet Bultmann redaktionelle Bildungen, die nachträglich in die schon vorhandene Darstellung der
Passion eingeschoben wurden. Dazu rechnet er zB "die Erzählungen von der Vorbereitung des Passahmahles, vom Verhör vor dem
Synedrium, von Herodes und Pilatus."[2]

Die Frage, warum die Leidensgeschichte im Gegensatz zum
übrigen Stoff der Synoptiker so früh[3] zu einer Einheit zusam-
menwuchs, beantwortet Bultmann nicht wie Dibelius mit dem Hinweis darauf, daß sich für die Urchristenheit aus dem Zusammenhang der Leidensgeschichte die Erklärung des Kreuzigungsgeschehens ergab. Er sieht vielmehr vier andere Momente[4] wirksam, von denen wir die ersten zwei eben schon nannten: 1. Der
Natur der Dinge gemäß mußten die umlaufenden Einzelgeschichten
von der Passion Jesu sich bald zusammenfinden. 2. Dem Zusammenhang diente weiter das Bedürfnis, einzelne Punkte der Passionserzählung redaktionell auszugestalten. 3. In erster Linie war
es aber das alte Kerygma, wie es in Mk 8,31;9,31;10,33f und in
den Reden der Apostelgeschichte vorliegt, was zu einer so frühen zusammenhängenden Darstellung führte[5]. Denn dieses "Kerygma
wird man als die älteste zusammenhängende Tradition vom Leiden
und Sterben Jesu betrachten müssen."[6] 4. Schließlich war nach

---

1 Ebd.   2 Ebd.   3 Nach Bultmann schon vor Markus (ebd).
4 AaO 297f.
5 Zu diesem Argument ist Schmidts Hinweis auf den Kult zu vergleichen und
  die Betonung der Predigt bei Dibelius. Im Unterschied zu Bultmann denken sie aber wohl an mündliche Tradierung, Bultmann jedoch an die ersten Stadien der Literaturwerdung der Tradition.
6 Bult 298.

Bultmann ein neben diesem Kerygma überlieferter, ganz knapper Geschichtsbericht, den er selbst aus seiner Analyse erschließt, für das Zustandekommen der synoptischen Passionsgeschichte von Bedeutung.

Aus all diesen Ausführungen ergibt sich dann ganz folgerichtig auch Bultmanns spezielles Urteil über den Abschnitt Mk 15, 20b-41 und dessen Verhältnis zur übrigen Darstellung der Passion Jesu. Er meint, 15,20b-24a (27?) und 37 seien ein Rudiment eines alten Berichtes, "der ganz kurz Verhaftung, Verurteilung durch das Synedrium und Pilatus, Abführung zum Kreuz, Kreuzigung und Tod erzählte."[1] "In welchem Stadium der Kreuzigungsbericht (des weiteren zu seiner heutigen Form) ausgestaltet wurde... läßt sich nicht mehr ausmachen."[2]

Daraus folgt für uns, daß nach Bultmann der Zusammenhang der Leidensgeschichte für die Interpretation des Kreuzigungsberichtes fast ohne Bedeutung ist, da einerseits die sich über die ganze Leidensgeschichte erstreckenden historischen Angaben viel zu gering sind, um aus deren Zusammenhang das Kerygma des Textes zu erheben, welches sich andererseits also aus den späteren legendären Erweiterungen des Textes allein[3] ermitteln lassen muß[4].

Falls nun aber der von ihm ja auch nur vermutete[5] alte Geschichtsbericht, wie Dibelius urteilt, "niemals existiert" hat[6], was dann? Bultmanns Analyse bliebe trotzdem, einmal abgesehen von den Einzelheiten, zu Recht bestehen, insofern er gezeigt hat, daß der Kreuzigungsbericht eine Überlieferungseinheit ist, die sich aus Rudimenten geschichtlicher Nachrichten und deren späterer Ausgestaltung zusammensetzt und mit der übrigen Passionsgeschichte ursprünglich nicht zusammen tradiert wurde.

Spricht dieses Ergebnis für eine allein von Mk 15,20b-41 ausgehende Interpretation, so variiert sich diese Ansicht doch wesentlich, wenn man entgegen der oben mitgeteilten skeptischen Auffassung Bultmanns festzustellen hofft, in welchen Stadien

---

1 Bult 301f.   2 AaO 302.   3 Vgl dsAr 1 A1. 4 A1.
4 Vgl Bult 294f. 304ff.   5 Vgl aaO 301.
6 Dibelius Rezension 1107; vgl auch Schille ZThK, 1955, 162.

der Kreuzigungsbericht ausgestaltet wurde. Es könnte sich ja ergeben, daß der Evangelist selber noch Zusätze in Mk 15,20b-41 machte[1], und in diesem Fall wäre womöglich nicht nur der Zusammenhang der Leidensgeschichte, sondern seine ganze Darstellung bei der Exegese des Kreuzigungsberichtes zu berücksichtigen. Man wird diese Möglichkeit nicht gut von vornherein ausschließen können[2], sondern vielmehr grundsätzlich ernsthaft in Rechnung setzen müssen, da seine redaktionelle Tätigkeit im übrigen Evangelium seit den formgeschichtlichen Arbeiten endgültig als erwiesen gelten darf[3]. Und sollte man nicht gerade auf dem Höhepunkt seiner Darstellung des Wirkens Jesu, der Leidensgeschichte[4], seine deutenden Zusätze erwarten? Die Beantwortung dieser Frage hängt mit davon ab, ob man Markus nur für einen primitiven Redaktor hält[5] oder ob man ihm eine theologisch sinnvolle Zusammenstellung der ihm vorgegebenen Tradition für seine Leser zutraut[6].

Wie dem aber auch sei, nach allem bisher Gesagten ist der Ausgangspunkt einer sachgemäßen Untersuchung von Mk 15,20b-41 nicht im Zusammenhang der jetzigen Leidensgeschichte zu nehmen, da dieser nicht ursprünglich ist, sondern im Kreuzigungsbericht selbst.

---

1 Auch Bultmann selbst rechnet übrigens ausdrücklich mit dieser Möglichkeit, vgl Bult 295 zu Mk 15,25; aaO 296 zu Vv 33.34. Ähnlich Sundwall Zusammensetzung 83.

2 Vgl Marxsen Evangelist 35 A1.

3 Man vergleiche nur die Zusammenstellung bei Bult 362ff.

4 Vgl Bult 396f; auch HJEbeling 220f; und schon Schlatter Glaube 477; Feigel 96; JWeiß Urchristentum 541; Kähler 80 A1: "Etwas herausfordernd könnte man die Evangelien Passionsgeschichten mit ausführlicher Einleitung nennen." Dahl Passionsgeschichte 28f schränkt dieses Urteil fast ganz auf Mk ein.

5 So zB Easton Gospel 71f. Taylor according 95 behauptet von Mk 13 her, Markus stelle nur die Tradition zusammen, ohne ihr eine "doctrinal unity" zu geben. Ähnlich Bult 374; doch betont er ausdrücklich die theologischen Interessen des Mk. So auch Dibelius Jesus 16; Bertram Leidensgeschichte 3; Dodd Framework 396ff.

6 Als erster dürfte wohl BBauer (vgl Schweitzer 141ff), wenn auch in extrem überspitzter Form, das theologische Wollen der Evangelisten gesehen haben. Auch Wredes Name muß in diesem Zusammenhang genannt werden. Aus der jüngsten Vergangenheit und Gegenwart kann man trotz aller Unterschiede folgende Forscher nennen: Lohmeyer Galiläa; McCown; Conzelmann Mitte; Lohse Lukas; Vielhauer Paulinismus. Ausgezeichnet formuliert Riesenfeld Redaktion 158f die Redaktionstätigkeit des Markus, wenn er von dessen "Tendenz der theologischen Systematisierung" spricht; vgl Marxsen Evangelist 1.11f; auch Bornkamm Matthäus 341; speziell zum Kreuzigungsbericht Weidel II 260.

b) B e r t r a m   u n d   T a y l o r   zeigen mit ihrer
Auslegung, daß Bultmann mit seiner Analyse der Passionsgeschichte, was das Grundsätzliche betrifft, im Recht ist[1].
Bertram stellt fest, daß bei Schmidt und Dibelius "die größere Geschlossenheit (der Leidensgeschichte), die gegenüber der
sonstigen ev. Überlieferung zu bemerken ist... zu einseitig
betont" wird[2]. Er will demgegenüber deutlich machen, "daß
auch die Leidensgeschichte aus einzelnen Perikopen besteht,
die erst allmählich zu einem Ganzen zusammengewachsen sind."[3]
Sein stärkster Beweis für diese These ist ganz einfach die
Einzelexegese der nach ihrem Inhalt voneinander geschiedenen
Abschnitte der Leidensgeschichte. Einmal abgesehen von der
uns zum Teil recht fragwürdig erscheinenden, weil psycholo-
gisierenden Methode seiner Auslegung[4], ist der Beweis als solcher wirklich geglückt: Die Einzelgeschichten lassen sich,
abgesehen von einigen sekundären Querverbindungen, aus sich
selbst heraus exegesieren[5].

Taylor beruft sich bei seiner Analyse unter anderem auch
auf Bultmanns Ergebnisse[6]. Er versucht einen summarischen
Grundbericht von den in ihn eingesetzten Einzelgeschichten
zu unterscheiden[7]. Als kritische Instanz fungiert bei ihm vor

---

1 Vgl dsAr 18 A4; Loh 288 spricht von den "theologischen Zielen", die
   Markus in seiner Darstellung verfolge; auch Schick 90f stimmt Bultmann
   zu, obwohl er gleichzeitig unkontrolliert davon redet, die Leidensgeschichte sei "von Anfang an" im Zusammenhang überliefert worden (aaO 55).

2 Bertram Leidensgeschichte 8 A1; vgl jedoch auch ders Leben=Jesu=Forschung
   839: Die Leidensgeschichte ist "offenbar... das älteste festgeformte
   Stück christlicher Überlieferung".

3 Bertram Leidensgeschichte 8.

4 Dieser Fehler wurde oft kritisiert, vgl zuletzt Schille ZThK, 1955, 166f.

5 Vgl Dibelius dsAr 16f.

6 Taylor according 653-664; freilich verfolgt Taylor, anders als Bultmann,
   das Ziel, eine quellenartige Grundschrift herauszuarbeiten.

7 ZT geht Taylor recht unmethodisch vor, vgl Bleiben 145.

allem das Vorkommen von Semitismen. Wie man auch zu diesem
Kriterium stehen mag[1], daß die Leidensgeschichte aus Einzelgeschichten besteht, dürfte auch durch seine Exegesen neu
bestätigt worden sein. Eine Auslegung des Kreuzigungsberichtes hat folglich bei diesem selbst und nicht im Gedankenzusammenhang der Leidensgeschichte ihren Ausgangspunkt zu nehmen.

Dieses fast[2] einstimmige Urteil, das seit der Arbeit Bultmanns über den Zusammenhang der Leidensgeschichte im Grundsätzlichen besteht, gilt es nun in Hinsicht auf den Kreuzigungsbericht speziell anzuwenden. Aus allgemeinen Erwägungen
und analytischen Beobachtungen ist der perikopenhafte Charakter von Mk 15,20b-41 zu erweisen.

§ 2 Mk 15,20b-41 als Perikope

I. Allgemeine Erwägungen

1. Die Autorität der Schrift

In einer der ältesten dogmatischen Äußerungen der Urchristenheit heißt es, Christus starb für unsere Sünden nach den
Schriften (1.Kr 15,3)[3]. Durch diese Formulierung wird deutlich,
daß die Schriften des AT den ersten Christen die entscheidende
hermeneutische Instanz zum Verständnis des Todes Jesu waren[4].
Ohne daß irgendeine Schriftstelle genauer zitiert werden müßte,
ist es für die hinter diesem Satz stehenden Gemeinden schon damals ganz sicher, daß der furchtbare Kreuzestod Jesu nicht der
verhängnisvolle Abschluß eines verfehlten Lebens war, sondern
vielmehr gemäß der Schrift, dh gemäß dem im AT verkündigten
Willen Gottes geschah.

1 Vgl Kleist 170 u das wohl doch zu negative Urteil von Burrows 123.
2 Eine gewisse Ausnahme macht zB Schelkle 283f, der sich mehr an
  KLSchmidt Rahmen anschließt, ohne freilich die von uns aufgezeigten
  Unterschiede zwischen Schmidt, Dibelius u Bultmann recht zu erkennen (aaO 8 A1). Hirsch ist ein später Nachfahre der quellenkritischen
  Forschung u hat demnach unser Problem gar nicht zu Gesicht bekommen
  (vgl dsAr 12f). Finegans Haltung ist inkonsequent (vgl Finegan 84 A2
  mit 111) u zT polemisch (aaO 83ff) gegen Bult 297, wohl kaum zu
  Recht. Zuletzt betonte Schille ZThK, 1955, 182 die Selbständigkeit
  des Kreuzigungsberichtes.
3 Daß 1.Kr 15,3f alte, dem Apostel schon vorgegebene Tradition ist,
  hat vor allem Dib 17f; Dibelius Botschaft I 249 im Anschluß an JWeiß,
  Heitmüller u Bousset betont. Vgl auch JoachJeremias Abendmahlsworte
  96f; ders ThW V 703, 34ff u ebd A393.
4 Vgl Schrenk ThW I 752, 12ff.

Es ist bekannt und oft beschrieben worden, welche große
Bedeutung diese theologische Erkenntnis mittels des Weissagungsbeweises bei der Entstehung und Weiterbildung der synoptischen Tradition hatte[1]. Besonders Jesu Leiden und Sterben
wurde von Anfang an in der Gemeinde mit den Worten der Heiligen Schriften, sonderlich der Psalmen, erzählt, um dadurch
die Heilsbedeutung des Todes Jesu zu kennzeichnen. Denn schon
dies allein, daß sein Tod gemäß der als Prophetie verstandenen alttestamentlichen Zeugnisse, also nach Gottes Willen,
erfolgte, ließ das Ereignis Heilsbedeutung gewinnen. Und gerade das schmachvolle Sterben Jesu mußte so schon recht bald
zum Geheimnis des Glaubens werden, wenn man es mit den alt-
ehrwürdigen Worten des AT erzählte. Diese Erzählungsweise
macht demnach einen selbständigen Kreuzigungsbericht möglich,
da sie auch einen nur kurzen Bericht vom Tode Jesu für den
Glaubenden sinnvoll gestalten konnte, ohne daß zum Verständnis ein weiterer Zusammenhang nötig ist.

Wie aber nun 1.Kr 15,3 zeigt, begnügte man sich schon sehr
früh[2] nicht mit einer solchen mehr formalen Begründung der
Heilsbedeutung des Kreuzestodes durch die Autorität der
Schrift. Denn es heißt ja dort, daß Christus f ü r u n -
s e r e S ü n d e n [3] nach den Schriften starb. Aus wel-

---

1 Vgl zB Ungern-Sternberg 282ff; Dib 185; Maurer 7ff; Bult 303f; Schrenk
ThW I 742-773, besonders 758f; auch Loh 288.

2 Oder nie?!?

3 Daß der Apostel auch diese Formulierung schon übernahm, und zwar aus an-
tiochenischer Tradition (vgl JoachJeremias Abendmahlsworte 96f), machte
Bousset Kyrios 76 wahrscheinlich. Dem stimmt Dib 17 A2 gegen JWeiß zu.

chem Schriftwort man dies auch immer gefolgert haben mag[1], fest steht jedenfalls, daß das AT den urchristlichen Leser auch schon in frühester Zeit zu einem inhaltlich tieferen Verständnis vom Sterben Jesu anleitete.

Im Hinblick auf den Kreuzigungsbericht des Markus hat man, abgesehen von einigen Ausnahmen in letzter Zeit[2], fast ausschließlich auf die formale Bedeutung des Weissagungsbeweises hingewiesen. Die Anklänge an alttestamentliche Redewendungen rechtfertigen solch ein Verständnis zur Genüge. Aber wenn schon in dem alten Kerygma von 1.Kr 15 auch eine inhaltliche Aussage von der Schrift her gemacht ist, kann sie dann im Kreuzigungsbericht des Markusevangeliums ganz fehlen? Oder sollte dieser Bericht etwa älter sein als 1.Kr 15,3f? Das wäre denkbar. Doch von dieser Stelle her ist ja sehr fraglich, ob es überhaupt je eine rein formale Benutzung der Schriftautorität gegeben hat, ohne daß auch zugleich und darüber hinaus gewichtige theologische Aussagen aus ihr abgeleitet wurden.

Falls man solch eine Koppelung von Anfang an und speziell für unseren Abschnitt Mk 15,20b-41 annimmt, wird man erst recht nicht umhin können, ihm eine selbständigere Bedeutung zuzugestehen, als das bislang in der Forschung geschah. Seine Überlieferung als ein in sich geschlossenes Traditionsstück wäre in diesem Fall noch wahrscheinlicher, als wir oben schon annahmen, da das Schwergewicht des theologischen Inhaltes[3] über den formalen Weissagungsbeweis hinaus solch eine Selbständigkeit der Tradierung zusätzlich rechtfertigen und erklären würde.

---

1 Wohl Jes 53, vgl JoachJeremias ThW V 703f.

2 Vgl Loh 288; Maurer.

3 Und der im kerygmatischen Bericht involvierten historischen Tatsache der Kreuzigung Jesu!

2. Karfreitag und Ostern

Diese Vermutung erhält weitere Nahrung, wenn man das Verhältnis von Karfreitag und Ostern erwägt, so wie es der Urchristenheit erschienen ist. Erst im Lichte des Osterglaubens erschloß sich den Christen die Schrift[1]. Erst jetzt verstehen die Jünger die Worte ihres Herrn, daß er so leiden mußte, um zu seiner Herrlichkeit einzugehen (Lk 24,26f). Bei dieser Sachlage ist es nun um so bedeutsamer, daß schon im alten Kerygma von 1.Kr 15 auch die Auferstehung am dritten Tage als nach den Schriften erfolgt bezeichnet wird. Der Osterglaube ist also schon in so früher Zeit nicht mehr auf die Erscheinung des Auferstandenen selbst angewiesen, um deren Realität zu erweisen[2], sondern er kann sich auch auf das AT, die Autorität der Tradition, durch die Gott selber spricht, berufen. Und diese Autorität scheint nun, immer im Lichte des Osterglaubens, nicht die Auferstehung, sondern gerade den Tod Jesu als das eigentliche Heilsereignis zu bezeichnen. Denn nicht von der Auferstehung, sondern vom Tode Jesu heißt es, daß er für unsere Sünden geschah. Er allein erhält damit eine über die formale Bestimmung der Schriftgemäßheit hinausgehende inhaltliche Interpretation, wodurch die ihm zugemessene einmalige Bedeutung sichtbar wird. In dem alten Kerygma scheint die Reihenfolge von Tod und Auferstehung so verstanden zu sein[3], daß an Ostern der erhöhte Herr[4] als das am Karfreitag erworbene Heil in der Gestalt des am dritten Tage Auferstandenen den Jüngern erscheint. Die Auferstehung Christi kann hier also als "Ausdruck der Bedeutsamkeit des

---

1 Vgl Dibelius Botschaft I 249.

2 Angesichts der späteren Entwicklung, die sich in den paulinischen Formulierungen von 1.Kr 15,6ff ankündigt, könnte man wohl auch formulieren: "Gerade in so früher Zeit" statt "schon in so früher Zeit".

3 Rm 4,25 weist in eine andere Richtung.

4 So wird man auf Grund des passiven Aorist 1 ὤφθη, der in 1.Kr 15,5 verwendet wird, interpretieren dürfen, vgl Ag 9,17; 13,31(ff); 26,16; 1.Tm 3,16; Hb 9,28 u auch Lk 24,34 (das καὶ ὤφθη Σίμωνι ist wohl alte Tradition, vgl Bult 314).

Kreuzes"[1] verstanden werden. Die Grablegung hat in dieser
Sicht von Karfreitag und Ostern nur die Bedeutung einer Zwi-
schenstation. Die beiden Hauptereignisse aber, Tod und Auferstehung, die Verborgenheit des Heils und seine Offenbarung,
diese für die Urchristenheit zuerst wohl so merkwürdige Reihenfolge,waren in Gottes Willen beschlossen, geschahen nach
den Schriften und waren deshalb Heilsordnung.

Vergleicht man mit dieser Anschauung den Aufriß der Leidensgeschichte bei Markus, so fällt einem neben allen Unterschieden[2] doch auch das Gemeinsame auf. Nämlich dies, daß
vom Sterben Jesu sehr ausführlich, von seiner Auferstehung
aber nur indirekt[3] durch die Geschichte vom leeren Grab berichtet wird[4]. Eine Erscheinung des Auferstandenen selbst
fehlt[5]. Mit anderen Worten: Bei Markus scheint der Tod in
noch viel stärkerem Maße als in 1.Kr 15,3f das entscheidende Heilsereignis zu sein. Die dort vermutete Akzentuierung
der Ereignisse wird durch seine Darstellung der Passionsgeschichte bestätigt. Ein Vergleich seiner Passionsgeschichte

---

1 So formuliert Bultmann Mythologie 47f das Verhältnis von Kreuz und
  Auferstehung grundsätzlich systematisch.

2 Vgl dazu Loh 288.

3 Das Fehlen einer Erscheinung des Auferstandenen in Mk dadurch zu erklären, daß Markus das Leben Jesu als tragic action habe darstellen
  wollen (Burch 355),ist ganz abwegig. Dazu, daß Mk 16,8 der ordentli-
  che Schluß des Mk-Evangeliums ist, vgl Lightfoot Mark 80ff; ders
  Doctrine 62; im übrigen s die bei WBauer Wörterbuch 1565f zum Problem
  angegebene Literatur.

4 Eine Hadesfahrt in der Zeit zwischen Karfreitag und Ostern kennt Markus
  nicht, wie aus unserer ganzen Arbeit hervorgehen wird. Kreuz und Auferstehung gehören ihm als die eschatologischen Ereignisse auf das engste
  mit der Parusie zusammen, vgl Lohmeyer Galiläa 12ff.24; Kümmel Besprechung 305; Lightfoot Doctrine 63; Marxsen Evangelist 73ff; auch Bertram
  Kreuz 200: Die Ostererlebnisse sind "antizipierte Enderwartung".

5 Vgl hierzu Dibelius Jesus 126ff; Schweizer Erniedrigung 61f; Marxsen Evangelist 58f u Bertram Kreuz 199ff.216, der zu zeigen versucht, weshalb
  und in welcher Weise der spätere realistische Auferstehungsglaube in
  der weiteren Entwicklung das Verhältnis von Karfreitag und Ostern änderte. Die verschiedenen Ostergeschichten gehören jedenfalls nicht zum
  "alten Bestande der Überlieferung" (Dibelius Jesus 126).

mit der des Matthäus und Lukas ergibt, daß diese Akzentuierung
von Markus wohl gewollt war. Inwieweit er in seinem Wollen von
der Tradition abhängig war, läßt sich jetzt noch nicht entscheiden. Dennoch kann man nach diesen vorläufigen Beobachtungen fragen, ob dem Evangelisten nicht schon ein in sich abge-
schlossener, ursprünglich selbständiger Kreuzigungsbericht vorgelegen hat.

3. Das Kreuz Christi

Die eben gestellte Frage kann, wie gesagt, erst die Einzelexegese unserer Arbeit später zu beantworten versuchen. Doch
daß wir überhaupt unter solcher Fragestellung an die Aufgabe
herantreten, erweist sich noch durch eine letzte allgemeine
Erwägung als gerechtfertigt. In den Schriften des Neuen Testaments ist von der Heilsbedeutung des Todes Jesu verschiedent-
lich die Rede, ohne daß an den betreffenden Stellen die Auferstehung überhaupt erwähnt wird[1]. Im gesamten Hebräerbrief ist
sie womöglich gar nie[2] genannt. Dagegen steht das Leiden und
Sterben Jesu im Mittelpunkt der Darlegungen des Briefes, und
sein Tod findet von Opfer- und Erhöhungsanschauungen her tief-
gründigste Interpretationen als Heilsereignis. Im Johannesevangelium gilt für bestimmte Spruchreihen ähnliches. Besonders bekannt und beachtet wird in diesem Zusammenhang auch
immer wieder das Christuslied von Php 2,5ff. Auch in diesem
Lied ist vom Kreuzestod und der Erhöhung Jesu die Rede, ohne
daß die Auferstehung erwähnt würde[3]. Nicht zu übersehen ist
auch, daß in Rm 3,23ff der Tod Jesu, ohne daß die Auferstehung genannt würde, als das Heilsereignis, und zwar hier wiederum mit Hilfe der Opferterminologie[4], verstanden werden kann.

---

1 Vgl zum Folgenden Bertram Kreuz.

2 Allenfalls Hb 13,20.

3 Vgl Käsemann Analyse.

4 Vgl Michel Römerbrief 92ff. Dabei ist vielleicht auch ein Bezug dieser
  Stelle zu Mk 15,37f; Hb 10,19f gegeben, vgl Nygren 92.

Man könnte noch andere Stellen des NT nennen[1]. Es ist aber
auch so schon deutlich genug, daß nach einer gewissen Zeit
im Urchristentum das Kreuz selber Heilsereignis geworden war,
ohne von Ostern her noch einer Interpretation zu bedürfen.
Auf dieser Stufe des Verständnisses hat der Osterglaube also
endgültig mit Hilfe der alttestamentlichen Tradition den
Schandpfahl als Siegeszeichen kenntlich gemacht. Das Kreuz
Christi ist nun als solches das Heilsereignis für den Christen. Sollte diese Anschauung auch auf den Abschnitt Mk 15,
20b-41 eingewirkt haben[2], so wäre erst recht ein gesonderter
Bericht vom Tode Jesu zu erwarten. Denn bei solchem Verständnis bedarf Jesu Kreuzigung überhaupt keiner erklärenden Zusammenhänge mehr, um für den Glaubenden seinen anstößigen
Charakter zu verlieren.

---

1 So zB Apk 5, vgl Gunkel Verständnis 72; Lohmeyer Offenbarung 53ff. Auch
in der alten Kirche bleibt dies Verständnis der Kreuzigung lebendig,
vgl Barn 8,5 (dazu KLSchmidt ThW I 594, 43); Justin Dialog 73,1; Or sib
6,26ff und für die spätere Zeit das Dekret des Erzbischofs Hypatius (um
536 n Chr), der sich wörtlich auf Php 2,8 bezieht (Bakhuizen 213).

2 Mit dieser Möglichkeit wird man besonders dann rechnen müssen, wenn
sich verschiedene Stadien der Ausgestaltung des Berichtes erweisen lassen. Der späte Einschub Mk 15,28 begünstigt die Annahme solcher Redak-
tionsstufen.

II. Analytische Beobachtungen

Die allgemeinen Erwägungen scheinen für eine gesonderte Erzählungstradition vom Tode Jesu zu sprechen. Sollten die nun folgenden analytischen Beobachtungen am Text der Leidensgeschichte zum selben Ergebnis führen, so darf der Ausgangspunkt unserer Arbeit als gesichert gelten.

1. Redaktionelle Verknüpfungen

a) Die Z e i t a n g a b e n in Mk 15,1.42 gehen sehr wahrscheinlich auf den Evangelisten zurück[1]. Ähnliche allgemeine Zeitangaben finden sich auch zB in Mk 1,32.35; 11,19. 20; 14,17 von seiner Hand[2]. Diese primitive Art der Verknüpfung von Einzelgeschichten durch Zeitangaben fand der Evangelist schon in seiner Tradition vor[3]. Er selbst verwendet sie vor allem in der Leidensgeschichte, um die letzten Stunden des Lebens Jesu in möglichst genauer Zeitfolge zu erzählen[4].

Ob freilich auch Mk 15,25.33f von ihm stammen, was die Zeitangaben angeht[5], ist dagegen fraglich, weil sich solche präzisen Zeitangaben sonst weder in seiner Redaktion noch in seiner Tradition finden. Die enge Verknüpfung der Zeitangaben in V 33f mit dem Kontext spricht eher für eine schon festge-

---

1 So Loh 334.349; Schille ZThK, 1955, 182; vgl auch Bult 365. Die hypertrophe Formulierung οἱ ἀρχιερεῖς μετὰ συνέδριον in Mk 15,1 läßt den Vers deutlich als sekundär und wahrscheinlich vom Evangelisten überarbeitet erkennen. Die beiden Zeitangaben in Mk 15,42 stehen in Spannung zueinander (vgl Klost 169): Die erste dient dem Stundenschema des Evangelisten, die zweite seinem Wochenschema (vgl dsAr 156 A3.199 A2). Zu Mk 15,1 vgl noch Klost 158f; dsAr 32f./330./

2 Vgl Bult 258. 232f. 365.

3 So etwa Mk 6,47 (vgl Bult 258); 13,35. Wenn Evglst u Vorlage dieselbe Redaktionstechnik benützen, ist im Einzelfall nicht immer eine eindeutige Zuweisung des betreffenden Verses zur Redaktion oder Tradition sicher möglich. Doch wird dadurch die grundsätzliche Richtigkeit unserer obigen Beobachtungen nicht beeinträchtigt, vgl Bult 258.

4 Vgl Bult 365.

5 So Bult 295f; vgl auch Wendling Entstehung 198.

fügte Nachricht der Überlieferung[1], die ihn womöglich dann
mit dazu anregte, Mk 15,1.42 als Rahmung zu verwenden.

Wie man nun aber auch die Vv 25.33f beurteilen mag, sehr
wahrscheinlich ist jedenfalls, daß die Vv 1.42 vom Evangelisten stammen. Der durch diese Verse hergestellte zeitliche Zusammenhang in Mk 15 ist also literar-historisch geurteilt sekundär, ganz abgesehen davon, ob er dem Verlauf der
historischen Ereignisse nun wirklich entspricht oder nicht[2].

b) Einige   O r t s a n g a b e n   der Leidensgeschichte
dürften ebenfalls sekundär sein. So vielleicht Mk 14,17f, da
14,18b ff in Lk 23,21-23 eine Parallele ohne diese zeitlich-
örtliche Fixierung hat[3]. Die Verse Mk 14,17f können also von
Markus stammen[4], der dadurch die Ankündigung des Verrates an
dieser Stelle seiner Passionsgeschichte unterbrachte.

Ebenfalls auf Markus scheint uns Mk 14,26 zurückzugehen.
Die Weissagung des Verrats erfolgt wie die vom Untergang Jerusalems und von der Parusie auf dem Ölberg. Der Ölberg ist
für Markus der Berg der Weissagung und eschatologischen Offenbarung[5].

Was von der Ursprünglichkeit der Angaben Mk 14,53f; 15,1
zu halten ist, zeigt indirekt Lk 23,6-13, das Verhör vor
Herodes, von dem Matthäus und Markus nichts berichten, weil
es nicht in den Zusammenhang ihrer Darstellung paßte oder
ihnen wohl auch diese Tradition ganz unbekannt war[6]. Auch

---

1 Vgl weiter zum Problem dsAr 56f. ⌐328-344.⌐

2 Zur Frage der Historizität vgl 220-241.

3 Vgl Bult 284f. 365. Auch der allgemeine Inhalt von Mk 14,17f, der
  streng genommen gar keine Ortsangabe gibt, läßt auf den sekundären
  Charakter der Vv schließen. Er kann ohne weiteres aus 14,14ff.19ff
  erschlossen werden.

4 Anders Loh 300, der aber auch in 14,12-25 "drei Stücke der Überlieferung bewußt zu einer Einheit zusammengeschlossen" sieht (aaO 297).

5 Vgl Schmauch besonders 396 u Conzelmann Mitte 61ff.69.173: Lukas
  streicht die eschatologische Bedeutung des Ölbergmotives!

6 Ob Lk 23,6-13 historisch (so JWeiß) oder späte legendäre Bildung ist
  (so Feigel, Dibelius, Bultmann, Bertram nach Hauck Lukas 278; Conzelmann Mitte 72), brauchen wir in unserem Zshg nicht zu entscheiden.

von dieser Beobachtung her wird also Mk 15,1, ganz abgesehen
von dem oben schon zur Zeitangabe Gesagten, erst vom Evangelisten als Einleitung zu dem sekundären Traditionszusammenhang von Mk 15,2ff[1] eingefügt sein[2]. Die pragmatische Art der
Berichterstattung in Mk 15,1 dient ja nur dem Zusammenhang,
und Matthäus und Lukas zeigen je in verschiedener Weise durch
ihre Verwertung des Verses, wie wenig man hier einen ursprünglichen Zusammenhang behaupten darf. Als Historiker würde man ohne[3] Kenntnis von Mk 15,1 aus Mt 27,1 allerlei historische Schlüsse zu ziehen haben. Man würde aber niemals vermuten, daß diese verhältnismäßig präzise Notiz auf den farb-
losen Vers Mk 15,1 zurückgeht, ihre Präzision also allein
dem literarischen Interesse des Matthäus verdankt. Hat man
sich dies einmal vor Augen geführt, so liegt der Schluß nahe,
daß Markus aus der ihm vorliegenden Tradition von einem Verhör vor dem Hohen Rat und vor Pilatus wußte und dies Wissen
in der Art von Mk 15,1 verwendete, um die verschiedenen Traditionsstücke zu verbinden[4].

Solche am Rande der Erzählungseinheiten befindliche Orts-
und Zeitangaben sprechen also nicht für einen ursprünglichen
Zusammenhang, sondern gerade umgekehrt für seinen sekundären
Charakter. Dies Urteil dürfte auch in Mk 15,16, der Einleitung zu 15,17-20a, zutreffen[5], wobei ähnlich wie in 15,2-15[6]
der ganze Abschnitt und nicht nur diese Einleitung eine späte

---

1 Vgl dsAr 81.   6 Vgl dsAr 81.

2 Es scheint deshalb Mk 15,1 kaum der älteste Bericht zu sein, den Markus
von der Synedriumsverhandlung besaß; auch wird Lk 22,66 nicht älter als
Mk 15,1 sein (gegen Bult 294). Vielmehr wollen Lukas und auch Matthäus
die Schwierigkeiten der Markusdarstellung beseitigen. Sie ändern ihren
Vorstellungen "von den örtlichen und rechtlichen Verhältnissen" entsprechend (Conzelmann Mitte 69). Vgl dsAr 33 A4.31 A1.

3 Die historisierende Forschung hat diese Schlüsse trotz Mk 15,1 gezogen!
Jedoch kaum zu Recht, vgl schon Brandt 60f; Holtzmann 102.

4 Die Annahme, Mt 27,1 sei eine Sondertradition neben Mk 15,1, hat angesichts
von Lk 23,1 (22,66!) nichts für sich. Die pragmatische Verdeutlichung des
Markustextes durch Matthäus und Lukas ist unübersehbar: Die Juden sollen
mit dem Tode Jesu belastet werden, vgl Hauck Lukas 274ff.

5 Das ὅ ἐστιν πραιτώριον ist auf jeden Fall eine sekundäre Einfügung (vgl
Hauck Markus 185; Klost 162), die womöglich vom Evglst stammt (Loh 340).

Bildung zu sein scheint, die allerdings dem Evangelisten aufs
Ganze gesehen schon vorgegeben war. Die Ortsangabe Golgotha
in Mk 15,22 ist dagegen aus eben denselben Gründen sicher alt.
V 22 ist kein Randvers, hat also auch keine verbindende Funktion zwischen verschiedenen Einzelgeschichten, und schließlich
ist der aramäische Ortsname Golgotha, eben weil er für den
Zusammenhang unwichtig war, nicht wie die pragmatische Angabe
Mk 15,1 ausgebaut, sondern vielmehr im Verlaufe der Zeit reduziert worden, vgl Lk 23,33. Dieser Ortsname gehört also zum
Kreuzigungsbericht, so wie etwa der Name Gethsemane zur Perikope Mk 14,32-43 gehört[1].

    c) Das   M e s s i a s - K ö n i g - M o t i v   verbindet
Pilatusverhör, Verspottung und Kreuzigung miteinander[2]; es
könnte also für einen ursprünglichen Zusammenhang der Erzählung als Beweis verwendet werden. Es ist wirklich auffällig,
daß der Titel βασιλεὺς auf Jesus im ganzen Markusevangelium
nur in 15,2.9.12.18.26.32 angewendet wird. Doch scheint uns
diese auffällige Tatsache der einheitlichen Terminologie gerade ein Kennzeichen für den sekundären literarischen Charakter des Pilatusverhöres, der Verspottung und der Verse Mk 15,
26.32 zu sein[3]. Denn dafür spricht nicht nur, daß dieser Titel in der sonstigen, sicher alten Tradition überhaupt nicht
vorkommt[4], was man notfalls aus der einmaligen Situation, die
in Mk 15,1ff beschrieben wird, erklären könnte[5]; wichtiger

---

1 Vgl Bult 289 /_7; dsAr 302 A150; 304 A161_7.

2 Vgl Albertz 129f; Bacon Beginnings 217.

3 Vgl Bult 293.307. Der V 26 könnte eventuell auch Tradition (vgl dsAr
  95 A4) und damit der Anlaß zu dem ganzen Messias-König-Motivzusammen-
  hang sein.

4 Vgl das Urteil von KLSchmidt ThW I 578,20.

5 Freilich nur unter der unangemessenen historischen Voraussetzung,Mk 15,
  1ff gebe den historischen Verlauf der zur Kreuzigung Jesu führenden Ereignisse wieder.

ist vielmehr, ganz abgesehen davon, der weitere Umstand, daß
man im übrigen Evangelium nie ein und dasselbe Würdeprädikat
über eine so große Verszahl regelmäßig verteilt findet, wie
dies in Mk 15,1ff der Fall ist. Das erklärt sich sehr einfach aus dem bekannten Tatbestand, daß die kleinen Traditionsstücke der Überlieferung vor ihrer Aufnahme in den jetzigen Zusammenhang ein Eigenleben führten, jeglicher Unifor-
mierung, wie wir sie in Mk 15,1ff beobachten können, also
entzogen waren. Nur ein Schriftsteller beziehungsweise Redaktor konnte von seiner höheren Warte aus solch einen Motivzusammenhang schaffen, nicht aber der Erzähler der Einzelgeschichte.

Daß nun in Mk 15,1ff wirklich solch ein sekundärer Motivzusammenhang vorliegt, wird weiterhin auch durch die sonstigen apologetischen, künstlerischen und literarischen Tendenzen deutlich, die der Abschnitt Mk 15,1-15 verrät[1]. Und
schließlich spricht die bei aller Häufung differenziert verwendete Königstitulatur für ihre Herkunft aus der Zeit der
Literaturwerdung der Tradition[2]. So wie die Aufschrift am
Kreuz ὁ βασιλεὺς τῶν Ἰουδαίων in Mk 15,26 von den Römern
stammt, so taucht genau derselbe Titel auch sonst nur im Munde von Römern auf[3]: Der römische Beamte braucht ihn dreimal
beim Verhör Jesu (Mk 15,2.9.12),und die ihm untergebenen römischen Soldaten verspotten Jesus als Judenkönig (V 18). Die
jüdischen Oberen sagen dagegen ebenfalls spottend in V 32
ὁ χριστὸς ὁ βασιλεὺς Ἰσραήλ. Daß diese Verschiedenheit des
epexegetischen Genetivs zu dem Substantiv βασιλεύς einer
theologischen Konzeption entspricht[4], wird bei der Exegese
von Mk 15,26.32 gezeigt werden[5]. Im Augenblick genügt es,

---

1 Vgl Schille ZThK, 1955, 194; dsAr 81.
2 Vgl zum Folgenden Gutbrod ThW III 377 u auch KLSchmidt ThW I 577f,
  der den Sprachgebrauch in Mk 15,2.9.12.18.26.32 "einigermaßen schil-
  lernd" nennt.
3 Vgl Lohmeyer Gottesknecht 42.
4 Daß die Oberen nicht vom Menschensohn reden, sondern vom Christus
  und König Israels, wird auch kein Zufall sein, sondern Absicht des
  Evangelisten, vgl dsAr 35 A5.62.
5 Vgl dsAr 95 A4.109.195.207f.235f.

aus der bisherigen Argumentation den Schluß zu ziehen, daß
das in sich differenzierte Messias-König-Motiv nicht ursprünglich ist, sondern sekundärer literarischer Natur. Es
garantiert also weder einen ursprünglichen Erzählungszusammenhang noch gar einen fortlaufenden historischen Bericht
der Leidensgeschichte[1].

d) Die P e r s o n e n , die in der Leidensgeschichte
genannt werden, können ebenfalls nicht als Garantie für
einen von Anfang an vorhandenen Erzählungszusammenhang in
Anspruch genommen werden. Die Soldaten, das spottende Volk,
die Hohenpriester und Schriftgelehrten sind Typen, wie sie
auch sonst oft in der synoptischen Tradition gemäß den Gesetzen volkstümlicher Erzählungsweise anzutreffen sind[2].
Sie kommen somit alle als Berichterstatter, die einen fortlaufenden Geschichtsbericht garantieren könnten, ernsthaft
nicht in Betracht. Anders steht es freilich mit Simon von
Kyrene. Doch wird er nur kurz genannt (Mk 15,21), um sogleich
wieder in das Dunkel der Anonymität zurückzutreten[3]. Blieben
also nur noch, abgesehen von dem römischen Hauptmann[4] (Mk 15,
39), der in keiner Weise historisch zu identifizieren ist,
die Frauen[5]. Ihre Nennung in Mk 15,40f als Zeugen der Kreuzigung klappt aber merklich nach[6], sie klingt wie angehängt.
Die Frauen werden hier genauso wie in Mk 15,47 wohl auf Grund
von Tradition[7] vom Evangelisten[8] eingeführt, weil sie in Mk
16,1-8, der Geschichte vom leeren Grab, von entscheidender

---

1 Daß trotzdem auch historisch Zutreffendes in Mk 15 berichtet wird,
  möchten wir durch unsere obigen Ausführungen natürlich nicht bestreiten.
2 Vgl auch dazu Bult 54f.
3 Zur ursprünglichen Bdtg des Simon vgl dsAr 221f.225f.
4 Zur theologischen Bdtg des Hauptmanns vgl 212ff.
5 Daß Jesus zu den Frauen in einem positiven Verhältnis stand, ist für
  die urchristliche Gemeinde sicher, vgl Oepke ThW I 646f; auch dsAr 239.
6 Ἦσαν δὲ καὶ γυναῖκες.
7 Die Namen in Mk 15,40f.47; 16,1 divergieren (vgl dsAr 239 A6); "das
  zeigt deutlich, daß hier Einzelstücke zusammengestellt sind" (Bult
  298; vgl JWeiß drei 218, der freilich historisiert).
8 So Sundwall Zusammensetzung 83; Bußmann I 86.104f; Marxsen Evangelist 59 A4 urteilt mit Bult 302 zurückhaltender; vgl auch Loisy zSt.

Bedeutung sind. Die Verse 40f sind also pragmatisch-redaktio-
neller Zusatz, um die Geschichte von der Kreuzigung mit der
Grablegungstradition und darüber hinaus mit der Geschichte
vom leeren Grab zu verbinden[1]. Im weiteren Verlauf unserer
Arbeit werden wir in der theologischen Tendenz der beiden Verse ein Indiz für die redaktionelle Tätigkeit des Evangelisten
entdecken[2]. Schließlich legt auch der in Mk 15,39 erkennbare
reguläre Perikopenschluß, über den gleich noch zu reden sein
wird, die Annahme nahe, daß Mk 15,40f nicht ursprünglich zum
Kreuzigungsbericht gehören.

2. Mk 15,39 als Perikopenschluß

Seit der formgeschichtlichen Arbeit kennt man die Akklamation als Perikopenschluß von Wundergeschichten[3]. Sie gehört
mit zur festen Topik der Wundergeschichten und beschreibt den
Eindruck des Wunders auf das anwesende Publikum. Freilich
handelt es sich in den Wundergeschichten durchweg um den prei-
senden Ausruf eines Chores, nicht eines einzelnen. In den Martyrien dagegen ist es gerade oft der Exekutor, also meistens
ein einzelner, der am Schluß des Berichtes durch das Sterben
des Märtyrers zum Lobpreis, Bekenntnis oder einem ähnlichen
Ausruf kommt[4] und damit, wie bei den Wundergeschichten die
Volksmenge durch ihre Akklamation, eine dem Vorgang angemessene Reaktion zeigt, die das bisher Geschehene noch einmal in
seiner Bedeutung zusammenfaßt und schlaglichtartig für den
Leser erhellt. Die Martyrien, die selber ja oft voll wunder-

---

1 Vgl Bousset Kyrios 65; Taylor according 598; auch AKlostermann 295;
Bacon Beginnings 228; zurückhaltend Loh 348.

2 Vgl dsAr 201f. Durch diese theologische Tendenz des Mk erklärt sich, daß
die Frauen erst hier und nicht wie in Lk 8,1-3 schon vorher genannt
werden (gegen Menzies 283). /Vgl außerdem dsAr 375 A528./

3 Vgl Dib 55.67.72; Bult 67.

4 Vgl Harnack Militia 75; Fiebig Jüdische Wundergeschichten 41ff; ders Tempelvorhang 229; Dib 196; Bult 306; Surkau 87; Campenhausen Idee 148 A1.

hafter Züge sind[1], haben also in diesem Punkte, abgesehen von
dem eben festgestellten Unterschied[2], eine vergleichbare Gemeinsamkeit mit den Wundergeschichten.

Mk 15,39par bestätigt diese These und wird dadurch selber
zugleich auch eindeutig als Perikopenschluß erwiesen. Der
Hauptmann unter dem Kreuz gibt zusammenfassend die wahre Bedeutung des Geschehens für den Leser durch sein Bekenntnis zu
erkennen. Der von Wundern begleitete (Mk 15,33.38) Tod Jesu
erscheint im Lichte dieses Bekenntnisses, das ja bei Markus
ohne jeden Zweifel speziell auf den Todesruf Jesu bezogen
ist[3], als das entscheidende Wunder, das den ungläubigen Henker dazu zwingt, den Gehenkten einen Gottessohn zu nennen[4].

---

1 Vgl hierzu Peterson 183f; Saintyves 432.

2 Daß dieser Unterschied Menge-einzelner nicht entscheidend ist, geht auch
   schon aus Mt 27,54 im Vergleich mit Mk 15,39 hervor; vgl auch Bult 296 A1
   u Peterson 184f, der Belege aus altchristlichen Martyrien in dieser Hinsicht bringt.   3 Vgl dsAr 73ff.

4 Abgesehen von Mk 15,39 sehen wir keine weiteren direkten Gemeinsamkeiten
   zwischen dem Kreuzigungsbericht des Markus und den Martyrien (vgl zB das
   ganz andere Verhalten der heidnischen Märtyrer, ABauer 43ff). Allenfalls
   könnte man neben dem Erhöhungsgedanken (vgl dsAr 196 A2) noch vergleichen, daß Jesus wie die jüdischen Märtyrer stellvertretend für die Sünden des Volkes unter dem Zorn Gottes leidet; doch mit dem entscheidenden
   Unterschied, daß diese zugleich für ihre eigenen Sünden mit ihrem Tode
   büßen (2.Makk 7,18.32f; dazu Surkau 58; Lohse Märtyrer 67), jener aber
   schuldlos nicht nur für das jüdische Volk, sondern vor allem auch für
   die "Welt", die Heiden, stirbt (vgl dsAr 213f.253). Schließlich ließe
   sich noch der absolute Gehorsam Jesu mit dem der jüdischen Märtyrer vergleichen. Doch gehorcht der "Sohn" dem "Vater" selbst, diese aber dem
   "Gesetz" (vgl Surkau 76ff). Obwohl der Leidensgehorsam der Märtyrer auch
   in der Endzeit geschieht (Lohmeyer Idee 241ff), wird gerade damit die
   ganz andere "Seinslage" des Leidens hier wie dort deutlich: Der Märtyrer
   stirbt, um das Gesetz dieses alten Äons (von Mk 15 her geurteilt!) als
   im traditionellen Sinne gerecht und richtig auch im Hinblick auf die neue
   Welt zu erweisen. Jesus stirbt und rechtfertigt das Gesetz, indem er es
   paradoxerweise in der Vollmacht des Sohnes mitsamt der alten Welt u sich
   selbst vernichtet. Gerade so aber erfüllt er das Gesetz Gottes in absoluter Weise, um in der Weltenwende sein Reich des Geistes, der Freiheit und
   des Friedens heraufzuführen (2.Kr 3,17f; Gl 6,14ff; vgl dsAr 253). -
   Die Wunder beim Tode Jesu sind im Markusbericht nicht (im Lukasbericht dagegen sehr wohl!) mit denen der Martyrien vergleichbar (gegen Schlatter
   Märtyrer 36, der nicht so differenziert). Zu den Märtyrerzügen im Kreuzigungsbericht des Lukas vgl Surkau 82f; Conzelmann Mitte 174 A2.190 A3;
   dsAr 261ff. Seine Darstellung bestimmt weithin die Entwicklung: Bei Ignatius gilt Jesus als "der große Märtyrer, das Evangelium als Märtyrerbuch"
   (Michel Märtyrer 56; vgl auch Riddle 399f zu Polykarp). Vgl zum Ganzen
   noch Leipoldt Tod 79; Schille ZThK, 1955, 167; Bertram Leidensgeschichte
   94; dsAr 149f.

In Mt 27,54 ist die Akklamation des Hauptmanns mehr von
der Topik des Martyriums weg zu der der Wundergeschichte hin
entwickelt. Der Vers gibt einen typischen Chorschluß wieder,
der mit der Furcht des Hauptmanns und seiner Soldaten vor
dem Erdbeben und den sonstigen bei Markus und Lukas nicht
genannten Wundern motiviert wird. Auch die Matthäusfassung
von Mk 15,39 zeigt also in Analogie zu den Wundergeschichten,
daß hier ein Perikopenschluß vorliegt.

In Richtung auf die abschließenden Formulierungen der Martyrien hin hat Lukas (23,47ff) also in genau umgekehrter Weise wie Matthäus, doch mit demselben Erfolg, den abschließenden Charakter von Mk 15,39 betont, indem er auf den Ausruf
des Hauptmanns gleich eine bei Markus und Matthäus fehlende
Beschreibung des reuigen Volkes folgen läßt und Mk 15,40f
stark gekürzt enger an das Vorhergehende anschließt (Lk 23,
49). So entsteht ein gut gefügter Abschluß, wie wir ihn
sonst auch in den Märtyrerberichten finden.

Wie auch das Verhalten der Seitenreferenten bestätigt,
liegt, so kann jetzt endgültig gefolgert werden, in Mk 15,39
der eigentliche Abschluß des Kreuzigungsberichtes vor, der
durch die Verse 40f mit den nachfolgenden Erzählungen verbunden ist. Angesichts der Bearbeitung des Verses 39 durch
Matthäus und Lukas und seines völligen Fehlens im Petrusevangelium[1] ist mit dieser Feststellung freilich noch nicht
einfach seine Zugehörigkeit zur ältesten Traditionsschicht
erwiesen. Hierüber wird vielmehr noch weiter zu debattieren
sein, zumal gerade der Charakter des Verses 39 als Perikopenschluß, wie die Analogie der Wundergeschichten zeigt,

---

1 Vgl dsAr 271 A1.

eventuell für seine spätere Anfügung sprechen könnte[1].

Als letztes Argument für die ursprünglich isolierte Tradierung des Kreuzigungsberichtes ist nun noch auf die Eigenart der Verspottungs- und der Grablegungsgeschichte hinzuweisen, da diese beiden Geschichten den Kreuzigungsbericht im jetzigen Zusammenhang der Leidensgeschichte umgeben.

3. Grablegung und Verspottung
a) Die G r a b l e g u n g [2] ist durch den Neueinsatz in Mk 15,42[3] deutlich vom Kreuzigungsbericht unterschieden und im Inhalt, abgesehen von Mk 15,44f.47, vollkommen selbständig[4]. V 47 ist sekundärer Zusatz[5]. Gilt dasselbe auch für die Verse 44f, die bei Matthäus und Lukas fehlen, also wohl von diesen beiden Evangelisten gestrichen wurden[6]? Sind sie antidoketisch gemeint? Oder sollen sie eine Scheintodinterpretation widerlegen[7]? Beides ist nicht wahrscheinlich. Denn warum hätten dann Matthäus und Lukas diese Verse streichen sollen?

Auffallend ist, welch eine große Rolle der Hauptmann von

---

1 Vgl Bult 67. Bacon Mark 199 sieht in V 39 (wie auch in W 34b-36) einen Zusatz des Evangelisten. Wenn er jedoch auch V 38 auf den Evangelisten zurückführt, so zeigt dies, daß sein Urteil auf falschen Prämissen (: die Zusätze weichen vom lukanischen Bericht ab) beruht; vgl dsAr 264. 267.

2 Zu dem ursprünglichen Sinn der Grabtradition vgl Bickermann Grab 290: Der Gekreuzigte ist der Erhöhte! Campenhausen Grab historisiert die Tradition unnötig /; vgl Schreiber ZNW, 1981, 141-157/.

3 V 42 selbst ist sekundär, vgl dsAr 31f.

4 Vgl das Urteil von Bickermann Grab 282.

5 Vgl dsAr 36.

6 Bult 296 meint, Mt u Lk hätten die Verse nicht gelesen. Wir glauben eher, daß die Evglsten bei ihren Verdeutlichungstendenzen (vgl dsAr 39. 257f.265f) u der damit sich ergebenden Änderung in Mk 15,39 (Bekenntnis nicht mehr auf Schrei bezogen!) auch Vv 44f eliminiert haben. Wir führen deshalb auch Vv 44f wie V 39 auf Mk zurück (vgl 73f.94f.215); vgl Hauck Markus 191; Wendling Entstehung 175.

7 Vgl hierzu Campenhausen Grab 33f. Die von ihm abgelehnte antidoketische Interpretation halten wir auch für falsch. Seine Hypothese (Scheintod) ist aber wohl ebenfalls kaum haltbar; vgl dsAr 215 u unsere obigen Ausführungen.

V 39 in Vv 44f spielt. Er muß Pilatus ausdrücklich den
s c h n e l l e n [1] Tod Jesu bestätigen. Der eigentliche
Sinn dieser Bestätigung läßt sich nur unter Berücksichtigung einer sachgemäßen Interpretation der Verse 37ff erheben. Denn nur Markus, der in V 39 das Bekenntnis des Hauptmanns so merkwürdig durch den lauten Todesschrei (V 37) begründet[2], bringt dann in Vv 44f die eigentümliche Bestätigung vom auffallend frühen Tode Jesu durch eben denselben
Hauptmann. Es scheint hier also ein Zusammenhang zwischen
dem Kreuzigungsbericht und der Geschichte von der Grablegung vorzuliegen, der aber, da er nur im Markusevangelium
besteht, sekundär ist und womöglich von Markus stammt, also
an der ursprünglichen Selbständigkeit der Grablegungstradition (Mk 15,43.46)[3] nichts ändert. Der Abschnitt Mk 15,42-47
besteht also aus einer alten selbständigen Tradition, die
durch redaktionelle Zusätze erweitert wurde. Der Zusammenhang mit dem Kreuzigungsbericht ist somit nicht ursprünglich
und nicht von vornherein gegeben.

b) Die   V e r s p o t t u n g   Jesu wird in einem Bericht
gegeben, der, wie wir schon sagten, als Ganzes kein altes
Traditionsstück ist, da er sich als in sekundäre Zusammenhänge verwoben erweist[4]. Die Verbindung mit dem Kreuzigungsbericht in Mk 15,20 kann, da die Verse 21ff[5] sicher sehr alt
sind, deshalb nicht ursprünglich sein. Trotz seines sekundären Charakters hat der Verspottungsbericht aber dank seines
eindrücklichen Inhalts eine große Selbständigkeit im Laufe
der Tradierung erlangt. So, wie er uns jetzt in Mk 15,16-20a
vorliegt, ist er darum auch ohne den Zusammenhang der übrigen
Passionsgeschichte in sich verständlich, sofern man überhaupt
von Jesu Passion weiß[6].

---

1 Hierin liegt der über Vv 37.39 hinausgehende Sinn von Vv 44f; vgl
  dsAr 215.
2 Vgl dsAr 73ff.
3 "Wie alt die hier erhaltene Tradition ist, läßt sich freilich nicht
  feststellen" (Bult 296).
4 Vgl dsAr 34ff.   5 Vgl 221ff.
6 Finegan 75 A1 hält eine isolierte Tradierung von Mk 15,16ff für
  möglich; vgl dsAr 20.

Die jetzige, sekundäre Selbständigkeit des Berichtes wird aber nicht nur durch den Inhalt, sondern vor allem auch dadurch erwiesen, daß Lukas[1] ihn streichen kann, ohne daß der Zusammenhang seiner Passionsgeschichte dadurch leiden würde. Läge nur sein Evangelium vor, so würde niemand zwischen dem Verhör vor Pilatus und dem Gang zur Kreuzigung eine Verspottungsszene als ursprünglich vermuten[2].

Der Zusammenhang zwischen Verspottungs- und Kreuzigungsbericht erweist sich also einmal deshalb als sekundär, weil es sich in Mk 15,16—20a um eine späte Bildung, in 15,20b ff dagegen um ältestes Traditionsgut handelt. Und zum andern zeigt die relative Selbständigkeit des Verspottungsberichtes, daß er womöglich zu einer bestimmten Zeit auch für sich allein erzählt werden konnte und zu einer in sich abgerundeten Einzelgeschichte geworden war, die des Zusammenhanges der Passionsgeschichte, aus dem heraus sie entstanden war[3], nun nicht mehr unbedingt bedurfte und deshalb auch, ohne Schaden für diesen, von Lukas gestrichen werden konnte.

Freilich ist die redaktionelle Verknüpfung zwischen Verspottung und Kreuzigung sehr glatt und eng, so daß manche Exegeten V 20b dem Verspottungsbericht, manche ihn der Kreuzigungserzählung zuweisen[4]. Dennoch spricht die auf den ersten Blick[5] nahtlos erscheinende Verbindung der beiden Berichte in V 20 nicht für einen ursprünglichen Traditionszusammenhang. Denn wenn man die enge Verknüpfung der Verse Mk 15,20f zum Maßstab der Ursprünglichkeit des Zusammenhanges machen wollte,

---

1 Die Streichung des Lk hat ganz bestimmte Gründe (vgl dsAr 100 A2.264 A2.3).
2 KLSchmidt Rahmen 307 meint ohne jede weitere Begründung, die Streichung von Mk 15,16—20 durch Lk beweise "nichts gegen die Ursprünglichkeit dieser Episode an ihrer jetzigen Stelle." Vgl dagegen unsere obigen Ausführungen u dsAr 19f.
3 Sie kann sich aus Mk 14,65 (vgl Hauck Markus 184) oder Mk 15,15b (so Bult 293) unter dem Einfluß des sekundären Leitmotives: Jesus der Messias (vgl dsAr 34f) entwickelt haben.
4 Vgl zB Klost 162; Bult 294; Loh 341, die V 20b zum Kreuzigungsbericht rechnen, während Holtzmann 180 ihn zur Verspottungsszene fügt. Ähnlich Hauck Markus 184; Schnie 196, die auch V 21 zu Vv 16—20 zählen.
5 Vgl jedoch dsAr 87!

dann müßte man zB auch in Lk 23,26f einen ursprünglichen Zusammenhang annehmen, was man aber angesichts der Seitenreferenten nicht kann[1], also auch bei dem Verhalten des Lukas zu Mk 15,16-20a im Falle von V 20f nicht tun darf.

Die glatte literarische Verknüpfung der beiden Erzählungen in V 20 besagt also nicht mehr, als daß die Redaktion hier ganze Arbeit geleistet hat.

§ 3 Schlußfolgerung

Nach unserer ganzen bisherigen Untersuchung kann wohl nun mit gutem Recht behauptet werden, daß eine sachgemäße Auslegung des Kreuzigungsberichtes bei diesem selbst einsetzen muß, nicht aber in dem als sekundär erkannten Zusammenhang der Leidensgeschichte. Der Gang der bisherigen Forschung wie auch unsere eigenen bisherigen Erwägungen und analytischen Beobachtungen veranlassen uns, den Abschnitt Mk 15,20b-41 wie alle übrigen Einzelgeschichten der synoptischen Tradition zuerst einmal als Perikope, dh losgelöst von seiner Umgebung, zu interpretieren. Denn nur so läßt sich sein ursprünglicher Sinn, den er vor seiner Einfügung in die Leidensgeschichte als selbständige Traditionseinheit hatte, sachgemäß erheben.

Falls sich bei dieser Untersuchung des Kreuzigungsberichtes eine Bearbeitung des Abschnitts durch den Evangelisten bzw seinen Vorgänger[2] beobachten lassen sollte, so sind dann natürlich auch die sekundären Zusammenhänge eventuell von größter Wichtigkeit, da sie womöglich dieselben Tendenzen verraten wie die Zusätze im Kreuzigungsbericht, also zu deren sachgemäßer Interpretation beitragen können.

---

1 In Lk 23,26f mit Sonderüberlieferung zu rechnen (so zB BWeiß Markus u Lukas 665f), ist ganz unnötig, da die Gründe, die Lk zur Abänderung des Markustextes führten, deutlich erkennbar sind (vgl dsAr 246 A 2).

2 Die Frage, ob der Evglst selbst oder ein Vorgänger den Kreuzigungsbericht bearbeitet habe, kann in diesem Stadium unserer Arbeit noch nicht einmal andeutungsweise beantwortet werden. Bei manchen Versen wird wohl nie eine endgültige Entscheidung möglich sein, vgl dsAr 103f.117.

Dieser eventuell notwendige zweite Schritt einer Untersuchung der redaktionellen Stellen des Markusevangeliums, die
mit dem Kreuzigungsbericht zusammenhängen, wird aber, wie unsere bisherigen Ausführungen zeigen, erst möglich und sinnvoll, wenn man mit einer Analyse und Exegese des Kreuzigungsberichtes beginnt und so dessen redaktionelle Erweiterungen
aufgespürt hat.

B. Einzelanalyse von Mk 15,20b-41

§ 1 Vorbemerkungen

I. Der Markusbericht und die übrigen Kreuzigungsberichte[1]

1. Die Synoptiker und das Petrusevangelium

Die Leidensgeschichte der Synoptiker und die des Petrusevangeliums sind, traditionsgeschichtlich geurteilt, sehr nah
miteinander verwandt. Dies Urteil gilt besonders im Blick auf
den Kreuzigungsbericht[2]. Bei der Analyse und Exegese des Markusberichtes ist deshalb ständig auf das Verhalten der drei
Seitenreferenten zu achten, um das für Markus Typische heraus-

---

1 Auf die noch immer nicht endgültig abgeschlossene Diskussion um die Urmarkushypothese und die verschiedenen Quellenhypothesen, nicht nur zu
Mk (vgl den Überblick bei Taylor according; s auch Thiel; Kümmel Thiel),
sondern vor allem auch zu Lk (besonders die angelsächsische Forschung:
Streeter; Perry; Taylor Formation; ders Behind; ders Proto; dazu kritisch Petrie) u Mt (zuletzt Vagany), brauchen wir bei unserer Exegese
des Kreuzigungsberichtes nicht einzugehen (vgl noch zum Problem Schniewind Exegese; EKlostermann Evangelien 422ff). Wir stimmen der Feststellung von Dahl Passionsgeschichte 17 zu, eine Urmarkushypothese kompli-
ziere im Hinblick auf die Passionsgeschichte nur unnötig die Situation.
Nach allem, was sich bei unserer Arbeit ergibt, möchten wir annehmen,
daß Mt u Lk den Kreuzigungsbericht des Mk wahrscheinlich in seiner heutigen Fassung gekannt u darüber hinaus keine schriftlichen Sonderq u e l-
l e n (allenfalls Einzelstücke!) benutzt haben. Ihre Besonderheiten gegenüber dem Markustext erklären sich durchweg aus ihrer gegenüber Mk
verschiedenen theologischen Gesamtkonzeption, vgl dsAr 257ff.261ff.

2 Mit Schille ZThK,1955,164f gg Dibelius Botschaft I 221ff halten wir den Bericht
des Petrusevangeliums für die späteste Ausprägung der synoptischen Tradition vom Tode Jesu. Der Begründung Schilles stimmen wir freilich nicht
ohne weiteres zu. Das Petrusevangelium scheint uns deshalb in seiner Berichterstattung sekundär zu sein, weil hier der atliche Schriftbeweis ver-
gröbert auftritt (vgl zu dieser Tendenz Maurer 7 u die Belege bei Feigel;
Weidel I.II für die spätere Zeit). Vgl dsAr 268ff.

zuarbeiten. Dabei wird die Meinung der anderen Evangelisten[1]
nur immer so weit erörtert, als dies zum Verständnis des Markustextes beiträgt.

Darüber hinaus ist die Tatsache, daß die Markustradition
von jedem der drei Evangelisten in ganz bestimmter Absicht
bearbeitet wurde, von grundsätzlicher Bedeutung. Dies ihr Verhalten zeigt nämlich, daß sich Veränderungen in der Situation der Gemeinde bei ihrer Redaktionstätigkeit entscheidend bemerkbar machten[2]. Dasselbe darf man rückschließend
auch von Markus annehmen[3]. Den Beweis für diese Annahme im
Falle des Kreuzigungsberichtes hat unsere Exegese zu erbringen.

2. Das Markus- und Johannesevangelium

Das Markus- und Johannesevangelium haben nach Ansicht einiger Exegeten nicht weniges theologisches Gedankengut miteinander gemein[4]. Gerade auch im Kreuzigungsbericht des Markus wer-

---

1 Dies geschieht vor allem in den Anmerkungen. Im übrigen s (dsAr 257ff)
  die Exkurse.
2 Vgl Conzelmann Mitte; Bornkamm Matthäus.
3 Vgl Marxsen Markus.
4 Harmonisierungen, wie sie zB Stauffer Jesus 102ff; Sigge 206f vornehmen,
  sind mit Recht von Windisch Johannes abgelehnt worden, der freilich selber die Unterschiede zwischen den beiden Evglsten zu Unrecht in einen polemischen Gegensatz überspitzt. Gewiß hat der 4.Evglst syn Tradition gekannt (Lee 51ff) u wollte sie durch seine Darstellung ersetzen (WBauer
  Johannesevangelium 138f); u gewiß stand ihm dabei nicht-syn Tradition zur
  Verfügung (ebd; Dibelius Jesus 17; Dib 193 gegen Wernle 234ff), mag die
  Übereinstimmung zwischen der syn u johanneischen Leidensgeschichte im Aufriß u Einzelheiten auch noch so groß sein (vgl Dibelius Jesus 28; Wernle
  245). Aber aus den bestehenden Unterschieden darf kein absoluter theologischer Gegensatz herausgelesen werden. Richtig urteilt Wrede 145: "Man betrachte Markus durch ein starkes Vergrößerungsglas, und man hat etwa eine
  Schriftstellerei, wie sie Johannes zeigt." Das gilt trotz aller Unterschiede (vgl Bultmann Johannes 489f) gerade auch für die Passionsgeschichte. Sowohl bei Mk wie bei Joh ist die Passion für den, der zu sehen vermag, "die Demonstration des Gehorsams Jesu u damit der Erweis seiner δόξα"
  (aaO 490: dort allein auf Joh bezogen). Es besteht weithin nur ein wohl in
  der theologischen Situation begründeter Unterschied in der Ausdrucksweise:
  Bei Joh wird die Erhöhung Jesu expressis verbis mit Bezug auf die Passion
  formuliert; bei Mk hat man dies aus dem im Evangelium beschriebenen Geschehen (Rahmentheologie des Evglst!) zu erschließen. Mk steht Joh jedenfalls theologisch näher als Lk, was das Verständnis des Todes Jesu angeht,
  obwohl dieser (vgl dsAr 261ff) wie Joh die apokalyptischen Momente des
  Kreuzigungsgeschehens reduziert. Aber sowohl bei Joh wie bei Mk ist der
  Tod Jesu als <u>das</u> eschatologische Heilsereignis verstanden. Lk u Joh gehö-

den wir noch solche Entsprechungen feststellen[1]. Im übrigen
aber hat der Kreuzigungsbericht des Johannesevangeliums die
ständige, im folgenden nicht mehr genannte Aufgabe, von vornherein darauf hinzuweisen, wie sehr die urchristliche Berichterstattung vom Tode Jesu durch theologische Fragestellungen, nicht aber durch historische Interessen bestimmt
ist[2]. Denn nur so scheint uns erklärt werden zu können, daß
beide Evangelisten, auf den äußeren Ablauf des Geschehens gesehen[3], so unterschiedlich vom Tode Jesu berichten.

---

ren zusammen, insofern sie genau wissen, was auch Mk schon ahnt: Äußer-
lich-real ist der Tod Jesu nicht, wie die älteste Gemeinde meinte, der
Beginn und Vollzug des Weltenendes. Lk zog daraus die in Mk 13 schon
angedeutete Konsequenz: Das Weltende kommt erst und fand nicht beim Tode Jesu statt. Joh folgt dagegen der eigentlichen Intention des Mk und
der ihm vorgegebenen Tradition: Jesu Tod ist in aller Verborgenheit Gericht, Erhöhung und Heil, die Weltenwende.

1 Vgl dsAr 69 A4.194 A2.216f.

2 Damit sind alle Harmonisierungen mit historistischer Abzweckung, wie
  sie zB Zahn Grundriß 72ff vornimmt, ausgeschlossen und von uns ein für
  allemal abgelehnt.

3 Die dem Historiker auffallenden Unterschiede dienen im Johannesevangelium freilich gerade der ursprünglich mit Jesu Tod gegebenen theologischen Aussage (vgl dsAr 45 A4)!

II. Besonderheiten des Markus-Berichtes

Einige Bemerkungen sollen auf die Eigenart des markinischen
Kreuzigungsberichtes hinweisen, um von vornherein womöglich
die Fehler bei der Exegese auszuschalten, die auf einer grundsätzlich falschen Beurteilung der Wesensstruktur des Textes
beruhen.

Man hat schon manchmal darauf hingewiesen, daß der Kreuzigungsbericht sich durch eine große Bildhaftigkeit auszeich-
net, die dadurch zustande kommt, daß lauter kleine Sätze mo-
saikartig zusammengefügt sind. Viele Verse stehen so mehr nebeneinander, als daß sie, logisch-rational verknüpft, einer
dem andern folgen. Gewiß ist dieser Erzählungsstil auch sonst
in den synoptischen Evangelien üblich. Doch kann ohne weiteres behauptet werden, daß er hier besonders deutlich ausgeprägt ist.

Für die überlieferungsgeschichtliche Analyse des Kreuzigungsberichtes ergibt sich aus diesem Tatbestand die Warnung,
bei allen Urteilen die größte Vorsicht walten zu lassen[1]. Wie
die Resultate der bisherigen Forschung zeigen, verführt die
lose Aneinanderreihung der Verse in Mk 15,20b-41 zu übereil-
ten analytischen Schlüssen und teilweise gar zu den ausge-
fallensten Geschmacksurteilen[2].

Vor solcher Willkür schützt nicht nur die klare Erkenntnis
der exegetischen Aufgabe und die Vielfalt der angewendeten
Auslegungsmethoden[3]. Vielmehr setzt sich der Text mit den
Versen 25.33f[4] selber gegen alle unkontrollierten Sezierkün-
ste zur Wehr. Ihre präzise Art der Zeiteinteilung ist in der
ganzen synoptischen Tradition einmalig und von der Forschung
noch keineswegs recht gewürdigt. Diese Verse scheinen das Gerüst der Perikope zu sein. Sie wirken wie eine Klammer, wel-

---

1 Vgl die Warnung KLSchmidt Rahmen 50: Herauslösungen von Versen "sind bei
  dem streng parataktischen Stil des Mk eine ziemlich leichte Operation.
  Aber dieser Umstand mahnt auch zur Vorsicht und Zurückhaltung." Vgl
  Finegan 32; dsAr 48 A1.
2 Vgl 48 A3.   3 Vgl 1-10 /u 73 A6; 156/.
4 Vgl zur Ursprünglichkeit des Stundenschemas 56f.72-76.156./328-344./

che die lose aneinandergereihten Augenblicksbilder zum großen
Bild der Kreuzigung Jesu[1] zusammenfügt. Das Stundenschema weist
jeder Einzelheit im Ablauf der Erzählung einen ganz bestimmten
Platz zu und ordnet das gesamte Geschehen der Kreuzigung von
der dritten Stunde über die sechste auf die neunte Stunde hin,
den Höhepunkt der Handlung[2]. Daß die neunte Stunde für Markus
wirklich den Höhepunkt der Handlung markiert, steht außer Zweifel. Denn in dieser Stunde stirbt Jesus, von den Menschen mißverstanden; hört die Finsternis auf; zerreißt der Tempelvorhang; bekennt sich der Hauptmann zum Gottessohn.

Nur die Analyse und Exegese darf als sachgemäß und zutref-
fend gelten, die den Sinn dieser Struktur des Textes aufdeckt
und verständlich macht. Jede Analyse aber, die nur auseinan-
derreißt, ohne zugleich zeigen zu können, wie es vorher war
und warum dann später gerade diese Verse, die jetzt wieder
herausgetrennt werden sollen, hinzuwuchsen, muß als unbegründet und verfehlt angesehen werden[3].

So bietet also der Text selbst über alle Methodenstrenge
hinaus ein Kriterium, das alle voreiligen, subjektiven Urteile unmöglich macht.

---

1 Wendling Entstehung 217: "Der Kreuzigungsbericht bestand schon in seiner
  ursprünglichen Form aus kleinen, skizzenhaft aneinandergereihten Augen-
  blicksbildern, ...". Bertram Leidensgeschichte 93: Mk 15,21-41 "ein kul-
  tisches Bild". Taylor according 588: Durch das häufig gebrauchte Präsens
  historicum sieht man alles vor Augen. Vgl Davies, der betont, daß bei Mk
  die Messianität Jesu nicht gelehrt, sondern in Ereignissen des Lebens
  Jesu anschaubar wird. Ähnlich Dib 21; dsAr 211 A1. Vgl weiter KLSchmidt
  Rahmen S VI.290 (u ebd A1); Schlatter Christus 513. In solch bildhafter
  Darstellung wirkt sich die unbewußte Phantasie des Volkes aus (Feigel
  104f.119).
2 BBauer III 256 betont zu Recht die "gewisse Symmetrie" des Stundenschemas,
  jedoch sieht er fälschlicherweise nicht in der neunten, sondern in der
  sechsten Stunde den entscheidenden Sinn der Stundenzählung: Die Sonne
  verfinstert sich bei ihrem höchsten Stande (vgl dazu dsAr 154 A3). Teilweise richtig auch Lohmeyer Gottesknecht 62: "wie in Stufen schreitet das
  Geschehen von Stunden zu Stunden fort". Doch versinnlicht sich darin keineswegs nur der eine Gedanke, "daß der Gottessohn 'viel leidet'" (ebd). -
  Die sogenannte Kreuzprobenlegende aus der Zeit der Kaiserin Helena zeigt,
  daß man in der alten Kirche sehr wohl noch um die entscheidende Bdtg der
  9.Stunde wußte: ein toter Jüngling wird um die 9. Stunde wieder zum Leben
  erweckt, als man das wiedergefundene Kreuz Christi auf ihn legt (vgl Roscher 18). Vgl im übrigen dsAr 156ff.
3 Völlig unsinnig ist zB die Einteilung von Carrington 222ff; vgl die Kritik von Voort.

§ 2 Textkritische Beobachtungen

Im folgenden sollen nicht alle Lesarten unseres Abschnittes untersucht werden. Wir richten unser Augenmerk vielmehr nur auf die wichtigsten Varianten, um für unsere Analyse den wahrscheinlich ältesten Text als Grundlage zu ermitteln.

I. Mk 15,25

In Mk 15,25 ziehen nicht wenige Forscher die Lesart καὶ ἐφύλασσον αὐτόν (D ff k n r[1] sa)[1] der besser bezeugten καὶ ἐσταύρωσαν αὐτόν vor[2]. Dabei stützen sie sich auf die folgenden zwei Argumente: a) Matthäus müsse in seinem Markusexemplar ἐφύλασσον gelesen haben, denn nur so erkläre sich Mt 27, 36 recht[3]. b) Das dreimalige σταυροῦν in den Versen 24.25. 27 sei schleppend. Deshalb sei in V 25 die westliche Lesart vorzuziehen und ἐφύλασσον zu lesen[4].

Prüft man diese beiden Argumente, so sind sie beide, recht besehen, wertlos. Denn zu (b) ist zu sagen, daß die Lesart καὶ ἐφύλασσον ja wohl gerade deshalb entstanden ist, um das dreimalige eintönige σταυροῦν in den Versen 24.25.27 zu beseitigen. Der Redaktor hatte schon genau denselben Eindruck wie der heutige Exeget und versuchte deshalb vor allem die harte Aufeinanderfolge von V 24 und V 25 zu glätten, was ihm, wohl beeinflußt von Mt 27,36[5], auch gut gelang[6].

---

1 Vgl Couchoud 133.

2 So Turner Western 11; Couchoud 133; WCAllen Mark, Wohlenberg, Klost zSt; vgl auch Loh, Rawlinson zSt.

3 So WCAllen Mark 185; Couchoud 133; Turner Western 11; vgl auch Sundwall Zusammensetzung 83.

4 So Wohlenberg 373 A60; vgl Taylor according 590, Loh 342 A5.

5 Die verschiedene Wortwahl (Mt 27,36 ἐτήρουν, Mk 15,25 ἐφύλασσον) mahnt freilich zur Vorsicht. Der Zwang zur Glättung des Textes wie die Situation der Kreuzigung können auch unabhängig von Mt 27,36 das Bewachungsmotiv in Mk 15,25 erklären. Doch vgl dsAr 50 A3.

6 Ebenso urteilen BWeiß Markus u Lukas 236A; Bult 295; Taylor according zSt; Brandt 219 A1; Blinzler 192.

Was nun das erste Argument (a) angeht, so gilt hier ganz
ähnliches wie für (b). Matthäus und Lukas streichen Mk 15,25
als Dublette von Mk 15,24[1]. Matthäus, der sich, anders als
Lukas, ziemlich genau an die Markus-Vorlage anschließt, hat
außer V 25 auch noch in Mk 15,24 das distributive τίς τί ἄρη
gestrichen und statt dessen den der Situation entsprechenden
Vers Mt 27,36 eingefügt. Damit sind alle Schwierigkeiten,
die der Markustext bietet, auf das beste gelöst und ein glat-
ter Zusammenhang ist geschaffen. Dies aber war bekanntlicherweise
eins der wichtigsten Ziele der Seitenreferenten des Markus[2].
Mt 27,36 erklärt sich also nicht aus der westlichen Lesart
ἐφύλασσον in Mk 15,25. Vielmehr steht die Sache genau umgekehrt: Auch im Markustext setzt sich in einigen Handschriften die Tendenz der späteren Zeit durch, den überlieferten,
mangelhaften Zusammenhang zu verbessern[3].

Die vorgeführte Argumentationskette kann keineswegs einfach umgekehrt werden. Denn bis jetzt hat noch niemand erklären können, wie die von den besten Handschriften[4] bezeugte Lesart καὶ ἐσταύρωσαν αὐτόν in Mk 15,25 an Stelle der Formulierung καὶ ἐφύλασσον αὐτόν eindringen konnte. Die Lesart
καὶ ἐσταύρωσαν αὐτόν ist somit die ursprüngliche Textfassung.
Dafür spricht schließlich auch der altbewährte textkritische
Grundsatz, daß die schwierigste Lesart der bequemeren vorzuziehen sei[5].

II. Mk 15,28

Mk 15,28 gilt allgemein[6] als Glosse, weil der Vers nur
von minderwertigen Textzeugen geboten wird. Nur Blass hat
sich energisch für seine ursprüngliche Zugehörigkeit zum
Kreuzigungsbericht eingesetzt[7]. Der Vers sei weder "im Zusam-

---

1 Zu der Möglichkeit, daß Mt u Lk Mk 15,25 gar nicht lasen, vgl dsAr 55 A1.

2 Larfeld hat dies besonders deutlich gezeigt. Für Lk speziell vgl auch
   Cadbury Style 73-205.

3 Dabei hat der Mt-Text eine große Rolle gespielt! Vgl nur außer Mk 15,
   25 den V 36 (ἄφετε nach Mt 27,49 in ἄφες geändert).

4 Turner u Couchoud ziehen den westlichen Text viel zu sehr vor, vgl
   Zerwick 109, Knopf 67.   5 So Hartmann 105.
6 Vgl die Kommentare zSt.   7 Vgl auch noch Bisping 123.

menhang unpassend" noch dem Markus in seiner Schriftzitation
"so ganz fremd", wie Mk 14,49 zeige, und deshalb auch nicht
"anderswoher entlehnt"[1].

Das erste Argument stimmt. Schlecht steht es dagegen mit
dem zweiten. Die Art der wörtlichen Schriftzitation von Mk
15,28 ist so ·in Mk 14,49 nicht zu finden und dem Markus also
durchaus nicht geläufig[2]. Sie könnte in Vers 28 nur ursprünglich sein, wenn sie auf das beste bezeugt wäre[3]. Hat man dies
aber eingesehen, so muß man auch zugeben, daß, obwohl V 28 an
sich gut dem S i n n e nach in den Zusammenhang eingefügt
ist, der Vers, seinem S t i l nach geurteilt, überhaupt
nicht zwischen die Verse 27 und 29 paßt und den Zusammenhang
der Erzählung, ihren Handlungsablauf, stört.

Die spätere Einfügung von Mk 15,28 erklärt sich zudem
leicht, wenn man das Anwachsen des Schriftbeweises de verbo
im Laufe der Tradierung beobachtet[4]. Der Schriftbeweis de
facto genügte nicht mehr. Man wollte ihn verdeutlichen, die
Erfüllung des Alten Testamentes im Leben Jesu genauer aufzeigen[5]. Vers 28 ist also zur Verdeutlichung von Vers 27 auf
Grund von Jes 53,12 (Lk 23,37)[6] interpoliert worden und gehört nicht zum ursprünglichen Textbestand[7].

III. Mk 15,34

Weit heftiger umstritten als die Lesarten von V 25 und der
V 28 ist die Ursprünglichkeit des Wörtchens ἐγκατέλιπές in
V 34. Vor allem Harnack[8] und mit ihm viele andere Gelehrte
lesen statt ἐγκατέλιπες ὠνείδισας, eine Lesart, die wiederum

---

1 Blass 88.
2 Vgl Wohlenberg 375 A62, JWeiß drei 221, auch Lightfoot History 155, der
  Mk 14,21.49 zusammensieht u von 15,28 unterscheidet. 14,49 ist direkte
  Rede; 15,28 dagegen nicht.
3 Bei Mk 14,49 ist dies der Fall!
4 Vor allem Mt verstärkt den Schriftbeweis de verbo, vgl Maurer 7f. Ebd
  auch Erläuterung der Termini de verbo/facto.
5 Vgl Maurer ebd; Feigel 18.
6 Vgl Ungern-Sternberg 284, Strauß II 518, Schmid Evangelium 296; zur Abhängigkeit von Lk 23,37 Brandt 214 A1, Klost, Loh zSt.
7 Zur weiteren Ausgestaltung von V 27 mit den Namen der Hingerichteten,
  vgl Blass 87, Swete 282, Wohlenberg 375 A61, Rawlinson 234, Taylor
  according 591.   8 Harnack Probleme; vgl auch Knopf 63.

wie in V 25 nur von einigen Handschriften im Okzident vertreten wird, während die Orientalen alle ἐγκατέλιπες lesen.

Das Hauptargument der Vertreter der okzidentalen Lesart
ist, daß wohl kaum jemand gegen die doppelte Autorität der
Septuaginta und der neutestamentlichen Überlieferung
ἐγκατέλιπες in ὠνείδισας zu ändern gewagt habe. Außerdem
müsse, falls ὠνείδισας eine späte Korrektur sei, diese auch
im Matthäus-Text eingewirkt haben; das sei aber nicht der
Fall. Die Folgerung lautet: Matthäus änderte seinen Text gemäß der Septuaginta von ὠνείδισας in ἐγκατέλιπες. Im Orient
beeinflußte diese Änderung auch den Text des Markusevangeliums, während sich im Okzident "unkorrigierte Exemplare" er-
hielten[1].

Die Frage, warum Markus statt des Psalmenwortes
ἐγκαταλείπειν das Wort ὀνειδίζειν wählte, beantwortet Harnack folgendermaßen: Markus wollte die hart klingenden Worte
von Ps 22,2 abschwächen[2] und benutzte dazu im Anschluß an
Mk 15,17-20.29-32(!) das Verb ὀνειδίζειν in der Bedeutung:
Gott läßt die Schmähungen der Feinde zu[3].

Diese letzte Begründung für die Ursprünglichkeit der
westlichen Lesart wird von anderen Exegeten[4] gerade umgekehrt als Zeichen für den sekundären Charakter von ὠνείδισας
gewertet und unseres Erachtens ganz zu Recht. Denn es hat
sich, wie die Entwicklung der Passionstradition im Lukas-
und Petrusevangelium zeigt, je länger je mehr eine Betrachtungsweise durchgesetzt, "die nicht mehr als solche das Bi-
belwort zu würdigen weiß"[5] beziehungsweise andere theologische Absichten verfolgt und deshalb V 34 nicht nur abändert,
sondern ganz streicht. Von dieser Tendenz her ist die Variation der Worte Jesu in V 34 durch einige westliche Handschriften gut erklärbar[6].

---

1 So Harnack Probleme 261f; Turner Western 12; Sundwall Zusammensetzung
  83; auch APallis Mark 55.107; Knopf 59.
2 Umgekehrt APallis Mark 107; kaum zu Recht; vgl Hasenzahl 145.
3 Harnack Probleme 263f.
4 Feigel 64; Weidel II 267 A1; Rawlinson, Klost zSt; Schelkle 45f; Dib 195;
  Dibelius Passion 35; KLSchmidt Kanonische 44 A37; Goppelt Typos 125.
5 Dib 195.
6 Nestle Mark 521 möchte die Lesart ὠνείδισας als "another equivalent for
  צבץ " oder als "a clerical error for ὠδύνησας", vgl Sir 43,17; Spr 19,6
  usw, erklären.

Die doppelte Autorität der Septuaginta und der Gemeindeüberlieferung brauchte den Interpolator von solcher Änderung
nicht abzuhalten. Denn der lebendige, sich wandelnde Glaube
der Gemeinde, der sich der Schriftautorität bediente, um die
Überlieferung zu formen, war auf seiner Seite. Sprach diese
entscheidende Größe des Traditionsprozesses für eine Abänderung des Evangelientextes, so war sie legitim. Wie frei man
in früherer Zeit in dieser Hinsicht dachte, zeigt das Verhalten des Lukas, der Mk 15,34ff ganz strich und Mk 15,37 statt
mit dem harten Wort aus Ps 22,2 durch Ps 31,6 interpretierte
(vgl Lk 23,46)[1]. Daß deshalb auch in späterer Zeit ein Interpolator eine verhältnismäßig geringfügige Änderung vornehmen
konnte, ist nicht zu bestreiten. Ist das Hauptargument für
die westliche Lesart somit nicht stichhaltig, so muß die
Fassung der Orientalen als ursprünglich gelten[2].

IV. Mk 15,39

    Im Rahmen unserer textkritischen Bemerkungen sei noch kurz
auf Mk 15,39 eingegangen. Man hat in dem Text der altlateini-
schen Handschrift k: quia sic exclamavit die originale Lesart
sehen wollen, da sie alle übrigen Textvarianten zu der vom
Vaticanus[3] vertretenen Lesart οὕτως ἐξέπνευσεν erklären könne[4]. Vergleicht man die übrigen Lesarten[5] und bedenkt man außerdem, daß k den ältesten afrikanischen Text bietet, so möchte man schon zustimmen, wenn man nur wüßte, wie die im Zusammenhang recht blaß wirkende Formulierung des Vaticanus die anschauliche Wendung quia sic exclamavit verdrängen konnte[6]. Da
sich hierfür keine plausible Erklärung finden lassen dürfte,
wird wohl doch die B-Lesart die ursprüngliche sein. In Codex
k[7] wurde sie wegen ihrer Allgemeinheit durch eine sprechendere

1 Vgl 45f. 261.
2 Der ntliche Sprachgebrauch vom ὀνειδισμός Christi ist kein Argument für
  die westliche Lesart. Der Interpolator kann ebenso von ihm beeinflußt
  sein (gegen Harnack Probleme 264).- Die übrigen textkritischen Fragen
  in V 34 werden bei der Exegese des Verses besprochen, vgl dsAr 174 A4.
3 Wie B lesen auch ℵ u L.   4 So Loh 346 A4; Couchoud 133f; Turner Western 12f.
5 D: οὕτως αὐτόν κράζοντα καὶ ἐξέπνευσεν; AC: ὅτι οὕτως κράξας ἐξέπνευσεν;
  W θ: κράξας ἐξέπνευσεν.
6 Loh ebd hält die Lesart von k gerade wegen ihrer Anschaulichkeit und da
  sie einen besseren Bezug zwischen V 37 u V 39 ergebe, für echt. Loh übergeht aber die Frage, wie die Lesart von ℵBL entstanden sein soll. Vgl
  auch dsAr 54 A1.
7 Loh ebd vermutet, daß auch D ursprünglich wie k las und "καὶ ἐξέπνευσεν
  später hinzugefügt" wurde.

Wendung ersetzt[1],und die übrigen Handschriften kombinierten
aus dem Wortlaut von k und B ihren Text möglichst geschickt[2].
Während B mehr die Tatsache des Todes Jesu betonte, k dagegen
nur das laute Schreien nannte, haben sie nun durch die Vereinigung beider Momente die Paradoxie des Todes Jesu in kurzen
Worten, ganz analog Mk 15,37[3], noch einmal dem Leser eindrücklich vor Augen gestellt: Jesus stirbt - mit einem machtvollen
Schrei! Auf dieses paradoxe Ereignis hin erfolgt das Bekenntnis des Hauptmanns; das wollen zweifellos alle diese Lesarten
berichten[4].

§ 3 Literarkritische Analyse

In diesem Abschnitt soll nicht der ganze Text Mk 15,20b-41
durchgehend einer literarkritischen Analyse unterzogen werden[5]. Es ist vielmehr nur unsere Absicht, mit Hilfe der alt-
bewährten Methode einige Grundfragen und Probleme des Textes
und deren Lösungsmöglichkeiten aufzuzeigen. Die nicht behandelten Verse, zu denen jeweils auch literarkritische Einzelbeobachtungen zu machen wären, werden später an passender
Stelle unter literarkritischem Gesichtspunkt erörtert, um unnötige Wiederholungen zu vermeiden.

I. Mk 15,24f

In Mk 15,24 ist καὶ σταυροῦσιν αὐτόν Dublette zu Mk 15,25
καὶ ἐσταύρωσαν αὐτόν[6]. Die Aufeinanderfolge der beiden Formulierungen wurde schon von den Seitenreferenten des Markus,

---

1 Dadurch wurde aber die eindeutige Beziehung auf V 37 fraglich; mit ein
  Grund wohl für die übrigen Textzeugen, die Lesart von B beizubehalten;
  quia sic exclamavit kann auch auf V 34 bezogen werden. Vgl Klost zSt, der
  mit Origenes freilich zu Unrecht (vgl dsAr 73ff) auch den Wortlaut von B
  für unbestimmt hält.
2 Das Schwanken der Textzeugen kann womöglich auch traditionsgeschichtliche Gründe haben: Hat man an V 39 herumgebessert, weil der Vers
  erst vom Evglsten hinter V 38 eingefügt wurde?
3 Vgl dsAr 159.   4 Vgl Taylor according 597; Rawlinson 238.
5 Vgl dsAr 7 A1 ⎣; 335 A324; 455ff⎦.
6 So Bult 295; Wendling Entstehung 198; Thiel 26; Haupt 143; vgl Brandt
  197; Buckley 142; Klost zSt.

Matthäus und Lukas, als ungeschickt empfunden und deshalb
Mk 15,25 einfach gestrichen[1]. Aus demselben Grunde versuch-
ten einige Handschriften, wie wir schon sahen[2], in V 25 den
Markustext zu verbessern.

Man hat den Dublettencharakter von Mk 15,24f bestritten.
V 25 erzähle den Vorgang der Kreuzigung nicht ein zweites
Mal. Vielmehr habe καί hier den Sinn von ὅτε[3]. Die nachge-
tragene Zeitangabe schaue also auf den Augenblick der Kreuzigung zurück[4], die darum noch einmal genannt werden müsse[5].

Diese grammatisch mögliche Erklärung[6] dürfte die Textauf-
fassung des Evangelisten treffen[7]. Aber das Verhalten der
Seitenreferenten wie die Änderungen einiger Textzeugen in
Mk 15,25 zeigen dennoch nur zu deutlich, wie unbefriedigend
in stilistischer Hinsicht von jeher für den Leser die Aufeinanderfolge der Verse 24f war[8]. Die obige Exegese von V 25
bleibt, so richtig sie ist, unbefriedigend, weil sie die Dubletten nicht beseitigt[9], sondern nur harmonisierend versteht, also nicht wirklich erklärt, warum V 25 so schwerfäl-
lig auf V 24 folgt, folgen muß. Warum brachte der Evangelist
die Zeitangabe nicht schon in V 24? Das hätte sich ja leicht
machen lassen. Die beste Antwort auf diese Frage besteht wohl
in der Annahme: Markus war an die Tradition gebunden, und zwar

---

1 Brandt 197 schließt aus dem Fehlen von V 25 bei Mt u Lk, der Vers sei
  späte Redaktionsarbeit und von den beiden Seitenreferenten gar nicht gelesen worden; ebenso JWeiß Evangelium 335; Blinzler 193. Dagegen s dsAr
  56 A2.
2 Vgl 49f.
3 So Kümmel Thiel nach Loh 342 A5; WBauer Wörterbuch 711. Rawlinson zSt
  sieht in dem καί "an example of Semitic parataxis" und übersetzt deshalb ebenfalls zeitlich: "it was the third hour when they crucified
  him"; vgl Swete zSt; Wellhausen Marci zSt; Bacon Beginnings 222; Kleist
  30; Black Approach 48; Taylor according zSt; so schon AKlostermann zSt,
  der sich wiederum auf de Wette u Meyer beruft. Aber siehe dagegen Moulton-
  Howard 421f u schon BWeiß Markusevangelium 496.
4 Hartmann 105f (vgl Swete 381) sieht in ἐσταύρωσαν (V 25) einen ingressi-
  ven Aorist und versucht so, aber vor allem auch mit Hilfe seines unmög-
  lichen Ideenschemas (aaO 86f), Mk 15,24f zu harmonisieren.
5 So ausdrücklich JWeiß drei 220; vgl Swete zSt.
6 Vgl Blaß-Debrunner § 442,4.
7 Daß auch Markus, der Tradent, als Evangelist u Schriftsteller den Dublettencharakter der Vv 24f empfand, zeigt das wahrscheinlich von ihm eingefügte δέ (vgl BWeiß Markusevangelium 495; dsAr 82).
8 Vgl Hartmann 105.
9 Vgl Klost zSt; Blinzler 103.

an zwei ursprünglich[1] verschiedene Traditionen, die beide von
der Kreuzigung berichteten. Aus diesem Grunde stehen Vers 24
und Vers 25 hintereinander.

Stimmt diese Annahme, so ist auch wahrscheinlich, daß die
Zeitangabe in V 25 nicht vom Evangelisten oder seinem späteren Bearbeiter stammt[2], sondern vorgegeben war[3]. Denn ihm, dem
Evangelisten, oder einem Redaktor diese ungeschickte Dublettenbildung zuzutrauen, geht angesichts des Verhaltens des Matthäus,
Lukas und einiger Handschriften in Mk 15,25 nicht an[4]. Auch
spricht der Umstand, daß im übrigen Stoff des Markusevangeliums
die Zeitangaben fast durchweg Redaktionsarbeit sind, im Falle
von Mk 15,25 nicht für die Hand des Evangelisten[5]. Denn bei
solchem Urteil wäre übersehen, daß nur hier in Mk 15,25.33f
die Zeit so präzise mit der dritten, sechsten und neunten Stunde angegeben wird, während sich der Evangelist sonst durchweg
mit allgemeinen Zeitangaben, wie wir sie auch in Mk 15,1.42
finden, zufriedengibt[6]. Das aus apokalyptischen Anschauungen
abzuleitende Interesse, die Kreuzigung Jesu gemäß einem Stundenschema abrollen zu lassen[7], hat Markus bejaht und seinen
theologischen Absichten dienstbar gemacht. Darum hat er nicht
wie Matthäus und Lukas die Zeitangabe in V 25 gestrichen, sondern vielmehr das gesamte Stundenschema beibehalten und durch
eigene redaktionelle Bildungen weiter ausgebaut (Mk 15,1.42;
vgl Mk 14,17.27ff.66ff)[8]. Schließlich spricht für die Ursprüng-

---

1 Die Frage, ob erst der Evglst die beiden Traditionen zusammengefügt hat,
  kann vom Text her nicht eindeutig entschieden werden. Vgl jedoch die
  allgemeinen Erwägungen 118f.
2 Anders Brandt 197; JWeiß Evangelium 335; Montefiore 370; Schlatter Markus 272;
  Bult 295f, die V 25 als Redaktionsarbeit erklären (vgl dsAr 55 A1). Hauck
  Markus 186ff, der Vv 25.33f auf Markus oder einen Bearbeiter zurückführt,
  meint, dieser habe "dadurch die zeitliche Vierteilung des Todestages ver-
  vollständigen wollen (15,1.25.33.34.42)". Dagegen s oben u dsAr 31f.
3 Vgl Grant Earliest 178: "Vs.25 may be original". Freilich hält er statt
  dessen V 24 für sekundär, weil Weissagungsbeweis (Ps 22,19) vorliege.
  Ebenso historisch-kurzschlüssig urteilt er auch bei den Vv 34-37 (aaO 179).
4 Vgl Turner Marcan XXVI 345f: Von Mk überlieferte Zahlenangaben werden öfters von Mt u Lk ausgelassen!
5 Gegen Bultmann (Bult 295f), der nicht differenziert.
6 Vgl Bult 364f.
7 Vgl dsAr 156.
8 Vgl Bult 365; Schelkle 284; Brandt 196; JWeiß Evangelium 335.

lichkeit des Verses 25 aber nicht nur die formale Einmaligkeit
der Zeitangaben von Mk 15,25.33f, sondern der über das formale
Moment hinausgehende inhaltliche Zusammenhang[1] des Stundenschemas: Die dritte Stunde markiert den Zeitpunkt der Kreuzigung; die sechste Stunde den Beginn der Finsternis; und die
neunte Stunde den Augenblick des Todes Jesu samt einer Reihe
hochbedeutsamer Begleitumstände. Die Zeitangaben bezeichnen
die entscheidenden Stationen des Geschehens[2].

Wollte man nun trotz der bisherigen Ausführungen sagen,
Markus habe mit der Einfügung der in ihrem formalen Charakter
einmaligen Zeitangaben den eben geschilderten inhaltlichen
Zweck verfolgt, so steht dieser Auffassung entgegen, daß die
Stundenangabe in V 33 sehr eng mit dem Kontext verbunden ist,
so daß man sie kaum als Zusatz des Markus ansehen kann[3]. Ist
die sechste und neunte Stunde in V 33 aber originär, was Mt
27,45 und Lk 23,44 bestätigen, so gilt dasselbe auch wegen
des aufgezeigten Zusammenhanges für die dritte Stunde in V 25.

Umgekehrt beweist damit aber auch die auf den vorangehenden V 24 ungeschickt folgende Notiz V 25 die Ursprünglichkeit
von Mk 15,33.34a. Denn es ist nicht vorstellbar, daß ein und
derselbe Evangelist einmal die Zeitangabe so schlecht in den
Zusammenhang einfügte wie in V 25[4] und das andere Mal so
glatt wie in Vv 33f[5].

---

1 Vgl Finegan 75; Wendling Entstehung 198; Buckley 142. Wertlos ist dagegen die bewußtseinspsychologische Argumentation von Taylor according
  650 für die Originalität der 9.Stunde: "since the time of the cry..., so
  near the end, can easily have been remembered". So ließe sich auch für
  V 25 argumentieren! Ebenso unkontrolliert Blinzler 193f, der V 33 mit
  Joh 19,14 verbindet.
2 Vgl dsAr 47f.
3 Ganz abwegig ist die von Hirsch I 171 vorgenommene Verteilung von V 25
  u V 33 auf zwei Quellen, die sich betreffs des Zeitpunktes der Kreuzigung widersprochen haben sollen.
4 Wie leicht hätte sich in V 24 solch eine Zeitangabe etwa im Stil von
  V 33 einfügen lassen, zumal dann, wenn, wie einige Forscher annehmen,
  nur V 25 Redaktionsarbeit sein soll.
5 Vgl dsAr 56.- PtrEv 22 berichtet nur noch von der 9.Stunde; die apokryphen Johannesakten 97 erwähnen nur noch die 6.Stunde. Vergleicht man
  dazu Mt und Lk, so ist die Tendenz der Entwicklung klar: Das alte Stundenschema wird nicht mehr bejaht oder verstanden und deshalb abgebaut.
  Bischof Melito erwähnt es überhaupt nicht mehr (Bonner Melito p.16,26-
  33). Vgl noch dsAr 48 A2.156 A3.

Wir fassen das Ergebnis unserer Überlegungen zusammen. Die Dublette von Mk 15,24f weist darauf hin, daß im Kreuzigungsbericht des Markus zwei ursprünglich selbständige Traditionsstücke zusammengeschweißt sind. Das Stundenschema in den Versen 25.33.34a ist keine sekundäre Zutat des Evangelisten oder eines Bearbeiters, sondern vielmehr ein fester Bestandteil der ältesten Traditionsschicht[1].

II. Mk 15,29-32

Mk 15,29f und 31f haben als Dublette schon vielfach Anlaß zu literarkritischen Operationen gegeben. Dabei fiel das Urteil verschieden aus, je nachdem von welchem Gesichtspunkt her die Verse beurteilt wurden. Nach Quellen suchende Forscher teilten die Verse ihren Vorstellungen entsprechend auf[2] und verfuhren dabei hin und wieder recht willkürlich[3], dh immer gerade so, wie die Verse am besten in die von ihnen konstruierten Quellen paßten. Gelegentlich spielt der inhaltliche Zusammenhang zwischen Mk 14,58 und 15,29 einerseits und Mk 14,61 und 15,32 andererseits eine Rolle, weil er einen quellenmäßigen Zusammenhang anzuzeigen schien[4].

Der auf Historie erpichte Wissenschaftler kümmerte sich dagegen nicht um vielleicht vorhandene Quellen, sondern sah in Vv 31f einen alten Bericht, während Vv 29f als Zuwachs verdächtig erschienen,da sich im Gegensatz zu Vv 31f kein bestimmtes Subjekt finde und Ps 22,8 zweifellos in Vv 29f eingewirkt habe[5].

---

1 Vgl 156.
2 Vgl zB Thiel 199ff; Haupt 143; Helmbold 27; Hirsch I 170.
3 Crum 15 präsentiert zB den von ihm postulierten Urbericht einfach in einer Übersetzung ohne jede Begründung! Vgl auch die willkürliche Teilung der Verse 25a.31f.34 zur Quelle Mk I u 25b.29f.33 zur Quelle Mk II bei Hirsch I 170f.
4 Vgl Wendling Entstehung 199.214; Buckley 142. Der Historiker zieht aus Mk 14,58; 15,29 dagegen den Schluß: "No doubt this was the popular view of Jesus' crime" (Blunt 262; Taylor according 650 ebenso). Beide Urteile gehen fehl, weil der Traditionscharakter der syn Evv verkannt wird. Grundsätzlich richtig urteilt Loh 344.
5 S JWeiß Evangelium 336, auch 339. In anderem Zshg (JWeiß drei 220) erwägt W. allerdings umgekehrt, ob Vv 31f sekundär seien. So auch Taylor according 587.650; als Beispiel aus jüngster Zeit vgl Schille ZThK, 1955, 195f: Vv 29f eventuell sekundär.

Fast genau umgekehrt urteilt der Formgeschichtler. Freilich
sieht er weder Vv 29f noch Vv 31f als historische Nachricht an.
Aber Vv 31f sei gewiß später entstanden als Vv 29f, da in jenen
Versen die Hohenpriester und Schriftgelehrten auftreten, die
"typischen Gegner Jesu in der sekundären Tradition"[1], und außerdem die Verse die "sekundäre Anschauung" von V 26 zeigen,
daß Jesus als "Messias gekreuzigt ist"[2].

Dreierlei scheint mir vorläufig aus dieser Diskussion als
sicheres Resultat festhaltenswert: 1. Es besteht ein inhaltlicher Zusammenhang zwischen Mk 14,58 und 15,29 einerseits
und zwischen Mk 14,61 und 15,32 andererseits[3]. 2. Der Weissagungsbeweis und dogmatische Tendenzen haben auf Mk 15,29ff
eingewirkt. 3. Angesichts der mit Punkt eins und zwei bezeichneten Lage muß die historische Frage bis zur Klärung der überlieferungsgeschichtlichen Probleme des Textes zurückgestellt
werden[4].

Versucht man sich von diesem Fundament aus in die überlieferungsgeschichtliche Struktur der Verse hineinzutasten, so
fällt auf, daß die Dubletten nicht nur allgemein übereinstim-
men, insofern hier wie dort der Gekreuzigte verspottet wird.
Vielmehr finden sich auch inhaltliche, ja sogar wörtlich genaue Übereinstimmungen. In V 30 heißt es: καταβὰς[5] ἀπὸ τοῦ
σταυροῦ und in V 32: καταβάτω νῦν ἀπὸ τοῦ σταυροῦ. Beachtet
man die in V 32 auf diese Wendung folgenden Worte: ἵνα
ἴδωμεν καὶ πιστεύσωμεν, so kann kein Zweifel daran bestehen,
daß hier für den Berichterstatter ein entscheidender Gedanke
seiner Darstellung liegt, weshalb er ihn zweimal in fast[6]
gleicher Formulierung vorträgt. Diese Dubletten sind beabsich-

---

1 Bult 295; vgl dazu auch Taylor according 591.
2 Bult 295.
3 Vgl dazu weiter dsAr 109.208 A3. Der Zshg ist beidemal verschieden
  stark, was sich daraus erklärt, daß in 14,58; 15,29 wahrscheinlich
  Tradition, in 14,61; 15,32 dagegen keine vorliegt, vgl dsAr 61f.
4 Vgl 6ff u besonders 6 A1.
5 Mt 27,40 κατάβηθι; vgl dazu Moulton-Howard 210.
6 Der Spott der Hierarchen ist stärker u auch theologisch präziser (vgl
  dsAr 205f) als der der Vorübergehenden. Die differente Art der Dublette ist hier also anders als in Vv 24f (vgl dazu 54f mit 59ff). Sie ist
  von echt theologischer Natur.

tigt. Sie sind also weder durch die Ungeschicklichkeit eines
Redaktors noch, wie im Fall von VV 24f[1], durch die Tradition
bedingt. Die inhaltlichen und bei aller Differenzierung zum
Teil wörtlichen Wiederholungen lassen auf einen theologischen
Ausdruckswillen schließen, der sich in dem schon zitierten
Finalsatz (V 32) vor allem auch durch das betonte νῦν bemerkbar macht. Wir sind deshalb der Meinung, daß V 30b und V 32a.b
auf ein und denselben Autor zurückgehen, nämlich auf den Evangelisten, der sie in den ihm vorliegenden Bericht einarbeitete[2].

Auf den Evangelisten möchten wir auch V 30a (σῶσον σεαυτόν)
und V 31b[3] (ἄλλους ἔσωσεν, ἑαυτὸν οὐ δύναται σῶσαι)[4] zurückführen. Denn wenn auch für diese Worte keine so enge Parallelität feststellbar ist wie in V 30b und V 32a.b, so ist dennoch klar, daß V 31b nur breiter ausführt, was auch in V 30a
gesagt ist. Damit gilt aber auch in diesem Fall die eben für
V 30b und V 32a.b vorgeführte Argumentation. Für die gleichzeitige Einfügung von V 30a und b spricht weiterhin auch der
enge Zusammenhang der beiden Vershälften[5]. V 30 ist nur als
Ganzes berichtet wirklich sinnvoll, weil V 29b und V 30a gewiß erst sekundär kombiniert worden sind[6]. Gehören aber V 30a
und b zusammen, so gilt dasselbe auch wegen der aufgezeigten
Parallelität zwischen V 30b und V 32a.b für diesen Vers und
V 31b.

Zusammenfassend kann man feststellen: Der Evangelist
scheint durch die von ihm eingefügten Verse 30.31b.32a.b

---

1 Vgl dsAr 54ff u die Zusammenfassung 58 ⌐; außerdem 348ff⌐.

2 Im jetzigen Stadium unserer Untersuchung hat diese Behauptung noch rei-
  nen Hypothesencharakter, vgl jedoch 194ff.

3 Black Approach 95 (auch Taylor according 592) liest statt ἔλεγον in V
  31 mit k λέγοντες, um den eigentlichen Sinn des Verses zu betonen. Die
  Begründung scheint uns nicht auszureichen.

4 Aytoun 245ff sieht in diesen Worten eine Einwirkung des hbr Textes von
  Ps 22,30c.

5 Gould zSt: "The part. καταβάς denotes the manner of σῶσον"; vgl JWeiß
  Evangelium 272; Kleist 177.230.

6 Vgl dsAr 61f.

sein großes theologisches Interesse[1] für den Tatbestand zu bekunden, daß Jesus sich nicht durch eine Katabase vom Kreuz rettete[2].

Unsere Untersuchung hat bisher ergeben, daß die Verse 31b. 32a.b genau genommen nur eine Dublette zu Vers 30, nicht aber zu dem Wort in Vers 29 sind. Dieses hat vielmehr, wie wir schon ausführten[3], seine Dublette in Mk 14,58. Wie die Forschung gezeigt hat[4], liegt beiden Stellen dasselbe Jesus-Logion zugrunde, das auch in noch andern traditionsgeschichtlichen Varianten (Mk 13,2par; Mt 26,61; 27,40; Joh 2,19; Ag 6,14) erhalten geblieben ist[5]. Von einem quellenmäßigen Zusammenhang der beiden Verse kann also keine Rede sein. Die besonders enge Verwandtschaft von Mk 14,58 und 15,29 berechtigt eher zu der Vermutung, daß der Evangelist das ihm vorliegende Logion hier wie dort seiner theologischen Erkenntnis gemäß verwendete[6]. Für diese Annahme sprechen auch die gewiß vom Evangelisten stammenden adjektivischen Interpretamente in 14,58, die ja von höchster theologischer Bedeutung sind[7], wie auch, daß die ganze Verhörszene vor dem Synedrium einen literarischen Eindruck macht[8].

---

1 Lukas bestätigt diese Feststellung durch seine Streichungen, vgl 62f.

2 Mehr kann im Rahmen dieser literarkritischen Analyse noch nicht gesagt werden. Erst bei der Untersuchung der Interpretamente und der "Rahmentheologie" des Markus wird sich Genaueres sagen lassen.

3 Vgl 58f /; jetzt auch: 449/.

4 Bult 126; Michel Zeugnis 24; Loh 326f; Vielhauer Oikodome 68; JoachJeremias Weltvollender 38.

5 Zur wahrscheinlich ältesten Fassung des Logions vgl die Michel ThW IV 888 A13.14.15 wiedergegebene Diskussion. Historisierungen, wie sie Higgins 293 (zu Mk 13,2) u auch Hoffmann Wort 134f; Brown 315ff vornehmen, führen nicht weiter.

6 Dies gilt um so mehr, wenn nach Marxsen Evangelist 113 auch Mk 13,2 von Markus eingeschoben wurde. Vgl weiter dsAr 203ff.

7 Vgl dsAr 206. Loh 326 sieht die Adjektiva χειροποίητος u ἀχειροποίητος als "Zusatz der Urgemeinde" an. Aber warum fehlen sie in Mk 15,29; Mt 26,61; 27,40? Richtig Vielhauer Oikodome 63.65; Klost 155. In den "paulinisch gefärbten Epitheta" (Weidel II 263) keine Auslegung (Wenschkewitz 162) des Jesus-Wortes oder gar seine historische Form zu sehen (Taylor Sacrifice 143f), geht nicht an, vgl auch Hoffmann Wort 135.

8 Vgl Vielhauer Oikodome 68; Bult 290f; Dib 214f; Klost 154f und auch Wendling Entstehung 199.

Ist in Mk 15,29b ein auf Tradition beruhender Einschub des
Evangelisten[1] zu sehen, so ist damit über unsere bisherige
Argumentation hinaus noch einmal klargemacht, daß auch Vv 30ff
von ihm erst eingefügt wurden, da V 29b durch den Fluß der direkten Rede sehr eng mit V 30 verknüpft ist. Der Spott von V
30 wird erst wirklich beißend und treffend, wenn man vorher
V 29b gelesen hat.

Mk 15,32a führten wir schon auf den Evangelisten zurück[2].
Dafür spricht weiterhin der von der Exegese[3] bemerkte Zusammenhang mit Mk 14,61. Gilt hier auch nicht, daß der Evangelist ein ihm vorgegebenes Logion wie im Falle von Mk 14,58
und 15,29b einfügte, so ist dennoch sehr wahrscheinlich, daß
er sowohl in 14,61 wie in 15,32a den Feinden Jesu in ganz bestimmter Situation den Christustitel in den Mund legte[4]. Es
wird kein Zufall, sondern vielmehr theologisch beabsichtigt
sein, wenn dieser Titel beim Prozeß Jesu, der zu seiner Kreuzigung führt, und bei der Kreuzigung selbst von Jesus nicht
einfach akzeptiert, sondern mit dem Bekenntnis zur Erhöhung
des Menschensohnes überboten wird[5].

Aus allen bisherigen Beobachtungen ließe sich leicht der
voreilige Schluß ziehen, die gesamten Verse 29-32 seien ein
sekundärer Einschub[6]. Dabei könnte man sich wohl auch noch

---

1 Das Urteil von Dibelius zu Mk 14,58: Es "ist festzustellen, daß die einzige Tradition, die in der Verhörszene enthalten ist, das Wort wider den
  Tempel, nicht an diese Situation gebunden ist" (Dib 215), gilt fast genau entsprechend auch für 15,29b in Bezug auf die Verspottungsszene 15,29ff.

2 Vgl dsAr 59ff.

3 Vgl dsAr 58f.

4 Vgl Loh 344; Rawlinson zSt.

5 Daß Mk 14,62 die Frage des Hohenpriesters (V 61) überbietet, ist deutlich.
  Mk 15,37 überbietet nicht nur, sondern widerlegt geradezu 15,32; vgl dsAr
  35.205f. Auch die Königstitulatur in V 32 erwies sich ja als sekundär, vgl
  dsAr 34ff.- Die historischen Vorgänge beim Prozeß Jesu sind nicht das Thema dieser Arbeit; vgl zum Problem die Zusammenfassung des Materials bei
  Blinzler, der mir freilich teilweise unerlaubt zu historisieren scheint.

6 Bacon Beginnings 217: Vv 29-32 "probably not resting on tradition"; vgl
  Loh 344 A1. Vers 33 wäre ja auch sinnvoll im Anschluß an V 26. Jedoch gilt
  es, in diesem Fall sorgsam die Wesensstruktur des Textes und die deshalb
  gebotene Vorsicht zu beachten, vgl dsAr 47.

auf den Evangelisten Lukas berufen, der die Verse Mk 15,29ff
radikal zusammenstreicht beziehungsweise in einen anderen Zusammenhang bringt, also den Versen keinen großen Respekt erweist. Doch bedenkt man, wie frei sich Lukas in anderen Fällen
verhält[1], so wird man seine Redaktion nicht ohne weiteres in
dieser Weise auswerten dürfen. Wohl aber läßt sich vermuten,
daß er an der theologischen Konzeption des Markus, die sich
in den Versen Mk 15,29ff ausdrückt, nicht interessiert war
und daß er deshalb nicht nur in der Kreuzigungs-, sondern
auch in der Verhörsszene änderte, weil er sehr wohl um die
von uns eben angedeuteten theologischen Verbindungslinien
zwischen diesen beiden Abschnitten bei Markus weiß. In beiden Szenen fällt das Tempelwort seiner Redaktion zum Opfer[2],
und im Kreuzigungsbericht kommt außerdem die Aufforderung
zur Katabase in Wegfall. Die übrigbleibenden Spottworte des
Kreuzigungsabschnittes, die mehr allgemeinen Charakter haben,
behält Lukas, zum Teil sogar wörtlich[3], bei. Daran wird deutlich, daß Lukas bei der Darstellung der Kreuzigung keinerlei
Sonderquellen zur Verfügung hatte. Seinen theologischen Anliegen gemäß bearbeitete er den Markustext durch Streichungen, Umstellungen und Einfügungen[4]. Damit wird er selbst zum
indirekten Hinweis auf die von Markus vorgenommenen Bearbei-
tungen. Seiner Traditionsbehandlung läßt sich entnehmen, wie

---

1 Vgl zB Mk 15,16-20a; dazu dsAr 41ff.

2 Außerdem auch die damit verbundenen Verse (Mk 14,55-61; 15,29.30b.32b).
Den Christustitel bejaht er dagegen beidemal (Lk 22,67; 23,35). Man erkennt daran, wie systematisch Lk bei seiner Redaktion vorgeht. Vgl im
übrigen dsAr 262.

3 Vgl Mk 15,30.31 mit Lk 23,37.35. Der Imperativ καταβάτω wird gestrichen
und führt Lk zur Formulierung von σωσάτω. Die durch diese Bearbeitung
erreichte Straffung von Mk 15,31 (vgl auch die Verarbeitung von 15,29
in Lk 23,35 und die Zusammenfassung der Titulaturen von 15,31 in Lk 23,
35) entspricht auch dem literarischen Bedürfnis des Lk, vgl Cadbury
Style 90.

4 Lk 23,39ff ist ja zweifellos eine lukanische Einfügung und erweitert
Mk 15,32c, vgl Bertram Leidensgeschichte 89 A1; Bult 306.377; Dib 203f;
Ragg zSt; Taylor Sacrifice 199.

Markus bei der Niederschrift seines Evangeliums verfuhr. Bedient man sich dieses Rückschlusses[1] im Falle von Mk 15,29-32, so kann man die Verse nicht gut insgesamt als sekundär bezeichnen. Gerade das Verhältnis[2] von Lk 23,39-43 zu Mk 15, 32c macht wahrscheinlich, daß Mk 15,29a und 15,32c der vorgegebene Rahmen für die Einfügung des Evangelisten sind. Diese beiden Verse haben keinerlei sekundäre Kennzeichen, und wir halten sie deshalb in der Tat für ursprünglich und zum ältesten Kreuzigungsbericht gehörig.

Anders steht es dagegen mit V 31a. Denn das schon genannte Argument Bultmanns[3] für den sekundären Charakter von V 31 ist nun, nachdem erwiesen ist, daß V 31b zusammen mit V 29b und V 30 später zugefügt wurde, am Platze. Die Hohenpriester und Schriftgelehrten[4] sind wirklich die "typischen Gegner Jesu in der sekundären Tradition"[5]. Indem sie genannt werden, unterscheidet sich V 31a deutlich von dem primären Vers 29a[6].

Wir formulieren das Fazit dieses Untersuchungsabschnittes: Aller Wahrscheinlichkeit[7] nach interpolierte der Evangelist Markus[8] in den ursprünglichen Zusammenhang Mk 15,29a.32c die Verse 29b-32b.

---

1 Vgl die methodischen Bemerkungen bei Bult 7; Wellhausen Marci 139.

2 Vgl dazu dsAr 63 A4.

3 Vgl 59 A2.

4 Historisches zum Wesen der Schriftgelehrten bei JoachJeremias ThW I 741.

5 Bult 295.

6 Daß V 29a (Ps 22,8; 109,5) und auch V 32c (Ps 69,10; Jes 53,12) vom Weissagungsbeweis her gestaltet sind und deshalb womöglich unhistorische Nachrichten beinhalten, spricht nicht gegen ihre Zugehörigkeit zur ältesten Traditionsschicht, vgl dsAr 1 A1; 4f.

7 Die bei dieser Untersuchung mögliche Sicherheit ergibt sich erst im Zusammenklang der verschiedenen Methoden, vgl dsAr 9.

8 Er beweist sich dabei durch den Wechsel im Ausdruck (V 29a: βλασφημέω; V 32c: ὀνειδίζω; Mk wählt nun im Gegenüber zu diesen vorgegebenen Vokabeln in V 31 ἐμπαίζω einen Terminus der jüd Leidensfrömmigkeit, vgl Bertram ThW V 632.634f) als "Literat".

III. Mk 15,33-39

1. Mk 15,34 und 37

"V.34 ist offenbar eine nach Ψ 21,2 geformte secundäre Interpretation des wortlosen Schreies V.37"[1]. Für diese Annahme
sprechen verschiedene Gründe.

Zuerst wäre die eben schon bei den Versen 29ff beobachtete
Tendenz des Evangelisten zu nennen, direkte Rede in den ihm
vorgegebenen Text einzusetzen, um diesen damit in ganz be-
stimmtem Sinne zu interpretieren. Diese Technik, theologische Aussagen zu machen, üben auch die andern Evangelisten[2].
Wir beobachteten schon Lukas in dieser Hinsicht[3]. In Lk 23,46
haben wir einen weiteren Fall dieser Verhaltensweise vor uns.
Lukas bejaht von seinem theologischen Standort[4] aus anscheinend Mk 15,34 nicht mehr, streicht deshalb diesen Vers und
interpretiert Mk 15,37 mit Hilfe von Ps 31,6 in Lk 23,46[5].
Sein Verhalten macht aber das Vorgehen des Markus nicht nur
allgemein verständlich. Indem Lukas seine Interpretation von
Mk 15,37 dem Vers sozusagen direkt imputiert (=Lk 23,46),
Markus hingegen eine Dublettenbildung in Gestalt von V 34
vorzog, wird deutlich, daß dieses Vorgehen beabsichtigt ist,
insofern Mk 15,34b die folgenden Verse 35f provozieren und
außerdem V 37 in seinem ursprünglichen Sinn in Geltung bleiben soll. Das variierte Verständnis von Mk 15,37 durch Markus
und Lukas weist also darauf hin, daß die Verse 34b-36 von Markus stammen können[6].

---

1 Bult 295; vgl Brandt 243; JWeiß drei 319f; Wendling Entstehung 197;
  Bacon Mark 199; JWeiß Evangelium 337; Thiel 26; Crum 15; Finegan 76;
  Haupt 144; Hirsch I 172; Bertram Leidensgeschichte 83; Hauck Markus 189;
  Klost 165. Taylor according zSt widerlegt diese Feststellung nicht, sondern
  zeigt nur, wie Mk die Dublette verstanden haben wollte.
2 Für Mt vgl Mt 27,40.43 u den großen Einschub Mt 27,51ff, der freilich
  keine direkte Rede enthält.
3 Vgl dsAr 63 (A4)f.
4 Man darf also nicht im abschätzigen Sinne von "sekundärer Interpretation" reden, weil in diesen Zusätzen gerade das entscheidende theologische Verständnis der Evglsten zutage tritt. Vgl außerdem dsAr 4f.
5 Vgl Brandt 246f; Barr 231; Bacon Beginnings 233; Dib 195.204 A2; KL
  Schmidt Kanonische 45 A38; Conzelmann Mitte 74.
6 Weitere Argumente für diese Annahme vgl dsAr 174ff.

Neben der Tendenz der Evangelisten, die Personen der ihnen
überlieferten Texte in ganz bestimmter Hinsicht zum Reden zu bringen, hat man von jeher vor allem darin ein Zeichen für den sekundären Charakter von Mk 15,34 gesehen, daß die Worte Jesu dem
Psalm 22 entstammen[1]. Einmal abgesehen von der historischen
Frage, die wir unseren methodischen Erwägungen gemäß jetzt
noch nicht berücksichtigen, wird man diesem Argument größte
Bedeutung zugestehen, da sich allenthalben der beherrschende
Einfluß der Weissagung bei der Erzählung der Passionsgeschichte nachweisen läßt. Gerade der Psalm 22 hat die Darstellung
des Kreuzigungsberichtes stark beeinflußt, wie ein Vergleich
von Ps 22,19 mit Mk 15,24 und Ps 22,8 mit Mk 15,29 zeigt[2].
Daß Psalm 22 nicht nur vor, sondern auch nach der Zeit des
Evangelisten Markus als der klassische Leidenspsalm angesehen
wurde[3], beweist der Zusatz Mt 27,43 im Vergleich mit Ps 22,9.
Es ist also ohne weiteres möglich, daß Markus Mk 15,34b.c gemäß Ps 22,2 eingefügt hat.

Daß V 34b.c sekundäre Dublette zu V 37 ist, wird weiterhin
dadurch wahrscheinlich gemacht, daß "die Angabe der neunten
Stunde... doch nur eigentlich dann Sinn hat, wenn damit die
Todesstunde Jesu angegeben werden soll. Sonst wäre ja ein relativ unwichtiger Moment zeitlich genau bezeichnet, der wichtigste aber nicht."[4] Daraus ergibt sich auch von dieser Einsicht her der Schluß: Vv 34b-36 sind von ἐβόησεν ab sekundär,
und V 34a gehört ursprünglich zu V 37[5]. Dieses Argument ist
nicht zuletzt auch deshalb recht zugkräftig, weil so die bei-

---

1 Vgl Feigel 68; Weidel II 264

2 Dib 187; Bult 304.

3 Weidel II 265f möchte sogar den ganzen Aufbau von Mk 15,34-39 in Ps 22
vorgezeichnet finden. Jedenfalls haben Psalm 22 und Psalm 69 die Berichterstattung vom Tode Jesu am stärksten beeinflußt, vgl Dib 187.

4 JWeiß Evangelium 337; vgl Hauck Markus 189.

5 Vgl Wendling Entstehung 198; Bacon Mark 199. Das δέ in V 37 kann evtl ursprünglich sein u weist dann besonders darauf hin, daß das Aufhören der
Finsternis durch den Todesschrei Jesu bedingt ist, vgl dsAr 156f. Wahrscheinlich aber ist das δέ erst vom Evglsten eingefügt (vgl dsAr 82), um
den Gegensatz zwischen der blinden Sündhaftigkeit der Menschen und Jesu
wissender Machtvollkommenheit zu betonen, vgl dsAr 192 A2.

den Wunder, die Finsternis und der plötzlich zerreißende Vorhang des Tempels, organisch zentriert um das Hauptereignis,
den Tod Jesu, erscheinen, falls, wie schon angedeutet[1], auch
die Verse 35f gemeinsam mit V 34b.c von Markus eingefügt wurden und die Verse 33.38 zur primären Traditionsschicht von Mk
15,34a.37 gehören. Im jetzigen Markus-Text werden die Wunder
ein wenig auseinandergerissen berichtet, was in der Forschung
zu allerlei Vermutungen geführt hat[2].

Abschließend kann mit großer Wahrscheinlichkeit festgestellt werden, daß Mk 15,34b.c, mit Vv 35f zusammen, als Dublette zu V 37 von Markus in ganz bestimmter theologischer
Absicht eingefügt wurde, während V 34a zur primären Tradition
gehört[3].

2. Mk 15,35f

Die bisherige Forschung hat den Versen 35f keinen tieferen
Sinn abgewinnen können[4]. Ist hier noch einmal von einer ab-
sichtlichen Verspottung die Rede?[5] Oder liegt ein Mißverständnis vor?[6] Oder kann man diese Fragen gar nicht eindeutig beantworten?[7] Handelt es sich um einen oder zwei verschiedene

---

1 Vgl 65f.

2 Man hielt Vv 33.38 für sekundär (zB Bult 295) oder auch die Ordnung von
Lk 23,44ff für ursprünglich (zB Bußmann I 204.20; III 64).

3 Dafür sprechen auch unsere Ausführungen über das Stundenschema, vgl dsAr
47f.56ff.

4 Brandt 245 meint sogar, Vv 35f stammen von einem nicht "sehr geistreichen
Geschichtenmacher"u seien die "Conception eines Dilettanten" (aaO 235).
Die Polemik von Aurelius 330 gegen diese Auffassung führt ebensowenig
zum Verständnis von Vv 35f.

5 So Strauß II 531; Weidel II 265; BWeiß Markusevangelium 500; Taylor
according 596; Hirsch I 172; KLSchmidt Kanonische 45 A39; Rawlinson 237;
Klost 166; Schnie 201; Hauck Markus 189; Wohlenberg 377; Schmid Evangelium 303; Dehn 244; Bisping zSt; Herbst 161; Schlatter Matthäus 783.
Schanz 409 A1 bemerkt, daß dieses Verständnis seit Augustin gelehrt
werde.

6 So Perry 48 A1; Montefiore 373; Feigel 63; JWeiß drei 219; WCAllen Gospel 186; Sahlin 63 A4; Gould 294; Lightfoot History 159.

7 So unentschieden: Menzies 281; Brandt 299ff; Bertram Leidensgeschichte
85; Loh 346; JoachJeremias ThW II 937,29f.

Zusätze in Vv35f?[1] Oder ist gar Mk 15,34-36 ein großer sekundärer Einschub?[2] Das dürften neben den Erörterungen über Elias
als Nothelfer und als Vorläufer des Messias wohl die wichtigsten Fragen sein, die in der Vergangenheit mit wechselnden und
zum Teil recht historistischen Argumenten diskutiert wurden.

Sieht man näher zu, so kann man auch sagen, all diese Fragen verdanken ihr Dasein mehr oder weniger überhaupt nur dem
historischen Interesse, das unsachlich wuchert und deshalb hi-
storistisch entartet[3]. Die Frage zB, ob ein oder zwei Zusätze
in Vv35f vorliegen, konnte nur deshalb auftauchen, weil es historisch schwer verständlich ist, daß römische Soldaten das
aramäische Wort אלהי im Sinne des Prophetennamens Elia mißverstanden haben sollten[4]. Berichtet V 35 also von jüdischen
Zuschauern? Aber können Juden wiederum einen von den Römern
gekreuzigten und bewachten Verbrecher mit der (als vorhanden
postulierten) Posca der römischen Soldaten tränken?[4a] So oder
ähnlich[5] fragt man und hilft sich gern aus allen Schwierigkeiten, indem man V 36a und die Vv 35.36b für zwei verschiedene
Einschübe hält, die dann womöglich beide historische Nachricht

---

1 Bacon Beginnings 223; Brandt 234; Perry 48 A1, der auf Abott u Plummer
   verweist, nehmen Vv35f als Einheit. Montefiore 374 entscheidet sich nicht
   eindeutig. Taylor according 395; Cadoux 246f; Finegan 76 behaupten zwei
   verschiedene Einschübe: Mk 15,36a u 35.36b. Diese sich widersprechenden
   Exegesen sind der Reflex mangelhafter Forschungsmethoden. Bei der Art
   der Berichterstattung von Vv35f kann man im weiten Felde der historischen Möglichkeiten schließlich alles behaupten. Historisch u psychologisch überfragt, gibt der Text her, was man nur hören will. Nur was er
   eigentlich zu sagen hat, das wird man so nie erfahren. Wenn nur alles
   historisch ist! Man vgl zu dieser Haltung zB Taylor according 394f.

2 So Hauck Markus 189; Bußmann I 20f.204; Bult 295, der freilich auch für
   möglich hält, daß V 36a eine ältere oder noch "spätere Einfügung ist".

3 Vgl Bacon Beginnings 223, der M ö g l i c h k e i t e n historischen
   Verständnisses erwägt. So auch viele andere.

4 Vgl JWeiß drei 219.

4a Vgl dazu zB Brandt 238 u Dalman Jesus 187f über Herstellung u Bdtg des
   Essigs in Palästina.

5 Vgl Montefiore 374; JWeiß Evangelium 338; Cadoux 246f. Strauß II 514ff
   stellt mit Recht fest, daß ein Historiker, der alle vier Kreuzigungsberichte als historisch nimmt, fünf Tränkungen Jesu zählen muß! Vgl auch
   Weidel II 257.

wiedergeben[1]. Wie die Harmonisten[2] zeigen, bleiben solche unter direkt-historischem Blickwinkel erfolgenden literarkritischen Schlüsse angesichts des Charakters des Textes immer
fraglich, da sich die Schwierigkeiten auch durch historisch-
psychologische Annahmen "beheben" lassen.

Eine dem unhistorischen Wesen des Berichts entsprechende
literarkritische Analyse wird dagegen zwischen Mk 15,35.36b
und V 36a keinerlei Spannungen feststellen können. Die Verse
sind darum zusammen mit V 34b.c, von dem sie abhängen, eine
literarische Einheit und gehören somit zur sekundären Tradition[3].

Daß Vv35f nicht zur primären Überlieferung gehören, zeigt
sich aber auch daran, daß ein inhaltlicher Zusammenhang zwischen V 36 und V 32 besteht. Hier wie dort wollen die ungläubigen Menschen ein Wunder sehen (ἴδωμεν); und hier wie
dort geht dieser Wunsch nicht in Erfüllung. Galt uns V 32
als sehr wahrscheinlich vom Evangelisten stammend, so kann
man dasselbe nun auch von V 36 sagen, weil sich beidemal
dieselbe theologische Anschauung vom ungläubigen Menschen
feststellen läßt[4]. Damit sind aber auch V 35 und V 36 gemäß
dem engen Zusammenhang der Verse[5] auf den Evangelisten zu-

---

1 So zB Taylor according 395.- Auch die Frage Spott oder Mißverständnis
  hat ihr Agens bisher im historischen Bereich: Juden können kaum so
  mißverstanden haben, wohl aber römische Soldaten, die einmal etwas
  von Elia gehört haben mögen(!), vgl BWeiß Markus u Lukas 237 u die
  Diskussion bei Brandt 233f.236ff, der selber die Verse freilich für
  unhistorisch hält.

2 Vgl zB Bacon Beginnings 223; Rawlinson 237; Blunt 263; Taylor according
  395.

3 Vgl dsAr 65ff.

4 Vgl zum "johanneischen Charakter" dieses Unglaubens Michaelis ThW V
  349,1ff. Mk 15,32.35 ist theologisch nicht weit von Joh 20,29 ange-
  siedelt! Der von Gilbert festgestellte scharfe Gegensatz zwischen Mk u
  Joh besteht also vor allem in Hinsicht auf den Traditionsstoff. Die
  theologische Konzeption der beiden Evglsten weist dagegen enge Berüh-
  rungen auf, was sich in diesem Fall bis in den Wortlaut der redaktionellen Zusätze des Mk zeigt; vgl weiter zur Sache dsAr 45f.

5 Wie eng dieser Zusammenhang ist, wird erst bei der Exegese der redaktionellen Stücke ganz deutlich werden, vgl die entsprechenden Abschnitte unserer Arbeit (dsAr 190ff).

rückgeführt[1].

Man könnte nun weiterhin meinen, daß der Evangelist, Vv 29ff
entsprechend, auch in Vv 35f von einer Verhöhnung berichten
wollte[2]. Spotten dort die Juden und ihre Anführer, so hier die
römischen Kriegsknechte, die ja schon in Mk 15,16-20a diese
Funktion innehatten.

Wer Vv 35f so als erneute Verspottung des Gekreuzigten versteht, übersieht die eigentliche Bedeutung von V 36. Bei der
in diesem Vers berichteten Tränkung handelt es sich um eine
Hilfsaktion[3]. Man darf V 36 nicht nach Mt 27,47-49 oder Lk 23,
36 interpretieren[4]. Ist die Forderung nach dem Wunder der Katabase in V 32 wie alle andern Worte in Vv 29ff beißender
S p o t t, der gar nicht damit rechnet, daß noch ein Wunder
geschieht, so ist die aus dem Mißverständnis des Rufes Jesu
resultierende Rede von dem Ruf Jesu nach Elias dagegen eine
H o f f n u n g auf das Wunder der Kreuzesabnahme[5] Jesu durch
den Propheten, die der Kriegsknecht durch seine Tränkung im
letzten Moment noch mitrealisieren möchte.

_____

1 Perry 48 A1 führt V 35, Weidel II 260 V 36 auf Mk zurück.

2 Außer dsAr 67 A5 vgl Schlatter Erläuterungen[5] 414; Schick 231. Richtig
  dagegen Loh 346.

3 BWeiß Markusevangelium, Markus u Lukas zSt; Schmid Evangelium schwankt
  bei seiner Exegese, hält aber eine Erfrischung für wahrscheinlicher;
  Gould 295; Rawlinson 237; Brandt 234; Heidland ThW V 288,33ff.- Klost
  166f hält unter anderem wegen der in V 36 enthaltenen Anspielung auf
  Ps 69,22 den Trunk für eine Verhöhnung Jesu. Aber wenn Vv 35f ein Mißverständnis schildern (vgl dsAr 67 A6), so akzentuiert V 36a nur die
  tiefe Dunkelheit dieses Mißverstehens: Der Soldat möchte helfen - u
  erfüllt gerade so die Weissagung von der Verspottung des Messias (vgl
  Dib 194.195 A1; anders Heidland ThW V 288,44f)!- Zum richtigen Verständnis des ἄφετε in V 36a im Sinne von "wartet ab" vgl Dib 195 A1;
  Loh 346 A2; Taylor according 595.

4 Bei solcher Interpretation ginge die Differenzierung zwischen Vv 29ff
  u Vv 35f verloren, an der Lk sowieso nicht u Mt wegen seiner Tendenz,
  die Leiden Christi zu steigern, nicht mehr interessiert waren, vgl dsAr
  257 A2.

5 V 32 u V 36 haben also nicht nur das Stichwort ἴδωμεν gemeinsam (vgl
  dsAr 69), sondern auch den Wunsch des Abstiegs bzw der Abnahme vom
  Kreuz. Doch auch die oben angedeutete Differenz ist spürbar: Die Juden
  titulieren Jesus richtig u meinen ihre Aufforderung, er, der von Gott
  Verlassene, möge selbst(!) vom Kreuz herabsteigen, als bösen Spott;
  die Heiden hoffen dagegen, daß dem Hilflosen von Gott durch Elias geholfen werde.

Man wird nicht fehlgehen, wenn man hier eine absichtliche
Nuancierung des Evangelisten sieht. Juden und Heiden sind im
Mißverständnis befangen und begreifen das Sterben Jesu nicht[1].
Dies haben sie beide gemeinsam. Aber bei den Vertretern des
erwählten Volkes äußert sich dieses Mißverstehen[2] in der Form
höhnischen Spottes; bei den Heiden dagegen in der Hoffnung
auf Rettung für Jesus und in einer Aktion wundersüchtiger
Hilfsbereitschaft für den Gekreuzigten[3].

Daß wir nicht falsch auslegen, wird sich erst später[4] genauer und sicher erweisen lassen. Vorläufig genügt es, zur
weiteren Begründung dieser Exegese auf Mk 15,1-15 und 15,39
hinzuweisen.

Mk 15,1-15 berichtet so von der Verurteilung Jesu, daß
deutlich wird, wie sehr, ja eigentlich allein, die Juden an
Jesu Hinrichtung unter Führung der Hohenpriester (15,11)
schuld sind[5], wenn auch der römische Statthalter schließlich
selber die Vollstreckung anordnet (15,15).

Mk 15,39 zeigt dieselbe Tendenz. Nicht ein Jude[6], sondern
ein Heide, der römische Centurio[7], bekennt sich zu dem Gekreuzigten als dem Gottessohn.

---

1 Wie die Aufeinanderfolge von V 36 u V 37 zeigt, sind natürlich auch die
  Heiden im radikalen Sinne verblendet: Ihre Hilfsaktion wird durch das
  Gericht beantwortet, vgl 192. Menzies 281 meint, Jesus habe diesen letzten Liebesdienst eines Heiden angenommen. Die Formulierung ἐπότιζεν u
  der folgende V 37 widersprechen dieser Auslegung. Der Erlöser hat den
  ersten Trunk abgelehnt (V 23) u reagiert auf den zweiten mit seinem To-
  des- u Gerichtsruf. Weil die sündige Menschheit auch für den in Todesnot
  befindlichen Sohn Gottes keine wahre Liebe, sondern nur bösen Spott u
  ebenso blinde, wenn auch hilfsbereite Wundersucht empfindet, darum muß
  es alles so geschehen. ⎾Vgl dsAr 348.⏌
2 Über den tiefen Sinn des Mißverständnisses vgl vorläufig Dib 194; Loh 63,
  deren Ausführungen auch für V 29ff gelten. Im übrigen vgl dsAr 179ff.
3 Vgl dsAr 191.
4 Vgl dsAr 186 A2.192 A1.
5 Mt und vor allem Lk verstärken diesen Zug, vgl Mt 27,20; Lk 23,1f.4-16.
  24ff u dazu EKlostermann Lukasevangelium 225; Hauck Lukas 281.
6 Auch keiner der Jünger! Vgl dsAr 211.
7 Gerade V 39 veranlaßt einen, V 36 bedingt positiv zu sehen, da der Centurio die Wahrheit, aber nicht die ganze Wahrheit sagt, vgl dsAr 214.
  Mk 15,16-20a spricht nicht gegen unsere Exegese, da es sich hier um Mk
  vorgegebene Tradition handelt (vgl dsAr 34f u besonders 41f), die der
  Evangelist beibehielt, weil ja auch nach seiner Meinung die Heiden prinzipiell gesehen nicht besser sind als die Juden.

3. Mk 15,33.37-39

Von den Versen Mk 15,33.37.38.39 hat man nicht selten nur
V 37 für ursprünglich gehalten[1]. Doch ist dieses Urteil nur
dann einigermaßen plausibel[2], wenn man die Akjektive "ursprünglich" und "historisch" promiscue gebraucht. Fragt man
dagegen nach der ältesten, ursprünglichen Traditionsschicht
im Kreuzigungsbericht des Markusevangeliums, so muß man womöglich die genannten Verse alle zum ältesten Traditionsgut
rechnen, da sie einen geschlossenen, festen Zusammenhang bilden.

V 33 ist durch seine Zeitangaben mit V 34a zusammenzusehen
und darum mit V 37 sehr eng verbunden[3]. Die Finsternis dauert
bis zur neunten Stunde, und genau in dieser Stunde stirbt Jesus. Die Zeitangaben in V 33 und V 34a haben also die Aufgabe, den Leser darauf hinzuweisen, daß diese beiden Ereignisse
zusammenfallen[4].

Ganz denselben Sinn hat die direkte, auf den ersten Blick
unvermittelt wirkende Folge von V 38 auf V 37. Der Vorhang
des Tempels zerreißt in dem Augenblick, da Jesus seinen mächtigen Todesschrei ausgestoßen hat. Die Gleichzeitigkeit der
beiden Ereignisse wird durch das im Markusevangelium so beliebte[5] καί (V 38) evident gemacht. Die beiden Vorgänge sind

---

1 So zB Bult 295f.301.342; Bertram Leidensgeschichte 78; Finegan 82; Montefiore 375. Wohlenberg gibt keinerlei Auslegung zu Mk 15,37f (vgl dsAr
  11 A1)!

2 Vgl Brandt 249ff; dsAr 235.

3 Vgl dsAr 31f.47f.56ff.66f.

4 Man wird die Art der Ausdrucksweise bei der Nennung der neunten Stunde
  in Vv33f nicht gegen diese Exegese ins Feld führen dürfen. Die Zeitangaben sind in ihrer bestimmten Art im ganzen Evangelium einmalig und
  deshalb wegen mangelnder Präzision nicht zu bemängeln.

5 Vgl speziell zu V 38 Zerwick 87 u außerdem dsAr 78ff.

also nebeneinandergestellt, aber nun doch so, daß das Zeichen
am Tempel eindeutig vom Rufe Jesu bedingt ist[1], welches Verhältnis keineswegs einfach umgekehrt oder übersehen werden
darf, weil ja V 38 auf V 37 folgt und beide Ereignisse nicht
etwa von der Anordnung bei Lukas her verstanden werden können[2].

Diese Beobachtung ermöglicht eine noch präzisere Bestimmung
des Verhältnisses von V 33 und Vv34a.37. Die Nennung von der
neunten Stunde in V 33 weist, rein formal betrachtet, auf ihre
erneute Namhaftmachung in V 34a hin. Die Finsternis dauert von
der sechsten "bis zur neunten Stunde"[3] (V 33), "in der neunten
Stunde"[4] aber erfolgt der laute Todesschrei Jesu (Vv34a.37).
Die Zeitangaben in V 33 und V 34 lassen die Finsternis sozusagen als ein Phänomen erscheinen, das auf den Tod Jesu hinführt,
um in ihm zugleich seine Grenze zu finden[5]. Diese Weise, in der
die neunte Stunde zweimal hintereinander genannt wird, scheint
ebenso beabsichtigt wie die Stellung von V 38 hinter V 37. Beidemal soll nicht nur die Gleichzeitigkeit der Wunderzeichen mit
dem Tode Jesu, sondern auch ihre Abhängigkeit von diesem Ereignis dem Leser ins Bewußtsein gerufen werden[6].

Daß wir bei der bisherigen Exegese keiner spitzfindigen
Überinterpretation des Textes verfallen sind, zeigt der V 39.
Derjenige, der ihn niederschrieb, wußte um die eben von uns

---

1 So mit BBauer III 257; Feigel 73; vgl Fiebig Tempelvorhang 229.236; Bacon Beginnings 216 gegen Weidel II 275, der beanstandet, daß Mk nichts von
  einem kausalen Zshg der Ereignisse sage, vgl zum Problem dsAr 73 A6. 74
  A1. 48 A1. Daß diese Gleichzeitigkeit von Dunkelheit, Todesschrei u Vor-
  hangzerreißen von Mk im Sinne einer "Fernwirkung" (Fiebig Vorhang 236)
  oder eines "cultic pattern" als Jesu letzter Besuch im Tempel (Lindeskog
  Veil 136) verstanden worden sei, ist rationalisierende bzw von Hb 10,19f
  her erfolgende allegorisierende Auslegung von Vv37f.

2 Vgl dsAr 75.264 zum Verständnis des Lk.

3 ἕως ὥρας ἐνάτης.

4 τῇ ἐνάτῃ ὥρᾳ.

5 Brandt 267: Die Finsternis wird durch den "Donnerruf" Jesu beendet.

6 Diese Bdtg des Stundenschemas wurde bisher fast ganz übersehen, weil man
  es auf die Angabe von Uhrzeiten rationalistisch-reduzierend hin auslegte.
  Die rationale Gezieltheit mythischer Aussageweisen und das damit in diesem Falle gegebene theologische Denken von den "Stunden" u der Zeit überhaupt wurde deshalb nicht erkannt.

dargelegten Zusammenhänge[1]. Er hätte sich nämlich sonst die so
umständlich wirkende Formulierung, mit der er V 39 auf V 37
bezieht[2], erspart und V 39 einfach hinter V 37 geschoben und V
38 nachgestellt[3]. Indem er dies aber nicht tat und dennoch das
Bekenntnis des Hauptmanns ganz eindeutig auf den Todesruf Jesu
bezieht[4], beweist er mit seiner ganzen Formulierung[5], daß es
ihm auf eben von uns dargelegte Bezüge innerhalb des markinischen Kreuzigungsberichtes ankommt[6]: Die Wunder geschehen

---

1 Die Diskussion um das οὕτως in V 39 bei Wendling Entstehung 176 A2 zeigt,
   daß für die bisherige Exegese weithin genau das Gegenteil gilt, vgl dsAr
   73 A6. Richtig urteilen zB Sundwall Zusammensetzung 83; Feigel 73ff (vgl
   dsAr 75 A2).
2 Dies übersieht Weidel II 275 u kommt deshalb zu dem falschen Schluß, V 39
   beruhe auf V 33.- Bußmann I 20f.204 hält diejenigen Worte in V 39, die
   den Bezug zu V 37 herstellen, für sekundär u empfindet damit zweifellos
   richtig das Umständliche, Nicht-ursprüngliche der Formulierung. Freilich
   ist der Aufriß des Lk nicht primär, wie Bußmann annimmt, also klappt V 38
   auch nicht nach, sondern gehört an seinen jetzigen Platz, u daraus folgt
   wiederum, daß nicht nur die auf V 37 Bezug nehmenden Worte in V 39 sekundär sind, sondern, falls sich noch andere Kennzeichen dafür ergeben, der
   ganze Vers.
3 Vgl Loh 348; Bult 295, der dann freilich doch nach Mt interpretiert (aaO
   296 A1); Taylor according 597, der jedoch fälschlicherweise V 38 für
   einen späten Zusatz des Markus hält; ebenso Bousset Kyrios 58 A2.
4 Man darf V 39 auf keinen Fall nach Mt u Lk auslegen, wie es zB Bieneck
   55 A33; Hirsch I 172 u die Übers 267; Hunter 145; Menzies 282; Wrede 76;
   Hauck Markus 190; Wetter 140 tun. Richtig bemerkt JWeiß Evangelium 333:
   "Es ist reine Willkür, wenn man den Glauben des Hauptmanns von der Finsternis oder dem Zerreißen des Vorhangs ableitet." Vgl Feigel 73ff. Man
   kann auch nicht sagen, der Markus-Text sei nicht eindeutig (so: Bacon
   Beginnings 224; ders Mark 195; Wendling Entstehung 176 A1; JWeiß drei
   218; Klost 167). V 39 ist ganz klar in seinem Bezug auf V 37. Die Art
   des Todes Jesu veranlaßt den Hauptmann zu seinem Bekenntnis, vgl Bleiben
   147; Blunt 263; Fiebig Tempelvorhang 228; Montefiore 376; BWeiß Markusevangelium 501; ders vier 273. Die weitverbreitete Sitte, Mk nach Mt u Lk zu
   interpretieren bzw die Frage offenzulassen, wodurch nun eigentlich das
   Bekenntnis des Centurio bedingt sei, hat ihren Grund darin, daß ein auf
   einen lauten Schrei hin gegebenes Gottesbekenntnis "in keiner Weise ein-
   leuchten" will (Strauß II 544) u deshalb wie ein "skurriler Unsinn"
   (Wellhausen Marci 141, gegen den Feigel 74 trefflich argumentiert) anmu-
   tet, solange man die aus atlich-altorientalischen Vorstellungen ableit-
   bare mythologische Bdtg dieses Schreies nicht erkannt hat.
5 Ἰδὼν δὲ ὁ κεντυρίων ὁ παρεστηκὼς ἐξ ἐναντίας αὐτοῦ ὅτι οὕτως (!)
   ἐξέπνευσεν, εἶπεν... Vgl dsAr 53f.
6 Vgl auch AKlostermann 294, der die Reihenfolge der Verse 37.38.39 durch
   die inhaltliche Beziehung von V 38 zu V 29 u von V 39 zu V 31f erklärt:
   V 37 bringt ganz unerwartet in der Reihenfolge der Spottworte deren paradoxe Erfüllung: Der Tempel wird zerstört - und die Heiden glauben an
   den Gekreuzigten!

gleichzeitig[1] mit dem Todesschrei Jesu, und zwar so, daß sie
durch diesen veranlaßt sind. Der Todesschrei Jesu ist also,
wie immer der Historiker ihn beurteilen mag, im Kreuzigungsbericht des Markus das alles entscheidende und bewegende Wunder[2], auf das hin die übrigen Ereignisse bezogen sind.

Auf den ersten Blick kann einen diese von uns konstatierte
Zentrierung des Kreuzigungsberichtes verwundern. Sieht man
aber genauer zu[3], so ist von vornherein nicht zu erwarten,
daß die im Zusammenhang mit dem Tode Jesu berichteten Begebenheiten mehr oder weniger zufällig so um dieses Ereignis
gruppiert wurden, wie man sie jetzt im Markusevangelium vor-
findet[4]. Daß Lukas Mk 15,38 in Lk 23,45 vor dem Tode Jesu berichtet, kann nicht als Gegenargument ins Feld geführt werden, sondern zeigt nur, daß Lukas auf diese Weise seiner
eigenen Konzeption über den Tod Jesu Ausdruck verlieh[5].

Im Unterschied zur bisherigen Exegese, die in Mk 15,33.38
häufig späte legendäre Zusätze sah[6], kann abschließend mit

---

1 So schon BBauer III 257, vgl dsAr 73 A1. Auch das "Bekenntnis des Centurio" ist also "als 'Zeichen' gemeint" (Dib 195).

2 Vgl Feigel 73, der gegen JWeiß Evangelium 333 betont, das Bekenntnis
  des Centurio werde nicht durch den "ethischen Eindruck der Todesleiden
  Jesu", sondern durch den lauten Schrei als einer in den Augen des Mk
  "wunderbaren Bestätigung der Gottheit Jesu" (aaO 75) hervorgerufen.
  Vgl dsAr 213.

3 Vgl dsAr besonders 21f u auch 24-30.

4 Die Wunder sind kein Beiwerk, kein "Tribut" (Bertram Leidensgeschichte
  92) der christlichen Gemeinde an die damals herrschende "Welt- und Ge-
  schichtsbetrachtung" (aaO 91f), also ohne bleibendes theologisches Interesse. Hirsch I 172 urteilt besser, wenn auch ohne tiefere Einsicht
  in das Denken des Mk.

5 Ganz abwegig ist es, die Darstellung des Mk an der des Lk zu messen,
  weil diese historischer wirkt, so zB Bußmann I 203f.20; III 64.

6 Bult 295, der zwar die Vv 33.38 zusammen sieht, meint zB, man werde in
  Vv 33.38 kaum alten Bericht, sondern "christliche Legende" vor sich ha-
  ben. Wenn nun aber der älteste Bericht christliche Legende sein sollte?-
  Nicht selten hat man V 38 als Einschub angesehen (zB Hauck Markus 189;
  Taylor according 587; JWeiß Evangelium 339; Finegan 76), weil er die
  Verbindung zwischen V 37 u V 39 störe; vgl dagegen dsAr 73f. Da meistens
  V 33 u V 38 für sekundär, V 39 aber für primär gehalten wird, so läßt
  sich erkennen, daß hier der Maßstab möglicher Historizität unkontrol-
  liert verwendet wird, um historische Faktizität zu erlangen.

großer Wahrscheinlichkeit festgestellt werden, daß diese Verse zusammen mit Vv 34a.37 als gut gefügte Sinneinheit keineswegs einen sekundären Eindruck machen und somit zur primären
Traditionsschicht des Kreuzigungsberichtes zu rechnen sind.

Nur V 39 könnte, falls sich noch weitere Indizien dafür im
Laufe der Arbeit ergeben[1], sekundärer Zusatz sein, da die Bezugnahme auf V 37 sehr umständlich wirkt[2] und ein inhaltlicher Zusammenhang mit dem sekundären V 36 zu beobachten ist[3].

---

1 Vgl dsAr 82.

2 Vgl dsAr 73f (74 A2).

3 Vgl dsAr 71 A7.

§ 4 Stilkritische Untersuchungen

I. Vorbemerkung

Der Terminus "Stilkritik" ist nicht ohne weiteres eindeutig, weil das Wort "Stil" im Rahmen der neutestamentlichen
Forschung in verschiedener Weise verwendet worden ist[1]. Bei
der Untersuchung der synoptischen Tradition dürfte es sachgemäß sein, zwischen syntaktisch-grammatikalischem Stil, Erzählungsstil und dem Stil einer Gattung zu unterscheiden[2].
Da man nicht von einer Gattung der Kreuzigungsberichte reden
kann[3], so ist auch keine stilkritische Untersuchung in diesem
Sinne möglich. Um so mehr scheint sich eine kritische Auswertung des syntaktisch-grammatikalischen Stiles und des Erzählungsstiles zu lohnen. Der Unterschied, der bei diesem
wie jenem zwischen der einfachen Volkssprache und der geho-
benen Sprache der Literatur besteht, könnte sich als geeig-
netes Kriterium bewähren, um Gemeindetradition und Zusätze
des Evangelisten voneinander zu scheiden[4]. Denn wie die
Formgeschichte zeigt, hat die synoptische Tradition den Gemeinden entsprechend, in denen sie entstand und weiterge-
reicht wurde, den Charakter einer Volkstradition[5]. Literarische Art ist ihr von Haus aus fremd, und wo sie dennoch in

---

1 Vgl zB Fascher Methode 208-211; Dib 7; ders Evangelien 200; KLSchmidt
  Formgeschichte 639; Schick 18.77f; Zerwick S V; Wendling Entstehung
  215 A1.

2 Diese Unterscheidung darf freilich nicht zu einer absoluten Scheidung
  gemacht werden, da der syntaktisch-grammatikalische Stil den Erzählungsstil und dieser wiederum den Stil der jeweiligen Gattung mitbe-
  stimmt. Die Gleichsetzung, wie sie bei Zerwick Seite V erfolgt, ist
  jedenfalls unsachlich und verwischt die Unterschiede.

3 Vgl Dibelius Evangelien 192f; Bultmann gattungsgeschichtlich 421. Natürlich können Elemente anderer Gattungen im Kreuzigungsbericht auftauchen, vgl dsAr 37ff. 261f.

4 Sundwall bruket, Wohleb u Zerwick verwenden den syntaktisch-grammatikalischen Stil, Wendling Entstehung u die Formgeschichtler den Erzählungsstil zur Analyse. Gelegentliche Überschneidungen ergeben sich
  natürlich, vgl dsAr 77 A2.

5 Besonders Schnie (vgl jedoch zB auch Dib 51) hat den Unterschied zwischen der Evangelientradition und der sonstigen Volkstradition betont: Alle Traditionen werden vom Christusgeschehen bestimmt. Die in
  unserem Zshg wichtige Gemeinsamkeit sah schon Deißmann 55.

synoptischen Evangelien auftaucht, kann man sie deshalb als
Kennzeichen für die redaktionelle Arbeit des Markus[1] werten.
Indem er die Gemeindetradition in einem "Buch" zusammenfaßt,
unternimmt er den ersten Versuch[1a], sie literaturfähig zu
machen. Bei seinen Nachfolgern, Matthäus und Lukas, läßt
sich die Fortsetzung dieser Bemühungen deutlich verfolgen[2].
Überall, wo uns im Markusevangelium und speziell im Kreuzigungsbericht die aus dem Matthäus- und Lukasevangelium bekannte Art der stilistischen Bearbeitung der primitiven Syntax und Grammatik auffällt, zumal an in der bisherigen Arbeit
schon entdeckten Nahtstellen des Textes, überall da wird man
die redigierende Hand des Evangelisten vermuten dürfen.

Dasselbe gilt entsprechend für den Erzählungsstil: Überall, wo dieser die Symptome einfacher Volkserzählung zugunsten gewandterer Formulierungen verliert, wird man fragen
dürfen, ob hier nicht eine Bearbeitung oder Einfügung des
Evangelisten vorliege[3].

II. Der Partikelgebrauch in Mk 15,20b-41[4]

1. καί und δέ

Es fehlt in der Literatur nicht an Untersuchungen zu der
recht unterschiedlichen Verwendung von καί und δέ bei den
Synoptikern. Das schon ausführlich in Statistiken dargelegte

---

1 Gerade in der Leidensgeschichte kann natürlich auch schon vor Mk ein
   Redaktor in dieser Weise gearbeitet haben. Jedenfalls läßt sich so
   redaktionelle Tätigkeit feststellen. Ob Mk oder ein anderer sie übte,
   kann eindeutig erst bei der theologischen Interpretation der Zusätze
   entschieden werden. /Vgl auch dsAr 319ff./

1a Vgl dazu Bult 375.

2 Vgl besonders Cadbury Style u Larfeld.

3 Dabei ist die Gefahr subjektiver Geschmacksurteile ständig im Auge zu
   behalten, vgl Bertram Leidensgeschichte 81 u dagegen zB Fascher Methode 178ff.

4 Unsere zT umständlichen Untersuchungen über den Partikelgebrauch in Mk
   15,20b-41 werden hier nur insoweit aufgeführt, als sie einen Beitrag
   zu der von uns angestrebten Analyse des Abschnitts darstellen. Allein
   die unter den Abschnitten eins, zwei und drei aufgeführten Konjunktio-
   nen scheinen uns in dieser Hinsicht auswertbar. /- Vgl dsAr 319-321./

und durchgearbeitete Material[1] noch einmal vorzuführen, ist
nicht unsere Absicht. Wir wollen nur prüfen, ob die bisherigen Ergebnisse der Forschung für unsere Analyse verwertbar
sind.

Nicht zu bestreitendes Ergebnis der bisherigen Untersuchungen ist, daß die einfache Aneinanderreihung der Glieder
eines Satzes durch καί für Markus besonders typisch ist[2],
während Matthäus und Lukas diesen primitiven Stil "mittelst
einer weit reicheren Gliederung durch δέ, τότε, Partizipial-
konstruktion usw." glätten[3]. Diesem Tatbestand entspricht
auf der anderen Seite, daß Markus die Partikel nur 156mal,
Matthäus und Lukas sie dagegen 496- beziehungsweise 508mal
verwenden[3a], was sich daraus unter anderem erklärt, daß sie
das stereotyp wirkende καί des Markus in "Hunderten von Fällen" in ein δέ ändern[4]. Der umgekehrte Fall, daß ein δέ des
Markustextes von Matthäus oder Lukas in ein καί verwandelt
wird, ist dagegen selten[5] und hat sehr oft seine Begründung
in inhaltlichen Textänderungen und einer damit zusammenhängenden stilistischen Glättung großen Ausmaßes[6].

Diese innersynoptischen Verhältnisse rücken erst ins
rechte Licht, wenn man bedenkt, daß die einfache Satzverbindung mit καί deshalb so typisch für Markus ist, weil sie der

---

1 Larfeld 14ff; Hawkins 150f; Zerwick 1ff; Wohleb 185 A1-7 (weitere
  Literatur); auch Morgenthaler Thz.

2 Vgl Deißmann 105ff (105 A4); Zerwick 1; Larfeld 16; Hawkins 150; Blaß-
  Debrunner §442,§458.

3 Larfeld 15, vgl Crönert 88.

3a Zerwick 1; Hawkins 151.

4 Larfeld 18. In Mk 15,20b-41 finden sich folgende Beispiele für dieses
  Vorgehen des Mt u Lk: V 21/Mt 27,32; V 24/Lk 23,34; V 26/Lk 23,38; V
  29/Mt 27,39 (Lk 23,36); V 31/Lk 23,35; V 32c/Mt 27,44 (Lk 23,39); V 33/
  Mt 27,45; V 34/Mt 27,46; V 35/Mt 27,47; V 38/Lk 23,45. Das δέ von V 36
  ist aus inhaltlichen Gründen in Mt 27,48 gestrichen, dafür aber in 27,
  49 eingesetzt, wo es bei Mk fehlt. Ähnlich ist V 23/Mt 27,34 zu beurteilen: Die Qualen Jesu werden gesteigert. Aus diesem inhaltlichen
  Grund fällt das δέ von V 23 bei Mt weg. V 25 wird von Mt u Lk gestrichen.

5 Vgl Larfeld 18f.

6 Vgl außer der Liste bei Larfeld 18f die Beispiele in dsAr 79 A4.

ihm vorliegenden Tradition wie aller Volkstradition zu eigen
ist[1] und damit womöglich auf aramäische Überlieferung hinweist[2]. Die Konjunktion δέ hat dagegen, so gewiß sie natürlich auch in der Erzählung des Volkes vorkommt[3], mehr ihren
Platz in der Literatur[4] und ist als der einfache Versuch zu
werten, mit ihrer Hilfe den allzu lockeren Erzählungsstil
der Überlieferung zu straffen und in seiner Einförmigkeit zu
beleben. Die rapide Zunahme von δέ im Matthäus- und Lukasevangelium im Vergleich zum Markusevangelium findet so ihre
beste Erklärung. Matthäus und Lukas, den Nachfolgern des
Markus, gelang natürlich besser, was auch dieser schon, als
erster freilich mit weniger Erfolg, unternommen hatte, nämlich die überlieferten kleinen Traditionseinheiten zu einem
Ganzen zu verschmelzen, zu einem "Buch", das auch in seinem
Stil bescheidenen literarischen Ansprüchen Genüge tat. Daraus folgt, daß δέ primär ein Stilcharakteristikum der synoptischen Evangelisten ist[5].

---

1 Vgl JH MoultonEinleitung 16; Blaß-Debrunner §458; Larfeld 20; Pfister
  Laux 67; Deißmann 105ff (105 A4 weitere Literatur). Pfister Erzählung
  811f zeigt, daß nicht nur im Falle der Synoptiker, sondern bei jeder
  literarischen Bearbeitung volkstümlicher Tradition die Parataxe der
  Hypotaxe weicht.

2 Radermacher 28: "Das καί in der Satzanknüpfung bei Mc ist gewiß hebrai-
  sierend." Vgl Blaß-Debrunner §458; Cadbury Style 142. Hawkins 151 A2
  sieht darin LXX-Einfluß u Larfeld 20 außerdem den des hbr AT. Vgl dazu
  weiter Black Approach 44-51, der trotz Deißmann u anderen in diesem
  Sprachsymptom semitischen Einfluß sieht; auch Norden 376ff, gegen den
  wieder Deißmann 105 A4. Jedenfalls ist, auch wenn man wie Deißmann auf
  die Koine hinweist, καί Kennzeichen der Volkstradition. Von einem "Ur-
  Markus" (Crönert 88), einer "καί-Schicht" als "Hauptquelle" u einer
  "δέ-Schicht" als "Nebenquelle" (Wohleb 190) kann man freilich nicht
  reden, vgl Zerwick 3ff.

3 Besonders im Wechselgespräch u bei einer Rede (Zerwick 2.7ff). Aber
  selbst in diesen Fällen kann man grundsätzlich mit einer Bearbeitung
  durch den Evglst rechnen, wie man an Mk 10,17-32 sehen kann, vgl Wohleb
  188 u Bult 20f.

4 Vgl Zerwick 6f. Die korrelative Konjunktion μέν - δέ ist bei Mk u Mt
  selten u nur in Reden, bei Lk (Ag!) häufiger u auch in Erzählungen anzutreffen (Larfeld 20f; Blaß-Debrunner §447,2.3; auch Morgenthaler ThZ
  XI, 1955, 102 A16). Die logisch gegliederte Satzverbindung scheint mit
  der Entfernung von der Tradition zuzunehmen, vgl dsAr 47.261 A1.

5 Vgl Cadbury Style 142f; vgl jedoch dsAr 78 A1. 80 A4. Diese grundsätzliche
  Feststellung bedarf im Einzelfall natürlich jeweils der Nachprüfung und
  zusätzlicher Beweise mit Hilfe anderer Methoden.

Bevor wir die eben gewonnene Erkenntnis bei der Analyse
des Kreuzigungsberichtes anwenden, möchten wir sie noch in
ihrer Richtigkeit an zwei andern Abschnitten des Markusevangeliums erproben, um so ganz konkret zu veranschaulichen,
daß Markus wirklich ebenso wie Matthäus und Lukas mit seinem
Traditionsstoff umgegangen ist, was die Bevorzugung von δέ
vor καί betrifft.

Der Abschnitt Mk 15,1-15 beruht wohl nur zum Teil auf
alter Tradition, und höchstwahrscheinlich ist er vom Evangelisten überarbeitet worden[1]. Dafür spricht der literarische Bezug zwischen den Versen 2.9.12.18.26[2]; die Tendenz,
die Juden und nicht die Römer mit dem Tode Jesu zu belasten, die sich bei Lukas noch verstärkt[3] und in späterer
Zeit immer deutlicher wird[4], also in unserem Falle ein Hinweis auf die redigierende Hand des Markusevangelisten sein
kann, der als erster schon seine ihm vorliegende Tradition
in dieser Hinsicht bearbeitete[5]; der künstlerische Absicht
verratende Aufbau des Abschnitts, der in dem dreimaligen
Versuch des Pilatus sichtbar wird, Jesus freizusprechen.
Als weiteres Argument für die These, daß Mk 15,1-15 vom
Evangelisten überarbeitet wurde, kommt nun noch die Beobachtung hinzu, daß καί von δέ mit einem Zahlenverhältnis
von 12 zu 6 in diesem Abschnitt übertroffen wird[6]. Selbst
wenn man bedenkt, daß es sich hier um eine Art "Wechselgespräch" handelt[7], so ist damit diese Häufung von δέ im
Vergleich zu dem bedeutend geringeren Gebrauch von καί
nicht genügend erklärt. Es bleibt somit die beste Annahme
im Zusammenklang mit den übrigen, eben aufgezählten drei
anderen Argumenten, daß das häufige Vorkommen von δέ in Mk
15,1-15 durch die Bearbeitung des Abschnitts von der Hand
des Markus bedingt ist[8].

---

1 Dibelius Botschaft I 282 urteilt seiner Grundhaltung gemäß (vgl dsAr
  15ff) anders. Vgl jedoch schon Weidel II 246: Mk 15,1-15 eine "dich-
  terische Konstruktion" u Loh 335ff.
2 Bult 293.   3 Zum Problem Grant Earliest 207ff.
4 Vgl Benz 1055f.   5 Vgl Weidel II 233ff; Loh 338.
6 Ein ähnliches Übergewicht von δέ über καί findet sich im Markusevangelium nur noch in Mk 10,17-31.35-44, einem Abschnitt, der wohl ebenfalls
  von Mk überarbeitet wurde, vgl Bult 20f.23.154 u außerdem dsAr 80 A3.
7 Vgl 80 A3!   8 Vgl Zerwick, der freilich psychologisiert.

Als zweites Beispiel für das Vorgehen des Markusevangelisten, die in sein Evangelium aufgenommene Tradition durch Einfügung von δέ stilistisch zu bearbeiten, nennen wir Mk 14,66-
71. In diesem Abschnitt findet sich dreimal ein δέ im Wechsel
mit καί, und zwar jedes Mal bei der Verleugnung des Petrus,
die damit also deutlich akzentuiert wird. In V 69 würde ein δέ
ebenfalls gut passen. Aber es fehlt, weil es dem Evangelisten
allein auf die Herausstellung der drei Verleugnungen ankommt.
Markus verwendet δέ in Mk 14,66-71, um das ihm wichtig Erscheinende zu akzentuieren[1].

Da sich unsere These, δέ sei ein Stilcharakteristikum der
Synoptiker, anhand zweier Beispiele auch eindeutig für das
Markusevangelium bestätigte, läßt sich nun für die Verse Mk
15,23.25.36.37.39.40 im Kreuzigungsbericht die Vermutung
äußern, sie seien vom Evangelisten überarbeitet. Denn in jedem dieser Verse kommt ein δέ vor. Da nun gerade diese Verse
aber auch schon aus ganz anderen Gründen als vom Evangelisten
überarbeitet oder gar als vollkommen neu von ihm eingefügt
gelten müssen[2], so hat die eben mitgeteilte Beobachtung nicht
nur den Rang einer vagen Vermutung, sondern beweisende Kraft
für die Richtigkeit unserer Analyse. Dies läßt sich um so
mehr behaupten, als auch unsere noch folgenden Untersuchungen
für die genannten Verse zu denselben Ergebnissen führen.

---

1 Vgl Zerwick 15ff. Irreführend ist freilich, wenn Zerwick die dreimalige
  Einfügung von δέ psychologisch begründet. Die Verteilung der Partikel
  entspricht nicht einer "innerseelischen Anteilnahme" (aaO 16), sondern
  einem sachlich-theologischen Interesse des Markusevangelisten. So wie
  er das δέ einfügt, so hat und will er die Tradition verstanden wissen.-
  Von den Beispielen Zerwicks 15ff für die Einfügung von δέ durch Markus
  leuchten mir abgesehen von Mk 14,66-71 noch Mk 5,25-34; 6,17-29.35-38;
  10,46-52; 12,7; 14,26-31 ein.

2 Für Mk 15,25 vgl dsAr 55f.58; für Mk 15,36.37 vgl dsAr 65-69; für Mk
  15,39 vgl 39f, an welcher Stelle indirekt auch schon angedeutet ist,
  daß Mk 15,40 vom Evangelisten überarbeitet ist. Speziell zu Mk 15,40
  vgl dsAr 36f. Im Falle von Mk 15,25.37.40 ist aller Wahrscheinlichkeit
  nach alte Tradition von Mk überarbeitet worden und durch die Partikel
  in den von ihm geschaffenen Zusammenhang sinnvoll eingefügt worden. Mk
  15,36.39 scheinen dagegen eher ganz von ihm selbst zu stammen. Besonders schwer   fällt die Entscheidung im Fall von Mk 15,23, vgl dsAr
  87ff den Abschnitt über das Präsens historicum.

2. ἵνα

Beim synoptischen Sprachvergleich fällt auf, daß ἵνα im Markusevangelium bedeutend häufiger vorkommt als im Matthäus- und
Lukasevangelium[1]. Die Erklärung für diese Tatsache ergibt sich
aus dem Sprachgebrauch der Koine[2], dem Markus mit seiner Tra-
ditionsgebundenheit noch mehr verpflichtet ist als Matthäus und
Lukas, die das ἵνα[3] des Markustextes unter anderem gern durch
eine Infinitivkonstruktion ersetzen[4] und somit einen Grad höhe-
rer literarischer Bildung aufweisen[5]. Dieses Urteil bestätigt
sich, wenn man die gleichmäßige Streuung dieser Partikel über
Tradition und Rahmen des Markusevangeliums verfolgt. Markus
bietet sie also deshalb soviel häufiger als Matthäus und Lukas,
weil er sie in der ihm vorliegenden Tradition beibehielt und
sie außerdem in seinen redaktionellen Zusätzen selber oft verwendete[6].

In unserem Abschnitt Mk 15,20b-41 zeigen die Verse 20 und 21
je einmal den für die Koine typischen Sprachgebrauch des fina-
len ἵνα statt des möglichen Infinitives, den Matthäus (27,31)
und Lukas (23,26), jeder an einer der beiden Stellen, als Verbesserung bieten[7]. Das ἵνα in Mk 15,32 gehört zu den Fällen, in

---

1 Vgl Turner Usage XXIX; Morgenthaler ThZ XI, 1955, 106f. Die genauen Zahlen ändern sich, je nachdem welche Lesarten man bevorzugt. Meine Zählung: Mk 59-, Mt 34-, Lk 38mal ἵνα; Moulton-Geden: Mk 57-, Mt 33-, Lk 39mal;
Morgenthaler: Mk 63-, Mt 39-, Lk 48mal. Die Vorliebe des Mk für die Partikel
ist in jedem Fall deutlich.

2 Vgl Blaß-Debrunner §369,388; Radermacher 190f.

3 Besonders dann, wenn die finale Bdtg der Partikel verblaßt ist.

4 Das gilt besonders für Lk, während Mt die direkte Rede vorzieht, vgl
Turner Usage XXIX 358. Häufig "glätten" die beiden Seitenreferenten auch
den Markustext durch Streichungen, vgl aaO 356f.

5 Radermacher 191: "Aus dem Verhältnis der Infinitive zu den Konjunktio-
nalsätzen läßt sich ein ungefährer Schluß auf den Bildungsgrad ziehen."
Vgl Pernot 140, der den häufigen Gebrauch des Infinitives bei Lk auf
den "influence littéraire" zurückführt. In Ag, wo Lk nicht so stark an
die Tradition gebunden ist, fehlt der unklassische Gebrauch von ἵνα fast
ganz, vgl Blaß-Debrunner §388.

6 Folgende 14 Stellen dürften wahrscheinlich auf den Evglsten zurückgehen
(vgl jeweils KLSchmidt Rahmen, Sundwall Zusammensetzung u vor allem Bult
zSt): Mk 3,9.10.14; 4,12; 5,43; 6,8.12.56; 8,30; 9,9.12.30; 12,13; 15,32.
An anderen Stellen läßt es sich nur vermuten.

7 Vgl Turner Usage XXIX 357f.

denen "Absicht und Folge nicht streng geschieden" sind[1], - so
könnte man auf den ersten Blick meinen. Beachtet man jedoch,
daß es sich hier um ein bitterböses Spottwort handelt, daß
es in seiner Forderung also gar nicht ernstgemeint ist, so
wird deutlich, daß die ἵνα-Konstruktion in Vers 32 im Unterschied zu ihrer primitiven Verwendung in den Versen 20.21
ganz exakt und genau "als Ersatz für den Inf. der Folge" gebraucht wird, was immer dann geschieht, "wenn die Folge bloß
gedacht, nicht wirklich eingetreten ist" (beziehungsweise:
eintreten wird)[2].

Für unsere Analyse ergibt dieser Abschnitt, daß das Vorkommen von ἵνα auf keinen Fall gegen eine redaktionelle Überarbeitung des betreffenden Verses durch Markus spricht und
daß man im Falle von Mk 15,32 wegen der bewußten Verwendung
der Partikel in der ἵνα-Konstruktion einen Hinweis auf die
Herkunft des Verses von der Hand des Evangelisten sehen darf.
Damit bestätigt sich unsere frühere Analyse[3]. Für die Verse
Mk 15,20.21 läßt sich dagegen, von der Verwendung dieser Partikel her gesehen, nichts Kritisches erheben, da sich, was
den dortigen Sprachgebrauch angeht, Tradition und Evangelist
nicht unterscheiden.

3. ὅτε

Die temporale Konjunktion ὅτε kommt bei Markus und Matthäus
je zwölfmal und bei Lukas elfmal vor[4]. Prozentual auf die Länge der drei Evangelien gesehen[5], bieten Matthäus und Lukas die
Partikel eindeutig seltener als Markus.

---

1 WBauer Wörterbuch 685, vgl Pernot 87.90.

2 WBauer ebd.

3 DsAr 59f.69.

4 Die Zahlen entsprechen dem Text von ENestle 22. Wenn man in Mk 11,19;
  Mt 17,25; Lk 6,3 nicht mit den von Nestle bevorzugten Handschriften liest,
  so bieten Mk u Mt je 13mal, Lk 12mal die Partikel.

5 Vgl Zerwick 1: "Mk ist mit seinen 680 Versen ein Drittel kleiner als die
  beiden Seitenreferenten"; Morgenthaler ThZ XI, 1955, 101: Mk ist "mehr
  als ein Drittel kürzer"; auch Cadbury Style 1. Die absolut zusammenklin-
  genden Ergebnisse der Statistik müssen also immer relativ auf die Länge
  der Evangelien in ihrer Differenz gesehen werden.

Vergleicht man das Lukas- und Markusevangelium genauer, so
fällt auf, daß Lukas keine einzige[1] der ὅτε-Stellen aus dem
Markusevangelium übernommen hat. Weiter läßt sich ermitteln,
daß die Konjunktion nur dreimal[2] eindeutig auf den Evangelisten selbst weist, wie ihr Fehlen in den Markus-Parallelen
beweist; die übrigen Verse im Lukasevangelium, die die Partikel auch noch bieten, gehören zum lukanischen Sondergut[3] oder
zu Q[4].

Matthäus übernimmt das ὅτε des Markustextes dreimal[5], zweimal kommt es in seinem Sondergut vor[6], und siebenmal ist es auf
seine Redaktionstätigkeit zurückzuführen, was teils die Markus-Parallelen beweisen[7], teils durch das Vorkommen von ὅτε in
der Lieblingsformulierung des Matthäus καὶ ἐγένετο ὅτε ἐτέλεσεν
ὁ ᾽Ιησοῦς bewiesen wird[8].

Betrachtet man nun das zwölfmalige Vorkommen von ὅτε im
Markusevangelium unter literarkritischem Aspekt, so sind von
den zwölf Stellen nur vier mit großer Wahrscheinlichkeit der
Tradition zuzuschreiben[9], während die übrigen acht Fälle sich
in verschiedener Weise als auf Redaktionsarbeit des Evangelisten beruhend erweisen lassen. Mk 1,32 gehört zu dem Summar
1,32-34, ist also redaktionelle Bildung[10]. Für Mk 4,10 gilt

----

1 Vgl jedoch dsAr 84 A4: Die obige Feststellung gilt nur, wenn man wie Nestle
   in Lk 6,3 die Handschriften bevorzugt, die kein ὅτε bieten.
2 Lk 6,13; 22,14; 23,33: Jedesmal wird die einfache καί-Verbindung des Mk
   durch den Zusatz verbessert; vgl A3.
3 Lk 2,21.22.42; 4,25; 15,30; 17,22; 22,35. Die Verbindung καὶ ὅτε in Lk
   2,21.22.42 kann eventuell auch vom Evglsten stammen (vgl A2).
4 Lk 13,35.
5 Mt 12,3; 21,1; 27,31.
6 Mt 13,26.48 u eventuell noch als dritte Stelle 17,25, wenn man den
   schlecht bezeugten Text bevorzugt (vgl 84 A4).
7 So Mt 9,25; 21,34.
8 Mt 7,28; 11,1; 13,53; 19,1; 26,11, vgl Bult 359. Lk 7,1 ist sachliche,
   aber nicht wörtliche Par zu Mt 7,28. Die Formulierung ist also typisch
   für Mt (vgl Hoskyns-Davey 87 gegen Bult 359 A1) u wohl vom LXX-Sprach-
   gebrauch bestimmt (Vogel 33).
9 Mk 2,25; 4,6; 6,21; 15,20. Da in 4,6 u 15,20 die uns schon aus der Redaktionstechnik des Lk bekannte καὶ ὅτε-Verbindung (vgl dsAr 85 A2.3) auftaucht,
   kann man auch an diesen beiden Stellen das ὅτε auf Mk zurückführen, vgl
   weiter dazu dsAr 86 A3.
10 KLSchmidt Rahmen 57.76f (vor Mk!); Bult 366.

dasselbe, weil die Verse 4,10-12 die Geheimnistheorie des Evangelisten vertreten[1]. Ebenso sind Mk 7,17; 8,19.20 als sekundär
anzusehen[2], da das in diesen Versen berichtete Jüngerunverständ-
nis ebenfalls der markinischen Geheimnistheorie dient und außerdem die Jünger in 7,17 ganz wie in dem sekundären Vers 4,10
von Jesus zur Belehrung vom übrigen Volk getrennt werden. Mk
11,1 ist rahmende Bemerkung des Evangelisten[3]. Sehr wahrscheinlich wird auch die Datierung in 14,12, "weil sie für jüdischen
Sprachgebrauch völlig unmöglich ist, von Mk stammen"[4]. Schließlich ist noch als letzter der acht Fälle, in denen das ὅτε
wahrscheinlich auf den Evangelisten zurückgeht, Mk 15,41 zu
nennen[5].

Zusammenfassend läßt sich sagen: Der aus dem absoluten Verhältnis des Vorkommens der Konjunktion ὅτε bei Lukas und Matthäus einerseits und Markus andererseits gezogene Schluß, Markus habe eine besondere Vorliebe für diese Konjunktion, emp-
fing durch die literarkritische Untersuchung der drei Evangelien eine klare Bestätigung. Die Partikel ist daher mit großem Recht als ein Stilcharakteristikum des Markusevangelisten
zu bezeichnen. Damit wird aber auch von diesem Aspekt her unsere bisherige Analyse von Mk 15,40f, die diese beiden Verse
als vom Evangelisten überarbeitet bezeichnete[6], unterstützt.
Das Vorkommen von ὅτε in V 41 zeigt mit großer Wahrscheinlichkeit die Bearbeitung durch den Evangelisten an.

---

1 Bult 351 A1: "natürlich stammt von 'Mk' auch das ὅτε ἐγένετο κατὰ μόνας",
  vgl aaO 215.356.

2 Bult 71.96.356f.

3 Das Ziel des Leidensweges (vgl dsAr 199 A1) ist erreicht! Zum Ölberg,
  vgl dsAr 32 A5. Die übrigen Ortsangaben des Verses zeigen, daß Mk Tradition benutzt (vgl Mk 11,11f; 14,3).- Auch in Mk 11,19 kommt bei einigen Handschriften ein ὅτε vor, vgl dsAr 84 A4.- Mk scheint wie Lk die
  Verbindung καὶ ὅτε zu lieben (Mk 4,10; 7,17; 11,1.19), vgl 85 A2.3.9.
  Matthäus dagegen zieht ὅτε δέ vor (vgl Mt 21,1; 27,31 mit 9,25; 21,34).

4 Bult 294.

5 Bult 296.298; dsAr 36f.

6 Neben 36f sei hier schon auf die noch folgenden Ausführungen über die
  Zusätze des Mk hingewiesen.

III. Das Präsens historicum

Das Präsens historicum ist zu allen Zeiten das Kennzeichen
der Volkssprache[1] und weist in den synoptischen Evangelien
wohl besonders auf aramäische, also besonders alte[2] Überlieferung hin[3]. Dafür spricht auch, daß Matthäus und vor allem Lukas in ihrem Bemühen, die primitive Gemeindetradition literaturfähig zu machen, das Präsens historicum vermeiden[4].

Man kann also den Kanon aufstellen: Je mehr ein synopti-
scher Bericht das Präsens historicum aufweist, um so näher
steht er der ältesten Gemeindetradition und ist nicht von
einem mehr literarischen Gesichtspunkt her überarbeitet oder
gar ein Produkt des den Traditionsstoff zusammenstellenden
Evangelisten selbst.

Das überaus häufige Vorkommen des Präsens historicum im Markusevangelium ist schon oft registriert worden[5]. Der Befund ist
jedoch, beachtet man den eben aufgestellten Kanon, weder mit
der "Lebhaftigkeit und Frische" "eines erstmaligen... Entwur-
fes"[5a] noch mit dem Hinweis auf Markus als einen "Mann aus dem
Volke"[6] genügend erklärt, sondern vielmehr aus der Art der

---

1 Vgl Moulton-Howard 456f; Moulton Einleitung 196: "wir brauchen nur die
   Rede eines Dienstmädchens zu belauschen, wenn wir einen Beweis dafür
   brauchen". Die bewußte Verwendung der Zeitform als Kunstmittel in der
   Literatur spricht nicht gegen die obige Feststellung (vgl aaO 197) u
   ist in unserem Zshg nicht weiter zu beachten, da die Evv nicht zur "großen Literatur" gehören. Vgl auch dsAr 88 u ebd A1 /; 317ff/.
2 Die Bdtg dieser Tatsache für Mk 15,20b-27 bestätigt unsere Untersuchung
   der Historizität der Verse, s den betreffenden Abschnitt (dsAr 221ff).
3 Vgl Zerwick 72f; Blaß-Debrunner §321. Das h ä u f i g e Präsens historicum (aramäischer Partizipialsatz!), nicht sein Vorkommen als solches
   ist ein Hinweis auf aramäische Überlieferung (so Black Approach 94;
   Moulton-Howard 456f gegen Burney 87f; WCAllen Aramaic 329). Die Stellung
   der Verba im Satzgefüge ist ein weiteres Argument für diese These, vgl
   Blaß-Debrunner §472,1 Anhang; Wellhausen Einleitung[2] 10 /; dsAr 314ff/.
4 Lk klang es zu "vulgär" (Blaß-Debrunner §321, vgl Cadbury Style 158f;
   Moulton Einleitung 197; Vogel 25). Die Zahlen der Statistik schwanken,
   je nach Wahl der Lesarten (vgl dsAr 84 A4): Mk bietet 151- (Zerwick,
   Moulton Einleitung, Hawkins) bzw 148- (Larfeld), Mt 78- (dieselben) bzw 73-
   (Larfeld) u Lk 9- (Larfeld, Zerwick) bzw 4- (Hawkins, Moulton Einleitung)
   mal das Präsens historicum.
5 Vgl Hawkins 143ff; Zerwick 49ff; Moulton Einleitung 196f; Moulton-Howard
   456; Larfeld 13.262.
5a So Moulton Einleitung 197.
6 So Larfeld 13 (dort zT gesperrt gedruckt).

volkstümlichen Gemeindetradition[1] zu verstehen, der Markus
als ältester Evangelist nähersteht als Matthäus und Lukas.
Denn wo er selbst bei der Redaktion des Traditionsstoffes
als "Schriftsteller" beobachtet werden kann, da zeigt er,
ähnlich wie Matthäus und Lukas, keine besondere Vorliebe
für das Präsens historicum[2].

Aus allem bisher Gesagten ergibt sich für die Analyse des
Kreuzigungsberichtes, daß in den Versen Mk 15,20b-27 älteste
Gemeindetradition zu sehen ist, da in ihnen der Fortgang der
Handlung sechsmal mit dem Präsens beschrieben wird[3], was
selbst in dem an präsentischen Verbformen so reichen Markus-
evangelium einmalig ist[4].

---

1 Auch die Volkstradition erzählt natürlich oft im Präteritum, vgl zB den
  Beleg aus den Papyri bei Moulton Einleitung 197 u seine Ausführungen
  aaO 209. Im Mk-Ev könnte man zB auf Mk 6,14-29 hinweisen, da sich hier
  kein einziges Präsens historicum findet, vgl Zerwick 51.54. Aber gerade
  dieser Abschnitt verrät auch schon eine besondere Erzählungskunst (vgl
  Wohleb 191 A12) und ist nicht typisch für die synoptische Tradition,
  vgl Bult 328f; Sundwall Zusammensetzung 37f.

2 Einwandfrei dem Evglsten zuzuschreibende redaktionelle Bildungen bzw
  von ihm überarbeitete Stücke, wie zB Mk 3,7-12; 6,53-56; 9,9-13; 10,32-
  34, gehören zu den rein präteritalen Abschnitten des Ev, vgl Zerwick 52.
  54. Daß in 8,14-21, einem gewiß auch von Mk überarbeiteten Text (vgl
  Bult 357), neben einem Aorist u vier Imperfekten auch dreimal das Präsens historicum vorkommt (vgl Zerwick 51; Hawkins 146), spricht nicht
  gegen unsere obige Behauptung, da es sich nur um Formen von λέγειν handelt und außerdem ja auch in den Versen Mk 15,20b-27 Mk nicht änderte
  wie Mt u Lk. Nur im Prinzip gilt für Mk dasselbe wie für Mt u Lk, im
  Einzelfall scheint er jedoch als erster Evglst noch konservativer mit
  der Tradition umzugehen als seine ihm nachfolgenden Seitenreferenten.

3 Liest man in Mk 15,20 statt des Konjunktives σταυρώσωσιν (א BXLH usw)
  das Futur σταυρώσουσιν (ACD usw), was dem volkstümlichen Sprachgebrauch
  entsprechen würde (vgl Blaß-Debrunner §369,2), so ergibt sich ein sie-
  benmaliges Vorkommen von Präsens historicum in 15,20b-27. Vgl dazu noch
  Pernot 87ff; Moulton-Howard 75. Speziell zu V 27: Präsens = aramäische
  Grundlage, vgl Wellhausen Einleitung[1] 25; Hudson 268; Taylor according
  590f; Black Approach 91f; Moulton Einleitung 87f.

4 Vgl zB Zerwick 54; Swete 380; Taylor according 588. Mt hat eine, Lk
  keine der präsentischen Formen beibehalten! Vgl Mt 28,38 mit Mk 15,27.
  In Mt 27,35 wird die präsentische Form des Mk gemäß LXX geändert!

Eigenartig ist nun aber, daß von Mk 15,29-41 keine einzige präsentische Form mehr verwendet wird. Diese Tatsache aus dem Gang der erzählten Handlung oder dem verschiedenen Inhalt der Abschnitte zu begründen, geht nicht an, da gerade bei den Spottreden das sonst für das Markusevangelium so typische Präsens von λέγειν, λέγει und λέγουσιν fehlt und statt dessen die Formen λέγοντες (V 29), ἔλεγον (VV 31.35) und λέγων (V 36) zu finden sind; Formen also, die Matthäus und Lukas bei ihrer Redaktion des Markus-Stoffes statt des bei Markus üblichen Präsens historicum verwenden[1].

Betrachtet man den Abschnitt Mk 15,20b-27 genauer, so fällt weiterhin auf, daß die Verse 23.25.26 rein präteritale Verse sind ohne jede präsentische Form. V 25 steht in Spannung zu dem im Präsens gehaltenen V 24[2], paßt andererseits aber ausgezeichnet, zusammen mit V 26, zu dem rein präteritalen Abschnitt Mk 15,29ff[3], wobei die Zeitbestimmung in V 25 besonders eng mit der in VV 33f verbunden ist[4], während V 26 gut zu dem Spott in den Versen 29-32 paßt. Daß der präsentische Vers 27 auch dem Inhalt nach gut an V 24 anschließt, während er bei seiner jetzigen Stellung hinter V 26 nachklappend wirkt, ist deutlich zu beobachten.

Auf Grund der eben gemachten Beobachtungen möchten wir annehmen, im Laufe des Überlieferungsprozesses seien zwei ursprünglich selbständige Kreuzigungstraditionen miteinander verzahnt worden[5], indem man VV 25.26 zwischen V 24 und V 27 schob. Die Verse 20b-24.27 würden dem einen, die Verse 25.26. 29ff dem andern Bericht zugehören.

---

1 Vgl dsAr 87 A4 u die Tabelle bei Hawkins 144f.150, die beweist, daß Mt u Lk vor allem das Partizip u den Aorist gebrauchen.

2 Vgl dsAr 54-58.

3 Mk 15,29-41 ist freilich auch keine ursprüngliche Einheit, wie schon früher festgestellt wurde (vgl dsAr 58ff) und wie später bei der Untersuchung der Zusätze des Evangelisten noch deutlicher werden wird.

4 Vgl dsAr 72 u ebd A3.

5 Vgl Dobschütz Markus 193ff, der solche Verzahnung zur Erzählerkunst des Markus rechnet.

Der Vers 23 könnte für die eben aufgestellte These als
eine Schwierigkeit empfunden werden. Doch läßt sich aus den
im folgenden genannten Gründen vermuten, daß der Vers wahrscheinlich erst später eingefügt wurde, womöglich vom Evangelisten selbst. Darauf weist zuerst einmal das Vorkommen
der Partikel δέ hin[1]. Zweitens gehören die einwandfrei dem
Evangelisten zuzuschreibenden redaktionellen Bildungen zu
den rein präteritalen Abschnitten des Evangeliums[2]. Drittens
ist zu vermerken, daß die durch die im Präsens gehaltenen
Verben wiedergegebene zielstrebige Handlung durch den im Im-
perfekt[3] und Aorist berichtenden V 23 eine Unterbrechung erfährt[4]. Viertens zeigt die Verfahrensweise des Matthäus und
Lukas mit dem Trankmotiv, daß die bei einer Einfügung von Mk
15,23 anzunehmende Freiheit des Evangelisten gegenüber der
Tradition sehr wohl vorausgesetzt werden darf[5]. Schließlich
und fünftens kann man V 23 vom Weissagungsbeweis her verstehen (Ps 69,22), womit zugleich auch der Grund angegeben
wäre, weshalb Markus diese Einfügung machte[6].

Die von uns aufgestellte These über die zwei ineinander-
gearbeiteten Kreuzigungstraditionen dürfte also berechtigt
sein, zumal sie sich auch von anderen Untersuchungsergebnis-
sen her ergibt[7].

---

1 Vgl dsAr 78-82. Zu den Lesarten Loh 342 A7; Wohlenberg 373 A58, der freilich unerlaubt historisiert.

2 Vgl dsAr 88 A2.

3 Wenn man das ἐδίδουν als Imperfektum de conatu ansieht (Zerwick 54;
  Klost 163; BWeiß Markusevangelium 495) und es für einen der Fälle hält,
  wo der konative Präsensstamm zufällig im Imperfektum steht (JHMoulton
  Einleitung 209, vgl Loh 342 Übersetzung zSt), und außerdem den Aorist
  ἔλαβεν damit begründet, er sei nötig "to indicate a decided refusal"
  (Taylor according 588), so kann man evtl V 23 auch als ursprünglich ansehen. Aber warum steht nicht das hier zu Erwartende und auch Mögliche,
  nämlich das Präsens de conatu (vgl Blaß-Debrunner §319)?

4 Montefiore 370 hält aus diesem Grunde für möglich, daß V 23 ein Einschub
  ist.

5 Vgl Mt 27,34; Lk 23,36. Dazu weiter die Exkurse über die Kreuzigungsberichte des Mt u Lk.

6 Vgl außerdem die speziellen theologischen Interessen, die Mk wohl zu
  seiner Einfügung veranlaßten (dsAr 71 A1. 97 ⌈.348⌉).

7 Vgl dsAr 58. Die Einfügung von V 23 kann natürlich auch durch die Überlieferung historischer Fakten bedingt bzw mitbedingt sein.

IV. Der Gebrauch des Partizips

Ebenso auffällig wie die Häufung des Präsens historicum am
Anfang unseres Abschnittes ist auch die Aufeinanderfolge von
7 Partizipien in Mk 15,34b-36[1]. Im späteren Zusammenhang[2]
wird noch zu zeigen sein, daß und weshalb dem Evangelisten
daran lag, in dem ihm vorliegenden Traditionszusammenhang
eine möglichst kurze Einfügung zu machen. Er war also gezwungen, die ihm wichtig erscheinende, bisher noch nicht erzählte
Nachricht von Mk 15,34b-36 möglichst knapp zu formulieren.
Versucht man sich in diese Lage des Evangelisten zu versetzen,
so ist klar, daß eine solch auffallende Anhäufung von Partizipien die nächstliegende Lösung des bestehenden Problems war.
Besonders die Handlung von V 36a konnte so in einem kurzen
Satz mit Hilfe von 4 Partizipien wiedergegeben werden.

Schaut man sich nun im Markusevangelium nach einem anderen
Beispiel um, das solche Verfahrensweise des Evangelisten in
Mk 15,35f als eine von ihm geübte Technik erweisen würde, so
fällt einem die Anhäufung von 4 Partizipien in Mk 12,28 auf[3].
Das erste von ihnen dürfte zur ursprünglichen Einleitung des
Schulgespräches Mk 12,28-34 gehören[4]. Die übrigen 3 Partizi-
pien aber verbinden diesen Abschnitt Mk 12,28-34 mit der vor-

---

1 Bei dieser Untersuchung sind die Verse 34b-36 als eine Einheit zu nehmen, da sie bei früherer Untersuchung als zusammengehörig erwiesen
  wurden (vgl dsAr 65-71 /.317ff7).

2 Vgl dsAr 179ff über die redaktionellen Zusätze des Evangelisten.

3 Vgl Larfeld 264, der freilich nur die drei auf dasselbe Subjekt bezogenen Partizipien προσελθών, ἀκούσας u εἰδώς zählt und den Gen abs αὐτῶν
  συζητούντων nicht mitrechnet. Übrigens läßt sich auch V 36a (λέγων) mit
  V 29 (λέγοντες) vergleichen. Doch fehlt in Vv 29ff die für die Verse
  34b-36 typische Anhäufung von Partizipien, und zwar vielleicht deshalb,
  weil in Vv 29ff von ein und demselben Vorgang der Verspottung die Rede
  ist, während in den Versen 34b-36 eine Vielfalt von Handlungen wiedergegeben wird. Außerdem hat der Spott in Vv 29ff einen ganz prägnanten
  theologischen Sinn (vgl dsAr 58ff und unseren Untersuchungsabschnitt
  über die redaktionellen Einfügungen des Markus).

4 Vgl Klost 127; anders Bult 21, der den gesamten V 28a für sekundär hält.
  Dafür könnte die Aufeinanderfolge von Mk 12,18 (Sadduzäer) u 12,28
  (einer der Schriftgelehrten) sprechen, falls man sie als gewollte Konstruktion des Mk ansieht.

hergehenden Geschichte Mk 12,18-27[1]. Sie sind deshalb als redaktionelle Zutat des Evangelisten zu werten.

Stellen wie Mk 5,15.25ff, die ebenfalls eine Partizipienhäufung aufweisen, ohne daß doch gesagt werden könnte, hier
habe der Evangelist eingegriffen[2], sprechen nicht gegen unsere
eben aufgestellte These, daß in der Partizipienhäufung eine
spezielle Technik des Evangelisten zu sehen sei; denn wir sind
ja nicht der Meinung, daß diese Art der Darstellung ausschließlich dem Evangelisten eignet. Was uns durch Mk 12,28
auch für Mk 15,35f erwiesen scheint, ist vielmehr nur dies,
daß, falls auch andere Beobachtungen in Mk 15,34b-36 eine Bearbeitung durch den Evangelisten vermuten lassen, diese Anhäufung von Partizipien ein weiterer Beweis für seine Redaktionstätigkeit ist.

Die schriftstellerische Arbeitsweise des Lukas bestätigt
diese unsere These; die "Verbindung mehrerer Participia con-
juncta", wie sie in Mk 15,36 vorliegt, verrät eine "gewisse
Stilisierung", die sich vor allem in der Apostelgeschichte
des Lukas findet[3]. In der für die synoptischen Evangelien
seltenen Häufung von Partizipien tritt also die schon früher
beobachtete Tendenz[4] zutage, die primitive Art der Volkserzählung zu verlassen und statt dessen einen gehobeneren Stil
zu gebrauchen[4a].

---

1 Ursprünglich sind also wahrscheinlich die Worte: καὶ προσελθὼν εἷς
   τῶν γραμματέων ...ἐπηρώτησεν αὐτόν, eingesetzt vom Evglst dagegen
   sind die übrigen.
2 Absolut ausgeschlossen ist dies freilich nicht, da der in diesen Versen geschilderte Kampf mit den Dämonen für Markus von besonderem Interesse ist, vgl JMRobinson, Das Geschichtsverständnis des Markus-Evangeliums, Zürich 1956, 34-49.80 u dsAr 122ff die Motivinterpretation
   von Vv37f.
3 Vgl Cadbury Style 133ff. Auch Mt liebt Partizipialkonstruktionen, vgl
   Larfeld 19f; auch Blaß-Debrunner §421.
4 Vgl dsAr 77f.
4a Es handelt sich also in unserem Fall nicht um eine volkstümlich harte
   Koordination von Partizipien, vgl Blaß-Debrunner §471. Larfeld 264,
   der wohl so urteilt, weil Mt und Lk den Text des Markus ändern, übersieht u verkennt die theologischen Beweggründe dieser Änderung. Im
   übrigen vgl Larfeld 264f selbst über die Partizipienhäufung bei Mt u
   Lk. Auf den volkstümlichen Sprachgebrauch könnte man dagegen evtl die
   Partizipienhäufung in Mk 5,15.25ff zurückführen. Doch ist dies nicht
   unbedingt sicher, vgl dsAr 92 A2.

Zusammenfassend kann man sagen: Die allgemeinen literarischen Absichten der Evangelisten bei der Redaktion des Traditionsstoffes wie das spezielle Vorgehen des Markusevangelisten in Mk 12,28 wie auch seine besondere Situation bei der
Einfügung von Mk 15,34b-36 sprechen dafür, daß die Anhäufung
von sieben Partizipien in diesen Versen auf seine Bearbeitung
des Kreuzigungsberichtes zurückzuführen ist.

V. Der Erzählungsstil

Bei der Beurteilung des Erzählungsstiles mischen sich leicht
subjektive Momente irritierend ein, wenn man die im Kreuzigungsbericht verarbeiteten Traditionen auf verschiedene Erzäh-
lerpersönlichkeiten zurückführt, von denen dann jede ihren
eigenen Erzählungsstil entwickelt haben soll. Was unter diesem
Gesichtspunkt als unterscheidend für die verschiedenen Traditionen hervorgehoben wird, ist in Wirklichkeit oft nur eine
mehr oder weniger willkürlich gemachte Beobachtung des betreffenden Exegeten[1].

Unsere bisherige Untersuchung ging dagegen von der Erkenntnis der formgeschichtlichen Forschung aus, daß die in den Synoptikern vorliegenden Geschichten innerhalb der urchristlichen
Gemeinden tradiert wurden und darum von dieser Entstehungssi-
tuation her als volkstümliche Überlieferung anzusehen und zu
beurteilen sind.

Bei dieser Sachlage scheint es sinnvoll zu fragen, ob der
Erzählungsstil in der Gemeindetradition und den Zusätzen des
Evangelisten nicht jeweils verschieden ist. Für das älteste
Traditionsgut darf man einen "kurzen erbaulichen Stil" erwar-

---

1 Vgl zB Wendling Entstehung 197, der die Verse Mk 15,24.38 dem von ihm
  postulierten Erzähler M[2] zuweist, weil er eine "Liebhaberei für Gewand-
  motive" habe! Ebenso unkontrolliert ist bei der bekanntermaßen großen
  Beliebtheit des Weissagungsbeweises im Urchristentum sein Urteil (aaO
  200): Mk 15,24b.29f.34 stammten ebenfalls von M[2], weil er gerne mit AT-
  Zitaten arbeite. ∠- Vgl zum folgenden dsAr 321ff.⌐

ten, dem "die beschreibenden, ausschmückenden und biographischen
Elemente" fehlen[1]. Umgekehrt wird ein Redaktor seine Aufgabe in
der Ausmalung bestimmter Szenen sehen, die er möglichst lebendig und anschaulich gestaltet. Was ihm am alten Bericht zu
knapp oder auch nicht mehr der Situation[2] entsprechend und deshalb unklar erscheint, verdeutlicht er durch seine Zusätze in
dem ihm richtig erscheinenden Sinne.

Betrachtet man unter diesem Blickwinkel den Abschnitt Mk 15,
25-39, so fällt einem auf, daß nur die durch unsere bisherige
Analyse als Zusätze des Evangelisten gekennzeichneten Verse[3]
direkte Rede[4] aufweisen. Diese Verse sind darum von einer besonderen Anschaulichkeit, die sich, achtet man nur erst einmal
darauf, sehr deutlich von den holzschnittartigen Zügen der
übrigen Verse abhebt[5].

Gerade an dem Beispiel der Verspottung (Mk 15,29ff) sieht
man deutlich den Unterschied zwischen dem Erzählungsstil der
Gemeindetradition und dem des Evangelisten. Die kurze Notiz von
der Verspottung durch die Vorübergehenden und die Mitgekreuzigten (Vv 29a.32c) baut[6] der Evangelist durch die Einfügung direkter Rede anschaulich aus[7], wobei er, wie später noch zu zei-

---

1 So kennzeichnet Dibelius Botschaft I 316 den Stil der Paradigmen, welche
  Gattung nach seinem Urteil das älteste uns erreichbare Traditionsgut
  aufbewahrt hat. Vgl weiter Dib 50f; KLSchmidt Stellung 87.

2 Diese Situation ist theologisch bestimmt durch die Überlieferung, die
  sich wandelnde Situation der Gemeinde u den in diesen Gegebenheiten lebenden Evangelisten. /Vgl dsAr 300./

3 Nämlich Mk 15,29b-32b.34b-36.39.

4 Vgl Dahl Passionsgeschichte 19: Mt formt die Markusdarstellung durch
  Einführung der direkten Rede um!

5 Vgl dsAr 47.

6 Durch den Markuszusatz entsteht in V 29 einer der für Mk besonders typischen Parallelismen, vgl Black Approach 117.

7 Taylor according 592 sieht richtig, daß Vv 31.32a.b psychologischer erzählt sind als Vv 29a.32c. Diese ersten Ansätze psychologischer Darstellungsweise sind typisch für die synoptischen Evangelisten, insofern auf
  diese Weise die primitive Gemeindetradition verlebendigt und schrift-
  stellerischer Art angepaßt werden soll.

gen sein wird, eine ganz bestimmte theologische Konzeption verfolgt[1].

Ähnlich verhält es sich mit seinen Zusätzen in Mk 15,34b-36.39[1a]. Die knappe Notiz vom wortlosen Schrei in Mk 15,34a. 37 wird durch die Verse 34b-36.39 in ganz bestimmter theologischer Absicht[2] anschaulich ausgebaut[3]. Ohne diese Verse und den eben besprochenen Zusatz Mk 15,29b-32b ist die Erzählung vom Tode Jesu von einer nicht mehr zu überbietenden Einfachheit und Prägnanz, was die zweite Kreuzigungtradition anlangt. Jesus wird um die dritte Stunde gekreuzigt (V 25f)[4]. Die Vorübergehenden und Mitgekreuzigten verspotten ihn (Vv 29a.32c). Von der sechsten bis zur neunten Stunde kommt eine Finsternis über das ganze Land (V 33). In der neunten Stunde stirbt Jesus mit einem lauten Schrei (Vv 34a.37), und der Vorhang des Tempels zerreißt daraufhin (V 38). Diesem Bericht fehlt wirklich jede novellistische Ausschmückung[5]. Ihm eignet die Knapp-

---

1 Vgl dazu dsAr 173ff. Vgl noch Dobschütz Markus 198 zur Erzählungstechnik des Markus: Durch den Einschub und die Verzahnung der beiden alten Kreuzigungtraditionen bereitet jetzt der Vers 27 den Vers 32c geschickt vor.

1a Vgl dsAr 36-40 für den sekundären Charakter von V 39.

2 Vgl den Hinweis in A1.

3 Vgl Wendling Entstehung 198: Die "anschauliche Darstellung der Szene Mk 15,34-36" spricht für eine jüngere Erzählungsschicht.

4 Von dem in sich differenzierten "Messias-König-Motiv" her dürfte V 26 wahrscheinlich zum alten Bericht gehören, vgl dsAr 35f.87-90. Vgl weiter dazu auch dsAr 220ff.

5 Bult 305 sieht in Mk 15,33.38 "rein novellistische Motive" u spricht im Zusammenhang damit vom "Fortwuchern der Legende" (aaO 306). Sieht man nur auf das historisch Tatsächliche, so kann man diesem Urteil in bestimmter Hinsicht zustimmen. Unsere obige Feststellung ist dagegen vom Standpunkt einer rein traditionsgeschichtlichen Betrachtungsweise aus gefällt, die den Erzählungsstil kritisch auswertet. Die so getroffene Entscheidung, ob ein Vers zur primären oder sekundären Traditionsschicht gehört, beruht also nicht darauf, ob der Inhalt der Verse als historisch geschehen denkbar ist. Von diesem Standpunkt aus gesehen, gehören die Verse 33.38 aller Wahrscheinlichkeit nach zur alten Tradition, und mag man sie auch novellistisch nennen, so sind sie doch eigentlich in ihrem Inhalt als dogmatische Aussage gemeint (vgl Bult aaO 306 selbst).

heit und erbauliche Tendenz, die man als Kennzeichen der ältesten Tradition ansieht[1]. Dieser aus den Versen Mk 15,25.26.29a.
32c.33.34a.37.38 bestehende Bericht scheint, seinem Stil nach
geurteilt, aus apokalyptisch-christlicher Prophetie entstanden
zu sein. Nur die ersten, vom Geist ergriffenen Christen können in Erwartung des nahen Weltendes so ohne jede novellistische Kunst und Ausschmückung, aufgrund des Alten Testamentes,
vom Tode Jesu in ihren Zusammenkünften erzählt haben. Bei der
späteren inhaltlichen Untersuchung der Verse wird sich dieses
Urteil bestätigen. Sie, die ersten Christen, bedienten sich
noch keiner novellistischen Erzählungskunst, wie sie in den
Zusätzen der Evangelisten zutage tritt[2]. Alles, was ihnen den
Tod Jesu zum Heilsereignis machte, war in dem knapp stilisier-
ten kerygmatischen Bericht gegeben, dessen Umfang mit den eben
genannten Versen umrissen ist[3].

Wendet man sich von der zweiten zur ersten Kreuzigungstradition unseres Berichtes, so lassen sich hier vom Erzählungsstil her nur zwei kleine kritische Beobachtungen machen[4]. Vers
22b[5] und wohl auch Vers 23 gehen auf Markus zurück. V 22b ist
eine erklärende Glosse, die den natürlichen Zusammenhang un-
terbricht und in ihrem Stil genau der sekundären Formulierung
von V 34b entspricht[6]. V 23 dürfte deshalb vom Evangelisten
stammen, weil der Stil des Verses dem Inhalt entsprechend be-

---

1 Vgl Dib 34f.53.55 zum Stil des Paradigmas.

2 Diese Kunst zeigt sich nicht nur in der psychologisch lebendigeren Ge-
  staltung der Zusätze, sondern auch in ihrer formalen Gliederung: "Die
  Schmähung ist, wie so vieles, bei Mk dreifach; Volk, Hohepriester und
  Schriftgelehrte, endlich die Schächer beteiligen sich an ihr" (Loh 344).
  Mk hat ja erst durch seine Zusätze diese Gliederung geschaffen! Vgl da-
  bei auch den Wechsel im Ausdruck (Wohlenberg 376)∠; dsAr 378f⫽.

3 Der oben genannte Versbestand der zweiten Kreuzigungstradition ergibt
  sich aus unseren bisherigen Analysen und wird im Fortgang der Arbeit
  noch weiter gesichert werden. Dasselbe gilt für die auf der folgenden
  Seite in ihren Versen beschriebene Kreuzigungstradition.

4 Mk dürfte also theologisch an der zweiten Tradition stärker interessiert
  sein, da er vor allem sie mit Zusätzen ergänzte.

5 ὅ ἐστιν μεθερμηνευόμενον Κρανίου Τόπος.

6 ὅ ἐστιν μεθερμηνευόμενον κτλ. Vgl Mk 3,17; 7,11.34; 5,41; 12,42; 15,16.
  42; vgl 7,2 u dazu Larfeld 21f; Rawlinson 233. Diese Art der Erklärung
  ist für Mk besonders typisch, während sie bei Mt u Lk selten bzw gar
  nicht vorkommt. ∠Vgl dsAr 322f.⫽

sonders lebendig und auffällig ist[1]: Jesus ist plötzlich der
Handelnde; er lehnt den ihm gereichten Trunk ab. Dadurch kommt
ein belebendes Moment in die alte Tradition, und zugleich
scheint der Evangelist deutlich machen zu wollen, daß hinter
allen Aktionen der Menschen, die Jesus ans Kreuz bringen, im
geheimen Jesu eigener souveräner göttlicher Wille zum Leiden
und Sterben steht[2]. Mit dem Aufweis dieser stilistischen und
theologischen Absichten des Evangelisten scheint über die
früher genannten Gründe hinaus mit größter Wahrscheinlichkeit
festzustehen, daß Mk 15,23 wirklich von Markus in die alte
Kreuzigungstradition eingefügt wurde, die demnach also aus
den Versen Mk 15,20b.21.22a.24[3].27 sich zusammensetzt.

§ 5 Vokabelstatistische Analyse

I. Methodische Grundlegung

Der im folgenden durchzuführenden Vokabelstatistik müssen
wir einige methodische Bemerkungen vorausschicken[4]. Alle in
Mk 15,20b-41 gebrauchten Vokabeln wurden durch eine Vergleichung des Markusevangeliums mit dem Matthäus- und Lukasevangelium daraufhin untersucht, ob sie im Markusevangelium besonders häufig vorkommen oder nicht[5]. Außerdem wurde bei

---

1 Zu ἐδίδουν bemerkt Kleist 230: "sharply intersected by οὐκ ἔλαβεν",
vgl AKlostermann 292f; Schanz zSt; BWeiß Markus u Lukas 235 /;dsAr 348.355/.

2 Durch die Verzahnung der beiden Kreuzigungstraditionen (vgl dsAr 87-90)
bereitet nun der eingeschobene Vers 23 die Aussage des Verses 37 gut
vor (vgl dsAr 128ff die motivgeschichtliche Interpretation von V 37).
Dem entspricht auch der Sinn der übrigen Zusätze des Mk.

3 Die Worte τίς τί ἄρῃ in V 24b stammen vielleicht von Mk, vgl dsAr 50:
Mt hat sie gestrichen; so auch Brandt 193.

4 Vgl Morgenthaler ThZ XI, 1955, 112, der statistisch ermittelte Vorzugsvokabeln des Lk nennt. /Vgl dsAr 309ff./

5 Unsere Ermittlungen der Vorzugsvokabeln des Markus in Mk 15 erfolgten
aufgrund von Bruder u Moulton-Geden, da das von Morgenthaler angekündigte Statistische Lexikon leider noch nicht zur Verfügung stand. Die
Nachprüfung anhand des dann erschienenen Lexikons ergab in allen wesentlichen Punkten Übereinstimmung.

jedem Wort der Versuch unternommen festzustellen, ob es mehr
in den Redaktionsversen des Markusevangeliums oder mehr in
seiner Tradition zu finden ist[1].

Aus beiden Untersuchungsvorgängen ergaben sich analytische
Ergebnisse, die nach folgenden Richtlinien ermittelt wurden.
Ein Hapaxlegomenon des Markusevangeliums (bzw der Synoptiker!)
in einem Vers unseres Abschnittes zeigt an, daß dieser Vers
womöglich aus der alten Überlieferung stammt. Dies ist um so
sicherer dann der Fall, wenn sich in dem betreffenden Vers
weitere Hapaxlegomena finden und wenn auch sein übriger Vokabelbestand in den Redaktionsversen des Evangelisten selten
oder überhaupt nicht anzutreffen ist[2].

Kommt ein Wort bei Markus häufiger vor als bei Matthäus
und Lukas, so ist daraus umgekehrt der Schluß zu ziehen, daß
dies betreffende Wort dem Markus besonders lag, weshalb er
es nicht wie seine Seitenreferenten aus der ihm vorliegenden
Tradition ausmerzte, sondern es womöglich auch noch bei der
Redaktion gebrauchte. Dies gilt um so mehr, wenn das zuletzt
Gesagte durch eine Untersuchung innerhalb des Markusevangeliums bewiesen werden kann. Ein im Markusevangelium besonders
häufig vorkommendes Wort ist also, zumal wenn es sich auch in
sekundären Versen des Evangeliums feststellen läßt, mit seinem Vorkommen in einem Vers unseres Abschnittes ein Hinweis
auf eine durch den Evangelisten evtl vorgenommene Bearbeitung
dieses Verses.

---

1 Bei diesen Untersuchungen diente neben den einschlägigen Kommentaren
  Dib u vor allem Bult als Hilfsmittel. Nicht selten galt es aber auch,
  nach literarkritischen u formgeschichtlichen Gesichtspunkten selber zu
  entscheiden, ob das jeweils untersuchte Wort in redaktionellen Zusammenhängen stehe oder nicht. Einzelne Entscheidungen dieser Art mag man an-
  zweifeln, denn es liegt im Wesen aller historisch-kritischen Erforschung der Synoptiker, daß die Einzelergebnisse in diesem oder jenem
  Fall anzweifelbar bleiben. Die prinzipielle Sauberkeit der Methode und
  des mit ihrer Hilfe gewonnenen Gesamtergebnisses kann durch solche
  Zweifel im Einzelfall jedoch nicht in Frage gestellt werden.

2 Umgekehrt gilt natürlich Entsprechendes: Findet sich in einem Vers ein
  Hapaxlegomenon, während der übrige Vokabelbestand dem Evglsten mehr
  oder weniger vertraut ist, so hat man mit dem Urteil, ob der Vers primär oder sekundär ist, sehr zurückhaltend zu sein.

Ist ein Wort bei Markus im Vergleich mit Matthäus und Lukas
nicht besonders häufig gebraucht[1] und findet es sich außerdem
auch nicht in den sekundären Versen des Markusevangeliums, so
spricht dies gegen seine Verwendung durch den Evangelisten bei
der Formulierung seiner Zusätze im Kreuzigungsbericht. Trifft
man solch ein Wort in einem Vers unseres Abschnittes an, so
weist dieser Umstand, wenn auch nicht in derselben strengen
Weise wie das Vorkommen eines Hapaxlegomenon, auf seine Zugehörigkeit zur primären Tradition hin. Findet sich dagegen ein
Wort aus den Versen Mk 15,20b-41 im übrigen Evangelium oft
oder fast nur in Redaktionsversen des Markus, so ist der
Schluß geboten, daß es auch im Kreuzigungsbericht von seiner
Hand herrührt.

Im übrigen sind, dem vorhin[2] angegebenen zweiten Untersu-
chungsvorgang entsprechend, die Ergebnisse unserer bisherigen
Analyse bei der Herstellung der Vokabelstatistik zu verwenden. Dies gilt besonders für die Fälle, in denen eine Entscheidung pro oder contra Tradition bzw Redaktion schwierig
ist. Sind die Ergebnisse der vokabelstatistischen Untersuchung außerhalb unseres Abschnittes dagegen eindeutig und widersprechen sie in ihrer Anwendung auf Mk 15,20b-41 den Ergebnissen der bisherigen Analyse, so sind diese erneut zu
überprüfen und evtl entsprechend zu korrigieren[3].

---

1 Das Urteil, ob ein Wort häufig oder selten vorkommt, darf nicht einfach
  mechanisch, unreflektiert durch bloßes Nachzählen gewonnen werden. Die
  Relationen Mk-Mt/Lk einerseits und Redaktion-Tradition andererseits
  sind jeweils in ihrer relativen Wertigkeit (verschiedene Länge der Evangelien! große Traditionsmasse, wenige Redaktionsverse!) zu sehen. Kommt
  zB ein Wort in allen drei Evangelien gleich häufig vor, so ist es relativ gesehen doch im Markusevangelium mit seinen 16 Kapiteln am häufig-
  sten vertreten, vgl dsAr 84 A5.

2 Vgl dsAr 97f.

3 Diese Möglichkeit ist vor allem dann ins Auge zu fassen, wenn überhaupt
  kein dem Evangelisten geläufiges Wort in dem untersuchten Vers festgestellt werden kann. Dabei ist freilich zu beachten, daß die Beschreibung
  einmaliger Situationen auch einmaliges Vokabular verlangt, das deshalb
  auch trotz seiner Seltenheit vom Evangelisten stammen kann. Doch ist mit
  dieser Erkenntnis behutsam umzugehen, um die ganze Untersuchungsmethode
  nicht willkürlich aufzuweichen und damit zu entwerten.

Ist im folgenden eine Vokabel nicht behandelt, so bedeutet
dies automatisch, daß sich bei ihrer Untersuchung keine besonderen, in Hinsicht auf die Analyse verwertbaren Beobachtungen
ergaben[1]; Entsprechendes gilt, wenn bei einer Vokabel nicht
alle vorhin genannten Untersuchungsaspekte referiert werden.
Im Text öfters vorkommende Worte werden immer an ihrem ersten
Ort, der Versfolge entsprechend, untersucht.

II. Praktische Durchführung

1. Einzeluntersuchung

Wir beginnen nun bei Mk 15,20b und untersuchen Vers für
Vers des Kreuzigungsberichtes nach den eben genannten Prinzipien.

V 20b: Das Verb ἐξάγω kommt in den Synoptikern nur in Mk
15,20 und Lk 24,50 vor. Es ist also im Markusevangelium ein
Hapaxlegomenon und spricht für die Herkunft des Verses aus
der Tradition. Das zweite Verb in V 20b σταυρόω findet man
bei Markus acht-, bei Matthäus zehn-und bei Lukas fünfmal.
Daß Lukas die Vokabel seltener benutzt als Markus, erklärt
sich aus seinen redaktionellen Verbesserungen, nicht aber
aus einer speziellen Ablehnung des Wortes[2]. Matthäus scheint
die Vokabel besonders zu schätzen[3]. Bei Markus trifft man
das Verb außer in 16,6 nur in Kapitel 15 an. Die vier Stellen im Kreuzigungsbericht (15,20b.24.25.27) gehen wohl alle
auf das Konto der Tradition[4].

---

1 Meistens wird auf diese Vokabeln in einer Anmerkung hingewiesen. Vgl
dsAr 78ff zu den Partikeln von Mk 15,20b-41.

2 Die Stellen Mk 15,13.14.24 übernahm er: Lk 23,21.23.33. In Lk 23,33
kombinierte er geschickt Mk 15,24 u 27, so daß V 27 ausfiel. Mk 15,25
wurde als Dublette gestrichen, vgl dsAr 54ff. Ebenso wurde V 20 mitsamt dem ganzen Abschnitt Mk 15,16-20 gestrichen, weil nach der Änderung in V 15 nicht mehr die Römer Jesus kreuzigen, sondern die Juden
ihren Willen an ihm auslassen, vgl Conzelmann Mitte 73ff; dsAr 42 A1. Die
Szene mit den römischen Kriegsknechten paßt deshalb nicht mehr in den
Zusammenhang.

3 Dies könnte man aus Mt 20,19par; 26,2par schließen.

4 Das Gegenteil ist womöglich im Bezug auf Mk 15,13.14 anzunehmen, vgl
dsAr 34f. 81; Bult 293.

V 21: ἀγγαρεύω ist wiederum ein Hapaxlegomenon im Markusevangelium und findet sich sonst im NT nur noch in der Parallele bei Matthäus (Mt 27,32) und in Mt 5,41.

παράγω läßt sich bei Lukas keinmal, bei Matthäus und Markus je dreimal nachweisen. In Mk 1,16; 2,14; 15,21 spricht
nichts deutlich gegen das Herkommen des Wortes aus der Tradition[1].

ἀγρός läßt sich abgesehen von Mk 16,12[2] siebenmal bei
Markus nachweisen. Von diesen sieben Stellen dürfte wohl
nur Mk 6,56 vom Evangelisten stammen, da die Verse 6,53-56
eine redaktionelle Bildung sind[3].

αἴρω wird bei Markus 19-, bei Matthäus 19- und bei Lukas
20mal verwendet. Das Wort kommt also bei Markus besonders
häufig vor[4]. Da jedoch nur Mk 8,19 mit großer Wahrscheinlichkeit auf den Evangelisten zurückgeführt werden kann[5],
spricht das Vorkommen des Wortes in V 21 für die Herkunft
dieses Verses aus der Tradition.

σταυρός kommt im Markusevangelium viermal vor, und zwar
in 8,34; 15,21.30.32[6]. In Mk 15,30.32 halten wir das Substantiv wegen unserer bisherigen analytischen Ergebnisse[7]
für vom Evangelisten eingesetzt. Mk 8,34 zeigt aber deutlich genug, daß er das Wort auch in seiner Tradition vorfand, und da alle übrigen Beobachtungen[8] wie auch die voka-

---

1 Freilich stammt das πάλιν in Mk 2,13 von Mk, vgl Bult 26f. Die obige
  Feststellung wird jedoch durch das Verhalten des Lk bestätigt. Er
  streicht das Verb nicht nur, um den Zshg jeweils zu straffen, sondern
  auch wohl deshalb, weil es ihm primitiv erschien. So läßt sich nämlich die Ersetzung des παράγω von Mk 1,16 durch das περιπατέω (bei Lk 5-,
  bei Mt 7-, bei Mk 9mal, davon Mk 11,27 eindeutig redaktionell!) von
  Mt 4,18 verstehen. Was Mt zur Auswechselung der Vokabeln veranlaßte,
  führte bei Lk mit zur Streichung und spricht bei Mk für alte Volkstradition. Die Einfügung des Wortes in Mt 20,30 mahnt freilich zur Vorsicht bei solchen Schlüssen.
2 Die Stelle gehört zum unechten Schluß des Ev u bleibt deshalb unberücksichtigt, vgl dsAr 28 A3 u Morgenthaler ThZ XI, 1955, 108-110. Lk bietet das Substantiv 10-, Mt hat es 16mal.
3 Vgl Klost, Wellhausen Marci zSt; Bult 366.
4 Vgl dsAr 84 A5. 99 A1.   5 Vgl Bult 357.
6 Mt bringt alle Mk-par und außerdem Mt 10,38. Lk bietet das Substantiv
  3mal (Mk 15,30.32 gestrichen, sonst wie Mt).
7 DsAr 34ff.59.64.69.84.94f.   8 DsAr 87f.96f u auch 36 u ebd A3.

belstatistische Untersuchung des Verses für seine Herkunft aus
der Tradition sprechen, so wird auch das Wort aus ihr stammen.

V 22: φέρω gilt als eines der bei Markus besonders belieb-
ten Wörter[1]. Es ist bei ihm 15-[2], bei Matthäus und Lukas je
viermal zu finden. Da es aber nur an der einen Stelle Mk 1,32
mit großer Wahrscheinlichkeit auf die Redaktionsarbeit des
Markus zurückgeführt werden kann[3], Matthäus und Lukas ihrerseits es aber deutlich meiden[4], so muß man feststellen, daß
das Vorkommen des Verbums in V 22 für die Herkunft des Verses
aus der Tradition spricht.

Der Ortsname Γολγοθᾶ[5] findet sich im NT nur in Mk 15,22, Mt
27,33, Joh 19,17 und ist somit auch ein Hinweis für die Herkunft des Verses aus der Tradition.

τόπος kommt bei Markus 10-, bei Matthäus 10- und bei Lukas
19mal vor. Von den 10 Stellen bei Markus dürften 1,35; 1,45;
6,31.32 vom Evangelisten stammen[6]. Läßt man das zweimalige
Vorkommen von τόπος in V 22 beiseite, so ergibt sich, daß
die übrigen Stellen sehr wahrscheinlich genau je zur Hälfte
der Tradition und der Redaktion zuzuschreiben sind. Von unserer früheren Analyse her bestimmt[7], urteilen wir bei dieser

---

1 Vgl Hawkins 13; Turner Usage XXVI 12ff; Morgenthaler ThZ XI, 1955, 107.

2 Je nachdem welche Lesarten man in Mk 11,7 u Mt 7,18 bevorzugt, ändern
  sich die oben genannten Zahlen, vgl Bruder; Turner Usage XXVI 12;
  Hawkins 13.

3 Vgl Bult 366.

4 Turner ebd sucht im Sinne des Wortes die Erklärung für das Verhalten
  des Mt u Lk. Uns scheint wahrscheinlicher, daß die beiden Evglsten das
  Verb meiden, weil es ihnen zu farblos, zu "unliterarisch" war, vgl Mt
  12,15f.

5 τὸν Γολγοθᾶν (Mk) wird der Akkusativ von Γολγοθᾶ (Mt, Joh) sein, vgl
  Klost 163; Loh 342.

6 Vgl Bult 167.227.259; Klost 19.61. Die starke Zunahme des Wortes bei
  Lk dürfte sich unter anderem auch durch die Vorliebe dieses Evangelisten für das Substantiv erklären, das der Darstellung seiner Theologie
  in ganz besonderer Weise dient, vgl zB Lk 6,12.17par.

7 DsAr 87f.96f u auch 36 u ebd A3. Das Hapaxlegomenon κρανίον ist eindeutig Übersetzung von Γολγοθᾶ u ist zusammen mit μεθερμηνευόμενος typisch
  für die Redaktion des Markus, vgl dsAr 96 A6.

Sachlage, daß das Substantiv in V 22a auf die Tradition, in
V 22b dagegen auf die Redaktion zurückzuführen ist.

V 23: δίδωμι findet sich bei allen drei Evangelisten häufig. Von den 37 Stellen bei Markus sind nach unserem Dafür-
halten nur zwei (Mk 3,6; 4,11) als redaktionell anzusehen[1].
Das Verb ist also in V 23 ein Hinweis auf die Tradition und
zumindestens kein Beweis für eine Bearbeitung des Verses
durch den Evangelisten, wenn eine solche Bearbeitung freilich anhand des Vorkommens dieses einen Wortes auch nicht
ganz ausgeschlossen werden kann.

In diese Richtung scheint jedoch σμυρνίζω zu weisen, da
es im NT nur in Mk 15,23 festzustellen ist. Oder erklärt
sich dieses Wort aus der einmaligen Situation, die den
Evangelisten veranlaßte, es zu benutzen?[2]

Außer in V 23 ist das Substantiv οἶνος nur noch dreimal
in der Bildrede von Mk 2,22 gebraucht. Matthäus hat alle
vier Stellen des Markus übernommen. Lukas hat Mk 15,23 gestrichen, übernimmt aber Mk 2,22 und bietet das Wort einmal
in Q und zweimal in seinem Sondergut. Da das Wort bei den
Synoptikern nur in Traditionszusammenhängen vorkommt[3],
möchte man es auch in Mk 15,23 als von der Tradition her dem
Evangelisten vorgegeben ansehen.

λαμβάνω wird bei Markus 21-, bei Matthäus 57- und bei Lukas 22mal verwendet. Das häufige Vorkommen des Wortes im
Matthäusevangelium erklärt sich zwanglos aus dem Sondergut
des Evangeliums und ist deshalb nicht als Vorliebe des Matthäus für dieses Verb zu deuten[4]. Auch bei Markus dürfte es
in allen Fällen, abgesehen von der einen Ausnahme

---

1 Vgl Bult 54.66.365, auch 71. Anders Klost 31.39.41.

2 Vgl dsAr 99 A3.

3 Nur in Lk 7,33 kann man fragen, ob οἶνος zusammen mit dem vorhergehenden ἄρτος lukanischer Zusatz ist. Mk 2,22 ist aber auf jeden Fall vorgegebene Tradition.

4 Vgl zB Mt 25,1.3.4.16.18.20.22.24. Freilich geht das zweimalige Vorkommen des Verbs in Mt 27,48.59 eindeutig auf Mt zurück, wie der Vergleich
  mit Mk zeigt.

(Mk 8,14)[1], die bekanntlich die Regel bestätigt, nicht von Markus selbst stammen.

Von der Vokabelstatistik her muß entgegen früheren, auf anderen Wegen gewonnenen Ergebnissen[2] gesagt werden, daß V 23 nur dann sicher Redaktionsarbeit des Evangelisten sein kann, wenn sich von weiteren, neuen Methodenaspekten im Verlauf der noch ausstehenden Untersuchung gewichtige Gründe für diese Annahme ergeben. Die Vokabelstatistik spricht jedenfalls für die Zugehörigkeit des Verses zur Tradition.

Zu V 24 lassen sich, abgesehen von dem früher Gesagten[3], keine vokabelstatistischen Beobachtungen machen, da das LXX-Zitat ebenso gut vom Evangelisten wie aus der Tradition stammen kann, obwohl das letztere wahrscheinlicher ist[4].

V 25: Das Substantiv ὥρα läßt sich bei Matthäus 24-, bei Lukas 17- und bei Markus 12mal, davon in Mk 15,20b-41 allein viermal[5], nachweisen. Allein Mk 11,11 geht sehr wahrscheinlich auf den Evangelisten zurück[6]. Alle anderen Stellen dürften hingegen, wie auch der Vergleich mit Matthäus und Lukas zeigt, der Tradition angehören.

Die Ordinalzahl τρίτος findet sich bei Markus in den besten Handschriften dreimal: Mk 12,21; 14,41; 15,25[7]. Eine der drei Stellen der Redaktion zuzuweisen, besteht kein Anlaß[8].

---

1 Vgl Bult 357; Klost 77.

2 Vgl dsAr 90.96f.

3 Vgl dsAr 100f (σταυρόω, αἴρω).

4 Vgl 50f u besonders 51 A4.111 A6.

5 Mk 15,25.33(bis).34.

6 Mit diesem Vers beginnt das vom Evglsten geschaffene Passionstageschema, vgl Mk 11,1.11f.19f; 13,37; 14,1.12; 15,1.47 u Bult 365; Dib 225 A1; Klost 114. Zur Ursprünglichkeit von Mk 15,25.33.34a vgl dsAr 56ff.72f, auch 66f.

7 Das Vorkommen in Mk 9,31; 10,34 dürfte durch den Eindruck der Mt/Lk-parr sekundär bedingt sein. 14,41 Adverb!

8 Speziell zu Mk 15,25 vgl unsere Analyse dsAr 54-58. Allenfalls Mk 14,41 könnte vom Evangelisten bearbeitet sein, wie man aus dem Verhalten der Seitenreferenten eventuell schließen könnte. Bult 163 nennt Mk 14,41 eine sekundäre Gemeindebildung. Eine so genaue Zeitangabe, wie sie in Mk 15,25 vorliegt, ist jedenfalls für Markus nicht typisch, vgl dsAr 31f.56.

V 26: ἐπιγραφή ist im Markusevangelium nur in 12,16; 15,26
zu lesen. Lukas übernimmt beide Stellen (Lk 20,24; 23,38),
Matthäus nur 12,16 (=Mt 22,20). Das Wort gehört beidemal zur
Tradition. Dasselbe gilt auch von αἰτία und ἐπιγράφω, da es
sich bei beiden Worten um Hapaxlegomena des Markusevangeliums
handelt[1].

V 27: Die Worte λῃστής, δεξιός und εὐώνυμος kommen im Markusevangelium nur selten vor und gehören an allen Stellen der
Tradition an[2]. Das 16mal zu zählende Wort δύο spricht ebenfalls nicht gegen die Zugehörigkeit des Verses zur Tradition[3].

V 29[4]: παραπορεύομαι steht im NT nur fünfmal, davon viermal
bei Markus (2,23; 9,30; 11,20; 15,29) und einmal bei Matthäus
(27,39=Mk 15,29). Mk 9,30 und 11,20 sind der Redaktion[5], 2,23
dagegen der Tradition zuzuschreiben. Rein schematisch geurteilt müßte man bei dieser Sachlage das Verb in 15,29 dem
Evangelisten zurechnen. Dennoch glauben wir mit großer Sicherheit, das Verb der Gemeindetradition zuweisen zu können, da es
in V 29 ebenso wie in 2,23 erzählungstechnisch gemäß der Volkstradition verwendet ist: Das Subjekt bleibt unbestimmt[6]. In Mk
9,30; 11,20 ist es dagegen beidemal deutlich bezeichnet[7].

---

1 αἰτία: Mt 19,3.10; 27,37; Lk 8,47. ἐπιγράφω: Mt o-mal; Lk 23,38=Mk 15,26.
  Zu dem Titel in V 26 und dem entsprechenden Spottwort in V 32, vgl dsAr
  34ff. Besonders V 32 scheint durch die Differenzierung (vgl dsAr 35) als
  von Mk stammend erwiesen. Mk 7,3 könnte einen dasselbe für V 26 annehmen
  lassen. Doch ist solch eine Titulatur vokabelstatistisch nur sehr zurückhaltend auszuwerten und als Sonderfall in anderen Zshgen zu untersuchen.
2 εὐώνυμος zusammen mit δεξιός im rein lokalen Sinne nur in V 27; δεξιός
  allein in 16,5. Metaphysisch (sinistra bzw dextra Dei, Messiae) findet
  sich δεξιός außerdem 4- (5:Mk 16,9) u εὐώνυμος 2mal. λῃστής findet sich
  11,17 (LXX!); 14,48; 15,27. Aus Mt u Lk lassen sich keine besonderen
  Schlüsse ziehen.
3 Nur Mk 6,7 (vgl Bult 357) u 11,1 (vgl dsAr 104 A6) sind wohl redaktionell bedingt. Evtl 17 Stellen: Mk 16,12.
4 Vgl dsAr 50f zu Mk 15,28.
5 Zu Mk 9,30 vgl KLSchmidt Rahmen 218f; Bult 357. Mk 11,20 scheint uns
  nicht Gemeindetradition zu sein (Bult 24.55-58), vgl dsAr 104 A6.
6 Vgl dsAr 59.64.
7 V 29b ist eindeutig als ursprünglich i s o l i e r t umlaufendes Logion
  erwiesen (vgl dsAr 61f), das von Mk hier eingefügt wurde (οὐά einmaliger Latinismus des Mk , Loh 344 A2; Chapman 61, und kein orientali-
  scher Ausruf, wie Strack-Billerbeck II 52; Schlatter Markus 272; Bishop
  112 meinen).

Viermal ist bei Markus βλασφημέω anzutreffen: 2,7; 3,28f; 15,29[1] und gehört allemal zur Tradition[2].

λέγω kommt im Markusevangelium sehr häufig vor[3]. Unter der Unzahl von Stellen finden sich jedoch nur acht, an denen man wie in Mk 15,29 das Partizip im Nominativ λέγοντες liest[4]. Untersucht man diese acht Stellen[5] in traditionsgeschichtlicher Hinsicht, so ergibt sich, daß sie wohl alle sekundär sind[6], weshalb die neunte Stelle, 15,29, von der Vokabelstatistik her geurteilt, ebenfalls kaum zur Tradition gehören dürfte[7].

V 30: σώζω findet man bei Markus 14- (15: Mk 16,16)[8], bei Matthäus 14- (15: Mt 18,11) und bei Lukas 16mal (18: Lk 9,56; 17,33). Markus bietet das Verb also auffällig häufig.[9] Im Markusevangelium gehören, abgesehen von 15,30.31, von den übrigbleibenden Stellen nur zwei der Redaktion an[10]. Wenn wir bei dieser Sachlage das Verb auf den Evangelisten zurückführen, so ist für solches Urteil unsere frühere Analyse[11] von V 30f ausschlaggebend.

---

1 Mt u Lk je dreimal. Mt 26,65; Lk 22,65; 23,39 sind neu!

2 Zu Mk 3,28f vgl Bult 138. Zu 15,29a dsAr 64. Zu κινοῦντες τὰς κεφαλάς gilt entsprechend das zu V 24b Gesagte, vgl dsAr 104 u ebd A4. Ist 2,7 sekundär (Bult 12f u ebd A2)?

3 Mk über 4, Mt über 6, Lk fast 5 Spalten bei Bruder. Eine Spalte bietet das Wort ungefähr 50mal.

4 Dazu kann man noch die Formen des Akkusativs in Mk 1,27; 2,12 rechnen.

5 Mk 8,28; 9,11; 10,26.35.49; 11,31; 13,6; 14,57.

6 Vgl zu 8,28 Bult 275ff; Klost 78f, zu 9,11 Bult 71.356; Dib 228f, zu 10,26 Bult 357. Mk 10,35 entspricht der vom Evglsten geschaffenen Wandersituation dsAr 199 A1. 10,49 (vgl MT/LK!) u 14,57 (Bult 291; Wendling Entstehung 173; Dib 182f.192f) verraten dieselbe Erzählungstechnik wie 15,29, vgl dsAr 94. Zu Mk 11,31 dsAr 186 A1, zu 13,6 Bult 129. Allgemein gilt noch, daß nach Hawkins 144ff Mt 5-u Lk 3mal das Präsens des Mk in das Partizip λέγοντες ändern!

7 Das ergab ja auch unsere Analyse von V 29a, vgl dsAr 64.94.

8 In Klammern stehen die unsicher bezeugten Stellen.

9 Vgl dsAr 84 A5. 99 A1.

10 Mk 6,56 (Bult 366) u 10,26 (Bult 357).

11 Vgl dsAr 58ff.93ff u auch 99. Ist das Wort in Mt 14,30 u Lk 13,23 Redaktion (Bult 379.97)? In Mk 3,4 streicht Mt allerdings das Wort.

καταβαίνω steht im Markusevangelium, abgesehen von 15,30.32, viermal. Von diesen vier Stellen sind wohl zwei vom Evangelisten formuliert[1]. Es besteht also keine Schwierigkeit, das Verb auch in 15,30.32 auf ihn zurückzuführen.

V 31[2]: ὁμοίως findet sich bei Markus zwei-, bei Matthäus drei- und bei Lukas elfmal. Mk 4,16 ist sekundär, wenn auch kaum vom Evangelisten selbst formuliert[3]. Matthäus und Lukas straffen an dieser Stelle den Markus-Text und streichen das Wort deshalb. An anderem Ort verwenden sie es aber selber bei der Redaktion[4], was man als Hinweis für das Vorgehen des Markus in 15,31 werten darf. Wir führen das Wort also in V 31 auf den Evangelisten zurück.

ἐμπαίζω[5] soll, wie man behauptet hat[6], in der Überlieferung festsitzen, da es, abgesehen von Lk 14,29, im NT nur in Bezug auf die Verspottung Jesu angewendet werde. Richtig ist aber vielmehr, daß es sich ohne diesen Bezug auch noch in Mt 2,16 findet. Bei nur drei Stellen im Markusevangelium (10,34; 15,20.31) scheint es uns nicht verwunderlich, daß sich das Wort jedes Mal auf die Verspottung Jesu bezieht, und da auch 10,34 vom Evangelisten stammen dürfte[7], kann man dasselbe auch für 15,31 annehmen, zumal ähnliche Vermutungen auch bei Matthäus und Lukas möglich sind[8].

---

1 Mk 3,22 (Bult 11); 9,9 (Bult 163: Gemeindebildung, aber vgl dsAr 210 A1: Evglst!). Mt 8,1; Lk 6,17 sind wohl auch Zitat.

2 Vgl zu VV31f: "The vocabulary, it will be seen, consists of common Markan words." (Taylor according 592).

3 Bult 202; Klost 39.

4 So wohl in Mt 22,26; 26,35; Lk 3,11 (Bult 155); 5,33. Die acht Stellen im Sondergut des Lk lassen sich nicht kontrollieren, weil die Seitenreferenten fehlen. Die hohe Zahl ist jedenfalls auffällig.

5 Zu den vor- und nachfolgenden Worten ἀρχιερεύς und γραμματεύς als in der Redaktion besonders häufig vorkommend, vgl Bult 54f u dsAr 59.64. Sie sprechen also für den Redaktor Mk.

6 Bertram Leidensgeschichte 85, vgl dagegen dsAr 64 A8.96 A2.

7 Anders als in 8,31; 9,31 entspricht 10,32-34 den Etappen der Mk-Passion, vgl Klost 106; auch Bult 163.357; Sundwall Zusammensetzung 68; anders Loh 219f, der Mk 15,15 übersieht.

8 Mt und Lk gebrauchen das Wort je fünfmal. Mt 27,29 u Lk 22,63 können redaktionell sein (anders Bult 293).

ἀλλήλων findet sich bei Markus fünfmal, bei Matthäus drei-
und bei Lukas elfmal. Die Formulierung πρὸς ἀλλήλους von Mk
15,31 läßt sich noch in drei weiteren Stellen des Markusevangeliums (4,41; 8,16; 9,34) feststellen. Das fünfmalige Vorkommen des Wortes hängt also viermal mit dieser Wendung zusammen. Im Matthäusevangelium fehlt sie dagegen ganz. Im Lukasevangelium kommt sie achtmal vor. Von den drei bei Markus
genannten Stellen sind wohl zwei redaktionell überarbeitet[1].
Darum darf man auch von der Vokabelstatistik her πρὸς
ἀλλήλους in V 31 auf den Evangelisten zurückführen[2].

ἄλλος ist bei Markus 23-, bei Matthäus 29-(30: Mt 10,23)
und bei Lukas nur 13mal zu lesen. Trotz der 23 Stellen bei
Markus läßt sich das Wort bei Markus nur zweimal mit großer
Wahrscheinlichkeit in seinem Vorkommen durch die Redaktion
des Evangelisten erklären[3]. Vokabelstatistisch geurteilt,
ist das Wort also erst einmal, auf den ersten Blick hin der
Tradition zuzuweisen. Immerhin zeigt der so auffällig häufige Gebrauch des Wortes[4] wie auch die Stelle Mk 14,58[5], daß
Markus, wie unsere literarkritische Analyse ergab[6], das Wort
sehr wohl zu seinen sekundären Zusätzen benutzt hat. Es kann
also auch in V 31 von ihm sein.

Ganz ähnlich ist die Vorzugsvokabel[7] des Markus δύναμαι
zu beurteilen. Von den 33 Stellen im Markusevangelium sind
nur sechs mehr oder weniger eindeutig von der Redaktion überarbeitet[8]. Das Verhalten der Seitenreferenten[9] zeigt zur

---

1 Mk 8,16; 9,34, vgl Bult 357.160.

2 Vgl dsAr 58-64.

3 Mk 8,28 nach Bult 276: Gemeindebildung, vgl aber dsAr 185. Mk 14,58 ist
  die zweite, sicher vom Evglsten stammende Stelle, vgl Vielhauer Oikodome
  63.65; dsAr 61 A7.

4 Vgl dsAr 98.

5 Vgl A3.

6 Vgl dsAr 58-64.93f.

7 Mk: 33-, Mt: 27-, Lk: 26mal! Vgl Turner Usage XXVIII 354f; Morgenthaler
  ThZ XI, 1955, 106ff.

8 Mk 1,45 (Bult 366); 3,20 (aaO 28); 4,33 (357.366); 9,28f (aaO 356); 10,26
  (aaO 357). Zum oben genannten Zahlenverhältnis vgl noch dsAr 99 A1!

9 Mt u Lk haben nicht wenige Stellen des Mk gestrichen, woran sich zeigt,
  daß sie das Wort im Gegensatz zu Mk nicht sonderlich geschätzt haben.

Genüge aber, daß Markus das Verb wirklich besonders geschätzt
hat und es deshalb sehr wohl auch bei der Formulierung von Mk
15,31 verwendet haben kann.

V 32: Der Titel χριστός wird im Markusevangelium siebenmal
gebraucht, in direktem Bezug auf Jesus jedoch nur viermal: Von
diesen vier Stellen sind drei inhaltlich zusammengehörig, insofern das Würdeprädikat von den Feinden Jesu (14,61; 15,32)
und Petrus benutzt wird (8,29), der damit Jesus im Endeffekt
ebenso mißversteht wie die ihn bekämpfenden Feinde (vgl 8,32f).
Aus dieser Beobachtung kann man schließen: "In order to express
the Lord's nature, funktion and office St.Mark seems to prefer
other terms"[1]. Der Titel dürfte also mit voller Absicht in Mk
15,31 vom Evangelisten bei seiner Redaktion benutzt worden
sein[2].

Von den drei Stellen bei Markus, in denen sich νῦν findet,
gehören 10,30; 13,19 zur alten Überlieferung. Rein schematisch
geurteilt müßte man deshalb dasselbe auch von der dritten Stelle 15,32 behaupten. Die bisherigen Ergebnisse der Vokabelstatistik von V 32 wie auch unsere frühere Analyse[3] veranlassen uns
jedoch, dieses νῦν als bewußt vom Evangelisten gewählte Formulierung anzusehen. Es entspricht mit seiner einmaligen Verwendung der einmaligen Situation, die es akzentuieren soll[4].

---

1 Lightfoot Message 36, vgl Brückner IV 420. Der Menschensohn- u der Gottes-
sohntitel sind für Markus wohl die eigentlichen Würdeprädikate, vgl Mk 8,
29.33; 14,61; 15,32 mit 1,11; 9,7; 14,62; 15,39.

2 Mk 1,1 ist ja auf jeden Fall Zutat der Redaktion, vgl Bult 261; KLSchmidt
Rahmen 18f; Klost 3; anders Loh 9f. Daß der Titel hier sozusagen in der
Überschrift des Evangeliums genannt wird, spricht nicht gegen unsere Feststellung von A1. Einmal hat der Titel in Mk 1,1 mehr den Klang eines Eigen-
namens gewonnen, und zum andern ist zu bedenken, daß man das Markusevangelium sehr zu Recht "das Buch der geheimen Epiphanien" genannt hat (MDibelius), was sich auch schon in dieser Überschrift ausgewirkt haben mag.
Vgl dsAr 212 A4 zum Titel "Sohn Gottes" in Mk 1,1.

3 Vgl dsAr 58-64.93f.

4 Vgl dsAr 60, auch ebd A2, schließlich noch 99 A3.

εἶδον findet sich häufig bei allen drei Evangelisten. Unter
den 42 Stellen des Markus entdeckt man den Plural ἴδωμεν jedoch nur in Mk 15,32.36. Beide Verse stammen nach unserer Analyse vom Evangelisten[1]. Daß nun gerade in diesen beiden Versen
und nur in ihnen das Verb in dieser Form vorkommt, bestätigt
die Richtigkeit unserer Analyse, weil diese nur hier, kurz
hintereinander beobachtbare Gleichheit der Formulierung nicht
zufällig sein wird, sondern hier wie dort auf denselben Redaktor schließen läßt. Die in V 32 auf das engste mit ἴδωμεν verbundene, bei Markus vollkommen einmalige Form πιστεύσωμεν[2] bestätigt diese Annahme. Das Partizip ἰδών von Mk 15,39 kommt
bei Markus zehnmal vor und dürfte an zwei von diesen zehn Stellen redaktionell sein[3]. Es besteht also die Möglichkeit, auch
das Partizip von V 39 als redaktionell anzusehen.

Die beiden Verben συσταυρόω und ὀνειδίζω sind Hapaxlegomena
des Markusevangeliums[4]. Der Vers 32c dürfte also ganz unserer
Analyse entsprechend[5] zur alten Tradition des Kreuzigungsberichtes gehören.

V 33: γίνομαι findet sich in den verschiedensten Formen
sehr häufig bei den Synoptikern und speziell bei Markus 54-
(55: Mk 16,10) mal[6]. Auch die partizipiale Form γενομένης

---

1 Vgl dsAr 58-64.69.

2 πιστεύω sonst insgesamt bei Mk 11- (16: Mk 16,13.14.16.17), bei Mt 11-u
bei Lk 9mal. Bei elfmaligem Vorkommen ist die einmalige Form von Mk
15,32 genau umgekehrt wie ein Hapaxlegomenon zu werten, da sich deutlich eine theologische Tendenz bei dieser einmaligen Formulierung beobachten läßt, vgl dsAr 69 A4.

3 Mk 8,33, vgl Bult 357f. Der Vers gehört mit zu dem vom Evangelisten beschriebenen Leidensweg, vgl dsAr 198f. Mk 9,15 vgl Bult 225.

4 Das erste Verb kommt im ganzen NT nur fünfmal vor, darf jedoch in Mk
15,32 nicht von der paulinischen Terminologie her verstanden werden,
vgl Rm 6,6; Gl 2,20. Zum zweiten Verb vgl noch Mk 16,14 u einige Handschriften in 15,34; bei Mt drei-, bei Lk einmal.

5 Vgl dsAr 58-64.94f.

6 Besonders häufig ist das in Mk 15,33 vorkommende ἐγένετο, das fast ausschließlich in Traditionsstücken zu finden ist, wenn es freilich in der
Redaktion auch keineswegs ganz fehlt, vgl zB Mk 11,19 u dazu dsAr 104 A6.
In 15,33 spricht aber alles für die Herkunft des Wortes aus der Tradition.

kommt mehrmals in seinem Evangelium vor, mit einer Zeitangabe
gekoppelt wie in Mk 15,33 jedoch nur in 1,32; 6,35.47; 14,17;
15,42. Von diesen fünf Stellen werden wohl drei redaktionell
sein,und zwar 1,32; 14,17; 15,42[1]. Wenn wir 15,33 zu den beiden verbleibenden Stellen rechnen, die auf alte Überlieferung
zurückzugehen scheinen, dann deshalb, weil in V 33 das Partizip mit dem nachfolgenden Hapaxlegomenon ἔκτος als Genetivus
absolutus[2] eine Einheit bildet und deshalb wie dieses zur
Tradition gerechnet werden muß.

σκότος ist ebenfalls wie ἔκτος ein Hapaxlegomenon, gehört
also zur Tradition.

ὅλος dagegen könnte eventuell vom Evangelisten stammen, da
von den 19 Stellen, an denen es bei Markus vorkommt, acht auf
die LXX (12,30.33) und vielleicht vier oder fünf auf die Redaktion zurückgehen[3]. Es bleiben also nur sieben oder sechs
Stellen, die bestimmt auf alte Überlieferung hinweisen.

γῆ gehört an 16 von 18 Stellen der Tradition an, ist also
auch in Mk 15,33 zur alten Überlieferung zu zählen[4]. Entsprechendes gilt von ἔνατος, das bei Markus nur in Mk 15,33.34a
vorkommt[5].

V 34: βοάω ist ein Hapaxlegomenon, wenn man die für die
Vokabelstatistik nicht auswertbare, da auf die LXX zurückgehende Stelle Mk 1,3 nicht zählt[6]. Das Verb ist also in V 34
traditionsbedingt.

---

1 Vgl Bult 366.365; dsAr 31.
2 Vgl Larfeld 225, der bei Mk 34-, bei Mt 51- (nur vier Mk=par!) u bei Lk
  57- (nur zwei Mk=par!)mal einen Genetivus absolutus zählt (aaO 223).
3 Mk 1,28.32; 6,55 (Bult 366); 1,39 (Bult 365). Zu 15,1 vgl dsAr 31 u
  Bult 54ff: Die Gegner Jesu sind entsprechend der sekundären Tradition
  bzw wie in der Redaktion üblich vorgestellt. Womöglich ist auch noch
  Mk 14,55 ein Hinweis auf den redaktionellen Charakter von 15,1, vgl
  Bult 290.
4 Zur Redaktion gehören wohl Mk 4,1; 6,53 (Bult 366). Die Präposition
  ἕως mit nachfolgendem Genetiv findet sich bei Mk nur in 6,23; 13,27;
  14,25.34; 15,33; alles alte Tradition.
5 Abgesehen von den Mk=par sonst bei den Syn nur noch Mt 20,5.
6 LXX-Zitate fallen für die Vokabelstatistik aus, weil Zitate sowohl vom
  Evangelisten als auch von der Tradition herrühren können (vgl jedoch
  dsAr 50f: Schriftbeweis de verbo Hinweis auf Redaktion!) u die Zitate
  auf jeden Fall weder typisch für den Vokabelschatz der Tradition noch
  für den der Redaktion sein können; vgl dsAr 104.

Die im Dativ stehende Wendung φωνῇ μεγάλῃ geht ebenfalls
auf Tradition zurück, da sie sich, abgesehen von Mk 15,34, so
nur noch in den Versen alter Überlieferung, Mk 1,26; 5,7,
findet[1].

Wenn wir trotz der zu V 34 gemachten Beobachtungen an
dem Ergebnis unserer Analyse festhalten, die V 34b von
ἐβόησεν an als sekundär erwies[2], so hat das folgenden Grund.
In dem von uns als ursprünglich angesehenen V 37 findet sich
der Akkusativ der in V 34 im Dativ stehenden Formulierung
φωνή μεγάλη. Dieser Akkusativ ist in der Verbindung mit dem
Partizip von ἀφίημι[3] im ganzen Neuen Testament einmalig.
Die Gestaltung von Mk 15,37 in Mt 27,50 und Lk 23,46 zeigt
nun, daß für einen Bearbeiter die Änderung des Akkusativs in
den Dativ nahelag, und zwar besonders dann, wenn der wort-
lose Schrei von ihm artikuliert wurde. Wir nehmen also an,
daß Markus ganz analog seinen späteren Nachfolgern Matthäus
und Lukas verfuhr, als er die Dublette V 34 zu V 37 schuf.
Das Vokabular des Verses ist an sich traditionsbedingt, aber
durch seine Verwendung als erst von der Redaktion eingesetzt
erwiesen[4].

V 35: παρίστημι findet sich intransitiv gebraucht bei Markus sechs-, bei Lukas zwei-, bei Matthäus keinmal. Schon dieses
Zahlenverhältnis berechtigt dazu, das Verb in V 35 dem Evangelisten zuzuweisen[5].

---

1 Abgesehen von Mk 1,26; 5,7; 15,34 kommt φωνή bzw μέγας bei Mk vier-bzw
  zwölfmal vor; durchweg alte Tradition. Vgl im übrigen dsAr 111 A6 zu
  V 34.

2 Vgl dsAr 65ff.94f.

3 Im übrigen ist ἀφίημι bei V 36 vokabelstatistisch ausgewertet.

4 Das einmalige βοάω ergab sich wohl für Markus aus der einmaligen Situation (vgl dsAr 99 A3) und im Gegensatz zu den Dämonschreien von Mk 1,26;
  5,7 (κράζω!).

5 Vgl Hawkins 13. Freilich ist das Verb in Mk 4,29; 14,47.69.70 wohl von
  der Tradition her Mk vorgegeben, also nur in Mk 15,35.39 redaktionell.
  Doch hat der Evglst das Wort immerhin nicht gemieden wie seine Seitenreferenten, weshalb er es eventuell auch selber bei seiner Redaktion verwendet haben kann.

ἀκούω wird bei den Synoptikern häufig und speziell bei Markus 42mal verwendet. Von diesen 42 Stellen dürften abgesehen von Mk 15,35 13 Stellen[1] mehr oder weniger sicher auf den Evangelisten zurückgehen. Es besteht also ohne weiteres die Möglichkeit, das Wort auch in Mk 15,35 auf ihn zurückzuführen, wie es die Analyse nahe legt[2].

ἴδε, der als Interjektion gebrauchte Imperativ von εἶδον, ist wieder eine Vorzugsvokabel des Markus[3]. Er gebraucht sie acht-, Matthäus vier-[4], und Lukas benutzt sie keinmal! In Mk 11, 21 läßt sie sich zudem sicher als redaktionell nachweisen[5]. Das Wort stammt also in V 35 von Markus[6].

Dieselbe Feststellung darf man auch für φωνέω machen, da dieses Verb ebenfalls bei Markus besonders häufig vorkommt[7] und auch einmal in einem redaktionellen Vers[8] anzutreffen ist.

V 36: Die Verben τρέχω, γεμίζω, περιτίθημι, ποτίζω, καθαιρέω scheinen, läßt man unsere Analyse des Kreuzigungsberichtes aus dem Spiel, alle darauf hinzuweisen, daß der Vers nicht vom Evangelisten stammt[9]. Dasselbe ergibt sich aus dem Hapaxlegomenon σπόγγος[10] und dem nur zweimal bei Markus zu

---

1 Mk 2,1 (Bult 365); 3,8 (aaO 366); 4,4.9.33 (aaO 352); 4,33; 12,37 (aaO 357.366); 7,14 (aaO 352.356); 8,18; 10,14 (aaO 357); 12,28 (dsAr 92 A1); 14,58 (dsAr 61f). Zu allen Stellen vgl dsAr 98 A1. Mk 4,4.9.33 sind besonders unsicher.
2 Vgl dsAr 67-71.
3 Vgl Larfeld 219. Turner Usage XXVIII 21f: In der Erzählung bietet Markus ἰδού keinmal; Matthäus braucht es dagegen 32- und Lukas braucht es 16mal.
4 Alles keine Markusparallelen!
5 Markus zerlegte erst die Wundergeschichte in zwei Teile wegen seines Passionstageschemas, vgl dsAr 104 A6. Außerdem ergreift zuerst Petrus das Wort, vgl Bult 71.
6 Zu dem sekundären Elias-Zshg vgl dsAr 181ff.
7 Bei Markus 9-, bei Matthäus 5- u bei Lukas 10mal!
8 Mk 9,35a scheint mir zusammen mit 9,33ff als Einleitung für die Tradition 9,35ff von Markus komponiert, vgl Bult 356ff.
9 Das Vorkommen der Verben (in obiger Reihenfolge): Mt 2.0.3.5.0-; Lk 2.2.0.1.3-; Mk 2.2.3.2.2mal.
10 ὄξος ist ebenfalls Hapaxlegomenon, stammt aber zusammen mit ποτίζω aus Ps 69,22 u hat deshalb für die Vokabelstatistik weniger Gewicht, vgl dsAr 111 A6. καθαιρέω hat Bezug zu καταβαίνω (vgl dsAr 69) u könnte deshalb auch vokabelstatistisch geurteilt von Mk stammen, vgl dsAr 107.

lesenden Substantiv κάλαμος[1].

ἀφίημι wird von Markus 37-, von Matthäus 40- und von Lukas
29mal verwendet, ist also eine Vorzugsvokabel des Markusevangelisten, was durch das Vorkommen des Wortes in drei redaktionellen Versen[2] bestätigt wird. Das Verb kann somit in
V 36 als vom Evangelisten herrührend angesehen werden.

Ähnliches gilt von ἔρχομαι, das bei Markus 84-, bei Lukas
102- und bei Matthäus 118mal vorkommt. 14 von den Markusstellen lassen sich mehr oder weniger sicher auf den Evangelisten
zurückführen[3].

V 37[4]: ἐκπνέω findet sich nur in Mk 15,37.39. Unserer Analyse gemäß soll V 37 Tradition, V 39 direkt auf V 37 bezug-
nehmende Redaktion sein[5]. Das Verb ist also in V 37 wie ein
Hapaxlegomenon zu werten[6].

V 38: καταπέτασμα und ἄνωθεν sind Hapaxlegomena. ναός ist
gewiß wie in V 29[7] alte Überlieferung, da sich von unserer
Analyse her keinerlei Bedenken ergeben.

σχίζω findet sich bei Markus nur in 1,10; 15,38 und ist
wie das auch nur zweimal vorkommende κάτω (Mk 14,66; 15,38)
durch die Tradition vorgegeben.

V 39[8]: κεντυρίων ist eine Vorzugsvokabel des Markus[9] und

---

1 Neben Mk 15,36 in Mk 15,19, einem gewiß auf den Evangelisten nicht zu-
  rückgehenden Vers.

2 Mk 1,34 (Bult 366); 4,36 (aaO 365); 10,28 (aaO 71.356).

3 Mk 1,14.45; 3,8 (aaO 366); 2,13; 6,31; 10,1 (aaO 365); 7,1 (aaO 54f);
  9,11.12.13 (aaO 356); 9,33 (aaO 160). Mk 9,14 ist nicht sicher dem
  Evangelisten zuzusprechen (aaO 225). Doch kann die Stelle ebenso wie
  Mk 14,17 von ihm überarbeitet worden sein (vgl dsAr 31).

4 Nach Dalman Jesus 197; Fiebig Tempelvorhang 227f atmet der ganze
  Vers griechischen Sprachgeist, was gemäß unserer bisherigen Arbeit
  nur so erklärbar ist, daß die alte Tradition "was drawn up in a Gentile
  Church" (Taylor according 596).

5 Vgl dsAr 40 A1. 73f. 74 A2. 76. 82. 65ff.

6 Es findet sich im NT sonst nur noch in Lk 23,46!

7 Vgl dsAr 61f. Der Evglst verwendet ἱερόν (vgl 11,11.15.27; 12,35; 13,1.
  3) bei seiner Redaktion, vgl dsAr 204 A1.

8 Vgl Pernot 82; Blaß-Debrunner §388 zu ὅτι in V 39.

9 Vgl Hawkins 12 und Mt 27,43; Lk 23,47!

kommt nur in Mk 15,39.44.45 im Neuen Testament vor. Alle drei
Stellen sind wahrscheinlich vom Evangelisten eingefügt oder
überarbeitet[1].

ἐναντίος findet sich bei Markus außer Mk 15,39 nur noch in
6,48 und gehört dort zur alten Tradition. Außerdem ist die Formulierung ἐξ ἐναντίας in der Bedeutung "gegenüber", wie sie in
V 39 vorliegt, im ganzen Neuen Testament einmalig[2]. Vokabelstatistisch untersucht, spricht dies Wort also für die Herkunft
des Verses aus der Tradition. Daß die genannte Formulierung im
klassischen Sprachgebrauch üblich ist[3], mahnt freilich zur Vorsicht.

οὕτως findet sich bei Markus an zehn Stellen, von denen allenfalls Mk 14,59 redaktionell überarbeitet sein kann[4]. Das
Vorkommen des Wortes läßt sich also auch als ein kleiner Hinweis auf die Zugehörigkeit des Verses 39 zur Tradition deuten[5].

V 40: Die Formulierung ἀπὸ μάκροθεν liegt Markus ganz
besonders[6]. Von den fünf Stellen bei Markus lassen Matthäus
und Lukas nur zwei gelten[7], wobei Lukas auch das ἀπό noch
einmal streicht[8] und im ganzen die Formulierung nur viermal
bietet, während Matthäus nur die beiden von Markus übernommenen Stellen hat. Sie ist also typisch für Markus.

---

1 Vgl dsAr 40f.

2 Vgl WBauer Wörterbuch 474.

3 Vgl Bauer ebd; Blaß-Debrunner §241,1.

4 Vgl dsAr 61 A8.

5 Aus dem unterschiedlichen Gebrauch von εἰπεῖν u λέγειν im Mk-Ev hat man
  kritische Schlüsse gezogen (Wohleb 191f), deren Berechtigung aber recht
  anzweifelbar ist (Zerwick 57ff). Immerhin zeigt die Zunahme des ersten
  Wortes auf Kosten des zweiten bei Mt u Lk, daß das εἶπεν in V 39 ein
  Hinweis auf die Redaktion des Evglsten sein kann, vgl noch Hawkins 144f.-
  Das einmalig exakt formulierte Bekenntnis in V 39 entzieht sich so jeder
  Vokabelstatistik. Hier gilt ganz analog das zu den LXX-Zitaten Bemerkte,
  vgl dsAr 111 A6.

6 Vgl Larfeld 263.

7 Mk 14,54par; 15,40par.

8 Lk 22,54 = Mk 14,54, vgl WBauer Wörterbuch 883f; Blaß-Debrunner §104,3:
  Hellenistischer Sprachgebrauch! Zu Lk 22,54 ist noch Lk 18,13 zu vergleichen.

θεωρέω findet sich bei Matthäus zwei-, bei Lukas sieben-und bei Markus ebenfalls siebenmal. Da das Verb außerdem in einem wahrscheinlich redaktionellen Vers[1] steht, kann es der Evangelist als seine Vorzugsvokabel sehr wohl in 15,40 auch verwendet haben.

V 41: Auch die Ortsbezeichnung Γαλιλαία dürfte vom Evangelisten eingeführt sein, da von den elf Stellen, an denen sie vorkommt, acht[2] wohl sekundär sein dürften.

ἀκολουθέω ist Vorzugsvokabel des Markusevangelisten (:19-, Matthäus 23-, Lukas 17maliges Vorkommen) und fünfmal redaktionell[3]. πολύς ist ähnlich zu bewerten und findet sich bei Markus 57-, bei Matthäus 51-und bei Lukas 49mal und ist bei Markus 23mal wahrscheinlich auf seine Arbeit zurückzuführen[4].

Schließlich[5] ist auch die Ortsbezeichnung in V 41 'Ιεροσόλυμα von Markus sehr wahrscheinlich redaktionell eingefügt worden, denn er bietet das Wort neunmal, Lukas hat es dagegen nur fünfmal und Matthäus elfmal. Von den neun Stellen bei Markus dürften womöglich acht[6] von ihm selbst formuliert sein, weshalb auch die neunte Stelle V 41 von ihm sein wird.

---

1 Mk 15,47, vgl Bult 296 u dsAr 36.

2 Das Substantiv γυνή findet sich 19mal bei Markus, aber nur in 15,40f wird von Frauen gesagt, sie hätten zu Jesu Gefolge auf dem Wege nach Jerusalem gehört. Diese einmalige Aussage erklärt sich aus der Absicht des Mk, vorgegebene Tradition in seinem Sinne zu deuten, vgl dsAr 37. Zu den Namen der Frauen vgl dsAr 36 A7.- Die acht Stellen: Mk 1,14 (Bult 366; KLSchmidt Rahmen 32ff); 1,28 (Bult 223; KLSchmidt Rahmen 51; JWeiß drei 83, Evangelium 141); 1,39 (Bult 167.365; KLSchmidt Rahmen 59f); 3,7 (Bult 366; KLSchmidt Rahmen 105f); 7,31 (Bult 38.68; JWeiß drei 139f; vgl auch KLSchmidt Rahmen 200f); 9,30 (Bult 357); 14,28; 16,7 (Bult 309).

3 Mk 2,15 (Bult 16 u der sekundäre Vers 10,32!); 3,7 (Bult 366; KLSchmidt Rahmen 59f); 6,1 (vgl Mk 10,32 u Bult 30f); 10,28 (Bult 71.356); 10,32 (aaO 357f); 10,52 (Leidensweg-Schema des Mk! vgl Bult 358).

4 Mk 1,34 (bis).45 (Bult 366); 2,2; 6,31.33 (aaO 365); 2,15 (bis! vgl dsAr A3); 3,7.8.10.12 (Bult 366; KLSchmidt Rahmen 105f); 4,1.2 (Bult 366f); 4,33; 12,37 (Bult 357.366); 5,21 (aaO 369); 5,43 (aaO 228); 6,13 (aaO 357); 6,34 (bis! aaO 231); 9,12 (aaO 356).

5 συναναβαίνω ist Hapaxlegomenon, aber mit ἀναβαίνω Mk 10,32 zusammen zu sehen, also von Mk, vgl dsAr 199ff.

6 Mk 3,8.22; 7,1; 10,32.33; 11,1.11.15.27, vgl dsAr 104 A6.

2. Zusammenfassung

Schaut man auf die vokabelstatistischen Einzelbeobachtungen
zurück und vergleicht die mit ihrer Hilfe gewonnenen Resultate
mit den Ergebnissen unserer früheren Analyse, so kann man eine
große Übereinstimmung feststellen. Die früher als alte Überlieferung schon bezeichneten Verse[1] haben sich auch bei der
vokabelstatistischen Untersuchung durchgehend als alte Tradition erwiesen.

Von den dem Evangelisten anläßlich der früheren Analyse
zugeschriebenen Versen ist dagegen nicht dasselbe zu sagen.
Auch nach unserer Vokabelstatistik sind die Verse 22b.29b-
32b.34b.35.40f mehr oder weniger eindeutig als sekundär erwiesen. Doch könnten die übrigen, früher ebenfalls als sekundär bezeichneten Verse 23.36.39 nach dieser letzten Untersuchung eher der Tradition zuzuweisen sein[2]. Bei aller gebotenen Vorsicht[3] muß also gesagt werden, daß unsere frühere
Analyse der drei Verse fragwürdig ist, solange nicht von
einem neuen, anderen Aspekt her bewiesen wird, daß diese Verse wirklich vom Evangelisten eingefügt wurden[4]. Die nun folgenden Ausführungen[5] sollen unter anderem diesen Beweis erbringen.

---

1 Mk 15,20b.21.22a.24.25-27.29a.32c.33.34a.37f.

2 Das gilt weniger für V 36 als für die Verse 23.39, weil dieser Vers in
  enger Beziehung zu V 35 steht (vgl dsAr 68f), der auch nach der Vokabelstatistik geurteilt sekundär ist.

3 Vgl dsAr 98 A2.99.

4 Die Erwägung, der Evglst habe die Verse 23.36.39 unter Verwendung von
  frei umlaufender Tradition formuliert (vgl dazu die grundsätzliche Bemerkung von Marxsen Evangelist 57 A1), mag stimmen und könnte also
  eventuell zT den Widerspruch zwischen unserer Vokabelstatistik und der
  vorhergehenden Analyse erklären. Entscheidend kann diese Vermutung jedoch nicht weiterhelfen, weil sie kaum je endgültig verifizierbar ist.

5 Vgl dsAr 120ff.

§ 6 Abschließende Beobachtungen zur Einzelanalyse

Das Ergebnis der Einzelanalyse läßt sich kurz dahingehend
zusammenfassen, daß man feststellt, im Kreuzigungsbericht des
Markus seien zwei ursprünglich selbständige Überlieferungen
von der Kreuzigung Jesu vereinigt beziehungsweise ineinandergeschoben worden[1]. Ohne daß in allen Fällen schon die bei
solchen Untersuchungen mögliche Sicherheit des Urteils so
oder so, auf diesem oder jenem Wege gewonnen wäre, ließ sich
hier und da außerdem noch konstatieren, daß an einigen Stellen wohl der Evangelist die ihm vorgegebenen Kreuzigungstraditionen seinen Intentionen gemäß bearbeitet hat.

Dies Ergebnis der Einzelanalyse ermöglicht eine vorsich-
tige Antwort auf die früher schon laut gewordene Frage, ob
der Evangelist selbst die beiden Kreuzigungstraditionen ineinandergeschoben hat oder ob er in dieser Arbeit schon
einen Vorgänger hatte, dem er nur nachzufolgen brauchte in
seinem Bemühen. Mir scheint nach der erwiesenen und im Laufe der weiteren Untersuchungen sich noch deutlicher zutage
drängenden Erkenntnis von der redaktionellen Überarbeitung
des Kreuzigungsberichtes durch Markus die Schlußfolgerung
möglich und erlaubt, daß der Evangelist sehr wohl auch die
beiden Kreuzigungstraditionen miteinander verbunden hat. So
gewiß hier keine zwingenden Beweise erbracht werden können,
so gewiß ist doch die allgemeine, früher ausdrücklich zurückgestellte[2] Annahme nun möglich.

Die kritische Frage, warum Markus bei seinem offensichtlich viel größeren Interesse an der zweiten Kreuzigungstradition[3] die erste Überlieferung überhaupt aufgenommen habe,
wenn sie ihm nicht schon in der heutigen Verbindung vorgelegen habe, braucht nicht nur mit dem allgemeinen Hinweis
auf die Treue des Markus gegenüber der Überlieferung beant-

_____

1 Vgl die frühere Vermutung in dieser Hinsicht dsAr 29.

2 Vgl dsAr 21.30 u ebd A2.56 A1 u öfters.

3 Vgl dsAr 96 A4.

wortet zu werden, zumal sich durch den Vergleich der Kreuzigungsberichte des Matthäus-, Lukas- und Petrusevangeliums
zeigen läßt, daß man dieses Argument nicht allzu stark in
Anschlag bringen darf. Zwingender scheint uns das Argument,
Markus selbst habe die beiden alten Traditionen ineinandergeschoben[1] und gleichzeitig die Verse Mk 15,29b-32b eingefügt[2], um so das alte Stundenschema mit Handlungsstoff anzu-
reichern und damit seiner Zeiteinteilung[3] des Todestages Jesu dienstbar zu machen. Schließlich wird Markus auch deshalb neben der zweiten auch die erste Kreuzigungstradition
aufgenommen haben, weil es ihm neben allen theologischen
Aussagen ebensosehr um die Bezeugung der Faktizität des
Kreuzesgeschehens geht[4].

Bei aller Zurückhaltung, die gegenüber den eben angestellten abschließenden Beobachtungen zu unserer Einzelanalyse angebracht ist, kann man aber sagen, daß von ihnen
her geurteilt doch vielleicht eine reale Chance besteht,
endgültig und eindeutig festzustellen, was sich aus unserer bisherigen Arbeit schon als Resultat ankündigt, ob und
inwieweit der Evangelist selber den Kreuzigungsbericht
durch Zusätze in die uns heute vorliegende Form gebracht
hat.

---

1 Vgl dsAr 89.

2 Vgl dsAr 58-64.

3 Vgl 31f.

4 Vgl das dritte Kapitel dsAr 220-256.

C. Motivgeschichtliche Interpretation

§ 1 Vorbemerkung

Unseren früheren Ausführungen entsprechend[1] kann die bisherige Analyse von Mk 15,20b-41 unter anderem nur dann als geglückt angesehen werden, wenn gezeigt werden kann, daß die
beiden alten von uns ermittelten Kreuzigungstraditionen je
ihren eigenen Sinn haben.

Was nun die erste Tradition angeht, so halten wir sie für
einen alten Geschichtsbericht, dessen Kern in den Versen 21.
22a zu sehen ist. Im dritten Kapitel dieser Arbeit wird über
diesen Geschichtsbericht weiter zu handeln sein. In der jetzt
angekündigten motivgeschichtlichen Interpretation sollen nur
einige entscheidende Verse des zweiten Berichtes, nämlich Mk
15,33.37.38 behandelt werden[2]. Wie die Stundenzählung zeigt,
haben diese drei Verse das Hauptgewicht, während die übrigen
Verse 25.26.29a.32c mehr vorbereitenden Charakter haben und
auf das Hauptereignis, den Tod Jesu und die mit ihm verbundenen, bedeutungsschweren Wunderzeichen, hinführen. Mit Hilfe
dieser motivgeschichtlich orientierten Interpretation soll
der Sinn und die Botschaft der alten Überlieferung ermittelt
werden. Wir beginnen mit unserer Untersuchung jeweils im Alten Testament und verfolgen das Motiv in seiner Entwicklung
bis in das jüdische Schrifttum des neutestamentlichen und
nachneutestamentlichen Zeitalters. Parallelen aus dem gnostischen und hellenistischen Bereich wie auch die jeweiligen Entsprechungen aus der übrigen Religionsgeschichte sind
nach Möglichkeit und wenn nötig vermerkt[3].

---

1 Vgl 48.

2 Nach unserer Analyse gehört V 34a zu V 37, vgl 66f.

3 Alle religionsgeschichtliche Pauschalvergleichung, wie sie etwa bei
  Erbt 49f vorliegt, halten wir für wertlos. Es geht vielmehr um eine
  möglichst exakte Untersuchung der Einzelmotive in ihrer geschichtlichen Entwicklung und um die Feststellung ihres mehr oder weniger deutlich faßbaren allgemeinen Wurzelbodens, vgl weiter dsAr 121 A1.

Gelingt diese Interpretation, bei der natürlich auch die
innerneutestamentlichen Parallelen zu berücksichtigen sind, so
hat man damit von der Religionsgeschichte her zugleich auch
eine zeitgeschichtliche Einordnung des Textes erreicht[1]. So
läßt sich dann wahrscheinlich entscheiden, ob diese zweite
Kreuzigungstradition in der von uns ermittelten Form schon in
der Urgemeinde oder aber erst in den hellenistischen Gemeinden tradiert wurde.

Schließlich gilt es noch festzustellen, daß die Interpretation des jeweiligen Motives nur dann als gelungen angesehen
werden kann, wenn seine Auslegung mit der der übrigen beiden
Motive harmoniert. Das auf diese Weise herausgearbeitete "Motivgitter" würde den vom Stundenschema her schon behaupteten
festen Zusammenhang der alten Tradition inhaltlich bestätigen.

§ 2 Die Stimme Jesu (Mk 15,34a.37)

I. Die bisherige Auslegung

Die bisherige Auslegung sah, wie wir schon vermerkten[2], in
Mk 15,37 sehr oft den historischen Kern des Kreuzigungsberichtes. Von den Versen 21.40f her glaubte man annehmen zu können,
der Todesschrei Jesu sei von Augenzeugen gehört und deshalb
auch erzählt worden[3].

Nicht wenige Forscher sehen in V 37 von V 39 her ein dogmatisches Motiv: Der Gottessohn erweist seine Macht selbst im
Todesschrei[4]. Für den alten Bericht kann diese Exegese kaum
zutreffen, da V 39 ja wahrscheinlich sekundär ist[5].

---

1 Schon die Untersuchung des Motives geschieht in der Reihenfolge seiner
geschichtlichen Entwicklung, ohne daß freilich jedesmal eine ganz genaue Datierung der jeweils untersuchten Stellen vorgenommen würde. Wichtig ist in diesem Zshg die Erkenntnis, daß gemäß den Gesetzen der Überlieferung nachneutestamentliche Texte auch vorchristliche, alte Motive
bieten können.   2 Vgl dsAr 72 A1.2.
3 Mit der historischen Auffassung wird oft die dogmatische gekoppelt und
außerdem V 37 mit Lk 23,46 harmonisiert. So schon in der alten Kirche,
vgl Smith 77.81ff.
4 Vgl Bertram Leidensgeschichte 78 u in der alten Kirche zB Augustin
(Bisping 124), Origenes, Euseb (Smith 75.87). Vgl auch die dämonologische Deutung bei Drews Markusevangelium 304f; Leisegang 23 A4, der wie
Fiebig Tempelvorhang 229 auch auf die Erfahrung der Pneumatiker hinweist. Brandt 249ff; Bertram Leidensgeschichte 78 A2 lehnen die dämonologische Deutung zu Recht ab. Trotz Strukturgleichheit besteht nämlich
inhaltlich ein diametraler Gegensatz[:dsAr 298].   5 Aber dsAr 117!

Andere Exegeten[1] glauben, da der Weissagungsbeweis ja erwiesenermaßen im Kreuzigungsbericht eine große Rolle spielt,
V 37 gehe auf die Hilferufe der Beter in den Psalmen zurück,
wie sie etwa in Ps 22,25; 31,23; 34,7; 69,4; 102,2.6; 116,1
nachzulesen sind. Aber diese Exegese steht wohl zu einseitig
unter dem Eindruck von Mk 15,34b, welcher Vers nach unserer
Analyse ja nicht zum alten Bericht gehört.

Versucht man den alten Bericht ohne alle Interpretamente
des Evangelisten zu verstehen, so scheint, von seinem ganzen
Inhalt her geurteilt, der Schrei Jesu bei seinem Tode am besten aus alttestamentlich-apokalyptischen Vorstellungen erklärbar zu sein. Gelegentlich ist dies auch schon bei der
Auslegung von V 37 betont worden und nach Jo 3,16; 2,11; Jes
42,13 "das Schreien des Herrn... zu den Einleitungen der Endzeit gezählt" worden[2]. In dieser Richtung wird unsere Exegese
weiterzufragen haben, da den Versen 33 und 38 ebenfalls alttestamentlich-apokalyptische Anschauungen zugrunde liegen
dürften, der ganze alte Bericht also womöglich aus einem apokalyptisch denkenden Urchristentum stammt.

II. Die Stimme Jahves[3]

Will man die Bedeutung der Stimme Jahves für den alttestamentlichen Gottesglauben kennenlernen, so ist es gewiß nicht
falsch, bei Ps 29 einzusetzen. Die Stimme Jahves beziehungsweise alle Einzelmotive, die mit ihr zusammenhängen, werden
in diesem Psalm genannt: Der Donner ist (Vv3f) der Schall

---

1 Bleiben 146; Dib 187.195; Drews Markusevangelium 305; Feigel 75; Weidel
  II 265f. /Vgl dsAr 296f zum folgenden./

2 Feigel 75, vgl Alleman 305; Drews Markusevangelium 305.

3 Die folgenden Überblicke über die Geschichte des jeweiligen Motives
  wollen nicht in jeder Hinsicht und bei allen Stellen, die untersucht werden, als genaue historische Fixierung und Beschreibung des Motives verstanden werden, vgl dsAr 121 A1, obwohl hierzu in den Anmerkungen das
  nötigste Material in der Regel genannt ist. Es geht vielmehr darum, die
  im Hinblick auf unsere Kreuzigungstradition wichtigen Bedeutungszusammenhänge in ihrer ungefähren geschichtlichen Entwicklung zu skizzieren, um
  so verständlich zu machen, wie es zur Formulierung von Mk 15,33.37.38
  kam.

seiner majestätischen Stimme[1]; der rasende Sturmwind (VV 5f.
9)[2] und die Blitze deren feuriger Atem (V 7)[3]. Die sich in
dieser dreifachen Weise[4] manifestierende Stimme Jahves ist
Ausdruck und Grundlage seiner lebendigen Kraft, mit der er
die Chaoswasser beherrscht[5] und als König der Welt über ihnen thront (VV 3.10)[6].

Jahve hat nun nach alttestamentlicher Anschauung diese
Macht seiner Stimme verschieden verwendet. Seine Stimme, der
Odem seines Mundes, sein Wort[7] gibt Leben oder vernichtet.
Beides ist möglich und nicht selten ambivalent miteinander
verbunden[8]. Wir betrachten zuerst kurz die Leben schaffende
Funktion der Stimme Jahves und beginnen mit einem Blick auf
die Schöpfungsberichte.

---

1 Vgl Gunkel Psalmen 123: "... im Donner hört älteste Naturauffassung
  die schauerliche Stimme der Gottheit". Zum richtigen Verständnis dieser Exegese muß man freilich beachten, daß in Ps 29 nicht "eine Na-
  turerscheinung, sondern die Erscheinung Gottes... der Gegenstand der
  Darstellung" ist (Weiser Psalmen 167).

2 Gunkel Psalmen 123 erklärt V 5 aus den Wirkungen des Donners, während
  doch eine Erklärung vom Gewittersturm her (V 9) näherliegt, vgl Weiser Psalmen 168; Briggs I 253. Die Identifizierung von Sturm u Gottes-
  stimme ergibt sich aus dem Text im Vergleich mit Stellen wie Ex 15,8.
  10; Ps 18,16; Hi 4,9; IV Esr 13,10.

3 Weiser Psalmen 168; Briggs I 253. V 7 kann Glosse sein (Briggs ebd;
  Gunkel Psalmen zSt), paßt aber inhaltlich gut. Im übrigen vgl Jes
  30,30.33.

4 Vgl die Gleichsetzung von Geist, Wind, Atem u Leben in Mythologie u
  Volksaberglauben (Aly HDA I 1354) u das laute Schreien der Götter
  (Zimmermann HDA IX 629ff).

5 Vgl Mowinckel Psalmstudien II 47f; Gunkel Psalmen 123; Weiser Psalmen
  169.

6 Mowinckel Psalmstudien II 47 A5 lehnt also zu Recht die Deutung des
  Psalms als bloßen "Naturpsalm"(BDuhm Psalmen 117) oder als "Ein Lied
  vom Donner" (HSchmidt 53f) ab. Es geht eindeutig um eine Darstellung
  der "Stimme des Herrn" (Weiser Psalmen 165) oder nach Dürr 20f um das
  "Wort Jahves", "wobei die Stimme, das 'Wort', Jahwäs Waffe" ist, mit
  dem er "das Urmeer gebändigt und die Welt geschaffen" hat (Mowinckel
  Psalmstudien 47).

7 Zur Identität von Stimme, Odem, Hauch, Wort im alten Orient vgl Dürr
  20.22.27.51.98 A1.102.104f.111.132.151ff.155.

8 Vgl hierzu Mowinckel Psalmstudien II 214ff.

Nach Gen 1,2 schwebte der Geist Gottes bei der Schöpfung über
den Wassern. In die Einzelexegese dieser schwierigen Stelle
einzutreten, ist nicht unsere Aufgabe[1]. Im Rahmen unserer Untersuchung genügt es, darauf hinzuweisen, daß hier der Geist
Gottes[2] eine entscheidende Funktion bei der Schöpfung ausübt.
Seinem Schweben über den Wassern entspricht das machtvolle
Schöpferwort Gottes an den verschiedenen Schöpfungstagen[3];
man erinnert sich dabei an die in Ps 29 beschriebene Situation[4]. Wie Ps 104,30 zeigt, darf man bei diesem Geist Gottes
in Gen 1,2 eventuell an Jahves Odem, den Hauch seines Mundes
denken[5], den er in Gen 2,7 dem ersten Menschen in die Nase
blies[6], damit er lebe (vgl Hi 34,14.15; Ez 37). Den engen
Zusammenhang von Wort und Hauch im Hinblick auf die Schöpfung[7]

---

1 Vgl dsAr 122 A3. Schon die Übers ist ja fraglich (Galling 145f.153f;
   Rad 37)!

2 Daß hier wirklich vom Geist Gottes die Rede ist, möchten wir allerdings
   trotz Galling 153ff mit Gunkel Genesis 104; ders Urgeschichte 102;
   Procksch Genesis 436; Dürr 147 u neuerdings, ausdrücklich gegen Rad u
   Galling, Baumgärtel ThW VI 361 A149 annehmen. Auch wenn an der Übers
   "göttlicher Wind" im Sinne von furchtbarer Sturm festzuhalten wäre (so
   Galling ebd; Rad 37), würde dies unser Verständnis nicht ausschließen,
   da der Geist u die Stimme Gottes nicht selten als Sturm gedacht werden
   (vgl zB Ez 37,5ff; Ps 104,30). Da sich derselbe Zshg von Geist u Wind,
   Atemhauch auch im Deutschen u Griechischen findet (Kleinknecht ThW VI
   335, 19ff), darf man in ihm eine uralte Aussage sehen.

3 Vgl dazu Dürr 42f. Daß Gott durch sein bloßes Wort die Welt schuf, ist
   kein spätes Theologumenon von P (aaO 43 A3), vgl die ägyptischen (aaO
   23ff), babylonischen (aaO 32-38; Witzel 183,17f: "Dein Wort ist ein an-
   genehmer Wind, das Leben der Länder...") Parallelen u die Entsprechungen im hellenistischen (Dürr 31f.140ff), griechischen (Dürr 141 A5) u
   iranisch-manichäischen Denken (Marmorstein 233). Für die Papyri vgl
   Moulton-Milligan 680.

4 Vgl dsAr 123 A6.

5 Zu Ps 104,30 vgl Weiser Psalmen 443: "Das Leben ist der Atem Gottes",
   wahrscheinlich im Blick auf die Frühjahrsvegetation zu verstehen (BDuhm
   Psalmen 375). Religionsgeschichtliche Parallelen bei Gunkel Psalmen 452;
   Dürr 101f.104.152. Diese Ansicht war im Orient verbreitet.

6 Vgl die ägyptischen, babylonischen (Staerk 312ff.315), griechischen
   (Kleinknecht ThW VI 337ff) u gnostischen Parallelen (CSchmidt 25f.246).

7 Joh 20,22 gehört auch in diesen Zshg, vgl Stauffer ThW II 533 u ebd A2.3;
   HZimmern Streit 55f. Für den Volksaberglauben vgl Aly HDA I 1355f. Vgl
   auch Bonner Sardis 139 p.12,36; 141 p. 13,6ff noch für die urchristliche
   Zeit.

tut besonders Ps 33,6[1] dar: "Durch das Wort des Herrn sind die
Himmel gemacht, durch den Hauch seines Mundes ihr ganzes Heer."[2]
Was Gott mit seiner Stimme befiehlt, das geschieht (Ps 33,9;
148,5). Diese Anschauung findet sich nicht nur im Alten Testament, sondern auch in späterem Schrifttum[3].

So aber wie Jahve durch sein königliches Wort und den Hauch
seiner Stimme die Welt geschaffen hat und erhält, ganz ebenso
souverän hat er sich durch sein Wort sein Volk erwählt. Diese
Heilsgeschichte, eine Schöpfungsgeschichte anderer Art[4], können wir im Hinblick auf die Funktion der Stimme Jahves[5] nur
streifen[6]. Es genügt für unsern Zusammenhang, auf zwei entscheidende Ereignisse dieser Heilsgeschichte hinzuweisen.

In Ex 15,8.10 wird der Untergang der Ägypter und die Rettung Israels am Schilfmeer auf Jahves zorniges Schnauben und
den Hauch seines Mundes oder seiner Nase zurückgeführt[7]. Am
Sinai aber redet Gott mit Mose im Donner, unter Posaunen-
schall (Ex 19,19)[8] und mit lauter Stimme (Dt 5,22), als er
ihm die Gebote des alten Bundes übergibt.

---

1 Diese Stelle hat für verwandte Anschauungen im Rabbinat eine große Rolle
  gespielt (Marmorstein 233f).

2 Vgl den Psalm 147,15ff u Hi 37,5ff.

3 Vgl Jud 16,17; Sir 42,15; BarApk 14,17; 21,4f; Jub 12,5; OdSal 16,20;
  auch BarApk 56,4; dann im Rabbinat Targ Jes 44,24: "Ich habe die Himmel
  aufgerichtet durch mein Wort, die Erde festgestellt durch meine Kraft."
  Weitere Belege bei Strack-Billerbeck II 304f.320; Dürr 41 A1; Sjöberg
  ThW VI 384f; auch Bieder ThW VI 367,15ff. Im NT: Hb 11,3; 2.Pt 3,5f.

4 Vgl Mowinckel Psalmstudien II 54-56.214.

5 Vgl dazu Asting 16ff.

6 Man denke nur allein an die Bdtg der Propheten, denen Jahve sein Wort in
  den Mund legte! Es ist natürlich unmöglich, diese Zusammenhänge auch nur
  andeutungsweise zu erwähnen. Vgl zur Sache Jer 23,29 u Dürr 112; dsAr
  127 A1.

7 Wieder sind hier Hauch, Sturm u Wort sehr verwandte Vorstellungen, vgl
  Ex 14,21 mit 15,8.10 u Jes 44,27; 50,2 und dazu Dürr 44f.

8 Weiser vermutet einen traditionsgeschichtlichen Zshg zwischen Ex 19 u
  Ps 29 (Weiser Psalmen 168). Greßmann Eschatologie 60f vergleicht Ex 19,
  16ff mit Sach 9,14; Jes 30,32.

In Ex 15,8.10; 19,19 wird die vorhin erwähnte Ambivalenz[1]
der Stimme Jahves deutlich: Bringt sie den Israeliten Heil
und Leben, so den Ägyptern Gericht, Untergang und Tod; außer
Mose und Aron kann sich kein Mensch Jahve nahen, ohne zu
sterben (Ex 19,24; 20,19; Dt 5,25ff). Nur Mose und Aron bleiben am Leben, da sie das Leben spendende Gesetz Gottes empfangen (Ex 19,24).

Macht sich die furchtbare Seite der göttlichen Stimme bei
der Erschaffung der Welt kaum bemerkbar, weil der der Schöpfung vorausgehende Kampf Gottes mit den Chaosmächten nur noch
hier und da durchschimmert[2] und im Alten Testament meist nur
andeutungsweise erzählt wird, so kommt diese Komponente um so
deutlicher in den eschatologisch orientierten Texten zutage.
In Ps 46,7 zB wird berichtet, daß die Stimme Jahves beim Anbruch des Morgens zum Gericht wider die aufbegehrenden Völker
und Chaosmächte hereinbricht[3]. Auch der Kampf Jahves für den
Beter von Ps 18, der von den Banden der Unterwelt gefesselt
ist (18,5), hat solche kosmischen Ausmaße. Auf das Rufen des
Beters hin[4] fährt Jahve herab aus seinem himmlischen Tempel
(V 7.10). Zornig schnaubend geht Feuer aus seinem Munde hervor (V 9), seine Stimme donnert (V 14), und von seinem Schelten werden Meer und Erde in ihren Tiefen aufgedeckt und der
Beter so seinen Feinden entrissen (V 16ff). In Ps 18 haben
wir die Beschreibung einer Gerichtstheophanie[5] vor uns, die
für den Beter selbst freilich Heil und Rettung bedeutet.

---

1 Vgl zu dieser Ambivalenz einerseits Hos 11,10f u andererseits Jes 31,4f.

2 Vgl Foerster ThW III 1008,25ff; dsAr 123 A5.126 A3.

3 Ps 46 ist eine der Stellen des AT, an denen vom "Chaosgötterkampf" "historisiert" geredet wird (Weiser Psalmen 240). "Die Farben, in denen
hier das Bild der Weltkatastrophe gemalt ist, sind dem uralten Schöpfungsmythus... entnommen." (aaO 238). Die Heilsgeschichte wird in der
Terminologie der Schöpfungsgeschichte geschildert, vgl dsAr 125.-
Ob man den Psalm endeschatologisch oder kultisch deutet, ist für unsere Fragestellung weniger wichtig. Die Bdtg der Stimme Jahves ist so
oder so eindeutig.

4 Das Schreien des Beters ist von größter Bdtg für das Eingreifen Gottes,
vgl Ps 18,4.7; 22,6; 30,3; 40,2; 42,2; 130,1f uo auch außerhalb der Psalmen, vgl weiter dsAr 122.

5 Vgl Weiser Psalmen 119f, der auf die Verwandtschaft des Psalms mit den
Schilfmeerereignissen hinweist.

Nur noch von Gericht und Vernichtung ist dagegen die Rede, wenn es in Hi 4,9 mit Bezug auf die Sünder heißt: "Durch Gottes Odem verderben sie, vom Hauch seines Zornes schwinden sie dahin."[1] In dieselbe Richtung weisen auch die folgenden Stellen[2].

"Jahve brüllt vom Sion her, läßt von Jerusalem seine Stimme erschallen: Da trauern der Hirten Triften, es verdorrt des Karmels Gipfel"[3], heißt es Am 1,2. Zweifellos ist hier die Stimme Jahves, sein Brüllen, der Ausdruck seiner Macht[4]. Sein Schrei aus Sion, seinem Wohnsitz und Tempel, bedeutet Gericht in kosmischen Ausmaßen: Die Auen der Täler und die höchsten Bergspitzen, einfach alles und jede irdische Pracht vergeht, wenn Jahve mit seiner Stimme machtvoll das Gericht ausübt[5].

Die Vorstellung von Am 1,2 ist keineswegs singulär[6]. Ganz ähnlich findet sie sich in Jer 25,30[7]. Diese Stelle macht besonders deutlich, daß wir es bei der Stimme Jahves in diesen Zusammenhängen mit einem feststehenden Topos der Gerichtstheophanie[8] zu tun haben: Gott rechtet "mit allen Völkern", "mit allem Fleisch" (Jer 25,31) und sein Zorn ist furchtbar (Jer 25,37f).

---

1 Vgl Hos 6,5: Gott läßt Israel durch die Propheten zerhauen u tötet es durch die Worte seines Mundes, vgl zur Übers Dürr 62 A3.

2 Das Rabbinat vertritt auf Grund von Wsh 18,15f ganz ähnliche Anschauungen (Marmorstein 235). Wsh 18,8 ist freilich eindeutig ambivalent.

3 Übers nach Dürr 19.

4 Der ursprünglich vielleicht einmal mitschwingende Gedanke, Donner eines Gewitters = Jahves Stimme (Sellin 161f), ist in Am 1,2 total verblaßt u darf nicht in den Text erneut hineininterpretiert werden (Dürr 19f). Der Vers bringt die dämonischen Züge Jahves zur Geltung, seine Wildheit, mit der er zum Gericht schreitet, vgl Volz Jahwe 17. Der Vers will so die Manifestation des göttlichen Wortes im Gericht beschreiben (vgl Weiser Propheten 114).

5 Vgl ebd.

6 Ob Am 1,2 von Amos selber stammt, ist umstritten, vgl Sellin 162; Weiser Propheten 114 mit Robinson-Horst 75; Maag 4.

7 Jer 25,30f gilt als nicht vom Propheten selber stammend. Anders werden dagegen zT die Verse 32.34ff beurteilt, vgl zB WRudolph 142.

8 Volz Jeremia 390 weist in diesem Zshg auf Jes 6,4; 33,3 hin. Vgl auch Apk 4,5; 8,5; 11,19.

Zusammen mit Jer 25,30f und Am 1,2 ist Jo 4,16 zu nennen[1]:
"Jahve brüllt vom Sion her, von Jerusalem läßt der Herr seine
Stimme erschallen, und Himmel und Erde erbeben." In Jo 4,16
hat die kosmische Katastrophe der Amosstelle endeschatologi-
sche, apokalyptische Dimensionen erreicht[2]: Himmel und Erde
werden durch den Gerichtsruf Jahves erbeben; sie sind an die
Stelle der Berggipfel und Auen des Amoswortes getreten.

Die Entwicklung, die wir von Am 1,2 über Jer 25,30f nach
Jo 4,16 hin beobachten konnten, hängt mit der Entstehung der
jüdischen Apokalyptik zusammen. Im Zuge dieser Entwicklung
übernimmt beim Ausbau der apokalyptischen Anschauungen der
Menschensohn beziehungsweise der Messias die richterlichen
Funktionen Jahves[3], so daß er nun die Sünder und seine Feinde durch den Hauch seiner Stimme[4] vernichtet.

III. Die Stimme des Messias und des Menschensohnes
    Schon in Jes 11,4 heißt es vom Messias, dem König der
Heilszeit, er werde den Tyrannen mit dem Stabe seines Mundes
schlagen und den Gottlosen töten mit dem Hauche seiner

---

1 Jo 4,16 hängt von Am 1,2 ab (vgl zum Problem Sellin 141), da einmal
  die übrigen Wendungen in Jo 4,15-17 auch aus anderen Abschnitten entnommen sind (Robinson-Horst 68) u zum andern eine apokalyptische Ausweitung des Amoswortes stattgefunden hat. Diese Ausweitung läßt sich
  auch schon in Jer 25,30 beobachten, wenn dort Jahve aus der "Höhe",
  nicht aber mehr vom Sion her brüllt, vgl Duhm Jeremia 207; WRudolph
  141; Volz Jeremia 390.

2 Dabei treten dann die sonst im AT mehr zurückgedrängten Züge des Chaos-
  kampfes aus dem Schöpfungsmythus wieder deutlicher hervor, vgl das
  Schema Urzeit-Endzeit Gunkel Schöpfung.

3 Vgl äthHen 61,6-63,12. Doch gilt auch Jahve im Judentum weiterhin als
  der Richter, (vgl Strack-Billerbeck IV 1199ff). Im Zshg unserer Untersuchung ist nur wichtig, daß die Kraft des vernichtenden Wortes, des
  Gluthauches usw Jahve nun viel seltener zugelegt wird (doch fehlt die
  Anschauung nicht ganz, vgl Strack-Billerbeck IV 1079; Or sib III 669ff;
  IV 171ff) als dem Menschensohn-Messias. Gott wird nun zumal im Rabbinat
  eher als der abwägende Richter geschildert (Strack-Billerbeck IV 1203ff).

4 Vgl auch die apokalyptischen Anschauungen, nach denen die Erde selbst
  (Steindorff 103.145) oder die himmlischen Heerscharen (aaO 99)
  mit ihrer Stimme beim Endgericht eine Rolle spielen.

Lippen[1]. Ganz in derselben Weise schildern die Psalmen Salomos
die Tätigkeit des David redivivus. Mit einem Eisenstock zer-
schmettert er der Sünder ganzes Wesen "vernichtet mit seines
Mundes Wort die frevelhaften Heiden!"[2] (17,24f, vgl 17,35.43f).

Auch die Rabbinen lehren auf Grund von Jes 11,4 ganz Ähnliches. Auf die Frage hin, woher der Messias das Furchterweckende
seines Wesens habe, zitiert R.Eleazar (um 135 gestorben) Jes
11,4[3]. Nach R.Schimeon b.Pazzi (um 280) spricht Gott zu dem aus
Leiden und Gefängnis hervortretenden, von Feinden umringten
Messias: "Ephraim, mein Messias, fürchte dich nicht vor ihnen,
denn alle diese werden durch den Hauch deiner Lippen sterben,
wie es heißt Jes 11,4: 'Durch den Hauch seiner Lippen tötet er
den Gottlosen.'" Indem der Messias so verfährt, ist er der
Richter über die Völker der Welt[4].

Was vom Messias gilt, wird in ähnlicher Weise von apokalyptischen Texten für den Menschensohn bezeugt. Der Seher sieht
ihn, den zum Weltenrichter Eingesetzten, auf dem Thron der
Herrlichkeit: "Und der Geist der Gerechtigkeit ward über ihm
ausgegossen; seines Mundes Rede tötete alle Sünder und alle
Ungerechten wurden von ihm vernichtet." (äthHen 62,2)[5].

---

1 Vgl Dürr 109; Marti 111: Das Wort des Königs hat in Jes 11,4 dieselbe
  "Kraft, wie Gottes Wort", vgl Jes 9,7; Hos 6,5; BDuhm Jesaia 106;
  Procksch Jesaja 154 betont den eschatologischen Bezug von Jes 11,4.

2 Übers nach Rießler. PsSal 17,24 steht eindeutig unter Einfluß von Jes
  11,4 u Ps 2,9, vgl Kautzsch Apokryphen zSt; Volz Eschatologie 177f.

3 Strack-Billerbeck II 284, vgl Dalman Messias 64.

4 Vgl Strack-Billerbeck II 290. PsSal 17 und die Aussprüche der Rabbinen
  zeigen, daß Jes 11,4 für die beschriebene Messiasanschauung von entscheidender Bdtg war. Mit dieser Bindung an die Schrift hängt zusammen,
  daß Gott im Rabbinat der eigentliche Weltenrichter bleibt, was in der
  Apokalyptik ja nicht überall der Fall ist, vgl dsAr 128 A3. Dieser
  rabbinischen Haltung entspricht, daß das Gotteswort nie im Sinne von
  Ps 29; IV Esr 13,4.10f, sondern fast ausschließlich als Gesetz beschrieben wird, vgl Asting 33ff. Jes 11,4 ist sozusagen der Richtpunkt zur
  Durchrationalisierung unseres Motives im Rabbinat u der offiziellen jüdischen Frömmigkeit, während in der Apokalyptik, wo solch eine Tradi-
  tionsgebundenheit im schriftgelehrten Sinne fehlt, das Motiv ganz ursprünglich auftritt (vgl dsAr 130 A1; Strack-Billerbeck III 148.641).
  Zu den Sektenschriften, vgl Molin 36.155.

5 Übers nach Rießler. Vgl äthHen 65,4.10.

In IV Esr 13 ist die Schilderung der Stimme des Menschensohnes
noch urtümlicher[1]. Die "Stimme seines Mundes" geht vom Menschensohn aus und zerschmilzt alles (V 4), denn sie gleicht
einem Feuerstrom, einem Flammenhauch, einem großen Sturm und
vernichtet in einem Augenblick alle seine Feinde (VV 10f, vgl
27f.37f)[2]. Dabei wird ausdrücklich betont, daß der Menschensohn zur Besiegung seiner Feinde keinerlei sonstiger Waffen
bedarf (V 9). Allein durch seine Stimme besiegt er die Feinde[3].

Schließlich ist in diesem Zusammenhang darauf hinzuweisen,
daß der wiederkommende Herr Jesus nach 2.Ths 2,8 bei seiner
Ankunft den Antichrist durch den Hauch seines Mundes töten
wird. Die Anschauungen der apokalyptischen Schriften des Judentums vom richtenden Messias beziehungsweise Menschensohn,
der seine Feinde durch seine Stimme und den bloßen Hauch seines Mundes tötet, sind hier also auf Jesus übertragen[4].

Schaut man auf die dargestellte Geschichte des Motives zurück, so fällt auf, daß die segenbringende Komponente der
Stimme Jahves immer mehr verblaßt zugunsten des richterlichen Wortes[5]. Übertragen auf den Messias-Menschensohn

---

1 Anders als im Rabbinat ist die Schilderung der Stimme in IV Esr 13 so
  farbig wie in den Psalmen oder auch in Jes 30,30.33. Mk 15,33.37.38
  scheint dieser Art der Darstellung näher zu stehen als der rabbinischen,
  die die Schrift mehr oder weniger eindeutig direkt zitiert und darum rationaler wirkt. Dalman Jesus 197 zeigt ungewollt, wie wenig sich vom
  rabbinischen Denken her Mk 15,37 verstehen läßt. Seine Exegese historisiert unerlaubt.

2 Vergleicht man IV Esr 13,10f.27f.38 mit 13,37, so fällt auf, daß die
  Stimme des Menschensohnes mit fast denselben Worten wie die Sünde der
  Menschen beschrieben wird.

3 Vgl Volz Eschatologie 94 u auch die Bdtg der Stimme der himmlischen
  Heerscharen in Hymne III der Sektenschriften, vgl Molin 36.155.

4 Vgl weiter Apk 1,16; 2,12; 11,5; 19,15 (Dürr 111); Joh 5,28; diese Vorstellungen blieben lange lebendig, vgl Peuckert HDA I 499.

5 Vgl das allgemeine Urteil von Volz Eschatologie 172: "Es ist... in erster Linie die am Weltende offenbar werdende Gerichtsherrlichkeit Gottes, was die Gemüter und die Phantasie der Apokalyptiker beschäftigt."

scheint die Stimme fast nur noch in diesem Sinne gebraucht zu werden[1]. Diese Entwicklung hängt mit der Zunahme apokalyptischer Gedanken zusammen[2]. In der Sicht der Frommen war die Welt voll Sünde und des Lebensodems Gottes unwert.Gott (beziehungsweise dem Menschensohn - Messias) bleibt deshalb nichts anderes zu tun, als diese verderbte Welt zu richten, um dadurch den neuen Äon heraufzuführen, in dem es keine Sünde mehr gibt und in den hinein er die Heiligen seines Volkes rettet[3]. Im Hinblick auf Mk 15,37 ist diese Situation zu beachten und zu bedenken, daß sie durch das Leiden Christi und seinen schließlichen Tod eine letzte Verschärfung erfahren hatte[4]. Indem das erwählte Volk zusammen mit den Heiden den von Gott gesandten Jesus von Nazareth ans Kreuz brachte, wurde die Todverfallenheit der Welt radikal offenbar: Die Stunde des Gerichts war gekommen. Der Todesruf Jesu ist der Gerichtsruf des Menschensohnes. Dieses auf Grund der alttestamentlichen und apokalyptischen Anschauungen mögliche Verständnis des lauten Schreies beim Tode Jesu (Mk 15,37) wird überzeugend, ja zwingend, wenn nun gezeigt wird, wie das Motiv der Finsternis auf das engste mit dem des Gerichtsrufes harmoniert[5].

---

1 Vgl jedoch äthHen 51,3: "Der Auserwählte sitzt in jenen Tagen auf meinem Thron und sein Mund strömt alle Geheimnisse der Weisheit und des Rates aus" (Übers Rießler).

2 Vgl auch die mandäischen Anschauungen: "Ein Ruf erscholl über die ganze Erde, der Glanz ging unter in jeglicher Stadt. Manda d'Haija offenbarte sich allen Menschenkindern und erlöste sie von der Finsternis zum Lichte" (Lidzbarski Ginza 182).

3 Bei dieser Rettung spielt die Stimme des Menschensohnes (IV Esr 13,12. 39; AbrApk 31,2) bzw des Messias (Strack-Billerbeck III 9f; im Zshg mit Jahve: aaO II 330; mit Elia: aaO IV 797f) ebenfalls eine Rolle, indem sie das Volk sammelt, vgl schon Hos 11,10. Doch ist diese Seite längst nicht so ausgeprägt.

4 Sehr radikal auch IV Esr 8,32: "In Wahrheit gibt es keinen Weibgeborenen, der nicht gesündigt" (Übers nach Rießler).

5 Jonas I 121 vermerkt, daß im Motiv des Rufes "eine grundsätzliche Übereinstimmung eines ganzen Religionskreises" vorliegt. Übersieht man die notwendige Differenzierung dieses Urteils nicht, so zeigt gerade die Entwicklung der Bdtg, die Mk 15,37 durch die Interpretamente des Evangelisten erfährt, wie sehr Jonas mit dieser Bemerkung das Richtige getroffen hat.

§ 3 Die Finsternis (Mk 15,33)[1]

I. Die bisherige Auslegung

Abgesehen von dem Versuch, der übrigens schon in ersten Ansätzen in der alten Kirche gemacht wurde[2], die Finsternis von
Mk 15,33 als historisches Ereignis zu verstehen[3], finden sich,
zusammenfassend geurteilt, in der modernen Exegese noch zwei
andere Erklärungen für dieses sonderbare Vorkommnis[4].

Einmal sagt man, die Finsternis sei ein Trauern der Natur
über den Tod des Gottessohnes und ein Mitleiden mit dem Sterbenden gewesen. Die Sonne habe das Leiden und Elend Jesu nicht
mit ansehen wollen. Mk 15,33 wird dann in der Regel als eine
"aus verbreiteten Vorstellungen entsprungene christliche Sage"
verstanden, "welche den tragischen Tod des Messias von der
ganzen Natur durch ihr solemnes Trauercostüm mitfeiern lassen
wollte."[5] Neben alttestamentlichen Stellen[6] und einigen altkirchlichen Auslegern[7] hat man für diese Auslegungsthese vor

---

1 Vgl zu diesem ganzen Paragraphen die ausgezeichnete Arbeit von Aalen.
  Wir beschränken uns auf die Gedankenreihen, die im Hinblick auf Mk 15,33
  wichtig erscheinen.

2 Freilich kann man allenfalls von ersten Ansätzen sprechen, weil der
  exakte, moderne Begriff der Historie damals noch unbekannt war, vgl
  WBauer Leben 487. Die Kritik des Rationalisten Celsus u der übrigen
  "filii saeculi huius" zwang die kirchliche Auslegung zu solcher Historisierung, selbst wenn der Sinn des im Text Gemeinten darunter litt, vgl
  aaO 228.477f. Weitere Belege für die altkirchliche Exegese in dieser
  Hinsicht bei Smith 67ff.73f. /Vgl dsAr 293f./

3 Vgl zB Schick 228; Dalman Jesus   184; Holzmeister Finsternis 408ff;
  Taylor according 593; Bornhäuser Jesu 121; Cullmann Zeit 88; Micklem
  274; Pölzl 329; Lagrange zSt.

4 Manchmal paart sich mit dem historischen Verständnis eine der im folgenden genannten Exegese, vgl zB Goguel Leben 339f u ebd A863; Micklem
  274, vgl zum Problem dsAr 1 A1.

5 Strauß II 536, vgl Aurelius 334; Gould 294. Vgl auch die psychologisch-
  subjektivistische Wendung dieser Exegese in je verschiedener Form bei
  Loisy, Rawlinson zSt; Dehn 243; schon bei Wiesenhütter 202.

6 Vgl Alleman 304; Clarke 709; Weidel II 271f; Baljon 263; auch Seeberg
  Tod 363, der auf die ältere Exegese verweist u selber in Mk 15,33 die
  Trauer der Menschheit symbolisiert sieht.

7 Vgl JohJeremias Markus 222; Weidel II 271; Smith 73f. In der altkirchlichen Auslegung vermischen sich aber auch häufig die Meinungen, so daß
  Gottes Gericht, Trauer der Natur u der Menschen mehr oder weniger zusammenfallen. Nachwirkungen dieser Auslegung bei Wiesenhütter 199ff.206.

allem rabbinische[1] und hellenistisch-römische[2] Zeugnisse[3], die
vom Tode eines berühmten Menschen und der dabei stattfindenden
Finsternis reden, als Beweis herangezogen.

Bei der Beschaffenheit unserer alten Kreuzigungstradition
scheint uns die zuletzt genannte Parallelisierung des Todes
Jesu mit dem antiker Heroen und berühmter Rabbinen nur sehr
bedingt richtig[4]. Mk 15,33 scheint uns im Zusammenhang mit den
Versen 37.38 nicht so allgemein, sondern präziser deutbar zu
sein. Was die für diese Exegese benutzten alttestamentlichen
Stellen angeht, so sind sie fast durchweg bei solcher Auslegung mißverstanden und falsch verwendet worden. Die Finsternis
von Am 8,9 ist zB kein "solemnes Trauercostüm" der Natur, sondern Kennzeichen für das Gericht Jahves, das nun mit ihrem
Eintritt geschieht.

Mit dieser Bemerkung haben wir schon die dritte, heute übliche Exegese von Mk 15,33 genannt. Man versteht, auch hier
wieder unterstützt von der altkirchlichen Auslegung[5], die Finsternis im Sinne alttestamentlicher Prophezeiungen vom Ge-

---

1 Vgl Klost 166; Strack-Billerbeck I 1040f u auch Saintyves 431; AJeremias
  103. Das von St-Billerbeck beigebrachte Material ist eigentlich nur in
  einem Fall mit Mk 15,33 vergleichbar: Beim Tode eines Rabbinen sind die
  Sterne am Tage zu sehen, es war also Nacht (Aalen 260 A7)! Beim Tode des
  Gesetzestreuen, der mit den andern die Weltordnung durch ihr Leben erhält, kommt die Welt in Unordnung (ebd)!

2 Vgl Alleman 304; Brandt 259; AJeremias 103f; AMeyer Auferstehung 5; Clemen 257; Montefiore 371; Rose 137; Taylor according 593; Rawlinson 235;
  Usener 286f; Klost 166; Loh 345 A2; Boll 2336; vgl auch JWeiß Evangelium
  336f; ders drei 219. Das Material schon fast vollständig bei Wetstein
  537f.

3 Vgl den Nachklang dieser Anschauungen in den Natursagen Dähnhardt 231.

4 Wenn man die zT späten, dichterischen Zeugnisse nach ihrer ursprünglich
  mythischen Intention versteht, kommt man Mk 15,33 vielleicht am nächsten. Finsternis, Erdbeben, Stürme usw gehören in vielen Kulturen zum
  Weltende, vgl Peuckert HDA IV 865f. Im übrigen aber wandern diese Motive
  u werden bei verschiedenen mythologischen loci (Ascensus, Descensus,
  Parusie, vgl Kroll 58f.117.129f.527) verwendet. Es geht also darum,
  festzustellen, welche Situation ursprünglich u wesentlich in Mk 15,33
  vorliegt.

5 Swete 384f; Holzmeister Finsternis 405; Bonner Sardis p.3,34f; p.16,21-
  25 u aaO S41f.

richtstag Jahves. "Die Sonnenfinsternis ist das Zeichen des
Endes, von dem schon Am 8,9 prophezeit" hat[1]. Diese Erklärung
von Mk 15,33 scheint uns richtig zu sein, wenn man sich klarmacht, weshalb gerade die Finsternis im Alten Testament ein
Zeichen des Weltendes ist. Die Klärung dieser Frage führt in
sehr komplexe Zusammenhänge des alttestamentlichen und jüdischen Schrifttums, die wir im folgenden, insoweit sie für das
rechte Verständnis von Mk 15,33 wichtig sind, darzustellen
versuchen.

II. Finsternis und Sünde

Daß die Finsternis und das Böse miteinander zu tun haben,
ist eine gut bezeugte alttestamentliche Vorstellung[2]. Die
folgenden typischen Wendungen mögen dies zeigen. Der Dieb
geht in der Nacht und Finsternis einher, um in die Häuser
einzubrechen (Hi 24,14.16; Jer 49,9)[3]. "Der Ehebrecher lau-
ert auf die Dämmerung; er denkt: Kein Auge wird mich sehen!"
(Hi 24,15). Für sie, die Diebe, Mörder und Ehebrecher, ist die
Finsternis der Morgen, "denn sie sind vertraut mit den
Schrecken des Dunkels" (Hi 24,17). Ja, sie, die Gottlosen,
schießen[4] auf den Gerechten und Frommen im Dunkel (Ps 11,2)
und zeigen damit ihre ganze Verworfenheit, die sie auch im
Finstern ihren Götzendienst treiben läßt (Ez 8,12). Kurzum:

---

1 Lohmeyer Gottesknecht 63; vgl zB Bacon Beginnings 217; Bleiben 146;
  Blunt 262; Brandt 258f; Dodd preaching 215; Feigel 69; Feigel nennt
  neben Am 8,9 unter anderem noch Jo 2,10; 4,15; Jes 24,23 u bemerkt:
  Die Zeichen der Endzeit sind von "den Evangelien in die Todesstunden
  Jesu zurückverlegt"; Lightfoot Locality 142 A3.68 A1; Menzies 281;
  Montefiore 371; Schelkle 192 A85; Taylor according 593; JWeiß Evangelium 336; Rawlinson 235; Schmid Evangelium 302; Klost 166; Wohlenberg
  376. Die genannten Exegeten verstehen den atlichen Bezug von Mk 15,33
  zT freilich nur wie zB Holtzmann 180 als "rhetorische Symbolik", ohne
  den eschatologischen Inhalt zu beachten, vgl dsAr 133.

2 Vgl jedoch Aalen 72. Die Gleichung Finsternis = Unglück, Not ist im AT
  häufiger (aaO 71 A1 u etwa Weiser Psalmen zu Ps 18,29). Im Judentum
  wird die Finsternis dann aber immer deutlicher als Symbol für das Böse
  wertend gebraucht, vgl Aalen 178; Bietenhard 45; Bousset-Greßmann
  279.518 (: Iran!). Diese Verschiebung scheint mit der Zunahme des Sün-
  dengefühls zusammenzuhängen, vgl Volz Eschatologie 110.

3 Jer 49,9 beschreibt in diesem Bild das über Edom hereinbrechende Gericht, vgl Volz Jeremia 414.

4 Vgl hierzu Gunkel Psalmen 41; HSchmidt 19, der an Zauber und üble
  Nachrede denkt. Vgl noch Ps 10,8f; 64,4f; 74,20.

Die Sünder haben "die rechte Straße verlassen, um auf finsteren Wegen zu wandeln" (Spr 2,13)[1]. Sind diese alttestamentlichen Anschauungen, die die Finsternis als das Lebenselement
des bösen Menschen erweisen, auch allgemein menschlich[2], so
entbehren sie doch nicht einer besonderen Nuance. Der Böse in
Israel ist Jahves Widersacher und hat sein Gericht zu fürchten. Ihm gilt deshalb das Wehe des Propheten: "Wehe denen,
die ihren Plan tief vor dem Herrn verbergen und ihr Werk im
Finstern tun, so daß sie sprechen: 'Wer sieht uns und wer
weiß von uns?' O, eurer Verkehrtheit!" (Jes 29,15)[3]. Gott
sieht trotz aller Finsternis, was geschieht; niemand kann sich
vor ihm verbergen, denn selbst die Finsternis der Unterwelt
ist nicht finster vor ihm, wenn er den Sünder sucht (Ps 139,
11f)[4]. In Wirklichkeit gibt es also keine Dunkelheit, in der
sich der Übeltäter verstecken könnte, um seine bösen Taten
ungestört vorzubereiten, durchzuführen und auszukosten. Gott
wird ihn plötzlich vor Gericht fordern (Hi 34,22ff). Dieser
unaufhebbare, negative Bezug des bösen Menschen zu Jahve
macht ihn jenseits aller bloß menschlich-moralischen Maßstäbe zum Sünder[5].

---

1 In Formulierungen wie Spr 2,13; Jes 29,15 ringt sich nach Aalen 72
  "eine religiöse Terminologie" durch.

2 Vgl hierzu Aalen 71 u die ebd A1 genannte Literatur.

3 Vgl BDuhm Jesaja 212; Procksch Jesaja 380: Im politischen Ränkespiel
  sind die Gottlosen den"chthonischen Mächten ohne Anrufung Jahves verfallen". /Vgl dsAr 135 A5. 291 A82./

4 Vgl HSchmidt 244; Gunkel Psalmen 588 sieht in V 11 nur ein Märchenmo-
  tiv.

5 Zu den gottlosen Bösen, die im Finstern wandeln, gehört nach atlicher
  Auffassung zweifellos auch der Spötter; vgl Ps 1,1; 64,2ff; Jes 28,14f;
  29,20. Beim Gericht über diese Gottlosen spielt dann das Motiv der
  Blindheit eine große Rolle (Jes 59,9f; Gen 19,11 vgl Jes 42,18; 43,8;
  Dt 28,29; Ze 1,17; auch Ps 40,13). Seinen Feinden, den Spöttern (Ps 69,
  12f, vgl Ps 1,1), wünscht der Beter von Gott: "Mögen finster werden ihre
  Augen, daß sie nicht sehen, und ihre Hüften wanken laß beständig. Gieße
  über sie deinen Grimm, und deine Zornglut fasse sie!" (Ps 69,24f). Vgl
  noch Ps 44,4.14.20; Test XII Juda 18,6. Im Rabbinat wird gelehrt, Israel sei blind wegen seiner Sünden u könne deshalb die Tora nicht lesen
  noch die Schekhina schauen. Erst in der neuen Welt wird Gott sie wieder
  sehend machen (Strack-Billerbeck IV 1194.849f). Der Zshg von Finsternis -
  Blindheit ist im Blick auf Mk 15,26.29a.32c.33 besonders beachtenswert.

Im Judentum hält sich diese Besonderheit der alttestamentlichen Anschauung durch. Jedoch wird der ganze Vorstellungs-
komplex metaphysisch umgedeutet[1], weiter ausgebaut und endeschatologisch ausgerichtet. In Erwartung des bald hereinbrechenden Endgerichtes werden Gut und Böse, Licht und Finsternis zu Seinssphären und Mächten, denen der Mensch, je nachdem
ob er gerecht oder sündig ist, angehört[2]. So heißt es zB in
äthHen 108,11.14: Die Guten gehören "zum Geschlecht des Lichtes", die Sünder sind dagegen die "in Finsternis Geborenen".
Dieser Dualismus findet sich noch stärker und häufiger in den
Testamenten der zwölf Patriarchen[3] und vor allem in den neu-
gefundenen Sektenschriften, die ja von den "Kindern des Lichtes" und den "Kindern der Finsternis" reden[4].

Im Rabbinat sind diese Termini unbekannt[5]. Die formalisti-
sche Bindung an die Schrift führte hier zu einer mehr morali-
sierenden Verwendung alttestamentlicher Schriftstellen, die
durch einen generalisierenden Zug freilich zugleich aber auch

---

1 Allererste Ansätze hierzu finden sich schon im AT, vgl Jes 59,9f u
  Aalen 69. Der Bezug Finsternis - Sünder einerseits u Finsternis - Gerichtstag Jahves andererseits fordert ja förmlich die Verbindung der
  eschatologischen und moralischen Aussagen und deren Verwandlung im
  apokalyptischen, metaphysischen Sinne. Vgl zu diesem Wandlungsprozeß
  dsAr 134 A2. Die Gottesanschauung selbst scheint sich dabei mitzuver-
  wandeln. Ob Gott nun mit seinem Namen nicht mehr direkt genannt werden
  darf wie im Rabbinat (vgl Kuhn ThW III 93ff) oder ob seine Lebenswirklichkeit wie im hellenistischen Judentum zu verblassen droht (vgl
  Stauffer ThW III 91,13ff) oder ob Gott wie in der Apokalyptik durch
  Mittelwesen mit den Menschen verkehrt, weil er der ganz und gar Überwelt-
  liche geworden ist (aaO 114f), allemal ist dieselbe Tendenz zu beobachten: Gott rückt in die Ferne, er wird unsichtbar, der Gottesbegriff
  wird spiritualisiert. Mit dieser Wandlung der Glaubensvorstellungen
  hängt auch die Zunahme des Dämonenglaubens u der damit gegebene, freilich vom Monotheismus beherrschte, Dualismus (vgl Noak 24; Bousset-
  Greßmann 331ff.336) zusammen wie auch das Hervortreten des Messias
  (vgl dsAr 128 A3; Hühn 116f). Vgl zu dieser Entwicklungstendenz außer
  dsAr 129 A4 noch Molin 126f; Schärf 192ff; Volz Jahve 28f.29 A1.

2 Vgl Aalen 178ff.280ff.

3 Test XII Naphth 2,10 u Aalen 179; zu äthHen 108 ebd A2.

4 Zur Terminologie der Sektenschriften vgl Kuhn Palästina 198; auch
  Molin 138ff.

5 Vgl Strack-Billerbeck II 219.

metaphysische Aspekte hat[1]. Außerdem fehlt auch die vom Ende
der Tage her bestimmte Betrachtungsweise keineswegs. Im Lichte des Endgerichtes erweist sich so zB für den Rabbinen die
Finsternis der Werke der Gottlosen als mit der Finsternis der
Urtiefe zusammengehörig[2].

Übersieht man den aufgezeigten Zusammenhang zwischen der
Finsternis und der Sünde im Alten Testament und Judentum, so
ergibt sich vor allem aus dem zuletzt Dargestellten die Frage
nach dem Verhältnis der Finsternis zu den Mächten.

III. Finsternis und Mächte[3]

Das Alte Testament ist bekanntlich im Vergleich mit anderem altorientalischen Schrifttum sehr zurückhaltend in Hinsicht auf Äußerungen über die Finsternis als Chaosmacht[4].
Dennoch fehlen Hinweise auf ein solches Verständnis keineswegs. In sehr abgeblaßter Weise wird die Finsternis zB in
Gen 1,2 mit der tehom, dem Urmeer, zusammen als Chaosmacht
genannt[5]. Dieses Urmeer tritt an anderen Stellen des Alten
Testamentes als der Feind Jahves auf[6] und wird mitsamt dem
Drachen des Meeres von ihm bekämpft und in seine Schranken
verwiesen beziehungsweise vernichtet[7]. Indem das Totenreich

---

1 Die nächtlichen Einbrecher von Hi 24,16 deutet man zB auf die Sodomiter
  oder das Flutgeschlecht, vgl Strack-Billerbeck I 572.967. Ganz wie AT
  Ps 139 vgl aaO I 643.

2 Strack-Billerbeck III 306.

3 Bei dem geringen Stellenmaterial ist nur eine systematisierende Zusammenstellung möglich, vgl im übrigen dsAr 122 A3.

4 Vgl Aalen 15. Gott ist als Herr absolut souverän gedacht, vgl Moulton-
  Milligan 579, deren Belege zeigen, daß sich diese Anschauung trotz aller Änderungen (dsAr 136 A1) bis in die unkontrollierte Volksfrömmig-
  keit des 3.-6. Jahrhunderts durchgesetzt hat.

5 Vgl Galling 150f; Aalen 10ff.15. Zur ursprünglichen Identität von תהום
  u Tiamat, dem babylonischen Urmeer, das als "Göttin oder weibliches
  Ungetüm vorgestellt" wurde, vgl Gunkel Genesis 103.

6 Ps 104,7; Jes 17,13; 50,2; Hab 3,2, vgl Aalen 11 A2 die dort angegebene
  Literatur.

7 Vgl Mowinckel Psalmstudien II 47ff. Das Verhalten Gottes gegenüber dem
  Meerdrachen ist anders als zum Meer selbst, vgl Aalen 11.

nach alttestamentlichem Verständnis finster ist[1], nach anderen
Angaben aber auch wieder von furchtbaren Fluten bedeckt[2], erweisen sich Urmeer und Finsternis im gewissen Sinne sogar als
identische Größen und Chaosmächte[3].

Wichtig in unserem Zusammenhang ist nun, daß die als Chaosmacht verstandene Finsternis der Unterwelt mit dem Dunkel der
Nacht zusammenhängt[4], in dem sich die Sünder zu Hause fühlen.
Sie, von denen wir hörten, sie seien vertraut mit den Schrek-
ken des Dunkels und der Nacht (Hi 24,17), sie haben einen Ver-
trag mit dem Totenreich (Jes 28,15)[5], jenem Ursprungsort aller
Finsternis, in dem auch das Hellwerden wie Finsternis ist (Hi
10,22). In der Nacht befragt man deshalb auch die Totengeister

---

1 Vgl Jes 28,15; Hi 10,21f; Ps 143,3; Kl 3,6. Ganz ebenso verhält es sich
  nach babylonischen Vorstellungen, Eichrodt II 112f. Die Finsternis beschreibt im AT oft das "Wesen des Todes" (Barth 67), denn "Finsternis
  und Scheol... gehören zusammen" (aaO 110). Vgl im übrigen für die gesamte Religionsgeschichte Kroll im Register das Stichwort "Finsternis".

2 Vgl zB Ps 18,17; Hi 26,5; Ps 40,3; 69,2f; Jona 2,6.

3 Vgl Barth 85.87.112. Aalen 13 lehnt eine Identifikation ab, weil Meer u
  Finsternis nie in einem Vers zusammengenannt seien. Doch macht er selbst
  auf Ps 88,7; Jes 5,30; Hi 22,11 aufmerksam, an welchen Stellen diese
  Gleichung vorliegt (ebd A2); vgl auch Ps 18,5ff.17.29; Hi 38,16f. Wenn
  man beide Motive nicht öfters an einer Stelle im AT zusammengenannt findet, dann doch wohl nur deshalb, weil Finsternis und Meer verschiedene
  Seiten der Urtiefe kennzeichnen. Die Finsternis stellt vornehmlich das
  dumpfe Schweigen der Unterwelt dar (vgl besonders Hi 10,21f). Das Meer
  bringt dagegen ihren grausigen Verschlingungstrieb gegenüber der geord-
  neten Welt u ähnliches zum Ausdruck, vgl zB Ps 93 u dazu Mowinckel Psalmstudien II 47. Darum findet sich auch eher eine Beziehung zwischen dem
  Drachen u dem Meer als zwischen Drachen u Finsternis, vgl Aalen 11.13
  A3; jedoch auch dsAr 139 A4. Diese Nuancierung hebt also die Identität
  von Meer u Finsternis mit Bezug auf die Unterwelt nicht auf. Babylonisches hierzu bei Gunkel Genesis 103; ders Verständnis parallelisiert
  den Drachenkampfmythos u das Leiden Christi. Verwandte Vorstellungen im
  Rabbinat, vgl Strack-Billerbeck III 847; Patai 64, im sonstigen Judentum, vgl Aalen 166 A1. In der gr BarApk 4,3ff; 5,2f (vgl äthHen 60,7)
  ist die Gleichung Finsternis-Drache-Meer-Unterwelt sehr deutlich.

4 Vgl die Vorstellungen der gr Tradition u des Volksaberglaubens, Jungbauer HDA VI 776-781; Mangis HDA III 768.478f.484.497; Jungbauer HDA VIII
  636.638. [= Vgl dsAr 208 A1 zu aaO 138 A3 (Schweigen).]

5 Vgl Duhm Jesaia 199f; Procksch Jesaja 360f: Für politische Zwecke wird
  mit der Hilfe magischer Mittel mit dem als selbständige Größe u Macht
  vorgestellten Totenreich ein Bund geschlossen.

(1.Sa 28,8), gegen Gottes ausdrückliches Gebot (1.Sa 28,3.9;
Dt 18,11f)[1]. Typisch ist dieser Verkehr mit den Mächten der
Unterwelt für die Ägypter (Jes 19,3)[2], die Heiden, über deren
Land vor dem Auszug der Israeliten drei Tage lang eine von
Gott gesandte, als Strafe wirkende Finsternis lag[3] und deren
Wesen nach Jes 27,1 im Unterweltsdrachen[4] symbolisiert ist[5].
So wie die Ägypter von Jahve wegen dieses gottlosen Treibens
bestraft werden (Jes 19,1f), so muß jeder Gottlose aus dem
Licht in die Finsternis (Hi 18,18) und in die Unterwelt hinab
zum Könige der Schrecken (Hi 18,14)[6]. Die finstere Unterwelt
(Ps 143,3; Kl 3,6) ist also,wie auch Jes 14,9 zeigt, als or-
ganisierter Machtbereich der bösen Geister und Mächte mit
einem König an der Spitze vorzustellen.

Spielen die bisher geschilderten Zusammenhänge im Alten
Testament eine mehr oder weniger untergeordnete Rolle, so
wird das im Judentum anders. Man beschäftigte sich nun ausführlich mit der Finsternis und ihren Mächten[7]. So ist nun

---

1 Zum Totenwesen in Israel u den dahinterstehenden primitiven Anschauungen, vgl Eichrodt II 113ff.

2 Fraglich ist, ob Jes 19,3 von Jesaja stammt (vgl Procksch Jesaja 244).
  Jedenfalls galt das gottlose Ägypten als "das klassische Land von Zauberei und Schwarzkunst" (aaO 245).

3 Hier dürfte wieder der noch ausführlich zu behandelnde Zshg Finsternis-
  Gericht mit im Spiele sein. Swete 384 meint, in Mk 15,33 sei eventuell
  an Ex 10,22 gedacht.

4 Der Zshg von Drache bzw Schlange u Finsternis ist wohl sehr alt u sehr
  weit verbreitet, vgl Jonas I 322 A4.

5 Ob alle drei in Jes 27,1 genannten Untiere auf Ägypten zu beziehen
  sind, hängt von der zeitgeschichtlichen Datierung ab (vgl Procksch Jesaja 333f). Sicher dürfte auf jeden Fall das Ungeheuer חנין Bezeichnung
  für Ägypten sein (vgl neben Jes 51,9; Ez 29,3; 32,2; Ps 74,13; BDuhm
  Jesaia 189). Die mythologische Bdtg Ägyptens hat sich bis in die urchristliche Zeit durchgehalten, vgl Apk 11,8 (dazu Lohmeyer Offenbarung
  93) u die Passahtypologie des Bischofs Melito (Bonner Sardis).

6 Vgl Barth 110(ff): "Die Sünder wandeln im Dunkeln (Spr 4,19) und gehören eben darum zur Scheol."

7 Diese Wandlung dürfte mit dem Wandel der Gottesvorstellung zusammenhängen, vgl dsAr 136 A1. Über die rabbinischen Anschauungen vom Satan
  referiert im Zshg Noak 12ff.

zB im Midrasch Pesiq XX 203a[1] davon die Rede, Gott habe in der
Stunde der Weltschöpfung, bevor er das Licht schuf, den Für-
sten der Finsternis verbannt[2]. Dieser habe sich zwar zuerst
seinem Befehlswort widersetzt, da er nicht für immer Gottes
Sklave habe werden wollen. Schließlich habe er sich aber doch
fügen müssen, da Gott ihn sonst ganz von der Erde vertilgt
hätte.

Des weiteren ist nun die Scheol im Judentum für die Sünder
nach deren Tod der finstere Aufbewahrungsort geworden[3], in
den sie beim Endgericht dann endgültig und für immer verbannt
werden[4]. Wie in einem Kerker[5] werden sie dort mitten in Feuer
und Finsternis von den mitleidlosen Strafengeln gepeinigt
(slavHen 10,2f).

Die finstere Scheol wird also im Judentum sozusagen zum
Strafort[6], zum Gefängnis Gottes[7] für die Sünder. Das ändert
aber nichts daran, daß die Scheol gerade jetzt erst im Judentum besonders ausführlich[8] als Abgrund der Finsternis, als

---

1 Vgl Patai 83f; Aalen 268 A2, die zeigen, daß hier der Drachenkampf-
Schöpfungsmythos im Hintergrund steht, der ja in Abwandlung auch der
germanischen Sage bekannt ist, vgl Beth HDA III 952. Zur Entwicklung
der Chaosvorstellung im Judentum vgl äthHen 60,7f; 69,18; slavHen 28,4
u dazu Aalen 163.

2 Nach iranischen Schöpfungssagen ist die Welt der Macht das Werk des
Teufels, vgl Jungbauer HDA VI 769.

3 Über den Wandel der alttestamentlichen Scheolvorstellung im Judentum
s Strack-Billerbeck IV 1016f; Volz Eschatologie 331f.324, der parsisti-
sche Einflüsse vermutet.

4 Vgl Jub 7,29; äthHen 46,6; 63,6; 108,14; slavHen 10,2; Ps Sal 14,9;
15,10; grBarApk 4,4. Strack-Billerbeck IV 1077 bringt Belege aus dem
Rabbinat.

5 Jes 38,10 ist schon die Unterwelt als Gefängnis aufgefaßt, vgl Kautzsch
Heilige zSt; Jona 2,6f; Ps 9,14; 107,18; Hi 38,17. Barth 78: Eine bei
fast allen Völkern zu findende Unterweltsvorstellung.

6 Vgl Bousset-Greßmann 278f.285f. Die andere Bdtg der Scheol als heller
Raum für die Frommen ist sehr viel seltener (äthHen 22,2.9, vgl Strack-
Billerbeck IV 1017f).

7 Schon im AT ist die Scheol offen für Gott (Spr 15,11; Hi 26,6; 38,17) u
ihm untertan (1.Sa 2,6; Ps 139,8), u die alles verschlingenden Weltmächte, die im Gerichtsplan Jahves wirksam sind, können unter dem Bilde der
Scheol vorgestellt werden (Kautzsch Heilige zu Jes 5,14; 28,15). Freilich steht die Scheol im AT nicht in so enger Beziehung zu Gott wie im
Judentum, vgl Aalen 30f.

8 Vgl Strack-Billerbeck IV 1017ff.1032ff. I 136ff.983f.

ein von dämonischen Kräften des Satans beherrschter Bereich beschrieben wird[1]. So sind wohl zB in den eben genannten Strafengeln solche teuflischen Mächte zu sehen, die, weil sie von Gott abgefallen sind[2], am Ort der Finsternis den Sünder in seinem Auftrag quälen müssen[3].

Daß diese Gott dienstbaren und dennoch dem Reich des Satans[4] angehörigen Engel und dämonischen Wesen[5] mit der Finsternis verbunden sind, zeigt sich aber nicht nur an ihrer Funktion in der finsteren Unterwelt am Ende der Tage, sondern auch schon in der jetzigen Weltzeit[6], in der sie ihre Haupttätigkeit während der Nacht ausüben[7]. So verderben sie zB jeden Menschen, der ihnen in bestimmten Nächten ohne besondere Thorakenntnis begegnet[8]. Besonders in den Jubiläen gilt, daß diese Dämonen den ja nach alttestamentlich-jüdischer Auffassung in der Finsternis wandelnden Sünder[9] zu seiner Sünde verführt haben[10].

---

1 Dabei gilt im Spätjudentum u besonders im Rabbinat, daß die Unterwelt "nicht als eine Art Hauptquartier des Bösen..., sondern als letzter Aufenthalt der Sünder, als Stätte der Strafe" der Machtbereich der dämonischen Kräfte ist, vgl Aalen 282.
2 Vgl Jub 10,7-11; slavHen 18,1f; 29,4f, vgl IV Esr 7,125f u Hühn 118.
3 Im Rabbinat finden sich genaue Angaben darüber, daß Gott den Sünder den Engeln des Satans zur Strafe übergibt, vgl Strack-Billerbeck I 139. Die Verderberengel sind Gottes Werkzeuge, auch wenn sie sich satanisch verhalten, vgl speziell zu den Sektenschriften Molin 126ff: Der alttestamentliche Monotheismus wird also durchgehalten. Zum Komplex Finsternis-Mächte vgl auch die gnostischen Anschauungen der Pistis Sophia (CSchmidt 282,30.224f.232.77.148.277 usw).
4 Im Rabbinat wird der Satan zwar selten mit der Finsternis ausdrücklich in Verbindung gebracht, vgl Aalen 282. Anders ist dies jedoch zB in Test XII Lev 19,1; Benj 5,2f, vgl Aalen 180 u ebd A1.2.
5 Vgl hierzu Strack-Billerbeck IV 521f.
6 Für die Sektenschriften vgl Molin 127.
7 Vgl das rabbinische Material bei Strack-Billerbeck IV 519; Aalen 282 A4.
8 Vgl Strack-Billerbeck IV 514f.
9 Vgl Test XII Jud 18,6 u Aalen 180.219; rabbinische Belege St-Billerbeck II 552f; Aalen 276 A3. Typisch jüdisch u über das AT hinausgehend: Der Mensch ist in dieser Weltzeit grundsätzlich im Finstern, vgl Aalen 276.
10 Vgl Jub 7,27; 10,1; 11,4; 12,20, vgl auch Strack-Billerbeck IV 523f; Noak 17.

Bei dieser Sachlage wundert es einen nicht, die rabbinische
Anschauung zu hören, die Finsternis der Nacht sei als böse
Macht von gleicher Beschaffenheit wie der in ihr wandelnde
Mensch und Bösewicht[1]. Die Finsternis der Nacht stammt ja aus
der Unterwelt[2] und scheint deshalb die Zeit der Hauptwirksam-
keit der Dämonen zu sein.

Überschaut man die jüdischen Äußerungen über die Finsternis
und die Mächte, so zeichnet sich ein ganz bestimmter Gedanken-
kreis ab: Der Mensch, der den vor allem in der Nacht umgehen-
den Dämonen, Geistern und Mächten der Finsternis nicht wider-
steht, wird von ihnen zur Sünde verführt. Er wandelt von nun
an in der Finsternis, die in der zukünftigen Welt sein einziges Erbe und furchtbarer Aufenthaltsort sein wird[3]. Der Zusammenhang zwischen dem Satan[4] beziehungsweise seinen Scharen und
der Finsternis gibt dieser als Dunkelheit der Scheol und der
Nacht böse dämonische Qualität[5], ja man kann sagen, die Finsternis und ihre Mächte sind identisch[6].

---

1 Vgl Aalen 276 A3.

2 Jub 2,2; slavHen 25-27 u dazu Aalen 164ff. Im Judentum "ist das äußere
  Licht ein Ausläufer des himmlischen Lichtes und die Finsternis ein Ausläufer der Finsternis der Unterwelt" (aaO 166). Von "einem Dualismus im
  eigentlichen Sinne" kann man trotzdem nicht reden (aaO 267), wohl auch
  nicht im Hinblick auf den kosmischen Dualismus der Sektenschriften (Kuhn
  Palästina 199). Vgl im übrigen dsAr 136 A 1.141 A3; auch Volz Jahwe 28f;
  29 A1: Im AT war das Dämonische ein Jahve selbst zugehöriger Wesenszug.

3 So wird im Judentum die atliche Gleichung Tod = Finsternis (vgl zB Kl
  3,6; Jes 59,10) weitergeführt.

4 So trotz dsAr 141 A4, denn das Judentum kennt den Satan einerseits als
  Weltherrscher (Bietenhard 209f; Aalen 180 A2; Strack-Billerbeck II 552)
  u sagt andererseits, daß diese Weltzeit der Nacht gleiche (IV Esr 12,20,
  vgl slavHen 65,9; rabbinisches Material bei Strack-Billerbeck IV 853ff;
  Aalen 254 A1.292). Diese Welt ist finster u böse, insofern sie für den
  frommen Israeliten Leiden u Not, für den Gottlosen dagegen Glück u Wohl-
  ergehen bietet, vgl Aalen 308ff, der diesen Zshg freilich übersieht,
  doch s aaO 309. Der Morgen der kommenden Welt wird diese Finsternis beenden (aaO 252ff)! Dabei spielt gelegentlich der Messias eine Rolle
  (Strack-Billerbeck I 151).

5 Vgl Aalen 281.

6 Vgl aaO 109f zu PsSal 6,3ff: Die Vorstellung von der Nacht als Chaosmacht liegt in diesen Versen vor.

IV. Finsternis und Gericht

Schon in dem bisher Ausgeführten[1] klang der Bezug zwischen der Finsternis und dem Gericht[2] Jahves deutlich an. Im folgenden ist nun zu zeigen, wie wichtig dieser Zusammenhang für das Motiv der Finsternis ist.

Daß Jahve bei seinem Erscheinen Finsternis zu seiner Hülle macht (Ps 18,10.12), ist ein feststehender Topos der Gerichtstheophanie[3]. Die Finsternis bringt das Drohende, Unheimliche des Vorgangs zum Ausdruck[4]. Im Laufe der Zeit entwickelt sich die Finsternis dabei immer mehr zu einer eigenständigen Größe und verliert ihre Funktion als Hülle Jahves[5]. So heißt es schon bei Amos: "An jenem Tage wird es geschehen, spricht Gott der Herr, da lasse ich die Sonne untergehen am Mittag und bringe Finsternis über die Erde am hellichten Tage" (Am 8,9)[6]. Wie aus dem Kontext hervorgeht, bedeutet der Eintritt dieser Finsternis die Auflösung der Weltordnung, den Beginn des Gerichtes, das an Israel um seiner Sünde

---

1 Vgl 133ff.140 A7.

2 Die Finsternis gehört nach weitverbreiteter Erwartung zum Weltgericht, vgl Stegemann HDA II 1516.1519f, speziell bei den Germanen (aaO 1512) auch die Anschauung vom Sieg der Götter über die Finsternis in der Endschlacht, vgl Peuckert HDA II 993, auch aaO 815ff.

3 Vgl Greßmann Eschatologie 69f; Weiser Jeremia 46f; Saintyves 427ff.

4 Vgl hierzu auch die griechische Anschauung, nach der die Finsternis ein Zeichen für den Zorn der Götter ist, Boll 2335.

5 Diese These kann im Hinblick auf die Gesamtentwicklung ohne Zögern aufgestellt werden. Wie unsere Ausführungen noch zeigen werden, wird die Finsternis im Judentum immer mehr zum bestimmenden Kennzeichen dieser Welt, die damit als schon unter dem Gericht stehend gekennzeichnet wird. Die Anschauung von der Finsternis als Hülle Jahves verebbt dagegen eindeutig. Jahve erscheint so nun nicht mehr zum Gericht. Die dämonische, furchtbare Finsternis löst sich langsam immer mehr von Jahve, bleibt ihm aber dienstbar, vgl dsAr 136 A1. 139 A7. Zum wahrscheinlich hohen, allerdings nicht unbestritten Alter von Ps 18,10.12 s Kautzsch Heilige zSt. Zu Am 8,9 s A6.

6 Greßmann Eschatologie 70 betont das Alter der Stelle, während es Weiser Propheten 170 fraglich erscheint, ob die Stelle zum alten Bestand des Textes gehört. Am 8,9 durch bloße Naturphänomene zu erklären, reicht nicht aus, vgl Aalen 21. Vgl noch Greßmann Messias 441: In ägyptischen Unheilsorakeln spielt der Einbruch der Finsternis eine Rolle.

willen[1] vollzogen wird. Immer wieder klingt diese Aussagerei-
he bei den Propheten an[2]: Israel sündigte, und darum bricht
Gottes Gerichtstag mit Schrecken und Finsternis herein. Wenn
parallel mit dieser Finsternis die Worte תהו ובהו (Jer 4,
23)[3] und das Brüllen des Meeres genannt werden (Jes 5,30)[4],
so ist deutlich, daß Gott, durch die Sünden der Menschen zum
Zorn entbrannt, nun die Chaosmächte losbrechen läßt[5],
damit sie die Menschen strafen und die von ihren Sünden verdorbene Welt vernichten. Nur das Dunkel der Drangsal,
Angst und Finsternis bleiben dann um diese in diese Nacht
hinabgestoßenen Menschen (Jes 8,22)[6].

In den späteren Schriften nimmt das Gericht Jahves, entsprechend der ständig zunehmenden Sünde der Menschen[7a], immer
weltumfassendere Ausmaße an[7]. Dabei behält das Motiv der
Finsternis seine beherrschende Rolle. So heißt es zB in Jo
2,2, der Tag Jahves werde "ein Tag der Finsternis und des
Dunkels, ein Tag des Gewölks und des Nebels" sein[8].

---

1 Die große Bdtg des menschlichen Verhaltens in dieser Hinsicht ist im
   Orient allgemein verbreitet gewesen, vgl Aalen 20 A1.2.

2 Vgl Jes 5,30; 13,10; Jer 4,23; Ez 32,7f; Jo 2,1f.10; 3,4; 4,15; Ze 1,
   15, auch Jes 34,4; 51,6; Jer 15,9 u dazu Aalen 20ff.

3 Die "Finsternis und Öde des Chaoszustandes" kehrt zurück (Aalen 22).
   Ob das Wort wirklich von Jeremia stammt, ist umstritten, vgl Volz Jeremia 50 mit Weiser Jeremia 46, der in letzter Zeit wieder für die jere-
   mianische Herkunft plädierte.

4 Der Vers ist wohl nicht von Jesaja (BDuhm Jesaia 63); anders Procksch
   Jesaia 99, vgl Aalen 22 A1 zum Problem.

5 Vgl verwandte Anschauungen im Volksaberglauben, Peuckert HDA IV 872.

6 Jes 8,21-23a gehört wohl nicht in den jetzigen Zshg, vgl Procksch Jesaja 142, u V 22b ist vielleicht nicht ursprünglich (BDuhm Jesaia 87).
   Herntrich Jesaja 158f betont den Zshg von Gericht - Finsternis - Angst.

7a Vgl dsAr 134 A2. Aalen vermutet, daß Einflüsse des babylonischen Stern-
   glaubens im Exil die Ausweitung des Gerichtsdramas bedingten (Aalen 23).

7 Vgl Jo 4,15f u dsAr 128. Ob in den atlichen Texten vom Weltuntergang die
   Rede sei (so Aalen 24f) oder nicht (so Mowinckel II 247), darf so entschieden werden, daß man sich das Gericht zwar ganz radikal, im Blick
   auf den Richter aber zugleich auch als in eine neue Schöpfung hinüber-
   führend vorzustellen hat, vgl IV Esr 7,113 für die späte Zeit.

8 Vgl Weiser Propheten 97 u zu Jo 2,10 aaO 109. Ze 1,15ff ist besonders
   zu beachten in diesem Zshg, Elliger Propheten 62f, da die Ausweitung
   hier sehr weit vorgetrieben ist.

Im apokryphen jüdischen Schrifttum und im Rabbinat tritt unser Motiv im Zusammenhang mit der Gerichtstheophanie Jahves beziehungsweise des Menschensohnes oder des Messias wohl stark
zurück[1]. Die Finsternis als Zeichen des Gerichtes verschwindet
aber nicht einfach. Vielmehr hat nur eine weitere Verschiebung
dieser Glaubensanschauung stattgefunden[2]. Zumal in apokalyptisch
orientierten Kreisen gilt die Welt in "der letzten Zeit" um der
großen Sünde der Menschen willen als ständig und vollkommen von
Finsternis bedeckt[3]. Gottes Gericht hat also sozusagen schon
begonnen, denn bis zum offenbaren Gerichtstag bleibt dieser katastrophale Zustand bestehen[4], so daß selbst die Gerechten in
Kummer und Finsternis sterben müssen (äthHen 102,7). Der
Schrecken des Gerichtstages selbst besteht dagegen nun nicht
mehr, wie es im Alten Testament neben anderen Momenten eine
wichtige Sache war, in der Dunkelheit, in der sich die Gottheit
verbirgt und die sie als Chaosfinsternis über die im Gericht
bebende Erde breitet, denn dies alles ist mehr oder weniger
deutlich schon jetzt gegenwärtig[5], sondern in der Offenheit,
mit der die Offenbarung des Richters geschieht[6].

---

1 Vgl Strack-Billerbeck I 955; Aalen 260 A7, aber auch Test XII Levi 4,1.
2 Vgl dsAr 143 A5. Die Finsternis wird als Chaosmacht immer selbständiger
  u der Satan bekommt mitsamt den Dämonen u Geistern dazu parallel eine
  immer größere Bdtg, vgl 136 A1; Eichrodt 109ff.120ff; Volz Jahwe 25ff,
  auch dsAr 142.
3 Vgl IV Esr 12,20 u das weiter in dsAr 142 A4 genannte Material u auch
  Molin 130.
4 Dazu vgl dsAr 136: Finsternis als "metaphysischer Zustand"!
5 Dabei wird immer deutlicher, daß die Gottlosen mit den Chaosmächten
  identisch bzw diesen verfallen sind, vgl IV Esr 13,9: Meer = 13,11:
  Heer der Gottlosen. In IV Esr 13 scheint in mythologischer Sprache
  dieselbe Grundstruktur vorzuliegen wie in Mk 15: Nur der aus dem Chaos-
  meer hervorgehende Menschensohn (IV Esr 13,3.5), der also selber dieses
  Element "erlitten" hat, kann die mit dieser bösen Macht verbündeten bzw
  von ihr gefesselten Menschen besiegen bzw erlösen. Oder im Blick auf Mk
  15 formuliert: Nur der die Finsternis erleidende Menschensohn kann diese
  Finsternis u die ihr verfallenen Menschen besiegen bzw aus der Finsternis befreien. Zur Identität Urmeer - Chaosfinsternis, vgl dsAr 138.
6 Vgl äthHen 62,2f; IV Esr 13,8ff. Auch im AT ist der Höhepunkt des Gerichtes ein ganz u gar offenbares Geschehen, vgl den folgenden Paragraphen dsAr zum Zshg Licht-Stimme. Zum vollen Verständnis der Entwicklung
  des Finsternismotives ist pendantartig auch das dsAr 140f über die
  Scheol Ausgeführte heranzuziehen: Die Finsternis wird in jeder Hinsicht
  mächtiger u selbständiger, bedrohender.

Mit dem zuletzt Gesagten wurden wir schon auf den Gegensatz
von Licht und Finsternis aufmerksam gemacht, der bereits im
Alten Testament mit Bezug auf das Gericht eine große Rolle
spielte[1]. In den apokalyptischen Gedankengängen des Judentums
wird dann endgültig ausgesprochen, was zum Teil auch schon im
Alten Testament gesagt ist, daß nämlich das Ende der Finsternis und der Beginn des Lichtes den Anfang einer neuen Welt bedeutet[2]. Dieser Umschwung bringt dem Frommen Rettung, Heil und
Erlösung, dem Gottlosen aber Untergang und Gericht. Er muß
mitsamt der Finsternis, in der er sich so sicher wähnte, wenn
der Morgen und das Licht Gottes hereinbricht[3], weichen. Ist
dieses Geschehen für den alttestamentlich-jüdischen Frommen
symbolisch an jedem neuen Morgen wirklich[4] und außerdem im
Kult real erlebbar[5], so wird es sich für den Apokalyptiker
endgültig und ein für allemal am Ende der Tage ereignen. Da
wird dann der Herrscher dieser Welt zusammen mit den ihm untergebenen Dämonen gerichtet[6]. Da ist dann "ein Licht, das
nicht mehr endet, und die Tage kommen an kein Ende; denn die
Finsternis wird zuerst vernichtet und das Licht wird von dem
Herrn der Geister aufgestellt und das Licht der Rechtschaf-
fenheit leuchtet dann für immer vor dem Herrn der Geister"
(äthHen 58,6)[7].

---

1 Vgl zB Hos 6,3; Jes 60,1ff.19f; 30,26; Sach 14,7; Am 5,18.20 u dazu
  Aalen 71 A3; weiter dsAr 146 A4.

2 Vgl Aalen 27 A1.198.265f jüdische Belege. Bultmann Johannes 113 A6
  bringt gnostisches Material, das sich aber deutlich von atlichen Äußerungen unterscheidet (Bousset Kyrios 173). Erst Sap u Test XII kennen
  die Gleichung Gott = Licht (ebd A2).

3 Vgl auch gemäß der Entsprechung Urzeit - Endzeit das Verhältnis von
  Licht u Finsternis bei der Schöpfung, wie es die Apokryphen darstellen, Bietenhard 96. In diesem Zshg ist auch die Einzugstypologie zu
  sehen, vgl Ps 44,4; 68,15.

4 Vgl zB Hi 38,4-15; Ps 46,6; 5,14; 90,14; 143,8; Jes 21,11f. "Die Licht-
  quellen der jetzigen Weltzeit repräsentieren das Gute..., die Erlösung"
  (Aalen 25, vgl aaO 17.27.32ff.62 A5.71f).

5 Vgl aaO 32f; auch Patai über jüdische Feuerriten.

6 Vgl die ausführlichen Darlegungen bei Bousset-Greßmann 252ff.

7 Übers Rießler. Vgl slavHen 46,3; 65,9; IV Esr 7,42; Tobias 13,12 u dazu Aalen 204f.228.299ff.

Überblicken wir unsere Ausführungen über das Gericht und die Finsternis, so läßt sich zusammenfassend im Blick auf den zuletzt dargestellten Gegensatz von Licht und Finsternis beim Gericht wohl folgendes sagen. Die Finsternis bedeutet den Beginn des Gerichtes, das durch die Sünde der Menschen heraufbeschworen wurde. Gott, umhüllt von Finsternis und furchtbarem Dunkel[1], richtet seine und der Frommen Feinde, beziehungsweise[2] er läßt die Chaosmächte der Finsternis an der sündigen Welt sein Gericht ausüben[3]. Die sündigen Menschen vergehen in Schrecken und Angst. Das die Finsternis vertreibende Licht kennzeichnet dagegen das Ende des Gerichts[4], seinen Höhe- und Wendepunkt zugleich[5]. Indem das Licht aufstrahlt, bricht das Heil der Erlösung für die Frommen an, müssen Finsternis und Sünde der neuen Ordnung Gottes weichen.

Abschließend kann nun zu den Ausführungen dieses Paragraphen festgestellt werden, daß man das Motiv der apokalyptischen Gerichtsfinsternis nur dann recht versteht, wenn man sieht, daß diese Finsternis eine Verkörperung der an sich Gott feindlichen, ihm aber dennoch überhaupt und speziell beim Gericht dienstbaren Chaosmächte ist, denen der Sünder sich anvertraut, um dann mit ihnen beim Anbruch des göttlichen Lichtes von Gott verbannt zu werden in die Unterwelt zur ewigen Strafe und Vernichtung.

---

1 Vgl neben Ps 18,10.12 (dsAr 143) noch 2.Sa 22,10.12; Ps 97,2.

2 Vgl die aufgezeigte Entwicklung 143.145.

3 Saintyves 423-463 spricht also in d i e s e m Sinne im Blick auf Mk 15,33 zu Recht vom "l'émoi des éléments" u zeigt außerdem, daß dies Motiv mit der Geburt u dem Tod (!) der Gottheit bzw eines Heiligen kombiniert werden kann, vgl dsAr 133 A1. Freilich verwendet er die beigebrachten religionsgeschichtlichen Parallelen zu pauschal (Bult 305 A3).

4 Vgl so auch schon Ps 18,13ff: Jahves Glanz, seine Stimme u seine Blitze bringen die Entscheidung. Vgl weiter auch die Anschauungen der alten Mythen u des Volksaberglaubens über die Wirkung des Lichtes u des Tages auf die bösen Mächte der Nacht u den Teufel, Freudenthal HDA V 1242. 1246; Jungbauer HDA VIII 636.

5 Die Finsternis ist im AT ein "Bild der eschatologischen Existenz Israels vor dem eschatologischen Umschwung" (Aalen 342, vgl aaO 69.77f). Ähnliche Aussagen für das Judentum aaO 254 A1; 292; 308ff.

§ 4 Die Finsternis und der Schrei Jesu

I. Die bisherige Auslegung

Bisher hat man, vom historischen Standpunkt aus geurteilt,
fast ausschließlich betont, daß die Finsternis in Mk 15,33
und der Schrei Jesu in Mk 15,37 nicht zusammengehören, da die
erste Nachricht wahrscheinlich legendär, die zweite dagegen
ziemlich sicher historisch sei[1]. Auch diejenigen Wissenschaftler, die unkritisch V 33 und V 37 als eben in einem Bericht
stehend einfach gelten lassen, haben nie zwischen diesen beiden Versen einen besonderen, inhaltlich überzeugenden Zusammenhang herausgestellt.

Eine gewisse Ausnahme machen in dieser Hinsicht nur die
historische, genauer gesagt, die historistische und die kerygmatische Auslegung. Dabei kommen beide Auslegungsweisen von
diametral entgegengesetzten Ausgangspunkten zum - rein äußerlich geurteilt - selben Urteil und Ergebnis. Für die historische Betrachtungsweise gehören Mk 15,33.37 zusammen, weil
nach ihrer Meinung auch V 33 historisch ist[2], in der zeitlichen Abfolge der Ereignisse mit V 37 demnach eng verbunden
ist. Die kerygmatische Exegese kommt dagegen zu demselben
Schluß, weil beide Verse nach ihrer Ansicht im Rahmen der
Botschaft des Textes zusammenstimmen[3]. Die quaestio facti im
historischen Sinne gilt als unwichtig, weil sie, dem modernen Bewußtsein entsprungen, an Texte wie den Kreuzigungsbericht und seine Verse 33 und 37 gar nicht gerichtet werden
kann und darf[4].

---

1 Vgl zB Bertram Leidensgeschichte 79.91; Brandt 488f; Wendling Entstehung 201 A1; Finegan 82; Grant Earliest 178f; Bult 295f ist dagegen
auch bei V 37 konsequent; Montefiore 369ff; Taylor according 587;
JWeiß Evangelium 339.381f; auch die dsAr 121.132 genannte Literatur.

2 Vgl die dsAr 132 A3 genannte Literatur, besonders penetrant Holzmeister Finsternis 408ff.

3 Vgl Loh 345f; Bleiben 146.

4 Loh 345 zu V 33: "Ob dieses Dunkel über 'der ganzen Erde' oder nur
über Judäa lagert, sollte man nicht mehr fragen, noch weniger aber
dieses Dunkel durch 'natürliche Bewölkung' erklären wollen." Zu V 37:
"Es ist für den Erzähler sichtlich ein Wunder, das geschieht" (aaO 346).

Unsere Analyse hat den engen Zusammenhang von Mk 15,33 und
37 erwiesen[1]. Wir kamen zu diesem Ergebnis, weil wir vorerst
die historische Frage zurückstellten, von dieser Fragestellung her also weder für noch gegen die Zusammengehörigkeit
der beiden Verse argumentierten. Dem methodischen Grundsatz[2]
gemäß, daß die historische Frage erst dann gestellt werden
darf, wenn der Text sich nach vielfältiger Untersuchung in
seiner Eigenart und seinem Wesen gezeigt hat, rühren wir
auch jetzt noch nicht an die schwierigen historischen Probleme des Kreuzigungsberichtes, sondern fragen vielmehr in diesem Stadium unserer Arbeit, ob unsere Analyse und die eben
genannte kerygmatische Exegese in ihrer Feststellung über
den engen Zusammenhang der Verse 33 und 37 durch unsere motivgeschichtliche Untersuchung gerechtfertigt und bestätigt
werden[3].

II. Der traditionsbedingte Zusammenhang beider Motive

Der Zusammenhang von Finsternis und Gerichtsruf ist im
alttestamentlichen und jüdischen Schrifttum schon auf den
ersten Blick evident, weil sowohl die Finsternis als auch
die Stimme der Gottheit zur Szenerie des Gerichtes gehören,
wie in den beiden vorangegangenen Paragraphen dieser Arbeit
gezeigt wurde. Doch kann man nicht bei dieser allgemeinen
Feststellung stehen bleiben, da die von uns zitierten Belege für die beiden Motive in unmittelbarer Nachbarschaft anzutreffen sind. So heißt es in Jo 4,15f: "Sonne und Mond
haben ihren Schein verloren. Jahve brüllt vom Zion her, von
Jerusalem läßt der Herr seine Stimme erschallen und Himmel
und Erde erbeben." Aus dem Kontext ergibt sich, daß die Finsternis der Beginn des Gerichtes ist, das Jahve für die Seinen zum Heil mit seiner Stimme durchführt[4].

---

1 Vgl dsAr 72f.   2 Vgl 6 u ebd A1.   3 Vgl 9.
4 Vgl Weiser Propheten 109; weiter Ps 46,6f; auch Ze 1,15f u dazu vgl Ex
  19,19 (dsAr 126); Ps 47,6; Jes 27,13; Mt 24,31; 1.Kr 15,52; 1.Ths 4,16;
  Joh 5,25.28f; Apk 1,10; 4,1; auch 8,2.6.13; 9,14. Es besteht zweifellos
  ein enger Zusammenhang, ja eine gewisse Identität zwischen dem Klang von
  starken Blasinstrumenten u der göttlichen Stimme, gerade auch mit Bezug
  auf das Gericht. Wahrscheinlich stammt dieser Zshg aus dem altisraeli-
  tischen Kult, um dann schließlich im Laufe der Zeit bei apokalyptischen
  Aussagen wichtig zu werden.

Ist in den Texten, die wahrscheinlich früher als Jo 4,15f
zu datieren sind, die Reihenfolge von Stimme und Finsternis
in keiner Weise festgelegt, so daß die Finsternis und die
Stimme Jahves womöglich hintereinander wechselseitig genannt
werden können, um die furchtbare Erscheinung Gottes beim Gericht zu schildern, so ist doch auch in diesen frühen Texten
eindeutig klar, daß der Stimme Jahves, ihrem Schelten und
feurigem Odem, die eigentlich entscheidende Bedeutung bei der
Gerichtstheophanie zukommt[1]. Durch sie vernichtet Jahve die
ihm Widerstand leistenden Mächte und Menschen und zwingt die
widerstrebenden Gewalten unter seine Herrschaft.

In der jüdischen Apokalyptik wird das Verhältnis von Finsternis und Gerichtsruf, den früher dargestellten Entwicklun-
gen entsprechend[2], immer deutlicher so festgelegt, daß die
wegen der Sünde der Menschen über der Erde liegende Finsternis durch den Schrei und das Wort der Gottheit[3] mitsamt allen denen, die ihr angehören, vernichtet beziehungsweise für
immer in die Unterwelt verbannt wird. Expressis verbis wird
dieser Vorgang zwar so nie geschildert. Doch besteht die gegebene Verhältnisbeschreibung dennoch eindeutig zu Recht,
weil die Sünder, die ja zur Finsternis gehören, durch die
Stimme des Menschensohnes vernichtet werden[4] und zugleich am
selben Gerichtstag die Finsternis die erste gottfeindliche
Macht ist, die vernichtet wird, damit den Frommen Gottes
ewiges Licht leuchte[5].

---

1 Vgl in Ps 18 W 9.14 mit W 10.12. Beachtlich ist auch, daß auf die Stimme Jahves ein ganzer Psalm (Ps 29, vgl dsAr 122f) gedichtet wurde, während von der ihn umhüllenden Dunkelheit nur beiläufige Mitteilung gemacht wird u ihre Bdtg erst wächst, als sie im Laufe der Zeit (dsAr 143.
  145) zur widergöttlichen Macht gleich den Chaoswassern wird (vgl Ps 93,
  3f; 46,3; 29,3; 18,5f.16f), die ihm dennoch untertan sein müssen. Die
  Stimme entspricht Jahves eigentlichem Wesen. Das zeigen auch die apokalyptischen Anschauungen bis hin zu Mk 15,33.37. Vgl noch dsAr 138 A3;
  123 A6.

2 Vgl dsAr 128.129 A4.131.136 A1.139 A7.143.145.

3 Vgl dsAr 128 A3; außerdem noch äthHen 102,1; IV Esr 6,13ff.

4 IV Esr 13,4.10f; äthHen 62,2, vgl dsAr 129f.

5 Vgl äthHen 58,2-6; Philo 3,10 (Rießler 739); Apk 22,5; u im übrigen
  dsAr 146f.

Das Motiv der Stimme hat also, seinem Bedeutungsinhalt[1]
nach geurteilt, eine ganz ähnliche Funktion[2] wie das Lichtmotiv[3]: Es kennzeichnet das Ende des Gerichtes, seinen Höhe-
und Wendepunkt zugleich. Diese Verwandtschaft von Stimme und
Licht wird auch weiter dadurch bestätigt, daß die aus dem
Munde des Richters hervorgehende Stimme öfters als vernich-
tender Feuerstrahl beschrieben wird[4].

---

1 Seit alters her gilt das Schreien und Rufen auch sonst als Mittel, um
  die Geister der Finsternis zu vertreiben (Stegemann HDA II 1517f). Freilich ist es gerade bei einer Sonnenfinsternis gefährlich zu atmen (aaO
  1515). Interessant zum Vergleich ist auch, daß nach der Eliasapokalypse
  der Antichrist getötet wird, "ohne daß er reden kann", "wie ein Drache,
  in dem kein Atem ist" (Steindorff 105).

2 Vgl dsAr 147.- Im Blick auf Mk 15,33.34a.37 kann man deshalb schon
  jetzt formulieren: In diesen Versen wurden atliche Motive vom Gerichtstag Jahves gemäß apokalyptischen Anschauungen vom Endgericht christlich
  zentriert; dh: Die Motive Finsternis u Stimme sind klar genannt wie im
  AT; die apokalyptischen Anschauungen kommen in der exakten Aufeinanderfolge (Stundenschema!) u darin zum Ausdruck, daß nicht Gott selbst, sondern der Menschensohn mit seiner Stimme das Gericht durchführt; die
  christliche Zentrierung ist in der Anwendung dieses Motivpaares auf den
  Todesschrei Jesu zu sehen: Der mit göttlicher Vollmacht richtende Menschensohn ist der Gekreuzigte!

3 Das wird besonders deutlich, wenn man sich die Variationsbreite des Motives der Stimme ständig vor Augen hält, vgl dsAr 122f. 123 A7. Zur Verwandtschaft von Wind, Geist, Licht in den Qumrantexten, vgl Schweizer
  ThW VI 388 A334. Das Griechentum kennt den Zshg von Hauch, Geist u Licht
  ebenfalls (Kleinknecht ThW VI 349,13ff). Für die Gnosis ist der Dualismus von Welt, Finsternis einerseits u Gott, Licht, Geist andererseits
  (Jonas I 146) typisch. In der jüdischen Bildersprache vom Gericht gehören Feuer, Wind u Geist zusammen (Schweizer ThW VI 397 A425), ähnliches
  gilt von iranischen Vorstellungen (aaO 396 A420) u vom ntlichen Sprachgebrauch (ebd). Nach speziell rabbinischen Anschauungen entspricht das
  Licht des ersten Schöpfungstages dem Leuchter im Tempel u dem Geist,
  dem Atem im Leibe des Menschen (Patai 115); weiterhin manifestiert sich
  der Geist in Lichterscheinungen u einem starken Laut (Sjöberg ThW VI
  380,7ff). Jenseits aller geschichtlichen Ausprägung scheint die enge Beziehung von Stimme-Wort-Geist-Licht-Feuer usw ein archetypischer Symbol-
  zusammenhang zu sein.

4 Vgl zB Ps 18,9; 29,7; IV Esr 13,4.10. Das Feuer ist gewissermaßen, im
  Rahmen der mythologischen Bildersprache geurteilt, ein noch nicht zur
  rationalen Klarheit geläutertes Licht. So ist im AT vornehmlich das
  Feuer "eine himmlische Substanz" (Aalen 77 A1, vgl aaO 76 A4), während
  sich erst im Rabbinat (u das dürfte kein Zufall sein, vgl dsAr 129 A4)
  im Blick auf Gen 1,3 die Aussage findet: "Aus der Öffnung deines Mundes
  wurde uns Licht" (aaO 265).

III. Mk 15,33.34a.37

Auf dem Hintergrunde der bisher aufgezeigten alttestamentlich-jüdischen   Vorstellungen[1] muß man die Verse Mk 15,33.
34a.37 als unbedingt zusammengehörig ansehen[2]. Diese Feststellung gilt um so mehr, wenn man diese Verse im Zusammenhang des ganzen alten Kreuzigungsberichtes sieht. Konnten wir
schon von unserer Analyse her den Schluß wagen[3], dieser alte
Bericht sei von den ersten Christen in apokalyptischer Prophetie[4] formuliert worden, so bestätigt die motivgeschichtliche Untersuchung diese Vermutung auf das beste, indem sie
zeigt, in welchem Sinne die Verse 33.34a.37 im alten Bericht
apokalyptisch gemeint sind. Denn nach allem, was bisher ausgeführt wurde, muß man wohl Mk 15,25.26.29a.32c.33.34a.37
folgendermaßen interpretieren.

V 25: Der Gesandte Gottes[5] wird von seinem in tiefste
Sünde verstrickten Volk verkannt, abgelehnt, verfolgt und
wegen seines Auftrags[6], den er von Gott hat, in der dritten
Stunde mit Hilfe der Heiden[7] gekreuzigt.

---

1 Vgl zum Folgenden noch allgemein Stamm 59ff.68ff (Leiden im AT).30f
  (Leiden in Babylon).
2 Vgl dsAr 121.149.
3 Vgl dsAr 96.
4 Neben urchristlicher Schriftgelehrsamkeit (Bultmann) u Predigttätigkeit
  (Dibelius) scheint uns die davon keineswegs unabhängige, sondern vielmehr eng damit verbundene urchristliche Prophetie zu sehen zu sein,
  will man die Verse recht verstehen. Sehr richtig scheint mir schon das
  Urteil von Strauß I 91.97f, dann auch, trotz seiner falschen Polemik,
  Bertram Stand 839, der von heiliger Tradition u dem "unbewußten Einfluß" der Christusvorstellung der Jünger bei der Prägung der Überlieferung spricht. Vgl weiter Bertram Bedeutung 32; Taylor Behind 242; Schille
  ZThK, 1955, 163f; auch Dibelius Evangelien 194.196; ders Methode 1338.
5 Ein bestimmter Titel ist im alten Bericht auf Jesus nicht angewendet
  worden. Vv 26.37 u dsAr 128ff erlauben, sowohl vom Messias als auch vom
  Menschensohn zu reden, u die Verborgenheit des Wesens Christi bis V 37
  erlaubt auch, vom Gottesknecht, dem von seinem Volk verkannten göttlichen Gesandten, zu sprechen.
6 Dieser Umstand kann freilich nur sehr indirekt aus dem Kreuzigungsbericht
  u der Verkündigung Jesu geschlossen werden, vgl Bult 106.158. Zur Sündhaftigkeit der Juden vgl die Exegese von Vv 29a.32c u dsAr 131.
7 Dies ergibt sich aus der Hinrichtungsart, der Kreuzigung. Der alte Bericht scheint hier sonst nicht weiter interessiert. Nicht Einzelheiten,
  sondern das furchtbare Gesamtgeschehen mit seinem dramatischen Höhepunkt
  ist wichtig.

V 26: Nur die über dem Kreuz angebrachte Aufschrift mit der Angabe seiner Schuld verrät dem Wissenden das Furchtbare des Vorgangs: Am Kreuz, am Schandpfahl, hängt - der König! Nicht nur der König der Juden, nein, sondern der Weltenrichter und König des wahren Israels, der Erwählten in dieser dem Gericht verfallenen Welt[1].

V 29a: Doch die Vorübergehenden sind verblendete Spötter[2]. Sie sind ebenso gottlos und sündig[3] wie die Leute von Ps 22, 8; 109,25, die auch nicht erkannten, daß der von ihnen Verspottete, Zerschlagene und Verachtete dennoch der von Gott Geliebte ist, weil er der Gott in absolutem Gehorsam Ergebene ist. Genau das will der Erzähler sagen, wenn er die Wendungen dieser Psalmen zur Beschreibung der Spötter unter dem Kreuz verwendet. Hier geht Gottes Wille, wie die Schrifterfüllung zeigt, in ganz präzisem Sinne als irdisches Ereignis vor sich[4].

---

1 Diese Exegese der Kreuzesaufschrift ergibt sich aus dem Vergleich von V 26 mit V 37, der im Zusammenhang mit Vv 33.38 zu sehen ist. Vgl auch V 29a s oben.

2 Vgl dsAr 135 A5. Origenes betont den Zshg dieser sündigen Blindheit mit der Finsternis (Smith 72), wie überhaupt in der alten (Reil Kreuzigung 30; Bonner Sardis p 16,24f) als auch in der Kirche der Reformation (Wiesenhütter 200) darauf immer wieder hingewiesen worden ist. Mk hat diese Tatsache der Blindheit der Menschen gegenüber Jesus besonders deutlich noch in Mk 8,22ff; 10,46ff dargestellt: Vor u am Ende des Leidensweges Jesu nach Jerusalem (Mk 10,32ff) ordnet der Evangelist eine Blindenheilung in seinen Evangelienaufriß ein, um so deutlich zu machen, daß Jesu Leidensweg die Erlösung von der Blindheit dieser Welt (der erste Blinde soll nicht in seine irdische Heimat zurück, Mk 8,26; der andere folgt Jesus nach Jerusalem, ans Kreuz! 10,52) für alle Glaubenden bringt. Die bestehende Differenz zwischen Mk 8,26 u 10,52 entspricht der Situation vor u am Ende des Leidensweges. Beide Verse sind Redaktionsarbeit, da der eine dem Wegeschema, der andere dem Schweigegebot des Evglsten dient. Außerdem handelt es sich um Randverse. Zum Thema der Blindheit vgl weiter noch Or sib 370; auch JoachJeremias Jesusworte 66f; für die Gnosis CSchmidt 271,31f u für die Religionsgeschichte überhaupt Bultmann Johannes 258 A6. Joh 9,39-41 läßt sich als sachliche Erläuterung zu den Spöttern unter dem Kreuz lesen (aaO 258f), vgl auch 1.Joh 2,8. Ähnlich wie Jesus am Kreuz wird auch der in Finsternis als einem Gefängnis sitzende Tammuz(Witzel 95,38ff), der leidende Messias der Rabbinen (Dalman Messias 63) u die Pistis Sophia (CSchmidt 57.79) verspottet.

3 Die Gottlosigkeit ist schon mit dem Wort βλασφημέω deutlich gekennzeichnet, vgl Beyer ThW I 622,34ff.

4 Der Schriftbeweis zeigt also nicht nur rein formal an, daß hier Gottes Wille geschieht.

V 32c: Selbst die Mitgekreuzigten verspotten Jesus[1]; auch
sie, die dem Tode so nahe sind, begreifen nicht, was geschieht.
Dieser Zug bringt die abgründige Gottverlassenheit Jesu zum
Ausdruck[2] und zeigt zugleich, wie der Leser die Spötter von
V 29a einzuschätzen hat: Sie stehen mit den gekreuzigten Verbrechern auf einer Stufe. Diese allgemeine, totale Verblendung
der Menschen macht das Gericht notwendig, zwingt es förmlich
herbei und verschuldet damit Jesu Tod.

V 33: Die sündigen, verblendeten Spötter und Verbrecher erkennen dies freilich selber nicht. Doch genau in dem Augenblick, da sie sich in ihrem Spott ganz sicher fühlen, weil sie
ihren Widersacher endgültig beseitigt zu haben glauben, genau
da, auf der Höhe des Mittags[3], geschieht für sie vollkommen
unvermittelt das Unfaßbare: Eine Finsternis[4] bedeckt die

---

1 Weissagung nach Ps 69,10? Vgl Dib 187.

2 Vgl Menzies 280.

3 Vgl hierzu neben Am 8,9 auch Jer 15,9; Dt 28,29; Hi 5,14. Wie Ps 37,6
  zeigt, sind die Mittagszeit u das Licht synonyme Ausdrücke für das AT,
  weil die Sonne zur Mittagszeit ihren höchsten Stand erreicht hat (vgl
  Aalen 35). Daß die Finsternis nun gerade zu dieser Zeit einsetzt, zeigt
  die Radikalität der Sünde u des Gerichtes. Auch mag die vom Altertum
  bis in den Volksaberglauben zu beobachtende Vorstellung von gefährli-
  chen Geistern, Tod u Teufel, die gerade am Mittag umgehen (Jungbauer
  HDA VI 400ff), weshalb die Mittagszeit als besonders gefährliche,
  "schlechte" Stunde (Jungbauer HDA VIII 564; ders HDA VI 405ff) gilt, bei
  den alttestamentlichen Stellen u auch in Mk 15,33 wirksam sein. Kir-
  chenschriftsteller sprechen wohl unter Einfluß von Ps 91,6 vom "Mit-
  tagsteufel" (aaO 415). Der Karfreitagmittag wird in diesen Zusammenhängen besonders genannt (aaO 417). Dem entspricht die Anschauung, daß
  Geister, Hexen u der Teufel in der Nacht des Karfreitags gefährlicher
  als sonst sind (Sartori HDA IV 998f). Auch gilt die Todesstunde als
  "schwarze" Stunde (Jungbauer HDA VIII 569). Daß die Finsternis beim Tode Caesars auch genau "ab hora sexta" einsetzt, hängt wohl mit diesen
  Vorstellungen zusammen u auch damit, daß "eine mittags eintretende Sonnenfinsternis natürlich besonders auffällt" (Clemen 257).- Übrigens
  findet die Gefangennahme Jesu um Mitternacht statt (JWeiß Evangelium
  335)!

4 Vgl die urchristliche Anschauung, nach der das Weltende u der Menschensohn bei Nacht kommen Mk 13,33ff; Lk 12,35ff; Mt 24,42ff; Rm 13,11;
  1.Ths 5,1ff; Eph 5,14; Apk 3,3; 16,15, vgl Bornkamm Verzögerung 123.

Erde[1]; in der sechsten Stunde[2] bricht sie plötzlich herein.
Gottes Gericht hat begonnen[3]. Die über alles Maß gehende Sünde
der Menschen erhält ihre Antwort. Das finstere Wesen der Spötter wird in seiner Qualität sichtbar[4], indem Gott[4a] die Chaosfinsternis[5], deren Mächte ja hinter allem sündigen Tun der
Menschen stehen[6], über die ganze

---

1 Die vieldiskutierte Frage (vgl BWeiß Matthäusevangelium 483; ders Markusevangelium 499; JWeiß Evangelium 272; Wette 298; WCAllen Gospel 186;
Aurelius 334; Blunt 262; Brandt 257ff; Dalman Jesus 184; Fridrichsen
Markusevangelist 44; Montefiore 371; Swete 384; Taylor according 593; u
viele andere), ob in Mk 15,33 nur das L a n d Palästina oder die ganze E r d e gemeint sei, entspricht der rationalistischen Akribie, das
Ereignis der Finsternis vor allem historisch zu begreifen (so schon
Origenes unter dem Einfluß der Kritik des Celsus! vgl WBauer Leben
228f). Loh 345 lehnt diese Diskussion mit Recht ab. Im hebräischen wie
überhaupt allem primitiven Denken ist das Land des betreffenden Volkes
die "Erde", die "Welt", vgl Mowinckel Religion 75f, auch Lightfoot Mark
64 A1. Schick betont deshalb zu Recht, daß in den Wunderzeichen die
"allgemeine kosmische Bedeutung des Todes Jesu", seine "weltumfassende
Bedeutung" zum Ausdruck komme. Vgl dazu auch Schelkle 187, der auf
πολλοί Mk 10,45; 14,24 hinweist; als sekundäres Verständnis des Mk zu
15,33 sehr wohl denkbar.

2 Diese Stundenangabe ist gewiß nicht direkt abhängig von der Nachricht
des Vergil u Pseudo-Servius, ab hora sexta usque in noctem habe die
Finsternis beim Tode Caesars gedauert (s Clemen 257; Wetstein 466ff;
Saintyves 450). Abgesehen von dem allgemeinen Hintergrunde (dsAr 154
A3) u der formalen Gemeinsamkeit läßt sich inhaltlich nur ein diametraler Gegensatz zwischen beiden Angaben feststellen: Mit dem Tode Caesars
trauert die Natur, beginnt die "große Nacht" (usque in noctem!). Mit
dem Tode Jesu hört die Finsternis dagegen gerade umgekehrt auf! Er bedeutet also nur für die "Finsternis" u ihre Trabanten Unheil, sonst
aber Heil u Licht.

3 Vgl Wiesenhütter 201.207.

4 Hieronymus spricht von ignorantiae tenebrae (Zahn Tempelvorhang 736 u
ebd A1.739). Dabei hält er trotz aller Rationalisierung deutlich daran
fest, daß am Kreuz Gottes Gericht geschieht (aaO 733ff).

4a Zur Verbindung Gott-gottfeindliche Mächte vgl dsAr 141f.
147. 150f; Stählin ThW V 440f. Bis in die Volkssage hat sich die Vorstellung erhalten, daß Gott u Satan bei der Kreuzigung Jesu zugegen
waren, vgl Dähnhardt 232; Sartori HDA IV 998f. Gott gilt übrigens nicht
nur bei den Juden als der Urheber der bösen Finsternis (Stegemann HDA
II 1511).

5 Dieser Zustand ist vergleichbar mit der gnostischen Anschauung von der
Welt als finsterer Wohnung, als Haus des Todes (Jonas I 101f.149).

6 Vgl die paulinischen Anschauungen (anders Schniewind Reden 104, der sich zu
Unrecht auf die Evv beruft, aaO 106), Cullmann Christus 31 A1.90.169.
171.177; Bultmann Theologie 174f.288; Dibelius Geisterwelt 200; Schweizer ThW VI 422 A612 ⌐; dsAr 380 A548⌐.

Erde[1] hereinbrechen läßt. Die Sonne geht mitten am Tage unter. Das Ende ist nahe[1a]. Die bisher gültige Weltordnung löst sich auf. Nach drei Stunden geschieht dann das endgültige Gericht.

V 34a.37: Gemäß dem ehernen Rhythmus, der ja so vielen apokalyptischen Schilderungen zu eigen ist[2] und der in unserem Bericht durch die Stundenzählung[3] deutlich markiert wird, erklingt[4] in der neunten Stunde der Ruf[5] Jesu[6], und die Finster-

---

1 Vgl noch zum Zshg Gericht-Finsternis in der Gnosis CSchmidt 238,15; im Volksaberglauben Finsternis als Zeichen böser Geister u des Teufels s Stegemann HDA II 1514f, vgl Origenes (Smith 53) u der zweifellos satanische Charakter der Finsternis bei Bischof Melito (Bonner Sardis). Die Finsternis von V 33 mit der im Allerheiligsten gleichzusetzen (Herbst 161), ist ganz abwegig.

1a Mit Recht ist gelegentlich (Loh 345; Schnie 199; Herbst 161) auf Mk 13, 24 hingewiesen worden. Ein redaktioneller Zshg scheint vorzuliegen: Das eigentliche Gericht geschieht beim Tode Jesu (Mk 15,33.34a.37.38). Die Gegner sind schon vernichtet. Dieser Tatbestand wird bei der Wiederkunft Christi nur noch offenbar gemacht (vgl Mk 15,32 ἴδωμεν mit Mk 13, 26 ὄψονται), deren eigentlicher Sinn in der Erhöhung (! vgl Loh 279) u Versammlung der Gläubigen beim schon vorher erhöhten Menschensohn zu sehen ist, vgl Mk 13,27. Mt 24,30 u erst recht Lk 21,26 zeigen deutlich, wie im Laufe der Zeit bei ausbleibender Parusie das erst dann über die Sünder erfolgende Gericht wieder eingezeichnet wird. Dem entspricht Lk 23,26-49 als Märtyrerbericht.

2 Vgl zB IV Esr 13,11, auch 10,27ff ⌊u dazu dsAr 335f⌋.

3 Vgl Da 7,12.25; 12,7 auch 8,17.19; auch Loh 287f zu den gesamten Stundenangaben bei Mk. Das Stundenschema stammt also weder aus dem urchristlichen Kult (Bacon Beginnings 217; ders Six 100; ders Roman 95f; Bertram Bedeutung 16), noch hat es mit dem jüdischen Opferkult zu tun (Lichtenstein zu Mk 15,33). Mk hat es literarisch (dsAr 31f.56f) ausgebaut u damit die historische Betrachtungsweise schon angedeutet, die einmal Mk 15,25 fallen läßt (vgl WBauer Leben 213f) oder zum andern diesen Vers mit Joh 19,14 zu harmonisieren versucht (vgl hierzu Strauß II 533). Nachwirkungen des Stundenschemas in der Gnosis s CSchmidt 4,22ff. Ebd auch Gericht u Erhöhung in gnostisierender Abwandlung erzählt!

4 Vgl Bonner Sardis 159 p.16,16ff.

5 Vgl gnostische Anschauungen Jonas I 121 A1, auch 129; Babylonisches zur Gefangenschaft des Tammuz in der Finsternis (Witzel 95,31ff; 147 II 11; 345,33; 346,53; 439,6ff) u seinem Befreiungsruf (aaO S VIf) ist ebenfalls zu vergleichen, vgl noch dsAr 131 A5.

6 Der Jesus-Name betont die Identität von göttlichem Richter u Mensch (vgl Foerster ThW III 294,7ff). Häretisch-gnostische Tendenzen liegen fern (aaO 288,29ff).

nis hört auf[1]. Den ersten Erzählern und Zuhörern war damit gemäß dem knappen, visionär Bild neben Bild setzenden Erzählungsstil[2] klar, daß mit dem Todesschrei Jesu das ewige Licht[3] der
Gottesherrschaft angebrochen war. Der Gekreuzigte hat sich damit als der Menschensohn erwiesen, denn nur dieser kann durch
seinen Gerichtsruf die Urfinsternis[4] und die ihr angehörigen
Sünder vernichten[5] und den Tag der neuen Welt

---

1 Die Vernichtung des Satans u seiner Mächte gehört zum Geschehen der Endzeit (vgl Noak 114ff; dsAr 146 A6). Von der Redaktion des Evglsten her
  gesehen, findet damit der Kampf Jesu mit dem Satan (Mk 3,11.22ff; 5,1ff;
  vgl Noak 74.134 ; JoachJeremias Weltvollender 58ff; JMRobinson (dsAr 92
  A2)) seinen siegreichen Abschluß. Wenn Noak 128 meint, in den Synoptikern werde nicht gesagt (!), "daß durch den Tod Jesu der Teufel als Urheber der Sünde überwunden" sei, so übersieht er nicht nur Mk 10,45 (vgl
  A4), sondern vor allem auch, daß im Erzählungs g e s c h e h e n, dem
  Charakter der Evangelien entsprechend, exakte theologische Formulierungen vorliegen. Die von Noak 92 behaupteten Gegensätze zwischen Mt, Mk
  einerseits (Satan will Jesus vom Leiden abhalten) u Lk, Joh andererseits gibt es nicht. Denn ganz wie bei Lk u Joh bewirkt
  auch bei Mk u Mt der Satan die Leiden Jesu - u scheut zugleich Jesu
  Leiden, weil er seine Niederlage dunkel ahnt. Was Noak 80-92 schreibt,
  gilt nicht nur für Hb, Joh, Lk, sondern mit der notwendigen Differenzierung auch für Mk: Tod u Erhöhung Jesu bedeuten die Vernichtung des Satans. Die Untersuchung der Interpretamente des Mk wird diese These verdeutlichen.

2 Vgl dsAr 47f. 95f, auch 48 A1.

3 Vgl dsAr 147. 151. PtrEv 15.18.22 baut das Lichtmotiv in legendärer Weise aus u verändert damit die apokalyptische Aussage von Mk 15, wobei
  aber zugleich deutlich wird, wie wichtig auch in Mk 15 schon das Aufhören der Finsternis zu nehmen ist.

4 Fridrichsen kamp 308ff sieht auch Mk 10,45 in dieser Linie. Zu Mk 15,37
  speziell Farrer 180. Vgl noch die Anschauungen der altprotestantischen
  Predigt (Wiesenhütter 202f) u des Volksaberglaubens über die Wirkung
  des Kreuzes gegen Gespenster, Behexung usw (Jacoby HDA V 480.482; Menzies HDA III 501).

5 Damit ist schon in dieser ältesten Tradition indirekt die Erhöhung Jesu
  zum Menschensohn durch seinen Todesschrei angedeutet: Der Sterbende übt
  die Macht des Erhöhten aus u richtet den Erdkreis. ἐκπνέω kann darum
  (u erst recht in der Sicht des redigierenden Evglsten!) in V 37 wahrscheinlich nicht einfach, wie an sich wohl möglich (WBauer Wörterbuch
  442), mit "sterben" übersetzt werden, sondern muß wörtlich im Sinne von
  "aushauchen" verstanden werden, da womöglich schon der alte Bericht an
  die Trennung von Leib u Geist (= Stimme, vgl Leisegang 6 A2; Bacon Beginnings 216; dsAr 123 A7. 151 A3) Jesu bei seinem Tode gedacht hat.
  Diese Vorstellung ist als solche keineswegs spezifisch für die Gnosis
  (zu gnostischen Anschauungen s Schweizer ThW VI 390ff), sondern sowohl im
  griechischen (Kleinknecht ThW VI 334,29ff) als auch im jüdischen Denken
  (Sjöberg ThW VI 375ff), wenn auch in ganz verschiedener Akzentuierung,
  verbreitet. Bacon Beginnings 223 meint, in PtrEv 19 u Lk 23,46 die "original intention" von Mk 15,37 sehen zu können. Auch die Verdeutlichung von
  Mt 27,50 ist schon auffällig, vgl weiter auch Hunter 145; Farrer 180.

heraufführen[1].

Freilich ist der Tatbestand von Mk 15,33.34a.37 noch kom-
plexer, da der das Endgericht vollziehende Ruf[2] des Menschensohnes ja zugleich sein Todesschrei ist[3] und die Finsternis
auch nicht irgendwann, sondern genau zur Zeit der Kreuzigung,
und auch nicht irgendwo, sondern sozusagen genau da, wo Jesus
gekreuzigt wird[4], die "ganze Erde"[5] bedeckt. Der Gekreuzigte
befindet sich damit in einer der Situation der Psalmbeter
ähnlichen Lage, die, dem Tode nahe, in höchster Not um Hilfe

Schon Augustin sah in Mk 15,37 eine Beschreibung des Sieges Jesu (Bisping 142f), vgl Lofthouse 190; Bleiben 146; Weidel II 265f (Ps 22,25c!);
Drews Markusevangelium 305 (Jes 42,13; Jo 4,16!). Da der Tempel durch
Jesu Todesschrei zerstört wird (vgl dsAr 167-169), ist auch die rabbinische Tradition zu vergleichen: "Geboren ist der Messias am Tage der Zerstörung Jerusalems in Bethlehem" (Dalman Messias 40 A1).

1 Vgl die mandäische Analogie dsAr 131 A2.- Mk 15,33 ist also ebensowenig
  wie der V 38 ein Hinweis auf einen Descensus Christi (gegen Kroll 6ff).

2 Diese Anschauung vom Tode Jesu klingt auch in späterer Zeit noch nach,
  wenn die Wiederkunft Christi zum Gericht im Zeichen des Kreuzes geschieht bzw der Herr dann als der Leidende erscheint, vgl Schniewind
  Matthäus 244f; Bousset Kyrios 238; Steindorff 87; Ohrt 247 A3; Peuckert
  HDA IV 891 A102.

3 Diese Paradoxie findet sich ganz ähnlich im babylonischen Mythos (vgl
  dsAr 156 A5): Die Klage des von der finsteren Unterwelt überfallenen
  Gottes zerstört als "brüllender Sturm" vom Heiligtum ausgehend dieses
  selbst (vgl Mk 15,38), die Stadt u die ganze Welt u zwingt den Gott
  selbst in die Unterwelt zu den Toten (vgl Witzel 9,64f; 121,1ff; 157,
  7ff; 167,10ff; 251ff; 275,136ff; 279,1ff; 371,1ff). Dabei ist der zer-
  störerische Ruf der Gottheit u der Sturm der Dämonen in gewissem Sinne
  identisch (aaO S IX). Wie Witzel S VIf zeigt, kann der Ruf der Gottheit als die prima causa u das entscheidende Hauptmotiv der Tammuzliturgien angesehen werden, von dem alle anderen Motive, ähnlich wie in unserem Text, mehr oder weniger deutlich abhängen. HZimmern Neujahrsfest
  12f parallelisiert freilich babylonisches u synoptisches Material viel
  zu kurzschlüssig, vgl SAPallis 200.228.

4 Der Zshg Finsternis-Sünde-Gericht (dsAr 134ff) bedeutet hier also, daß
  Jesus stellvertretend für die Sünder das Gericht auf sich nimmt (vgl
  Wiesenhütter 203), vgl dsAr 159.

5 Vgl dsAr 155 A1.

zu Gott schreien[1], woraufhin dann in den meisten Fällen von
ihrer Errettung berichtet wird[2]. Diese zuletzt genannten Momente schwingen jedoch nur nebenbei mit. Entscheidend ist für
den alten Bericht, daß der Todesschrei von V 37 den Gekreuzigten paradoxerweise als den Weltenrichter offenbart.

Beachtet man alle Zusammenhänge und ihre Zurichtung auf
diese Hauptaussage, so wird deutlich, welch eine vielseitige
Tiefe theologischer Anschauung sich in diesem alten, knappen
Kreuzigungsbericht verbirgt[3]. Auf dem Grunde apokalyptischer
Anschauungen bietet er unter Verwendung spezifisch christlich
zentrierter, alttestamentlicher Motive[4] ein Verständnis vom
Tode Jesu, das schon jene abgrundtiefe Paradoxie[5] zum Aus-
druck bringt, die aller theologia crucis bis auf den heutigen
Tag eignet[6].

---

1 Zu dieser Sicht sind auch die gnostischen Anschauungen (Jonas I 109ff)
  zu vergleichen. Sie machen deutlich, unter welchen Aspekten man damals,
  zumindestens in manchen Kreisen, Mk 15,37 u erst recht den Redaktionsvers Mk 15,34b verstehen konnte. Vgl zum AT dsAr 122./296f./

2 Daß der Menschensohn selbst in der Chaosfinsternis elend am Schandpfahl
  stirbt und gerade dadurch das Gericht ausübt u seinen Sieg gewinnt, ist
  freilich eine dem AT wie dem Judentum unvorstellbare, skandalöse Paradoxie. /Vgl dsAr 300f; 304 A161; 338 A334./

3 Als das verborgenste u zugleich auch zukunftsträchtigste Moment des Berichtes darf man wohl die inhaltlich nur indirekt angedeutete Aussage von der stellvertretenden Bdtg des Sterbens Jesu nennen, vgl dsAr
  158 A4.

4 Vgl dsAr 151 A2. Mt 27,51ff führt in dieser Linie weiter.

5 Analogien in der Religionsgeschichte fehlen keineswegs ganz, vgl zB
  Jensen 216 u überhaupt die Mythen von sterbenden u auferstehenden Gott-
  heiten. Der entscheidende Unterschied ist freilich jedesmal die verschiedene Zentrierung der jeweiligen Berichte. Für das mehr oder weniger deutlich dieser Paradoxie immer zugrunde liegende "Father-Son
  pattern" vgl Runeberg 183.86-93. Runeberg wendet es auch auf Jesu
  Schicksal an (aaO 109ff), aber zu direkt historisch.

6 Vgl Loewenich Mensch 61f. Besonders klar u unerbittlich ist dies Verständnis des Todes Jesu ja von Luther betont worden. Aus Raumgründen
  müssen wir es uns leider versagen, einige Zitate aus seinen Schriften
  anzuführen (vgl jedoch dsAr 176 A2), die zeigen, mit welcher unerhörten Kühnheit u begnadeten Erkenntniskraft der Reformator den ursprünglichen Sinn des Kreuzigungsberichtes ergriff u für seine Zeit formulierte.

Bisher blieb nur noch der Vers 38, der durch die Analyse als mit zum alten Bericht gehörig erwiesen wurde[1], ohne jede Auslegung und außerhalb der Betrachtung. Im folgenden soll nun festgestellt werden, ob sich die Zugehörigkeit dieses Verses zum alten Kreuzigungsbericht von der Motivgeschichte her bestätigt.

§ 5 Das Zerreißen des Tempelvorhanges (Mk 15,38)

I. Die bisherige Auslegung

Die bisherige Forschung hat, wenn man kurz zusammenfassend urteilt[2], Mk 15,38 in dreifacher Weise verstanden.

Einmal fand man gemäß Hb 9,8; 10,19ff; Rm 5,2; 1.Pt 3,18 und verwandten neutestamentlichen Aussagen in Mk 15,38 den Gedanken ausgesprochen, Jesus habe durch seinen Tod für alle Menschen, die an ihn glauben, den Weg in den Himmel und zum Vater gebahnt[3].

Eine andere, zweite Auslegung[4] sieht im Zerreißen des Tempelvorhanges ein Vorzeichen der Tempelzerstörung 70 n Chr oder gar schon den symbolischen Vollzug der Zerstörung

---

1 Vgl dsAr 77ff.95f.114.117.

2 Unberücksichtigt bleiben bei solch summarischem Überblick die zT auch ganz Richtiges enthaltenden Allegoresen, vgl etwa Albertz 130f; Dibelius Botschaft I 329 u für die alte Kirche WBauer Leben 230f. Ganz abwegig ist die astrale Deutung von V 38 bei Drews Markusevangelium 305f.

3 Vgl Strauß II 538f; BWeiß Matthäusevangelium 485; ders vier Evangelien 273; ders Markusevangelium 501; ders Markus u Lukas 238; JWeiß Evangelium 70.101; ders drei 219; Aurelius 335ff; Bacon Mark 199; WBauer Leben 233; Bertram Leidensgeschichte 91; Brandt 255f;WBrückner Christologie III 342; ders Markusevangelium 427; Dodd Preaching 116; Feigel 105; Fridrichsen Markusevangelist 44; Lightfoot Mark 56; Lindeskog Veil 133; Menzies 282; Swete 388; Hunter 145; CSchneider Studien 66; Pölzl 344; Lohmeyer Matthäus 395 A3.

4 Die erste u zweite Auslegung werden auch oft bei den genannten Autoren kombiniert bzw getrennt erwogen. So zB Schlatter Erläuterungen 494f; Alleman 305; Taylor according 596; Rawlinson 238; Schmid Evangelium zSt; Schanz 410. Die sich dabei zeigende Unsicherheit ist oft deutlich zu beobachten. Sie resultiert aus der methodisch nicht streng genug angesetzten Exegese, die dann notwendigerweise schon in einem sehr frühen Stadium nur noch verschiedene Möglichkeiten erwägen kann, anstatt einigermaßen gesicherte u möglichst exakte Ergebnisse zu zeitigen.

des Tempels im Moment des Todes Jesu. Als Antwort auf die
Sünde der Juden, die den von Gott gesandten Sohn töten, zerstört Gott ihr Heiligtum[1].

Dieser Auslegung ist die dritte Interpretation nahe verwandt, die im Zerreißen des Vorhangs einen Akt der Trauer
des göttlichen Hauses sieht. Angesichts der Sünde der Juden
und des Todes des Gottessohnes zerreißt der Tempel sein
Kleid[2].

Auf die altkirchliche Auslegung können sich alle drei
Exegesen mehr oder weniger deutlich berufen[3]. Die erste
Auslegung hat zweifellos die genannten neutestamentlichen
Stellen für sich. Doch bleibt fraglich, ob das in V 38 berichtete G e s c h e h e n wirklich im Sinne dieser theologischen F o r m u l i e r u n g e n zu verstehen ist.
Ausdrücklich ist ja nichts in dieser Hinsicht gesagt, und
die Nachricht von Mk 15,38 steht ja ohne jeden Kommentar
erst einmal für sich da. Für die zweite Auslegung hat man
gewiß nicht zu Unrecht auf Mk 13,2[4] und analoge jüdische
Vorstellungen hingewiesen[5]. Diese Stelle im Markusevange-

---

1 Vgl zB Bieder 53 A139; Zahn Matthäus 715 A99; Farrer 180; Fiebig Tempelvorhang 236; Lohmeyer Gottesknecht 60.63; Rose 138; Weidel II 274f;
Werner Einfluß 28.

2 Bacon Beginnings 223; Wellhausen Marci zSt; auch Blunt 263; Lightfoot
History 83f; Montefiore 375. Die bei den verschiedenen Exegesen oft
sehr wichtige Frage, ob in V 38 der erste oder der zweite Vorhang des
Tempels gemeint sei, wird später im Zshg unserer Auslegung behandelt.

3 Vgl WBauer Leben 230ff; Smith 85ff; Zahn Matthäus 715f.

4 So besonders betont Werner Einfluß 28; vgl dsAr 162.

5 Vgl Strack-Billerbeck I 1044f; Fiebig jüdische Wundergeschichten 28;
ders Tempelvorhang 232ff; Zahn Tempelvorhang 740ff; CSchneider Studien
66. Freilich reden die rabbinischen Parallelen nicht vom Zerreißen des
Tempelvorhanges, vgl Lindeskog Veil 135. Sie stehen auch in keinem
traditionsgeschichtlichen Zshg zu V 38. Zu vergleichen ist auch die
Nachricht des Hebräerevangeliums, die Oberschwelle des Tempels sei ge-
borsten, vgl zB Goguel Leben 371. ENestle Parallelen 167f bemüht sich,
durch die Annahme eines Schreibfehlers im hebräischen Original des Ur-
berichtes des Mk zu zeigen, daß ursprünglich auch in Mk 15,38 von der
Zerstörung der Oberschwelle die Rede gewesen sei. Dagegen zu Recht
CSchneider Studien 66; Zahn Tempelvorhang 753ff, der selber freilich
unmöglich harmonisiert. Wie unsere Ausführungen zeigen werden, ist Mk
15,38 eine sehr radikale Aussage, die womöglich im Hebräerevangelium
so nicht beibehalten wurde. Die Annahme einer Paralleltradition oder
eines Mißverständnisses bleibt auch möglich.

lium ist zusammen mit Mk 14,58; 15,29 zumindest insofern für
Mk 15,38 wichtig, als man aus diesen Angaben ersehen kann, wie
vielleicht der Evangelist Markus V 38 verstanden wissen wollte.

Indem wir die drei genannten Exegesen im Auge behalten, versuchen wir wie bei den Versen 33 und 37 in den folgenden Ausführungen den ursprünglichen Sinn von Mk 15,38 durch eine motivgeschichtlich orientierte Interpretation zu ermitteln.

II. Der alttestamentlich-jüdische Hintergrund von V 38

Der alttestamentlich-jüdische Hintergrund des Motives vom
Zerreißen des Tempelvorhanges kann nicht in der gleichen, sozusagen direkten Weise erhoben werden, wie dies für die Nachrichten der Verse 33.37 möglich war, da, soweit wir sehen,
dieses Motiv vom Zerreißen des Tempelvorhanges in Mk 15,38
originär und ohne jedes alttestamentlich-jüdische Vorbild in
der uns bekannten Tradition ist[1]. Dennoch kann aus verschiedenen Gründen kaum ein Zweifel daran bestehen, daß Mk 15,38
am besten aus alttestamentlich-jüdischen Traditionen in seinem ursprünglichen Sinn zu begreifen ist. Einmal weist unsere
Analyse, die die Verse 33.37.38 als Einheit erkennen ließ,
und das motivgeschichtlich ermittelte Verständnis der Verse
33.37 in diese Richtung. Dann ist die knappe Formulierung
von V 38 eigentlich nur verständlich, wenn der Vorhang vor
dem Allerheiligsten im Tempel zu Jerusalem gemeint ist, worüber gleich noch mehr zu sagen sein wird. Und schließlich gehört im Alten Testament und in den apokalyptischen Erwartun-
gen des Judentums die Zerstörung des Tempels von Jerusalem
mit zu den Hauptereignissen des Gerichtes, welche Anschauung
ebenfalls noch genauer darzustellen ist, um die alte Nachricht von V 38 recht verständlich zu machen.

---

1 Man hat deshalb, freilich zu Unrecht (s oben), vergleichbare Nachrichten
  aus dem hellenistischen Bereich zur Interpretation herangezogen, vgl zB
  Clemen zSt.

Es ist auffällig, daß in Mk 15,38 ohne jede weitere Erklärung vom "Vorhang des Tempels" die Rede ist. Absolut sicher ist, daß sich diese Aussage auf den Tempel zu Jerusalem und nicht auf irgendeinen heidnischen Tempel bezieht[1]. Meinungsverschiedenheiten gab es dagegen immer wieder bei der Exegese des Verses im Hinblick darauf, ob hier der Vorhang vor dem Allerheiligsten oder der vor dem Heiligsten gemeint sei[2].

Die Septuaginta bezeichnen beide Vorhänge mit καταπέτασμα, und im Judentum hält sich dieser Sprachgebrauch durch[3]. Im Rahmen des alten Kreuzigungsberichtes kann aber wohl nur der Vorhang vor dem Allerheiligsten gemeint sein, da der V 38 direkt hinter dem inhaltsschweren V 37 steht, seine Aussage also wohl ebenfalls von größtem Gewicht sein dürfte. Dieses ihm aus seiner Stellung zukommende Gewicht erhält der V 38 aber nur dann ganz, wenn man annimmt, daß er von der Zerstörung des inneren Tempelvorhangs berichten will, denn nur dieser Vorhang hat eine zentrale Bedeutung für den Tempelkult[4]. Hinter ihm wohnt im Allerheiligsten die Gottheit bzw

---

1 καταπέτασμα scheint auch in der griechischen Welt terminus technicus "für eine Art Tempelvorhang" gewesen zu sein (CSchneider ThW III 360, 21; vgl Clemen 257; Moulton-Milligan 331f). So konnte Mk 15,38 auch im hellenistischen Bereich später verstanden werden. Die Auslegung der Kirchenväter zeigt freilich, daß beim Übergang vom palästinischen zum hellenistischen Bereich eine nicht unwesentliche Sinnverschiebung stattfand, vgl dsAr 163 A2 u im übrigen allgemein Rahner 73ff.467ff.

2 So schon in der altkirchlichen Auslegung, vgl Smith 85f. Origenes entscheidet sich zB nach längerer Überlegung für den ersten Vorhang, weil der zweite Vorhang erst in der Endzeit zerreißen werde. Mk 15,33.37.38 will ja aber gerade bezeugen, daß im Tode Jesu die Endzeit hereinbricht! Dem Bericht liegt deshalb auch jeder Historismus fern, wie ihn die neuere Exegese von V 38 bietet: Der äußere Vorhang sei gemeint, da man dessen Zerreißen sehen u hören konnte, vgl Fiebig Tempelvorhang 228f; Holzmeister Passionsliteratur 365f; Zahn Tempelvorhang 731; ders Matthäus 715f beruft sich also zu Unrecht auf altkirchliche Exegesen; Taylor according gibt auf S 596 eine Zusammenstellung der Autoren, die für u gegen den inneren Vorhang sind.

3 CSchneider ThW III 630,32ff. Nur Philo unterscheidet exakt zwischen καταπέτασμα = innerer (!) Vorhang u κάλυμμα = äußerer Vorhang (CSchneider ThW III 630,39f; vgl Strack-Billerbeck I 1043ff).

4 Vgl dazu u zum Aussehen des Vorhangs CSchneider ThW III 630f; Strack-Billerbeck I 1045.

ihr Name, ihre Gegenwart. Jeder Mensch, der unbefugt in diese
Stätte Gottes eindringt, muß sterben[1]. Nur einmal im Jahr darf
der Hohepriester am Versöhnungstag hinter diesen Vorhang treten, um Jahve das Opferblut darzubringen. Damit wird deutlich,
welche überragende Bedeutung der Vorhang am Allerheiligsten
hat, und zwar vor allen anderen Tempelgeräten und dem ganzen
übrigen Tempelbau. So wie das Allerheiligste als Wohnsitz der
Gottheit das Zentrum des Jerusalemer Tempels ist, so ist der
Vorhang an diesem Zentrum wiederum das eigentlich Entscheidende, denn nur an dieser einen Stelle kann die Gemeinde durch
Vermittlung des Hohenpriesters mit Gott verkehren, mit ihm
versöhnt werden. Eine Zerstörung dieses Vorhangs kommt darum
einer Vernichtung des Allerheiligsten und damit des ganzen
Tempels gleich[2]. Sie bedeutet die Aufhebung des Tempelkultes
und der von diesem garantierten Ordnung; denn in einem zer-
störten Tempel und Allerheiligsten, hinter einem zerrissenen
Tempelvorhang, wohnt Gott gewiß nicht mehr.

Daß man diese große Bedeutung dem inneren Vorhang des Tempels gerade auch in apokalyptischen Kreisen beimaß, geht aus
BarApk 6,7 hervor. Als nach Gottes Willen der Tempel zu Jerusalem durch die Feinde Israels zerstört werden soll, steigt
vorher ein Engel vom Himmel und übergibt die wichtigsten Ge-
rätschaften des Tempels dem Schoß der Erde zur Aufbewahrung,
damit sie im Tempel der Endzeit wiederverwendet werden können.
Der wichtigste und doch wohl deshalb zuerst geborgene Gegenstand ist der Vorhang vor dem

---

1 Vgl Lev 16,2; 10,1f u auch Ex 33,20.

2 Wollte man trotz unserer obigen Argumentation an der Auffassung festhalten, in Mk 15,38 sei der äußere Tempelvorhang gemeint, so würde im Rahmen des alten, apokalyptischen Berichtes dennoch sehr wahrscheinlich in
V 38 die Tempelzerstörung angedeutet, vgl Fiebig Tempelvorhang 232;
Lightfoot History 84 A1, die sich nicht endgültig für einen der beiden
Vorhänge entscheiden.- Die noch zu exegesierenden Interpretamente des
Evglsten, die den Sinn von V 37f in Richtung auf Hb 10,19f erweitern,
weisen damit ebenfalls darauf hin, daß in Mk 15,38 wohl der Vorhang vor
dem Allerheiligsten gemeint ist.- Vgl noch zum Problem Bonner Two 189.

Allerheiligsten[1]. Er steht sozusagen unter dem besonderen
Schutz Gottes.

Die schon im Alten Testament von den Propheten angedrohte
Zerstörung des Tempels (Mi 3,12; Jer 7,12ff; 26,4ff)[2] ist
eine zu den apokalyptischen Anschauungen vom Ende der Tage
gehörige Erwartung, die nach der wirklich erfolgten Vernichtung des Heiligtums 70 n Chr zwar stark ausgebaut wurde[3],
nichtsdestoweniger aber schon vorher bestand[4].

Der Grund zur Bildung dieses Theologumenons lag wohl in
der Anschauung, daß der Tempel Urbild und Garant für die bestehenden Lebensordnungen, ja für die von Gott geschaffene
Welt sei[5]. Die Tempelzerstörung bedeutet demnach auch die
Vernichtung des Weltgebäudes[6]. Für den Apokalyptiker fallen

---

1 In Hb 6,19; 9,3; 10,20, also in Traditionen, die gewiß mit Mk 15,38 verwandt sind (vgl Lindeskog Veil; dsAr 164 A2), ist übrigens ausdrücklich
   dieser Vorhang gemeint.

2 Wie aus Jer 26,18f hervorgeht, war das Gerichtswort des Propheten Micha
   freilich von einmaliger Kühnheit. Noch hundert Jahre später ist es gut
   bekannt u rettet das Leben des Propheten Jeremia (Weiser zwölf 233).
   Greßmann Messias 106ff sieht den Zshg von Tempelzerstörung u Weltuntergang auch in Jes 28,14-22 vorliegen.

3 Vgl die bei Strack-Billerbeck I 1045f zusammengestellten jüdischen Traditionen, die von Vorzeichen auf die Zerstörung des Tempels reden. Hierher
   gehört auch BarApk 8,1ff. Der Versuch von HLaible (Strack-Billerbeck III
   735f), mit Hilfe dieser jüdischen Traditionen die Historizität des in Mk
   15,38 beschriebenen Ereignisses zu erweisen, ist freilich ganz u gar abwegig, vgl Strack-Billerbeck I 1045f.

4 Vgl Schrenk ThW III 239f, der auch auf äthHen 90,28f; IV Esr 10,1f.48
   hinweist.

5 Vgl FJeremias 58 für diese keineswegs nur dem Judentum vertraute Vorstellung. Jeremias betont übrigens ausdrücklich in diesem Zshg, daß, entsprechend der Heiligkeit des ganzen Baues, "jeder einzelne Teil des Heiligtums... auch das Ganze repräsentieren kann" (aaO 64). Für Mk 15,38 ist
   auch noch III Hen 45 (der Vorhang vor Gottes Thron trägt das Abbild der
   Menschheit seit Adam) zu vergleichen (s Bietenhard 245). Bis ins 2.
   Jahrhundert läßt sich die rabbinische Vorstellung vom kosmischen Vorhang
   vor Gottes himmlischem Thron verfolgen (Scholem 72.117, auch 272f).

6 Nach späten jüdischen Zeugnissen hat gerade auch der innere Vorhang kosmische Bdtg (Eisler 193 A1.251; Patai 114). Für den äußeren Vorhang bestätigt dies Josephus, vgl CSchneider ThW III 631,3f; JoachJeremias Weltvollender 26f; Saintyves 426f; Patai 112 bezieht Bell V 5,4 auf beide
   Vorhänge.

Weltuntergang und Tempelzerstörung also zusammen[1]. Weiter
zeigt sich die Zusammengehörigkeit von Tempelzerstörung und
Weltuntergang daran, daß sowohl dieser wie jene durch die das
Zorngericht Gottes heraufbeschwörende Sünde der Menschen bedingt sind[2].

Wie die Spruchvarianten Mk 13,1ff par; 14,58 par; 15,29 par;
Joh 2,19 zeigen, gibt es eine neutestamentliche Tradition,
nach der Jesus selbst diese apokalyptischen Ansichten vertreten hat und eine baldige Vernichtung des Tempels und der Welt
verkündigt hat[3]. Mag man an der Echtheit dieser Jesusworte
zweifeln, jedenfalls aber zeigen diese Stellen, daß die urchristliche Gemeinde und speziell auch Markus[4] diese eben dargestellten apokalyptischen Anschauungen gekannt haben, und
zwar im engsten Zusammenhang mit den Glaubensaussagen über
den Tod Jesu.

---

1 Im AT ist mit der Zerstörung des Tempels nur die Vernichtung Jerusalems,
  des Landes u des Volkes Israel verbunden (Jer 26,4ff; Micha 3,12). Mit
  dem Tempel sinkt also die "Welt" der Israeliten in Schutt u Asche. Die
  anderen Völker und Länder gehören ja nicht zur Welt, sondern zu den be-
  drohlichen Chaosmächten, vgl die Komm zu Jes 27,1 u dsAr 155 A1. Der
  Apokalyptiker versucht mit ganzer Kraft, seiner Situation entsprechend,
  wirklich weltweit zu denken. Aber für ihn ist es deshalb auch ein
  schwieriges Problem, wie der Tempel u Jerusalem zerstört werden können,
  ohne daß zugleich auch das ganze Weltgebäude mitvergeht, vgl BarApk 3,5ff;
  10,6ff u dazu Aalen 192f.- In diesem Zusammenhang ist auch die rabbinische Legende aus Bereschith Rabbathi (bei Greßmann Messias 451f) zu nennen: Der Prophet Elia hört am Tage, da der Tempel zerstört wird, eine
  Himmelsstimme über diesen Untergang des Heiligtums klagen. "Sobald Elia
  dies vernahm, dachte er daran, die ganze Welt zu vernichten."

2 Zu: Weltuntergang durch Gottes Gericht wegen der Sünde der Menschen, vgl
  dsAr 143ff. Zu: Tempelzerstörung durch Gottes Gericht wegen der Sünde der
  Menschen, vgl Mi 3,9ff; Jer 7,1-15; 26,3ff; Strack-Billerbeck I 366.642.

3 Zu der historischen Frage, ob Jesus selbst wirklich diese Ansicht vertreten habe, vgl Vielhauer Oikodome 68; Loh 327; Bult 126f; Bultmann
  Johannes 88 A7; Michel ThW IV 888.

4 Daß speziell für Mk die Tempelzerstörung "ein Teil des Endgeschehens"
  sei, betont Marxsen Evangelist 113 in der Nachfolge Kümmels (ebd A6).

III. Mk 15,38

Sieht man die knappe Notiz von Mk 15,38, beim Tode Jesu
sei der Vorhang des Tempels von oben bis unten entzweigeris-
sen, im Rahmen des alten Kreuzigungsberichtes auf dem Hintergrund der genannten alttestamentlich-jüdisch-christlichen
Vorstellungen, so dürfte die folgende Deutung von Mk 15,38
sachgemäß sein.

In dem Augenblick, da der sterbende Menschensohn die von
Sünde und darum vom Ansturm der Chaosmächte im Zorngericht
Gottes ganz und gar verfinsterte Welt durch seinen Gerichts-
ruf vernichtet, zerreißt[1] auch der Tempelvorhang[2]. Mit dem
Todesruf Jesu und dem sich so vollziehenden Gericht[3] an der
Welt[4] wird auch der innere Tempelvorhang, dh der Tempel
selbst, von dessen Bestand die Welt abhing,

---

1 JohJeremias Markus 225 (vgl Lightfoot Mark 56): Beim Kommen des Geistes
  zerreißt der Himmel, bei seinem Hingang der Tempelvorhang, scheint mir
  das freilich nur in Mk 1,10; 15,38 vorkommende Verb σχίζειν überzuinter-
  pretieren. Ganz ausgeschlossen ist ein redaktioneller Zshg beider Stellen jedoch nicht, wenn man die kosmische Bdtg des Tempelvorhangs bedenkt,
  vgl dsAr 165 A5.6. In der Liturgie der Ostkirche teilt der Vorhang Aller-
  heiligstes u Heiliges, Himmel u Erde (CSchneider Studien 57ff.68).

2 Diesen Zshg von Mk 15,37.38 hat man in der alten Kirche noch gut gewußt,
  wenn man sagte, der Geist Jesu, der ihn beim Tode verließ, habe (physi-
  kalisch als Wind vorgestellt) den Tempelvorhang zerrissen. Dabei ergibt
  sich für die altkirchlichen Theologen die Gleichung von Welt=Tempel=Leib
  Christi (Patai 113-117 belegt die Gleichung Welt=Tempel=Leib aus dem
  Rabbinat, abgewandelt scheint sie weit verbreitet zu sein, s aaO 113 A50
  zB für Indien), vgl WBauer Leben 231 u ebd A2; Saintyves 426f (zu Hb 10,
  19f; Mk 15,38!); Farrer 180; Schulze 359f; auch Smith 85.87.89.

3 Vgl die mandäischen Parr Jonas I 278 A2. Besonders auffällig (, weil auf
  Mk 15,34.37 bezogen?) wirkt G 306. Das Haus, die ganze Tibil, wird zerstört, u die Gerechten steigen empor. In diesem Zshg heißt es wörtlich:
  "Die hebräische Rede (sic) steige empor, die in die zusammenstürzende
  Ruine geworfen ist. Dann werde die ganze Tibil zerstört". In dieser
  gnostischen Tradition ist klar Ruf-Gericht-Aufstieg miteinander verbunden. Vgl auch noch dsAr 131 A2.

4 Auch später hat man sehr wohl noch um die kosmische Bdtg des Kreuzestodes gewußt. Doch ist nun das apokalyptische Kolorit zB bei Irenäus durch
  platonische Einflüsse ersetzt (vgl Bousset Weltseele 273f). Auch in den
  gnostischen Kreuzesspekulationen fehlt das apokalyptische, nicht aber
  das kosmische Verständnis (aaO 275ff.284f).

zerstört[1]. Gott wohnt nicht mehr im Allerheiligsten[2]. Die Juden, das erwählte Volk, schlugen den Erwählten Gottes ans
Kreuz. Nun gab Gott durch den Mund des scheinbar so hilflos
Gekreuzigten auf diese furchtbare Sünde die Antwort: Er zerstört den Tempel Israels, sein durch die Sünde der Juden ent-
weihtes Haus. Er trifft damit zugleich auch das Gesetz, den
Glauben des Judentums[3].

Die Urchristenheit sagt damit im alten Kreuzigungsbericht
von ihrer Gotteserkenntnis in Christus her "nein" zu allen
jüdischen Hoffnungen, Gott werde doch für sein Volk trotz
aller Sünde und der deshalb zu erwartenden Zerstörung des
Tempels dies und alles andere Furchtbare nur tun, um nach
dem Weltende Israel in einem überaus prächtigen Tempel zu
vereinen. Gerade der Vorhang, der nach BarApk 6,7 vor der
Zerstörung für den neuen Tempel aufbewahrt wird[4], zerreißt
von oben bis unten, und vom Neubau eines schöneren Tempels
der Endzeit ist nicht die Rede. Nur das Aufhören der Finsternis, das ja mit dem Zerreißen des Tempelvorhangs zusammenfällt[5], läßt einen positiven Aspekt

---

1 Nach Origenes bedeutet das Zerreißen des Vorhangs von oben bis unten
   die Zerstörung der Welt von ihrem Beginn bis zu ihrem Ende (Smith 86).
   Für den Zshg Tempel-Welt vgl noch Patai 107ff.121ff, der rabbinisches
   Material beibringt.

2 Die kosmische Bedeutsamkeit dieses Vorgangs ist im Hb im Hinblick auf
   den Opfergedanken erweitert, vgl Käsemann Gottesvolk 146f. Die altkirchliche Exegese hat die Stellen Mk 15,38; Hb 10,19f; Eph 2,14 zusammengesehen. Euthymius zB spricht vom Vorhang als φραγμός, den der
   Erlöser bei seinem Tode spaltet (nach Nebe II 376).

3 "Wer den Tempel trifft, trifft das Gesetz, den Glauben des Judentums"
   (Michel Zeugnis 24f).

4 Wie sehr im Judentum der neue Tempel der Endzeit eigentlich nur der
   erneuerte, alte Tempel ist, zeigt gerade die BarApk, vgl Strack-Billerbeck III 186f.

5 Vgl dsAr 48.72ff.95. Finsternis u Tempelzerstörung werden auch in der
   jüdischen Apokalyptik zusammengenannt, vgl BarApk 10,12; IV Esr 10,1f
   (48); Pesiq XXII b 148b; dazu Aalen 192f.105f.260. Der dsAr 149ff
   nachgewiesene Zshg von Finsternis u Gerichtsruf schließt also auch
   die Zerstörung des Tempels mit ein. Das von der Motivgeschichte her
   als zusammengehörig erkannte Motivpaar (dsAr 151 A2) von Finsternis
   u Gerichtsruf erweitert sich damit zum "Motivgitter": Der Zshg der
   Verse Mk 15,33.34a.37.38 ist nicht zufällig, sondern traditionell u
   von daher inhaltlich tief bedingt. /Vgl dsAr 338 A334./

ahnen[1]. Hier kündigt sich eine neue Welt an. Doch sie gehört den Anhängern Jesu, nicht aber der jüdischen Nation, denn das von diesem Volk so verehrte Heiligtum besteht nur in der Zeit der Finsternis[2] und geht mit dieser im Gerichtsruf[3] des sterbenden Menschensohnes zugrunde[4].

---

1 Dieser positive Aspekt wird durch die Zusätze des Evglsten in ganz bestimmter Richtung verdeutlicht.

2 In der redaktionellen Sicht des Evglsten wird das Traditionsstück (so Loh 236) Mk 11,15ff im Hinblick auf Mk 13,1f; 15,38 bedeutsam: Jesus stellt fest, die Juden hätten den Tempel Gottes zu einer Räuberhöhle gemacht, weshalb er ihn ja auch reinigen mußte. Mk 11,15-17 kündigt aber nicht nur das Gericht an, sondern zugleich auch das damit im Gericht gegebene Heil. Der eigentliche Tempel wird ein Haus des Gebets für a l l e Völker sein, für die Heiden: Mk 15,39!

3 Wie IV Esr 10,25f; BarApk 8,1f zeigen, gehören schon nach apokalyptischen Anschauungen Gerichtsruf u Tempelzerstörung zusammen. Freilich wirken die beiden Stellen recht bildhaft u unbestimmt, so daß man keinen Traditionszusammenhang annehmen kann. Schließlich ist auch die Situation beidemal wie auch in Mk 15,38 sehr unterschiedlich. -
Weiter zu vergleichen ist auch die rabbinische Tradition, nach der Rabbi Jose (um 150) beim Gebet in einer Ruine eine Himmels s t i m m e hörte, die rief: "Wehe, daß ich mein Haus zerstört u meinen Tempel verbrannt u meine Kinder unter die Völker verbannt habe!" (Strack-Billerbeck IV 777). Schließlich sind auch die rabbinischen Legenden vom unerkannten Messias zu nennen. Das Brüllen eines Ochsen bzw die Klage einer himmlischen Stimme fällt mit der Zerstörung des Tempels zusammen. Liegt hier eine märchenhaft-legendäre Nachwirkung des Gerichtsmotives vor?
    Jedenfalls besteht dieser Zshg von Gerichtsruf der sterbenden (!) Gottheit u Zerstörung des Heiligtums (= "Weltuntergang"!) in Babylon, vgl Witzel 9.167.251.

4 Hier wird noch einmal die ganze Paradoxie des Geschehens deutlich: Mit der Finsternis wird nicht nur der von Sündern entweihte Tempel Gottes, sondern auch Jesus vernichtet, u Mk 15,39 stellt dazu fest: Es war Gottes Sohn!

§ 6 Ergebnis[1] und Folgerungen

Die motivgeschichtliche Interpretation hat die aus den Versen Mk 15,25f.29a.32c.33.34a.37f bestehende Kreuzigungstradition erneut als Einheit erwiesen. Vom Inhalt der Tradition her
läßt sich über das Ergebnis der Einzelanalyse hinaus feststellen, daß die genannten Verse wohl von Anfang an zusammen tradiert wurden[2]. Die Einheit der Tradition ist nicht zufällig,
sondern vielmehr in alttestamentlichen, apokalyptisch-jüdi-
schen Vorstellungen präformiert, insofern aus diesen Vorstellungen die einzelnen Motive wie auch der Zusammenhang ihrer
Darstellung ableitbar sind. Man kann deshalb im Blick auf Mk
15,33.34a.37.38 von einem vorgegebenen "Motivgitter"[3] sprechen. Sieht man mehr auf den Inhalt der Verse, so kann man
auch von einem vorgegebenen "Sinngefüge" sprechen, das seinen
Mittelpunkt in Mk 15,37, dem Motiv der Stimme, hat.

Darüber hinaus ist deutlich, daß sich mit Hilfe des Stundenschemas[4] und inhaltlichen, traditionsbedingten Bezügen[5]
die Verse Mk 15,25.26.29a.32c ähnlich zu dem Motivgitter (Mk
15,33.34a.37.38) verhalten wie im Motivgitter selbst die Verse Mk 15,33.38 zu Mk 15,34a.37[6]. Das Stundenschema in Mk 15,
25.33.34a macht außerdem wahrscheinlich, daß das Motivgitter
nie für sich tradiert worden ist. Von Mk 15,37 her wurde nicht
nur das Motivpaar Mk 15,33.38, sondern auch die übrigen Verse
von vornherein zu einer festgefügten Traditionseinheit zentriert.

---

1 Zum rein inhaltlichen Ergebnis vgl dsAr 152ff.167ff. Das dort Ausgeführte
  wird nicht wiederholt.

2 Damit ist die methodische Forderung von dsAr 48 zT erfüllt. Bei den Redaktionsversen des Evglsten wird sich während der Exegese endgültig zu
  zeigen haben, ob die frühere Analyse der methodischen Forderung von dsAr
  48 standhält.

3 Vgl 168 A5.

4 56f.156 u ebd A3.

5 Vgl 135 A5.153.

6 Mk 15,37 bestimmt die Anordnung von Mk 15,33.38, auf welche Ordnung dann
  wieder die übrigen Verse sinnvoll bezogen sind, und zwar so, daß Mk 15,
  37 für die ganze Tradition der Mittelpunkt bleibt.

Wie die motivgeschichtliche Interpretation zeigte, ist Mk
15,37 nicht zufällig das Zentrum der alten Tradition. Ohne
der später[1] noch vorzunehmenden Untersuchung des nach Markus
historisch wirklich Passierten vorauszugreifen, kann man
schon jetzt darauf hinweisen, daß der Höhepunkt theologischer
Aussage mit dem historischen Ereignis des Todes Jesu in Mk
15,37 zusammenfällt. Freilich wird von diesem historischen
Ereignis nicht deshalb berichtet, weil dieses Ereignis als
solches interessant ist. Das historische Desinteresse wird in
der Art der Berichterstattung von Mk 15,37 genauso evident
wie bei dem anderen, gewiß ebenso historischen Vorgang, der
Kreuzigung Jesu (Mk 15,25). Mit anderen Worten: Die Tradition
bemüht sich nicht, damals in der Gemeinde bekannte historische
Tatsachen möglichst genau zu verzeichnen. Ihr geht es vielmehr
um die Darstellung des paradoxen, theologischen Tatbestandes,
daß Jesus sich in seinem Sterben als der Menschensohn und Weltenrichter erwies. Die historischen Tatsachen sind dabei ein
den traditionsbedingten, übrigen Aussagen integrierter Bestandteil[2], nicht aber für sich und allein das Zentrum der im
Bericht verkündeten Botschaft.

Die bisherigen Ausführungen ergeben die weitere Folgerung[3],
die alte Tradition sei in apokalyptischen Kreisen des Urchristentums formuliert worden. Mit prophetischer Vollmacht ent-
nahmen diese Kreise aus dem Alten Testament und der Frömmigkeit ihrer Zeit die nötigen Farben, um in der Kühnheit und
Kraft des ersten Glaubens und unter der Macht des Geistes
stehend das von uns ermittelte eschatologische Bild vom Tode
Jesu zu entwerfen. Bedenkt man die unerhörte Radikalität der

---

1 Vgl unsere früheren methodischen Überlegungen 6, ebd A1⌐; außerdem 357⌐.

2 Die historischen Tatsachen haben nicht in ihren Einzelheiten, wohl aber
  in ihrer Gesamtheit ein entscheidendes Gewicht für den alten Bericht:
  Sie bedingen die Paradoxie der theologischen Aussage.

3 Wir verweisen hier auf die von andern Methodenaspekten her schon möglichen
  Schlüsse, die eben in dieselbe Richtung weisen, vgl dsAr 96.152 u ebd
  A4.

im Bericht verkündigten Gerichtsbotschaft[1] und das dabei ein-
gegangene Wagnis der paradoxen Aussage[2], so wird klar, daß
hier jene Urchristenheit ihren Glauben formulierte, die sich
in der Nachfolge des Gekreuzigten angesichts der Sünde der
eigenen Volksgenossen[3] als in den letzten Tagen lebend fühlte
und die darum in dem ungeheuerlichen Ereignis der Kreuzigung
ihres Meisters das Endgericht als schon geschehen ansah.

Den hinter der alten Kreuzigungstradition stehenden Kreis
von Menschen noch näher zu bestimmen, ist kaum möglich. Immerhin kann man vermuten, daß er sich nicht aus reichen und
gebildeten Juden zusammensetzte, die wohl gar mit hellenistischem Gedankengut, philosophischer Argumentation und der großen Weltpolitik vertraut waren. Vielmehr wird man an die Jünger Jesu denken müssen, wie sie uns als Fischer und einfache
Leute im Markusevangelium geschildert werden. Unter ihnen
wird jene glühende Naherwartung des Weltendes lebendig gewesen sein, die dann auch dazu verhalf, den Tod Jesu recht zu
verstehen.

Sind hier nur Vermutungen möglich, so kann auf Grund der
motivgeschichtlichen Interpretation jedoch sicher festgestellt werden, daß die Tradition sehr alt sein muß, da sie
ganz im palästinischen   Kolorit gehalten ist[4]. Das schließt
freilich keineswegs aus, daß sich hier und da der Übergang in
den Ausdrucksbereich hellenistischer und gnostischer Terminologie andeutet[5], was für das Verständnis der Zusätze des
Evangelisten von besonderer Bedeutung ist.

----

1 Das im Gerichtsvorgang enthaltene Heil wird sozusagen nur nebenbei verkündet, vgl 131.156f.168f.

2 Die Radikalität der Gerichtsbotschaft wie auch die paradoxe Aussage war
  ein Lebenswagnis gegenüber der feindlichen Umwelt: Der himmlische Menschensohn sollte der Gekreuzigte sein!

3 Vgl 131 u zu den Heiden 152 u ebd A7.

4 Vgl auch das ganz andere Verhältnis zur Historie bei den Späteren, etwa
  Lk 23,44f oder ActJoh 97f.

5 Vgl zB die Anmerkungen 153 A2.155 A5.156 A1.A3.A5.157 A1.A5.

D. Die Zusätze des Evangelisten

§ 1 Vorbemerkung

Haben wir im vorhergehenden Abschnitt den Beweis erbracht, daß unsere Analyse mit Bezug auf den zweiten Kreuzigungsbericht berechtigt ist, insofern sich dieser einheitlich aus alttestamentlich-apokalyptischen Anschauungen heraus verstehen läßt, so ist nun zu zeigen, welchen Sinn die Zusätze des Markusevangelisten haben[1].

Wenn unsere Analyse aus den verschiedensten Gründen wahrscheinlich machen konnte, daß der Evangelist wirklich in Mk 15,20b-41 Zusätze machte, so wird nun nach der motivgeschichtlichen Interpretation die Frage immer dringender, warum und in welcher Absicht er sie einfügte. Warum genügte ihm der alte Bericht nicht mehr? Wollte er ihn nur durch seine Zusätze mit dem anderen, alten Kreuzigungsbericht, den unsere Analyse ermittelte, vereinen? Gegen diese Auffassung spricht der Umstand, daß fast alle Zusätze des Evangelisten im zweiten Kreuzigungsbericht zu finden sind. War dann vielleicht das literarische Interesse des Markus, das wir beobachten konnten, der Anlaß für seine Einfügungen? Oder wollte er ihm bekanntgewordenes, historisches Material nachtragen? Beide Faktoren mögen bei den Zusätzen mitgewirkt haben. Fest steht jedoch, daß das literarische Interesse des Markus nicht der alleinige Anlaß zur Formulierung ganzer Verse sein kann und daß das Hauptinteresse der Evangelisten nicht historischer, sondern theologischer Natur ist[2]. Wir halten es deshalb für richtig, in der folgenden Untersuchung von der Voraussetzung auszugehen, der Evangelist habe einer veränderten theologischen Situation entsprechend und unter dem Einfluß des lebendigen Glaubens der Gemeinde seine Zusätze formuliert. Wir beginnen mit unserer Interpretation bei dem Zusatz Mk 15,34b, da sich von diesem Vers aus ein natürlicher Zugang zu den übrigen Redaktionsversen des Abschnitts ergibt.

---

1 Vgl unsere methodischen Überlegungen 48; auch 170 A2.
2 Vgl neben den formgeschichtlichen Arbeiten vor allem Conzelmann Mitte u Marxsen Evangelist zum Lukas- bzw Markusevangelium.

§ 2 Mk 15,34b

Die Worte des Verses 34 von ἐβόησεν an wurden durch unsere
Analyse als sekundär und als wahrscheinlich vom Evangelisten
stammend erwiesen[1]. Weiterhin sahen wir schon, daß zum Verständnis des Verses 37 neben der Gerichtssituation auch die
Notlage der Psalmbeter zu berücksichtigen ist[2]. Man wird deshalb mit der Annahme nicht fehlgehen, daß Markus V 34b einfügte, um das in V 37 ja nur mitschwingende Nebenmotiv stärker
zur Geltung zu bringen. Wie die Psalmbeter schreit Jesus in
äußerster Not[3]. Die Worte[4] aus Ps 22,2 wird man also im Sinne

1 Vgl 65ff.
2 Vgl 158f. Alleman 304 denkt auch an die Erfahrung der alttestamentlichen
  Propheten.
3 Vgl dsAr 126 A4. Dieser alttestamentliche Zug wird noch deutlicher, wenn m
  bedenkt, daß der Psalmbeter sich dann als im Tode befindlich betrachtet,
  wenn Gefangenschaft, Spott der Feinde, Durst, Anfechtung, Verzweiflung
  und Finsternis sein Teil sind (vgl Barth 93ff). Alle diese Aspekte finden sich in Mk 15,20b-41!
4 Bornhäuser Jesu 127f.194 versucht, die Worte Jesu von Textvarianten u LXX
  her historisierend zu verstehen: Jesus habe den ganzen Vers 2 aus Ps 22
  gesprochen. Sahlin 63f konstruiert einfach einen ganz neuen Wortlaut von
  V 34b! Weitere Argumentationen, die den ursprünglichen Wortlaut des Rufes
  Jesu ermitteln wollen, bei Dalman Worte 42f; Dalman Grammatik 156 A1.
  221 A1.365 A1; Brandt 229ff; Chapman 278f; Grant Earliest 104; Swete 385f;
  FZimmern 465f; Wohlenberg 376 A66. Zahn Matthäus 714 A86 tritt für die
  Ursprünglichkeit der hebraisierenden Mt-Fassung ein, da dann das Mißverständnis von W 35f historisch besser zu verstehen sei; so oder ähnlich
  auch Turner Western 12; Rawlinson 237; Schlatter Markus 273; Klost 166;
  WCAllen Gospel 186; Bacon Mark 209 A3; Blunt 263; Hunter 143; Montefiore
  373; Taylor according zählt viele Forscher für u gegen die Mt-Fassung auf
  u kommt zu dem Schluß: "Much depends on the view taken of the historical
  charakter of 35,36b." Daß man die Mt-Lesart ἠλί so oft vorzieht, zeigt
  nur die Historisierungstendenz dieser Exegesen, die schon in den Handschriften D θ it zu den entsprechenden Änderungen geführt haben wird, vgl
  Dahl Passionsgeschichte 24; Finegan 32f; dsAr der Exkurs zum Kreuzigungsbericht des Mt. Die Behauptung, ἐλωί als Elia mißzuverstehen, sei unmöglich, verkennt in ihrer historisierenden Absicht ganz den theologischen
  Zshg des Textes. Gerade durch das eigentlich nicht mißzuverstehende ἐλωί,
  kommt das radikale Mißverstehen der Menschen unüberhörbar zum Ausdruck!
  Die Mt-Fassung dagegen rationalisiert mit ihrer stärkeren Schriftgebun-
  denheit (Feigel 63) u macht so das Mißverständnis plausibler (so richtig
  Lagrange 433). Also spricht gerade auch der Umstand, daß Mk 15,34ff
  "künstlicher" wirkt (Finegan 76) als die Mt-par, dafür, daß diese von jener abhängt, die Darstellung des Mk also primär ist (mit Weidel II 265
  gegen Bertram Leidensgeschichte 85; JWeiß drei 219). Bei dieser Sachlage
  ist es natürlich unsinnig, auf Grund von V 34b zu behaupten, Jesus sei
  mit der hebräischen Bibel gut vertraut gewesen(WCAllen in Sanday 306;Dal-
  man Jesus 187). WCAllen Gospel 186 sieht in V 34b ein "evidence for an
  original Aramaic form of the Gospel", doch kaum zu Recht, da Mk ähnlich
  wie Joh anscheinend gerne aramäisch zitiert (vgl JWeiß drei 219; Klost
  166) u somit hier wiederum ein Indiz für seine Redaktionstätigkeit vorzuliegen scheint. Zum aramäischen Urmarkus vgl im übrigen Grant Earliest

des Evangelisten ganz radikal verstehen müssen[1], zumal sie
auch auf dem Hintergrund von V 33 zu sehen sind: Im Ansturm
der Chaosmächte ist Jesus wirklich von Gott verlassen. Er,
der Unschuldige, erträgt für die spottenden, von Blindheit
geschlagenen Sünder das göttliche Zorngericht[2].

Daß aber der Gekreuzigte selber seine Gottverlassenheit
mit den Worten der Heiligen Schrift ausdrückt, zeigt, wie er
auch in solcher Verlassenheit dennoch der dem Willen Gottes
Gehorsame, der "Sohn" ist. Es ist deshalb auch kein Zufall,
daß er den ihn so behandelnden Gott "seinen" Gott nennt[3]
und zugleich doch fragen muß: "Warum[4] hast Du mich

89ff; Burrows 117ff; Bacon Mark 204ff; Black Approach; ders Problem 174;
Taylor according 55f; Larfeld 183f. Überschaut man die Diskussion, so
dürfte Bultmann Erforschung 5f recht haben: Hinter der Mk-Darstellung
steht gewiß aramäische Überlieferung, doch ist das Mk-Ev ebenso gewiß
keine Übers aus dem Aramäischen. ⟨Vgl dsAr 314ff.⟩

1 Vgl JoachJeremias Gebetsleben 139; Hunter 145; Taylor Sacrifice 162;
  Lightfoot Mark 55; Schelkle 55f; Bonner Sardis 16.29.99 gegen Gould zSt.

2 Vgl Stählin ThW V 447,23ff; auch Alleman 304; Blunt 263; Macleroy 326;
  Taylor Atonement 20.74f; Loh 345 zitiert Mk 9,31.

3 Vgl Schlatter Erläuterungen[5] 413; Schelkle 45 A38; Hasenzahl 115.136f;
  Dib 194f; Dibelius Jesus 117f.

4 Zu τί als interrogativer Partikel vgl Black Approach 88. Zu V 34b insgesamt vgl Hasenzahl 103-145, der zT recht gute Perspektiven aus AT u NT
  beibringt.

verlassen?"[1] Die eben aufgezeigte Situation dieses Jesuswor-
tes wie seine Formulierung zeigen damit, wenn auch in abgewandelter, zT umgekehrter Akzentuierung, dieselbe Paradoxie
wie der V 37[2]. Ein psychologisches Verstehen dieser Paradoxie, wie es in der modernen Exegese versucht wurde, ist vom
Text her nicht legitimiert und führt zur Einebnung der genannten Gegensätze und zum Verlust der ursprünglich intendierten
theologischen Aussage. Die weithin bei der Interpretation von
V 34b angewandte psychologische Nomenklatur[3] ist deshalb zumindestens irreführend[4]. Deshalb sollte man besser weder von

---

1 Indem Jesus in seinem Gebetsschrei nicht mehr um Bewahrung vor dem Tode
  u um Rache an seinen Feinden bittet, sondern nach Gott selbst fragt
  (vgl Goppelt Typos 153 A41), kündet sich in seinen Worten der tiefsten
  Erniedrigung schon über alle alttestamentlichen Gebetserhörungen hinaus
  seine Erhöhung, "ein neues Gottesverhältnis, eine neue Daseinsform" an
  (Stauffer ThW I 626).

2 Vgl dsAr 159.171f. Luther hat in grandiosen Worten diese Paradoxie radikal zugespitzt interpretiert: "Die Sünde muß ihn erschreckt haben;
  sie hat ihm nichts erspart, sondern alles reichlich an ihm ausgerichtet, dazu die Welt und sein eigenes schwaches Fleisch und endlich Satan
  selbst. Die Sünde hat die Gerechtigkeit niedergeschlagen, das Fleisch
  hat den Geist versenkt und der Teufel hat Gott von seinem Thron gestoßen. Was oben liegen sollte, das liegt jetzt unten, und umgekehrt. Das
  Leben ist jetzt der Tod; der Himmel ist die Hölle; die Gerechtigkeit
  in Christus ist jetzt Sünde. Gott ist Teufel geworden, und die Hölle
  ist Himmel geworden" (zitiert nach Tiililä 233, vgl WA XXIX 253). Vgl
  zu V 34b noch Stewart 154: Die Kreuzigung ist einmal das Werk menschlicher Sünde u zum anderen das Werk Jesu selbst!

3 Schon bei Luther zeigt sich die in der Psychologisierung wirksame Tendenz der Spiritualisierung (vgl Loewenich Luther 250f; Milhaupt 18:
  "Angstschrei"!). Doch dient sie dem Ausdruck der Paradoxie, vgl dsAr 176
  A2. Ganz anders u falsch dagegen etwa BWeiß Evangelien 272f; ders Parallelen 500.

4 Vollkommen abwegig ist eine historisch-bewußtseinspsychologische Argumentation für oder gegen die Messianität Jesu, wie sie Lofthouse 188ff;
  JoachJeremias Gebetsleben 139 auf Grund von Mk 15,34b versuchen. Eine
  konsequente Psychologisierung des Textes führt notwendigerweise zu
  einer Vermenschlichung des Berichteten und damit an der Botschaft des
  Textes vorbei. Angesichts des V 34b müssen alle Kategorien bloßer Be-
  wußtseinspsychologie versagen,u als einzig angemessener Ausdruck bleibt
  die nicht auflösbare paradoxe Aussage.

einem "Verzweifelungsschrei"[1] noch von einem "Ruf des Gott-
vertrauens"[2] reden, sondern allenfalls davon, daß Jesu Worte
aus Ps 22,2 beides zugleich sind. Der V 34b steht also mit
dem V 37 in einem Wechselverhältnis und ist auch in sich
selbst (wie der V 37!) auf dem Hintergrund von V 33[3] so ge-
gliedert, daß deutlich wird: Nur der so tief erniedrigte
Mensch[4], der so vollkommen am Kreuz vereinsamt Sterbende[5],
ist durch seinen Gehorsam[6] nach Gottes Willen[7] zugleich
auch der Richter und Herr der Welt, der in Macht Erhöhte[8].
Daß er, der gleich in V 37 diese Welt und ihre Mächte (Vv
33.38) durch seinen Gerichtsruf vernichten wird, hier in
V 34b so hilflos und unwissend nach Gott und dem Warum seiner Leiden fragt, ist ebenso unbegreiflich wie die Tatsache, daß der Gerichtsruf von V 37 zugleich sein Todesschrei
ist.

---

1 So zB Lofthouse 189, der für möglich hält, daß Jesu Gottvertrauen
  "suddenly swept away". Die sogenannte liberale Exegese argumentierte
  häufig so, um dadurch die Historizität von V 34b zu erweisen.- Ganz
  abwegig Blunt 263, der in V 34b eine Rebellion gegen Gott sieht.

2 So Alleman 304; Menzies 280f; Wohlenberg 377; Schmid Evangelium zSt;
  Pölzl 335. Vgl im übrigen die Überblicke bei Strauß II 528f; Montefiore 371f; Taylor Sacrifice 157ff; ders according 594.

3 Lohmeyer-Schmauch 393 A1 (zu Mt 27,45f) sehen die Traditionsstruktur
  des Textes nicht (dsAr 65ff) u exegesieren deshalb: Die Finsternis
  hört auf, damit Jesus sein Psalmgebet bei "klarem Himmel" sprechen
  kann. Solch weihevoller Naturalismus verkennt die eigentliche Intention des Kreuzigungsberichtes bei Mt wie bei Mk.

4 Schelkle 197 sieht in Vv 34.37 nur die Erniedrigung.

5 Vgl Hb 5,7f; Php 2,8; 2.Kr 13,4.

6 Dalman Jesus 187: "Der Notschrei... ist... eine Tat des Gehorsams".
  Freilich psychologisiert Dalman unzulässig.

7 Auch u gerade die Gottverlassenheit ist ja nach der "Schrift" (vgl
  außer Ps 22,2 noch Ps 31,23; 88,15ff; dsAr 174f), also ein Beweis
  für Jesu Messianität (Feigel 68; vgl Dib 194f; Drews Christusmythe
  II 219f).

8 Vgl dsAr 157 A5. 159 A2. 176 A1.- Unsere obigen Argumentationen machen deutlich, daß man V 34b nicht einfach als eine schematische
  Dublette zu V 37 ansehen darf. V 34b wurde vielmehr in ganz bestimmter theologischer Absicht eingefügt.

Sieht man V 34b nicht nur auf dem Hintergrund des alten
Berichtes, sondern auch im Zusammenhang mit den übrigen Zusätzen des Evangelisten (Vv 29b-32b.35f), so steigert sich
die eben dargestellte Paradoxie des Kreuzesgeschehens noch
um eine weitere Dimension. Die vor Augen stehende Hilflosig-
keit des Gekreuzigten wird durch die Verspottung und das
Mißverstehen der Menschen unterstrichen und doch zugleich
auch in diesen Redensarten (Vv 29b-32b) und Handlungsweisen
(Vv35f) als bald offenbar werdende, jetzt noch verborgene
Herrlichkeit interpretiert.

Bevor wir jedoch den Evangelistenzusätzen in dieser ihrer
theologischen Bedeutung nachgehen, ist kurz im Blick auf unsere Analyse hin zu fragen, ob sie durch die eben erfolgte
Exegese bestätigt wurde[1]. Wurde der V 34b wirklich zu Recht
als späterer Zusatz bezeichnet? Und stammt der V 34b wirklich vom Evangelisten selbst?

Auf diese Fragen läßt sich eine dreifache Antwort geben[2].
1. Unsere Exegese hat erwiesen, daß der V 34b nicht einfach
nur rein formal als sekundäre Interpretation von V 37 angesehen werden kann[3]. 2. Weiter wurde gerade eben betont, daß
V 34b erst auf dem Hintergrund der übrigen Zusätze ganz verständlich wird, die wiederum nur aus dem Gesamtzusammenhang
des Markusevangeliums recht verstanden werden können, wie
die gleich folgenden Abschnitte unserer Arbeit zeigen werden. 3. Schließlich ist nicht gut vorstellbar, daß V 37 je-
mals direkt auf V 34b gefolgt sein soll, da ohne die von V
34b provozierten Verse 35.36 V34b allein in dem alten Bericht wie ein Fremdkörper wirken würde. Dem alten Bericht
ist ja sehr wichtig, daß bis zum Gerichtsruf des Menschen-

---

1 Vgl dsAr 48. 170 A2. 173 A1; Bemerkungen zur Methode.

2 Vgl zu diesen Antworten schon dsAr 65ff. 177 A8.

3 Vgl dsAr 65 A4 gegen Bertram Leidensgeschichte 83; JWeiß drei 220;
  Feigel 68, die den Formalismus der Schriftbenutzung überbetonen.
  Die novellistische Tendenz der Verdoppelung (vgl Bult 304ff) hat bei
  Mk, wie wir sahen, einen ganz bestimmten Sinn. Die auf V 34b beruhen-
  den Vv 35f bestätigen, daß der Evglst seinen Zusätzen ganz besondere
  Bedeutung zumißt, vgl Dib 194.

sohnes (V 37) dieser keinen Laut von sich gibt und auch sonst
keine wörtlich angeführte, menschliche Rede die Aufmerksamkeit auf sich zieht[1]. Alle Aufmerksamkeit gilt dem hereinbrechenden Gericht, und auch das Schweigen dient der Darstellung
dieses Vorgangs. Aus diesen drei Gründen[1a] kann wohl kaum
länger ein Zweifel daran bestehen, daß V 34b zusammen mit den
Versen 29b-32b.35.36 vom Evangelisten in den alten Bericht
eingefügt worden ist. Die nun folgende Auslegung von Mk 15,
35f wird dieses Urteil, wie oben angekündigt[2], weiter bestätigen.

§ 3 Mk 15,35f

I. Die Bedeutung des Propheten Elia im Judentum
   Auf die Bedeutung des Propheten Elia für das Judentum ist
schon oft hingewiesen worden[3]. Im Hinblick auf Mk 15,35f sind
vor allem zwei Vorstellungen wichtig[4].

Einmal gilt, daß Elia nach jüdischer Anschauung dem in Not
geratenen Frommen zu Hilfe eilt[5]. So wird zB von Rabbinen
erzählt, Elia habe sie im letzten Augenblick vor dem Urteil
der Römer (bzw vor römischen Verfolgern) durch sein Erscheinen bewahrt[6]. In denselben Zusammenhang gehören auch die an-

---

1 Vgl dsAr 93ff.

1a Vgl außerdem noch dsAr 174 A4: Die aramäisierende Wiedergabe von V
   34b (Ps 22,2) könnte ein weiterer Hinweis auf die Redaktionstätigkeit
   des Mk sein. ⌐Vgl dsAr 317.⌐

2 Vgl dsAr 178 Punkt 2.

3 Eine Zusammenfassung des jüdischen Materials bietet Strack-Billerbeck
   IV 764-798; vgl auch JoachJeremias ThW II 930ff.

4 Vgl zum Folgenden Menzies 281; Rawlinson 237.

5 Vgl JoachJeremias ThW II 932f. Die Vorstellung wirkt bis in den Volksaberglauben nach (Sartori HDA II 782).

6 Vgl Strack-Billerbeck IV 770. Daß Elia gerade vor den Römern bewahrt,
   könnte im Hinblick auf Mk 15,35f besonders wichtig erscheinen. Doch
   legt der alte Bericht ja gerade auf diesen Aspekt keinen besonderen
   Wert (vgl dsAr 152 A7) u der Evglst in seiner Weise auch nicht, vgl
   dsAr 70f.

deren rabbinischen Geschichten, nach denen Elia die Frommen tröstet[1], Kranke heilt, Arme reich macht[2] und die Sünder straft[3].

Zum andern ist im Hinblick auf Mk 15,35f wohl wichtig zu vermerken, daß das Judentum Elia als den Vorläufer des Messias ansah. Das vorhandene Material der jüdischen Überlieferung ist jedoch nicht ganz einheitlich. Gemäß Mal 3,1.23 wird angenommen, Elia erscheine kurz vor dem Endgericht[4] als Wegbereiter G o t t e s [5]. Auch beim Gericht selber ist er zugegen[6]. Besonders im Rabbinat findet sich dann die Anschauung, Elia sei der Wegbereiter des Messias in der Endzeit[7]. An der Niederringung der Weltmächte hat er Anteil, er tröstet Israel und bringt die frohe Botschaft, daß die Knechtschaft vorbei und Gott nun endgültig König geworden sei[8]. Dabei ist ein Teil der rabbinischen Tradition der Ansicht, Elia werde unmittelbar vor dem Tage Jahves erscheinen. Andere Rabbinen sagen dagegen, er werde drei Tage oder einen Tag vor dem Messias kommen[9].

---

1 Vgl Strack-Billerbeck IV 769f.

2 Vgl aaO 772f.

3 Vgl aaO 776.

4 Ursprünglich ist in Mal 3,1 Elia nicht gemeint (vgl zur Schwierigkeit der Exegese JoachJeremias ThW II 932 A8; Elliger 197). Aber die Rabbinen sehen von Mal 3,23f her Elia auch in Mal 3,1 genannt (vgl Strack-Billerbeck IV 780; JoachJeremias ThW II 932).

5 Vgl JoachJeremias ThW II 933,9-20.

6 Vgl Strack-Billerbeck IV 780f, der betont, daß Elia in den Pseudepigraphen keine entscheidende Rolle spielt. Bis in den Volksaberglauben wirkt die oben genannte Vorstellung nach (Sartori HDA II 784f; Peuckert HDA I 499).

7 Vgl Strack-Billerbeck IV 784ff; Bousset-Greßmann 232f; JoachJeremias ThW II 933,21ff. Die ältere Vorstellung von Elia als Wegbereiter Gottes, die sich neben Mal 3,23f auch in Sir 48,10 findet, hat im Rabbinat weniger große Bdtg, vgl Strack-Billerbeck IV 783; JoachJeremias ThW II 933. Elia gilt auch als Hoherpriester der Endzeit, vgl aaO 934. Womöglich waren diese Anschauungen auch bei der Sekte am Toten Meer lebendig, vgl Molin 149.

8 Vgl Strack-Billerbeck IV 785ff; Dalman Messias 12f.

9 Vgl Strack-Billerbeck IV 787f.

II. Die Bedeutung des Elia im Mk-Evangelium

Stimmt die früher von anderen Methodenaspekten her wahrscheinlich gemachte Behauptung, Mk 15,35f sei eine Einfügung des Evangelisten, so muß sich nach den Prinzipien der
redaktionsgeschichtlichen Interpretation[1] von den übrigen
Elia-Stellen des Evangeliums etwas für die Erklärung von Mk
15,35f erheben lassen[2]. Im folgenden geben wir eine kurze
Längsschnittexegese[3] der in dieser Hinsicht wichtigen Texte
des Markusevangeliums.

Wir beginnen unsere Untersuchung bei dem Abstiegsgespräch
Mk 9,11.12.13, das ja höchstwahrscheinlich erst von Markus
hinter die Verklärungsgeschichte eingefügt wurde[4]. Die Jünger fragen Jesus, warum die Schriftgelehrten sagen, zuerst
müsse Elia kommen (V 11). Hinter dieser Frage steht wohl die

---

1 Vgl dsAr 7 A5./‾181 A3. 358f. 366ff.‾7

2 Unseren folgenden Ausführungen liegt die Tatsache zugrunde, daß Mk den
  Rahmen seines Ev selbst in ganz bestimmter theologischer Absicht schuf,
  vgl dazu schon KLSchmidt Rahmen u neuerdings Marxsen Evangelist, besonders 34. Die Diskussion mit KLSchmidt bei Dodd Framework 396ff; Dodd
  Studies 1ff ist nur insofern zu berücksichtigen, als sie klarstellt,
  wie sehr Mk bei all seinen theologischen Entscheidungen als in der urchristlichen Tradition stehend gedacht werden muß. Die Freiheit des
  Evglsten bei seiner Redaktionstätigkeit ist freilich trotzdem insofern
  gegeben, als die Tradition in jener urchristlichen Zeit in noch ganz
  lebendiger Beziehung zur jeweiligen geschichtlichen Situation stand.
  Der Erhöhte wirkte durch seinen Geist in den Gemeinden u gab dem Evglsten
  gewiß die Freiheit zur sachgemäßen Auslegung überkommener Traditionen.
  Vgl die bei Bult Ergänzungsheft 302 genannten Versuche, die älteste
  Passionsüberlieferung von der Redaktion des Mk zu trennen.

3 Dieser Terminus will besagen, daß wir die im folgenden exegesierten Texte nur auf ihren Aussagewert im Rahmen u Aufbau des ganzen Ev, soweit
  dieser im Hinblick auf die Zusätze des Evglsten wichtig ist, hin befragen.

4 Vgl Bult 356. Dabei mag Mk auf Tradition zurückgegriffen haben (Dib
  228f; Loh 183f), doch wird es sich in Mk 9,12 kaum um ein historisches
  Herrenwort handeln (gegen Otto 209; JoachJeremias ThW V 704 A406. 712,
  6.29ff, der die Unbestimmtheit von Mk 9,11-13 für seine Historizität anführt. Dabei entsprechen die Verse genau dem theologischen Anliegen des
  Mk, vgl dsAr 181ff). Beachtet man mit Sundwall Zusammensetzung 57 den
  literarischen Stil der Verse u daß sie ihrem Gehalt nach Theologie u
  ihrem Ursprung nach Reflexion sind (Dib 228), so wird die Einfügung
  durch Mk ganz sicher, wenn man sieht, wie es gerade die Theologie des
  Mk ist (s o), die sich hier reflektierend bemerkbar macht.

vorhin geschilderte, jüdische Auffassung[1], daß vor dem Messias,
der nun in der Person Jesu ja von Markus beschrieben wird, Elia
als sein Vorläufer gekommen sein müsse. Aus der positiven Aufnahme der Jüngerfrage durch Jesus darf man schließen, daß auch
nach Markus und der ihn bestimmenden christlichen Tradition
Elia wirklich als der Vorläufer des Messias Jesus galt, der
alles "zurüstet"[2], bevor der Messias kommt. Der Vers 12b zeigt
nun aber, daß Markus die übernommene, jüdische Vorstellung pa-
radox-polemisch verstanden hat. Das "Zurüsten" und "Zurecht-
stellen", das Elia in der Endzeit übt, bedeutet nicht, wie das
Judentum gemäß Mal 3,24f annahm, eine Aussöhnung von Vätern
und Söhnen, eine Befriedung des ganzen Volkes, so daß Gott es
mit seinem Gericht gnädig behandeln kann. Vielmehr bedeutet
die Sendung des Elia redivivus genau umgekehrt die endgültige
"Zurüstung" des Volkes zum Gericht[3], denn dieses Volk ist ab-
grundtief sündig. Wie könnte sonst geschrieben stehen[3a], daß
der Menschensohn[4] viel leiden muß und verachtet werden soll
und so in seinem Tode das Gericht über das jüdische Volk geschehen wird (Mk 9,12b mit Bezug auf 15,37)? Dies aber, was

---

1   Vgl dsAr 180 u οἱ γραμματεῖς Mk 9,11; vgl auch JoachJeremias ThW II
    938,3ff.

2   Zu dieser Übers von ἀποκαθίστημι vgl Loh 182 u JoachJeremias ThW II
    935.938,13f: Die in Mk 9,12 von Elia erwartete Aufgabe ist die innere
    u äußere "Restitution des Gottesvolkes".

3   Die paradox-polemische Aufnahme jüdischer Tradition durch Mk läßt den
    alttestamentlichen Hintergrund des Wortes ἀποκαθίστημι, die Wendung
    שוב שבות, wieder zur Geltung kommen: "die Zeitwende herbeiführen"
    (Oepke ThW I 387,14).

3a Gegen die die wahre Meinung der Schrift verkennende Auffassung der
    Schriftgelehrten wird die rechte Schrifterkenntnis gesetzt; so ist
    das Nebeneinander von Vv 11.12a und V 12b zu verstehen. Vgl dazu wei-
    ter A4.

4   Der Terminus "Menschensohn" dürfte im Blick auf Mk 15,37 nicht zufäl-
    lig sein. Die Schriftgelehrten erwarten Elia als Vorläufer des natio-
    nalen Messias zur Rettung u Befreiung des Volkes. Statt dessen ist Elia
    der Vorläufer des Leidenden, Verachteten, der gerade in seinem Leiden
    und Sterben der das sündige Volk richtende Menschensohn ist.

geschehen wird und geschehen soll, ist schon jetzt ganz deutlich zu erkennen, denn der Prophet Elia ist schon gekommen[1].
Er war schon da! Aber das sündige Volk hat, anstatt sich von
ihm wirklich bekehren und befrieden zu lassen, mit ihm gemacht, was es wollte. Sie haben ihn getötet und umgebracht
(Mk 9,13), - und auf diese Weise hat der Prophet das Volk
endgültig "zugerüstet" für das Zorngericht Gottes.

Der in Mk 9,11-13 geschilderte "Disput zwischen Torabe-
flissenen"[2] geht von der nur halbrichtigen Schrifterkenntnis
der Gegner Jesu (V 11) aus, um von dort her (V 12a) zur wahren Erkenntnis des Menschensohnes (V 12b) und damit auch zur
wahren Erkenntnis des Elia zu kommen (V 13), der ja nichts
anderes als der Vorläufer des Menschensohnes ist. Der Leitfaden dieses Erkenntnisweges ist die Schrift, der offenbare
Wille Gottes. Falsche und richtige Schrifterkenntnis unterscheiden sich dadurch, daß jene von bloßer menschlicher
Überlieferung her die Schrift versteht[3], diese dagegen schon
um das Kreuzesgeschehen weiß und von daher die Schrift versteht. Für den in diesem Sinne Wissenden entschleiert sich
das in der unbestimmten Formulierung[4] von Mk 9,11-13 verborgene Messiasgeheimnis[5]. Im Schicksal des Elia weiß er nun um
das mit dem Tode Jesu sich vollziehende Gericht. Als Leser
des ganzen Markusevangeliums weiß er aber auch aus anderen
Stellen, wer der Elia redivivus war.

---

1 Mit dieser Exegese sind alle Interpolationsversuche wie auch die Lesart von D (vgl Klost 89) als unnötig erwiesen. Das bisher ermittelte
  Verständnis des Kreuzigungsberichtes u der Umstand, daß Mk Joh.d.T. gerade in seinem Todesschicksal als Vorläufer Jesu versteht (vgl dsAr
  183ff), scheint uns keine andere Exegese zu gestatten.

2 Loh 183; vgl Dib 228f.

3 Vgl dsAr 182 A3a.4 u Mk 7,8f.13. Daß die halbrichtige Schrifterkenntnis
  der Gegner Jesu zugleich total falsch ist, entspricht ganz der Sachlage
  in Mk 15,29b-32b, wie noch zu zeigen ist. Mk gebraucht hier wie dort
  dieselbe schriftstellerische Technik mit derselben theologischen Abzweckung.

4 Diese ist absichtlich! Vgl Mt 17,13.

5 Die starke Bezogenheit des Messiasgeheimnisses auf Mk 15,20-41 ist bisher wohl zu wenig gesehen worden. /Vgl Schreiber Theologie 77./

In Mk 1,1-8 hat der Markusevangelist[1] Johannes den Täufer als den Vorläufer Jesu und wiedererstandenen Elia[2] deutlich gekennzeichnet. Mal 3,1, die im Judentum auf den Elia redivivus gedeutete Stelle, wird in leicht abgewandelter Form[3] mit Jes 40,3 kombiniert und beschreibt so die Tätigkeit des Johannes. Der Ledergurt, den er um seine Lenden trägt, erweist ihn auch rein äußerlich als den neuerstandenen Propheten (Mk 1,6)[4], der das sündige Volk zur Buße ruft (vgl Mk 1,4f mit Mal 3,24f).

Das Ende und der Erfolg dieser Tätigkeit des Elia redivivus ist aber nicht erst in Mk 9,11-13 genannt, sondern schon in Mk 1,14, und zwar mit dem einen Stichwort παραδιδόναι: So wie der Menschensohn in die Hände der Sünder "übergeben" wird, genauso geschieht es seinem Vorläufer[5]. Nicht nur in seiner Verkündigung, nein, bis in seinen Tod hinein erweist sich Johannes der Täufer als der wahre Wegbereiter.

---

1 Die Verse sind von Mk zumindest stark überarbeitet, wenn nicht sogar erst ganz neu zusammengestellt worden, vgl KLSchmidt Rahmen 18f; Klost 3; Sundwall Zusammensetzung 6; Marxsen Evangelist 18. Loh 9f ist für bloße Übernahme alter Tradition durch Mk.

2 Die öfters aufgestellte Behauptung (vgl JoachJeremias ThW II 938 A66), Joh.d.T. habe sich selbst als Elia angesehen, ist aus den Quellen in keiner Weise zu belegen (aaO 938f, besonders 939 A73).- Zu der indirekten Darstellungsweise des Mk vgl die ganz andere Art, in der etwa die Pistis Sophia in späterer Zeit davon redet, Elia sei im Leibe des Joh. d.T. erneut auf die Welt gekommen (CSchmidt 259,30; auch 9,6.14).

3 Die Änderung von Mal 3,1 nach Ex 23,20 in Mk 1,2 (σου statt μου) zeigt, daß Mk Johannes als den Vorläufer des Messias u nicht Gottes verstanden wissen will, vgl Loh 11; Klost 5; JoachJeremias ThW II 938 A65.

4 Vgl 2.Kö 1,8 u dazu Strack-Billerbeck I 98; Klost 3.7; Loh 16f; Joach Jeremias ThW II 939 A70.

5 Das Verb παραδιδόναι kommt 20mal bei Mk vor. 14mal bezeichnet es die Übergabe Jesu zum Leiden, 3mal die Übergabe seiner Nachfolger zum Martyrium um seines Namens willen u einmal, wie schon oben ausgeführt, die Übergabe Johannes des Täufers. Der Vorläufer hat also genau dasselbe Schicksal wie der Erlöser selbst u die ihm nachfolgen, vgl Loh 29; Marxsen Evangelist 23; Büchsel ThW II 172,1ff. Von den 20 Markusstellen sind also nur zwei (Mk 4,29; 7,13) nicht im Sinne der Leidensterminologie gebraucht.

Mk 6,17-29[1] führt weiter aus, was in Mk 1,14 nur angedeutet ist. Sie, die unbußfertigen Sünder, machen wirklich mit ihm, was sie wollen (Mk 9,13). Herodes, der verblendete König eines verblendeten Volkes, legt Elia[2], den von Gott gesandten Vorläufer des Messias, in Ketten, weil ihm seine Bußpredigt mißfällt. Die Tochter des Königs tanzt um den Preis, den Kopf des Johannes zu erhalten, und gewinnt, und die Hinrichtung geschieht, weil die Königin, ihre Mutter, dies rät, um den lästigen Mahner zur Buße ein für allemal los zu sein.

Mk 6,15[3]; 8,28 aber zeigen, daß das Volk nicht besser als sein König ist. Sie, die hinausliefen, um Buße zu tun (Mk 1,5), sie vermuten nun, da Johannes der Täufer den Tod des Vorläufers starb, Jesus sei der erwartete Elia. Damit dokumentieren sie eindeutig ihre Blindheit gegenüber dem Erlöser und seinem Vorläufer.

---

1 Wie allgemein angenommen wird, ist Mk 6,17-29 eine vielleicht aus Täuferkreisen stammende (V 29!), jüdisch-hellenistische Legende, vgl Klost 58; Loh 117ff; Sundwall Zusammensetzung 37f; Bult 328f. Trotzdem ist sie im Mk-Ev nicht nur aus literarischen Gründen, um den Zeitraum zwischen Jüngeraussendung u Jüngerrückkehr auszufüllen, eingefügt; auch nicht bloß deshalb, um verständlich zu machen, daß Jesus nun aus Furcht vor Herodes mit seinen Jüngern fortzieht (so KLSchmidt Rahmen 178; Hauck Markus 76f). Entscheidend für die Einfügung dürfte vielmehr die oben geschilderte theologische Gedankenführung für die Hereinnahme der Legende gewesen sein. Das skandalöse Ende des Vorläufers soll dem Leser über Mk 1,14; 9,13 hinaus eindrücklich gemacht und damit schon die Passion Jesu signalisiert werden, vgl Schnie 95.

2 Einige Motive der atlichen Eliageschichten finden sich in Mk 6,17-29, vgl Schnie 95; Loh 119.121; Hauck Markus 78; Taylor according 312. Entscheidend für unsere Exegese ist freilich die von Mk 1,1ff her eindeutige Sicht des Mk.

3 Womöglich ist Mk 6,15 sekundär (vgl Bult 329; anders Sundwall Zusammensetzung 37). Für unsere Längsschnitt- oder Rahmenexegese läßt sich jedenfalls schon jetzt feststellen, daß der zwischen den einzelnen Stellen bestehende Zusammenhang vom Evglsten hergestellt worden sein muß. Sie dienen alle einer ganz bestimmten Auffassung von Johannes dem Täufer als Elia redivivus u Vorläufer Jesu. Conzelmann Mitte konnte nicht umsonst gerade auch in diesem Punkt die Änderung des Lk nachweisen.- Mk 1,14a ist offensichtlich sekundär, vgl Klost 11.

Kann man das Verhalten des Volkes und auch des Königs (vgl
Mk 6,20.26) eventuell noch für entschuldbar halten, so macht
Mk 11,27-33 deutlich, daß solche Nachsicht gegenüber den
eigentlichen Feinden Jesu, den Hohenpriestern, Schriftgelehrten und Ältesten jedenfalls nicht angebracht ist. Wie Mk 11,
30-33[1] erkennen läßt, gebrauchen sie ihren ganzen Witz und
Verstand nur dazu, um Jesu Vollmacht und die seines Vorläufers Johannes nicht anzuerkennen. Ihr "Wir wissen es nicht"
(Mk 11,33) entspringt nicht naiver Verblendung und Unwissenheit (vgl Mk 6,14f; 8,28), sondern abgrundtiefem Haß und der
Absicht, ihn zu töten (vgl Mk 3,6; 11,18; 12,12; 14,1)[2]. Dabei ist deutlich, daß diese Absicht den Vorläufer Jesu voll
mittrifft, ja schon längst getroffen hat: Mk 11,27-33 berichtet so von Johannes, daß klar wird, seine Tätigkeit ist zu
Ende, - und sie glaubten ihm nicht (Mk 11,31) und brachten
ihn um (Mk 6,17ff). Im Schicksal des Vorläufers ist wirklich
das Schicksal des Erlösers ablesbar vorgezeichnet und dies
alles, weil so die Schrift in Erfüllung geht und Gott es so
will (Mk 9,11-13)[3].

Die Verklärungsgeschichte macht vollends deutlich, wie
groß die Verblendung der Menschen angesichts des Erlösers
und seines Vorläufers ist und daß die Zugehörigkeit Johannes
des Täufers zu Jesu Person und Werk nicht nur für diese
Weltzeit gilt. Der von seinen Jüngern begrabene Elia redivivus (Mk 6,29) wird nun auf dem Berge der Verklärung[4] als

---

1 Die Verse sind wohl sekundärer Zusatz, vgl Klost 119; Bult 18; anders
  Loh 240ff. Vgl auch dsAr 186 A2.

2 Die von uns vorgenommene Differenzierung zwischen Volk u Hohenpriestern
  usw wird gerade auch durch die obigen Stellen gerechtfertigt. Vgl auch
  Mk 15,1.3.10 u besonders V 11. Die Herodianer von Mk 3,6 (vgl 12,13)
  scheinen Mk 6,17-29 vorzubereiten u damit mehr auf die Seite der Hohenpriester u sonstigen Erzfeinde Jesu zu gehören.

3 Mk 9,11-13 kann als kurze theologische Zusammenfassung des Evglsten angesehen werden, die alles enthält, was in den übrigen Johannesstellen
  mehr oder weniger ausführlich erzählt wird. Unsere Deutung ging deshalb
  von dieser Stelle aus u benutzte sie zur Erschließung der übrigen Stellen.

4 Byington 94 versucht den Berg der Verklärung historisch zu bestimmen;
  wohl kaum zu Recht, vgl Klost 86; Loh 174.

derjenige offenbar, der er immer schon war, nun aber in Herrlichkeit ist: Er, der Vorläufer und Wegbereiter des Herrn bis
in den Tod, erscheint nun zusammen mit Moses den drei Vertrauten, Petrus, Jakobus und Johannes, als der himmlische Beglei-
ter des inthronisierten Messias[1] (Mk 9,4f)[2]. Aber die drei
Jünger[3] Jesu verstehen trotz dieser Offenbarung und ihres guten Willens so wenig wie das Volk; sie fürchten sich, und speziell Petrus weiß nicht, was er redet (Mk 9,6)[4]. So wird deutlich, daß die Jünger zwar dem Offenbarer und seinem Vorläufer
näherstehen als alle anderen Menschen, daß sie aber zugleich
bis zur Auferstehung Jesu mit ihrem Unverständnis auf einer
Stufe grundsätzlich mit allen übrigen Menschen stehen[5].

Schauen wir noch einmal auf unsere bisherige Exegese der
mit Johannes dem Täufer bzw Elia zusammenhängenden Stellen
zurück, so möchten wir daran erinnern[6], daß die uns gestellte Aufgabe nicht in einer minutiösen Einzelexegese der jeweiligen Texte bestand, sondern darin, zu zeigen, welche Bedeutung der Evangelist den betreffenden Stellen im Gesamtzusammenhang seines Evangeliums gab. Bei solcher Betrachtung der
Texte gewinnt man natürlicherweise oft andere Ergebnisse,
als wenn man die einzelne Perikope bzw den Einzelvers als solchen untersucht.

---

1 Zum Verständnis der Verklärung als Inthronisation, vgl Riesenfeld Jésus
  265-280, besonders 274 u auch 223-235.

2 Vgl JoachJeremias ThW II 940f zur traditionsgeschichtlich schwierigen Auslegung von Mk 9,4f. Diese Problematik dürfen wir unerörtert lassen,
  weil es uns um eine redaktionsgeschichtliche Längsschnittexegese geht,
  vgl dsAr 181.

3 Loh 178 sieht in den drei Jüngern den Keim der christlichen Gemeinde
  vor Ostern.

4 Dabei sagt Petrus doch Richtiges (vgl Loh 176), - ganz wie die Erzfeinde
  Jesu mit ihrem Spott unter dem Kreuz! Vgl dsAr 194ff. 187 A5. Mk 9,6 wird
  durch 9,10 verstärkt, u auch von 9,11-13 wird nicht berichtet, die Jünger
  hätten Jesus nun verstanden.

5 Die schon vorgenommene Differenzierung: Hohepriester usw - Herodes -
  Volk (vgl dsAr 186 A2), ist durch den Kreis der Jünger noch bereichert,
  der selbst wieder in Mk 9,2 (vgl Mk 5,37; 14,32) aufgegliedert wird: Bis
  in diesen vertrautesten Kreis reicht das Mißverstehen u blinde Unvermögen.   6 Vgl dsAr 181 A3.

Gegen unsere Auslegung kann nicht ins Feld geführt werden,
die aufgezeigten Beziehungen seien doch nur sehr schwach zu
erkennen. Für diesen Tatbestand gibt es nämlich zwei einleuch-
tende Erklärungen: einmal eine traditionsgeschichtlich-techni-
sche und zum andern eine sachlich-theologische.

In Mk 1,1ff benutzt Markus ihm vorliegende Traditionen[1],
die zT vielleicht schon die Anschauung verrieten, Johannes
der Täufer sei der Elia redivivus gewesen (Mk 1,6f)[2]. Der
Evangelist schrieb mit der Einleitung seines Evangeliums also
womöglich nur ein seinen Lesern schon gut bekanntes Theologumenon, freilich in ganz bestimmter Ausrichtung, nieder und
konnte sich deshalb kurzfassen. Falls man diese Annahme
nicht billigt und nur die allgemeine, jüdische Anschauung
über die Wiederkehr des Elia in der Endzeit voraussetzt, so
ist weiter festzustellen, daß in der damaligen Zeit anscheinend schon einige wenige Streichungen und redaktionelle Zusätze genügten, um entscheidende und klar verstehbare theologische Aussagen zu machen[3].

Aber nicht nur das Wissen um die damalige Technik, theologische Aussagen zu machen, sondern auch sachlich-theologische Gründe dürften den Evangelisten veranlaßt haben, nur
indirekt, durch seine Redaktion auf die Bedeutung Johannes

---

1 Vgl Klost 3.7f.11; Loh 9. Ähnliches wie für Mk 1,1ff gilt für Mk 6,17-
  29 (vgl dsAr 185 A2); 8,28 (vgl Loh 161).

2 Vgl Klost 3.

3 Conzelmann Mitte hat für den Evglsten Lk dies glänzend bewiesen, vgl
  auch Marxsen Evangelist für das Mk-Ev. Die Kürze der redaktionellen
  Hinweise ist noch einleuchtender, wenn man mit Bleiben 147; Lightfoot
  Mark 32; Dibelius Passion 35f; Drescher 228ff (gegen Jülicher) annimmt,
  Mk habe sein Evangelium für schon gut unterrichtete Christen zur weiteren Vertiefung ihres Glaubens geschrieben, nicht aber für Heiden, die
  erst noch durch sein Evangelium bekehrt, sozusagen missioniert werden
  sollten. Ohne diese Annahme im Rahmen dieser Arbeit beweisen zu können
  u zu wollen, scheint sie mir gerade auch von der Art, in der Mk in Mk
  15,20-41 seine Zusätze machte, sehr wohl gerechtfertigt. /Vgl Schreiber
  Theologie 20 A56; ders Markuspassion 62./

des Täufers hinzuweisen[1]. Nicht[7] Johannes, sondern Jesus, der
Sohn Gottes, ist der eigentliche Gegenstand seines Evangeliums[2]. Daraus ergibt sich weiter: Auftrag und Schicksal des
Vorläufers Johannes bestimmt sich von seinem Herrn[3] her, dem
er den Weg bereitet. Er bleibt deshalb während seines ganzen
Erdenlebens wie sein Herr unerkannt. Deshalb stirbt er auch
wie sein Herr, ohne daß seinen Feinden wirklich zu Bewußtsein
kommt, wen sie da töten[4]. Kurz gesagt: Der Vorläufer hat am
Messiasgeheimnis[5] Anteil. Der christliche Leser[6] des Markusevangeliums weiß seit Mk 1,14, daß Jesus dasselbe Schicksal
haben wird wie sein Vorläufer. Indem Johannes, der Mahner in
letzter Stunde, "übergeben" wird, ist im Anfang des Evangeliums schon das furchtbare Geheimnis der Kreuzigung Christi,
Gericht und Heil, angedeutet.

---

1 Von indirekten Hinweisen darf man freilich nur insofern sprechen, als
  Mk 9,11-13 zB nicht direkter besagt, daß Johannes der erwartete Elia
  ist. Ansonsten ist die vorhin genannte Weise, durch kurze Redaktions-
  vermerke und eine bestimmte Anordnung des Traditionsstoffes theologische Tatbestände auszudrücken, eine damals bekannte Methode. Wie anders sollte sich sonst Lk von seiner durch Conzelmann nachgewiesenen
  Neuredaktion des Traditionsstoffes etwas erwartet haben? Vgl dsAr 188.

2 "Der Täufer hat nicht in sich selbst eine Bedeutung; ... vielmehr sind
  die Täuferaussagen christologische Aussagen. Als solche interpretieren
  sie... in gewisser Weise das Jesusgeschehen..." (Marxsen Evangelist 19,
  vgl 25).

3 Vgl Mk 1,3.7 u dazu Klost 3.7; anders Loh 11f.

4 Natürlich hat der Tod des Johannes für Mk keinerlei Heilsbedeutung.
  Seine Bdtg besteht allein darin, auf den Tod Jesu u dessen Ursache,
  den Ungehorsam des Volkes u Gottes unerforschlichen Willen (Mk 9,13),
  hinzuweisen. Freilich scheint die breite Erzählung vom Tode des Täufers nicht zufällig zwischen die Aussendung der Jünger zur Mission
  eingeschoben zu sein: Der in Mk 6,17-29 vorsichtig angedeutete Tod
  Christi begründet die christliche Mission: Mk 15,39! Vgl dsAr 212-215.

5 Trotz Taylor Secret 48ff scheint uns das Messiasgeheimnis als historische Tatsache nicht verifizierbar zu sein.

6 Vgl HJEbeling 204, der diesen Gesichtspunkt stark betont. Man muß also
  die kurzen Nachrichten über Johannes vom Leben u Sterben Jesu her verstehen; dann sind sie eindeutig.

7 Vgl die Abwertung der Johannesjünger in Mk 2,18ff.

III. Das Mißverständnis von Mk 15,35f

Von unseren bisherigen Erörterungen her scheint es nicht
besonders wahrscheinlich, daß in Mk 15,35f die jüdische Anschauung von Elia als dem Nothelfer der in Not geratenen
Frommen ihr ältestes Zeugnis habe[1]. Nach der eschatologisch
gemeinten Kardinalstelle für die Eliaauffassung des Markusevangeliums Mk 9,11-13 ließen sich bisher auch alle anderen Texte, die in dieser Hinsicht wichtig sind, verstehen.
Für den eschatologisch denkenden Evangelisten und die hinter
ihm stehenden Gemeinden war Johannes der Täufer als der Elia
redivivus und Vorläufer Jesu wichtig, nicht aber der Nothelfer Elia[2]. Man wird deshalb auch Mk 15,35f vor allem auf dem
Hintergrund der Erwartung von Mk 9,11 interpretieren, nach
der Elia vor dem Endgericht und dem Messias erscheint, um
alles wieder "herzustellen"[3]. Dafür spricht auch, daß der
Evangelist die Verse Mk 15,34-36 in eine ja durch und durch
apokalyptische Tradition einfügte, sein Zusatz also auch von
daher sachgemäß motiviert ist[4].

---

1 Gegen Bertram Leidensgeschichte 82 A1; Dalman Jesus 186.

2 Vgl KLSchmidt Kanonische 45 A39; Loh 346. Der Christ kennt nur Christus als Nothelfer, vgl JoachJeremias ThW II 937.

3 Diese Verbindung von Mk 15,35f mit Mk 9,11 sehen schon Feigel 63;
Finegan 76; Alleman 270.305; Weidel II 265, wobei sie zT auch auf
Mk 9,4.12 hinweisen, ohne jedoch diese Beziehungen richtig auszuwerten. Ebenso konstatiert Drews Markusevangelium 299 richtig, daß Mk
selber Mk 15,35f auf Mk 15,34 bezog u dabei an "das schriftstellerische Gegenstück" (Drews Sternhimmel 216) Mk 1,1ff und die in diesen
Versen ausgedrückte Vorläufererwartung dachte. Drews' über diese Feststellung hinausgehende astrale Deutung dieses redaktionellen Zshges
ist freilich unsinnig.

4 Vgl Bacon Mark 200, der Mk 15,34-36 als "an apocalyptic interpretation"
von Mk 15,37 auf Grund von Ps 22,2; 69,22 versteht.- Daß Lk die Elia-
typologie mit ihrer endeschatologischen Abzweckung in Hinsicht auf Johannes den Täufer in Mk 15 wie auch sonst beseitigt (vgl Conzelmann
Mitte 13ff.74), bestätigt indirekt, daß für seine Vorgänger Mk u Mt
gerade hier der Kern der Eliavorstellung gelegen haben muß. /Vgl
Schreiber ZThK, 1961, 159f; dsAr 319 zu den folgenden Ausführungen./

Im Anschluß an Mk 15,34b entsteht auf seiten der Bewacher
unter dem Kreuz das Mißverständnis, der Gekreuzigte habe auch
Elia gerufen. Ist der schon im Sterben Begriffene doch der
Messias? Ruft er seinen Vorläufer, daß er ihm helfe?[1] Schnell
läuft einer, um durch einen Trunk das Leben Jesu zu verlän-
gern: "Wartet[2], wir wollen sehen, ob Elia kommt und ihn her-
abnimmt." Aber die hilfsbereite Erwartung der römischen Soldaten ist von derselben Finsternis überschattet wie die satanische Bosheit der Juden (Mk 15,29-32). Ihre menschliche Neu-
gier rechnet plötzlich mit einer wunderhaften Wendung für den
Hingerichteten, der sich dann durch das Eingreifen seines
Wegbereiters in letzter Minute doch noch als der Messias erweisen würde. So kommt in ihrer von wundersüchtiger Hoffnung
bestimmten Hilfsbereitschaft ihre absolute Unwissenheit über
das wahre Wesen des Messias zum Ausdruck. Das Mißverständnis
der Soldaten in Mk 15,35 ist zwar akustischer Art, jedoch
für den Evangelisten von tiefster theologischer Natur[3]. Der
Leser soll wissen und weiß es ja auch schon seit Mk 1,1ff[3a]:
Elia war ja längst da - und sie taten ihm, wie sie wollten
(Mk 9,13). Nun taten sie mit dem von ihm angekündigten Erlöser dasselbe. Die Soldaten stehen trotz ihrer Hilfsbereitschaft mit dem blinden (Mk 6,15; 8,28), spottenden (Mk 15,
29) Volk grundsätzlich auf einer Stufe. Sie verstehen die
wahre Situation der Kreuzigung ebensowenig wie die Jünger
damals den Vorgang der Verklä-

---

1 Falls die Soldaten Elia nur als Nothelfer für einen armen, frommen
   Schlucker erwarten, welches Verständnis wohl auch möglich ist (vgl
   JoachJeremias ThW II 937,27ff), muß ihre Hilfsaktion als ein noch
   schlimmeres Mißverstehen der eigentlichen Lage angesehen werden: Sie
   wissen nicht einmal, daß eventuell jetzt die Möglichkeit der letzten
   Zeit gegeben ist und also Elia als der Vorläufer des Messias erschei-
   nen kann. Angesichts solcher radikalen Unwissenheit muß u darf das
   Gericht nicht ausbleiben: Mk 15,37!

2 Vgl zu dieser Übers Dib 195 A1; Loh 346 A2.

3 Vgl hierzu die gnostischen Parallelen bei Bultmann Johannes 114 A1.

3a So richtig Lightfoot History 158f. Vgl noch Mk 12,2-5 (dsAr 210 A7)
   u weiter dsAr 198 A6.200 A4.

rung[1] (Mk 9,6.10f). Sie, die jetzt Hilfsbereiten, haben Jesus
ja selber vor wenigen Stunden ans Kreuz geschlagen! Erst nach
dem Todesschrei Jesu, der die Wende bringt, bricht ihr Centurio in das Bekenntnis aus: Dieser Mensch ist wahrlich ein
Gottessohn gewesen!

Durch den Einschub Mk 15,34b-36 wirkt Mk 15,37 jetzt besonders dramatisch. Durch den plötzlichen[2] Todesschrei Jesu
geschieht das von niemand erwartete Wunder: das Gericht des
Menschensohnes. Der Gekreuzigte bedarf keiner Hilfe mehr. Er
ist der von Johannes angekündigte Herr und "Stärkere" (Mk 1,
3.7). Das vom Täufer den Menschen angekündigte Gericht ergeht
über die Mächte und unbußfertigen Menschen[3].

Die Szene Mk 15,35f ist also nicht nur deshalb vom Evangelisten eingeschoben, um der alten Kreuzigungstradition über
alle Kapitel seines Evangeliums hinweg eine Verbindung mit
den ersten Versen seines Büchleins zu geben und so einen Zusammenhang zu schaffen, der, wie wir sahen, durch das ganze
Evangelium hindurch von größter Bedeutung ist, insofern er
zeigt, daß die christliche Botschaft durch und durch eine
Botschaft vom Kreuz Christi ist. Die Szene soll auch nicht
nur ein nuanciertes Bild von der in ihren Sünden verstrickten
Menschheit geben, wobei dann auch apologetischen Interessen
des Markus ihr recht wird[4]. Die Verse 35f sollen vielmehr
vor allem am Handeln und Reden der Menschen die paradoxe
Tatsache illustrieren, daß das Sterben des Gottessohnes zu-

---

1 Die früher genannte Differenzierung der sündigen Menschheit in Hohe-
  priester-Herodes-Volk-Jünger wird hier also um die Gruppe der Heiden
  bereichert, vgl dsAr 187 A5.

2 Das von Mk eingefügte δέ in Mk 15,37 betont die Gegensätzlichkeit u
  Plötzlichkeit des Geschehens (vgl dsAr 82).

3 Für die Heiden bedeutet dies Gericht freilich auch Heil: Mk 15,39!

4 Vgl dsAr 81 A3. Conzelmann Mitte 73ff zeigt schon, wie Lk die bei Mk
  in dieser Hinsicht ja auch schon vorhandenen Tendenzen steigert.

gleich seine machtvolle Ausübung des Weltenrichteramtes
und die Umkehrung aller menschlichen Maßstäbe ist. Der Gekreuzigte ist der Richter über seine Henker und alle, die
ihn verurteilten. Den scharfen apokalyptischen Gegensatz von
dieser und jener Welt[1], der im Gerichtsruf des Sterbenden
eine kontradiktorische Einheit bildete und der hinter dem
ganzen alten Kreuzigungsbericht steht, hat Markus also in
seinen Zusätzen nicht aufgehoben, sondern in dem eben angegebenen, ganz bestimmten Sinne interpretiert. Wie sehr die
Soldaten in ihrem Mißverstehen dabei diesem apokalyptischen
Gegensatz entsprechend als dieser finsteren Welt Angehörige
genau das Gegenteil des Richtigen sagen und dennoch dem Leser gerade so klar machen, worin die eigentliche Bedeutung
des Todes Jesu liegt[2], ist schon dem bisher Gesagten zu entnehmen[3]. Ganz deutlich wird man dies in seiner ganzen Trag-
weite freilich erst bei der Auslegung von Mk 15,29b-32b erkennen können. Erst dann wird deutlich werden, mit welchem
Geschick Markus den apokalyptischen Dualismus von dieser
und jener Welt, auf dem die Technik seiner Mißverständnisse
beruht, zur Interpretation des Todes Jesu verwendet und damit der alten Kreuzestradition eine "gnostische" Qualität
verleiht.

---

1 In abgewandelter Form ist dieser Gegensatz und die Anschauung, der
  Mensch verstehe nur das Diesseits, der gesamten Antike vertraut, vgl
  Bultmann Johannes 105 A1. Zur gnostischen Ausprägung dieses Gedankens
  vgl Jonas I 98.

2 Diese Methode des Evangelisten, theologische Tatbestände auszudrücken,
  erinnert an die "Mißverständnisse" im Johannesevangelium, "die immer
  dazu beitragen, Rang und Bedeutung des vorhergehenden Wortes zu erhö-
  hen; denn dem Menschen ist ihr Verständnis verschlossen" (Dib 194;
  vgl Lohmeyer-Schmauch 392 A1; Bultmann Johannes 95 A4).

3 Vgl dazu auch dsAr 69.

§ 4 Mk 15,29b-32b

I. Die Aufforderung zur Katabase[1]

Schon in unserer Analyse bemerkten wir, daß in V 36 und
V 32 ein und dieselbe Anschauung vom ungläubigen Menschen
vorliegt[1a]. Sowohl die spottenden Juden als auch die hilfsbereiten Soldaten wollen ein Wunder sehen[2]. Aber die Gemeinsamkeit geht noch weiter. Beide Menschengruppen wollen sehen,
daß Jesus vom Kreuz herabsteigt bzw herabgenommen wird (Vv
30.32.36). In V 30 ist mit diesem Verlangen die Forderung
verbunden, sich selbst zu retten, und, wie aus V 31 hervorgeht, soll der Gekreuzigte durch dieses Wunder seine Messianität erweisen[3].

Gemäß der auf dem apokalyptischen Dualismus des alten
Kreuzigungsberichtes fußenden Technik des Mißverständnisses,
die wir in Vv 35f schon ein wenig kennenlernten, nimmt es
nicht wunder, daß genau das Gegenteil von dem geschieht, was
die Menschen spottend fordern bzw hoffnungsvoll erwarten:
Der Gekreuzigte rettet sich nicht und wird auch nicht gerettet. Die Hohenpriester und Schriftgelehrten ziehen daraus

---

1 Zu diesem u dem folgenden Abschnitt ist Conzelmann Mitte 60-65.70 A2
  zu vergleichen. Lk kennt die von uns zu beschreibende theologische
  Konzeption des Mk - und lehnt sie ab, was ihre eschatologisch-apoka-
  lyptische Seite angeht (vgl besonders aaO 61 A1 ⎣; dsAr 398⎦!).

1a Vgl dsAr 69. ⎣354f u Schreiber Theologie 209 A242 zu Mk 4,7f.32; 15,8.⎦

2 Vgl zu Mk 15,32 Mk 8,11ff (Wohlenberg 376). Bacon Beginnings sieht in
  V 32 paulinische Gedanken wirksam; dagegen Werner Einfluß 106ff. Der
  Vergleich mit Joh 6,30 liegt sehr nahe, vgl Taylor according 592; ds
  Ar 69 A4. Jedenfalls gehört diese (u ähnliche) Stelle(n) bei Mk nicht
  zur ältesten Überlieferung (Bousset Kyrios 102). Der hellenistische
  Klang von V 32 ist unübersehbar (Wetter 134).- Spielt die Weissagung
  eine Rolle (vgl Wsh 2,17f u dazu Weidel II 262f; Taylor according
  592)?

3 Daß diese beiden Anspielungen in Vv 35f fehlen, wird wohl kein Zufall
  sein, sondern der früher genannten Differenzierung dienen (vgl dsAr
  187 A5.192 A1): Die Juden sagen ganz genau, wer Jesus ist, u verkennen
  zugleich im Spott seine verborgene göttliche Macht total. Die Heiden
  wissen Jesus nicht recht anzureden u sprechen sonst vom König der Juden (Mk 15,19.26) u rechnen ernsthaft mit einem Wunder. Sie stehen
  dem Gekreuzigten in ihrer "naiven" Unwissenheit darum näher als die
  wissenden, absolut nicht wissen-wollenden Juden, vgl Mk 11,33 u dsAr
  186.

den Schluß: Andern hat er geholfen, sich selbst kann er nicht
helfen (V 31). Der Leser aber weiß, daß Jesus sehr wohl vom
Kreuze herabsteigen könnte. Nur wäre er gerade dann nicht der
gehorsame, den väterlichen Willen erfüllende[1], in Leiden er-
probte Sohn Gottes und König Israels. Würde er herabsteigen,
so hätte die in den spottenden, sündigen Menschen wirksame
Macht der Finsternis gesiegt. Ihre Herrschaft über diese Welt
wäre ungebrochen.

Aber der Leser entnimmt dem Spott der Feinde Jesu, dem Ge-
rede der Soldaten und dem nachfolgenden Geschehen noch mehr.
Die Spottenden wollen die Katabase des Gekreuzigten sehen und
dann glauben (Vv 30.32)[2]. Sie wollen das jetzt (V 32) sehen,
in dem Augenblick, da Jesus doch gleich sterben wird. Da nun
das, was sie selbst für ganz ausgeschlossen halten, nicht geschieht, glauben sie auch nicht und verfallen deshalb dem Gerichtsruf des Menschensohnes, der zugleich, genau entgegengesetzt ihrer Forderung nach der Katabase, die dem Ungläubigen
unsichtbare, dem Glaubenden aber ganz gewisse, ja sichtbare[3]
himmlische Anabasis des Gottessohnes bedeutet[4]. In diesem
Verständnis von Mk 15,37, das sich aus der Einsicht in die
Technik des Un- und Mißverständnisses[4a] auf dem Hintergrund
von Mk 15,30.32.36 ergibt, liegt eine deutlich über die alte
Kreuzestradition hinausgehende Interpretation des Verses 37
durch die Zusätze des Evangelisten vor, die freilich implizite schon im ursprünglichen Sinn von V 37 enthalten war[5].

---

1 Vgl Hilarius: "non erat difficile de cruce descendere, sed sacramentum
   erat paternae voluntatis explendum" (zitiert nach Swete 383).

2 Vgl Hunter 144.

3 Im genauen Gegensatz zu V 32 sieht der heidnische, nun nach dem Tode
   Jesu gläubige Centurio den Ruf Jesu (V 39, ebenfalls Zusatz des Mk!).

4 Vgl Rost 67f, der zu Mt 27,51ff meint, "daß der jetzt am Kreuze Ver-
   scheidende in eben diesem Augenblick seine Königsherrschaft... antritt."
   Trotz der späteren Reihenfolge von Karfreitag (= Tod), Ostern (= Auferstehung) hat die Kirche dieses richtige Verständnis des Todes Jesu nie
   ganz vergessen, vgl Casel 19 A39.27f.41 u auch aaO 71; Holland 218f;
   Mülhaupt 22; das Lied von JHeermann "Treuer Wächter". Selbst in den
   Bilderbogen der volkstümlichen Druckgraphik des 19. Jahrh. konnte ich
   diese Vorstellung bei einer Ausstellung in Neuß im Jahre 1955 feststellen.

4a Vgl dsAr 193.   5 157 A5.

In der Zeit unseres Evangelisten, in der die hinter der
alten Tradition stehende Naherwartung des Endes modifiziert
wurde, insofern dieses Ende auf sich warten ließ[1], hielt
man die ursprüngliche Haltung der "Entweltlichung" so durch,
daß man erkannte, der Todesruf Jesu bedeutet nicht nur das
Gericht über diese Welt, sondern zugleich auch die Erhöhung
Jesu zum König der neuen Welt und des wahren Israels, dh
derjenigen, die an ihn glauben.

Diese theologische Erkenntnis konnte nicht nur deshalb
verhältnismäßig leicht geleistet werden, weil, wie wir eben
schon sagten, die Erhöhung implizite schon in V 37 verkündet
wurde, sondern auch deshalb, weil der Gedanke der Erhöhung
in der religiösen Umwelt sozusagen für die Anwendung auf den
Tod Jesu bereitlag[2].

Zur weiteren Begründung unserer Interpretation von Vv 30ff
auf dem Hintergrund von V 37 ist auf die typische Bedeutung
hinzuweisen, die die beiden Verben καταβαίνειν und ἀναβαίνειν
im Sprachgebrauch der neutestamentlichen Zeit haben. Vorweg
ist zu betonen, daß καταβαίνειν "in allem den Gegensatz zu

---

1 Vgl Mk 13,10 auch Vv7.8 u dazu Conzelmann Mitte 108, der ja in seiner
  ganzen Arbeit zeigt, wie stark das Ausbleiben der Parusie die Redaktionstätigkeit des Lk dann bestimmte. Vgl im übrigen Werner Entstehung.

2 Die Anschauung als solche ist uralt. So wird Tammuz durch seinen Schrei(!)
  über seine Feinde erhöht und zieht in den Tempel ein (Witzel 141). Mit
  dieser Erhöhung hängt eine Gestaltwandlung der Gottheit zusammen. Der
  Erniedrigte (vgl dsAr 156 A5. 158 A3; Witzel 309,12) wird durch sein
  "Gebrüll" u "Wort" (aaO 175,1.5) zum siegreichen Herrscher im Himmel u
  auf Erden (aaO 217,11), zum "Richter-Gott" (aaO 175,15; 177,45). Vgl zu
  den babylonischen Anschauungen Gunkel Verständnis 71f.- Im AT ist unter
  anderem Ps 48;47,6;57,12(Gunkel Verständnis 72;Zimmerli ThW V 676,3ff) zu vergleichen.- Vgl als apokalyptisches Material MosApk 22; Apk 11,12f; äthHen
  70,1f; 71,1.11: Der im Geist entrückte Henoch "schrie(!) mit lauter Stimme u des Geistes Kraft"; Apk 12,5 (JoachJeremias ThW V 710 A57); BarApk
  30,1; IV Esr 10,26f (Schrei!); 13,2ff.- Erhöhung in den jüdischen Martyrien vgl Lohse Märtyrer 52ff; anders Surkau 55f.66; als Grundidee des
  Martyriums überhaupt: Esking 224.- Vgl zur Erhöhungsvorstellung im grie-
  chisch-hellenistischen Bereich Wetter 102ff; Holland 207ff.215.- Vgl zum
  Ruf als Kennzeichen des Aufstiegs in der Gnosis dsAr 156 A5. 167 A3. Die
  Erhöhung des gnostischen Erlösers (Bultmann Johannes 462 A3) bedeutet
  das Weltgericht (aaO 330 A3), die Scheidung des Lichtes von der Finsternis (aaO 113 A6. 260 A4) u die Befreiung der Erlösungsbedürftigen zum
  Orte des Lichtes.- Im NT ist die Vorstellung von der Erhöhung Jesu weit
  verbreitet (vgl dsAr 29; Gunkel Verständnis 72; Lindeskog Veil 134),
  wohl unter Einfluß von Jes 53 (Euler 139ff). /Vgl dsAr 300f.7

ἀναβαίνειν" bildet, "sowohl in seiner lokal-geographischen wie in seiner kultischen Bedeutung"[1]. Was also von dem einen Verb ausgesagt wird, gilt genau umgekehrt von dem anderen[2].

In unserem Zusammenhang interessiert vor allem die kultische Bedeutung von ἀναβαίνειν, die sich aus der lokal-geographischen entwickelt. Das Hinaufgehen zum Heiligtum wird nämlich nicht nur im Alten Testament (עלה) und rabbinischen Schrifttum, sondern auch in griechischen Inschriften und Papyri[3] zur typischen Bezeichnung, so daß ἀναβαίνειν...: in den T e m p e l gehen"[4] heißt.

Genau diese Vorstellung findet sich nun auch im Markusevangelium in wichtigen Rahmen-Versen[4a] des Evangelisten. Vor der letzten großen Leidensverkündigung (Mk 10,33f), die mit den feierlichen Worten: "Siehe, wir gehen hinauf (!) nach Jerusalem" beginnt, heißt es: "Sie waren aber auf dem Wege und zogen hinauf (!) nach Jerusalem, und Jesus ging ihnen voran, und sie erschraken; sie folgten ihm aber nach und fürchteten sich."[5]

Sieht man diesen Vers Mk 10,32 im Zusammenhang mit der nachfolgenden Leidensweissagung (Mk 10,33f) und damit im Zusammenhang mit dem Kreuzigungsbericht, so wird klar, warum sich das Gefolge Jesu vor dem vom Evangelisten so stark betonten "Hinaufgehen" fürchtet. Die Jünger ahnen dumpf, daß der Gang nach Jerusalem in den Tempel ein Todesgang ist, ein Gang an das Kreuz und zum Gericht, das Jesus, sie selbst und alle Welt treffen wird. Ihre große Furcht ist darum dem Spott der Feinde Jesu unter dem Kreuz sehr nah verwandt. Dem vom Satan und Herrn dieser Welt beherrschten Menschen[6] wäre eine Katabase in diese Welt lieber als die himmlische Ana-

---

1 JSchneider ThW I 520f. ⎣Vgl dsAr 354f u dazu Mk 10,32 mit 6,51.⎦
2 Vgl Lohmeyer-Schmauch 391 A3.392, wo sich einige richtige Andeutungen finden.
3 JHMoulton-GMilligan 29f.   4 JSchneider ThW I 517,33.
4a Vgl Bult 357.   5 Übers Schnie 140.
6 Vgl Mk 3,20-30; 8,33. Der Vorgang ist paradox: Die finsteren Mächte wollen den Erlöser vernichten u bringen ihn durch die sündigen Menschen auch an das Kreuz u ahnen doch zugleich, daß sie selbst im Tode Jesu besiegt werden, u fürchten sich deshalb auch sozusagen in den Menschen (Mk 8,33: Satan=Petrus! vgl Noak 129) vor dem "Hinaufgehen".

basis, weil er dann dem Gericht entgehen würde[1]. Der entscheidende Unterschied zwischen Jüngern und Feinden Jesu besteht
freilich darin, daß jene trotz ihrer Furcht Jesus bei seinem
Kreuzesweg und Aufstieg nachfolgen (vgl Mk 8,34f), während
diese so ganz und gar Werkzeuge des Satans sind, daß sie den
Erlöser selbst am Kreuz noch verspotten.

Wirklich aber weiß nur Jesus (und mit ihm der Leser des
Evangeliums!) um seine wahre, göttliche Sendung[2]. Sein feier-
liches Wort: "Siehe, wir gehen hinauf nach Jerusalem" verdeutlicht, daß sein gehorsames Hinaufgehen zum irdischen Tempel nach Jerusalem seinem eschatologischen Aufstieg in das
obere Jerusalem und seiner Inthronisation[3] im himmlischen
Tempel[4] vorangeht[5] und dieses wunderhafte Geschehen für den
Wissenden schon andeutet. In diesem Sinne wird man das ab Mk
8,27 konsequent[6] verwendete ὁδός –

---

1 Lk löscht diesen Gerichtsaspekt des Todes Jesu absichtlich aus, vgl
  Conzelmann Mitte 61f.116.

2 Jesus ist als der Erlöser der "Fremde" (vgl dazu das gnostische Vor-
  stellungsmaterial bei Jonas I 96.122f), u zwar bis Ostern auch seinen
  Jüngern gegenüber, vgl im übrigen dsAr 187 A5, auch A3.

3 Ganz Entsprechendes gilt auch für die Mt-Passion (Dahl Passionsgeschichte 25).- Vgl auch noch das festliche Hinaufsteigen bei der Inthronisation des König Salomons 2.Kö 1,35.40.45.

4 Zu unserer Argumentation ist die babylonische, atliche, jüdische u
  christliche Vorstellung über den innigen Zshg zwischen irdischem u
  himmlischem Heiligtum zu vergleichen. AJeremias 62ff; FJeremias 58.62;
  Wenschkewitz 109ff; Patai 130f bringen das religionsgeschichtliche Material u die nötigen Erläuterungen.- Daß der himmlische Tempel sich
  nach Mk in der irdischen Gemeinde des Erhöhten realisiert, wird sich
  in dsAr 203ff zeigen.

5 JoachJeremias Weltvollender 35-44 betont bei der Exegese von Mk 11 den
  Zshg von Königseinzug, Tempelreinigung (dh soviel wie Tempelerneuerung
  u Neuschöpfung!) u Inthronisation nach babylonischem, atlichem, spätjüdischem, hellenistischem u mohammedanischem Material, vgl auch Michel
  ThW IV 388 A16. Zum Zshg von Thronbesteigung Jahves, Drachenkampf-Ge-
  richt u Neuschöpfung im AT vgl Mowinckel Psalmstudien 8ff.45ff.65ff;
  dsAr 123 A6.

6 Vorher kommt das Wort schon in Mk 1,3.2; 2,23; 4,4.15; 6,8; 8,3 vor,
  wobei einige der Stellen für Mk wohl von seinem Leidenswegschema her
  verstanden werden sollen: zB Mk 1,2.3: Der Vorläufer bereitet den Leidensweg, vgl dsAr 184ff; oder: Mk 4,15: Abseits vom Leidensweg wird das
  Wort nicht fruchtbar (vgl Mk 8,34f), regiert der Satan (Mk 8,33). Oder:
  Mk 8,3: Ohne das Brot des Erlösers ist der "Weg" nicht zu bestehen.
  Mk 6,8: Missionsweg=Leidensweg, dsAr 189 A4.

Motiv[1] verstehen müssen. Immer wieder ist es vom Evangelisten
in die ihm vorliegende Tradition eingefügt worden, um zu zeigen, daß ab Mk 8,27 der Gang hinauf nach Jerusalem in den Tempel und an das Kreuz beginnt. Auf diesem Wege ereignet sich
die Verklärung[2], die Jesus schon als den Erhöhten erkennen

---

1 Vgl Mk 8,27; 9,33f; 10,17.32.46.52, aber auch Mk 8,34; 9,30.38; 10,1.21.
  28.35 u dazu Bult 358; Michaelis ThW V 66f. Marxsen Evangelist 34ff übersieht die Bdtg der Weg-Szenerie, die von Lk dann übernommen u schemati-
  siert wird, vgl Bult 361; Conzelmann Mitte 49 A6, obwohl Mt u Lk hier u
  da das Wort streichen (vgl Larfeld 297).- Der konsequenten Verwendung der
  Weg-Szenerie zur Darstellung des Leidens- u geheimen Verklärungsweges ab
  Mk 8,27 korrespondiert das in Mk 8,31 zum ersten Male auftretende Wört-
  chen δεῖ (Mk 8,31; 9,11; 13,7.10.14; 14,31): Gottes Wille u Gesetz muß in
  dem apokalyptischen Geschehen des Todes Jesu, das mit seinem Weg nach Jerusalem schon deutlich beginnt, erfüllt werden (dsAr 38 A4), vgl Fascher
  Beobachtungen, besonders 24f.252 A13; Grundmann ThW II 22ff.- Interessant zu
  beobachten, wenn auch ohne direkten Zshg mit Mk, ist, daß das Weg-Motiv in
  der mit Mk 15,37f so nahverwandten Stelle Hb 10,19f (vgl Lindeskog Veil
  134) ebenfalls auftaucht, vgl dazu Michaelis ThW V 77; Käsemann Gottesvolk 147 A2, der das Motiv in Hb als gnostisch erkennt (vgl Jonas I 205ff;
  Bultmann Johannes 466 A4). Insofern Mk zeigt, daß nur Jesus als der Erlöser den Leidensweg bis zur Herrlichkeit durchhält, die von ihm Erlösten
  ihm aber folgen können, wenn sie sein Kreuz auf sich nehmen, also das
  Schicksal des Erlösers kraft seiner Erlösung nachvollziehen, steht der
  Evglst der gnostischen Anschauung, nach der der Erlöser selber der Weg
  ist, nicht allzufern.
2 Die Verklärungsgeschichte ist von Mk in voller Absicht hier eingefügt, um
  dem Leser die Passion Jesu von vornherein als die durch Leiden erfolgende Erhöhung des Menschensohnes darzustellen (vgl Loh 180f; Lightfoot Mark
  44; Ramsey 137f betont von der Liturgie der Kirche her den engen Zshg von
  Verklärung u Kreuz; anders Klost 86). Besonders die viel umrätselte Zeitangabe (vgl zB Bacon Six; Blunt 206; Hunter 92; Taylor according 388;
  Klost 87) soll wohl der engen Beziehung, ja In-Einssetzung von Verklärung
  u Kreuzigung dienen. Diese Zeitangabe von Mk 9,2 "nach 6 Tagen", die vielleicht mit Hilfe atlicher Vorbilder formuliert wurde (Loh 173 A3), wird
  trotz ihrer Einmaligkeit (ähnlich präzise Zeitangaben finden sich erst
  wieder in der Passionsgeschichte: vgl Loh 173 A2; Blunt 206; Klost 87)
  verständlich, wenn das Sieben-Tage-Schema des Mk (vgl Bult 365; Heitmüller
  53.58f; Bacon Six 105 nehmen dagegen ein Sechs-Tage-Schema; Hunter 110.
  126.147 eine "Holy Week", die vom Einzugssonntag bis zur Auferstehung
  läuft, an) beachtet wird, das mit dem Einzug Jesu in Jerusalem beginnt u
  mit dem Tag der Kreuzigung als 7.Tag endet (1.Tag: Mk 11,1-11, Einzug des
  himmlischen Königs in sein Heiligtum; 2.Tag: 11,12-19, Tempelreinigung,
  Vorwegnahme des Gerichtes am irdischen Heiligtum u Ankündigung des wahren
  Tempels (vgl dsAr 169 A2); 3.Tag: 11,20-13,37, "Tag der Lehre" (vgl 11,27;
  12,35; 13,1ff). Der große Exodus 13,1ff ergibt dabei im Vergleich mit 15,
  37f den Sinn von 11,11.19: Auszug aus diesem irdischen Tempel (= dieser
  Welt! vgl dsAr 165f) bedeutet Weltende, Tempelzerstörung u Erhöhung, Anbruch der Gottesherrschaft, vgl Hauck Markus 154 zu Mk 13,4; 4.u 5.Tag:
  14,1(!)-11; 6.Tag: 14,12(!)-72; 7.Tag: 15,1-47 (V 42!)). Findet die Verklärung "nach sechs Tagen", also am 7. Tage statt, so gilt für die Kreuzigung genau dasselbe. Die präzise Zeitangabe von Mk 9,2 macht also mit Hilfe des Sieben-Tage-Schemas dem Leser geheimnisvoll klar, daß Tod u Erhöhung Jesu am "7. Tage", dh gleichzeitig geschehen. Dazu, daß Mk gerade das

läßt[1], freilich nur für die Leser[2], denn die drei Vertrauten
begreifen nicht. Dann folgen unterwegs die beiden weiteren
Leidensweissagungen[3]. Zum letzten Male ist das Weg-Motiv in
Mk 10,52 genannt, und sofort darauf beginnt in Mk 11,1 der
Bericht vom Einzug in Jerusalem und in den Tempel[4]. Diesem
königlichen Einzug eignen bei Markus insofern "himmlische Zü-
ge", als an diesem Einzugstag, anders als bei Matthäus und
Lukas, jeglicher Mißklang fehlt und nur Lob und Heilrufe den
Einziehenden begleiten. Beachtet man, daß die Einteilung in
drei Tempeltage erst von Markus

Sieben-Tage-Schema wählt, vgl IV Esr 7,29ff.- Lk ändert Mk 9,2 ebenso
wie das Tage-Schema des Mk, weil er dessen eschatologische Konzeption
ablehnt. Aber den Erhöhungsgedanken im Zshg mit der Kreuzigung hält
er bei, wie Lk 9,31 zeigt, vgl Conzelmann Mitte 170f.

1 Vgl Bult 371; Vordapet (besonders 10f), der zeigt, wie eng die Ostkirche
  Verklärung u Kreuz zusammensieht.

2 Vgl HJEbeling 200ff.

3 Zum ursprünglichen Verständnis der Leidensweissagungen vgl Taylor Origin
  159ff.- Ganz ähnlich wie bei Lk (vgl Conzelmann Mitte 52ff) ist die Je-
  rusalemreise Jesu eine Demonstration des Leidenswillens Jesu. Das wird
  besonders deutlich an Mk 8,33 u auch an Mk 9,30f: Das Leidensgeheimnis
  soll außer den Jüngern (, die es nicht begreifen!) niemand wissen, denn
  es ist das Geheimnis des Erlösers, dessen Wissen u Willen die Unwissenheit u satanische Bosheit der Welt notwendigerweise korrespondiert u
  entgegenstehen soll.

4 Auch von daher kann das Weg-Motiv in Mk 1,2.3 verstanden werden. Der
  Vorläufer bereitet nicht nur den Leidensweg (vgl dsAr 198 A6), sondern
  auch den Weg zum Tempel (so nach Mal 3,1), zur Herrlichkeit u Herrschaft des Erhöhten. Übrigens dürfte Mk nicht zufällig auf dem Leidensweg, der zur Herrlichkeit führt, Mk 8,33-37; 9,43-48; 10,13-16.17-31
  (V 28!).35-45 berichten. Mk 10,52: Bartimäus wird sehend u erlebt den
  Einzug so (!) mit. Mk 8,26 vor dem Leidensweg endet anders! Vgl dsAr
  153 A2.

stammt[1], es also kein Zufall ist, daß der erste Tag als "himmlische Szene" gestaltet ist[1a], während der zweite Tempeltag
erst das Gericht in Sicht bringt[2], so wird vollends verständlich, wie der Evangelist mit seinen Interpretamenten in Mk 15,
30.32 und insbesondere mit dem Stichwort καταβαίνειν auf seine
frühere Darstellung zurückweisen will, um so deutlich zu machen, daß Jesu gehorsames Leiden und Sterben schon in seinen
Erdentagen in aller Verborgenheit als der schwere Weg hinauf
zur glanzvollen Inthronisation des Gottessohnes (vgl Mk 9,7
mit 15,39) erkennbar ist. Das gehorsam ertragene Kreuzesleiden
hat die Erhöhung zur Folge - und das müssen selbst die Erzfeinde Jesu wider ihren Willen durch ihren Spott bezeugen. Denn
so gewiß sie Jesu Feinde und Werkzeuge des Satans sind, so gewiß sagen sie genau das Gegenteil[2a] von dem, was richtig ist:
Steige herab! - Und er steigt hinauf und wird erhöht!

Eine letzte Bestätigung unserer Auslegung von Mk 15,30.32
gibt der Kreuzigungsbericht mit dem ebenfalls vom Evangelisten
eingefügten Vers Mk 15,41. Zu den Frauen, die von ferne der
Kreuzigung zuschauen, bemerkt der Evangelist ausdrücklich, daß
sie mit Jesus nach Jerusalem hinaufgezogen[3] seien. Diese sum-
marische Notiz auf besondere historische Kenntnisse des Markus

---

1 Vgl Conzelmann Mitte 63f; Taylor according 450.

1a Die Notiz Mk 11,11 sollte nicht daraufhin befragt werden, ob Jesus nur
   bis in den Vorhof der Männer gegangen sei oder nicht (vgl Taylor according 457f). Mk 11,11 beschreibt recht besehen die Besitzergreifung Jesu
   vom Tempel, denn er ist der wahre Herr dieses Hauses, vgl GFriedrich,
   Beobachtungen zur messianischen Hohepriestererwartung in den Synoptikern, ZThK LIII, 1956, 297.- Jesu Auszug aus dem Tempel, weil es spät
   ist, muß sachlich von Mk 13,1ff (vgl dsAr 200:199 A2) u Mk 15,33 her
   verstanden werden: Jesus ist am Ziel seines Leidensweges in Jerusalem,
   es ist "spät", das Gericht (u seine Finsternis) steht unmittelbar bevor. Der 2. Tempeltag (Mk 11,12-19) u vor allem der 3. Tag mit seiner
   apokalyptischen Rede u der Feststellung von Mk 11,20ff sind ja sehr
   deutlich. Mk 11,19 wird das "spät" wiederholt, Mk 13,1ff wird dann beim
   letzten Exodus das Gericht gegenüber dem Tempel (13,3!) deutlich verkündet.

2 Mk nimmt also eine Umakzentuierung vor, vgl dsAr 169 A1.

2a Vgl dsAr 193.

3 συναναβαίνειν, vgl Morgenthaler Statistik 162, auch 16f.37.47.

zurückzuführen, ist möglich[1]. Doch dürfte der Evangelist sie
wohl kaum um der Historie willen, sondern aller Wahrscheinlichkeit nach aus dogmatischen Gründen eingefügt haben[2]. Die
Frauen vertreten wie das Gefolge von Mk 10,32, zu dem sie nach
der Markusdarstellung ja gehören, die christliche Gemeinde,
die mit ihrem Herrn in der Kreuzesnachfolge und in seinem
Dienst mit nach Jerusalem hinaufzieht[3]. Darum sehen[4] sie auch
schon vor Ostern von ferne das im Tode Jesu geschehene Gericht und Heil und haben so Anteil an Jesu Erhöhung und Einzug in den neuen Tempel, - ohne freilich jetzt schon ganz zu
begreifen, was da geschieht vor ihren Augen[5].

---

1 Vgl dsAr 36.

2 Bei Mt u Lk fehlt diese Bemerkung!

3 Das mit Jesus nach Jerusalem Hinaufziehen ist Folge des ἀκολουθεῖν,
eines "Terminus für Jüngerschaft" (Kittel ThW I 214,18) im Sinne von
"Teilhaben an dem Geschick Jesu" (aaO 214,31) u speziell "das Mithinge-
langen an das Ziel, auf welches er (Jesus) zugeht" (aaO 214 A30). Da das
eigentliche Ziel des Leidensweges nicht das irdische Jerusalem u sein
Tempel, sondern die in diesem irdischen Ziel angedeutete Erhöhung ist,
so haben die mit Jesus in der Kreuzesnachfolge Lebenden (Mk 8,34; 10,32;
15,41) als die Erlösten auch Anteil an seiner Erhöhung und dem Einzug in
den himmlischen Tempel. Mk 11,9 mit seiner unbestimmten Ausdrucksweise
will dies bezeugen! Ebenso absichtlich unbestimmt u weit formuliert
sind Mk 8,34; 10,32; 15,41! Hier wird also die Gemeinde des Gekreuzigten
u Erhöhten angesprochen. Das Verb διακονεῖν gibt dem Nachfolgen nicht
nur eine konkrete, historische Färbung (vgl Beyer ThW II 85,3ff), sondern macht von Mk 9,35; 10,35-45 her deutlich, daß die Teilhabe an dem
eigentlichen Ziel des Leidensweges, an der Erhöhung, nur dann gegeben
ist, wenn vorher der Leidensweg im Dienst des Menschensohnes bis hin zum
Opfer des Lebens auch wirklich beschritten wurde.

4 Die Frauen sehen wie der Centurio die Erhöhung, freilich nur von ferne u
deshalb auch ohne die von diesem gezogene Konsequenz des Bekenntnisses,
vgl dsAr 195 A3. Der an der Hinrichtung mitschuldige Heide hat den Vorzug vor den Jesus nachfolgenden "Christen"! In diesem Sinne hat man zuerst einmal vor allen historischen Feststellungen die Augenzeugenschaft
des Centurio u der Frauen zu sehen.

5 Wie Mk 9,9 betont, ist die Erhöhung Jesu u sein wahres Wesen erst ab
Ostern zu berichten. Mk 15,39.40f sind denn auch keine Ostererkenntnis
des Erhöhten, sondern nur Andeutungen davon, daß die christliche Gemeinde an dem Gerichts- u Heilsgeschehen Anteil hat, das ihr an Karfreitag
erworben u ab Ostern verkündet wird, vgl dsAr 209-211 [.354].

II. Das Tempelwort

Was wir bisher zu der Aufforderung zur Katabase in Mk 15, 30.32 ausführten, wird durch die nun folgende Exegese des Verses Mk 15,29b, das Tempellogion, in ganz bestimmter Hinsicht präzisiert. Gemäß unserer Analyse[1] ist das Logion eine dem Evangelisten vorgegebene Überlieferung. Fragt man sich nun, warum es der Evangelist gerade an dieser Stelle in seinen Kreuzigungsbericht eingefügt hat[2], so kann nach unserer bisherigen Exegese der Evangelistenzusätze folgende Antwort gegeben werden.

Genauso wie die Hohenpriester und Schriftgelehrten zusammen mit dem ungläubigen Volk mit ihrer Aufforderung zur Katabasis die Anabasis des Erlösers voraussagen müssen (Vv 30.32), genauso muß dieser ungläubige Spott der Vorübergehenden in aller Verblendung den Untergang des Tempels, der alten, jüdischen Welt und dieser Welt überhaupt voraussagen (V 29b), der dann in V 38 auch wirklich eintritt[3]. Aber damit nicht genug. Zusammen mit V 31[3a] ergibt V 29b auf dem Hintergrund der in dieser Hinsicht schon besprochenen Zusätze Vv 39.41 auch eine Aussage über dies Gerichtsereignis, insofern es für die Glaubenden Heil bedeutet[4]. Die Vorübergehenden spotten ja in einem

---

1 Vgl dsAr 61.

2 Zu dieser Fragestellung vgl 48.

3 Michel ThW IV 889,16 versteht Mk 15,38 von 13,1ff her im Sinne des Mk richtig: "Das Gericht Gottes über das Tempelhaus ist hereingebrochen", vgl Lohmeyer-Schmauch 396. Daß man das Wort "wirklich" nicht mit dem Wort "historisch" im Blick auf Mk 15,38 gleichsetzen darf, ist selbstverständlich. So wie die Verklärung (= Erhöhung!) u die Ankündigung des Gerichtes nur vor den Vertrauten als geheime Epiphanie geschieht (Mk 9,2; 13,3), so ist auch das in Mk 15,33—38 bezeugte Gerichtsgeschehen eine geheime Epiphanie des Menschensohnes, die Mk seinem Leser als Offenbarung vermittelt. Vgl im übrigen dsAr 220-256 /.305f7.

3a V 31 führt nur breiter aus, was direkt im Anschluß an V 29b schon in V 30 gesagt wird: Er, der Gekreuzigte, soll sich selbst retten.

4 Diese von Mk gewollte Ambivalenz konnten wir auch schon in Mk 11,15ff (dsAr 169 A2) feststellen. Mk 14,58 bietet sie ebenfalls, u Mk 12,1-12 weist in dieselbe Richtung, wie auch die Anordnung der Tempeltage u die In-Einssetzung von Erhöhung u Kreuzigung (dsAr 199 A2.201 A1a). Wendling Entstehung 199 läßt Mk das Schema der Tempeltage übrigens aus Mk 15,29b ableiten. Die Handschriften D W it Cyprian tragen die Ambivalenz auch von 14,58 her in Mk 13,2 ein (Hoffmann Wort 135).

Atem: "Ha, der du den Tempel niederreißt[1] und in drei Tagen
(wieder) aufbaust[2], rette (doch) dich selbst und steige herab
vom Kreuz!" Nach der Technik des Mißverständnisses, die wir
bei der Auslegung von Mk 15,35f kennenlernten[3], und dem in
diesen Worten von Vv 29b.30 vorliegenden Parallelismus der
Spottworte[4] kann man die beiden Verse wohl nur so verstehen,
daß der Gekreuzigte sich nicht durch ein Herabsteigen vom
Kreuz rettet, sondern durch seinen Tod "hinaufsteigt". Mit
diesem aus der bisherigen Exegese schon verständlichen und
bekannten Gegensatz hängt zusammen, daß er sich nicht allein
in dieses von der Finsternis beherrschte Leben zurückrettet,
sondern stirbt und dadurch viele in das Reich seiner durch
den Tod erworbenen Herrlichkeit rettet[5], und dies wiederum
bedeutet, daß Jesus in dem apokalyptischen Geschehen seines

---

1 Vgl Büchsel ThW IV 339: καταλύειν absolute Zerstörung!- Daß der Tempel
  vom Allerheiligsten durch die Vokabeln ἱερον (Mk 11,11.15.16.27; 12,35;
  13,13; 14,49) u ναός (Mk 14,58; 15,29; 15,38) vorsätzlich von Mk unterschieden werde (so Taylor according 566), glaube ich nicht. Feststellbar ist nur, daß alle ναός-Stellen einwandfrei auf Tradition beruhen,
  während die ἱερον-Stellen zum guten Teil (oder alle?!?) auf die Redaktion des Mk zurückgehen.

2 Michel ThW IV 888 meint, Mk 15,29 par gehöre wahrscheinlich zu den
  "Menschensohnsprüchen" u der im Vers angekündigte Neubau des Tempels
  bezeichne als "Menschensohnmotiv" (Michel ThW V 141 A8) "einen eschatologischen Akt des Christus" (ThW V 141,20). Da auch, entsprechend der
  jüdischen Anschauung von der Zusammengehörigkeit von Weltvernichtung u
  Welterneuerung (JoachJeremias Weltvollender 69ff), in der Apokalyptik
  Zerstörung des alten u Bau des neuen Tempels zusammenfallen (äthHen 83-
  90, vgl ThW V 131), darf man schon von daher aufgrund von Mk 11,15-17;
  12,10ff; 13,1ff; 14,58; 15,29.38 bei Jesu Tod auch die Gründung des
  neuen Tempels erwarten.

3 Vgl dsAr 193.

4 Vgl dsAr 94 A6; auch Taylor according 591.

5 Vgl Hunter 144: "The mocking sneer was true. He had come to save others."
  Lohmeyer-Schmauch 391 (ähnlich 392): "Indem sie ihn verspotten, spotten
  sie ihrer selbst und bekennen, was sie den Worten nach verleugnen."
  AKlostermann 293 nimmt Mk 15,33.37.38.39 als Unterpfand dafür, daß die
  Spottenden von Mk 15,29ff eigentlich die Wahrheit sagen.- Die in V 31
  gewollte Verdeutlichung von V 30 (vgl dsAr 60) läßt die Feinde selbst
  feststellen: Andern hat er geholfen usw. Damit wird unsere obige Exegese
  angesichts von Mk 15,41 (dsAr 202 A3) weiter bestätigt.

Todes nicht nur den alten Tempel zerstört, wie schon die alte
Kreuzestradition deutlich bezeugte, sondern auch den neuen
Tempel[1], seine Gemeinde baut[2].

Wir geben eine kurze Zusammenfassung der von uns vorgenommenen Auslegung von Mk 15,29b-32b. Die Eindeutigkeit der Aussagen des Evangelisten über die Erhöhung Christi und den Bau
eines neuen Tempels ergibt sich aus dem Dualismus von dieser
und jener Welt, der schon der alten Kreuzestradition zu eigen
ist. Da die Gegner Jesu ohne Ausnahme dieser finsteren Welt
zuzurechnen sind, hat man ihre Aussagen, die den Erlöser be-
treffen, der ja jener Welt des Lichtes und des Lebens angehört, in genau umgekehrtem Sinne zu verstehen, wie diese Gegner Jesu sie selbst meinen. Dabei ist die vom Leser zu lei-
stende Umkehrung des in Mk 15,29b-32b Berichteten einmal so
zu nehmen, daß die Spottworte nicht als Hohn, sondern als
Wahrheit genommen werden[3]; und zum anderen ist die Umkehrung
so vorzustellen, daß man den genau entgegengesetzten Sinn
der Spottworte für richtig hält[4]. Versteht man die Verse Mk
15,29b-32b in dieser Weise, so müssen die Erzfeinde Jesu,
verborgen unter allem Spott, folgendes Bekenntnis ablegen

---

1 Insofern der himmlische Tempel u das himmlische Jerusalem zur Enderwartung des Judentums gehören (Bietenhard 192ff), bleibt Mk ganz in der
  Linie des alten Kreuzigungsberichtes. Er setzt nur die christliche Zentrierung, die wir schon im alten Bericht feststellten (dsAr 151 A2), in
  ganz bestimmter Richtung fort.

2 Vgl zu dieser Auslegung die Passionshomilie des Bischofs Melito (Bonner
  Sardis p.13,26ff; p.16,12ff; 17,30f) u speziell zu dem "jetzt" von Mk
  15,32 aaO p.7,16ff, auch 2,9ff. Vgl zu den früher zitierten Analogien
  (dsAr 196 A2. 198 A5) die verwandten Anschauungen der Naturvölker bei
  Jensen 206.210. Vgl Bietenhard 130f zu der Gleichung himmlischer Tempel = Gemeinde in der Apk.

3 Das gilt für V 29b, für die Titulatur u das "er hat andere gerettet" u
  für "damit wir sehen u glauben", alles in V 32 - alles Dinge, die Jesus durch Wort u Tat vorausgesagt hat (vgl Mk 11,15-17; 12,10ff; 14,58
  zu V 29; 1,11; 9,7; 14,62; auch 8,29 zur Titulatur in V 32; dann die
  Krankenheilungen zu "er hat usw"; die bei allen Menschen im Ev sichtbare, an das Sichtbare gebundene Glaubensschwachheit, der Jesus nicht mit
  Wundern, sondern mit dem Schweigegebot entgegentrat, ist zu "damit wir
  usw" zu vergleichen)!

4 Gilt für die Aufforderung zur Katabase u "rette dich selbst" (Vv 30.31.
  32) - Forderungen, die allein aus dem finsteren Herzen der Gegner stammen.

und sich damit wider ihren Willen als geschlagen bekennen[1]:

> "König Israels!
> Wir glauben und erkennen,
> daß du der Messias bist (V 32).
> Du zerstörst den Tempel.
> Du richtest die Welt (V 29, vgl V 38).
> Du baust in drei Tagen den neuen Tempel,
> deine Gemeinde (Vv 29.31, vgl Vv 39.40f).
> Du rettest nicht dich selbst,
> sondern wie in deinem ganzen Erdenleben,
> so rettest du auch in deinem Tode viele andere,
> deine Gemeinde (Vv 30.31, vgl Vv 39.40f);
> denn jetzt, im Augenblick deines Todes (V 32)
> wirst du herrlich erhöht (Vv 30.32, vgl V 37)."

Bevor wir auf die Frage nach den drei Tagen in Mk 15,29b eingehen, bestätigen wir dies eben formulierte Ergebnis unserer Exegese von Mk 15,29b-32b durch Beobachtungen an der Verhörszene vor dem Synedrium.

Die von uns für Mk 15,29 ermittelte Auslegung, hier sei von der Zerstörung des alten Tempels[2] und dem Bau des neuen Tempels die Rede, dh von der Gründung der Gemeinde, ist im Falle von Mk 14,58 die gebräuchlichste Exegese[3], da die in Mk 14,58 beigefügten Interpretamente[4] recht eindeutig in diese Richtung weisen. Fragt man nun, wann diese Prophetie aus falschem[5] Zeugenmund von Markus als erfüllt angesehen

---

1 Die folgenden Formulierungen gehen gemäß den auf Seite 205 angegebenen Einsichten aus den in Klammern jeweils genannten Versen hervor.
2 Die weithin übliche Exegese, hier sei von der Abschaffung des jüdischen Kultus die Rede, ist in isolierter Form, wie sie etwa Dillersberger 174f bringt, nicht haltbar, da sie das weltweite Geschehen des Todes Jesu verharmlost. Tempelzerstörung=Weltgericht bedeutet auch, aber nicht nur, Abschaffung des bisherigen Kultus.
3 Vgl zB Loh 327; Klost 155; Schmid Evangelium 282f.   4 Vgl dsAr 61 A7.
5 Daß die Zeugen als "falsch" bezeichnet werden (Mk 14,57), bezieht sich nicht auf ihr Zeugnis, das durch die Interpretamente ja als eindeutig christlich erwiesen ist, sondern auf ihr antichristliches Wesen, mit dem sie Jesus nach dem Leben trachten. Ihr Zeugnis (Mk 14,58) ist so wahr wie der Spott der Gegner Jesu unter dem Kreuz (15,29). Es ist sogar so wahr, daß es - ihre böse Absicht durchkreuzend - durch den Tod Jesu mit zu Jesu Erhöhung dienen muß! Jesu Tod ist das Ziel der falschen Aussage, Jesu Erhöhung ihr schließlicher Erfolg!

wurde, so liegt es nahe, dies eschatologische Ereignis mit dem
Tode Jesu zusammenzusehen, da das Tempelwort in dem Prozeß
fällt, der mit dem Todesurteil über Jesus endet (Mk 14,64)[1].

Diese Ansicht bestätigt sich weiter, wenn man beachtet, daß
Jesus nach dem Bericht des Markus im Prozeß ebenso zu allen
falschen Anklagen schweigt (Mk 14,61) wie nachher zu allen
Spottworten, als er am Kreuz hängt. Das einzige Wort, das,
durch die beschwörende Frage des Hohenpriesters provoziert (Mk
14,61), plötzlich aus ihm hervorbricht und mitten in aller Erniedrigung seine ganze göttliche Hoheit für einen Augenblick
zu erkennen gibt, ist das Bekenntnis, er werde als der erhöhte
Menschensohn erscheinen[2] und mit den Wolken des Himmels kommen.

Angesichts der Tatsache, daß die Verhörszene historisch betrachtet logische Mängel aufweist und deshalb erst spät zusammengestellt zu sein scheint[3], möchte ich annehmen, daß die Abfolge der Ereignisse: Tempelwort - Schwei-

---

1 Dib 193 betont den engen Zshg zwischen Verhörs- und Kreuzigungsszene,
wenn er sie die beiden Höhepunkte der Leidensgeschichte nennt. Für den
literarischen Zshg der beiden Abschnitte vgl auch Bacon Beginnings 222;
Wendling Entstehung 199; DFRobinson 154f.

2 Hunter meint zu Mk 14,62, der Vers "predict not a descent, but an
ascent". Loh zSt: "Es gibt keine andere Stelle des NT, die so eng wie
in einem Akt Erhöhung und Parusie verbindet." Wir möchten ergänzen:
außer Mk 15,37, wo Erhöhung u Parusie eins sind, insofern die Parusie
das Endgericht bedeutet; Mk 13,24-27 ist ja vorausgesetzt, "dass das
Gericht schon vorüber ist" (Loh 279; vgl Klost 137). Jetzt wird nur
noch die Herrlichkeit des Erhöhten für alle sichtbar gemacht (Mk 13,
26; 14,62 korrespondiert 15,32!) u die Erwählten endlich u endgültig
um den Erhöhten versammelt (anders Lk, der die Kreuzigung von allen
apokalyptischen Zügen reinigt u dafür Lk 21,25b.26a.28 einfügt, vgl
Conzelmann Mitte 110f, also das Gericht erst mit der Parusie stattfinden läßt). Vgl noch dsAr 156 A1a.

3 Vgl das Urteil von PhVielhauer, Gottesreich u Menschensohn in der Verkündigung Jesu, Festschrift für GDehn, 1957, 64; dann weiter: Dib 192f;
Dibelius Botschaft I 254f; Bult 291 u die im Ergänzungsheft 291 A2 angegebene Literatur über die schwierigen Rechtsfragen, die der Bericht vom
Prozeß Jesu aufwirft. Friedrich (dsAr 201 A1a) 289f.305f versucht zu
zeigen, wie die messianische Hohepriestervorstellung in Mk 14,62(58) im
Laufe der Zeit mit der Menschensohnvorstellung kombiniert wurde. Vergleicht man Hb 10,19f mit Mk 15,37f, so könnte die Mk-Stelle ebenfalls
in diesem Sinne gedeutet werden. Doch ist nach unserer Analyse u Motivinterpretation die Menschensohnvorstellung in Mk 15 primär, die Hohe-
priesteranschauung dagegen erst durch die Zusätze hinzugekommen.

gen[1] Jesu - Frage des Hohenpriesters (Titulatur!)[2] - Jesus bekennt sich plötzlich als der Erhöhte, absichtlich vom Evangelisten so durch seine Redaktion nach dogmatischen Gesichtspunkten gestaltet wurde, um schon in der bloßen Ereignisfolge
dieser Szene, die mit dem Todesurteil über Jesus endet, den
sachlichen Zusammenhang, der das Verhör und die Kreuzigung
verbindet, insofern hier wie dort auf Jesu Erhöhung hingewiesen wird, herauszustellen. Die eben genannte Ereignisfolge
beim Verhör entspricht nämlich der der Kreuzigung[3]: Tempelwort als Spott - Schweigen Jesu - Titulatur als Spott - Jesus
stirbt plötzlich und wird so erhöht durch seinen Todesschrei[4].

---

1 Ab Mk 14,43 spricht Jesus nur noch in 14,62; 15,2.34.37. Alle diese
  Worte bezeugen seine Erhöhung, seinen Hoheitsanspruch! Auch 15,34 (vgl
  dsAr 174-179)! - Lightfoot History 145; Taylor Sacrifice 157; KLSchmidt
  Rahmen 306 A1 möchten in dem Schweigen Jesu während der Passion ein
  Zeichen für die Historizität des Mk-Berichtes sehen, da in den Märtyrerberichten (Lk!) die Helden sonst mehr reden. Bei der ganzen Art der
  Berichterstattung sollte man aber wohl lieber daran denken, daß "der
  Urzeit Schweigen" (IV Esr 7,30) zu den Zeichen der Endzeit gehört. Womöglich will sich Jesus als der "Fremde" (dsAr 198 A2) auch vor den
  satanischen Mächten (Bertram Leidensgeschichte 58 A1, dagegen Finegan
  74 A3) u Sündern nicht zu erkennen geben (Mk 14,62; 15,2.34, s oben,
  sind ja nur für den Leser eindeutig!): Sie sollen ihn als den Richter
  erfahren: Mk 15,37! Man kann bei dem Schweigen Jesu auch an Jes 53,7
  (vgl Ag 8,32f; 1.Pt 2,32; Barn 5,2; 1.Clem 16,7 uö; vgl dazu Feigel 79
  A1; Bousset Kyrios 72; Finegan 74 A3; Maurer 9; JoachJeremias ThW V
  709f; Grant Earliest 185 A7; Hunter 137; Dalman Jesus 176) oder Ps 39,
  2ff; 22,16 (vgl Feigel 23 A1) denken. /Vgl dsAr 138 A4; 291 A82./

2 Vgl JWeiß Evangelium 336, der die Gleichheit im Aufbau in Mk 14 u 15,
  was Spott bzw Anklage angeht, erkannte.

3 In Versen ausgedrückt lautet die Entsprechung: 14,58 = 15,29; 14,61 =
  Jesu effektives Schweigen bis 15,34.37 (vgl dsAr 177); 14,61 (Frage
  des Hohenpriesters mit Christustitel) = 15,32 (Spott der Hohenpriester
  usw mit Christustitel); 14,62 = 15,37.- Indem Lk in Mk 15 Tempelwort u
  den Katabasis-Spott streicht u ebenso konsequent in Mk 14,55-61 verfährt, zeigt er, daß ihm die von uns aufgezeigte Konzeption des Mk
  nicht paßt, daß er sie aber genau kennt u deshalb seine Änderungen am
  Markustext ganz zielbewußt vornimmt: Jesu Tod ist nicht mehr im Sinne
  des Mk Heilsereignis, sondern sozusagen die persönliche Erhöhung des
  Gottessohnes: Lk 23,46; 22,69 (dazu Conzelmann Mitte 70 A2); 9,31 (dsAr
  199/200 A2).

4 Dieser "Todesschrei... ist nach urchristlicher Überzeugung schon der
  erste Schrei des neuen Menschen" (Stauffer ThW I 627 von 2 Kr 13,4;
  Gl 4,4ff; Rm 8,16.26 her).

Die vorhin zurückgestellte Frage, wie bei unserer Auslegung die Aussage zu verstehen sei, daß der neue Tempel in
drei Tagen[1] von Jesus gebaut werden soll, ist nun noch zu beantworten.

Ist mit dem dritten Tag der Auferstehungstag Jesu als Datum für die Entstehung der christlichen Gemeinde gemeint?[1a]
Soll mit der Zeitangabe nur gesagt werden, daß der Neubau
des Tempels in kurzer Zeit geschehen werde?[2] Da die Zeitangabe im Logion schon enthalten war, als Markus es in sein
Evangelium einfügte[3], könnte sie ursprünglich so gemeint gewesen sein. Mk 14,58; 15,29 in ihrem jetzigen Zusammenhang
des Markusevangeliums so zu verstehen, geht freilich aus
zwei Gründen nicht an. Einmal entspricht die Zeitangabe genau dem Tageschema des Evangelisten. Ostern ist bei ihm
nicht drei Tage nach Karfreitag, sondern in drei Tagen. In
der neunten Stunde des Freitags (15,1-47) stirbt Jesus und
wird erhöht. Dann folgt der Sabbat (16,1; vgl 15,42)[4]. In
der Frühe des ersten Tages der Woche gehen dann die Frauen
zum Grab (Mk 16,2)[5] und sehen, daß es leer ist. Die christliche Ostergemeinde wird also genau "in drei Tagen" gebaut.

---

1   Trotz der leichten Abwandlung in der griechischen Formulierung der
    Zeitangabe ist Mk 14,58; 15,29 gleich zu übersetzen: "in drei Tagen".

1a So zB besonders energisch Seeberg Evangelium 16 zu Mk 14,58.

2   So zB Loh 327 zu Mk 14,58; vgl im übrigen zu Sinn und Herkunft dieser
    u ähnlicher Zeitangaben Delling ThW I 951ff.

3   So Bultmann Johannes 88 A7.

4   Beachtet man unsere Ausführungen über das Passionstageschema (dsAr 199
    A2) u rechnet von Mk 15,42 sieben Tage zurück, so fällt der Tag des
    Einzuges Jesu auf den Sabbat, was historisch absolut undenkbar ist.
    Das ist freilich kein Einwand gegen unsere frühere Exegese, sondern
    bestätigt sie vielmehr: Mk 11,1-11 schildert eine "himmlische Szene",
    den triumphalen Einzug des Erhöhten in seine Stadt u seinen Tempel.
    Und daß er am Sabbat in seine Stadt einzieht, zeigt, daß er wirklich
    der erhöhte Menschensohn und Herr über den Sabbat ist (vgl Mk 2,23-28).

5   Vgl Loh 353 zu dem sekundären Charakter von Mk 16,2. Der Vers dürfte
    von Mk stammen, da er einmal 15,42ff mit 16,1ff verbinden soll (dsAr
    36f) u zum andern dem Tageschema des Evangelisten dient.

Zum anderen ergibt sich dieselbe Erkenntnis aus dem Redaktionsvers des Evangelisten[1] Mk 9,9. Niemand darf von dem Erhöhten wissen, bevor er, der Menschensohn, von den Toten auf-
erstanden ist. Der ebenfalls vom Evangelisten[2] eingefügte
Vers 9,10 zeigt, daß die Jünger diesen Befehl Jesu befolgen,
gerade weil sie ihn nicht recht verstehen. Daß dann das Ge-
spräch zwischen Jesus und den Jüngern ab 9,11 sich plötzlich[3]
dem Leiden und Sterben des Vorläufers Elia und des Menschensohnes selbst zuwendet, also nicht mehr von der Auferstehung
(9,9f), sondern von Tod und Erhöhung[4] Jesu die Rede ist,
macht verständlich, wie Markus das Verhältnis von Karfreitag
und Ostern in seinem Evangelium sieht. Am Kreuz ereignen
sich Tod und Erhöhung Jesu, Gericht und Heil für die Welt
und seine Gemeinde. Aber erst an Ostern wird kund, was an
Karfreitag wirklich geschah[5].

Auf unser Tempellogion bezogen bedeutet das: Nicht erst
an Ostern, sondern schon an Karfreitag wird der Grundstein
zum neuen Tempel gelegt[6], ist die an Ostern erst in Erscheinung tretende Gemeinde durch den Tod Jesu schon gegründet[7].

---

1 Vgl Bult 163.358; Klost 88; Loh 181.   2 Vgl Bult 358; Klost 83.
3 Vgl Loh 181f, der diese Wendung des Gespräches als Problem empfindet, da
  er die von uns aufgezeigten redaktionellen Zshge nicht sieht. Gerade
  weil Mk 9,9-13 sehr wahrscheinlich von Mk formuliert ist, darf man hier
  eine knappe Zusammenfassung seiner theologischen Konzeption erwarten,
  nicht aber unbegründete Gedankensprünge.
4 Vgl dsAr 191f.194ff.   5 Vgl dsAr 27ff.
6 Vgl Albertz 131 zu Mk 14,58; 15,29; Michel Zeugnis 9 A6 denkt an "die
  Parusie oder an Kreuz und Auferstehung". Die drei Ereignisse hängen bei
  Mk auf das engste zusammen, vgl dsAr 207 A2 u Mk 16,6f: Der Gekreuzigte
  (so in keinem anderen Auferstehungsbericht!) wird an Ostern von seinen
  Jüngern als der Sieger gesehen, an der Parusie von aller Welt (13,26),
  am Kreuz vor dem Sieg von niemand, nach dem Sieg von seiner Gemeinde ge-
  ahnt (vgl 15,32 mit 15,39ff u dazu dsAr 195 A3. 202 A4. 212-215).
7 In der Serie der Tempelstellen bei Mk (11,11.15-17.27; 12,10f; 12,35;
  13,1ff; 14,49; 14,58; 15,29.38; auch 2,26, vgl 11,17) drückt 12,10f (Redaktion des Mk! vgl Bult 191) als Interpretation des vorhergehenden
  Gleichnisses (12,1-9) dies besonders deutlich aus: Die Tötung des ge-
  liebten Sohnes (12,6-8) durch die Juden (vgl 14,64; 15,3.11 u früher
  schon 3,6; 11,18; 12,12; 14,1f) bewirkt seine Erhöhung, macht ihn zum
  Sieger über alle Chaosmächte u den ihnen gehorsamen Sündern (vgl Joach
  Jeremias Weltvollender 79f; ders Eckstein 65.70) u zum Eckstein des neu-
  en Tempels. Daß Mk 12,7f von Mk auf den Tod Jesu bezogen wird, ist sicher,
  vgl Riddle 407; Bakhuizen 217f; Klost 122; Loh 244. Mk 12,9 dürfte auf
  die Heiden gehen, vgl Mk 11,17; 15,39 u Kiddle 47f. Mk 12,2-5 ist wohl
  auch auf den Täufer zu beziehen, vgl Mk 1,14; 6,17-29 u dsAr 184f. Mit
  seinem Leiden bereitet er den Weg zum Tempel (dsAr 200; Lightfoot Mark 78)

Der Kreuzigungsbericht bestätigt indirekt diese Exegese des "in drei Tagen", insofern kein Wort direkt erklärend aussagt, was der ganze Bericht dennoch eindeutig aussagt. Der Leser hat den Sinn des Geschehens allein aus den dramatischen Vorgängen[1] selbst und den Worten der Menschen unter dem Kreuz zu erschließen. Von den Jüngern wird keiner genannt. Sie sind alle geflohen (Mk 14,50). Nur die Frauen, denen an Ostern als ersten die Heilsbotschaft aus Engelsmund verkündet wird, deuten mit ihrem Zuschauen von ferne dem Leser an, daß hier am Kreuze der Grundstein der Gemeinde gelegt wird[2], und das Bekenntnis des heidnischen Hauptmanns weist noch deutlicher in diese Richtung[3] (15,39), ohne freilich schon den vollen Osterglauben zu bezeugen[4].

Zusammenfassend kann man also sagen, daß die Zeitangabe in Mk 14,58; 15,29 "in drei Tagen" nach der Meinung des Markus darauf hinweisen soll, daß der neue Tempel, die Gemeinde des Erhöhten, von Mk 15,37f (der Zerstörung des alten Tempels) ab gerechnet innerhalb von drei Tagen[5], dh aber am Ostermorgen (Mk 16,1-8) fertig erbaut ist.

---

1 Man versteht Mk 15,20b-41 nur richtig, wenn man den Inhalt des Berichtes als ein "Drama" begreift, vgl Saintyves 463 "le grand drame de la passion"; Bacon Beginnings 217 "The acts of the sacred drama"; Schille ZThK, 1955, 194 "Passionstradition als dramatische Einheit". Marxsen Evangelist 30 A1 im Blick auf das ganze Ev: Mk bedarf keiner Redenkomplexe wie Mt, weil bei ihm "das Geschehen selbst redet". Auch entwickelt Mk die Botschaft nicht begrifflich wie Paulus, "sondern durch Veranschaulichung", vgl dsAr 48 A1. 157 A1; auch die Auslegungen von JMRobinson (dsAr 92 A2) u Kleist 119 zur Anschaulichkeit des Mk; schließlich Käsemann Analyse 348 zu Php 2,5ff.

2 Vgl dsAr 201f.

3 Vgl dsAr 195 A3, 202 A4, 212-215.

4 Vgl dsAr 212-215 /; außerdem Schreiber Theologie 237f zu Mk 15,39/.

5 Die Dreizahl wiederholt sich im Stundenablauf des Todestages (besonders deutlich Mk 15,25.33), im Tempelwort (14,58; 15,29) u in den drei Tempeltagen (dsAr 203 A4. 200f). In der syr Didaskalia werden darüber Spekulationen angestellt (McCasland 127). /Vgl weiterhin Schreiber Theologie 103-119 zur Dreizahl bei Mk./

§ 5 Mk 15,39

Aus den verschiedensten Gründen[1] kamen wir in unserer Analyse zu dem Schluß, Mk 15,39 müsse sekundär sein und womöglich erst vom Evangelisten in den Kreuzigungsbericht eingefügt sein.

Die nun vorzunehmende redaktionsgeschichtliche Exegese bestätigt dieses Urteil. Fragt man nämlich nach erst von Markus
geschaffenen Zusammenhängen in seinem Evangelium, so ist
schon von jeher[2] aufgefallen, daß der Titel Sohn Gottes im
Markusevangelium, abgesehen von den Ausrufen der Dämonen[3],
nur in Mk 1,11; 9,7; 15,39, auf Jesus angewendet, sicher bezeugt ist[4]. In dieser Verteilung des Titels über Anfang,
Mitte und Ende des Evangeliums macht sich eine gewisse Symmetrie bemerkbar, die vom Evangelisten unter Benutzung der ihm
vorliegenden Tradition im Hinblick auf Mk 15,39 bewußt geschaffen sein dürfte[5]. Dabei können Taufe, Verklärung und

---

1 Vgl dsAr 36.39ff.71.73f.76.82.94f, aber auch 114f.117.

2 Vgl Lightfoot Mark 57; Bousset Kyrios 52f; Vagany 176, der hinter V 39
   einen Paulinismus (dagegen Werner Einfluß 48) oder eine jerusalemische
   Petrus(!)-Katechese vermutet. Mk 15,39 dürfte ganz einfach hellenistischem Christentum entsprechen.

3 Mk 3,11; 5,7 dürften in der Sicht des Evglsten der Kampf- u Gerichtssituation in Mk 15 entsprechen. Die Dämonen erkennen ihren Bezwinger,
   den Gekreuzigten u Erhöhten, den Gottessohn. Sie brauchen ihn nur zu
   sehen, u schon müssen sie anbetend niederfallen, u er weist sie zornig
   zurecht, vgl Loh 73.94f u zur kosmischen Seite dieser Auseinandersetzung (=Mk 15,33!) JMRobinson (dsAr 92 A2); außerdem dsAr 155 A6.157
   A1.A4.- Zu dem Sohnestitel in Mk 12,6 vgl dsAr 210 A7 /u 388 zu Mk 3,11/.

4 In Mk 1,1 ist der Titel "Sohn Gottes" nicht eindeutig bezeugt. Sollte
   er ursprünglich sein, so hätten Lightfoot History 84f; Taylor according
   597; Loh 347; BWeiß Evangelien 273 recht, wenn sie den Zshg von Mk 1,1
   u 15,39 betonen. Lightfoot History 85 A1 stellt Mk 8,29 als jüdisches
   Bekenntnis 15,39 als heidnischem Bekenntnis gegenüber. Uns scheint die
   Alternative: unvollkommenes bzw vollkommenes Bekenntnis vor bzw nach
   Mk 15,37 richtiger, vgl Loh 347, der wie Taylor according 597 auf Mk
   14,62 hinweist: Was der jüdische Hohepriester als Gotteslästerung ablehnt, bejaht der Heide.

5 Vgl JWeiß Urchristentum 540.

Kreuzigung mit Fug und Recht als die entscheidenden Etappen
des Lebens Jesu, so wie es Markus beschreibt, angesehen werden[1]. Bekennt sich Mk 1,11; 9,7 Gott zu seinem Sohn, so ist
in Mk 15,39 nun, nach der Erhöhung Jesu, ein Mensch, und zwar
ein Heide[2] zu solch göttlich zu nennender Aussage fähig. Der
Bann, der bis zum Augenblick des Todes Jesu über allen Menschen lag[3], ihn voll und ganz zu erkennen, ist nun endlich
gebrochen. Er, der so ganz und gar unberufene Henker Jesu,
er ist der erste, dem die Gnade widerfährt, wirklich auf den
"Sohn" zu hören[4], - auf seinen Todesruf, der doch die Erhöhung bewirkt. Er ahnt den Triumph Jesu[5], ja er sieht förmlich, dem Gekreuzigten genau gegenüberstehend[6], dessen Erhöhung[7]. Darum gelingt es ihm auch, mit seinem Bekenntnis
den Sinn des ganzen Kreuzesgeschehens auszudrücken[8]: Wahr-

---

1 Man könnte diese drei Geschichten wohl mit Recht die drei großen, geheimen Epiphanieberichte des Mk nennen. Daß er gerade auch Mk 15,20b-
  41 so verstanden wissen will, zeigt die ganze Art seiner Zusätze. Für
  die Gemeinde hört die Verborgenheit ihres Herrn an Ostern auf, für
  die Welt erst bei der Parusie, vgl dsAr 210 A6.

2 Vgl Loh 347; Jülicher 301; Kiddle 45ff sieht in V 39 den Höhepunkt
  des ganzen Ev, insofern Mk zeigen will, wie die Juden verworfen u die
  Heiden angenommen werden (dsAr 210 A7).

3 Vgl dsAr 187 A5. 192 A1.

4 Vgl die Aufforderung Mk 9,7 nach Dt 18,15, die in Mk 1,11 fehlt u von
  den Jüngern eindeutig nicht verstanden (9,9ff) u nicht befolgt wird
  (14,50), - jetzt geht sie in Erfüllung! Der Heide hört auf den in
  Leiden u Sterben gehorsamen "Sohn" u vermag ihn deshalb als Sohn Gottes zu bekennen. Anders als Petrus, Mk 8,29.33; 9,32; 10,32, der zusammen mit den andern Jüngern den Messias ohne Leiden will.

5 Vgl Bleiben 146, der mit Mk 15,39; 10,45; 14,24 kombiniert. V 39
  darf auf keinen Fall als Spott verstanden werden, vgl Lightfoot Mark
  56f.

6 Vgl dsAr 74f.

7 Das ἰδών in V 39 (wie auch das von daher zu verstehende θεωροῦσαι in
  V 40 (dsAr 202 A4)) ist mehr als auffällig. Natürlich wäre es, daß
  der Centurio den Schrei hört. Im Gegenüber zu V 32 u im Zshg mit 13,
  26; 14,62 darf man hier deshalb eine absichtliche Formulierung des
  Evglsten vermuten: Der Centurio, der Heide, sieht die Erhöhung, vgl
  dsAr 195 A3. 207 A2, wie die Jünger den Auferstandenen, Mk 16,7 (ds
  Ar 210 A6). Vgl noch dsAr 200 A3 ⎾und 354⏌.

8 Vgl dsAr 37; Bacon Beginnings 217; Bieneck 55; Taylor according 598.

lich, dieser Mensch ist Gottes Sohn[1] gewesen[2]. Der Nicht-
Jude[3] deutet so direkt nach der Zerstörung des alten Tempels
die Grundsteinlegung des neuen Tempels durch den erhöhten
Gottessohn an (vgl Mk 15,29.38), der freilich erst in drei
Tagen, an Ostern, ganz erbaut sein wird[4]. Genau dies ist
mit dem so präzise formulierten Bekenntnis gemeint, insofern es der vollen Ostererkenntnis noch mangelt, da der
Hauptmann sagt: Er ist der Gottessohn in seinem Erdenleben
g e w e s e n [5], anstatt: Er ist es nun durch seinen Tod
erst recht geworden! Da aber selbst an Ostern noch Furcht,
Zittern und Flucht die Reaktion der Menschen auf diese Tatsache hin ist (Mk 16,8) und das Schweigen der Frauen absichtlich betont wird, "denn sie fürchteten sich" (16,8),
so ist dem Bekenntnis des Centurio in den Augen des Markus
nichts von seiner Einmaligkeit genommen, sondern nur sein
rechter theologischer Ort angewiesen: Schon vor Ostern und
der mit diesem Ereignis verbundenen Erkenntnis der Anhänger Jesu wurde durch Mk 15,39 offenbar, für wen der Erlöser vor allem gestorben war und wer die Bausteine des von
ihm nach Ostern gebauten neuen Tempels sind: Die Heiden!

---

1 Von der Textbezeugung her entgegen Mk 1,11; 9,7; auch 3,11; 5,7; 12,6
  zu fragen, ob Mk nicht "Gott" statt "Gottes Sohn" geschrieben habe
  (Brandt 269 A3), ist abwegig.

2 Daß das Bekenntnis sowohl im heidnischen (= ein Gottessohn: Bacon
  Mark 195; Hunter 145; Menzies 282; Parker 233; Riddle 408; BWeiß
  Evangelien 273; ders Markusevangelium 501; JWeiß drei 219; Wellhausen Marci 142; Rawlinson 238; Gould 295; Schmid Evangelium 303) als
  auch im christlichen Sinne (= der Sohn Gottes: Alleman 305; Bacon
  Beginnings 224; Bertram Leidensgeschichte zSt; Blunt 263f; Bult 375f;
  Feigel 74; Hoskyns 67 A1; Lightfoot Mark 57; Montefiore 375f; Wrede
  76; Dehn 243; Pölzl 348) verstanden werden kann, dürfte bei der Ver-
  hältnisbestimmung von Kreuz u Auferstehung, wie sie Mk gibt, absichtlich sein, vgl Hoskyns-Davey 67.105; dsAr 211. Da der Titel Prädikatsnomen
  ist (Lightfoot Doctrine 54 A2; ders History 85 A2), kann man aus dem
  Fehlen des Artikels keineswegs schließen, die Formulierung sei eindeutig heidnisch gemeint. Natürlich darf man auch nicht zuerst fragen,
  was historisch möglich war, sondern was der Evglst "sagen will" (Feigel 74).

3 Vgl Albertz 130; Alleman 306.

4 Vgl dsAr 209ff /und dazu Schreiber Theologie 114-116/.

5 "Daß der Hauptmann sagt: ἦν, er war es, nämlich in seinem Leben, nicht
  ἐστίν, ist ein Beweis, wie sorgfältig unser Evangelist seine Worte
  wählt." (Wohlenberg 378, vgl Bisping 124) /; Schreiber Theologie 231.
  238/.

Wie die nur bei Markus vorkommenden und wahrscheinlich von
ihm stammenden Verse[1] Mk 15,44f zeigen, hat der Evangelist
für seine hellenistischen[2] Leser Mk 15,37.39 aber auch noch
in einer anderen, mehr rationalistischen Weise interpretiert,
und zwar so, daß deutlich wird, diese Seite des Todes Jesu
und seiner Erhöhung kann auch der Nichtchrist Pilatus und darum auch jeder andere Ungläubige zu seiner größten, eigenen
Verwunderung klar konstatieren: Der schnelle Tod Jesu nach nur
sechs Stunden (Mk 15,25.33f) ist ein Wunder[3] und für einen Gekreuzigten geradezu unglaublich[4]. Doch ist schon in der Plazierung von Mk 15,44f deutlich, daß es sich hier um ein apo-
logetisches Nebenmotiv handelt. Der eigentliche Sinn von Mk
15,37.39 liegt in der Tatsache, daß der Tod Jesu als Gericht
und Heil das Rettungsangebot für die Heiden ist[5].

---

1 Vgl dsAr 40f.

2 Der Erhöhungsgedanke war ihnen natürlich auch in keiner Weise fremd,
  vgl dsAr 196 A2. Gerade von der Gnosis her mußte der hellenistische Leser Mk 15,37 gut verstehen können, vgl 167 A3; auch 156 A3. 131 A2.A5.
  Dazu kommt, daß in der Antike die laute Stimme als göttlich galt, vgl
  Dölger 218ff; Lösch 10ff; Brandt 267f; Leisegang 23 A4. Diese Vorstellung begegnet auch in Naturdichtung der Primitiven (Sydow 51) wie in
  der Mythologie der Germanen (Zimmermann HDA IX 631). Vgl auch noch Fiebig
  Tempelvorhang 229;Menzies 282; BWeiß Evangelien 273; Wrede 76.- Daß sich
  durch Mk 15,44f die früher schon erwähnte Akzentverschiebung (dsAr 169
  A1. 201 A2. 205 A1) noch deutlicher bemerkbar macht, ist freilich nicht
  zu übersehen. Stand am Anfang ungefähr der durch den Kreuzestod modifi-
  zierte Gedanke von äthHen 90,28f.33-36 (dazu Michel Zeugnis 25: "Messias, neuer Tempel, Sammlung in einem Haus, Abbruch des alten Hauses -
  das sind wohl zusammengehörige apokalyptische Gedanken, die mit dem
  'Menschensohnmotiv' zu verbinden sind."), so ist seit der Untersuchung
  der Redaktion des Mk klar, wie er unter Verwendung des jüdischen Gutes
  ein für die hellenistischen Christen verständliches Ev schreiben will,
  vgl dazu weiter den folgenden Paragraphen.

3 Vgl Mk 5,20 zu ϑαυμάζειν in Mk 15,44.

4 Vgl die Exegese der Kirchenväter bei WBauer Leben 233f u die Modernen wie zB
  Holtzmann 181; WCAllen Mark 186; Montefiore 376; Wendling Entstehung 175;
  Blunt 263; Bertram Leidensgeschichte 78, die freilich zT unsachgemäß historisieren. Lk verstärkte dieses rationalistische Moment des Mk (Conzelmann Mitte 73 A2. 175) u nimmt es nicht mehr apologetisch! Mk 15,44f
  wird gestrichen!

5 Vgl hierzu auch die späteren Zeugnisse (Bonner Sardis p. 17,13ff; auch
  p. 7,27ff; Ramsey 138; Reil Christus 89f;Reil Kreuzigung 25ff;Jungbauer HDA V
  487ff), die zeigen, daß der Hauptgedanke von Mk 15,37.39 nie ganz verloren ging.

§ 6 Ergebnis und Folgerungen

Das Ergebnis der Untersuchung der Zusätze des Evangelisten
zum Kreuzigungsbericht[1] läßt sich kurz dahingehend zusammenfassen, daß Markus mit Hilfe der auf Johannes den Täufer angewendeten Elia-Typologie, der Serie von Tempelworten bzw
Tempelgeschichten und schließlich mit dem Katabasismotiv und
den damit in seinem Evangelium anvisierten Zusammenhängen dem
Leser klarmacht, daß der Tod Jesu das eschatologische Heilsereignis für den christlichen Glauben ist, nämlich das Gericht über die alte und das Heil für die neue Welt des Glaubens. Dabei schreibt er so, daß der christliche[2] Leser sich
selbst betroffen fühlt, insofern Markus klarstellt, daß auch
die Jünger dem Gericht des Kreuzes verfielen und daß nur die
persönliche Übernahme des Gerichtes (Mk 8,34f)[3] auch Anteil
am Heil des Kreuzestodes gibt.

Aus der Untersuchung der Zusätze des Evangelisten zum
Kreuzigungsbericht ergeben sich aber auch noch weitere Folgerungen, insofern bei ihrer Untersuchung der Gesamteindruck
entsteht, die eindeutig alte, palästinische   Tradition sei
mit Hilfe der Redaktion für den hellenistischen Leser verständlich gemacht worden. So gewiß die einzelnen Elemente der
bei der Interpretation verwendeten Theologumena zum großen
Teil jüdischer Vorstellungsweise entsprechen, so gewiß ließen
sich hier und da auch hellenistisch-gnostische Parallelen
heranziehen[4], und, was noch wichtiger ist, der ganze von Markus gegebene Aufriß des Erlösungsdramas ist stark mit gnostischen Gedanken verwandt, als da sind[5]: 1. Die Erhöhung des

---

1 Mk 15,22b.23 blieben unberücksichtigt, vgl dsAr 90.96f.

2 Vgl dsAr 188 A3.

3 Vgl dsAr 202 A3 /; Schreiber Theologie 1957.

4 Vgl dsAr 131 A2.A5.156 A3.167 A3 als Beispiele.

5 Vgl zur folgenden Aufzählung Bult 163 A2. Von den für den gnostischen
  Mythos als charakteristisch genannten Punkten fehlt in Mk nur die Präexistenz des Menschensohnes. Doch scheint sie mir bei der ganzen Redaktion des Mk vorausgesetzt zu sein u zB in Mk 12,6 in der Sicht des
  Evglsten auch genannt zu sein. /Vgl dsAr 387f./

Menschensohnes (vgl Joh 3,14; 8,28; 12,34) bedeutet 2. die
Ausübung seines Richteramtes (vgl Joh 5,27: Das Motiv der
Stimme wie in Mk 15,37!)[1] und 3. die Verknüpfung seines Ge-
schicks mit dem der Erlösten (vgl Joh 12,32)[2]. Was bei Johannes mit Hilfe gnostischer Terminologie ausgedrückt wird,
leistet Markus, an seinen palästinischen   Traditionsstoff
gebunden, durch die Art seiner Redaktion[3].

Daß wir mit dieser Behauptung nicht zu weit gehen, mögen
einige in die Augen springende mandäische Parallelen zur
Darstellung des Markus zeigen.

Der Erlöser steigt nach einigem Zögern hinauf zur Stadt
Jerusalem, der Burg der Sünder (Lidzbarski Johannesbuch
191f; nach Bischof Melito wurde Jesus mitten in Jerusalem
getötet, vgl Bonner Sardis 155 p. 15,33.36), wobei sein Aufstieg das Gericht über die von bösen Mächten beherrschte
Stadt bedeutet (Lidzbarski Ginza 342, vgl auch Reitzenstein
23). Mit einem "großen Beil" verwüstet er die Stadt und
baut sie wieder auf: "ich zerstöre und gründe wieder meinen
Palast" (Lidzbarski Johannesbuch 242). Sein Wandern durch
die Welt führt den Erlöser zum Tore von Jerusalem, heißt es
an einer anderen Stelle (Johannesbuch 243). Das Tor öffnet
er durch seine Stimme (!) und heilt dann Kranke und inthro-
nisiert sich selbst und erfüllt Jerusalem mit seinem Licht-
glanz (ebd). Dabei wird auch Christus, wohl als Sterbender,
genannt (ebd).

Die Verwandtschaft dieser Gedanken mit denen der Redaktion des Markusevangeliums liegt auf der Hand. Es dürfte
keine alttestamentlich-apokalyptisch-jüdische Vorstellung
geben, die der Darstellung des Markus so nahe kommt wie diese gnostischen Formulierungen der Mandäer.

---

1 Vgl SSchulz, Untersuchungen zur Menschensohnchristologie im Johannesevangelium (1957) 134.137.

2 Vgl dsAr 199 A1. 202 A3.

3 Vgl dsAr 196 A2 die nach Bultmann zitierten gnostischen Vorstellungen.
  So gewiß bei diesem Vergleich Unterschiede bleiben, da Mk ja nicht einfach gnostische Terminologie übernimmt, so gewiß läßt sich aber doch
  auch eine weitgehende Übereinstimmung feststellen.

Diese mandäischen Parallelen wurden nicht genannt, um zu
behaupten, Markus sei in seiner Redaktion von diesen gnostischen Formulierungen d i r e k t abhängig[1]. Auch möchten
wir umgekehrt nicht urteilen, die mandäischen Texte seien in
dieser Hinsicht unmittelbar von den Evangelien bestimmt[2].
Vielmehr scheint uns nur bewiesen zu sein, daß die Sicht,
die die Redaktion des Evangelisten vom Tode Jesu gibt, in
ihren Grundzügen sehr nahe Verwandtschaft in der Vorstellungsweise zu den von uns zitierten gnostischen Texten hat.
Damit wäre erwiesen, daß die Redaktion des Markus den Augenblick fixiert, da die palästinische   Tradition[2a] von der
hellenistischen Gemeinde übernommen wurde, die nun, ihrer
Führung durch den Erhöhten gewiß, ihre eigenen, sie lebendig bewegenden Tendenzen bei der Gestaltung des überkommenen
Traditionsstoffes wirksam werden ließ[3].

---

1 Für Mk 15,29 bzw 14,58 kann man allerdings solch eine Abhängigkeit
   vermuten, vgl Bult 127.

2 Vgl Mt 21,14 zu Lidzbarski Johannesbuch 243.

2a Die Übernahme der palästinischen   Tradition durch die hellenistische
   Gemeinde mußte im Falle des Kreuzigungsberichtes leicht vonstatten gehen, weil die alte Tradition (Mk 15,29a.32c.33.34a.37.38) mit ihren
   apokalyptischen Anschauungen dem heterodoxen Judentum nahesteht, das
   wiederum im Zshg mit den Mandäern zu sehen (vgl Vielhauer RGG³ II 580;
   Gärtner 26-35; KRudolph I 194f.196ff. II 378ff; auch Macuch 401-408)
   ist u somit den Übergang in die hellenistische Welt vorbereiten u er-
   leichtern mußte, vgl dsAr 2f. In dieser Hinsicht ist auch die Vermutung von PKahle 644 interessant, die besagt, daß die Bilderreden des
   Henoch aufgrund eines neu gefundenen aramäischen Fragmentes des Henoch-
   buches vielleicht als das "spätere Werk eines Judenchristen" angesehen
   werden müssen.⎣Vgl dsAr 291 A84;300 A142;305f.386.390 als Korrektur.⎦

3 Vgl Bult 394.- Wie sehr die von Mk auf die Erhöhung hin vorgenommene
   Interpretation des Todes Jesu gerade für das Verständnis der hellenistischen Christen geeignet war, zeigt sich auch an den Darstellungen
   der Kunst. Hierbei spielt die symbolische Bdtg des Kreuzes, die schon
   vorchristliche Ursprünge hat (vgl Anwander 502ff; Bousset Kyrios 238
   A2) u die in der altkirchlichen Literatur stark betont wurde (vgl
   WBauer Leben 121f; Detzel 392ff), eine große Rolle. Vielleicht wird
   das Kreuz in der aller ältesten christlichen Kunst gerade deshalb
   nicht dargestellt, vgl Anwander 496f. Die frühchristlichen Darstellungen der Kreuzigung auf den Sarkophagen zeigen das Kreuz ohne corpus
   als Siegeszeichen, vgl FGerke 47; weiter auch Rae 194ff; Reil Christus
   5f.18.88.91; Reil Kreuzigung 25ff.

Zum Abschluß dieses Paragraphen können wir schließlich
auch noch feststellen, daß unsere redaktionskritische Exegese[1] die früher bei der Analyse gemachten Beobachtungen bestätigte, insofern durch diese Exegese verständlich gemacht
wurde, in welcher Absicht und aus welchen Gründen der Evangelist seine Zusätze zur alten Tradition hinzufügte. Das
Ausbleiben bzw die Verzögerung der Parusie[2] und der eben
festgestellte Übergang der palästinischen. Tradition in
die hellenistischen Gemeinden bedingten die Neuinterpretation des Todes Jesu als Erhöhung und Augenblick, da die Gemeinde gegründet wurde. Diese Neuinterpretation konnte um so
leichter vorgenommen werden, als der alte Bericht selber
erste Ansätze in dieser Richtung zeigt[3] und der ihn beherrschende apokalyptische Gegensatz von dieser und jener Welt
vom Evangelisten geschickt seiner Redaktion dienstbar gemacht werden konnte[4].

---

1 Zu der Aufgabe und Arbeitsweise dieser Exegese möchten wir am Schluß
  dieses Abschnittes noch einmal extra auf dsAr 7 A5.181 A3.187f hinweisen.

2 Vgl dsAr 196. EGräßer, Das Problem der Parusieverzögerung in den synoptischen Evangelien und in der Apostelgeschichte, Beih ZNW XXII,
  1957, 216 sagt zu Recht: "In der Redaktion der Evangelien hat das
  Problem der Parusieverzögerung seinen festen Sitz!" Speziell zu Mk,
  vgl 218ff.

3 Vgl dsAr 157 A5.168f.

4 Vgl dsAr 193.194f.204f.

DRITTES KAPITEL

D I E   W I R K L I C H K E I T   D E S
K R E U Z I G U N G S B E R I C H T E S

A. Die historischen Fakten

§ 1 Vorbemerkung

Die bis zu diesem Stadium der Arbeit absichtlich[1] zurückgestellte historische Frage kann und muß nun eine Antwort
finden. Diese Antwort k a n n nun gegeben werden, weil unsere Analyse die traditionsgeschichtliche Struktur des Abschnitts aufdeckte und im Zusammenhang mit der inhaltlichen
Interpretation des Textes ein Verständnis von Mk 15,20b-41[2]
ermöglichte, das jede historische Überfragung des Berichtes
unmöglich macht. Diese Antwort m u ß nun gegeben werden,
weil der Kreuzigungsbericht des Markusevangeliums ohne die
historische Tatsache der Kreuzigung Jesu nicht vorhanden wäre[3]. Das historische Ereignis der Kreuzigung veranlaßte die
Aussage der von uns untersuchten kerygmatischen Formulierungen.

Nach unseren bisherigen Untersuchungen und Ergebnissen
versteht es sich von selbst, daß die Frage nach dem historischen Geschehen nicht einfach summarisch an den ganzen Abschnitt Mk 15,20b-41 oder auch Vers für Vers gestellt werden
darf. Vielmehr muß man auf die verschiedenen, von uns ermittelten Traditionseinheiten des Kreuzigungsberichtes zurückgehen, um innerhalb derselben die eindeutig historischen Ereignisse festzustellen. Dabei ist ständig auf die früher ermittelte inhaltliche Intention des jeweils befragten Verses
zu achten, um ihn erstens nicht mittels der gestellten Frage

---

1 Vgl dsAr 6.

2 Die erste Kreuzestradition (Mk 15,20b.21.22a.24.27) wird dsAr 221ff
  inhaltlich erst richtig untersucht, weil dies ihrem Charakter entspricht. Dabei ist freilich dsAr 171 zu beachten.

3 Vgl dsAr 171.

nach der Historie unter der Hand doch noch historisch falsch
auszulegen und um zweitens gerade so die im Kerygma mittra-
dierten historischen Fakten behutsam herauszuhören. Nur bei
solch vorsichtigem Vorgehen wird man das aller historischen
Forschung anhaftende subjektive Moment weitgehend ausschal-
ten können und zu einem einigermaßen gesicherten historischen Urteil gelangen.

§ 2 Die erste Kreuzigungstradition

Haben wir bisher im Hinblick auf die erste Kreuzigungstradition (Mk 15,20b.21.22a.24.27) bei der inhaltlichen Interpretation größte Zurückhaltung geübt, so hat das seinen Grund
darin, daß diese Verse von fast[1] allen Forschern für eine historische Nachricht gehalten werden. Und in der Tat, die genannten Verse sind "offenbar ein alter Geschichtsbericht"[2].

Dieses zuversichtliche Urteil ist durch die Nennung des
Simon von Kyrene in V 21 begründet. Die Notiz, er, der Vater
des Alexander und Rufus, habe, von den Römern dazu gezwungen,
Jesus das Kreuz tragen müssen, ist neben der anderen, ebenso
kurzen Nachricht vom fliehenden Jüngling (Mk 14,51f) einmalig im Markusevangelium. "Markus bringt sonst nirgends solche Hinweise; sie wirken geradezu als Fremdkörper, weil seiner Darstellung sonst alle persönlichen Momente fehlen; das
Evangelium bietet Heilsgeschichten, nicht individuelle Erleb-
nisse. Also werden die beiden Hinweise älter als Markus
sein"[3], und es besteht keinerlei Hinderungsgrund, Simon von

---

1 Drews Markusevangelium 289ff mit seiner astral-mythologischen Deutung
  scheint mir die einzige   Ausnahme zu machen, vgl dsAr 222 A1.

2 Bult 294, vgl auch aaO 301; JWeiß Evangelium 334.

3 Dib 183; vgl Bertram Leidensgeschichte 73: V 21 "alte historische Notiz"; ders Methode 15, der freilich aaO 16 mißverständlich von einem
  "historischen Interesse" mit Bezug auf V 21 redet. Der Bericht zeigt
  aber kein historisches, sondern ein persönliches Interesse, wie unsere
  weiteren Ausführungen deutlich machen werden.

Kyrene[1] als einen Augenzeugen der Hinrichtung Jesu auf Golgatha[2] zu bezeichnen[3].

Freilich ist mit dieser Feststellung keineswegs plötzlich
die ganze alte Kreuzigungtradition als historischer Tatsa-
chenbericht erwiesen[4]. Dagegen spricht schon der wörtliche
Anklang der Erzählung von V 24b an Ps 22,19[5]. Mag auch die

---

1 Die astral-mythologische Deutung, die Drews Markusevangelium 289ff der
  Person des Simon von Kyrene gibt, ist unhaltbar. Simon ist durch den
  Beinamen entweder als Festpilger aus der Cyrenaika oder als ein für immer von dort nach Jerusalem heimgekehrter Mann bezeichnet, vgl Loh 341f;
  Swete 378; Rawlinson 232. Die Konjektur von Torrey "'Simon the farm
  labourer' instead of 'the Cyrenain'" ist abwegig u kein Indiz eines
  aramäischen Urmarkus (gegen Grant Kingdom 120).

2 Zur Lage von Golgatha, vgl JoachJeremias Golgotha 1ff; Westberg 135ff.
  Der Name bedeutet wohl "Kopf" (Jeremias Golgotha 1f); anders Vezin 344:
  gal go 'atha: Hügel von Goa, Jer 31,3f. Vgl weiter zur Lage u zum Namen
  des Ortes Loh 342; Bertram Leidensgeschichte 75; Brandt 67f; Hirsch II
  272f; Moulton-Howard 148f; Schmid Evangelium 295-301; Swete 378f;
  Strauß II 510; Taylor according 588; Rawlinson 232f; Wohlenberg 373;
  BWeiß Markusevangelium 495; Bisping 121; BWeiß Markus u·Lukas 234;
  Belser 399. Überschaut man die angegebene Literatur, so zeichnet sich
  kein einziges, absolut sicheres Ergebnis ab. Es bleibt nach wie vor
  fraglich, ob Golgatha einen schädelförmigen Hügel oder eine Hinrichtungs-
  stätte bezeichnet. Auch ist die Lage des Ortes nicht eindeutig zu klären.- Im allgemeinen wird die Legende, der Schädel Adams sei im Golga-
  thahügel begraben, nicht zur Exegese von Mk 15,22 verwendet, da diese
  Legende erst im 4. Jahrhundert n Chr auftauche (so zB JoachJeremias Golgotha 1; Loh 342) u eine heilige Stelle schlecht als Hinrichtungsplatz
  denkbar sei (JohJeremias Markus 218). Für eine Berücksichtigung der Legende setzt sich allerdings zB Roscher 25ff mit einigen beachtlichen
  Argumenten ein; vgl auch Belser 401f; Bartelt zu Lk 23,32. Die Übers
  des Namens in V 22 ist bei Mk zwar üblich (Mk 3,17; 7,11; 7,34; 12,42;
  15,16.42), aber nur in Mk 5,41; 15,34 so feierlich formuliert wie in
  V 22. Sollte dieser Umstand nicht theologisch bedingt sein (vgl Roscher 36f), zumal Hb 13,12 u Bischof Melito (Bonner Sardis 155 p.15,33.
  36; p.16,4ff) den Ort der Kreuzigung in verschiedener Weise theologisch
  auswerten? Vgl hierzu noch Bertram Leidensgeschichte 89; Feigel 22f.

3 Vgl Dib 205; ders Jesu 28.85; Klost 163; Finegan 75. Der Begriff "Augenzeuge" darf natürlich nicht mit dem anderen "Polizeibericht" (sic!
  Albertz 128) kombiniert werden, vgl dsAr 221 A3.

4 Anders Bacon Mark 270f, doch vgl dsAr 221 A3.

5 Vgl zB Bult 294f.304; Dib 187; Strauß II 522; Weidel II 255; Ungern-
  Sternberg 284; Bousset Kyrios 71; Menzies 278.

Nachricht, die Soldaten hätten um die Kleider Jesu gelost,
auf einen historischen Vorgang zurückgehen[1], so ist sie doch
auf keinen Fall aus historischem Interesse erzählt und aufbewahrt worden, sondern deshalb, weil man hierin eine Erfüllung der Schrift sah[2].

Ganz ähnliches dürfte auch für Mk 15,27 gelten, wenn-
gleich auch an dieser Stelle der Bezug zum Alten Testament
keineswegs so eindeutig ist wie in Mk 15,24b. Immerhin
fühlt man sich durch V 27 unwillkürlich an Jes 53,12 erinnert[3] und wird deshalb nicht fehlgehen, wenn man annimmt,
daß V 27 wegen seines alttestamentlichen Schriftbezuges erzählt worden ist[4].

---

1 Schon Wetstein 536 macht darauf aufmerksam, daß die Kleider des Delin-
quenten nach römischem Recht den Soldaten gehören; vgl auch Strauß II
521; Dib 188; ders Jesus 116f; Schmid Evangelium 296; Taylor according
589. Gegen die Historizität der Kleiderverteilung zB Weidel II 255:
Das AT war für die damalige Zeit "authentische Quelle des Lebens Jesu",
die "unter Umständen höheren Wert" als Augenzeugenberichte hatte! BWeiß
Markusevangelium 495 sieht dieses Moment überhaupt nicht, weil er den
V 24 geübten eschatologischen Schriftbeweis de facto nicht erkennt,
welcher "durch die bloße Erzählung von Tatsachen die Erfüllung der
Schrift in der Person Jesu schildert." (Maurer 7, vgl Bacon Beginnings
221).

2 "Aber erzählt ist dies alles (Vv 24.29) - gleichviel ob man es wußte
oder erschloß oder erfand - lediglich, weil man in ihm Gottes Willen
erkannte, wie er in der Schrift geoffenbart war" (Dib 188; vgl Klost
164). Man kann also V 24b nicht für eine "sichere historische Kunde"
nehmen (Strauß II 525). /Vgl dsAr 303./

3 Vgl Strauß II 520; Brandt 214f; Feigel 62f; Bult 295.304; Dib 187; Dibelius Jesus 117; Maurer 10; Rawlinson 234. Weidel II 252f tritt dagegen für die Historizität von V 27 ein, deren M ö g l i c h k e i t
ja, wie die genannten Autoren betonen, durch den Weissagungsbeweis
nicht einfach von vornherein ausgeschlossen ist, jedoch immer fraglich bleiben wird (Bertram Leidensgeschichte 88; Taylor according 650).

4 Auch primitiv-künstlerische Momente, wie sie Feigel beobachtet hat,
mögen bei der Wiedergabe von V 27 eine Rolle gespielt haben, etwa:
der schweigende Jesus in der Mitte zwischen zwei Verbrechern, vgl
Bacon Beginnings 222; Menzies 279. Ein Kontrast oder eine Verbindung
zu Mk 10,40 ist nicht gewollt (vgl BWeiß Evangelien 272).

Stellt man die unzweifelhaft historische Fakten wiederge-
benden Verse zusammen, so ergibt sich folgender, knapper Bericht.

V 20b: Und sie führen ihn hinaus[1], daß sie ihn kreuzigen.
V 21: Und sie zwingen einen Vorübergehenden, Simon von Kyrene, der vom Felde kam[2], den Vater des Alexander und Rufus,
daß er sein Kreuz[3] trüge[4]. V 22: Und sie bringen ihn nach
der Stätte Golgotha[5], V 24: und sie kreuzigen ihn.

Die übrigen Nachrichten[6] von der Kleiderverteilung (V 24)
und der Kreuzigung zweier Verbrecher mit Jesus (V 27) können, wie gesagt, ebenfalls historisch sein. Jedoch ist diese
Möglichkeit angesichts der Art der Berichterstattung nie
bisher zur historischen Faktizität erhärtet worden, und insofern über diese beiden Vorgänge keine neuen historischen
Quellen uns belehren werden, kann und wird diese Faktizität
auch nie erwiesen werden können.

---

1 Nach Dalman Jesus 17 soll das Hinausführen rechtliche Bdtg haben, wie
  aus Lev 24,14; Siphra 105; b.Sanh 42Of; Hb 13,12 hervorgehe; doch handelt es sich ja nicht um eine jüdische, sondern eine römische Hinrichtung, u die Hinrichtung vor dem Tore ist sowohl jüdische als auch römische Sitte, vgl Loh 341 A1; Klost 162; Schmid Evangelium 294. Fraglich
  bleibt nur, ob die Hinausführung nach Mk 15,16 oder Joh 19,20 oder Hb
  13,12 zu verstehen ist (Klost 162). Der Evglst denkt vielleicht auch
  an Mk 11,11.19; 13,1ff, vgl dazu dsAr 199 A2. 201 A1a.

2 Oder: "vom Lande", "vom Hofe", "von einem Dorfe" (so Finegan 75). Die
  Übers ist umstritten, vgl Brandt 170; Pölzl 285. Es ist deshalb müßig,
  aus dieser Angabe etwas über das Datum der Kreuzigung ausmachen zu
  wollen, vgl Loh 342 A1; Klost 163; Finegan 75; Wohlenberg 372 gegen
  BWeiß Markusevangelium 495; Bisping 121; Schmid Evangelium 294; JWeiß
  drei 218; Belser 395. /Vgl dsAr 280 A28; Schreiber Theologie 64f./

3 Ob hier vom Kreuzespfahl oder nur vom patibulum die Rede ist, wie es
  die römische Hinrichtungssitte nahelegt (Klost 163; Taylor according
  587), ist strittig u trotz Brandt 171ff, der meint, der Text rede eindeutig vom Kreuzespfahl, nicht endgültig zu lösen, da der Text offensichtlich an solchen historischen Details nicht interessiert ist.

4 Die Differenz dieser Angabe mit Joh 19,17 hat man schon früh harmonisiert, vgl Strauß II 508f; Klost 163; Rawlinson 232. Womöglich hatte
  Joh theologische Gründe, Jesus sein Kreuz allein tragen zu lassen,
  vgl Brandt 174 A3.

5 Die Ortsbezeichnung ist wohl ursprünglich in V 22 (Brandt 168 A3;
  JWeiß drei 221), trotz dsAr 222 A2. Vgl zum grundsätzlich vorliegenden Problem Bult 363.

6 Zu Mk 15,23, vgl dsAr 237.

Man könnte dagegen einwenden, der ursprüngliche Zusammenhang, der zwischen Vv 24b.27 und den unzweifelhaft historischen Versen besteht, sei so fest, daß man die gesamte alte
Tradition, trotz der gewiß vorhandenen alttestamentlichen
Anspielungen, als historischen Bericht ansehen könne und
müsse. Zu diesem Einwand möchten wir das folgende bemerken.

Die oben angeführten Verse Mk 15,20b.21.22a.24a teilen
gewiß historische Tatbestände mit[1]. Dennoch sind auch sie
ganz und gar nicht mit modern-historischer Absicht erzählt
und dann schließlich aufgezeichnet worden[2]. Vielmehr verdanken sie ihr Vorhandensein im Markusevangelium einem rein
persönlichen Interesse[3], das der Personenkreis, in dem die
alte Tradition entstand und in dem sie weitererzählt wurde,
an den Söhnen des Simon, Alexander und Rufus[4], nahm. Diese
beiden Söhne, wie auch ihr Vater, waren damals in der Ge-

---

1 Irgendwelche gnostischen Gedanken, wie man sie in späterer Zeit an die
  Gestalt des Simon heftete, liegen dem alten Bericht bestimmt fern, vgl
  Blunt 261 A1; Klost 163. Selbst der Zusatz Mk 15,34b dürfte keinen an-
  tignostischen Charakter haben (gegen Schlatter Markus 273), da auch in
  der Zeit des Evglsten die Gnosis noch keine Gefahr für die Kirche darstellte.

2 Der alten Tradition fehlt die aller exakten historischen Betrachtungsweise zugrunde liegende Fähigkeit, das vergangene Geschehen logisch-
  systematisch und kritisch darzustellen, vgl dazu die Angabe der Kriterien bei Hartlich-Sachs 142ff; dsAr 8 A1. Das Unvermögen erklärt sich
  aus der geschichtlichen Situation der Urchristenheit (vgl Bertram Le-
  ben=Jesu=Forschung 835f) u dem kerygmatischen Anliegen, das die alte
  Tradition vor allem bestimmt. Dunkerley 265 behauptet demnach das historische Interesse der Evglsten recht unbegründet.

3 Darum hat Lohmeyer Gottesknecht 62 mit seinem historischen Urteil
  recht: "Der Vorfall mit Simon von Kyrene läßt sich nicht näher bestimmen." ⌐ Vgl weiterhin dsAr 304 A159.⌐

4 Alle Versuche, die beiden Söhne mit gleichnamigen Personen, die sonst
  im NT erwähnt werden (Rm 16,13; Ag 9,33; 1.Tm 1,20; 2.Tm 4,14), zu
  identifizieren (so Erbes 141f; Zahn Matthäus 712 A80; Zahn Einleitung
  I 276. II 247.257; WCAllen Mark 185; Ragg 296f; Rawlinson 93; Hunter
  143; Taylor according 588; Wohlenberg 372),sind sachlich unbegründet,
  vgl Alleman 303; Bacon Mark 270f; ders Roman 65f. Das Ev ist ja nicht
  sicher in Rom abgefaßt, was besonders im Blick auf Rm 16,13 (Rufus!)
  betont werden muß. BBauer III 249A; vgl Brandt 169 A3.170 argumentieren umgekehrt ebensowenig überzeugend, aus den Briefstellen seien die
  beiden Namen in Mk 15,21 eingedrungen.

meinde bekannt, und man nannte sie, weil ihr Vater dem Herrn
das Kreuz hatte tragen müssen.

Ob der Markusevangelist die in Mk 15,21 genannten Personen noch gekannt hat, ist nicht sicher auszumachen und muß
fraglich bleiben[1]. Als Tradent kann er den alten Bericht,
ohne sein ursprüngliches Interesse zu teilen, einfach so
aufgenommen haben, wie er ihn vorfand, und mit der anderen
ihm vorliegenden Tradition verknüpft haben. Daß bei der
Aufnahme dieser Traditionen historische Erwägungen kaum
eine Rolle gespielt haben dürften, zeigt das Verhalten der
Seitenreferenten. Sowohl Matthäus als Lukas streichen die
Namen der Söhne des Simon. Das persönliche Interesse ist
jetzt offensichtlich erloschen[2]. Statt dessen tritt bei Lukas das entscheidende Moment der Berichterstattung der Evangelien, das dogmatische, stark hervor. Nach Lk 23,26 ist Simon von Kyrene der erste Mensch, der Jesus das Kreuz nach-
trägt (Lk 9,23; 14,27)[3]. Aus diesem Grunde wird sein Name
noch genannt.

---

1 Finegan 75; Lightfoot History 28; Menzies 277; Jülicher 298; AKlostermann 292; Schmid Evangelium 294; Bisping 121; JWeiß drei 218; Wohlenberg 372 nehmen an, Mk selbst u seine Gemeinde hätten Simon bzw seine
  Söhne noch gekannt. Richtiger u vorsichtiger dagegen Dibelius Jesus
  119: Die Nennung der Söhne des Simon von Kyrene zeigt, daß Mk selbst
  "oder ein noch älterer Erzähler sie gekannt" hat.

2 Vgl Finegan 30f.

3 Vgl Brandt 174 A1; Finegan 31; Bertram Leidensgeschichte 73; Surkau
  95f; Hauck Lukas zSt; Schelkle 223. Vielleicht verstand schon Mk Mk 15,
  21 im Sinne der Kreuzesnachfolge, vgl Drews Markusevangelium 290;
  Swete 378; Loh 342 A3, der auf Mk 8,34 verweist. Diese Stelle gehört
  ja für den Evglsten in sein Leidensweg-Schema, vgl dsAr 202 A3. Zum
  ursprünglichen Sinn von Mk 8,34, vgl Dinkler 110ff. Dalman Jesus 172f
  sieht in Lk 23,26 ein ursprüngliches Wort Jesu, weil rabbinische Parallelen fehlen. Diese Ansicht scheint mir ebenso fraglich wie die aaO
  171 geäußerte Meinung, Simon von Kyrene müsse das Kreuz nachtragen,
  weil die Soldaten das Königsspiel der Verspottungsszene fortsetzen
  wollen.- Zu Mk 8,34, vgl noch Taylor according 588, der auf Loh 342
  verweist: Simon "ist der erste, der ihm sein Kreuz nachtrug." Demnach
  wäre also auch schon für Mk sein dogmatisches Interesse der entscheidende Grund für die Aufnahme der ursprünglich persönlich orientierten
  Traditionsaussage gewesen.

Nach allem, was wir bisher ausführten, ergibt sich der
Schluß, daß im Urchristentum mit Bezug auf den Tod Jesu von
einem eigentlichen historischen Interesse nicht die Rede
sein kann[1]. Diese Feststellung wird weiter dadurch erhärtet,
daß keinerlei Einzelheiten von der Kreuzigung[2] und dem Tode
Jesu berichtet werden[3], Dinge also, die Simon von Kyrene
sehr wahrscheinlich gesehen und dann auch erzählt hat und
die man auf jeden Fall von ähnlichen Exekutionen her sich
leicht denken und vorstellen konnte[4]. So lesen wir nichts
von einer Aufhängung oder Pfählung, Nägeln oder Stricken[5],
nichts von der Qual der Fliegen, der Atemnot, dem brennen-
den Durst des Gekreuzigten, von der Art seines Todes[6]. Dieses für den modernen, historisch denkenden Menschen so

---

1 Vgl dsAr 225 A2; Loewenich Mensch 70f; Rose 141f u die grundsätzliche
  Bemerkung von Dobschütz Historiker 43: "Die historische Erkenntnis von
  der Differenz der Zeiten kommt erst mit der Aufklärung des XVIII. und
  der historischen Forschung des XIX. Jhs." Herbst 159 wendet sich deshalb mit Recht gegen alle historische Neugierde bei der Betrachtung
  der Kreuzigung Jesu.

2 Zum Ursprung u Entwicklung der Kreuzesstrafe, vgl Brandt 190ff; Gómez-
  Pallete 538ff.

3 Vgl Conzelmann Mitte 175; Taylor according 589. Belser 408 führt dies
  darauf zurück, daß die Kreuzesstrafe damals allgemein bekannt gewesen
  sei. Aber entscheidend für die Art der Darstellung von Mk 15,24 (u
  ebenso V 25!) ist doch wohl, daß für die ersten Christen nicht die
  Qualen Jesu, sondern sein Tod als solcher Heilsbedeutung hatte. Vgl
  dagegen dsAr 227 A6!

4 Zur Kreuzigungsstrafe, vgl Blinzler 188ff; Vezin 343f; Gómez-Pallete
  540ff; Loh 343 A1; Pölzl 310ff; Blunt 261; Schmid Evangelium 295. Weidel sagt richtig, daß all diese historischen Überlegungen im Blick auf
  V 24 müßig sich ausnehmen, da zur Zeit Jesu keine allgemein übliche
  Ausführung der Kreuzesstrafe existierte (Weidel II 250ff; vgl Pölzl
  316f; Menzies 278).

5 Die Kirchenväter nahmen fast alle eine Annagelung Jesu an (WBauer Le-
  ben 215f). Vgl auch die Diskussion zwischen Orthodoxen u Liberalen bzw
  Rationalisten bei Strauß II 511f. Heute plädiert zB Keller 364f für
  Annagelung. Mk 15,24 sagt zu dieser Frage n i c h t s !

6 In der modernen Sicht überschlägt sich diese naturalistische Betrachtungsweise schließlich in der rationalistischen Scheintod-Hypothese (vgl
  AMeyer Auferstehung 116f) u den ebenfalls die historische Faktizität des Todes
  Jesu leugnenden Astralspekulationen eines ADrews. Beide Ansichten sind
  der Endpunkt einer Entwicklung, die mit der Bewußtseinsentwicklung des
  Abendlandes verknüpft ist u die nicht nur in der Theologiegeschichte,
  sondern vor allem auch in der künstlerischen Darstellung der Kreuzigung
  interessant zu verfolgen wäre (zB "Verlandschaftung" der Kreuzigung!).

überaus wichtige Detail[1] wird mit keinem Wort erwähnt, vollends unfaßbar will uns heute erscheinen, daß nicht einmal
der Moment des Todes Jesu in dieser ältesten[2] Kreuzigungstradition erzählt wird.

Diese letzte Beobachtung wirkt auf den ersten Blick so un-
gewöhnlich, daß man geneigt ist, sie gegen unsere Analyse ins
Feld zu führen. Sollte es je einen Kreuzigungsbericht gegeben
haben, der nichts vom Tode Jesu erzählt? Darauf ist zu antworten: Bei dem historischen Desinteresse der Urgemeinde war
eine Notiz vom Moment des Todes Jesu solange entbehrlich, als
dieser Moment selber noch keine Heilsbedeutung hatte. Für die
allererste Gemeinde genügte die von Ostern her mögliche und
sich im alten Bericht klar aussprechende Erkenntnis (Mk 15,
24.27), daß die Kreuzigung Jesu sich gemäß der Schrift, also
gemäß Gottes Willen vollzogen habe, also auch keine Schande
sei, sondern eine Station zum Heil des Ostermorgens. Hat man
einmal eingesehen, daß das vorhin beschriebene persönliche
Moment und diese theologische Aussage alles Interesse damals
auf sich zog, das isolierte historische Faktum, akkurat ver-
zeichnet, dagegen keinerlei Bedeutung hatte, so wird man bei
dieser ganzen Intention des ersten Kreuzigungsberichtes keine Beschreibung des Augenblickes, da Jesus starb, erwarten[3].

---

1 Vgl neben Schmid Evangelium 295f; Goguel Leben 365f vor allem die lange Liste von medizinischen Abhandlungen über die Todesart Jesu bei
  Blinzler 187 A50. Die alte Tradition gibt auf solche Fragen keine Antwort. Es ist deshalb auch vollkommen müßig, sie in dieser Hinsicht zu
  befragen (vgl Alleman 305). Ebenso sind natürlich alle bewußtseins-
  psychologischen Erwägungen, wie sie etwa Vondran 270.275 über Jesu Innenleben u sein Leidensbewußtsein anstellt, reine Erfindung. Die alten
  Berichte sagen hierüber nun einmal nichts.

2 Vgl hierzu Vielhauer, Artikel: Erlöser, RGG[3] II 580; dsAr 24ff.27ff: Mk
  15,20b.21.22a.24.27 dürfte gegenüber 15,25.26.29a.32c.33.34a.37.38 die
  ältere Tradition sein, weil in ihr das Problem des Todes Jesu nur mit
  Hilfe der These von der Schriftgemäßheit gelöst wurde, u zwar in ganz
  formalem Sinne, vgl dsAr 25 ⟨; außerdem 357⟩.

3 Die Geisteshaltung, die etwa hinter den Ausführungen von Keller 358f.
  362ff (Turiner Grabtuch als historischer Beleg für den Tod Jesu!)
  steht, ist der Urchristenheit ganz u gar fremd. ⟨Vgl dsAr 295 A113.⟩

§ 3 Die zweite Kreuzigungstradition

Die zweite Kreuzigungstradition erwies sich bei der motivgeschichtlichen Interpretation als stark von der alttestamentlich-apokalyptischen Bildersprache geprägt. Kann und muß
man also deshalb nicht von vornherein annehmen, daß sie keinen Bericht historischer Tatsachen darstellt?

Aus zwei Gründen ist diese Frage nicht einfach zu bejahen.
Einmal gilt es, sich mit all den Forschern auseinanderzuset-
zen, die trotz des eben genannten Tatbestandes Mk 15,25.26.
29a.32c.33.34a.37.38 für historisch halten. Und zum anderen
ist mit der Möglichkeit zu rechnen, daß in den bildhaften
Aussagen auf sehr behutsame Weise eventuell auch Nachrichten
über historische Ereignisse herausgehört werden können. Freilich stellt sich sofort die Frage, wie bei solcher Sachlage
die möglichen historischen Fakten als wirklich erwiesen werden sollen[1]. Man wird deshalb zu den folgenden Beobachtungen
prinzipiell sagen müssen, daß sie nicht mehr als Vermutungen
sind, insofern sie historische Ereignisse beschreiben wollen.

Die Zeitangabe in Mk 15,25 gehört mit den Angaben in Vv
33.34a zusammen. Sie ist nicht historisch gemeint, sondern
apokalyptisch[2]. Hinter diese apokalyptisch gemeinten Zeitangaben auf eine historische Uhrzeit zurückzugehen und auf
diese Weise dann die dritte Stunde als Zeit der Kreuzigung
Jesu zu bezeichnen, geht nicht an[3]. Das moderne Zeitgefühl,
nach dem wichtige Ereignisse womöglich auf die Minute genau
datiert werden, würde damit ohne jede Rechtfertigung in unsern Text eingetragen und zur Entwertung der ursprünglich
intendierten theologischen Aussage führen.

---

1 Vgl hierzu Hartlich-Sachs 145f, auch aaO 142ff, die die nach wie vor
  gültigen Ausführungen von DFStrauß kurz zusammenfassen.

2 Vgl dsAr 156.

3 Vgl dsAr 57 A1 zu dem nicht wissenschaftlichen, unmethodischen Vorgehen mancher Exegeten.

Schließlich sollte einen auch die bekannte[1] Differenz zwischen
Mk 15,25 und Joh 19,14, die theologisch bedingt ist[2], vor aller historisierenden Auslegung von Mk 15,25 warnen[3]. Die Zeitangaben in Mk 15,25.33.34a sind also unhistorisch, und der Text
gibt keinerlei Möglichkeit, den genauen historischen Zeitpunkt
der Kreuzigung Jesu zu bestimmen[4]. V 25b berichtet dagegen,
wie wir aus dem Bericht der ersten Kreuzigungstradition (V 24a!)
wissen, das historische Faktum der Kreuzigung Jesu.

Was V 29a angeht, so ist natürlich denkbar, ja wahrscheinlich, daß bei der Kreuzigung Jesu einige Neugierige zugegen
waren. Weiterhin ist gut vorstellbar, daß dies seine Feinde
waren, die dann wohl, auch in Spottworten, ihre Freude über
die Niederlage ihres Gegners zum Ausdruck brachten[5]. Doch ist
auf der anderen Seite die Formulierung von V 29a so eindeutig von Psalmstellen[6] her bestimmt, daß man, wie im Fall von

---

1 Vgl dsAr 156 A3.

2 In Joh stirbt Jesus als Passahlamm, vgl Bultmann Johannes 514 A5.525;
  ein Mk 15 fernliegender Gedanke, /s jedoch Mk 14,12ff!/.

3 Gegen Goguel Leben 365. Stauffer Jesus 108 hält Joh 19,14 wegen der
  Bezeugung bei Paulus, Apk, PetrEv, Tatian, rabbinischer Jesustradition
  für Historie u exegesiert aaO 104ff nach dieser Chronologie Mk 15!
  Dabei wird durch die genannten Zeugen nur die Passahlamm-Typologie unterstützt, niemals aber die Historizität von Joh 19,14 automatisch gesichert. Die Summierung mythologischer Aussagen macht noch keine Historie!

4 Das gilt natürlich auch für den Todestag Jesu, über den die alten Traditionen keinerlei Angaben machen. Zu dem sekundären Charakter von Mk
  15,42, vgl dsAr 31 A1 /; Schreiber ZNW, 1981, 146f.150f/.

5 Aus dieser historischen Möglichkeit wie Dib 188; Dibelius Jesus 117
  auch die historische Faktizität zu folgern, ist freilich gewagt, vgl
  Hartlich-Sachs 145f.

6 Ps 22,8; 109,25; Kl 2,15, vgl Ungern-Sternberg 284; Bult 304; Bousset
  Kyrios 71; Schmid Evangelium 306f; Bacon Beginnings 222; Rawlinson
  234; BBauer III 225; Dib 187.194; Pallis Mark 107; Strauß II 525;
  Swete 382; Taylor according 591; Weidel II 261f; Brandt 208.-
  Mk 15,29a ergibt, da dieselbe Art der Berichterstattung wie in Mk 15,
  24b.27 vorliegt, ein prinzipiell gleiches Urteil über die Historizität des berichteten Inhalts, vgl dsAr 231.

Mk 15,24b.27,nur das theologische Anliegen des Erzählers sicher erkennen kann, die historische Faktizität des Berichteten dagegen und deshalb nur behaupten und vermuten, nie aber
als ganz sicher erweisen kann[1]. Diese Feststellung gilt um so
mehr, als bisher noch gar nicht exakt-historisch ermittelt
werden konnte, weshalb Jesus zum Kreuzestod verurteilt wurde[2]. War er für Juden und Römer wirklich ein solch gefährlicher Mann, daß die Führer des jüdischen Volkes extra hinaus-
zogen, um ihn zu verspotten? So wollen es einem ja die Zusätze des Markus in Mk 15,32 glauben machen - falls man sie
historisch versteht.

Auch in Mk 15,32c darf man einen Weissagungsbeweis nach
Ps 69,10; Jes 53,12 sehen. Außerdem zeigen Lk 23,39-43;
PetrEv 13f,wie diese Nachricht auch später dogmatisch verstanden wird. Schließlich ist auch nicht leicht zu begreifen, daß zwei Gekreuzigte den dritten in ihrer Mitte verspotten sollen[3]. Warum? Weshalb? Die Antwort der Urgemeinde
auf solche, modernem Bewußtsein entsprungene Fragen wäre
wohl der Hinweis auf die genannten Bibelstellen gewesen.
Die Historizität des in V 32c Berichteten ist also unwahrscheinlich, wenn auch nicht unmöglich.

Selbst Mk 15,33.38 hat man in ihrer Berichterstattung historisch verstehen wollen. Da eine Sonnenfinsternis zur Zeit
des Todes Jesu nicht vorstellbar ist, insofern diese historisch interessierten Ausleger zu bedenken haben, daß Jesu
Tod während des Passah, also während des Vollmondes stattfand, wird vielfach auf allerlei sonstige Naturphänomene wie
zB starke Wolkenbildung[4], Sandstürme und dergleichen hingewiesen, um so die Finsternis von Mk 15,33 zu erklären.

---

1 Vgl Bacon Beginnings 217 gegen Rawlinson 234; Wohlenberg 375f; Schmid
  Evangelium 297. Pauschalurteile,wie sie JWeiß drei 221 zu Mk 15,29-31
  gibt: in der "Hauptsache gewiß richtig beobachtet", verkennen das Problem.

2 Vgl unsere Ausführungen zu Mk 15,26 in diesem Paragraphen.

3 Vgl 234 A3: Atemnot!

4 Vgl Bornhäuser Jesu 121. So schon Origenes, vgl Klost 166.

Niemand wird die Möglichkeit solcher Naturereignisse bestreiten. Doch ist zu fragen, ob zB eine starke Wolkenbildung wirklich eine Finsternis im Vollsinn des Wortes, die
dann auch noch wie abgezirkelt genau drei Stunden dauert
und genau beim Todesschrei Jesu aufhört, verursachen kann.
Man könnte nun die für historisch erklärte Wolkenbildung
zum Anlaß für die mythologische Sprache des V 33 nehmen.
Doch wäre dies eine willkürliche Annahme, die sich in keiner Weise auf V 33 berufen könnte, denn dieser Vers will
offensichtlich von einem durch und durch wunderbaren Vorgang berichten. Und soll man etwa annehmen, die Urchristenheit habe sich zu ihren entscheidenden Aussagen des Glaubens durch eine starke Wolkenbildung anregen lassen? Solch
eine oberflächliche Haltung darf man den ersten Christen
nicht zutrauen.

Die historischen Argumentationen werden noch grotesker[1],
wenn man sieht, wie einige Exegeten das Zerreißen des Vorhangs in V 38 auf ein Erdbeben zurückführen[2], von dem doch

---

1 Wenn Holzmeister Finsternis 404 im Blick auf die historisch-kritische
  Exegese von "der nicht gläubigen Exegese" spricht u nur das als Wirklichkeit gelten läßt, was seiner historisch-naturalistischen, dogmatischen Bewußtseinsebene entspricht, alles andere aber ins "Reich der
  Fabeln" (aaO 411) verweist, so zeigt sich bis in die Einzelheiten (aaO
  408ff) seiner Argumentation, wie sehr er mit den Rationalisten u Liberalen des 18. u 19. Jhdt die Bewußtseinslage gemeinsam hat u darum all
  diejenigen verketzern muß, die in der h e u t i g e n Situation,
  nicht so stagnierend wie er, die eigentliche Botschaft von Mk 15,33 erfassen wollen. Vgl noch die Situationsbeschreibung der heutigen Exegese
  bei Käsemann Problem 128 /u dazu dsAr 293f.360ff/.

2 Vgl Fiebig Tempelvorhang 230.236;Bertram Leidensgeschichte 91. Daß man Mk
  15,38 auf den äußeren Tempelvorhang deutet, hängt auch damit zusammen,
  daß man das Zerreißen des Vorhangs unbedingt historisch erklären will:
  Der Centurio konnte so "das Geräusch des Zerreißens hören"! (Fiebig
  Vorhang 228f, vgl dsAr 163 A2). Aus demselben historischen Interesse
  hat man auch der Lesart des Hebräerevangeliums, die von der Zerstörung
  der Oberschwelle des Tempels berichtet, vor dem Zeugnis von Mk 15,38
  den Vorzug gegeben, vgl JWeiß drei 384. Wahrscheinlich aber steht hinter jener Tradition eine Zurücknahme der radikalen Aussage von V 38 u
  die Verdeutlichungstendenz des Schriftbeweises de verbo (Maurer 7) gemäß Jes 6,1ff; Am 9,1. Mk 15,38 hatte kein direktes Vorbild im AT (ds
  Ar 162) u wurde deshalb vor allem korrigiert. Die Nachricht von der
  Zerstörung der Oberschwelle darf also ebensowenig wie V 38 historisch
  verstanden werden; vgl Brandt 253f; Wellhausen Marci 141; WBauer Leben
  231f; dsAr 163 A2.

bei Markus gar keine Rede ist[1] und das Matthäus erst nach der
Nachricht vom Zerreißen des Tempelvorhanges erwähnt (Mt 27,
51)[2]. Bei solcher Mißachtung der Quellen und ihrer gewaltsa-
men Uminterpretation gemäß dem aller historischen Beurteilung
zugrunde liegenden Kausalmechanismus der modernen Naturwis-
senschaft[2a] nimmt es dann auch nicht mehr wunder, daß
Laible[3] auf das Zeugnis rabbinischer Legenden (!) hin behauptet, der Vorhang sei von einer "unsichtbaren Hand" zerrissen worden und die Juden hätten dies Ereignis "peinlicher
Natur" durch die schnelle Aufhängung eines Reservevorhangs
vergessen machen wollen. So überschlägt sich die historische
Exegese in supra-naturalistischen Gedankengängen. Es versteht sich von selbst, daß bei solch "natürlicher" Erklärung
die Botschaft des Kreuzigungsberichtes eliminiert wird[4].

---

1 Bornhäuser **Jesu** 129f nimmt deshalb auch lieber einen gewaltigen Sturm an!

2 Wette 300 sieht dies u behauptet dennoch gegen FMeyer das Erdbeben
als Ursache für Mk 15,38.

2a Vgl Hartlich-Sachs 142.153 A1.

3 Laible 735, der natürlich auch aaO 66 die Nachricht des Hebräerevangeliums verwertet, vgl dsAr 232 A2. Dabei sind die von ihm zitierten rabbinischen Traditionen gar nicht mehr eindeutig in ihrem Sinn zu erklären, vgl CSchneider Studien 69; Fiebig Tempelvorhang 234.

4 Diese Feststellung gilt für die ganze alte Tradition u für die Zusätze
des Evglsten. Loh 345 schreibt deshalb richtig zu Mk 15,33: "Ob dieses
Dunkel über 'der ganzen Erde' oder nur über Judäa lagert, sollte man
nicht mehr fragen, noch weniger aber dieses Dunkel durch 'natürliche
Bewölkung' erklären wollen." Vgl Alleman 304; Bacon Beginnings 223;
Strauß II 534f. Tut man dies doch wie etwa Dalman Jesus 184 (:"Schirok-
kodunst, der so stark wurde, daß er das Sonnenlicht abdämpfte, ja sogar unsichtbar machte".), so gerät man damit durch diese historisierende Interpretation von Mk 15,33 gegen alle Absicht in die furchtbare,
Mk 15,29-32 geschilderte Finsternis u verschließt sich mit "wissenschaftlichen" Argumenten dem Worte Gottes und Gottes heiligem Willen,
der uns in solch einem Vers der Heiligen Schrift offenbar werden soll.
Dies gilt gerade auch dann, wenn man die theologische Aussage der Verse n u r neben historischen Argumenten u nur durch sie begründet (!)
gelten lassen will.

Fragt man sich, weshalb die eben erwähnten, nur als Beispiele genannten Historisierungsversuche trotz aller historisch-kritischen und theologischen Bedenken durchgeführt
wurden und werden, so darf man wohl vermuten, daß mit ihrer
Hilfe die R e a l i t ä t des Berichteten garantiert werden soll, um so zugleich die Wahrheit der christlichen Botschaft sicher zu begründen[1]. Das Resultat solcher Begründung
ist aber genau besehen nicht eine Fundamentierung der Wahrheit, sondern die rationalistische Reduktion des Kerygmas
auf die Übereinstimmung mit einer äußeren objektiven Wirklichkeit, der Historie. Es bleibt also die wichtige Frage,
ob dem Kreuzigungsbericht in einem anderen Sinne Wahrheit
und Bedeutung eignet, also eine Wahrheit, die sich nicht
auf historisches Wissen und Philosophie reduzieren läßt und
"die nicht ein Gemächte des menschlichen Denkens"[2] ist.

Abschließend läßt sich zu Mk 15,33.38 sagen: Was immer
auch beim Tode Jesu passiert sein mag, die in diesen Versen
mitgeteilten Nachrichten lassen sich nicht historisch verifizieren; sie berichten also keine historischen Fakten.

Nach unseren bisherigen Ausführungen können wir uns bei
der Untersuchung von Mk 15,37 kurzfassen. Wir wissen einwandfrei von der Atemnot[3], dem totalen Erschöpfungszustand
Gekreuzigter, der oft erst nach tagelangem Leiden am Mar-
terpfahl zum Tode der so Gequälten führte[4]. Die Nachricht,
Jesus sei nach nur sechs Stunden mit einem lauten Schrei
gestorben, ist also, historisch gesehen, absolut unwahr-

---

1 Vgl hierzu die ausgezeichneten Ausführungen von Hartlich-Sachs
  162-164.

2 Hartlich-Sachs 164.

3 "Die Kreuzigung verursachte schon in den allerersten Minuten derartige Atemnot, daß schon sehr bald nach der Aufhängung das Sprachvermö-
  gen aufhören mußte" (Feigel 64; vgl Weidel II 264). Deshalb ist es
  abwegig, durch einen plötzlichen, schmerzhaften Tod den Schrei Jesu zu
  erklären (gegen Brandt 250f; Bertram Leidensgeschichte 78).

4 Vgl Brandt 190ff /; außerdem dsAr 295 A113/.

scheinlich[1]. Bleibt noch die Möglichkeit, daß Jesus ganz zu
Anfang seiner Leiden, kaum daß er gekreuzigt war, vielleicht
einmal laut gerufen hat und hierin mit eine Veranlassung zur
Berichterstattung von V 37 liegt. Dennoch ist der Vers im Zusammenhang der alten Tradition eine ganz und gar unhistorische Nachricht[2].

Auf den Vers Mk 15,26 gehen wir zuletzt ein, weil er vielleicht noch am ehesten historisches Gut enthält[3]. Wir sahen
schon, daß der Evangelist den Inhalt der Kreuzesaufschrift
bei seiner Redaktion verwendete[4]. Dies konnte er deshalb
leicht tun, weil der V 26 selbst schon auf dem Hintergrund
der übrigen Verse der alten Tradition "im Lichte des Glaubens
zu einer ungeheuren Ironie... und zu einem wider Willen abgege-
benen Zeugnis der Königsherrlichkeit Jesu"[5] werden mußte. Die
Römer, die Herren der damaligen Welt, bescheinigen es sich
selbst und den Juden trotz all ihrer bodenlosen Blindheit[6],
daß sie einen König umgebracht haben, nein, umbringen wollen

---

1 Gegen Taylor according 651; JWeiß drei 221; vgl dsAr 228. Daß man V 37
  trotz der genannten Gründe immer wieder für historisch gehalten hat,
  liegt daran, daß man die zentrale, theologische Bdtg des Verses nicht
  erkannt hat. Vgl zB Brandt 250f: Der entscheidende Grund für die Historizität des Verses ist jenseits aller medizinischen Erklärungsversuche
  der Umstand, daß die christliche "Dichtung aus der letzten Manifestation des leidenden Heilands" mehr "gemacht haben würde als einen nichts-
  sagenden (!) Schrei." Vgl dagegen dsAr 121-131.148-160.

2 Vgl Strauß II 531ff; Feigel 76.

3 Brandt 201f zB hält Mk 15,26 für historisch u sieht hier den historischen Ursprung von Mk 15,2ff. Anders Bult 293, der die Vv 2ff u V 26
  für sekundär hält; dagegen argumentiert Taylor according 650. Der von
  Bult behauptete redaktionelle Zshg zwischen Mk 15,2.26 ist jedenfalls
  offenkundig (vgl dsAr 34ff), doch kann V 26 alt sein u die übrige Redaktion veranlaßt haben.

4 Vgl dsAr 35f.35 A5.70 A5.194 A3; auch Bacon Beginnings 217. Auch Joh
  19,20 ist wohl theologisch zu verstehen, vgl Feigel 272; auch Bonner
  Sardis p.16,8f.16f. p.17,26ff; Barn 8,5.- Vgl noch zur Messias-
  auffassung des Mk, Wrede 45f.

5 Bousset Kyrios 35.

6 Vgl dsAr 192 A1; Lohmeyer Gottesknecht 42.65; Bousset Kyrios 35.

und daß sie den Gekreuzigten als König der Juden verspotten
können, aber nur, um damit den Menschensohn, den König und
Richter der Welt, schon in seiner Erniedrigung als den zu
kennzeichnen, der er ab Mk 15,37 in Herrlichkeit sein wird.
Dieses theologische Verständnis ergibt sich ohne alle Mühe
auf dem Hintergrund der übrigen Verse der alten Kreuzigungstradition und zeigt nachträglich, wie die theologische Art
der Interpretamente des Evangelisten (Mk 15,29b-32b!) von
Mk 15,26 mit abhängt[1].

Nicht nur dieses theologische Verständnis von V 26 kann
gegen die Historizität seiner Berichterstattung ins Feld
geführt werden. Es ist nämlich nicht leicht vorstellbar,
daß ein römischer Beamter so unklug und unnötig die Juden
durch den in V 26 beschriebenen Titulus gereizt hat, insofern er einen Gekreuzigten als ihren König bezeichnete[2].

Historisch sehr wahrscheinlich ist dagegen, daß über dem
Kreuz Jesu eine Aufschrift angebracht war, die den Hinrichtungsgrund angab; denn ähnliche Angaben finden sich auch bei
anderen römischen Hinrichtungen[3]. Der V 26 dürfte also eine
historische Tatsache wiedergeben, insofern er besagt, daß
eine Aufschrift am Kreuze angebracht war. Der Inhalt der
Aufschrift ist dagegen nicht eindeutig als historisch zu
verifizieren[4].

---

1 Vgl dsAr 157 A5.168f.193ff.204f.

2 Vgl Bousset Kyrios (1.Aufl.! In der 2.Aufl. gestrichen, vgl Easton
  Gospel 21 A3) 56; JWeiß drei 220f.- Nimmt man V 26 in seinem Inhalt
  historisch, so ergibt sich aus Vv 26.27 ("patriotic guerillas" Alleman 304) der Hinrichtungsgrund Jesu: Er wurde als Revolutionär von
  den Römern auf die Anklage der Juden hin gekreuzigt, vgl Rengstorf
  ThW IV 267,25ff; Benz 1044ff; Easton Christ 165ff; Bertram Leidensgeschichte 77; Bacon Beginnings 222; Wetter 140.

3 Vgl Micklem 273; Dib 214; Swete 381; BWeiß Markusevangelium 496; Raw-
  linson 234; Klost 164f; Schmid Evangelium zSt; Schanz 408 A1. Bertram
  Leidensgeschichte 77 A2 weist auf ähnliche Bräuche heute im Orient hin.
  Ich sah ähnliches in Kriegsgefangenschaft.

4 So Bertram Leidensgeschichte 77 u ebd A4. Um V 26 als historisch zu erweisen, darf man nicht ohne weiteres auf V 21 (Simon: Augenzeuge!) verweisen (so Easton Gospel 158; Dibelius Jesus 85), da V 21 u V 26 zu
  zwei verschiedenen Traditionen gehören. Jedenfalls ist V 26 nicht, wie
  Bacon Beginnings 217 meint, "the one vital datum of historic tradition",
  sondern vielleicht zT historisch (s oben). Mehr läßt sich mit Sicherheit nicht sagen.

§ 4 Die Interpretamente des Evangelisten

Fragt man nach der Historizität der Ereignisse, die in den
Zusätzen des Evangelisten berichtet werden, so wird bei der
Beantwortung dieser Frage die von uns festgestellte theologische Bedeutung der betreffenden Verse von großem Gewicht sein
und das Urteil entscheidend bestimmen. Ähnlich[1] wie beim
zweiten alten Kreuzigungsbericht wird auch bei den Interpretamenten des Evangelisten (Mk 15,22b.23.29b-32b.34b-36.39-41)
hier und da die Möglichkeit bestehen, neben der theologischen
Aussage auch noch einen historischen Tatbestand zu vermuten
und dabei alle bisher geübte unkritische, historistische Auslegung auf die Richtigkeit ihrer Thesen hin zu prüfen[2].

Mk 15,23[3] wurde von uns in seiner theologischen Tendenz
beschrieben[4]. Möglich ist nun auch, daß V 23 historisches
Wissen mitteilt, insofern es zur Zeit Jesu einen jüdischen
Brauch gegeben hat, nach dem die Frauen von Jerusalem den
kurz vor der Hinrichtung Stehenden einen Betäubungstrank zur
Milderung ihrer Qualen reichten[5]. Da V 23 jedoch in dieser
Hinsicht keine präzisen Angaben macht, muß man es bei der
eben genannten Vermutung bewenden lassen.

---

1 Vgl dsAr 229.

2 Gegen Easton Gospel 57ff ist festzustellen, daß sich aus der Form u
Tendenz der Überlieferung sehr wohl Rückschlüsse auf die Historizität
des Berichteten ziehen lassen, vgl Koehler 41; Fascher Methode 223ff;
dsAr 228. Dabei ist zu beachten, daß die Historisierungstendenz der
Evglsten bei ihrer Redaktion noch keine Historie ergibt!

3 Mk 15,22b bleibt als bloße Übers von V 22a natürlich jetzt unerörtert;
vgl im übrigen dsAr 222 A2; auch 104.117.

4 Vgl dsAr 90.96f u dazu noch Weidel II 259f; Finegan 81, die in V 23
eine dogmatische bzw apologetische Tendenz beobachten. Abgesehen vom
Weissagungsbeweis nach Ps 69,11.22 (Klost 163; Pallis Mark 55.107),
kann man V 23 auch theologisch als Dublette (Loisy zSt; Montefiore
369) zu V 36 verstehen: Die in V 37 als Antwort auf V 36 gezeigte Macht
des Gekreuzigten kündet sich schon in V 23 an! Vgl dsAr 97 /.348/.

5 Vgl Strauß II 513; JWeiß drei 220; Bertram Leidensgeschichte 80; Dalman
Jesus 175; Strack-Billerbeck I 1037; Loh 342. Brandt 178 A1 macht darauf aufmerksam, daß die in V 23 genannte Myrrhe gerade die berauschende
u damit den Schmerz lindernde Wirkung des Weines aufhebe. Diese Beobachtung weist noch einmal auf Ps 69 hin u von der Historie weg.

Mk 15,34b ist schon allein wegen des zu Mk 15,37 Bemerkten[1] kaum als historisch anzusehen[2]. Bei der von uns klar erhobenen theologischen Aussage des Verses[3] fallen alle früheren Versuche, die Worte Jesu als historisch zu erweisen, als
gegenstandslos dahin[4].

Dasselbe gilt für die von Mk 15,34b abhängigen Verse Mk
15,35.36. Ohne vom Inhalt der Verse dazu berechtigt zu sein,
hat man die verschiedensten Möglichkeiten für den Ablauf der
Ereignisse konstruiert[5]. Fest steht jedoch nur dies: Mag
auch immer eine Tränkung Jesu bei seiner Kreuzigung erfolgt
sein[6], mit Hilfe von Vv 36.35 läßt sich ihr historischer
Vorgang nicht rekonstruieren. Die Verse sind für den Historiker nur eindeutig, was ihren theologischen Inhalt und ihre
Einfügung durch den Evangelisten angeht[7].

---

1 Vgl dsAr 234 A3: Atemnot, Aufhören des Sprachvermögens! Die Möglichkeit,
  daß Jesus wie andere Märtyrer zuletzt in Zitaten sprach (Drews Markusevangelium 301; vgl Dalman Jesu 185ff; auch Brandt 240), ist also schon
  deshalb sehr unwahrscheinlich.- JoachJeremias Kennzeichen 89 vermißt in
  V 34b die Kennzeichen der ipsissima vox Jesu, die Anrede 'abba'.

2 Vgl Bult 295.304.342; Bertram Leidensgeschichte 83; JWeiß Evangelium
  337; Brandt 240; Bacon Beginnings 223; Feigel 63f; Weidel II 264.

3 Vgl dsAr 174-179; für Weissagung nach Ps 22,2 treten auch Schlatter
  Christus 513; Bousset Kyrios 71f; Ungern-Sternberg 284 ein.

4 Das gilt vor allem für den Versuch der Leben-Jesu-Forschung, die V 34b
  für historisch erklärte, da niemand es gewagt haben dürfte, gerade dieses Wort Jesus in den Mund zu legen (so zuletzt Stauffer Jesus 105).
  Dagegen richtig Dib 194f; vgl Feigel 67; JWeiß drei 220; Lightfoot History 158: Ein Wort der Schrift ist für die Bibelfrömmigkeit der Urgemeinde immer ein Wort des Glaubens, vgl dsAr 174ff. Übrigens werden
  selbst in moderner Zeit die Worte von Sterbenden nur sehr widersprüch-
  lich überliefert, vgl Schwen 309f u im Blick auf Lk 23,34.43.46; Joh
  19,26-28.30; PtrEv 19 Strauß II 530 /; dsAr 333 A312/.

5 Vgl dsAr 67-69 u die Fragenkette bei Bertram Leidensgeschichte 82, die
  die ganze Unsicherheit des historischen Urteils demonstriert.

6 Brandt 239 erwägt diese Möglichkeit von Mk 15,40f her, doch steht dem
  Mk 15,33 im Wege (JWeiß Evangelium 338): Wie sollen die Frauen bei der
  Finsternis die Tränkung sehen? Der ganze Bericht ist eben nicht histo-
  risch gemeint.

7 Vgl dsAr 179ff.- Mk 15,36 = Ps 69,22!? Sahlin 65 A3 denkt auch an Ps
  22,16. Nach Weidel II 265; Alleman 270.305; vgl auch Loisy zSt steht
  hinter Vv 35f eine Diskussion zwischen Juden u Christen über die Messianität Jesu.

Was die Historizität der Nachrichten von Mk 15,29b-32b
betrifft, so dürfte hinter 29b ein Jesuslogion stehen[1], das
aber mitsamt den übrigen Versen als Spottwort während der
Kreuzigung aus denselben, schon bei Mk 15,34b.35.36 genannten Gründen nicht als historisch zu erweisen ist[2]. Der
Evangelist fand die Verspottungssituation vor und baute sie
in seinem Sinne aus[3].

Der in Mk 15,39 berichtete Vorgang ist schließlich auf
jeden Fall unhistorisch[4], weil er auf den historisch nicht
zu verifizierenden Schrei von Mk 15,37 bezogen ist[5].

Die Verse Mk 15,40.41 mögen in ihrem Grundbestand historische Nachrichten wiedergeben, insofern sie besagen, daß
auch Frauen zum Gefolge Jesu gehörten[6]. Vielleicht darf man
deshalb auch diese Frauen als Augenzeugen der Kreuzigung
neben Simon von Kyrene nennen[7]? Natürlich garantieren sie
aber ebensowenig wie dieser die Historizität des uns heute
vorliegenden Kreuzigungsberichtes.

---

1 Vgl dsAr 61.
2 Vgl außerdem Strauß II 526; Bacon Beginnings 222: Dieser Spott im Munde
  so hoher Würdenträger am heiligen 15.Nisan ist ganz unwahrscheinlich.-
  Steht hinter Mk 15,31 der Weissagungsbeweis nach Ps 2,2, hinter V 32
  Wsh 2,17f? Vgl dsAr 194 A2; Weidel II 262f.
3 Dabei griff er vielleicht die Diskussion innerhalb der christlichen Gemeinde u die Auseinandersetzung mit den Heiden u Juden auf, vgl Rawlinson 234; Alleman 304; Menzies 280; Taylor according 592; AKlostermann
  293.
4 Vgl Strauß II 545; Brandt 266f; Bertram Leidensgeschichte 92 gegen Albertz 128; JWeiß drei 221.
5 Vgl dsAr 74f. Man kann natürlich allerlei vermuten, weshalb der Centurio zu seinem Bekenntnis kam; doch sind solche Vermutungen wohl gar aufgrund der anders theologisch orientierten Aussagen bei Lk 23,47; Mt 27,
  54 (vgl dsAr 39) historisch wertlos u vollkommen überflüssig.
6 Zu den Namen der Frauen, vgl Wohlenberg 379; ebd A72; Bisping 125; Gould
  296; Schanz 411; Swete 389f; Taylor according 598, Loh 348; Bacon Mark
  196 beurteilen diese Versuche zur Identifizierung der Namen richtig:
  Streng historische Urteile sind unmöglich, da die Namen zT bei Mt u Mk
  verschieden sind u außerdem zwischen Mk 15,40f.47; 16,1 keine Übereinstimmung besteht, vgl dsAr 36 A7.
7 Vgl zB Dibelius Jesus 28.119; Schelkle 295; Albertz 128. Die in Mk 15,
  40f erkannte theologische Aussage (dsAr 201f) mahnt freilich sehr zur
  Vorsicht. Außerdem: Beruht V 40 auf Ps 38,12 (Bleiben 146; Loh 348; Drews
  Markusevangelium 307f; Weidel II 244)? Die von Bertram Leidensgeschichte
  78 vermißte u für die Historizität von Mk 15,40f angeführte "pragmatische Absicht" ist also sehr wohl vorhanden!

§ 5 Ergebnis und Folgerungen

Als sicher historische Nachrichten des markinischen Kreuzigungsberichtes (Mk 15,20b-41) erwiesen sich uns die Verse
20b.21.22a.24a (= 25b). Die Verse 23.24b.26-32.34b-36.40.41
kann man mit mehr oder weniger[1] Recht, in der einen oder andern Hinsicht eventuell für historisch möglich halten; die
Faktizität des Berichteten ist aber in keinem der genannten
Fälle endgültig festzustellen. Als absolut unhistorische
Nachrichten hat man die Verse 25a.33.34a.37.38.39 anzusehen,
wobei besonders an Vv 33.38 deutlich wird, daß der ganze
Kreuzigungsbericht nicht historisch orientierte Nachricht,
sondern Zeugnis des Glaubens ist[2]. Dieses Zeugnis des Glaubens an den gekreuzigten und erhöhten Herrn schließt historische Fakten keineswegs aus, sondern vielmehr ein[3]. Aber
es ist als Glaubenszeugnis in seiner Wahrheit nicht an der
objektiven Wirklichkeit historischer Einzelfakten orientiert[4], sondern drückt mit ihrer Hilfe und anderen Mitteln[5]
den Willen Gottes aus, so wie er von Ostern her der urchristlichen Gemeinde im Kreuzestode Jesu offenbar wurde[6].

---

1 Mk 15,29-32.34b-36 möchte man freilich am besten zu den ganz unhistorischen Versen rechnen, vgl jedoch dsAr 239 A3.238 A7.

2 Die Ansicht von EMeyer 186 (u anderen!), der Kreuzigungsbericht mache
historisch einen "durchaus zuverlässigen Eindruck", "messianische Züge und Wunder sind gar nicht darin", ist also total unzutreffend.
Solche Urteile sind nur möglich, wenn man die Finsternis historisiert
u mit Bezug auf den Spott der Hohenpriester, das Bekenntnis des Centurio u das Zerreißen des Vorhanges erläutert: Diese Züge "wird man
den Erzählern oder Erzählerinnen... gerne... zugute halten" (ebd).
Gegenüber solcher 'Gutmütigkeit' ist natürlich alle wissenschaftliche
Argumentation sinn- u zwecklos.

3 Vgl dsAr 171.220.

4 Vgl dsAr 234.

5 Über diese anderen Mittel wird im nächsten Abschnitt noch einiges zu
sagen sein.

6 Vgl dsAr 24-30.

Dieser Wille Gottes ist die Wahrheit, die es zu erkennen gilt, und die Wirklichkeit der Erzählung ist ebenfalls von diesem göttlichen Willen her zu bestimmen[1].

Von daher ist verständlich, daß auch unser "geschichtlicher" Text "die Unmöglichkeit einer Rekonstruktion" des historischen Jesusbildes erweist[1a]. Die Erzählung von der Kreuzigung will ja bezeugen, daß der Mensch Jesus zugleich der Sohn Gottes ist (Mk 15,39), also ein Wesen, das alle historischen Dimensionen und die Zufälligkeit der historischen Einzelereignisse übersteigt.

Diese Beobachtung bestätigt unsere Auslegung. Der Sinn, die Wirkung und die Bedeutung des Kreuzesgeschehens sind nicht allein aus den von uns eruierten historischen Tatsachen zu erkennen[2]. Der markinische Bericht vom Kreuzestode Jesu greift weit über die bloße Oberfläche der historischen Tatsachenebene hinaus und hinab in jenen tiefen Bereich geschichtlichen Geschehens und geschichtlicher Wirklichkeit, die, in mythischer Sprache formulierbar, bis in die bedeutenden historischen Einzelfakten hinein wirkt, um damit selbst sich wieder durch diese Einzelfakten erkennbar zu strukturieren. Unsere folgenden Ausführungen werden dieser Seite des Kreuzigungsberichtes gewidmet sein[3].

---

1 Grundfehler vieler Exegesen seit dem 18. Jhdt ist, die Wahrheit mit der historischen Wirklichkeit, u zwar dem historischen Einzelfaktum, zu verwechseln bzw zu identifizieren (vgl zB Schick 228). Dabei wurde übersehen, daß sich die Geschichte nicht in den historisch konstatierbaren Einzelfakten erschöpft. Außerdem kann auch ein Gedanke wahr sein, ohne je historisch konstatierbares Geschehen, also "Wirklichkeit" hervorzurufen. /- Vgl dsAr 363ff./

1a Vgl Käsemann Problem 129; vgl Bultmann Erforschung 32ff; Dibelius Formgeschichte der Evangelien 209.

2 Wenn die Kreuzigung Jesu nur historisch erzählt wäre, dann wäre sie automatisch, weil dies mit dem Begriff "Historie" per definitionem feststeht, nur eine, vielleicht besonders tragische Hinrichtung neben anderen, vgl dagegen die richtige Argumentation bei Dodd History 8.23.

3 Dabei wird also unter anderem zu zeigen sein, daß die von uns ermittelten historischen Fakten in Mk 15,20b-41 nur dann recht zu verstehen sind, wenn man aus ihrem mythischen "Rahmen" heraus begreift, daß von daher b e g r ü n d e t u nicht wahllos geschehen ist, was, historisch feststellbar, auch wirklich geschah.

B. Die Relevanz der unhistorischen Aussagen

§ 1 Vorbemerkung

Nach der Feststellung der historischen Tatsachen gilt es
nun noch zu fragen, welche Relevanz die übrigen im Kreuzigungsbericht erzählten Vorgänge haben. Unseren methodischen
Vorüberlegungen gemäß[1] treten wir damit unter historischkritischem Aspekt in die Erörterung mehr systematischer Gedankengänge ein.

Es soll der Versuch unternommen werden zu zeigen, daß
der im Kreuzigungsbericht bestehende Bezug zwischen historischen und unhistorischen Aussagen nicht nur für die damaligen Christen sinnvoll war, sondern auch für die moderne,
wissenschaftliche Betrachtungsweise von größter Bedeutung
ist, da er keineswegs zufällig besteht[2]. Außerdem versuchen
wir in einigen Formulierungen die Botschaft des Textes so
zu fassen, daß deutlich wird, wie sehr diese Botschaft jede
Zeit betrifft, wenn sie nur so sicher geschichtlich plaziert wird, wie es zur Zeit ihrer Entstehung der Fall war.
Diese geschichtliche Plazierung für die heutige Zeit kann
freilich im Rahmen unserer Arbeit nur noch gefordert und in
der Schwierigkeit ihrer Durchführung angedeutet werden.

---

1 Vgl dsAr 8.

2 An sich wäre es in diesem Zshg nötig, in weit gespannten religionsgeschichtlichen, geistesgeschichtlichen und kirchengeschichtlichen Erörterungen zu zeigen, inwieweit u in welcher Weise Mythos u Historie
sich gegenseitig in den verschiedenen Epochen der Menschheit determiniert haben. Schon allein aus Raumgründen müssen wir auf diese Erörterungen verzichten u die durch diesen Verzicht sich ergebenden Schwierigkeiten in Kauf nehmen. Durch die notwendige Beschränkung u Konzentrierung auf Mk 15,20b-41 gewinnen wir vielleicht zugleich aber auch
den Vorteil, die unhistorischen Aussagen dieses Textes in ihrer Bdtg
so klar zu erfassen, daß ihre Relevanz nicht nur für die Zeit der Urgemeinde, sondern auch für unsere heutige Epoche evident wird.- Daß es
bei den folgenden Ausführungen um einen inhärierenden Bestandteil unserer bisherigen Auslegung geht, mögen die Verweise zeigen, vgl 128.
128 A3.129 A4.131.134 A2.136 A1.143 A5.145 A2.139 A7.150.151 A3.A4.196.
216f. All diese Hinweise zeigen, daß die religiöse, mythische Sprache
nur im engsten Bezug zur jeweiligen geschichtlichen Situation recht
verständlich ist u daß sie sich mit ihr verändert. Das Verhältnis von
Mythos u Historie ist somit ein Teilaspekt der Bewußtseinsentwicklung
der Menschheit, vgl ENeumann, Ursprungsgeschichte des Bewußtseins,
Zürich 1949; JGebser, Ursprung u Gegenwart I, II, Stuttgart 1949/53.

§ 2 Tradition und Interpretation

I. Der Wille Gottes

Die eigentliche theologische Aussage der ersten und auch ältesten[1] Kreuzigungstradition besteht, wie wir schon sahen, darin, daß der am Kreuz Gestorbene so nach Gottes Willen sterben m u ß t e . Da in der Tradition Jesus mit keinem Würdeprädikat tituliert wird, ist fraglich, wie die ersten Christen ihren Glauben an Jesus, über die eben gemachte Feststellung hinaus, genauer bekannten. Vielleicht darf man aufgrund von Mk 15,27 (Jes 53,12!)[2] an den Titel "Gottes Knecht" denken. Doch ist hier nicht mehr als eine Vermutung möglich.

Es ist bekannt und bei aller Nuancierung allgemeine Auffassung[3], daß der historische Jesus sich als der die Entscheidung fordernde eschatologische Gesandte verstand, der das nahende Reich Gottes verkündet, und zwar so, daß in der Entscheidung für oder gegen seine Verkündigung auch schon die Entscheidung für oder gegen Gottes Reich fällt, für oder gegen das Heil des sich Entscheidenden[4]. In dieser Weise macht Jesus den Willen Gottes kund.

Die alte Kreuzigungstradition scheint, gewiß im Lichte des Osterglaubens[5], mit der Verkündigung Jesu in Einklang zu stehen, insofern sie den Gekreuzigten als den Gehorsamen schildert, der nach Gottes Willen so leiden muß und leiden will. Er ist als derjenige beschrieben, der sein Heil ganz und gar in Gottes unerforschlichem Willen sucht, und sei dieses Heil auch das Kreuz und der Tod. Da der gehorsame Gesandte Gottes den göttlichen Willen in dieser Weise sozusagen selber nun repräsentiert, so wird schon in der ältesten Überlieferung das katastrophale Ereignis der Kreuzigung Jesu als Paradoxie verstanden, auf die hin, wie der

---

1 Vgl dsAr 228.

2 Vgl 223; auch 152 A5 ⌊302ff.356⌋.

3 Vgl Conzelmann Gegenwart 283f.

4 Vgl aaO 287.   5 Vgl dsAr 27.

Gebrauch des Schriftbeweises in Mk 15,24.27 zeigt[1], die alttestamentliche Offenbarungsgeschichte ausgerichtet ist. Der
Gekreuzigte hat, so kann man nun die Botschaft der alten Tradition formulieren, den Ruf Gottes zum Gehorsam, der in der
Geschichte Israels immer wieder erklang und den er in letzter
Stunde selber, zur Entscheidung aufrufend, verkündigte, mit
seinem gehorsamen Tode nach Gottes Willen besiegelt und bestätigt. Ob das von Jesus als nahe verkündete Reich Gottes
durch seinen Tod nun schon angebrochen sei oder ganz nah be-
vorstehe, über dies oder ähnliche Gedanken sagt die Tradition
nichts.

     Bevor wir die eben dargestellte, älteste Überlieferung vom
Tode Jesu historisch-kritisch befragen, wenden wir uns der
zweiten Kreuzigungstradition zu.

II. Der Bezug zur Welt

     Auch die zweite Kreuzigungstradition verdeutlicht mit Hil-
fe des Weissagungsbeweises in ihrem gesamten Versbestand, daß
sich im Geschehen der Kreuzigung der Wille Gottes vollzieht.
Indem jetzt aber die Weissagung betont inhaltlich verwendet
wird, erweist sich der gehorsam Sterbende paradoxerweise in
seinem Todesschrei als der Menschensohn und Richter der Welt.
Hatte die erste Tradition durch den Schriftbeweis nur andeu-
tend darauf hingewiesen, welche Bedeutung der Tod Jesu für
die Geschichte Israels hat, so sagt die zweite Tradition nun
sehr eindringlich, daß der Tod Jesu das Weltgericht bedeute
und somit das von Jesus verkündete Reich Gottes schon hereingebrochen sei.

     Hier meldet sich nun die eben noch zurückgestellte histo-
risch-kritische Frage, wie diese Verkündigung der beiden
Überlieferungen und besonders die so betont mythologische
Bildersprache der zweiten Tradition realistisch zu verstehen sind. Besteht überhaupt die Möglichkeit eines solchen
Verständnisses? Hat man die Nachrichten, die eindeutig Unhi-
storisches berichten, nicht einfach als heute überholt bei-

---

1 Der mit den Schriften des AT geübte Weissagungsbeweis soll also nicht
  nur zeigen, daß die mit seiner Hilfe beschriebenen Vorgänge nach Gottes
  Willen ablaufen. Vielmehr wird damit zugleich verdeutlicht, daß dieser
  selbe göttliche Wille in früheren Zeiten dasselbe geschehen ließ, das
  nun bei der Kreuzigung wieder geschieht, um so zu zeigen, daß Jesu Tod
  die Erfüllung der Geschichte Israels ist. Vgl Mk 12,1-12 u dazu Conzelmann Gegenwart 292 /und weiter zum Problem dsAr 281 A32/.

seite zu lassen? Ist es nicht offensichtlich, daß die ersten
Christen das Weltende, das nach ihrer Meinung ja schon im Tode Jesu angebrochen war, brennend erwartet haben und daß dieses Weltende bis auf den heutigen Tag nicht eingetroffen ist?
Ist damit nicht die ursprünglich in den Aussagen der Texte
intendierte Realität durch den Gang der Geschichte von selbst
aufgehoben worden?

Der Hinweis auf die früher erfolgte Motivinterpretation
ermöglicht die richtige Antwort auf diese Fragen. In der dort
entwickelten religionsgeschichtlichen Perspektive ergibt sich
nämlich, daß der durch den Gerichtsruf des sterbenden Menschensohnes zerstörte Tempel Wohnung und Heiligtum des alttestamentlichen, jüdischen Gottes war. Die von diesem Tempel
her in ihrem Bestand garantierte j ü d i s c h e Welt verfällt also bei der Kreuzigung Jesu dem Gericht[1]. Der Gott des
Alten Testamentes hat sich, so ist der Schriftbeweis der
zweiten Tradition zu verstehen, durch das Geschehen der Kreuzigung als der Richter seines Volkes und der jüdischen Welt
und damit zugleich auch schon andeutungsweise[2] als der Herr
der neuen, christlichen Welt erwiesen. Wollte er sich in seinem Wesen als der gerechte, lebendige Gott, als der er doch
schon immer in der Geschichte seines Volkes sich gezeigt hatte, nicht vor den Menschen plötzlich verleugnen, so konnte
und m u ß t e er gegen alle sündige Verkehrung seines Willens das Gericht durchführen, auch wenn es sein Volk, seinen
Tempel und seine Welt, ja, ihn selber in der Gestalt seines
Sohnes[3] traf.

---

1 Vgl dsAr 165f.167f; auch 155 A1.

2 Vgl dsAr 157f.168f.

3 Vom "Sohn" redet freilich erst der Zusatz des Mk: 15,39. Die Tatsache
   aber, daß Gott sich in seinem Gericht an der Welt selbst in der Person
   Jesu mitrichtet, ist eindeutig auch schon in der alten Tradition bezeugt. Hat sich Jesus für den Gesandten Gottes in letzter Stunde gehalten (243), so ist es gar nicht verwunderlich, daß seine Anhänger
   seinen Kreuzestod als Gericht interpretierten. Die apokalyptische Näh-
   erwartung und die Tötung des Repräsentanten des göttlichen Willens
   legten im Lichte des Osterglaubens diese Interpretation mehr als nahe.
   Wer in "letzter Zeit" den Gesandten Gottes tötete, richtete zugleich
   sich und seine Welt.

Mit anderen Worten[1]: Das in der ersten Tradition durch den
Schriftbeweis nur angedeutete, in der zweiten Tradition mit
denselben Mitteln klar verkündete, mit dem Tode Jesu einge-
tretene Gericht über die Welt darf nicht auf den naturwissen-
schaftlich konstatierbaren Bestand der Erde und das uns heute
bekannte Universum bezogen werden. Das bezeugte Weltgericht
muß vielmehr historisch-kritisch verstanden[2], dh den eigentlichen Intentionen des Textes gemäß[3] auf die jüdische
"Welt"[4], also geschichtlich gedeutet werden. Sie ist mit dem
das Christentum fundierenden Heilsereignis der Kreuzigung
Jesu gerichtet und von Gott verlassen.

---

1 Vgl zum Folgenden Bertram Glaube 166f, der von verschiedenen Formen der
Erfassung der Wirklichkeit spricht. Die historische Wirklichkeitserfas-
sung steht neben der mythischen Apperzeptionsweise bzw folgt ihr im Ablauf der Menschheitsgeschichte. Jene hat dieser gegenüber reduzierenden
Charakter: Die umfassende, im gewissen Sinne aber auch sehr primitive u
unbestimmte Wirklichkeitsschau des mythisch erlebenden Menschen wird im
Laufe der Zeit mit wachsendem Bewußtsein auf das diesem klaren Bewußtsein und seinen Maßstäben Faßbare reduziert. Heute ist diese Rationalisierung soweit fortgeschritten, daß man neben dem möglichst exakt festgestellten historischen Einzelereignis die sich im Mythos eventuell aussprechende große geschichtliche Linie, der die Einzelereignisse einzu-
ordnen wären, kaum noch sieht.

2 Dieses Verständnis bahnt sich in seinen Vorformen schon bei Lk an, wenn
er das realistisch vorgestellte Weltende vom Tode Jesu löst u hinaus-
schiebt und zugleich das Leiden u Sterben Jesu nun mit dem über das Judentum hereinbrechenden Unheil kombiniert, vgl Lk 23,26-32; 21,20 u im
übrigen zur Entwicklung Werner Entstehung 90ff.

3 Wir meinen hier vor allem den Schriftbeweis der zweiten Tradition. Das
benutzte atlich-apokalyptische Material besagte ja schon jeweils an
seinem ursprünglichen Ort den Untergang der Welt. Sieht man zB auf die
Verkündigung der Propheten, so ist dieser "Weltuntergang" genau in dem
Sinne, wie er verkündet wurde, als Zerstörung des Tempels u Jerusalems
u als Fortführung des Volkes eingetreten. Daß man auch die weltweiten
Untergangsprojektionen der jüdischen Apokalypsen so historisch redu-
zierend interpretieren u damit als Bestätigung der Kreuzestraditionen
ansehen darf, geht aus diesen Apokalypsen selbst hervor, vgl Aalen
192f. Sie wurden in der alten Kirche entsprechend geschätzt u gelesen
u mit Zusätzen versehen, um den latenten Bezug zu Christus evident zu
machen.

4 Vgl dsAr 155 A1, 166 A1.

In der mythologischen Bildersprache verbirgt sich also
eine kontrollierbare, geschichtliche Wahrheit, die angesichts des eigenartigen und schweren Schicksals des jüdischen Volkes auch heute jedermann erkennen kann, deren
eigentlicher Kern aber in der Tatsache zu sehen ist, daß
sich das Judentum vor dem Aufbruch in seiner Mitte verschloß und abgekapselt und isoliert zusehen mußte, wie das
Christentum in seiner langen bisherigen Geschichte seine
weltweite Entwicklung nahm.

Daß diese geschichtliche Wahrheit ihren Beginn mit dem
Tode Jesu hat, sagten wir schon. Es dürfte deshalb nun nach
unseren bisherigen Ausführungen verständlich sein, weshalb
der Kreuzigungsbericht das historische Ereignis der Hinrichtung und des Todes Jesu mit mythologischer Sprache berichtet. Die Vermischung von historisch passierten Ereignissen mit mythologischen Daten war für die ersten Christen
in ihrer geschichtlich gewachsenen Bewußtseinssituation die
einzige Möglichkeit, das auszudrücken, was mit dem Tode Jesu über das bloße historische Vorkommnis hinaus auch wirklich passiert war.

Bevor wir im nächsten Paragraphen deutlich zu machen versuchen, daß die eben vorgenommene Reduktion der mythologischen Bildersprache alleine nicht genügt, um der Botschaft
des Kreuzigungsberichtes ganz gerecht zu werden, möchten
wir noch kurz an der weiteren Entwicklung zeigen, daß sie
nicht unbegründet vorgenommen wurde[1].

---

1 Hinter unserem Vorgehen steht die grundsätzliche Erkenntnis, daß jede
  mythologische Aussage nur dann richtig verstanden werden kann, wenn
  man sie in Beziehung setzt zu der geschichtlichen Situation, in der
  sie formuliert wurde bzw wieder einmal verwendet wurde, um einen vorliegenden Tatbestand zu fixieren. Nimmt man diese Inbeziehungsetzung
  vor, so zeigt sich, daß ein und dasselbe Mythologem in verschiedenen
  geschichtlichen Situationen auch je einen verschiedenen Sinn bekommt,
  insofern jeweils eine Umzentrierung der benutzten Mythologeme stattfindet u dabei auch die Mythologeme selbst abgewandelt werden, vgl ds
  Ar 159 A5 u die 242 A2 genannten Hinweise. In unserer Motivinterpretation wurde dies andeutungsweise schon gesagt, vgl dsAr 151 A2. Von
  daher wird auch die souveräne Freiheit verständlich, mit der die junge Christenheit die heidnische Mythologie ihrer Verkündigung dienstbar machte. Bewußte Auswahl, Verschränkung mit schon überlieferten
  Formulierungen u die damit bezweckte geschichtliche Plazierung kamen
  einer "Taufe" der heidnischen Terminologie gleich u bewirkten zugleich
  eine sichere Abwehr des Heidentums. ⌊Vgl dsAr 300 A142.⌋

III. Die weitere Entwicklung

Die Zusätze des Evangelisten bestätigen unsere bisherigen
Überlegungen. Sie wurden ja überhaupt erst nötig, weil das
Weltende im äußeren, realistischen Sinne nicht eintrat[1]. Sie
bezeugen damit, daß man in der Urchristenheit das Ende der
alten und den Beginn der neuen Welt dahingehend verstand,
daß mit dem Tode Jesu auf dieser ja faktisch weiter bestehenden Welt dennoch der entscheidende, endgültige Umbruch
geschehen sei. Dabei macht das Bekenntnis des heidnischen
Hauptmanns einsichtig, wie die Aussagen von der Erhöhung des
Gekreuzigten und dem damit gegebenen Bau des neuen Tempels
zu deuten sind: Die neue Welt, in der Christus der Herr ist,
ist die Welt der zu Gott und seinem Christus bekehrten Heiden, nicht aber der Juden.

In der lukanischen Fassung der synoptischen Tradition
findet man diese markinische Deutung radikal durchgeführt[2].
Die von Lukas geschaffene Abfolge von Karfreitag, Ostern,
Pfingsten und Himmelfahrt, die Ergänzung seines Evangeliums
durch die Apostelgeschichte brauchen nur genannt zu werden,
um verständlich zu machen, wie mit dem Ausbleiben der Parusie die Kirche immer mehr zur "Welt der Christen" wurde.
Dabei zeigt besonders die schematische Darstellung der Apostelgeschichte, wie das in Mk 15 bezeugte Gericht über die
jüdische Welt nun im Verlauf der Heidenmission geschichtlich greifbare Züge annimmt[3]. Der Tendenz, den Lebensraum
der Christenheit zu etablieren und dadurch schon hier auf
Erden die neue "Welt" zu erleben, gehört die

---

1 Vgl dsAr 196.219. Zur Entwicklung der Eschatologie, vgl neben Gräßer
  (dsAr 219 A2) noch Dodd Preaching, besonders 77ff; speziell in Bezug
  auf die Kreuzigung Werner Entstehung 90ff.238.248ff.261ff: Die Abnahme
  der visionären, apokalyptischen Anschauungen bedingt eine Zunahme der
  Hadesvorstellungen u Kreuzesspekulationen.

2 Dies hat Conzelmann Mitte ausführlich dargestellt.

3 Typisch ist etwa Ag 13,46ff, wie überhaupt der ganze Gang der Handlung von Jerusalem nach Rom, vgl auch noch dsAr 246 A2.- Zu dem mit
  dem Zurücktreten der Naherwartung einsetzenden Rationalisierungspro-
  zeß, vgl auch Käsemann Problem 134ff.

Zukunft[1]. Der historischen Reduktion des Weltgerichtes auf
die Welt des Judentums entspricht also die andere Interpretation, nach der die mythologische Aussage vom neuen Tempel
auf die christliche Gemeinde zu beziehen ist.

Daß mit dieser Reduktion die Botschaft des Kreuzigungsberichtes nur zum Teil in ihrer realen Aussagekraft wiedergegeben ist, sagten wir schon. Der Evangelist Markus zeigt
dies selber schon durch seine Redaktion an, insofern sie
dem Leser eindrücklich vor Augen führt, daß alle Menschen,
also nicht nur, wie die alten Traditionen meinen[2], die Juden allein dem Gericht des gekreuzigten Menschensohnes verfallen sind[3]. Im folgenden wollen wir die unhistorischen
Aussagen des Kreuzigungsberichtes in ihrer Relevanz in dieser Hinsicht weiter untersuchen.

§ 3 Kreuz Christi und Welt

I. Grundsätzliche Hinweise

In der Neuzeit hat man, das dogmatische Verständnis der
vorhergehenden Jahrhunderte immer mehr hinter sich lassend,
die Kreuzigung Jesu Christi fast nur noch individualistisch
verstanden. Diese Feststellung gilt in doppeltem Sinne. Die
historische Betrachtungsweise ergab[4], daß man Jesus nur
noch als edlen Menschen, als Helden, der tragisch endete,
sehen konnte[5]. Die mit den unhistorischen Aussagen des Tex-

---

1 Vgl den Beschluß der Kongregation des Heiligen Officiums, daß der
  Glaube an "die sichtbare Wiederkunft Christi" nicht mehr verbindlich
  sei (Cullmann Christus 129 A3).

2 Vgl dsAr 145f, 155 A1, 166 A1.

3 Vgl dsAr 186 A2, 187 A5, 192 A1.

4 Vgl dsAr 241 A2, 8 A1.

5 So am deutlichsten Renan, vgl dsAr 12 A3. Auch die orthodox einge-
  stellten Wissenschaftler, die noch von Jesus als dem Gottessohn u
  von seiner Kreuzigung als einem Opfer sprechen, wissen diese Terminologie in ihrer historischen Sicht nur noch von einer sehr modernen,
  individualistischen Ethik her notdürftig mit Sinn zu füllen, vgl zum
  Problem noch dsAr 12 A2.

tes und den Titeln Messias, Menschensohn und Sohn Gottes umschriebene Bedeutung der Person Jesu ging verloren. Dieser
Sicht des historischen Bewußtseins entsprach, daß man Jesus
und eventuell auch seinem Tode[1] nur noch Bedeutung für das
ethische Handeln des e i n z e l n e n [2] zumaß. Die kosmische Bedeutung der Person Jesu und vor allem des Kreuzesgeschehens ging verloren, da man die mythischen Aussagen entweder historisierte, um sie so zu "retten"[2a], oder sie einfach als primitiv und veraltet beiseite ließ.

Entgegen diesen in der Neuzeit[3] zu beobachtenden Tendenzen der Auslegung möchten wir behaupten, daß eine ausschließlich individualistische Interpretation, sei sie nun nur hi-
storisch-psychologischer oder auch mehr philosophisch-ethisch-
theologischer Art, die ganze Botschaft des Kreuzigungsberichtes nicht zur Geltung bringen kann. Vielmehr muß man es als
zukünftige Aufgabe der Exegese ansehen, die sich in der my-

---

1 Die Bevorzugung der Bergpredigt vor der übrigen synoptischen Tradition
   u speziell auch vor den Berichten von der Kreuzigung war im vergangenen Jahrhundert u zu Anfang des 20. Jhdt weithin die Regel. Die Entdeckung der theologia crucis bei Luther in den zwanziger Jahren brachte
   hier erst einen gewissen Wechsel, freilich mehr in der theologischen
   Wissenschaft als unter den gebildeten Laien.

2 Dabei konnte man sich natürlich zu Recht auf Paulus berufen, vgl zB Gl
   6,14. Die genannte Stelle zeigt freilich sofort auch, daß der Apostel
   das Kreuz Christi nicht nur als Gericht über sich, sondern auch als
   die "Kreuzigung der Welt und seiner selbst" sehen kann (vgl HSchlier,
   Der Brief an die Galater[11], Göttingen 1951, 208). Vgl noch dsAr 155
   A6.

2a Vgl dsAr 231-234. Hier u da findet sich auch eine symbolistische,
   ästhetisch-spiritualistische Deutung der Mythologeme, die manchmal
   auch lehrhaft, allegorisch wirkt. Auch dieses Verständnis wird der In-
   tensität der Verse Mk 15,33.37.38 nicht gerecht.

3 Diese Tendenzen neuzeitlicher Exegese sind natürlich nicht zufällig u
   erst recht nicht absichtlich böse gewollt an die Texte herangetragen
   worden. Sie hängen vielmehr mit der Entwicklung des christlich-abend-
   ländischen Geistes zusammen. Einige Stationen dieser Bewußtseinsentwicklung seien stichwortartig genannt: Systematisierung der umlaufenden Traditionen in den 4 Evv - Kanon - Abklärung der mythischen Glaubensaussagen mit Hilfe des griechischen Geistes in das Dogma - Durchrationalisierung dieses Dogmas in den Summen des Mittelalters - Reformation (Ich im Gegenüber zu Tradition u Schrift) - Rationalismus,
   Liberalismus, Historismus, die heutige Situation, vgl noch zu diesen
   Andeutungen dsAr 12 A3.

thologischen Bildersprache des Kreuzigungsberichtes ausdrük-
kende apokalyptisch-eschatologische Bedeutung der Kreuzigung
Jesu ihrem kosmischen Gehalt nach, dh komplex-kollektiv, das
Individuum umfassend, für die jeweilige Zeit recht darzustellen[1].

Anhand unserer Arbeit lassen sich für eine solche Deutung
einige prinzipielle Feststellungen treffen[2].

Das K r e u z   C h r i s t i bedeutet das Ende einer
bis dahin von Gottes Güte und Langmut getragenen, nun aber
durch die Sünde der Menschen im Chaos erstarrten[3] Welt. Das
Gericht über die Welt geschieht, indem Gott selbst sich als
Träger der nun chaotisch gewordenen Ordnung in der Gestalt
seines Sohnes in den Tod gibt. Damit zerstört er durch diesen Tod zugleich auch den Tempel, dh die religiösen Funda-
mente der Welt, deren Mittelpunkt er bis dahin selber war.
Diesem Gerichtsakt korrespondiert die Errichtung einer neuen
Welt, deren Mittelpunkt wiederum Gott in der Gestalt seines
durch den Tod erhöhten Sohnes ist und zu der vor allem diejenigen Zutritt haben, die von dem alten, in Unrecht verkehr-
ten Heilssystem ausgeschlossen waren.

Die S t u n d e des Gerichts und des Heils wird allein
durch Gottes Willen bestimmt. Sie kündet sich aber an im
schweigenden Leiden des Sohnes[4], in der Verfinsterung der

---

1 Schaut man sich für diese Aufgabe nach geeignetem, wissenschaftlichem
Rüstzeug um, so wird man wohl oder übel die Arbeiten CGJungs u seiner
Schule berücksichtigen müssen, obwohl die geschichtliche Plazierung
auch in diesen Arbeiten erst kaum in Angriff genommen ist. Immerhin
liegt hier ein Versuch vor, mythische Aussagen in ihrer kollektiven
Bdtg zu verstehen, u die Zusammenarbeit mit der Soziologie kann zur
notwendigen Konkretisierung führen.

2 Es geht um den Versuch, die bleibende, jeweils dann in die geschichtliche Situation zu sagende Botschaft des Textes zu formulieren.

3 Mk 7,9-13; vor allem 3,1-6 (V 6!) in Bezug auf 15,29-33 machen den
Ausdruck "erstarrtes Chaos" notwendig.

4 Das Leiden des Sohnes ist sachlich als ein Leiden an der Finsternis
(vgl A 3!) zu definieren, vgl noch Mk 1,41; 6,34 (dazu 8,33f: "sah
seine Jünger an", dann: Petrus = Satan, dann: Leidensweg!); 8,2; 9,19
u weiter dsAr 186 A2, 187 A5, 192 A1.

Welt und in der dadurch bedingten Blindheit der Menschen gegenüber dem kurz bevorstehenden Gericht.

J e s u s , der S o h n G o t t e s , ist freilich in
seinem Leiden für die verfinsterte Welt nicht erkennbar als
derjenige, der er in Wirklichkeit ist. Er stirbt verachtet und
scheinbar sinnlos wie sein Wegbereiter. Nur der Christ erkennt
nach seinem Tode an der machtvollen Demonstration seiner göttlichen Lebenskraft, an seinem Todesschrei, daß hier Gottes
Sohn schweigend, demütig und mit der ganzen Macht des absolut
Gehorsamen zwischen den Verbrechern am Kreuze hing.

Die F e i n d e J e s u sind alle Menschen, denn alle
Menschen sind von der Finsternis beherrscht und damit vom Satan gegen Gottes Willen mobilisiert[1], den Jesus allein lebt[2].
Insbesondere bedient sich der Satan zur Festigung seiner
Herrschaft der ursprünglich einmal von Gott eingesetzten
geistlichen und weltlichen Obrigkeit. Die Vertreter der alten
Ordnung und Religion werden nun "in der letzten Zeit" zum
Werkzeug der Finsternis, weil sie Gottes Willen ungehorsam
sind und nicht mit Jesus und in seiner Nachfolge ihrem bösen,
eigenen Willen absterben wollen. Im hybriden Vertrauen auf
die von ihren Vätern mit Gott verbrachte Vergangenheit und
unter Berufung auf die allein von ihnen recht zu interpretie-
rende heilige Tradition[3] werfen sie sich zum Richter des Gottessohnes auf und töten ihn und verfallen damit selber dem
Gericht.

---

1 Die Situation vor der Kreuzigung ist in Mk 8,33 klassisch formuliert:
Der Gegensatz Gott-Satan hat seine Entsprechung in dem Gegensatz Gott-
Mensch. Selbst der treueste Jünger (Mk 14,66-72; vgl 14,50), Petrus, ist
ein Werkzeug des Satans. Er denkt nicht göttlich, sondern menschlich,
vgl Rm 8,5 u dsAr 187 A5. Er will das vergängliche Leben dieser Welt,
nicht aber das ewige Leben in der Kreuzesnachfolge (Mk 8,34f).

2 Der mythologisch-dogmatische Terminus "Sohn Gottes" ist sachlich richtig von daher zu definieren; der "Sohn" erfüllt Gottes Willen gemäß der
ursprünglichen Intention der göttlichen Gebote u wird von den Menschen
deshalb getötet, weil diese Gottes Leben spendende Gebote in Mordwerk-
zeuge verwandelt haben, vgl Mk 3,4.6; vgl dsAr 205f.

3 Vgl Mk 2,6f; 2,16.18.24; 3,2; 7,1-13 u dagegen Mk 3,4.35; 10,20f; 12,
28-34. Mk 12,38-41 geben ein zusammenfassendes Urteil über die Haupt-
gegner Jesu u entlarven ihr wahres Wesen.

Die neue Welt ist an dem sie nach der Beseiti-
gung des Dunkels durchherrschenden Licht[1] erkennbar. Weiterhin wird sie manifest in dem Bekenntnis der Heiden, der vom
alten Heilssystem Ausgeschlossenen, zu dem ermordeten und
nun erhöhten Gottessohn. Jedermann hat zu der neuen Heilsordnung Zutritt[2], aber sie ist nur auf dem Wege über das
Kreuz Christi betretbar, welches die Erhöhung durch den persönlich erlittenen Untergang der alten Welt hindurch und
über die alte Welt hinaus bewirkt. Die neue Welt, der nicht
mit Händen gebaute Tempel, die neue Gemeinde hat himmlische
Züge und liegt "über" der alten, vergangenen und nun gerichteten Welt und Lebensgemeinschaft, insofern sie von allen
nationalen, eigenmächtigen Gesetzlichkeiten zur Einfachheit
und Weite des göttlichen Gebotes führt, dessen Klarheit
letztlich auf die eschatologische Reinheit des Urzustandes
und die Vollkommenheit der Engel hinweist[3]. Schließlich und
nicht zuletzt ist die neue Welt im Unterschied zur alten
Welt dadurch qualifiziert, daß in ihr der Gekreuzigte als
der Erhöhte der König und Herr ist[4], zur Ehre Gottes des
Vaters[5].

---

1 Das Licht ist seinem Wesen nach etwa durch Mk 10,17-34 annäherungsweise
  zu bestimmen: Klarheit göttlichen Gebotes führt radikal bejaht in die
  Leidensnachfolge u damit durch den Tod in die eschatologische Vollkommenheit, vgl A3. Die Teilhabe an diesem Licht ist ein Wunder (Mk 10,27).

2 Selbst einer, der zu den Erzfeinden Jesu gehört, ein Schriftgelehrter
  (Mk 12,28), kann dem Himmelreich nahe sein, wenn er nur verständig das
  Gebot der neuen Welt bejaht (Mk 12,34). Mk 12,33 bejaht dieser Pharisäer
  nicht nur Gottes Gebot, sondern auch die von daher nötige Tempelreinigung Jesu u das damit über den Tempel andeutungsweise hereinbrechende
  Gericht, vgl dsAr 169 A2. Mk 11,17 u 12,33 gehören zusammen: Der fromme
  Pharisäer wertet wie Jesus den alten Tempel, in dem er wie Jesus sich
  aufhält (Mk 12,35), ab u signalisiert damit u mit seiner Gebotsbejahung
  den neuen Tempel, - ganz im Gegensatz zu seinen Kollegen, die Jesus wegen dieser Abwertung töten wollen(11,18)./Schreiber ZNW,1981,151.154 A42./

3 Vgl Mk 7,3f mit 12,28-34 u 10,6; 12,25.

4 Vgl Mk 11,1-11 (dsAr 198f.209 A4); 12,10f (dsAr 210 A7); 12,36; 14,62;
  15,37; auch 8,38; 13,26.

5 Vgl 8,38; 12,6; 13,32; 14,36.39.62 ("sitzend zur Rechten der Kraft",
  also Gott untergeordnet, vgl Loh 328f); 15,34.

II. Die bleibende Aufgabe

Die von der Exegese her gegebenen grundsätzlichen Hinweise für eine eschatologisch - kosmische Auslegung des Kreuzigungsberichtes und insbesondere seiner unhistorischen Aussagen bekommen erst das ihnen zustehende Gewicht, wenn sie in die jeweils verschiedene und dem Wechsel der Zeitverhältnisse unterworfene, historische Situation eines Kollektives, also eines Staates, einer Kirche und überhaupt einer menschlichen Lebensgemeinschaft, angewendet werden, und zwar so, daß der einzelne in all seinen Lebensbezügen angesprochen wird[1]. Erst dann können diese Hinweise dazu mithelfen, aufgrund des Kreuzigungsberichtes verständlich zu machen, worin das am Kreuz von Golgatha geschehene Gericht und das zugleich erworbene Heil ganz konkret besteht. Auf diese Weise wird dann jedermann[2], obwohl in ganz anderer geschichtlicher Situation wie die Urchristenheit und dennoch gleich wirksam, weil verständlich, für oder gegen den Gekreuzigten, für oder gegen die neue Welt zur gehorsamen Entscheidung des Glaubens gegenüber dem Willen und Gebot Gottes aufgerufen[3].

---

1 Die kosmische Auslegung führt also gerade zur rechten Ausrichtung der Botschaft an den einzelnen Menschen, insofern sie nicht isoliert u den Hörer künstlich isolierend geschieht, sondern so, daß der Mensch in seiner Lebenswirklichkeit erreicht u getroffen wird, vgl dsAr 251 A1. Dabei hat diese Auslegung, vom Text her gesehen, zugleich eschatologisch zu sein, was unter anderem auch heißt, daß sie keine Allgemeinplätze, sondern sehr konkrete und zugleich transzendierende Aussagen zu machen hat. Vgl 250 A2.

2 Also nicht nur, aber gerade auch der Christ wird (dsAr 187 A5) immer von neuem in die Entscheidung des Glaubens gestellt. Besonders im sogenannten christlichen Abendland scheint manche Tendenz zur "Judäisierung" (vgl zur Sache dsAr 252f) sich bemerkbar zu machen.

3 Die Verharmlosung des Kreuzes Christi, wie sie zB schon bei Lk anzutreffen ist (vgl dsAr Exkurs) u wie sie in der Kirchengeschichte immer wieder geschah, weil man den Sinn des Kreuzesgeschehens nicht mehr recht begriff bzw meinte, die ursprüngliche Bedeutung u Wirkung des Geschehens sei nicht mehr akut u deshalb aufzugeben, ist damit unmöglich geworden.

Die eben kurz formulierte Aufgabe der immer wieder neu zu leistenden geschichtlichen Plazierung der Botschaft des Kreuzigungsberichtes muß aus verschiedenen Gründen als wesentlich angesehen werden. Die Untersuchung des Textes ergab ja, daß man das Kreuzesgeschehen, so wie es Markus schildert, überhaupt nicht verstehen kann, wenn man es mit historischer Akribie auf das historische Ereignis der Kreuzigung Jesu reduziert. Weiter konnte festgestellt werden, daß der im Tode Jesu geschehene Gerichtsakt ganz konkret auf die jüdische Welt bezogen werden muß[1]. Der Bezug des historischen Ereignisses der Kreuzigung Jesu auf eine ganz bestimmte geschichtliche Lage ist also entscheidend für die rechte Auslegung und das rechte Verständnis. Die unhistorische, mythische Berichterstattung sowie der dadurch zum Ausdruck gebrachte absolute Anspruch des Textes, nicht nur das Gericht über die jüdische, sondern über alle Welt zu verkünden, machen es notwendig und fordern einen sozusagen gebieterisch auf, den Bezug des historischen Ereignisses der Kreuzigung Jesu zur jeweiligen historischen Lage herzustellen, damit das Kreuzesgeschehen in seiner eschatologisch-kosmischen Bedeutung erkennbar und dadurch zum Heile wirksam werde[2].

Mit anderen Worten: So gewiß das Kreuzesgeschehen auf die historische Person Jesu und deren Leiden und Sterben verkürzt werden kann und zugleich auch eine Verengung der unhistorischen Aussagen auf die damalige weltgeschichtliche Situation möglich ist, so gewiß zeigt doch gerade dieses re-

---

1 Entsprechendes gilt natürlich auch für das Heilszeugnis des Textes, das ja in ganz besonderer Weise der damals noch heidnischen Welt, dem heute christlichen Abendland galt, vgl 248-253.

2 In der Perspektive des Kreuzigungsberichtes geredet, würde die Nichtdurchführung der dargestellten Aufgabe ein Stück Finsternis u Blindheit der Gott ungehorsamen u damit schon unter das Gericht des Kreuzes fallenden Welt sein, vgl 232 A1. 233 A4. Die Wirklichkeit, die in Mk 15,20b-41 bezeugt wird, ist also vom Tode Jesu her als ständige Gegenwart u Aufforderung zu Glauben u Entscheidung zu verstehen. Die Redaktion des Mk unterstreicht dieses Verständnis, vgl 249.

duktive Verfahren durch die Aufdeckung des Wechselverhältnis-
ses zwischen historischer Tatsache und geschichtlich zu pla-
zierender, mythischer Aussage, daß der Reduktion bei sachgemäßer Auslegung eine Projektion der mythischen Chiffren vom
Tode Jesu her in die jeweilige geschichtliche Situation entsprechen muß, da nur so textgemäß klargestellt werden kann,
daß der Tod des Gottessohnes ein für allemal das Gericht über
die "alte Welt" und die Errichtung der "neuen Welt" bedeutet
und ist.

Bisher hat man sich weithin mit der reduktiven Exegese des
Textes beschäftigt und daneben, zum Teil recht unberührt
durch diese Exegese, aufgrund der Tradition dogmatische Formulierungen weitergegeben[1]. Die nach unserer Meinung vom
Text geforderte Projektion liegt also noch als eine gerade
erst notdürftig umschriebene, riesige Aufgabe vor der gesamten theologischen Wissenschaft und ihren Hilfsdisziplinen[2].
Ihre Ausmaße kann derjenige recht ermessen, der sich klar
macht, daß in der heutigen Bewußtseinslage und gewiß in der
von morgen weder dem visionär-apokalyptischen Wort noch der
traditionalistisch-dogmatischen Behauptung und erst recht
nicht der individualistischen Vermutung, sondern der exakt-
wissenschaftlichen Beweisführung und der daraus resultieren-
den Verkündigung und Tat wirkliche und auf die Dauer wirkende Überzeugungskraft eignet. Auf diese schwere Aufgabe hingewiesen zu haben, muß am Ende dieser Arbeit genügen.

---

1 RBultmanns Programm der Entmythologisierung u existentialen Interpretation macht hier, soweit ich sehe, die einzige gewichtige Ausnahme, insofern hier historisch-kritische Exegese und Auslegung in die geschichtliche Situation sich gegenseitig sinnvoll bedingen.

2 Vgl 251 A1. Es wäre natürlich ein grobes Mißverständnis der durch den
  Text gestellten Forderung, wenn man annähme, die ntliche Exegese hätte
  ohne Mitwirkung der übrigen historischen Disziplin u der systematischen
  u praktischen Theologie die umschriebene Aufgabe zu lösen. Nach wie vor
  unerhört aktuell ist in diesem Zshg die "nicht-religiöse" Interpretation
  von DBonhoeffer, Widerstand und Ergebung[6], München 1955, 183, der aaO
  auch Ausgezeichnetes zur Bewußtseinsentwicklung (dsAr 250 A3) sagt; vgl
  den wichtigen Aufsatz von GEbeling, Die "nicht-religiöse Interpretation
  biblischer Begriffe", ZThK LII, 1955, 296-360; ders, Theologie u Wirklichkeit, ZThK LIII, 1956, 377-379.381f.

EXKURS I

Der Kreuzigungsbericht des Matthäusevangeliums

Der Bericht des Matthäus hat dieselbe Grundstruktur wie
der Markusbericht. Die zu beobachtenden Änderungen erklären
sich nicht nur aus der Tendenz des Matthäus, den Bericht
des Markus durch Streichungen und Änderungen der Satzkonstruktion zu glätten[1], sondern vor allem aus der theologischen Absicht, mittels des verstärkten Weissagungsbeweises[2] die Gottheit Jesu in seinem Leiden zu betonen.

So erklärt sich der Zusatz[3] in Mt 27,43[4], der auf Ps 22,9
und Wsh 2,13.18-20 beruht[5]: Die Aussage von Mk 15,32 - die
verblendeten Feinde müssen in ihrem Spott die Gottheit Jesu
bezeugen und seine gleich vor sich gehende Erhöhung voraussagen - wird verstärkt[6].

---

1 Vgl zu kleineren Änderungen Larfeld 293.296.299; Finegan 38; zu Mk 15,25
  vgl dsAr 49f.54f.57 A5; zu dem πάλιν in Mt 27,50, vgl Bult 295; Klost
  165;Fiebig Tempelvorhang 229,der aaO 230 auch auf die glättende Umstellung
  in Mt 27,51 (εἰς δύο) hinweist. Mt 27,46ff wurde geändert, um das Mißverständnis (dsAr 174 A4) u die Wirkung der Tränkung (vgl Brandt 235)
  plausibler zu machen. Sahlin 66 nimmt zu Unrecht Sonderüberlieferung an.
  Die Textvarianten von Mk 15,34 (aaO 62) zeigen nur, daß man den Mk-Text
  nach Mt abändern wollte. Mt 27,37 bereitet 27,54 vor; dasselbe gilt in
  Hinsicht auf die Wache von 27,36.

2 Vgl Finegan 39. Mittels Ps 69,22 verwandelt sich dabei die "Wohltat"
  von Mk 15,23 zu einer "Bosheit der Feinde" (JWeiß drei 383; vgl Bult
  295.304; Dib 197; Micklem 272; falsch dagegen Zahn Matthäus 712f u ebd
  A 81; Schlatter Markus 271f, der bei Mk gegenüber Mt Streichung annimmt).

3 Hinter Mt 27,40 steht vielleicht eine urchristliche Glaubensformel
  (Seeberg Evangelium 23, vgl Bult 307, der gegenüber Bieneck 55 A3 recht
  haben dürfte; vgl auch Feigel 46).- Die Änderungen des Mt u Lk an Mk
  15,30ff sind voneinander abhängig (Streeter 303), doch beruhen die
  Gemeinsamkeiten nicht auf einer gemeinsamen Sonderquelle, sondern
  auf der Abhängigkeit (bzw Aufeinanderfolge) der theologischen Konzeption
  des Lk von der des Mt. Lk hat nicht nur Mk, sondern auch Mt vor sich!

4 Neben Mt 27,43 Verstärkung bzw Präzisierung der Titulatur in 16,16; 26,
  63; 27,37.40.54.

5 Dadurch wird auch die Bosheit der Menschen gesteigert, vgl Mt 27,48f
  (Dib 197 A1); 27,44 (Lohmeyer-Schmauch 393) u die Interpolation nach
  Joh 19,34 in 27,49.

6 Das νῦν wird betont u wörtlich wieder aufgenommen! Unsere Auslegung
  dsAr 206 wird also durch Mt 27,43 bestätigt.

Dieser Ausgestaltung[1] des Markusberichtes entspricht die
verdeutlichende[2] Berichterstattung in Mt 27,50. Durch ἀφῆκεν
τὸ πνεῦμα wird die Erhöhung Jesu im Moment seines Todes[3] rationaler wiedergegeben als in Mk 15,37.

Die über das Zerreißen des Tempelvorhanges[4] hinaus berichteten Wunder (Mt 27,51-53) kennzeichnen den Tod Jesu eindeutig und das Zeugnis des Markus wiederum verstärkend als das
eschatologische Ereignis[5], das nicht nur Gericht, sondern

---

1 Vgl zu Mt 27,40ff noch Mt 4,3.6 (JWeiß drei 384; Lohmeyer-Schmauch 391;
  Micklem 273; Bieneck 67) u auch 27,63f u zum Stil dsAr 65 A2.93f.

2 Kodex sys (vgl Hoffmann Markusevangelium 626 A2) gibt Mt 27,50 mit "da
  stieg sein Geist auf" wieder! Taylor according 596: Mt 27,50 "describe
  a voluntary act", vgl Micklem 274 u so schon die altkirchliche Auslegung (Reil Kreuzigung 28f).

3 Vgl Lohmeyer-Schmauch 395 (27,50 ein Zeugnis der "Gottzugehörigkeit"
  Jesu); aaO 397: Die Wunder beim Tode Jesu sind für die Gläubigen Zeichen dafür, daß dieser Tod zugleich "sinnvoller und unmittelbarer Hingang zum Vater" ist. "Das Kreuzesgeschehen ist nicht wie bei Mk ein
  tiefes Geheimnis; der Bericht (des Mt) davon ist von kirchlicher Gläu-
  bigkeit durchleuchtet." (Dahl Passionsgeschichte 25, vgl Grobel 55.).

4 Vgl dazu Lohmeyer-Schmauch 395.

5 Unter dem einen ἰδού (vgl dsAr 113 A3!), das den Bezug zwischen 27,51ff
  u 27,50 unterstreicht, sind alle folgenden apokalyptischen Zeichen mit
  καί nebeneinandergeordnet. Sie haben alle ihren eschatologischen Eigen-
  wert im Blick auf Jesu Tod (vgl Dahl Passionsgeschichte 28), wenn sie
  auch in dem letzten Zeichen, der Auferstehung der Heiligen, gipfeln,
  was Lohmeyer-Schmauch 396 A1; Micklem 275 u stark betonen. Zum Erdbeben (27,51b) gibt es auch hellenistische Parr, vgl Lohmeyer, Micklem
  ebd; Strauß II 539; Brandt 263ff. Doch beruht der Bericht des Mt gewiß
  auf alttestamentlich-apokalyptischen Vorstellungen u ist von daher zu
  verstehen, vgl Hg 2,6; Jo 2,10; 4,16; Jes 24,18ff (LXX!); 64,1ff; Jer
  4,24; 41,1; Ps 18,5; 68,8f; 82,5; 114,7; Mt 24,7; Apk 6,12; 8,5; 11,19;
  16,18; ElApk 39,6 (Steindorff 161, auch 139); Test XII Levi 4,1; Hymne
  3 der Sektenschriften (Molin 36); vgl auch Bonner Sardis p.16; Pölzl
  345; Feigel 47; Easton Gospel 139; Lightfoot Doctrine 68 A1. Brandt
  262f, der sehr richtig in 27,50 die Ursache für 27,51ff sieht; vgl dazu die Parr in den Tammuzliturgien (Witzel 121.157.275.279); rabbinische Parr bei Patai 57.- Bei Buddhas Tod donnert es (Fiebig Umwelt 55),
  doch zeigt die Totenklage ("Allzufrüh ist das Licht der Welt unterge-
  gangen"), daß kein Zshg besteht (Hasenzahl 28; Clemen 257). Auch ist
  von keinem Hadeskampf die Rede (gegen Kroll 6ff mit Clemen 89). Mt 27,
  52 geht wohl auf Da 12,2; Jes 26,19 zurück, vgl Feigel 106; Weidel II
  272f; Micklem 275; Pallis Mark 108. McCasland 126 sieht in 27,52f
  eine alte Tradition, nach der Tod- und Auferstehungstag zusammenfallen.

auch Heil und Erhöhung bedeutet[1]. In dem Augenblick, da das irdische Heiligtum zerstört wird, konstituiert sich zugleich zeichenhaft, kraft der Erhöhung Christi, die neue Heilsgemeinde in der Gestalt der Heiligen[2], die aus ihren Gräbern[3] hervortreten und nach der Auferstehung Christi[4] vielen in der Heiligen Stadt[5] erscheinen[6].

Der Steigerung der göttlichen Züge beim Tode Jesu dienen auch die Umänderungen in Mt 27,54. Nicht nur der Hauptmann, sondern auch seine Begleitung[7] bekennen aus großer Furcht[8] wegen des Erdbebens[9] und des ganzen wunderhaften Geschehens

---

1 Vgl Apk 11,12f: Erdbeben nach der Anabasis der zwei Zeugen. Die von Mk schon vorgenommene Akzentuierung, Gericht und Heil (vgl dsAr 169 A1. 248f), wird verstärkt.

2 So Lohmeyer-Schmauch 396. Sind die Heiligen nach Eph 2,19f (14.18!) zu interpretieren? Vgl dsAr 168 A2; syrische Schatzhöhle 48,22ff u dazu Roscher 28.

3 Vgl dazu Owen 248ff.

4 Diese Worte sind wohl schon von Mt mit den übrigen Worten der Verse Mt 27,51ff eingesetzt worden, vgl zum Problem Lohmeyer-Schmauch 396f. Mt hat in dieser Hinsicht an der Konzeption des Mk festgehalten, vgl dsAr 209-211; anders BBauer I 257f; Brandt 261f; Feigel 106; Rose 139 A94.

5 Der Terminus ist schwer bestimmbar u bleibt wie Mt 27,52f überhaupt in einer schwebenden Unbestimmtheit (vgl Lohmeyer-Schmauch 396; Lightfoot Doctrine 71 A1), die uns freilich von Mk her nicht unbekannt ist (vgl dsAr 198 u ebd A3.4.5; 209 A4) u die bei Mt ebenso gewollt sein dürfte, wie sie es bei Mk gewiß ist.

6 Bertram Leidensgeschichte 91 nennt Analogien zur Totenerweckung, die jedoch nur bedingt gültig sind, vgl dsAr 258 A5.

7 Mt 27,36 bereitet 27,54 vor, vgl JWeiß drei 383; dsAr 257 A1. Typisch für die Beckmesserei der historisierenden Auslegung ist die Bemerkung von Zahn Matthäus 713, Mt 27,37f müssen vor 27,36 stehen.- Larfeld 286 sieht in Mt 27,54 (vgl Mk 15,39) die für Mt typische Tendenz der Steigerung.

8 Vgl Mt 28,2ff. Die göttliche Epiphanie bewirkt bei den Menschen Furcht. In Mk 15 ist dagegen das Kreuzesgeschehen dem Charakter des ganzen Evangeliums gemäß vielmehr als "geheime Epiphanie" verstanden. Das Ausbleiben der Parusie dürfte diesen Unterschied zwischen Mt u Mk erklären. Je länger die Parusie ausbleibt, um so mehr muß die "irdische Realität" des Heilsgeschehens betont werden. Die Lösung des Problems war natürlich nur solange möglich, als die Parusie immer noch in großer Nähe gedacht wurde. Lk hat dies erkannt u die radikale Konsequenz gezogen, der Tod Jesu habe überhaupt nichts mit dem Ende zu tun, vgl Exkurs II, 261-267.

9 Also anders als Mk, vgl dsAr 74 A4; Dib 197 A1; Micklem 275.

Jesus als den Gottessohn[1].

In den Schlußversen des Kreuzigungsberichtes fällt neben
den Namensänderungen und Umstellungen[2] vor allem die Streichung von Mk 15,41b auf, die den Streichungen in Mk 10,32
(Mt 20,17) entspricht[3]. Die unter anderem sich in solchen
Streichungen ausdrückende Abänderung der theologischen Konzeption des Markus durch Matthäus kann im Rahmen dieses Exkurses leider nicht weiter genauer untersucht werden. Die
bisherigen Beobachtungen am Bericht des Matthäus erlauben
jedoch aufgrund des Gesamtergebnisses unserer übrigen Arbeit
die Vermutung, daß die ausbleibende Parusie zur Verdeutlichung der Markusdarstellung zwang[4]. Je länger das Ende ausblieb mit seinem endgültigen Gericht und Heil, um so dringender wurde es, das schon geschehene Gericht und Heil de-
monstrieren und vorweisen zu können. Indem Matthäus die
strenge Form des markinischen Messiasgeheimnisses aufgibt
und zugleich die großen Redenkomplexe, die Lehre für die Gemeinden, schafft, gewährleistet er der sich in der faktisch
weiterbestehenden Welt konstituierenden Kirche eine handfe-
stere, der neuen Situation angepaßte Form der Botschaft,
die freilich noch wie die Markusdarstellung auf das zwar
verschobene, aber dennoch nahe Ende ausgerichtet ist und
darum von Lukas noch einmal radikal geändert werden muß, um
so bis in unsere Tage hinein gültig zu bleiben.

---

1 Mk 15,39 ὁ ἄνθρωπος wird in Mt 27,54 gestrichen! Vgl Grobel 55; Fiebig Tem-
  pelvorhang 230; dsAr 257 A4. Schelkle 47f zeigt die Entwicklung, die von
  Mk 15,39 über Mt 27,54 bis Lk 23,48 (!) geht, u betont den Anteil der
  Gemeinde an der Arbeit der Überlieferung.

2 Vgl hierzu ausführlich Micklem 276.

3 Daß Mt an Mk 15,41b historisch desinteressiert sei (so Larfeld 298),
  ist gewiß falsch.

4 Mk 10,32 wird in Mt 20,17 auf die sich konstituierende Gemeinde reduziert u präzisiert: Das unbestimmte Gefolge u seine Angst wird gestrichen, vgl die Streichungen in Mk 6,52; 9,6.32 u die Abänderung in Mk
  4,41 u die Verdeutlichung von Mk 9,11-13 in Mt 17,10-13. Vgl im übrigen zur Redaktion des Mt Bornkamm Matthäus. ⎣Vgl Schreiber Theologie
  50-57 zu dsAr 257-260.⎦

EXKURS II

Der Kreuzigungsbericht des Lukasevangeliums

Der Bericht des Lukas ist, anders als der Matthäusbericht,
eine radikale Abänderung der Markusdarstellung[1]. Jesu Tod
wird als Martyrium geschildert[2] und ist deshalb sozusagen nur
noch Jesu "private" Erhöhung. Dies wird ganz vordergründig-
rational[3] dadurch ausgedrückt, daß der Sterbende die Worte
von Ps 31,6 spricht und mit diesen Worten sein Leben aushaucht[4].

Auch die von Lukas eingeschobene Szene Lk 23,39-43[5] deutet mit V 43 eindeutig auf die sofortige Erhöhung Jesu bei
seinem Tode hin[6] und macht darüber hinaus klar, daß der wie

---

1 Dies Urteil gilt auch für die stilistische Glättung, vgl Lk 23,33 parr.
   Das ὡσεί in Lk 23,44 ist typisch für Lk, vgl Vogel 22.68; Finegan 33.
   Durch die Streichung von Mk 15,25 wird die Dublette u das apokalyptische Stundenschema des Mk beseitigt u zugleich vordergründig-rational
   das Wunder des schnellen Todes Jesu betont, vgl dsAr 215 u ebd A4; Conzelmann Mitte 73 A3. Zu der Änderung μέσον in 23,45, vgl Fiebig Tempelvorhang 231: Die Mt/Mk-Fassung war Lk "wohl nicht griechisch genug",
   vgl Larfeld 191. Die Ersetzung von lateinischer Dienstrangbezeichnung
   durch die griechische in 23,47 (Larfeld 193; Taylor according 597;
   JHMoulton-GMilligan 340f; anders Fiebig Tempelvorhang 230) ist ebenfalls typisch. Für die griechischen Leser war auch Mk 15,22b überflüssig. Zu Mk 15,20b.24c.26, vgl Larfeld 327; auch dsAr 101 A1.

2 Vgl Lightfoot History 87f: Lk hat "his own interpretation of the death
   of Jesus", nämlich als "a martyrdom"; Surkau 82f; Conzelmann Mitte 174
   A2; Dib 203f.

3 Vgl Bertram Kreuz 202f, der auch auf Lk 9,51 (anders Lohse Lukas 262;
   24,26; Ag 1,22; PetrEv 19 verweist. Das Wort, das Lk statt der markinischen Dublette Mk 15,34b in Mk 15,37 einsetzt, nämlich Ps 31,6, "enthält schon die Lösung des Problems dieses Martyriums, und zwar in einer
   Fassung, die jedermann verständlich ist (während die Mc-Fassung Ver-
   trautheit mit den Gedanken der Bibel voraussetzt)" (Conzelmann Mitte 74).
   Die Umgestaltung der eschatologischen Auffassung vom Tode Jesu in die
   des Martyriums zeigt sich also nicht nur in den Einfügungen (23,27ff.34.
   39ff.46), sondern vor allem in der Beseitigung der apokalyptischen Bdtg
   der Wunder u des nur von daher verständlichen Spottes in Mk 15,29ff u des
   Eliawortes in 15,35f.

4 ἀπο bzw ἐκψύχειν (vgl Lk 23,46 mit 21,26; Ag 5,5.10; 12,23) dürfte in bewußtem Gegensatz zu ἐκπνεῖν stehen.

5 Zu den Lesarten in 23,42f, vgl Bertram Kreuz 202 A1; Brandt 212 A2;
   WBauer Leben 221; Schelkle 46 A41.

6 Die Übers von 23,43: "Ich sage Dir heute, Du wirst..." ist nicht haltbar (Bertram Kreuz 202).

ein gerechter Märtyrer sterbende Erlöser den an ihn glaubenden Mitgekreuzigten[1] zu sich in sein Paradies ziehen kann[2].
Der einzelne Christ, der wie Jesus als Märtyrer stirbt, hat
diese Verheißung, - nicht aber die Gemeinde als solche[3].

Der Einschub[4] Lk 23,39-43 ersetzt also sozusagen die auf
die bloßen Spottworte zusammengestrichenen Verse[5] Mk 15,29-
32, in denen von dem eschatologischen Geschehen der Gründung
des "himmlischen Tempels", der Gemeinde, durch die Erhöhung
Jesu die Rede ist. Die bei solcher Umwandlung zu beobachtende individualistische Verengung[6] erklärt sich aus der Tatsa-

---

1 Vgl Lk 9,23; 14,27; 23,26; Ag 7,59; dazu Weidel II 269; dsAr 226. Die
  Verse Lk 23,40ff enthalten das lukanische Bekehrungsschema: Das religiöse Grundgefühl der Gottesfurcht des einzelnen Menschen (V 40) steigert sich zur Erkenntnis der eigenen Schuld (u der des Volkes, der
  Menschheit: wir! V 41) angesichts der Unschuld Jesu (V 41) u führt
  schließlich zur kühnen Anrufung Jesu als des Messias (V 42), vgl Ragg
  301. Bertrams Leidensgeschichte 83 kann mit seiner ästhetischen Argumentation gegen die Parallelisierung von Lk 23,46 u Ag 7,59 nicht
  überzeugen.

2 Dib 204 A1 vergleicht die jüdischen Martyrien u lehnt hellenistischen
  Einfluß ab, vgl auch Dalman Jesus 180f, doch auch Lohse Märtyrer 52f:
  "... die hellenistische Unsterblichkeitslehre... ist... zur Zeit Jesu
  bereits" im Judentum vorhanden u in den Märtyrerberichten wirksam.

3 Der Tod Jesu ist bei Lk also nicht mehr als das alles entscheidende
  Heilsereignis verstanden, vgl Vielhauer Paulinismus 11f; ders Andersen
  482.484. Die eschatologisch-kosmische Bdtg des Todes Jesu ist beseitigt bzw auf andere Heilsereignisse verlagert, vgl dsAr 248. 263.

4 Liegt Weissagung nach Gen 40,14.22 vor? Vgl Feigel 62; Weidel II 254;
  Drews Markusevangelium 297. Jedenfalls stammt die Szene von Lk, vgl
  Brandt 213; Bult 306; Dib 207; Taylor Sacrifice 199. Versuche, Mk 15,32
  mit Lk 23,39ff zu harmonisieren (zB Ragg 301), wie überhaupt jede Hi-
  storisierung (zB Russel 74; Taylor Sacrifice 198f) wurden schon von
  Strauß II 519 mit Recht abgelehnt.

5 Die Streichungen erfolgen nicht etwa, weil Lk als Historiker um den
  ungeschichtlichen Charakter von Mk 15,29ff gewußt hat (gegen Feigel 69).
  Historisch-kritisches Denken lag Lk ganz fern. Er war ein scharfsichti-
  ger Theologe u änderte aus theologischen Gründen, so wie er sie in seiner Zeit erkannte.

6 Bertram Leidensgeschichte 89 A1 spricht in der Nachfolge von Bult 337
  von einer "Tendenz zu Differenzierung und Individualisierung", vgl Dib
  204 ("Verschiebung ins Individuelle"); schon Strauß II 519.

che, daß die Parusie ausblieb und Lukas deshalb der Situation
der Kirche entsprechend die Realität der Osterereignisse, die
Himmelfahrt Christi nach 40 Tagen und die dadurch ermöglichte
Ausgießung des Heiligen Geistes betonte. Diese Reihenfolge
der Heilstatsachen ersetzt die ausgebliebene und auf unbestimmte Zeit verschobene Parusie und garantiert den Bestand
der Kirche, bis der Herr schließlich zum Weltgericht wieder-
kommen wird (vgl Ag 1,1-11)[1]. Die zu beobachtende Dehnung des
konzentrierten Heilsgeschehens bei Markus in einen geschichtlichen Prozeß der Heilsgeschichte mit verschiedenen Stationen
bei Lukas stellt eine Rationalisierung dar, die sich aus der
geschichtlichen Entwicklung ergab (Ausbleiben der Parusie,
Anfänge der Weltkirche) und die notgedrungen von der allgemeinen, kollektiv-mythischen Aussageweise zur immer differen-
zierteren und individualistischeren Verkündigung führen mußte[2], um den einzelnen jenes Gericht und Heil nahezubringen,
das in den Anfängen der Christenheit unmittelbare Überzeugung
und Erlebnis der Person Jesu und der glühenden Naherwartung
war.

Aus den eben genannten Gründen dürfte Lukas auch die Elia-
szene Mk 15,35f gestrichen haben[3], zumal er ja in seinem ganzen Evangelium Johannes den Täufer nicht als den Elia redivivus und eschatologischen Vorläufer Jesu versteht. Diese Anschauung des Markus und Matthäus war seiner Eschatologie
nicht mehr gemäß[4].

---

1 Vgl Conzelmann Mitte 101 A1: Reich Christi u Kirche sind bei Lk keine
  Gleichung mehr!

2 Vgl dsAr 247 A1, 250 A3; auch 242 A2. 254 A3.

3 Mit Mk 15,35f fällt auch 15,34, die Veranlassung zu Vv 35f (dsAr 65f.
  69f.178f). Außerdem paßte 15,34 nicht zur Märtyrertypologie des Lk
  (Conzelmann Mitte 74) u mag ihm auch als zu hart erschienen sein
  (Brandt 246; Dib 195; Fiebig Tempelvorhang 231).

4 Vgl Conzelmann Mitte 10-18; Marxsen Evangelist 30f. Neben Mk 15,35f
  strich Lk auch Mk 1,6; 6,17-29; 9,9-13 u setzte statt dessen Lk 3,10-
  14 ein: Johannes der Täufer ist noch Vorläufer, aber nicht mehr Elia
  redivivus, eschatologischer Sendbote in letzter Stunde.

Mit der Beseitigung aller apokalyptisch-eschatologischen
Elemente des markinischen Kreuzigungsberichtes hängt auch
die Umstellung der Nachricht vom Zerreißen des Tempelvorhanges zusammen[1]. Der Vorhang zerreißt nicht auf den Gerichtsruf Jesu hin, um so den Untergang des Tempels und der
Welt zu signalisieren[2]. Der Vorgang wird vielmehr mit der
als Naturwunder[3] interpretierten Finsternis zusammengestellt, so daß beide Ereignisse als bloße Mirakel[4] vor dem
Tode Jesu stattfinden, um auf dieses wichtige Ereignis
hinzuweisen[5].

---

1 Die Umstellung geschieht also nicht, weil Lk in 23,45f "einen stärkeren Höhepunkt" schaffen will (Grobel 104).

2 Fiebig Tempelvorhang 231f betont zu Recht,daß Lk den bei Mk u Mt bestehenden tiefen "Zusammenhang des Zerreißens des Tempelvorhanges mit dem
Augenblick des Sterbens Jesu" gelöst habe, weshalb seine Notiz über
den Tempelvorhang "recht farblos und verbindungslos" dastehe. Ähnlich
Lightfoot History 87f: Mk 15,38 hat in Lk 23,45 "a less dogmatic
light".- Das Zerreißen des Vorhanges in 23,45 kann allenfalls aufgrund von 21,20; 23,27ff als Hinweis auf die Zerstörung Jerusalems 70
n Chr gedeutet werden, die dann als Strafe Gottes für die Hinrichtung
Jesu durch die Juden über dieses Volk verhängt wurde, vgl dsAr 246 A2.
33 A4; 81. 71 A5. 100 A2. Eine Deutung von Lk 23,45 nach Hb 10,19f
(so zB Ragg 303) ist bei der Stellung der Nachricht vor dem Tode Jesu
ganz abwegig.

3 Lk 23,45 wird gerade auch durch die Interpretation der Finsternis als
wunderbare Sonnenfinsternis während des Passahvollmondes in 23,44 mit-
charakterisiert. Die deutliche Rationalisierung des apokalyptischen
Ereignisses der Finsternis zu einem Naturwunder u der damit gemachte
Versuch einer "Historisierung" macht klar, in welcher Richtung auch
das Verständnis von 23,44 zu suchen ist. Einen Bezug zwischen Lk 22,53
u 23,44 halte ich deshalb nicht für wahrscheinlich,vgl Fiebig Tempelvorhang 231 zu Lk 23,44; ähnlich Blunt 271; Weidel II 271; Rose 137f;
Lightfoot Doctrine 142 A3. Will man dennoch Lk 22,53 mit 23,44 zusam-
mensehen (vgl zB Ragg 303), so gilt jedenfalls, daß die Finsternis
nicht in dem eschatologisch-radikalen Sinne wie bei Mk ein für allemal durch den Tod Jesu besiegt ist. Die dämonische Finsternis von
22,53 wird allenfalls in ihrem "jüdischen Aspekt" vernichtet, vgl A2.-
Wahrscheinlich dachte Lk an ein Mittrauern der Natur, vgl Ragg 303;
dsAr 132; auch 172 A4. 231.

4 Vgl Käsemann Problem 137; Conzelmann Mitte 74.

5 Vgl Dib 201. Die Reihenfolge der Ereignisse in Lk 23,44ff ist also
keinesfalls gegenüber Mk 15,33.34a.37.38 primär, vgl dsAr 67 A2.
75 A5.

Daß die theologische Bedeutung des Spottes von Mk 15,29-32 von Lukas beseitigt wurde, sagten wir schon[1]. Zugleich aber wird die Unmenschlichkeit des Spottes durch Lk 23,34[1a] hervorgehoben und um den Spott der Soldaten und den Essigtrank (23,36f)[2] vermehrt. Ähnlich wie bei Matthäus wird in den Spottworten die Gottheit Jesu betont (23,35)[3] und, insofern damit die Feinde Jesu sein wahres Wesen bezeugen müssen, die Art der Markusdarstellung beibehalten. Im übrigen macht Lukas aber einen Unterschied zwischen den spottenden jüdischen Oberen und dem schweigend zuschauenden Volk (23,35)[4], dem die Fürbitte des Märtyrers vielleicht ganz besonders gilt[5]. Dafür könnte auch sprechen, daß die Frauen dieses Volkes zwar verblendet, aber doch menschlich Jesus auf dem Wege[6] zur Hinrichtung[7] beweinen (23,27) und daß die ganze Volksmenge nach dem Tode des edlen Märtyrers schuldbewußt heimgeht (23,48)[8].

---

1 Vgl dsAr 262.208 A3.62f.63 A3.

1a Freilich ist die Ursprünglichkeit von V 34 umstritten, vgl Brandt 204f; Weidel II 267; Bult 306; Dib 203 A2; Feigel 41; Conzelmann Mitte 74f; Harnack Probleme 256ff; Taylor Behind 56; WBauer Leben 223f.

2 Ps 69,22 ist in Lk 23,36 direkter verwendet als in Mk 15,36 (vgl dsAr 70 A3): Die Hilfsaktionen von Mk 15,23.36 werden zur Verhöhnung umgestaltet, vgl Conzelmann Mitte 74 A1. Zum Trankmotiv überhaupt, vgl Hymne 4,19 (Molin 37; Goppelt ThW VI 160 A5).

3 Vgl. Finegan 32 (Weissagung nach Jes 42,1); Brandt 209 A4.

4 So richtig Taylor Behind 57. Das Volk wirkt fast wie Mk 15,40f! Neben den Oberen spotten nur noch die Soldaten, vgl Lk 23,11.25f.36f u die Streichung von Mk 15,16-20: es dürften Juden sein (Conzelmann Mitte 73 u ebd A2).

5 Vgl zum Verständnis von Lk 23,34 noch Dib 203; Conzelmann Mitte 75. V 34 dürfte Weissagung nach Jes 53,12 (hbr Text!) sein, vgl Strauß II 518; Feigel 41; Ragg 298; JoachJeremias ThW V 709f; auch Weidel II 267; Brandt 206, die den Vers aber als späte Glosse ansehen.

6 Zur traditionsgeschichtlichen Bestimmung von Lk 23,27-32, vgl Bult 37f, 59.64.67.121f.169; Dib 203 A1. Die Verse künden das Gericht über die Juden an (Bult 134.305; Conzelmann Mitte 104).

7 Zur Weissagung in Lk 23,27ff gemäß Sach 12,10-14; Hos 10,8; Jes 54,1; Jer 10,16; Ez 21,3, vgl Strauß II 510; Feigel 42 A2; Brandt 175f. Zu jüdischen Parr, vgl Schlatter Märtyrer 54ff; zur späteren Ausgestaltung, vgl Ragg 296; Belser 392f.

8 BBauer sieht in Lk 23,48 Weissagung nach Sach 12,10 (BBauer IV 257); jedenfalls stammt der Vers in seiner jetzigen Formulierung von Lk (Bult 306) u ist typisch für die Märtyrerlegende (vgl Dib 204).

Alle bisher genannten Darstellungsmomente ergeben zusammen
mit dem Bekenntnis des Hauptmanns (Lk 23,47)[1] die für Lukas
typische Berichterstattung vom Tode Jesu in Form einer Märtyrerlegende[2].

Nachdem wir die theologische Konzeption des Lukas in ihrer Auswirkung auf den markinischen Kreuzigungsbericht vielfach beobachtet haben, nimmt es auch nicht wunder, daß Lukas
Mk 15,40f noch stärker zusammenstreicht als Matthäus[3]. Die
Frauen von Lk 23,49 sind nur noch wichtig als Augenzeugen
des Lebens und Sterbens Jesu, die deshalb auch seine Auferstehung authentisch bezeugen können (vgl 23,55f; 24,1-11)[4].
Die Heilsbedeutung des Todes Jesu spiegelt sich dagegen
nicht mehr in ihrem "Mit-hinauf-ziehen" nach Jerusalem: Mk
15,41b ist ebenso von Lukas gestrichen worden wie die entsprechenden Formulierungen in Mk 15,29-32. Statt dessen hat
Lukas den Frauen Bekannte[5] Jesu beigestellt (Lk 23,49), und
zwar a l l e seine Bekannten. Da Lukas die Flucht der Jünger (Mk 14,50ff) nicht berichtet, wird man unter den Bekannten auch sie suchen dürfen[6]. Die radikale Gerichtsaussage,
die mit dem Fehlen der Jünger in Mk 15 auch über die christliche Gemeinde gemacht wird, paßt nicht mehr in die Märty-
rerdarstellung, die Lukas vom Tode Jesu entwirft.

---

1 Die dem Stil der Märtyrerlegende entsprechend vorgenommene Rationalisierung vom "Gottessohn" (Mk 15,39) zum "Gerechten" (Lk 23,47) ist
  deutlich (vgl Wrede 76 A2) u hat auch apologetische Abzweckung, vgl Lk
  23,4.14f.22 u dazu Feigel 100; Kilpatrick 35f; Conzelmann Mitte 71ff;
  Finegan 33. Lk ändert nicht, um die Anschauung vom "demigod" zu vermeiden (so Taylor according 597), auch denkt er nicht an den Gottesknecht (Maurer 10.23). Harmonisierungen zwischen Mt, Mk u Lk (vgl zB
  Schmid Evangelium 303; Ragg 304; Pölzl 347f) sind unzulässig u ver-
  decken nur die jeweils spezifische Aussage des Textes.- Das Bekenntnis des Hauptmanns ist auch,anders als bei Mk,jetzt auf die Leiden des
  Märtyrers u die Wunder bezogen (Bleiben 148; Conzelmann Mitte 73 A2;
  Dib 204; Fiebig Tempelvorhang 231).

2 Vgl Dibelius Botschaft I 329; Dib 203. Psychologisierung (aaO 196) u
  Historisierung (Grobel 55) des Traditionsstoffes gehören mit seiner
  Verwandlung in eine Märtyrerlegende aufs engste zusammen.

3 Vgl dsAr 260; Mt 27,55f.

4 Vgl dsAr 36f, 28f.

5 Vgl Ps 38,12; 88,9.19 u dazu Bult 304; Feigel 42 A2.

6 In PtrEv 26 werden die Jünger dann ausdrücklich genannt! Das Auftreten
  der Jünger ist oft Redaktionsarbeit (Bult 368).

Zum Abschluß dieses Exkurses möchten wir noch einmal[1a]
ausdrücklich darauf hinweisen, daß wir die Andersartigkeit
des lukanischen Kreuzigungsberichtes gegenüber der Darstellung des markinischen Typus, der sich trotz aller Änderungen auch im Matthäusevangelium deutlich durchhält, nicht
durch eine Sonderquelle des Lukas erklären[1]. Unsere bisherigen Ausführungen dürften Beweis genug sein, daß Lukas aus
literarischen und theologischen Gründen die Markusdarstellung[2] radikal umgestaltete[3].

1a Vgl dsAr 44 A1.

1 Allenfalls Lk 23,27-31 könnte man als Sonder t r a d i t i o n (vgl
   dsAr 44 A1) ansehen, doch vgl dagegen Finegan 31ff, der den ganzen
   Markus- u Lukasbericht vergleicht.

2 Wahrscheinlich hatte Lk auch die Matthäusfassung des markinischen
   Kreuzigungsberichtes vor sich, vgl dsAr 257 A3. Die Unmöglichkeit,
   den Bericht des Markus mit den Mitteln des Matthäus in seiner Zeit
   zu halten, war Lukas jedenfalls evident. Das zeigen seine radikalen
   Abänderungen des Markusberichtes, die weit über die Redaktion des
   Mt hinausgehen, vgl dsAr 260, 259 A8.

3 Mit diesen abschließenden Sätzen finden wir uns in Übereinstimmung
   mit Bult 303; Brandt 238; Finegan 36 A1; Kilpatrick 34ff gegen Streeter, Bußmann, Easton,Fiebig Tempelvorhang 231;Perry 47f;Taylor Behind
   54ff; ders Formation 50ff.194ff; zuletzt JoachJeremias, Perikopenum-
   stellungen bei Lukas? NTS IV, 1958, 118. Die von Jeremias festgestellte abweichende Stoffanordnung des Lk von der des Mk berechtigt
   im Falle von Mk 15,20b-41 bzw Lk 23,26-49 nicht zur Annahme einer
   Sonderquelle des Lk. Unsere Ausführungen dürften deutlich gemacht haben, weshalb Lk den "Stoff vollständig durcheinandergewirbelt" hat
   (ebd). Die verschiedene Reihenfolge der Ereignisse in Mk 15,20b-41
   u Lk 23,26-49 kann also jedenfalls nicht dafür ins Feld geführt werden, "daß mit Luk XXII.14 ein letzter Block einsetzt, in dem Lukas
   seiner Sonderüberlieferung folgt" (aaO 118f). /Vgl Schreiber Theologie
   57-61 zu dsAr 261-267.7

E X K U R S III

Der Kreuzigungsbericht des Petrusevangeliums

Daß die uns bekannten Bruchstücke des Petrusevangeliums
die späteste Fassung der synoptischen Tradition darstellen,
ist allgemein anerkannt[1]. Speziell für den Kreuzigungsbericht wird sich dies Urteil durch die folgenden Ausführungen deutlich bestätigen lassen. Für die Verse PtrEv 10-28,
die wir im folgenden behandeln, dürfte dem Evangelisten keinerlei Sondertradition zur Verfügung gestanden haben[2]. Er
bearbeitet den Kreuzigungsbericht der Synoptiker seinen Interessen gemäß. Dabei zeigt sich, daß er in seinen Abänderungen zT von denselben Interessen bestimmt wird, die wir
auch schon bei der Redaktion des markinischen Kreuzigungsberichtes durch Matthäus und Lukas feststellen konnten.

So ist auch im Petrusevangelium zu beobachten, daß die
Gottheit Jesu im Leiden betont wird. Der Jesus-Name kommt
überhaupt nicht vor[3]! Statt dessen wird in den Versen 10.19.
21.24 der Kyriostitel auf Jesus angewendet. In V 13 wird er
Erlöser und in V 28 ein Gerechter genannt (vgl Lk 23,47).
In diesem Zusammenhang muß auch V 19 genannt werden. Anders
als in Mt 27,50; Lk 23,46 wird in diesem Vers Mk 15,37 mit
Hilfe von Ps 22,2 (Mk 15,34!) und wahrscheinlich unter Einfluß von Ps 22,16 folgendermaßen verdeutlicht[4]: "Und der

---

1 Vgl Dibelius Botschaft I 243; Hennecke[1] 28f; WBauer RGG[2] IV 1116;
  dsAr 44 u ebd A2 ⟨; außerdem aaO 27⟩.

2 Allenfalls ist er in seinem Schriftbeweis ursprünglicher, was hier u
  da darauf hinweisen könnte, daß er die synoptische Darstellung zT unter dem Einfluß der Predigt u des Kultus seiner Zeit umgestaltete, vgl
  Dibelius aaO 242ff; aber auch dsAr 44 A2 u unsere weiteren Ausführungen ⟨, besonders aaO 27⟩.

3 Vgl Hennecke[1] 28.

4 Vgl Dibelius Botschaft I 241f, der auch sehr richtig beobachtet, daß
  die Änderung von Mk 15,34 in PtrEv 19 ganz wie in Lk 23,46 aus "dogma-
  tischem Interesse" geschieht. Sowohl Lk wie der Petrusevangelist streichen bzw ändern Mk 15,34 ab, um den Sinn von Mk 15,37 deutlicher hervorzuheben. Diese rationalistischen Deutungsversuche heben den Geheim-
  nischarakter der Markusdarstellung auf, mindern die Härte der Leiden
  Jesu und wollen so seine Gottheit gerade am Kreuz augenscheinlich machen.

Herr schrie laut auf und sprach: 'Meine Kraft, meine Kraft,
du hast mich verlassen!' Und da er dies gesagt hatte, wurde
er aufgenommen." Hatte schon Lukas ausdrücklich mit Hilfe
von Ps 31,6 in Lk 23,46 klargestellt, daß beim Tode Jesu
der Geist des Gottessohnes, seine göttliche Kraft[1], zum Vater aufgestiegen sei, so gibt sich der Verfasser des Petrusevangeliums mit solch einer Verdeutlichung durch den Weissagungsbeweis[2] allein nicht zufrieden. Vielmehr fügt er bedeu-
tungsvoll hinzu: "Und da er dies gesagt hatte, wurde er aufgenommen." War bei Markus die Erhöhung Jesu nur indirekt aus
dem Handlungsgeschehen zu erschließen, so hat sich im Laufe
der Tradierung die Verdeutlichungstendenz so gesteigert, daß
die nüchterne, theologische Formulierung gleichberechtigt
neben das Handlungsgeschehen in die Erzählung hineindrängt[3].

Es liegt auf der Hand, daß bei solcher Uminterpretation
von Mk 15,37(34) ein doketisches Mißverständnis der Todesleiden Jesu dem Leser förmlich aufgedrängt wurde[4], obwohl
man annehmen darf, daß der Petrusevangelist selbst sich im
Falle von PtrEv 19 wohl mit den Synoptikern im Einklang
fühlte[5].

---

1 Vgl zur Parallelität, ja Identität von "Geist" u "Kraft" im NT, Lk 1,
   35; 4,14; Ag 1,8; 10,38; Rm 15,9; 1.Kr 2,4; 1.Ths 1,5; 2.Tm 1,7 u
   Grundmann ThW I 311ff.300ff.

2 Loh 328 sieht in dem Terminus δύναμις eine Umschreibung des Gottes-
   mens. Angesichts von PtrEv 19b.21 (dsAr 270) u dem von uns ermittelten Verständnis von Mk 15,37parr ist diese Deutung aber kaum haltbar.
   KLSchmidt Kanonische 45 A39 gibt eine ausführliche Diskussion von
   Klost; Loh; Harnack; Wellhausen; Nestle; Deißmann; Zahn über die phi-
   lologischen Deutungsmöglichkeiten des Wortes, wobei sich zeigt, daß
   eine bloß philologische Erörterung der Stelle "nicht zu einer siche-
   ren Erklärung" des Verses führt (ebd). Sieht man aber auf die Theologie des PtrEv, so sollte es einen nicht wundern, wenn den Kyrios (dsAr
   268) bei seinem Tode seine unsterbliche, göttliche Kraft verläßt. Anders, mehr ästhetisch urteilt KLSchmidt Apostelgeschichte 44f, weil er V 19
   nur zu Mk 15,34, nicht aber auch zu Mk 15,37 parallel sieht (vgl dsAr 268f).

3 Vgl zu dieser sekundären Art Mk 15,28, wo es sich freilich immerhin
   noch um eindeutige Weissagung handelt!

4 WBauer RGG[2] IV 1116; Hennecke[1] 29; Dibelius Botschaft I 242.

5 Die doketisch-gnostischen Tendenzen des PtrEv erscheinen mehr oder weniger naiv u keineswegs bewußt häretisch zu sein. Sie ergeben sich von
   selbst aus der Steigerung der schon bei Mt u Lk zu konstatierenden Interessen.

Auch PtrEv 21 soll zeigen, daß der Gekreuzigte der mächtige Gottessohn ist. Als man die Nägel aus den Händen[1] des Verstorbenen zieht und den Leichnam des Kyrios auf die Erde
legt, da erbebt diese, woraufhin ein großer Schrecken entsteht. Das in Mt 27,51 enthaltene apokalyptische Motiv des
Erdbebens scheint hier "gnostisch" abgewandelt zu sein.
Schildert V 19 den Aufstieg der göttlichen Dynamis im Tode
des Erlösers, so soll V 21 vielleicht die negativ-soteriolo-
gische Bedeutung des Leibes Christi[2] andeuten, insofern die
ganze Erde bei der Berührung mit der bloß menschlichen Hülle
des Erlösers erbebt[3] und damit ihre Vergänglichkeit dokumen-
tiert und die verblendeten Menschen in große Furcht versetzt.

Eine sehr große Rolle spielt auch das apologetische Interesse bei der Redaktion des Kreuzigungsberichtes, wie sie
im Petrusevangelium vorliegt[4]. Die Juden kreuzigen Jesus
(Vv 1.5.10), nicht die Römer. Joseph, der Jesus begräbt

---

1 Weissagung nach Ps 22,16ff? Vgl Justin dial. 97,324 C!

2 Vgl Rm 8,3 u zu den vergleichbaren Ausführungen des Hebräerbriefes Käsemann Gottesvolk 102.145f. Der Leib des Erlösers kann als "Exponent der
Materie überhaupt gewertet" werden (aaO 146). In den Versen 57 u 80 des
Thomasevangeliums wird der "Kosmos... geradezu als Leichnam gewertet"
(JLeipoldt, Ein neues Evangelium?, ThLZ LXXXIII, 1958, 496). Es liegt
nahe anzunehmen, daß PtrEv 21 darstellen will, wie im Leichnam des Erlösers zugleich auch der Leichnam dieser Welt durch den Aufstieg der
göttlichen Kraft gerichtet wird. Daß in PtrEv 22 ausdrücklich vom Auf-
leuchten der Sonne berichtet wird, scheint unsere obige Exegese zu bestätigen, (vgl dsAr 157 u ebd A3). Dieselbe primitiv-naive Art der ty-
pologischen Darstellung findet sich auch in PtrEv 18, vgl Dibelius Botschaft I 230.

3 Zum "gnostischen" Charakter von PtrEv 19.21, vgl HMSchenke, Die fehlenden Seiten des sog. Evangeliums der Wahrheit, ThLZ LXXXIII, 1958, 499f:
Geist-Hauch-Aufstieg-Rettung von oben stehen in deutlichem Gegensatz zu
Erde-Materie-Gefäß-Trennung (= Vorhang!).- Neben den Versen 19 u 21 ist
bisher auch schon V 10 als gnostisch angesprochen worden, vgl Dibelius
Botschaft I 241f. Doch besagt der Vers genau besehen nicht, daß der
Kyrios keine Schmerzen verspürte, sondern daß er "schwieg, als hätte er
keinerlei Schmerzen"; V 10 betont also auch die Gottheit Jesu, insofern
er schweigend auch die schlimmsten Schmerzen ertragen kann.

4 Vgl Hennecke[1] 29; WBauer RGG[2] IV 1116.

(Vv 23f), ist der Freund des unschuldigen (V 1 = Mt 27,24) Pilatus und des Herrn (V 3)[1]. Natürlich fällt nun auch der Spott der Kreuzesüberschrift[2] und die Kleiderverlosung[3] (Vv 11f) den Juden zur Last. Sie sind es auch jetzt eindeutig, die den Gekreuzigten mit einem Gemisch aus Essig und Galle quälen[4] (V 16). Durch all diese Handlungen erfüllen sie die Schrift und bringen die Sünden vollends auf ihr Haupt (V 17)[5]. Die Finsternis (V 15) hat sie total verblendet und in tiefste Sünde gestoßen (V 18)[6], so daß sie den einen Verbrecher wegen seines Hinweises auf die Unschuld des Heilandes absichtlich unter großen Qualen sterben lassen[7] (Vv 13f), wodurch deutlich wird, daß die Juden schlechter sind als dieser mit Jesus gekreuzigte Verbrecher. Der Sündhaftigkeit und Blindheit der Juden entspricht ihre Angst, ihr Schrecken vor dem Gericht (Vv 15.21.25)[8].

---

1 Da die Juden Jesus umbringen, ist Mk 15,39 ganz gestrichen. Der römische Hauptmann, nun Petronius genannt (vgl dsAr 51 A7), wird vom Petrusevangelist zusammen mit seinen Leuten als besonders glaubwürdiger Zeuge der Auferstehung genannt (Vv 31.38.45). Wie die fast wörtliche Übernahme von Mt 27,54 in PtrEv 45 zeigt, hat der Petrusevangelist das Bekenntnis des Centurio bei der Kreuzigung gestrichen, um es hier bei der Auferstehung seinen Interessen gemäß einzusetzen. Vgl noch Schelkle 47f.

2 Wenn Jesus als "König von Israel" statt "König der Juden" bezeichnet wird, soll so wohl noch deutlicher betont werden, daß die Juden in ihrem Spott die Wahrheit sagen müssen, vgl dsAr 35.

3 Vgl Dibelius Botschaft I 230, der meint, daß die von Mk 15,24 abweichende Verwendung von Ps 22,19 aus der Einwirkung der Verkündigung zur Zeit des Petrusevangelisten bei dessen Redaktion des Verses 12 zu erklären ist.

4 Ps 69,22, vgl Feigel 46. Der Schriftbeweis ist deutlicher als in Mk 15, 23.36, was vielleicht auf die noch lebendige Predigttradition zurückzuführen ist (Dibelius Botschaft I 241ff). Wahrscheinlicher ist aber, daß der Evglst in schriftgelehrter Arbeit durch seine Redaktion die Juden stärker belasten wollte, vgl dsAr 257 A2, 265 A2.

5 V 17 wirkt in seiner theologischen Art sekundär, vgl Maurer 7; dsAr 269 A3.

6 Aufgrund von Jes 59,9.10 wird die Blindheit der Juden in typologischer Manier (vgl Dibelius Botschaft I 228f.230 u dazu dsAr 271 A4) verdeutlicht. Mk 15,29-32 reichte dem Evglsten anscheinend nicht mehr aus.

7 Vv 13f sind gewiß ebenso sekundär wie Lk 23,39ff. PtrEv 13f fügt sich glatt der Tendenz des Evglsten, die Juden zu belasten.

8 Zu V 25 = Lk 23,27ff = Sach 12, vgl Dibelius Botschaft I 236. Zu Vv 5. 15 = Dt 21,22, vgl aaO 237; Hennecke 29.

Mit dem apologetischen Interesse des Evangelisten hängt
auch die Historisierung der alten Kreuzigungtraditionen zusammen. Die Finsternis des Gerichtes überfällt nur noch Judäa (V 15). Durch den Todesschrei des Kyrios wird der Vorhang des Tempels zu J e r u s a l e m zerrissen[1] (V 20),
und die Juden selber sagen nun ausdrücklich, daß Gericht und
Ende Jerusalems ein und dasselbe ist[2] (V 25). Um die Unschuld
der Jünger gegenüber den bösen Juden darzutun, wird Mk 15,
29.38 sogar zu einer Kriminalgeschichte umgedeutet: Die Jünger müssen sich wie gemeine Verbrecher verstecken, weil sie
angeblich den Tempel anzünden wollen (V 26). Schließlich
hängt mit diesem apologetischen Historismus zusammen, daß
die apokalyptische Stundenangabe von Mk 15,33 (25.34a) in
PtrEv 15 gestrichen wird. Nur noch die neunte Stunde, in der
die Sonne wieder schien, wird in rationalistischer Verdeutlichung des bei Markus Gemeinten beibehalten (V 22)[3].

---

1 Die Reihenfolge der Ereignisse in PtrEv 19f entspricht der Erzählung
  Mk 15,37f. Indem der Petrusevangelist aber ausdrücklich vom Tempel zu
  Jerusalem spricht, erweist sich seine Redaktion noch später als die
  des Lk, der Mk 15,38 zwar ebenfalls durch eine Umstellung "historisierte", die Notiz aber im übrigen fast unverändert ließ, vgl dsAr
  261 A1. 264.

2 Vgl zu dieser Historisierung der ursprünglich eschatologischen Aussagen Lk 23,27ff u dsAr 265 A4.6. Die von uns früher durchgeführte historische Reduktion der alten apokalyptischen Tradition wird so vom
  Petrusevangelium her u der damit deutlich werdenden Traditionsentwicklung noch einmal gerechtfertigt, vgl dsAr 246.248f.

3 Schon Mk hat das apokalyptische Stundenschema durch seine Zeitangaben
  historisiert (vgl Dibelius Botschaft I 227f.280f; dsAr 31f. 56f. 156
  A3). Aber erst Mt strich Mk 15,25, u erst Lk zerstörte durch seine Umstellungen (vgl dsAr 264) den apokalyptischen Sinn der Zeitangaben
  (vgl dsAr 261 A1). Mag auch immer die noch lebendige Predigttradition,
  die direkt aus der Heiligen Schrift die Leiden Jesu mit den Worten des
  AT beschrieb, bei der Formulierung von PtrEv 15 mitgewirkt haben (vgl
  Dibelius Botschaft I 227f) u somit altes Gut zutage treten, die bewußte Verwendung der neunten Stunde in PtrEv 21f (vgl dsAr 270 A2) zeigt,
  daß in PtrEv 10-28 eine schriftgelehrte Redaktion am Werke ist, die
  gegenüber der Markusdarstellung wie auch der des Mt und Lk eindeutig
  sekundär ist. Die ausdrückliche Zitationsweise (vgl PtrEv 17) entspricht einer späteren Zeit, die sich auf diese Weise mit Hilfe des AT
  ihres Glaubens rational-kontrollierbar vergewissern wollte, vgl Maurer
  7; dsAr 269 A3. 271 A5. Der Ausschaltung des Stundenschemas entspricht
  die Umwandlung des apokalyptischen Erdbebens in V 21, vgl Bertram Leidensgeschichte 91. Vgl noch dsAr 57 A5; auch 48 A2. 270.

Nachtrag zu Exkurs III[1]

   JDenker, Die theologiegeschichtliche Stellung des Petrusevangeliums. Ein Beitrag zur Frühgeschichte des Doketismus
(EHS, Reihe 23, Bd 36), Bern/Frankfurt 1975, 77 meint entgegen dsAr 268, das Petrusevangelium hänge nicht von den "kanonischen Evangelien" ab, seine Quellen seien vielmehr "die
mündliche Tradition... und das AT". Da Denker die kanonischen
Evangelien nicht redaktionsgeschichtlich zum Vergleich heranzieht, sondern zu Mk etwa nur Linnemanns und meine knappe
Auslegung von 1967 (zT fehlerhaft) benutzt (vgl aaO 38f.145),
meint er zB, Ps 22,2 in Mk 15,34 könne kein "Fündlein des Mk"
sein (aaO 38) und sieht vor allem nicht, daß neben 15,34
auch Mk 15,37 auf den Wortlaut von PtrEv 19 eingewirkt haben
kann. Er übersieht so zB auch aaO 52.60f.70.76f redaktionsgeschichtlich eruierbare Sachverhalte (Dt 21,22f; Eile des
Josef) bei der Grablegung Jesu (vgl Schreiber ZNW, 1981,
146-148.159f.164f.167f.171) und behauptet deshalb als typisch
für PtrEv, was, recht besehen, die übrigen Evangelisten, jeden in seiner Situation, wegen der Vorgabe der Markuspassion
schon ähnlich intensiv beschäftigt hat; vgl Vielhauer Literatur 645f; Schreiber ZNW, 1981, 172f zur Sache.

---

1 Vgl dsAr 1 unten.

VIERTES KAPITEL

Probleme und Ergebnisse der Forschung seit 1959

A. Vorbemerkung

Die Vorbemerkung benennt in Fortführung des ersten Kapitels dieser Arbeit die heutige Forschungslage (§ 1), um von daher in Auseinandersetzung mit anderen Vorgehensweisen den Gang der eigenen Untersuchung abzuklären (§ 2).

§ 1   DIE FORSCHUNGSLAGE

Der weltweite wirtschaftliche Aufschwung nach 1945 hat, besonders als er dann im Bildungsboom der sechziger Jahre auch die Universitäten voll erfaßte, mittels der Papier- und Druckwarenindustrie zu einer vorher im Bereich wissenschaftlicher Exegese unvorstellbaren Belebung beigetragen. Rudolf Bultmanns Feststellung von 1958, die seit 1931 erschienene Literatur zu den synoptischen Evangelien sei so umfassend, „daß es für einen Einzelnen unmöglich ist, sie vollständig aufzuarbeiten"[1], war symptomatisch und gilt analog heute erst recht angesichts „der wachsenden Flut wissenschaftlicher Veröffentlichungen"[2] für die im folgenden beabsichtigte Sondierung. Denn eine traditionsgeschichtliche Untersuchung von Mk 15,20b—41 muß mE heutzutage zuerst und vor allem eine redaktionsgeschichtliche sein, wie in Abschnitt C. noch näher darzulegen ist; dh man muß bei der Exegese einzelner Verse das Ganze des Markusevangeliums mit seinen Besonderheiten im Auge behalten, was mE zumindest den ständigen Vergleich mit dem Matthäus- und Lukasevangelium und nach anderer Meinung vor allem auch den mit dem Johannesevangelium bzw dem (nach)paulinischen Schrifttum erfordert[3]. Eine unanfechtbare Darlegung müßte also für die im Einzelfall jeweils richtige exegetische Einsicht eigentlich immer die Ergebnisse der gesamten neutestamentlichen Forschung parat haben — was billigerweise keinem Menschen abverlangt werden kann[4].

---

[1] Bult Ergänzungsheft[2], 1962, 3.

[2] Kümmel Einleitung, S V.

[3] Vgl Schreiber Theologie 15 zum synoptischen Vergleich; Mohr 9.41f zum Vergleich mit Joh; Schille Menschen 14f.16f zum Vergleich mit den (nach)paulinischen Schriften.

[4] Beachtet man, daß die angedeutete Aufgabe zusätzlich die Kenntnis der alttestamentlichen, religionsgeschichtlichen und zeitgeschichtlichen Forschung erfordert, so wird die Schwierigkeit, gültige Resultate zu erzielen, vollends deutlich. Nimmt man hinzu, daß die Methodendebatte von manchen so geführt wird, daß nicht am NT gewonnene Methoden für besonders wichtig gehalten werden (vgl zB Berger Exegese 5: 1600 Titel „aus der neueren — vor allem außertheologischen — Diskussion"), so kann nicht verwundern,

Bleibt in dieser Situation nur, wie Bultmann damals[5] zu hoffen, nichts besonders Wichtiges übersehen zu haben, und für freundliche Ergänzungen dankbar zu sein? Zusätzlich kann vielleicht der Hinweis hilfreich sein, daß in diesem Kapitel keine umfassende, alle Einzelheiten der exegetischen Debatte seit 1959 berücksichtigende Information beabsichtigt ist; bei dieser Zielsetzung müßte ein dickes neues Buch geschrieben werden. Vielmehr werden nur die mE für den weiteren Gang der Forschung ausschlaggebenden Gesichtspunkte unter Verweis auf früher Ausgeführtes[6] möglichst knapp herausgearbeitet.

Mit dieser Selbstbeschränkung hoffe ich, Mängel zu vermeiden, die sich sonst angesichts der Fülle des zu Bedenkenden besonders in einer knapp gehaltenen Darstellung nach meiner Beobachtung unweigerlich einschleichen, wie im Gegenüber zu anderen Vorgehensweisen an Beispielen nun erläutert werden soll.

---

daß die Literaturflut hier und da unübersehbar zur Katastrophe führt: Manche Neutestamentler kennen die Forschungsgeschichte ihrer Disziplin nicht mehr hinreichend und also auch den derzeitigen Stand der historisch-kritischen Methode nicht. — Übrigens hängt mit der umfassenden Aufgabenstellung und der Literaturflut zusammen, daß gar nicht so selten und immer häufiger etwas längst Festgestelltes (zT weniger gut) als neues exegetisches Ergebnis bzw längst Widerlegtes einfach wieder ohne die Beachtung entgegenstehender Argumente als Richtiges angeboten wird; vgl zB Kee Christentum 142f, der Marxsen Einleitung 144ff beim Thema ‚Naherwartung‘ mit keinem Wort erwähnt. Derartiges hängt wohl auch damit zusammen, daß die Literaturflut immer mehr polyglott heranrollt, so daß der Exeget sich nach der Situation von Ag 2,8 sehnt, obwohl er auch dann manchmal bekennen muß, „den Gedankengängen weithin nicht ... folgen" zu können (so Conzelmann ThR, 1972, 236 zu Güttgemanns). Das dem Heraufdämmern der einen Weltgesellschaft korrespondierende Bemühen um eine international gültige Grundlage für die Geisteswissenschaften mittels der Linguistik erinnert im Endeffekt zur Zeit leider an Gen 11,7f; vgl auch Vielhauer Literatur 5 A7 („Sintflut").

[5] Bult Ergänzungsheft², 1962, 3.

[6] Indem ich dem Laster, auf meine früheren Arbeiten zu verweisen, extrem nachgebe, hoffe ich dem Leser ausführliche Wiederholungen zu ersparen und zugleich knapp darzulegen, welche methodischen und inhaltlichen Präzisierungen ich heute für geboten halte. Die methodisch wichtigste wurde oben im Text schon genannt und wird hiermit noch einmal hervorgehoben, weil sie Stil und Ablauf der weiteren Darlegungen bestimmt: Die Priorität der redaktionsgeschichtlichen Sicht für die korrekte traditionsgeschichtliche Analyse, die in meinen Ausführungen von 1959 (vgl dsAr 1—272) noch nicht eindeutig genug ausgesprochen ist, aber von Güttgemanns 227f.229 A306a dennoch zu Recht schon aus diesen Ausführungen entnommen und dann freilich mE etwas zu schnell (unter bewußtem Verzicht auf eine eigene „Einzelanalyse", vgl aaO 229 A306a) für seine These einer Bescheidung auf die innermarkinische Strukturanalyse (aaO 228) benutzt wird, scheint mir für einen positiven Fortgang der Forschung der unbedingten Beachtung wert.

§ 2 DER GANG DER UNTERSUCHUNG

Manche Exegeten versuchen, die Woge divergierender Analysen zum Kreuzigungsbericht zu kanalisieren, indem sie deren Resultate für den Vergleich zusammenstellen, bevor dann die eigene Exegese unternommen wird[7]. Wer meint, so werde das Gemeinsame bisheriger Forschung als Basis für die eigene Exegese ermittelt, irrt. Außer der Platitüde, daß alle bisherigen Analysen die vormarkinische Tradition als nicht einheitlich ansehen, vermag zB TAMohr nur „Unterschiede"[8] festzustellen. H-RWeber, der sich selbst für exegetische Detailarbeit vorsorglich fehlende Kompetenz bescheinigt[9], kann deshalb aufgrund von zwei besonders anschaulichen, auch dem gebildeten Laien die Relativität aller bisherigen Forschung demonstrierenden Synopsen[10] gleichwohl „versuchsweise" eine neue „Arbeitshypothese" präsentieren, indem er — ohne einzelne Verse zu nennen — drei Traditionen im Kreuzigungsbericht behauptet[11].

Dieses extreme Beispiel einer vom Relativismus beflügelten, in freier Behauptung dahinschwebenden ‚Analyse' signalisiert aber nur besonders deutlich den derzeitigen Zustand der Forschung, in dem auch die durch exegetische Detailarbeit und intensivste Auseinandersetzung mit vorhergehenden Exegesen erwiesene Kompetenz wegen des nachfolgenden Urteils: „unhaltbar"![12] keinen Boden unter die Füße bekommt. Wenn HConzelmann demgemäß 1978 nach einem Bericht über die bis dahin vorgelegten Untersuchungen zum vormarkinischen Passionsbericht im Anschluß an die Studien von LSchenke klagt, nach der Lektüre dieser Studien sei man „so klug und unsicher gelassen wie nach der Lektüre anderer Arbeiten"[13],

---

[7] Vgl zB Linnemann Studien 136; Dormeyer Passion 4—8.12f.17.19; besonders ausführlich Mohr 313f, der siebzehn divergierende Ergebnisse zusammenstellt. Die dsAr Exkurs VI vorgelegte Zusammenstellung von Forschungsergebnissen unterscheidet sich von den bislang vorliegenden durch ihre Bemühung, dem Leser einen bequemen Zugang zu den jeweils wesentlichen Argumenten zu verschaffen. Dem vor allem aus oberflächlicher Lektüre herrührenden Relativismus und der so gespeisten Skepsis gegenüber jeglicher Analyse können die Tabellen deshalb vielleicht ein wenig entgegenwirken.

[8] Vgl Mohr 315, dessen Urteil beim Blick auf den *Inhalt* des Kreuzigungsberichtes aber nicht das letzte Wort sein muß (vgl dsAr s u B § 2).

[9] H-RWeber 72.

[10] AaO 74—76.

[11] AaO 72—77. Berger Formgeschichte 339 ‚analysiert' ähnlich, aber ohne Tabellen; das „Schlagwort vom ‚Bankrott der Bibelkritik'" (Neidhart 171) und die immer häufiger laut werdende Forderung nach einer „Besinnungspause über die Grundlagen" historisch-kritischer Exegese (Dschulnigg 593) werden so verständlich.

[12] So Dormeyer Passion 22 im Reigen der Publikationen zu Linnemann, obwohl in diesem Fall der Kritiker (vgl aaO 20; ebenso Mohr 313 A5; 314) Linnemann ausdrücklich den Willen zum Neuansatz attestiert.

[13] Conzelmann ThR, 1978, 21.

so wird die Frage dringlich, ob der Analytiker der markinischen Kreuzigungserzählung bei der Meinung von SSchulz bleiben darf, daß die „man-
nigfachen Schichtenanalysen des Passionsberichtes ... bis heute noch nicht
zu eindeutigen und allseits überzeugenden Ergebnissen gekommen" sind[14],
oder ob er hier wie EGüttgemanns „die Möglichkeit vormarkinischer
Verschriftlichung ... für eine unbeweisbare Hypothese" halten[15] und sich
darum „mit der innermarkinischen Strukturanalyse ... begnügen"[16] muß?

Wenn ich meine Analyse von 1959 jetzt veröffentliche, so scheint die
Absage an Güttgemanns schon perfekt zu sein und die eben gestellte Frage
als Scheinfrage entlarvt. Wer jedoch wie PVielhauer einerseits meine
inhaltliche Interpretation im wesentlichen bejaht und als Explikation des
allseits Bekannten versteht[17] und andererseits die Ermittlung vormarkinischer Tradition als noch nicht gelöst ansieht[18], wird das Folgende als
Erörterung eines noch ungelösten Problems zu lesen vermögen. Mit
andern Worten: Gelingt *vor* aller Analyse die Vertiefung der sich abzeich-
nenden Gemeinsamkeit im *inhaltlichen* Verständnis des *vorliegenden* Textes,
so ist von diesem Fundament her vielleicht auch zu entscheiden, ob im
Sinne von Schulz noch Hoffnung auf einen Konsens in der Analyse
gegeben ist oder aber die Skepsis Güttgemanns in diesem Fall das letzte
Wort hat.

Freilich kann dieser Gang der Untersuchung nur gelingen, wenn
zuvor wenigstens ansatzweise geklärt wird, warum bislang fast[19] jede
Analyse durch die nachfolgende umgestoßen wurde. Wegen dieser Klärung
muß noch einmal auf die früher erwähnte Flut von Publikationen zurück-
verwiesen werden.

Gegen das Verfahren, neue Hypothesen durch Kombination vorher-
gehender Hypothesen zu gewinnen (s o: zB H-RWeber), erinnert HConzelmann an die Selbstverständlichkeit, „daß Hypothesen auf den Text bezogen
sein müssen"[20]. Dementsprechend plädiert WDietrich gegen eine Exegese,
die durch „Kompilation" von Sekundärliteratur zu neuen Resultaten
kommt, und für eine „primäre Konzentration auf den Text" und so für
den methodischen Ansatz „einer philologisch konzipierten Exegese"[21].

---

[14] SSchulz Stunde 119; vgl Mohr 33.

[15] Güttgemanns 89 A45a.   [16] AaO 228.

[17] Vielhauer Aufsätze, 1965, 208f.

[18] Vielhauer Literatur 308.

[19] Vgl die (eingeschränkte) Zustimmung von Vielhauer (s A17) und Schenk Deutung
233 zu dsAr passim, besonders 37ff.120—173; außerdem zB die (mehr grundsätzlich-
methodische) Zustimmung von Mohr 31 zu Dormeyer. Es gibt also hier und da Momente
bzw Ansätze der Übereinstimmung, die auf der oben angedeuteten und weiterhin noch
zu verdeutlichenden Marschroute des Verstehens im folgenden zu prüfen sind.

[20] Conzelmann ThR, 1972, 234.

[21] Dietrich 14. In welchem Sinn Wrede im Unterschied zu heutigen Tendenzen (vgl dsAr
s u D§2) der Philologie „ohne spezifisch philologische Neigungen, allein durch die

Dieses prinzipiell richtige Plädoyer muß präzisiert werden, damit es nicht in neue Irrtümer führt: Bei redaktionsgeschichtlicher Exegese, die jeweils am Anfang traditionsgeschichtlicher Exegese stehen muß[22], hat sich der Philologe bei der Exegese des einzelnen Textabschnittes (oder Verses) am gesamten Text der jeweiligen Schrift und also am theologischen Willen des jeweiligen Evangelisten zu orientieren; dh zB konkret, daß Dietrich zu Unrecht bisheriger redaktionsgeschichtlicher Exegese bestreitet, die Streichung der Jüngerflucht (Mk 14,50) durch Lukas und seine Einfügung *aller* Bekannten Jesu in Lk 23,49 bedeute die Anwesenheit der Apostel unter dem Kreuz[23]: Der von Ag 1,21f; 10,39; 13,31 her zu bestimmende lukanische Apostelbegriff macht die Apostel unter dem Kreuz zwingend erforderlich und also die Streichung und Einfügung plausibel.

Wer so philologisch als ein Freund der uns ja allein durch den jeweiligen Evangelisten überlieferten Worte vorgeht, gewinnt einen von jedermann kontrollierbaren Maßstab der Exegese und vermeidet eine „redaktionsgeschichtlich" firmierende „Fortführung der alten Literarkritik"[24] und so deren für die wissenschaftliche Exegese so verheerenden Subjektivismus, der schon bei den Untersuchungen von Bultmann und Dibelius zu widersprüchlichen Ergebnissen führte[25] und mE die Spring-

---

Bedürfnisse der theologischen Wissenschaft getrieben" (Lietzmann Wrede 104), gedient hat, ist angesichts der Forderung von Dietrich nach wie vor wichtig (su): Als „ein vorbildlicher Lehrer methodischer Kritik" hat er „seine volle Kraft eingesetzt, um auch den letzten Zaun dogmatischer Vorurteile niederzureißen" (ebd). So kommt Mk mit *seiner* Dogmatik zu Wort (vgl dsAr Anhang I), gewinnen wir Wahrheit.

[22] Vgl dsAr Exkurs IV; Marxsen Einleitung 134.164.

[23] Vgl Dietrich 125. Richtig hingegen Untergaßmair 105f, bei entsprechend klarer Methode (vgl aaO 5f), die er freilich aaO 103 A480.107 A490 (zu Mk 10,32; 15,41 bzw Ag 13,31) nicht präzise genug anwendet: Wegen seiner heilsgeschichtlichen Sicht streicht (und variiert) Lk öfters markinische Motive im 1. Teil seines Doppelwerkes, um sie im 2. Teil dann (abgeändert) zu bringen, so neben Mk 10,32; 15,41 bzw Ag 13,31 (dazu Schreiber ZNW, 1981, 165 A96; dsAr Exkurs V) zB Mk 14,58; 15,29 bzw Ag 6,14 (dazu richtig Untergaßmair 63 A255; 116f) oder Mk 15,36.46 bzw Lk 23,53; Ag 13,29 (dazu Schreiber ZNW, 1981, 163f).

[24] Vgl Conzelmann ThR, 1972, 233 und dazu Schreiber Markuspassion 29f (Bultmann-Zitat!). Wenn Dormeyer Passion 3 A8 den Begriff „Literarkritik" in Mißachtung der Forschungsgeschichte neu bestimmt und entsprechend exegesiert, so zeigen seine Resultate in extremer Form den willkürlichen Subjektivismus der alten Literarkritik, der für Dormeyer leider vergeblich (vgl Dormeyer Passion 19 A86) in Schreiber Markuspassion passim ausführlich dargelegt wurde. Dormeyers Endergebnis (vgl aaO 288—290: „drei Redaktionen"; „T deutet … die historischen Vorgänge Verrat, Verhaftung, Anklage" usw) ähnelt also nicht zufällig dem, was die alte Literarkritik anstrebte (vgl dsAr 12f; Schreiber Markuspassion 44 A166; Morgenthaler Synopse 178b; Vielhauer Literatur 278f).

[25] Vgl Schreiber Markuspassion 23ff.27ff; Conzelmann ThR, 1972, 243f. Für den Fortgang der Forschung ist wesentlich zu beachten, daß Dibelius und Bultmann den Subjektivismus

flut divergierender Analysen der letzten Jahre recht eigentlich verur-
sacht hat.

Die Mahnung, der Neutestamentler müsse „mit der Lupe arbeiten"[26],
und der Hinweis, er brauche „neben dem Mikroskop noch andere Instru-
mente, mit denen sich größere Flächen erfassen lassen"[27], ist allein im
eben festgelegten Sinne richtig. Denn wer seine „Lupe" zB zuerst auf
Einzelheiten außerhalb der zu interpretierenden Schrift richtet, etwa auf
alttestamentliches oder jüdisches oder zeitgeschichtliches Material, um von
daher den zu untersuchenden Text zu verstehen, oder wer sein „Mikroskop" zuerst auf eine Einzelheit der zu interpretierenden Schrift anwendet
und diese Einzelheit danach voreilig zB mit der größeren „Fläche" der
Gnosis kombiniert, geht in der Fülle der sich dann jeweils bietenden
Kombinationen geschichtlichen Materials schnell in die Irre[28]. Die Gedanken des Verfassers der jeweiligen Schrift, die zu untersuchen ist, werden

---

der Leben-Jesu-Literatur beenden wollten und ihm dennoch zT erlagen! Vgl hierzu
Schreiber ZNW, 1981, 142 A3.

[26] Hengel Wege 114.

[27] Conzelmann ThR, 1972, 235.

[28] Vgl zum methodischen Problem RWeber 70; Schreiber Theologie 18: „Religionsgeschichtliches und außermarkinisches Traditionsgut zieht man sinnvollerweise erst bei, wenn die
Aussage des Markus möglichst weitgehend erfaßt ist". Entsprechendes gilt natürlich auch
für das Material der anderen Evangelisten; vgl Schreiber Theologie 15f zum synoptischen
und innermarkinischen Vergleich. Eine Evangelienharmonie wie sie zB Hendriksen
(1976!) 665 zu Mk 15,37 vorlegt, ist mE ein Skandal, da sie beim heutigen Forschungsstand einer Verachtung der Meinung des jeweiligen Evangelisten gleichkommt. Wichtiger
für den Fortgang der Forschung ist aber, daß bewußt wird, wie sehr auch Spitzenleistun-
gen der Wissenschaft nach wie vor an dem bei Hendriksen extrem in Erscheinung
tretenden Mangel leiden; die Situation hat sich gegenüber 1959 zT gebessert, aber nicht
überall und prinzipiell, vgl zB dsAr 2 A2 (Albertz, Stauffer) und dsAr s u B§1II
(Dormeyer). Manchmal wird die Harmonisierung gleichsam in einer kleinen Anmerkung
versteckt — und verdirbt doch auch so die ganze Interpretation (vgl zB Gnilka Markus
II 313 A16 zu Mk 15,39 parr). — Vgl weiterhin zum Mißbrauch der „Lupe" (s o) zB
Gnilka Markus II 315. Er bestreitet (ebd) Mk 15,21 (Simon kommt am Passa vom Feld)
als Ausdruck der „thorakritischen Einstellung" des Simon (in der Sicht des Mk!), weil
er statt vom synoptischen und innermarkinischen Vergleich (und der so zu gewinnenden
Sicht des Mk) vom Denken des Judentums her wertet (vgl ebd A27). Aus dem „Feld"
des Textes wird so bei ihm ein „Dorf vor der Stadt" (aaO 315). So etwas nenne ich
Spekulation ohne hinreichenden Anhalt im Text; vgl aaO I 18. — Wenn sich in den
Darlegungen Lapides zB zeigt, daß man sich trotz Lupenmißbrauch, Harmonisierung
und Historisierung der wesentlichen Aussage eines Textes in etwa glücklich nähern kann,
wenn man wenigstens den Unterschied zwischen Glauben und Aberglauben kennt (Lapide
243), so dürfen derartige Glücksfälle um des Glaubens willen doch nicht dazu führen,
die Prinzipien wissenschaftlicher Exegese zu verdrängen; Wahrheit und Liebe als Fundament des Glaubens erfordern die gerechte Behandlung der antiken Texte — uns heute,
Heiden, Juden und Christen, zum Heil (vgl dsAr Exkurs IV,1)!

dann bestenfalls in den Horizont des jeweilig herangezogenen Materials eingeebnet und schlimmstenfalls von diesen evtl gleichzeitigen bzw traditionell wichtigen, aber ganz anders orientierten Verstehenshorizonten in ihr Gegenteil verkehrt. Kurzum, Wredes Maxime aus dem Jahre 1901, die erste Aufgabe der Exegese könne „stets nur sein, die Berichte aus ihrem eigenen Geiste gründlich zu beleuchten, zu fragen, was der Erzähler in seiner Zeit seinen Lesern sagen wollte, und diese Arbeit muß zu Ende geführt und zur Grundlage der Kritik gemacht werden"[29], ist bei einer wissenschaftlichen Interpretation unabdingbar zu beachten — und sinngemäß auch auf die jeweils benutzte Sekundärliteratur[30] anzuwenden! Wie mE in letzterer Hinsicht des näheren zu verfahren und was dadurch für die Exegese zu gewinnen ist, soll nun in dieser Vorbemerkung mit einigen Beispielen angedeutet werden.

FWDankers Interpretation von Mk 15,37 wird oft als dämonologische Deutung bezeichnet und dann meist abgelehnt[31]. Liest man Dankers Darlegungen, so findet man eine Reihe wichtiger redaktionsgeschichtlicher Beobachtungen, die von der nachfolgenden Forschung mit dem eben erwähnten Etikett in der Regel zugedeckt und also dem Vergessen anheimgestellt wurden.

Dieses Verfahren werde ich möglichst zu vermeiden suchen, indem ich aus der theoretisch unbegrenzten Menge möglicher Argumente praktisch jene dominieren lasse, die aufgrund von Wredes Maxime gewonnen wurden und also nicht in den Subjektivismus der Leben-Jesu-Forschung zurückführen.

Diese von der Sache her sich ergebende Beschränkung für den Gang der Untersuchung hilft hoffentlich dazu, Fehler zu vermeiden, die einem sonst in der mitreißenden, die Fülle geschichtlicher Möglichkeiten (und besonders den aktuellen Zeitgeist, speziell auch den kirchlichen[32]) spiegeln-

---

29 Wrede 2f; vgl dsAr 6 A1; Anhang I; Schreiber Theologie 11; ders ZNW, 1981, 141 A2.

30 Noch schlimmer als die Mißachtung von Wredes Grundsatz ist natürlich, wichtige Literatur einfach zu verschweigen, vgl zB Berger Formgeschichte 377: Wrede und KLSchmidt fehlen.

31 So zuletzt Mohr 328 A97 („Eine völlig mißglückte Interpretation!") zu Danker ZNW, 1970, 48—69. Bejahend hingegen Adloff GPM, 1976/77, 74 A8.

32 Vgl zB Böttger 15, der seine gegen Wrede, Bultmann und mich gerichtete Argumentation zT wohl als rheinischer Pfarrer aus einer besonders in Wuppertal gepflegten (vgl aaO 5), die Rheinische Landeskirche bekanntlich seit einiger Zeit intensiv beschäftigenden Auffassung über das Verhältnis von Juden und Christen bezieht: Die alttestamentlich-apokalyptischen Anspielungen in Mk 14f zeigen, daß in Jesu Leiden die „Geschichte des Leidens Israels (sic) eschatologisch erfüllt ist" (aaO 92). Es gehört zu den Verrücktheiten der Forschungslage, daß derartiges schön gedruckt vorliegt, weltweit eingesehen und im nächsten Literaturbericht auch besprochen werden kann, während zB die wertvolle Arbeit von Peddinghaus 1965 in England offenkundig unbekannt blieb (vgl Peddinghaus 37ff mit Bammel 162ff), da sie ungedruckt nur per Fernleihe eingesehen werden kann (solange

den Flut der Sekundärliteratur fast zwangsläufig zustoßen. Wer die von
Conzelmann zu bearbeitende Literaturmenge und seine Entschuldigung
an SBrown liest[33] oder seinen Hinweis von 1972 auf die 1963 erschienene
dritte Auflage von Wredes Buch registriert[34], während doch eigentlich im
Sinne seiner Argumentation die vierte Auflage von 1969 richtigerweise
hätte erwähnt werden müssen, ahnt vielleicht schon an diesen Kleinigkei-
ten, daß man die Sekundärliteratur, die in einem Literaturbericht natürlich
mehr oder weniger summierend geboten werden muß, bei ernsthafter
Exegese ebensowenig wie die Quellen derart benutzen darf. Soll die
Forschung fortschreiten und nicht im subjektiven Meinungsstreit stecken-
bleiben, so muß jeweils möglichst eindeutig geklärt werden, ob der jeweilige Interpret seine Schlüsse auch bei der benutzten Sekundärliteratur in
Beachtung von Wredes Maxime zieht.

Bevor ich weitere Beispiele zur Sachklärung anführe, ist jetzt der
Augenblick gekommen, festzustellen, daß der in der jüngsten Vergangenheit gern erhobene Vorwurf, diese oder jene Exegese arbeite mit petitio
principii[35], recht besehen, wenn man den Begriff ordentlich faßt[36], an
eine Selbstverständlichkeit erinnert, weil alle historische Arbeit in der
Wechselbeziehung von ursprünglicher Annahme und nachfolgendem Beweisgang für die Annahme steht, was für die Formgeschichte übrigens
längst hinreichend geklärt worden ist[37]. Es scheint mir deshalb angebracht,
hier schon mitzuteilen, daß ich neben Wredes Maxime (s o) „die Erkenntnis
der kritischen Wissenschaft von der epochalen Bedeutung des Mk"[38] bejahe
und ihn also für einen Theologen halte, der in intensiver Auseinandersetzung mit den vor und mit ihm lebenden christlichen Gemeinden und
deren Traditionen bewußt niederschrieb, was er schrieb; Markus war kein
stupider Redaktor[39], sondern mindestens so klug in seiner Zeit wie wir in
der unseren.

---

das Exemplar hält!) und also auch nicht besprochen wird, vgl Conzelmann ThR, 1972,
227.

[33] Vgl Conzelmann ThR, 1978, 3.

[34] Vgl Conzelmann ThR, 1972, 252.

[35] Vgl zB Linnemann Studien 146; Conzelmann ThR, 1972, 245; Kümmel Einleitung 50
A81.

[36] Vgl Ahlheim 535: „Petitio principii ...: die Notwendigkeit eines schlüssigen Beweisgangs,
die gefordert wird, weil ein unbewiesener Satz als Beweisgrund vorausging".

[37] Vgl Bult 5; Marxsen Evangelist 14; Vielhauer Literatur 285 („Zirkel"); Conzelmann ThR,
1972, 272; neuerdings betont für die Redaktionsgeschichte: RWeber 181; Schreiber
Theologie 15f.20f; Hasenfratz 85 A77.

[38] Vielhauer Literatur 257, vgl Schweizer NTD 1, 1983, 213; besonders SSchulz TU 87,
135ff und dazu dsAr Exkurs IV,3.

[39] Wenn man Mk als „Redaktor" bezeichnet, so ist der Begriff allein dann richtig angesetzt,
wenn man ihn so wie Vielhauer Literatur 283 definiert. Ich behaupte also betont zB mit
Hengel (vgl die folgende Anmerkung) und vielen anderen, was Kümmel Einleitung 50

Will historisch-kritische Exegese als Wissenschaft weg von den ‚Fündlein' immer neuer Hypothesen und zur bleibenden, unumstößlichen Erkenntnis der in den Urtexten bezeugten Wahrheit und Wirklichkeit vorsto-
ßen, so muß sie im eben angedeuteten Sinne jeweils ihre unbewiesenen
Annahmen, die dem nachfolgenden Beweisgang vorgegeben sind, deutlich
benennen und sodann im Beweisgang gleichsam aufs Spiel setzen, also der
Überprüfung, der evtl Korrektur oder auch der Ablehnung unterwerfen.
Kurzum, mit petitio principii arbeitet jeder notwendigerweise; entscheidend ist deshalb allein, welche gewählt wird[40] und wie sie sich in der
Überprüfung bewährt.

A81 (und ähnlich schon Jülicher Wrede 510 zu Wrede) bestreitet, daß Mk „in jeder Zeile
bewußt schriftstellerisch und theologisch reflektierend" seine Tradition komponierte. Ich
habe bei dieser Meinung durchaus Vielhauers Mahnung an die Vertreter der „Schriftstel-
lertheorie" (vgl Vielhauer Literatur 283.351) nicht übersehen und betone deshalb, daß
ich den Begriff „Schriftsteller" im Sinne Wredes gebrauche und folglich Mk in enger
Bindung an seine Gemeinde(n) und deren (verschiedenartige, vgl Schenke/Fischer 67)
Tradition sehe, vgl zB dsAr 55 A7; Schreiber ZNW, 1981, 152f A38 (gegen Schenke/
Fischer 67; vgl dsAr Exkurs IV,2 A568) und generell Vielhauer Literatur 283.352—354.
Polemik gegen „Wortklauberei" scheint mir deshalb nur dann angebracht, wenn sie mit
einer „mechanischen Statistik" einhergeht (vgl Conzelmann ThR, 1972, 233 und dazu
weiter dsAr s u C§2I [Dormeyer]).

[40] Bei der Wahl ist die Mahnung von Wrede 3f (vgl die Ergänzung für die heutige Situation
Schreiber Theologie 14—17; Schreiber ZNW, 1981, 142 A3) zu beachten; dh Vermutungen
zu Mk vorgegebener Tradition und historischen Tatsachen müssen im Rahmen dessen
bleiben, was der jetzt uns vorliegende Mk-Text nahelegt (vgl zB Schreiber ZNW, 1981,
173ff, besonders 176 A141). Wer wie Hengel Probleme ohne reellen Anhalt im Text des
Mk im Anschluß an die irrige Papiasnotiz, Mk sei Dolmetscher des Petrus gewesen (vgl
dazu gegen aaO 244—252 überzeugend Vielhauer Literatur 259—261), diesen Evangelisten zu einem Vertreter der Theologie des Petrus macht, von der Hengel selber sagt, daß
wir über sie „kaum mehr etwas" wissen (vgl Hengel Probleme 257) und also zu ihr „keinen
Zugang … mehr besitzen" (aaO 261), verwandelt „— von historischen Kenntnissen völlig
unangefochten —" (vgl aaO 225 A9) historisch-kritische Exegese in freie Spekulation,
die durch Anekdotisches über Dörfer bei Tübingen (vgl aaO 243 A51) einen Kusterdinger
wie mich an die ehrwürdige „Stund" dort erinnert. Darf man annehmen, daß der von
Hengel in diesem Zusammenhang attackierte Wiener Kollege KNiederwimmer nun in
Zukunft Grinzing nicht mit Nußdorf oder gar dem Kahlen Berg verwechseln und also
Mk auch nach wie vor nicht als einen geographisch schlecht orientierten Jerusalemer
ansehen wird, so ist zusätzlich gegen Hengel festzustellen, daß er wegen seines nicht
redaktionsgeschichtlich regulierten zeitgeschichtlichen Forschungsansatzes (vgl dazu dsAr
Exkurs IV,1) und wegen seines deshalb falsch strukturierten historischen Wissens in
Mißachtung von Wredes Maxime nicht nur den antiken Autor Mk, sondern auch heute
Lebende zT nach seinen Wunschbildern sich zurecht macht: WSchmithals und „W. (sic)
Schreiber" (Hengel Probleme 225 A9) sind ihm zB als Beginn „einer neuen Epoche
auslegerischer Willkür" (ebd) ein und dasselbe, weil er den wesentlichen methodischen
Unterschied zwischen Wrede einerseits und Volkmar und vor allem dem quellenkonstruie-
renden Wendling andererseits, die Schmithals Markus 43f; ders ZThK, 1980, 182f; ders

So gesehen scheint mir die Frage interessant — damit komme ich zu einem weiteren Beispiel —, ob Linnemanns und meine Exegesen in einem Atemzug zu nennen sind[41] oder ob sie sich als „extreme Auffassungen" gegenüberstehen[42]. Ausführlicher wird darüber erst weiter unten in diesem Kapitel nachgedacht. Welcher Antwort ich zuneige, kann jedoch schon jetzt im augenblicklichen Gedankengang durch den Hinweis angedeutet werden, der mir bescheinigt, ich wolle „konsequent Form- und Traditionsgeschichte treiben"[43]. Habe ich aber in den beiden dazu genannten Abhandlungen nicht fast schon unerträglich penetrant betont, ich wolle zuerst und vor allem konsequent Redaktionsgeschichte treiben, und habe ich dabei Redaktions- und Formgeschichte nicht als zwei Seiten einer Methode verstanden[44]?

Wie bedrohlich für jeden am Wissenschaftsprozeß Beteiligten die Literaturflut ist und wie wichtig die Bedeutung von Wredes Maxime (s o) deshalb für die Behandlung der Sekundärliteratur ist, soll zum Abschluß dieser Vorbemerkung noch an zwei mir besonders interessant erscheinenden Beispielen erläutert werden.

TRE Bd 10, 1982, 623 (im Unterschied zu mir) für wichtig hält, mit Stillschweigen übergeht bzw völlig verkennt (Hengel Probleme 221f zu Wrede) und seine Gemeinsamkeiten mit Schmithals übersieht.

Versöhnlich an diesem ‚epochalen' Denken Hengels stimmt, daß er an den Ergebnissen der neuen wie der alten Epoche selber partizipiert. So hat zB Mk auch nach Hengel „selbstverständlich eine theologische Tendenz" (Hengel Probleme 233), fast „jede Perikope und jedes Logion" ist reflektiert plaziert (aaO 230), seine Darstellung der Geschichte ist „durch die bewußte Reflexion des Glaubens hindurchgegangen" und hat deshalb „tiefere ‚idealtypische' Bedeutung" (aaO 231, bei Hengel zT gesperrt gedruckt; Frage: Darf man auch ‚allegorische Bedeutung' sagen?). Inhaltlich vertritt Mk nach Hengel eine Präexistenz- und Erhöhungschristologie (aaO 238 A40; Hengel Der Sohn Gottes, 1975, 134f), Bezüge zu Paulus und vor allem zu 1. Petr (also zu einem „späten Paulinismus", Vielhauer Literatur 584) sind gegeben (vgl Hengel Probleme 238 A40; 242), usw. Das sind ungefähr, in Kurzfassung, auch meine Ergebnisse. Wenn Hengel genauer lesen, seine Allergie gegen Begriffe wie θεῖος ἀνήρ (vgl aaO 236 [:abgegriffenes Schlagwort] und dagegen die Strukturierung bei Theißen Wundergeschichten 262−273; außerdem Räisänen 40 A4; HDBetz RAC Bd 12, 1983, 234ff zum Begriff) oder Gnosis (vgl dazu Schmithals Gnosis 23ff) ablegen und dann auch indirekte Unterstellungen wie die von Hengel Probleme 233 (Mk „hat es einfach nicht nötig, völlig frei zu erfinden", vgl dazu zB Schreiber Markuspassion 49 A194; 60; ders ZNW, 1981, 175) unterlassen könnte, so würde der Gesprächston verbessert und die mögliche Gemeinsamkeit in der Sache (vgl Schreiber ZNW, 1981, 175 A138) vollends sichtbar. Nötige Polemik dient rational kontrolliert der zu erforschenden Sache; daran fehlt es zT bei Hengel, vgl Lindemann ThR, 1984, 274.

[41] Vgl Vielhauer Literatur 308 A18.
[42] Vgl Conzelmann ThR, 1972, 244.
[43] AaO 244.
[44] Vgl Schreiber Theologie 9f; ders Markuspassion 10.26.60.

WGKümmel zitiert mich im Rahmen der von ihm so bewundernswert präsentierten Literaturmengen abgekürzt zum Weg-Motiv des Markus so, daß meine Auffassung dem Leser entgehen muß[45], und behauptet dann aufgrund von Lk 13,33, daß die markinische Reise Jesu nach Jerusalem kurz vor seinem Tode zur ältesten Jesusüberlieferung gehöre[46]. Kümmel widerlegt in solcher Mißachtung der Maxime Wredes, was ich gar nicht behauptet habe; es bleibt also dabei: das *markinische* Weg-Motiv hat keinen Anhalt in der *markinischen* Tradition. Um wie Kümmel zu vermuten, dem markinischen Weg-Motiv liege Historisches zugrunde, bedarf es übrigens nicht des Hinweises auf Lk 13,33. Vermutet man in Jesus einen frommen Juden, so ist er jedes Jahr und also natürlich auch an seinem Todespassah nach Jerusalem gewandert[47]. Aber entscheidend für das rechte Verständnis des markinischen Weg-Motives, dieser *einmaligen* Reise Jesu nach Jerusalem, ist, daß Markus Jesus weder als jedes Jahr nach Jerusalem reisenden frommen Juden schildert noch Lk 13,33 (oder ähnliches) bietet[48]. Diesen Tatbestand versuche ich zu verstehen und nicht wie Kümmel auf das eventuell Historische zu reduzieren[49].

---

[45] Vgl Kümmel Einleitung 59 A14 mit Schreiber Theologie 190: Der analytische Befund *in Mk* ist für meine Argumentation entscheidend. Vgl zum Folgenden KAland (Hg) Synopsis 229 zu Mk 8,27ff („Der Weg zur Passion") mit aaO 255 zu Lk 9,51 („Auf dem Wege nach Jerusalem [nach Lukas]"); Busemann 89f.133 A295; 254 A443; Zizemer 190; Vielhauer Literatur 331 („Jesu Weg zur Passion und die Leidensnachfolge 8,27—10,52").

[46] Kümmel Einleitung 59 A14.

[47] Vgl JoachJeremias Theologie 182; Riesner 238 und dazu kritisch Conzelmann Historie 44 A16.

[48] Wer wie Kümmel Einleitung 60 zusätzlich eine „Reihe gelegentlicher Angaben des Mk" zur Unterstützung der Auffassung heranzieht, Jesus sei entgegen der Darstellung des Mk mehrmals in Jerusalem gewesen, mißachtet die schon von Wrede Messiasgeheimnis 131 erkannte Art der markinischen Darstellung („Dogmengeschichte"!): Mk 14,3.12—16 zB besagen nichts über evtl Bekannte Jesu in Bethanien oder Jerusalem, sondern bezeugen (kurz vor seinem Kreuzestod!) die Gegenwart des Erlösers im „Elendshaus" (= Bethanien, vgl Schreiber Theologie 136.187 A147) bei einem *Aussätzigen* und Jesu Vollmacht in solcher Passion; die Orts- und Personenangabe 14,3 dient also der nachfolgenden Botschaft von 14,3—9 (Verhältnis zu den Armen bzw Jesus), und 14,12—16 schildert das Vorherwissen und die Macht des θεῖος ἀνήρ (vgl Vielhauer Aufsätze, 1965, 151.154.210 A36 gegen die Kriminalgeschichte bei Pesch Jerusalem 138f.142—145.147f; ders Markusevangelium II 344f).

[49] Entsprechendes gilt, wenn Kümmel Einleitung 60 A16 behauptet, „ἀναβαίνειν hat immer einen alltäglichen Sinn" (vgl dagegen JSchneider ThW I 517,9ff; 520,2f zur „kultischen Bedeutung" und dazu dsAr 196f; Schreiber Theologie 191f; neuerdings auch Lüderitz 191 [Symbol]), oder wenn er die theologische Bedeutung der historischen Ungereimtheiten bei Markus bestreitet, vgl dazu Schreiber Theologie 17f (historischer Vergleich).160f (Wrede, s dsAr Exkurs IV,2).177 oder einfach zB Mk 5,42. Kümmel widerspricht sich übrigens zT selbst, insofern er gelegentlich durchaus Wredes Maxime vertritt (vgl Schreiber Theologie 12 A20).

Wie das Beispiel erneut demonstriert, hängt die Achtung vor den Quellen und deren genaue Kenntnisnahme also wirklich, wie oben behauptet, aufs engste mit der Achtung und genauen Kenntnisnahme der Sekundärliteratur zusammen; es muß hier wie dort jeweils nach den *tragenden* Grundgedanken gefragt werden[50]. Noch lehrreicher ist in dieser Perspektive mein letztes Beispiel, insofern bei vielfältiger Übereinstimmung zugleich ein Dissens zu konstatieren ist, der jedenfalls zT mit der Papierflut zu tun hat.

TAMohr bejaht meinen methodischen Ansatz[51] und kommt dennoch vornehmlich in der Analyse (und deshalb hier und da auch inhaltlich) zu ganz anderen Ergebnissen[52]. Dem wird später noch genauer nachzugehen sein. Im jetzigen Zusammenhang ist zu erwähnen, daß Mohr über 900 Titel aus der Sekundärliteratur verarbeitet hat[53]. Allein schon deshalb wird seine Arbeit für die weitere Exegese unentbehrlich sein. Aber die gerade von diesem an sich so positiven Tatbestand ausgehende Gefährdung ist in dieser Vorbemerkung jetzt das Thema und also zB schon bei Mohrs Bewertung von H-RWeber unübersehbar[54]. Tiefgreifender und interessanter ist, daß Mohr mich forschungsgeschichtlich zwischen WBrandt und LMarin einordnet[55].

Brandt sieht sich in der Nachfolge von DFStrauß[56], dessen Vorgehen ich wie das von Brandt bei meinen Darlegungen mit Bultmann (und Dibelius und Wrede) gegen Bultmann (und Dibelius) ob des drohenden Subjektivismus der alten Literarkritik (s o Conzelmann) in methodischer Hinsicht strikt ablehne[57]. Und inhaltlich mag Brandt „die Leidensgeschichte ... als eine reine ... Konstruktion des Mk" angesehen haben[58];

---

[50] Vgl zB Schreiber Theologie 190 A165 und dagegen Kümmel Einleitung 59 A14 u dazu wiederum die obigen Ausführungen: Kümmel neigt zur Reduzierung theologischer Aussagen auf historische. Damit hängt wohl auch zusammen, daß nach Kümmel Mk nicht zu den „Hauptzeugen" des NT gehört; Kümmel stellt mit Hilfe der Synoptiker nur die Verkündigung Jesu (Kümmel Hauptzeugen 20—85) und den Glauben der Urgemeinde (vgl aaO 85—121) dar; die Botschaft von Mk 15,20b—41 findet dabei in Kümmels Darlegung keinerlei Erwähnung. Kümmel verharrt somit beim Forschungsstand von vor 1959, vgl dsAr 11 A1.

[51] Mohr 22: „Das ist richtig"; aaO 23: „darin stimme ich ihm zu", nämlich in der methodischen „Priorität der redaktionsgeschichtlichen Methode".

[52] Vgl zB konkret Mohr 351ff mit Schreiber ZNW, 1981, 141ff.

[53] Vgl Mohr 41 A127. Gleichwohl fehlt zB bei Mohr die spannende Arbeit von Hasenfratz, der aaO 84f.87ff methodisch und sachlich Mohr sicher interessiert hätte; aber die Literaturflut kann eben kein einzelner mehr übersehen.

[54] Vgl Mohr 35 A117 mit s o in diesem §2.

[55] Vgl Mohr 21f.38.

[56] Brandt S X; vgl Steichele 5: „Brandt wie Strauss".

[57] Vgl Schreiber Markuspassion 29f.43.47 mit 14 A15 (Strauß, Brandt).

[58] Mohr 21.

ich jedenfalls habe das Gegenteil als „selbstverständlich" bezeichnet[59]. Was Marin und die Linguistik insgesamt angeht, so stimme ich der Sicht von Mohr prinzipiell zu[60] und verrate zusätzlich gerne, daß die private Postkartenformulierung von EKäsemann an HBraun zur Linguistik[61] mir — natürlich ebenfalls höchst privat — ein bei der Lektüre bestimmter Schriften liebgewordener Seufzer geworden ist. Den speziellen Zielen von Marin, wie sie Mohr beschreibt[62], habe ich mich bislang nicht verpflichtet gefühlt und will es auch weiter so halten. Statt dessen habe ich immer wieder hervorgehoben, wieviel ich „W.Wrede, dem unvergeßlichen Altmeister der redaktionsgeschichtlichen Exegese verdanke"[63]. Aber davon steht bei Mohr kein Wort; auch nicht, daß ich mich zu Unrecht auf Wrede berufe.

Es dürfte durch die aufgeführten Beispiele hinreichend deutlich sein, in welcher Gefährdung der Gang der Untersuchung in diesem 4. Kapitel steht und wie ich dieser Gefährdung zu begegnen versuche, um zu wissenschaftlich vertretbaren und allgemein akzeptablen Ergebnissen beizutragen. Wenn ich bei meinen weiteren Darlegungen nicht ständig versichere, daß es sich bloß um von mir vertretene Hypothesen handelt, so deshalb, weil dies nach dem bislang und speziell zur petitio principii Ausgeführten selbstverständlich ist und weil ich knapp formulieren möchte. Um Hinweise auf evtl Fehler wird gebeten, mit besonderer Dankbarkeit im voraus dann, wenn statt pauschaler Abwehr „phantasievoller Spekulation" — so verfahren manche Kritiker, die nicht merken, wie sehr sie selber spekulieren — die „aus Anhaltspunkten am Text" abgeleiteten Überlegungen zur Theologie des Markus und seiner Tradition ernsthaft diskutiert würden[64].

---

[59] Schreiber Markuspassion 62.

[60] Vgl Mohr 36ff, besonders 40.

[61] Vgl WSchottroff Biographie 290: „Auf die Hermeneutik nun die Linguistik! Dünner und dümmer geht es nicht mehr"; vgl dazu Brauns Bemerkung ebd („diesen formalen Kram") und Conzelmann ThR, 1978, 11 („das linguistische Brimborium"). Das Grundproblem der Linguistik besteht mE darin, daß sie die Vielfalt menschlichen Lebens, die sich in der Sprache spiegelt, in ein System fassen will. Ob man aber über die Erkenntnisse der antiken Rhetorik, die ursprünglich auf bestimmte *geschichtliche* Situationen öffentlicher Rede bezogen war, prinzipiell hinauskommen kann, bezweifle ich. Gewisse Regeln (,Strukturen') sind erkennbar, mehr nicht. Vgl dsAr Exkurs IV,1 zur Linguistik und die mE richtige Korrektur von Braun an Käsemanns Äußerung zur Hermeneutik (WSchottroff Biographie 290).

[62] Vgl Mohr 39.

[63] Schreiber Theologie 7.

[64] Vgl Gnilka Markus I 18 zu den im Text benutzten Formulierungen und dazu Schreiber Markuspassion 64 A224; ders ZNW, 1981, 151 A33; 161 A79 als Anregung für die von mir erbetene Debatte, in der bislang zT die unbegründete Polemik (vgl zB Schreiber ZNW, 1981, 156) jener dominiert, die mitunter nicht genau lesen können, vgl zB Räisänen 13 A21 (Kee, Linnemann).

B. Die Botschaft des Textes

In diesem Abschnitt wird zuerst (§ 1) der schon erwähnte, trotz aller Wirrnis in analytischer Hinsicht durchgehaltene Konsens zur inhaltlichen Aussage von Mk 15,20b—41 skizziert, um von daher die gleichwohl strittige, für das Verständnis des Kreuzigungsberichtes mE ausschlaggebende Interpretation des Verses Mk 15,37 einer Prüfung zu unterziehen. Gemäß der Vorbemerkung A. wird erst aufgrund dieser Sachklärung in einem zweiten Schritt nach der Verkündigung der vormarkinischen Tradition mit dem Ziel gefragt, ob sich auch hier trotz der divergierenden Analysen ein Konsens bisheriger Forschung zum Inhalt nachzeichnen läßt, der Präzisierungen erlaubt (§ 2). Die divergierenden Analysen selbst werden erst im Abschnitt C. behandelt.

§ 1 DIE VERKÜNDIGUNG DES MARKUS

I. Der Konsens

„Daß die Leidensgeschichte nicht einfach historischer Bericht sein will, zeigt bekanntlich ihre Durchsetzung mit alttestamentlichen Motiven, durch die Jesu Leiden und Tod als dem Willen Gottes gemäß verständlich gemacht werden. Daß die kosmischen Motive des Kreuzigungsberichtes — die dreistündige, die ganze Erde bedeckende Finsternis (v.33) und das Zerreißen des Tempelvorhangs (v.38) — die ‚kosmische‘, universale Bedeutsamkeit der Kreuzigung als des eschatologischen Heilsereignisses dokumentieren sollen, ist bekannt."[65] Dieser von Vielhauer 1964 und ungefähr gleichzeitig auch von Conzelmann[66] formulierte Konsens der Forschung ist, soweit ich sehe, bis heute trotz divergierender Analysen

---

[65] Vielhauer Aufsätze, 1965, 209; vgl GSchneider Evangelien 125 („Urgestein" V 33, auch V 38 oder V 39).

[66] Vgl Conzelmann ThW VII 440, 2—13. Neuerdings so auch zB Vögtle 369.374 zu Mk 15.33.38 nach sorgfältigsten Erwägungen, der freilich zu beiden Versen die Divergenz bisheriger Exegesen betont (aaO 369—372.374), während ich umgekehrt verfahre; vgl zB aaO 381 A31 mit dsAr s o B§1I (Pesch). Übrigens sehen alle von Vögtle 381 A31 genannten Exegeten (Conzelmann, Dormeyer, Ernst, Pesch, Schmithals, Schnackenburg) die kosmische Bedeutung von Mk 15,33; die apokalyptisch-eschatologische Sicht wird abgesehen von Conzelmann und Dormeyer, die diese Deutung ohnehin bejahen, für die Tradition bzw als unwahrscheinliche Möglichkeit immerhin jeweils erwähnt, wobei (in den für Laien bestimmten Auslegungen verständlicherweise) Begründungen fast durchweg fehlen.

von niemand aufgekündigt worden, sondern nur verschiedenartig akzentuiert bzw reduziert beibehalten worden. Diesen Sachverhalt näher zu beschreiben, ist unnötig, da dann nur mit wechselnden Namen Einzelheiten erneut zu notieren wären, die in früheren Kapiteln dieser Arbeit bzw in der „Theologie des Vertrauens" von mir schon traktiert wurden und in Abschnitt C. zT noch einmal in methodischer Hinsicht erörtert werden. Hilfreich dürfte hingegen sein, den Konsens beispielhaft in den sehr verschiedenartigen Exegesen von ELinnemann, WSchenk und RPesch nachzuzeichnen, um ihn so trotz immenser Unterschiede im einzelnen und selbst angesichts scharfer Kontroversen als tatsächlich zu erweisen.

ELinnemann hat versucht, meine Explikation der üblicherweise vertretenen Interpretation zu erschüttern. Aber sie will, wenn ich ihre Ausführungen recht verstehe, prinzipiell nichts anderes als vorstehend angedeutet sagen, obwohl sie zu Mk 15,38 sehr ausführlich eine — sieht man vom überraschenden Endresultat ab[67] — unhaltbare Interpretation vorträgt[68] und bei Mk 15,33 seitenweise Kritisches zu meiner Auslegung äußert[69], ihre Position jedoch nur in zwei Nebensätzen (ohne jede Begründung) andeutet[70]. Diese Verfahrensweise erklärt wohl auch das eigenartige Phänomen, daß ihre Kritik an meiner motivgeschichtlichen Interpretation der Verse Mk 15,33.34a.37f Zustimmung gefunden hat[71], während doch gleichzeitig der Konsens[72] und zT sogar bestimmte Aspekte meiner Explikation dieser Übereinstimmung ausdrücklich beibehalten werden[73].

Linnemanns Art, den Konsens in einer bestimmten Ausprägung weitschweifig[74] zu attackieren und durch ausführliche Analysen von vorhergehenden Analysen scheinbar zu ersetzen, um ihn dann doch in zwei Nebensätzen bzw im Endresultat zu übernehmen, wird, wie gerade schon angedeutet, von anderen ähnlich, wenn auch weniger auffällig praktiziert, weil die analytische Arbeit und folglich nur Teilaspekte des Textes und die Auseinandersetzung mit vorangegangenen Analysen alle Aufmerksamkeit derart in Anspruch nehmen, daß das Nächstliegende, nämlich der vorliegende Text insgesamt mit seiner Botschaft, stiefmütterlich behandelt

---

[67] Linnemann Studien 163: „Gottes Majestät" wird offenbar, vgl aaO 161.168.

[68] Vgl aaO 158—163.

[69] Vgl aaO 163—168.

[70] Vgl aaO 151 A50 („ ... die Finsternis von V. 33, die eindeutig als kosmisches Ereignis gemeint ist"); 168 (Jesu Sterben ist „ein so ungeheuerliches Ereignis, daß die Erde sich in Dunkel hüllt").

[71] Vgl zB LSchenke Christus 88; Steichele 257.258 A237.

[72] Vgl zB Steichele 256f.257 A236.

[73] Vgl LSchenke Christus 95 A15; 100 A33.

[74] Vgl zB Linnemann Studien 145. Dem Pathos („Wir können das nicht mit Stillschweigen übergehen ...", ebd) korrespondiert das Fehlurteil von der „sich gerade erst etablierenden redaktionsgeschichtlichen Forschung" (ebd); vgl dazu dsAr Exkurs IV,1.

wird[75]. Generalisierend und bewußt übertreibend darf man vielleicht im Vorblick auf Abschnitt C. schon hier sagen, daß die Erforschung des Kreuzigungsberichtes immer wieder den Eindruck vermittelt, der jeweilige Exeget realisiere in seiner speziellen Hypothese gegenüber anderen Exegeten primär seine Ideen[75a] am Textmaterial, während der vorliegende Text mit seiner Aussage zB in Mk 15,33, wie das vorgeführte Beispiel Linnemann extrem zeigt, bei solchem Vorgehen in zwei Nebensätzen zu verschwinden droht. Um so wichtiger ist, daß man den dennoch bestehenden Konsens betont und herausarbeitet, wie nun am nächsten Beispiel erneut demonstriert werden soll.

WSchenk stimmt meinem Verständnis des Konsenses grundsätzlich und auch in vielen Einzelheiten zu[76]. Um so interessanter ist, daß er für Mk 15,33.37.38 entgegen meiner mit dem Konsens harmonisierenden Annahme jeden alttestamentlichen Einfluß bestreitet[77]. Dafür gibt es zwei Gründe.

Den ersten gibt Schenk selber an, wenn er exegetisch nur apokalyptische Texte und zB speziell zu Mk 15,33 betont IV Esr 14,20 heranzieht[78], weil hier wie dort „eine apokalyptische Epoche"[79] bezeugt sei. Ganz abgesehen davon, ob die drei Stunden von Mk 15,33 (oder auch die Kreuzigung insgesamt[80]) eine „Epoche" im Sinne von IV Esr 14,20 sind,

---

[75] Vgl zu dieser Art zB die sonst sehr unterschiedlichen Darlegungen bei Matera 39—48; Steichele 256—258.

[75a] Vgl Mohr 33 (zu Pesch und Güttgemanns) zum Gebrauch der Methoden.

[76] Schenk Deutung 233; ders Passionsbericht 13—64.

[77] Vgl Schenk Deutung 236.238.

[78] Schenk Passionsbericht 41ff.

[79] AaO 43.

[80] Vgl aaO 39.42f zum Verständnis dieses bei Schenk nicht ganz eindeutig bestimmten Begriffs „Epoche". Die Entgegensetzung von endgültiger „Gerichtsfinsternis" und „vorübergehende Epoche" überzeugt nicht, weil sie die dsAr 132—151 geschilderte Entwicklung vom urtümlichen Denken des Alten Testaments zum typisch jüdischen Denken (vgl Conzelmann ThW VII 432, 8—12) unscharf berücksichtigt und auch Schenks eigener Interpretation (vgl Schenk Passionsbericht 39.48.63: „Endgeschehen") widerspricht. Schenks Behauptung im Anschluß an Conzelmann, „daß Finsternis erst im Judentum theologische Bedeutung gewinnt" (aaO 42 A209), ist schon deshalb falsch, weil Schenk das Adjektiv „wirkliche" bei Conzelmann ThW VII 429,7 übersieht. Freilich: was unterscheidet „Wirkliche theol Bdtg" (ebd) von theologischer? So richtig Conzelmann die Entwicklung vom AT zum NT hin schildert, seine Terminologie ist zumindest unglücklich. Wenn nach Conzelmann allein Joh theologisch bedeutsam von der Finsternis schreibt (aaO 439,16f), hingegen zB Mk 15,33 „eigentlich" und wörtlich von „der Sonnenfinsternis bei der Kreuzigung handelt" (aaO 439,17.20f), dann muß dazu gesagt werden, daß Mk 15,33 so erstens inkorrekt nach Lk 23,45 verstanden wird (vgl Schenk Passionsbericht 43; Mohr 329 A103) und daß zweitens Conzelmann die *theologische* Differenz zwischen Mk und Lk dennoch durchaus korrekt angedeutet hat (aaO 440,2—17); dh Mk ist so theologisch wie Joh, er drückt sich nur anders und zT auch

und so gewiß man jedenfalls IV Esr 14,20 bei der Interpretation von Mk 15,33 zu beachten hat, so gewiß ist die einlinige Interpretation von einer bestimmten nichtmarkinischen Stelle aus zu einer bestimmten markinischen hin im vorliegenden Fall unhaltbar, weil Bezüge zu anderen nichtmarkinischen Stellen mindestens ebenso evident sind, etwa zu Am 8,9 (die Finsternis bricht genau zur Mittagszeit herein[81]), IV Esr 7,30 (der [finsteren] Urzeit Schweigen[82]), so daß diese Stellen entgegen Schenks Vorgehen in ihrem vielschichtigen alttestamentlich-jüdischen Kontext mit zu beachten sind.

Den zweiten Grund dafür, daß Schenk die eben genannten Momente bestreitet (Am 8,9) bzw nicht sieht und generell alttestamentliche Bezüge zu Mk 15,33.37.38 verneint, hat man wohl darin zu sehen, daß er die Apokalyptik in die unmittelbare Nähe der Gnosis rückt[83]. Ich stimme dieser Sicht Schenks prinzipiell zu; sie ist nicht neu[84]. Aber es scheint mir

---

anderes aus, vgl dazu Schreiber Theologie 20. Grundsätzlich ist zu Conzelmann aaO 428,9f zu sagen, daß sich die Begriffe Licht und Finsternis, sollen sie sinnvoll bleiben, nie „von ihrem naturhaften Substrat" lösen lassen, oder — anders gesagt — der Gewittergott des AT (Ps 18,8—16) ist so theologisch wie die ins „Theologisch-Begriffliche" erhobene „Dualität von Licht und Finsternis" bei Joh (vgl aaO 444,2f); beides ist nur zu verschiedenen Zeiten gemäß der Offenbarung Gottes in der Geschichte verschiedenartig (in Inhalt und Form!); der Bezug der jeweiligen theologischen Aussage zum „Substrat" fällt verschiedenartig gemäß der jeweiligen Kultursituation aus, wird aber nie gelöst, weil sie dann für uns in „Substraten" lebende Menschen sinnlos wäre.

[81] Vgl dsAr 133f.154. Auch der redaktionelle Bezug von Mk 13,24 (Jes 13,10) zu Mk 15,33 (vgl aaO 156 A1a) unterstreicht den alttestamentlichen Hintergrund von Mk 15,33. Aber wie Schenk Stand 529 (Hinweis auf Kee); Schenk Evangeliologie 55 (Betonung der apokalyptischen Komponente in Mk); Schenk Passionsbericht 274 („Naherwartung") zeigen, denkt Schenk wohl ähnlich wie Kee Functions 170.184, der zu Mk 15,33 zwar Am 8,9 ausdrücklich und innermarkinische Bezüge (zB 4,39ff; 6,45ff; vgl Schreiber Theologie 208f) richtig nennt, den deutlichsten Bezug aber, den zu Mk 13,24 verschweigt, weil auch er Mk apokalyptisch als Dokument der Naherwartung deutet. Das Eschaton schon im Kreuzestod Jesu — diese markinische Botschaft paßt Kee nicht in sein Verständnis, deshalb wird der Bezug Mk 13,24; 15,33 nicht einmal ablehnend erwähnt, während Schenk Passionsbericht 42 Mk 13,24 zwar als „Vorstellungshintergrund" zu Mk 15,33 wenigstens erwähnt, aber ob seiner Kee ähnlichen Annahmen doch nicht redaktionsgeschichtlich diskutiert; vgl dazu Schreiber Theologie 132f.

[82] Vgl Schreiber Schweigen 82f: Mk 15,33 berichtet von einem dreistündigen Zeitraum der Finsternis und des Schweigens, in dem kein Wort fällt und rein gar nichts geschieht; erst die markinische Redaktion 15,35f bringt menschliche Worte und Aktionen (der Verblendung, die deshalb zu 15,33 passen; dieses ist gegen Linnemann Studien 151 A50 festzustellen) gegen Ende der Finsternis. Vgl hierzu Am 8,11f, nach 8,9f (und dazu dsAr 208 A1; Schreiber Theologie 38: Schweigen; End- bzw Urzeit); Am 5,8 (der Tag wird zur Nacht: Finsternis).13 (Schweigen, dazu Kautzsch II 39b).

[83] Vgl Schenk Deutung 231.243, Korrekturnachtrag; ders Passionsbericht 50f.

[84] Vgl Fiebig RGG¹ I (1909) 523 (Mandäer); Greßmann ZKG, 1922, 179 („Die Gnosis ist Geist vom Geist der Apokalyptik"); Otto 5 und neben dem von Schenk genannten

inkonsequent, wenn Schenk, der die These von der Entstehung der Gnosis im Zusammenhang mit dem jüdischen Synkretismus vertritt[85], die alttestamentlichen Wurzeln des Judentums und der Apokalyptik meint außer acht lassen zu können. So läßt sich rückblickend zur skizzierten Abweichung Schenks vom eingangs genannten Konsens der Forschung feststellen, daß diese Abweichung unnötig ist und auch mit den Voraussetzungen von Schenks eigener Auslegung nicht harmoniert.

Ganz anders als Schenk bleibt Pesch im Konsens. Er hält, zumal nach seiner Meinung den gewiß schematischen Zeitangaben von Mk 15,25.33f im Dienste historisch zutreffender Chronologie kein symbolischer Sinn, sondern berichtende Intention eignet[86], „ein Verständnis von V 33 als historisch-meteorologische Notiz" für möglich[87], wehrt deshalb gleichzeitig Parallelen aus dem hellenistischen „Vorstellungsraum" ab, da dieser „die alte Passionsgeschichte nicht prägt"[88], und läßt schließlich, da die

---

HDBetz auch zB Vielhauer Apokalypsen 416.420, der auf vRad verweist; Balz Probleme 156 („… in gewissen Partien der spätjüdischen Apokalyptik … Ansätze zu späteren gnostischen Systemen …"); Schreiber Theologie 226 A46 (HJonas); Schmithals Apokalyptik 67—83.93f.111.113 (gleichartiges „Existenzverständnis").140; KKoch Einleitung 8 (Manche in Nag-Hammadi gefundene Texte führen zu der Einsicht, „daß in ihnen eine gewisse Verschmelzung von Apokalyptik und Gnostizismus zutage tritt".).8f (Es „wird ernsthaft zu erwägen sein, ob nicht der spätantike Gnostizismus von der spätisraelitischen Apokalyptik seinen Ausgang genommen hat".) und zusammenfassend Tröger Altes Testament 157; KRudolph Diskussion 785; Widengren 1—17 (zur Gesamtsituation der Gnosisforschung).

[85] Schenk Deutung 243; ders Passionsbericht 50. Vgl SSchulz Anfänge 266. Schmithals Apokalyptik 94f.111 hält demgegenüber die jüdische Gnosis zwar für einen frühen und verbreiteten Zweig einer aber ursprünglich paganen (dh ungeschichtlich denkenden) Bewegung und betont aaO 51—67, besonders 58, daß die Apokalyptik anders als die Gnosis eine vom geschichtlichen Denken des AT bestimmte „und aus alttestamentlicher Frömmigkeit erwachsene religiöse Bewegung" sei. Ähnlich urteilen zB Vielhauer Apokalypsen 412 („Man kann … die Apokalyptik als eine besondere Ausprägung der jüdischen Eschatologie bezeichnen"); KKoch Einleitung 11 (USA-Forscher zeigen neuerdings Tendenz, „die Apokalyptik auf alttestamentlich-profetische Ursprünge zurückzuführen"); KRudolph Diskussion 783 („die alttestamentliche Tradition ist offenbar in vielfältiger Weise Erblasser für die Apk gewesen"). Koch selbst bezweifelt monokausale Ableitungen (aaO 23); ähnlich zB Baumgarten 15. Hofius 46ff vermutet speziell für das gnostische Vorhangmotiv (Hb 6,19f; 10,19f) Abhängigkeit von altjüdischen Vorhangspekulationen; vgl dazu dsAr 29 A4; 164 A2; 167 A2; 168 A2; 199 A1. Anders hingegen Braun Hebräer 307, während neuerdings Dschulnigg 580 ohne hinreichende Begründung wieder Mk 15,38 nach Hb 6,19; 10,19f interpretiert.

[86] Vgl Pesch Markusevangelium II 483f.491.493.

[87] AaO 493, vgl 501: „Naturphänomen".

[88] AaO 493; die Deutung des Todes Jesu ist „mit apokalyptischen Sprachmitteln … inszeniert" (ebd).

historische Notiz „eine symbolische Deutung keineswegs ausschließt"[89], die „Vermutung" zu, V 33 sei gemäß Am 8,9f zu verstehen[90] — um dann doch „die in jüngerer Zeit beliebte Deutung der Finsternis als Gerichtssymbol im Rahmen eines apokalyptischen Stundenschemas (J.Schreiber; W.Schenk)" abzulehnen[91].

Bei Mk 15,38 verfährt Pesch ähnlich, doch umgekehrt akzentuiert: Diese „Notiz ... dürfte am ehesten ein legendärer Zug"[92] und als „Gerichts- und Strafzeichen" zu deuten sein[93], obwohl „aus dem Schweigen weiterer Quellen ... keine Argumente gegen die Möglichkeit historischer Überlieferung in Mk 15,38 gewonnen werden können"[94]; diese Notiz hat Anhalt an Jesu „Tempelprophetie und der Gegnerschaft der Tempelaristokratie"[95], weshalb vor „antijudaistischen Überinterpretationen des Strafwunders" zu warnen ist[96]. „Als Prodigium für die Tempelzerstörung ... wird erst Markus das Zeichen ... verstanden haben"[97].

Wer Peschs „Spezialbrille"[98] und seinen Grundsatz „in dubio pro traditione"[99] als Bejahung des common sense (im Sinne Räisänens[100]) gegen Wredes Einsichten zu Markus kennt, den wird der dürre Rationalismus in Peschs Darlegungen nicht verwundern. Wenn Pesch in Mk 15,33 „schwarz aufziehende, tief hängende Wolken" zu erkennen vermag[101] und dazu die Darlegungen eines offenkundig noch an den Anti-Modernisten-Eid gebundenen U Holzmeister als „nach wie vor wichtig" ansieht[102], so feiert in solcher Exegese, die sich auf eine Äußerung des Kirchenvaters Origenes beruft[103], der Heide Celsus einen späten Triumph[104]: Die kosmisch-eschato-

---

[89] Ebd.
[90] AaO 494; vgl 493 (apokalyptische Sprachmittel).
[91] Pesch Markusevangelium II 494; vgl 501: „... selbstverständlich als Zeichen gedeutet ..., aber keine bestimmte Deutung erfuhr ...". Vgl hingegen Gerstenberger/Schrage 153; Stuhlmann 49 A10; Vögtle 369 („wegen des Stundenschemas") zum apokalyptischen Verständnis der Zeitangaben Mk 15,25.33f.
[92] Pesch Markusevangelium II 501.
[93] AaO 498.
[94] AaO 501 A46.
[95] AaO 498.
[96] AaO 499, vgl 502.
[97] AaO 499.
[98] Vgl Conzelmann ThR, 1978, 322 und dazu dsAr s u C§3II2a.
[99] Vgl Pesch Markusevangelium II 7.
[100] Vgl Pesch Markusevangelium II 36ff und dazu Conzelmann ThR, 1978, 323 („kaum diskutabel"); Schreiber ZNW, 1981, 153 A38.
[101] Pesch Markusevangelium II 493.
[102] AaO 493 A5; vgl dazu dsAr 232 A1; Vielhauer ThR, 1965/66, 193.
[103] Pesch Markusevangelium II 493.
[104] Vgl dsAr 132 A2; 155 A1 und HDBetz RAC Bd 12, 1983, 236.251 zum religionsgeschichtlichen Hintergrund der Polemik des Celsus.

logische Dimension der Heilsbotschaft schrumpelt zum Wetterbericht; wer bei starker Wolkenbildung Symbolisches zu denken vermag, darf das[105].

Angesichts dieses Rückfalls in den dogmatischen Rationalismus ist für die Feststellung des exegetischen Konsenses um so interessanter, daß er für Mk 15,33 als „Vermutung" und für 15,38, reduziert auf die Tempelaristokratie bzw das Denken des Markus, dennoch Bestand hat. Die von Pesch abgelehnte, „in jüngerer Zeit beliebte Deutung" von Mk 15,33 (s o) als Gerichtsfinsternis ist eben in Wahrheit sehr alt[106] und deshalb sogar bei Holzmeister[107] zu finden und also nach Pesch als „Vermutung" erlaubt und ihm in bestimmter Hinsicht als Abwehrmittel gegen Hellenistisches indirekt sogar zusätzlich genehm[108].

II. Kontroversen zu Mk 15,37

Wurde bislang die „Binsenwahrheit"[109] vom alttestamentlichen Einfluß auf die Passionsdarstellung gemäß der Konsens-Formulierung Vielhauers für die im Kreuzigungsbericht besonders wichtigen Verse Mk 15,33.38 beispielhaft gerade durch solche Exegesen in Erinnerung gebracht, die sie auf den ersten Blick fast vergessen machen, so ist dieses Verfahren für Mk 15,37 nicht anwendbar. Denn abgesehen von dem erstaunlichen Vorgehen Linnemanns, zum Inhalt des Verses, diesem Zentrum des von ihr seitenlang exegesierten Textes, nichts zu sagen[110], gibt

---

[105] Peschs Symbolverständnis ist rationalistisch. Die Fragenserie bei Pesch Markusevangelium II 493 zeigt mE die dem Rationalismus heutzutage anhaftende Unsicherheit. ‚Sicherheit‘ erlangt Peschs nur scheinbar historisch-kritische Auslegung dadurch, daß bei ihr zuletzt „der Kanon (mit der Tradition der Kirche) das Maß bleibt" (Pesch Jerusalem 127). Vgl dagegen dsAr Anhang I zur wissenschaftlichen Sicht, die mit dem dogmatischen Schriftprinzip evangelischer Schriftauslegung harmoniert, vgl Hornig Anfänge 37f.207f; GEbeling Tradition 134—137; dsAr Exkurs IV,1. Diese Sachverhalte scheinen auf dem Tübinger Symposion nicht diskutiert worden zu sein (vgl Lampe/Luz 417f und dazu dsAr s u D§2: Stuhlmacher), obwohl sie methodisch grundlegende Bedeutung haben.

[106] Vgl dsAr 133f; und sehr aktuell zB: Schlier Markuspassion 79f interpretiert 15,33 als Zeichen für den Weltuntergang.

[107] Vgl dsAr 133 A5.

[108] Vgl Pesch Markusevangelium II 493 (Im Unterschied zu Cäsars Tod, ist bei „Jesu Tod … die Finsternis, die nicht als Trauer der Natur ausgelegt ist, gerade zu Ende!") mit Schreiber Theologie 40; Schenk Passionsbericht 43; Kessler 245; Mohr 342.

[109] Vgl Ruppert 48f.

[110] Nach Linnemann Studien 148.157.168f gehört V 37 zur alten Tradition. Meine Deutung wird aaO 163.167f ausführlich abgelehnt. Minime Hinweise zu Linnemanns eigenem Verständnis, wie sie zu V 33 noch zu entdecken waren (vgl dsAr 4. Kap. B§1I), habe ich in diesem Fall vergebens gesucht. Es gibt wohl nur die ohne Versangabe gleichsam versteckte Andeutung im Zusammenhang mit der Interpretation von Mk 15,39 (vgl Linnemann Studien 170: „lauten Schrei"), die freilich mit meiner Deutung, die von Linnemann abgelehnt wird, harmoniert, aber mit aaO 151 („in keinem unmittelbaren

es in der Forschung seit 1959 zu V 37 im wesentlichen kaum Neues, sondern nur die schon damals zu beobachtenden gegensätzlichen Standpunkte[111], wie an aktuellen Beispielen kurz gezeigt werden soll.

Nach ESchweizer ist in V 37 der „Tod Jesu ... in erschütternder Schlichtheit beschrieben"; mehr „als der knappe Bericht über das Ereignis", diesen „wahrscheinlich historischen Todesschrei Jesu", ist nicht notwendig[112]. Pesch vermutet in dieser historischen Perspektive medizinisch ein „Kollapsgeschehen"[113] und kombiniert[114] damit die Deutung, Jesus erweise sich in seinem Todesschrei als „Geistträger" und so als „Sohn Gottes"[115]. FWDanker vertritt die dämonologische Variante dieser Deutung[116] und WGrundmann die alttestamentlich-apokalyptische[117]. Schließlich wird wie damals beim Diskussionsstand von 1959 behauptet, V 37 sei gemäß V 34 als Gebetsruf zu deuten[118].

Zusammenhang") schlecht zu vereinbaren ist. Diese Art Linnemanns ist auch anderwärts bei ihren Darlegungen zu beobachten und zB bei Grundmann Markus[8], 1980, 422 A16 zu Recht schon moniert worden.

[111] Vgl dsAr 121f; Popkes 231 A656.

[112] Schweizer NTD 1, 1983, 194f. Ebd hält Schweizer entgegen seiner Äußerung von 1973 (vgl EvTh, 1973, 536) zusätzlich evtl für möglich, daß V 37 wegen Vv 33.38 sekundär apokalyptisch als „Siegesschrei" verstanden wurde. Vgl zu diesem exegetischen Vorgehen das Folgende von Pesch.

[113] Pesch Markusevangelium II 498; vgl dazu dsAr 228 A1; Schulte passim ausführlich zur medizinischen Sicht und dazu Schützeichel TThZ, 1974, 4: Es „kann nicht übersehen werden, daß die evangelischen Passionsberichte keinen Aufschluß geben über die genaue physische Ursache des Todes Jesu. Deshalb kann die Frage, ob Jesus kurz vor seinem Tode noch laut zu schreien vermochte, medizinisch nicht sicher beantwortet werden". Schützeichel stellt dennoch unverdrossen historische Vermutungen an (ebd). Das Ziel derartiger Vermutungen hat ein gläubiger Arzt „schön zum Ausdruck" gebracht: „ ... je genauer wir uns unter Befriedigung (sic) der modernen medizinischen Erkenntnisansprüche das Sterben Christi am Kreuz vorstellen, um so mehr rückt die sichtbar menschliche Natur und die sichtbar natürliche Seite des Opfertodes des Gottmenschen aus der auch für viele Christen legendären Entfernheit in eine lebendige Gegenwart. Das übernatürliche Geheimnis wird dabei in keiner Weise angetastet oder seines Geheimnischarakters beraubt" (Schulte 177). Vgl dazu dsAr 233 A4; 246 A1; 249 A5; 255f und außerdem Ernst 473.

[114] Vgl dsAr 121 A3 zu dieser Verfahrensweise.

[115] Pesch Markusevangelium II 497f.499f. Pesch kombiniert bei seiner Exegese zu V 37 aus V 39 gewonnene Einsichten, vgl dazu dsAr 121; außerdem dsAr 215 A2 (Dölger) mit Pesch Markusevangelium II 497 A28 (Dölger) und zum Begriff „Geistträger" dsAr Exkurs IV,3 (Wrede).

[116] Danker ZNW, 1970, 67f: Indem Jesus seinen Geist aufgibt, treibt er den Dämon mit einem „final cry" aus und gewinnt so den Sieg, vgl dazu dsAr 121 A4.

[117] Grundmann Markus[8], 1980, 435: „ ... ein apokalyptisches Ereignis ... muß ... als ein Schrei des Sieges verstanden werden", vgl dsAr 122.

[118] So zB Mohr 328f; Matera 30.43.125f.137, vgl dsAr 122.

Ich erinnere an meine petitio principii und die damit zusammenhängenden Grundsätze[119] und prüfe von daher die genannten exegetischen
Positionen und beginne mit der zuletzt genannten.

Schildert Mk 15,37 einen Gebetsruf? Diese Auslegung scheitert daran,
daß die ihr zugrunde liegende Annahme, die Terminologie in V 37 (φωνὴ
μεγάλη) bezeichne als Rückverweis auf V 34 wie in der LXX „das flehende
Gebet des bedrängten Gerechten"[120], unhaltbar ist. Wie unbegründet diese
Annahme ist, macht als Vertreter dieser These Dormeyer kapriziös evident,
wenn er als ersten Beleg Gen 39,14 (Potiphars Weib) nennt[121]. Es gibt im
Alten Testament keinen Beter, der in einer Mk 15,34.37 vergleichbaren
Situation mit *mächtiger* Stimme zu Gott schreit[122], weil diese Stimme neben

---

[119] Vgl dsAr 4. Kap. A§2.

[120] Vgl Dormeyer Passion 200 mit aaO 204.

[121] AaO 200 A823; Dormeyer übersieht zusätzlich, daß die laute Stimme nur in den Lügen
der Ehebrecherin existiert (vgl Gen 39,14—18). Drei weitere Belege Dormeyers (ebd)
sind vom selben Kaliber (2. Kö 18,28; 2. Ch 32,18; Jes 36,13: Ein Heide droht Jerusalem
und Jahve), alle anderen nur wertlos, insofern das Schreien vieler (1.Esr 5,61 [nicht 62];
Jud 7,23; Hi 2,12; 1.Makk 13,45) oder der laute Hinweis des Daniel (DaThSu 46) nichts
mit einem Gebetsruf zu tun haben und der tatsächliche Gebetsruf *vieler* (Neh 9,4; Jud
7,29; 1.Makk 3,54) bzw der liturgisch vorbereitete einzelner (Jud 9,1; Est 4,1, vgl dazu
den von Pesch Markusevangelium II 498 A29 in Erinnerung gebrachten Midrasch) weder
mit dem Schreien des Einzelnen im Psalter noch mit Mk 15,34.37 vergleichbar ist.
Dormeyers der linguistischen „Textpragmatik" verpflichtete (vgl aaO 56; Dormeyer Sinn
10) Art der Exegese gibt mit ihrer eben angedeuteten Verfahrensweise ein kräftiges
Beispiel für die gefährliche Wirkung der eingangs dieses Kapitels genannten Papierflut.
Dormeyer hält es mit der Sekundärliteratur zT wie mit den Quellen: Vielhauer hat mich
zB mit seinen Ausführungen (von 1964) zu meiner Exegese (von 1959) „inspiriert"
(Dormeyer Passion 214); nach Schreiber Theologie 35—40 ist „Jesus nur ein Apokalyptiker" (Dormeyer Sinn 27 A15); usw, usw. Gewiß machen wir alle Fehler, leider. Aber
vielleicht darf man in Fällen wie dem eben angesprochenen doch auf eine Besserung
hoffen, wenn man erklärt, daß man sich notfalls auch weiterhin gerne falsch zitieren (vgl
zB Dormeyer Passion 206 A868) und „unklare Methode" (aaO 211), „Nonsens" (aaO
214) oder philosophische „Tiefgründigkeit" (aaO 20 A86) bescheinigen läßt, wenn dafür
ab sofort wenigstens die Bibel möglichst genau gelesen und korrekt benutzt wird. Wredes
Maxime (vgl dsAr Anhang I) ist für die Flut der Sekundärliteratur gewiß besonders
schwer zu beachten, aber für die Quellen unverzichtbar.

[122] Das ergibt die Prüfung anhand der Konkordanz. Aber die Berechtigung dieser Feststellung geht auch aus einer Überprüfung der bislang für die gegenteilige Behauptung
angeführten Belege hervor, vgl Weinacht 66 A21, der freilich aaO 66f trotzdem Mk
15,34.37 mit Dib 187 nach Ps 22,25; 31,23; 69,4 interpretiert; dsAr die vorherige A121
(Dormeyer; ähnlich Peddinghaus 138 A502; Häring 88). Gese ZThK, 1968, 16 A16 zB
bietet nur Hinweise auf die Stimme einzelner (Gen 45,2; Ps 6,9) und die *mächtige* Stimme
vieler (2. Sam 15,23; Esr 3,12). Soweit Pesch Markusevangelium II 494 A10 über Dormeyer
und Gese hinaus (bei der Erklärung von V 34!) andere Stellen anführt, ergibt sich dieselbe
Fehlanzeige: König (!) Salomo segnet das Volk zu Beginn des Tempelweihegebetes (!)
mit mächtiger Stimme (1. Kö 8,55); *viele* Propheten des Baal (1. Kö 18,27f) bzw die

mehreren Menschen, etwa Leviten (vgl zB Neh 9,4) oder lobpreisenden Volksmassen (vgl zB Esr 3,11) primär dem zuletzt allein mächtigen Gott[123] und in seltenen Ausnahmen auch von seiner Stärke erfüllten Einzelmenschen[124] eignet — aber eben *nie* in einer Mk 15,34.37 vergleichbaren Situation. Der in tiefster Not klagende Beter der Psalmen hat somit nicht zufällig keine mächtige Stimme. Ihm fehlt jegliche Macht und Stärke. Er ist allein, verlassen. Als Gerechter verabscheut er die Macht seiner boshaftigen Peiniger. Dem Tode nahe bleibt ihm nichts, als hilflos nach Gottes Macht und Errettung zu schreien. Darum gibt es im Psalter einen Lobpreis auf die Macht der Stimme Gottes (Ps 29[125]), aber keinen auf die Stimme des Beters; schon der Gedanke an einen solchen Lobpreis ist absurd, wenn man den vorstehend beschriebenen Sachverhalt sich klar macht.

In der Perspektive der aufgewiesenen Textlage ist für Mk 15,34.37 festzuhalten, daß V 37 wegen der *mächtigen* Stimme nicht analog zum alttestamentlichen Gebetsschrei interpretiert werden kann und daß V 34 aus demselben Grund als Gebetsruf des *Gottessohnes* verstanden werden muß. Das Motiv der mächtigen Stimme signalisiert dies dem Leser schon in V 34, noch bevor das auf die mächtige Stimme von V 37 bezogene[126] Bekenntnis (V 39) zusätzliche Klarheit schafft[127].

Einwohner Judas (Ez 8,18) rufen laut. In Mohrs und Steicheles Belegen aus dem Psalter (vgl Mohr 329 A99; Steichele 258 A237) sucht man die *mächtige* Stimme vergeblich. Der traditionsgeschichtliche Befund spricht also „klar" gegen Mohr 328.

[123] Vgl das Zahlenverhältnis: ca 100mal (nicht 50mal, so OBetz ThW IX 276, 19) ist im AT von Gottes Stimme die Rede, während die menschliche nur 27mal erwähnt wird (vgl Labuschagne ThAT II 633f). — Für mancherlei Hilfe bei der Abklärung des φωνή-Motives danke ich Frau stud. theol. Magdalena Herrmann.

[124] Vgl zB den bei der Tempelweihe direkt mit Gott kommunizierenden, das Volk laut segnenden König Salomo (1. Kö 8,55) oder den in der Vision schreienden (vgl dazu Kautzsch I 893) Propheten (Ez 11,13). Vgl außerdem dsAr s o A121 zu Jud 9,1; Est 4,1 als Gebetsruf.

[125] Vgl dsAr 122f, besonders Ψ 28,4: φωνὴ κυρίου ἐν μεγαλοπρεπείᾳ. Die Stimme Jahves gehört zu seiner Epiphanie (vgl Labuschagne ThAT II 633). In Ps 29 scheint ein „Hadadhymnus" verarbeitet zu sein (Kearns 150; vgl aaO 94 A31; 139—143).

[126] Vgl dsAr 74f.213; Schreiber Theologie 26. Schmithals Markus 693, der anderwärts die allegorisierende Darstellung des Mk treffend erinnert und deshalb aaO 699f speziell V 37 als Gerichts- bzw Siegesschrei versteht, historisiert und harmonisiert eigenartigerweise dennoch nach Mt u Lk u bezieht deshalb V 39 nur auf die „Naturwunder" und bestreitet den Bezug von V 39 auf V 37 mit Wellhausen (vgl aaO 693 und dazu dsAr 74 A4: Feigel). Vgl dsAr s u C§3II1a zu den Problemen, die das Vorgehen von Schmithals mit sich bringt.

[127] Im jetzigen Stadium der Exegese werden gemäß den in dsAr 4. Kap. A § 2 angestellten methodischen Überlegungen bewußt noch keine analytischen Konsequenzen gezogen. Vgl aber dsAr 65f; Schreiber Theologie 25; für die Analyse ist nur festzuhalten, daß die mächtige Stimme nicht aus Ps 22,2.14 abgeleitet werden kann, wie es Peddinghaus 140;

Dieses Ergebnis weckt Bedenken gegen die historische Deutung. Sie wird noch fraglicher, wenn man mit Danker (s o) und einigen anderen[128] im Verstehenshorizont des Markus die „Strukturgleichheit"[129] zwischen Mk 1,26; 5,7 und 15,34.37 beachtet: Nur die Pneumata des Bösen (1,26; 5,7) und der vom Geist Gottes in die Auseinandersetzung mit dem Bösen getriebene (vgl 1,12) Gottessohn (15,34.37) haben eine mächtige Stimme[130], die Menschen nie[131]. Daß Jesus eine mächtige Stimme ‚entläßt' und so ‚aushaucht' (V 37), erweist ihn also tatsächlich als „Geistträger" (s o Pesch); der bei der Taufe Jesu vom Täufling allein *erkannte* und *so* in ihn *hinabsteigende*[132] Geist wird über alle seine Wirkungen im Leben Jesu hinaus nun

---

Oswald ZKTh, 1979, 58 versuchen (das Motiv fehlt in diesen Stellen wie im Psalter überhaupt, vgl dsAr s o A122: Mohr), und daß ihr Sinn in V 34 deshalb, wie oben geschehen, von V 37 her erfaßt werden muß. Freilich habe ich nie behauptet und meine auch jetzt nicht, V 34 sei ein „Gerichts- und Siegesschrei" (so angeblich Schreiber Theologie 49 nach Burchard ZNW, 1983, 8 A26); ich meine nur, V 34 sei eine sekundäre Erweiterung nach Ps 22 (wie dieses auch zB in Mt 27,43 ähnlich der Fall ist, vgl Steichele 238), die den „Siegesschrei" von Mk 15,37 sinnvoll vorbereitet (vgl Schreiber Schweigen 82).

128 Vgl dsAr 121 A4; OBetz ThW IX 287, 17f; Adloff GPM, 1972/73, 200; ders GPM, 1976/ 77, 74 A8.

129 DsAr 121 A4; vgl aaO 130 A2.

130 Vgl Danker ZNW, 1970, 52, der ebd freilich zu schnell folgert, daß Jesus „in his last moments was indeed possessed by a (!) demon", aber abgesehen von dieser singularischen Formulierung (vgl dazu auch noch aaO 68: „The evil pneuma ... his own [!] pneuma"), die den sonst schön herausgearbeiteten markinischen Dualismus von unsauberem und heiligem Geist, Satan/Mensch und Gott/Jesus (vgl zB aaO 62f.66 A83) nicht genug beachtet (die Harmonisierung aaO 67 A84 hat mich nicht überzeugt), eindringlich darlegt, daß Mk Jesus gerade auch am Kreuz, von dämonischen Mächten (also *nicht* von *einem* Dämon, vgl Mk 5,9) bis zur äußersten Gottverlassenheit bedroht, dennoch als Sieger sieht. Jesu Tod ist in *diesem* Sinne bei Mk wirklich „the only recorded case of self-exorcism" (aaO 67 A86); der den Willen des göttlichen Vaters bedingungslos verkörpernde Gottessohn hat diese Kraft, vgl dazu weiter Schreiber Theologie 241 (Gebetsglaube); Schenk Passionsbericht 55f (Gebetstheologie).

131 Mt hat die Strukturgleichheit von Mk 1,26; 5,7; 15,34.37 ganz beseitigt; vgl dazu Mt 7,21—23. Lk hat Mk komplizierter abgeändert.

132 Vgl Mk 1,10 (εἶδεν; εἰς αὐτόν); Mt/Lk ändern (ἐπ' αὐτόν) gemäß ihrer Botschaft von der Jungfrauengeburt. Wenn neuerdings Ruckstuhl 214 das εἰς αὐτόν nicht wörtlich, sondern, wie vorher viele andere schon (wohl auch wegen der Taube), nach Mt/Lk „auf Jesus herab" (anstatt: *in ihn hinein*) interpretiert, so ist dabei weder 15,37.39 (ἐκπνέω, vgl dazu Schweizer ThW VI 391, 5ff; Schenk Passionsbericht 45) noch auch die allegorische, historische Ungereimtheiten liebende Darstellungsweise des Mk (vgl dsAr Exkurs IV,2; Fowler 96—99 zur Ironie bei Mk, auch speziell im Kreuzigungsbericht) hinreichend berücksichtigt. Mk 1,10 muß also redaktionsgeschichtlich gemäß Ebionitenev. fr. 3 verstanden werden (vgl Klost 9): Der real im Erkenntnisakt des Täuflings Jesus in ihn eingehende Geist wird in diesem Sinne *für den Getauften* epiphan, treibt ihn *sofort* gegen den Satan (Mk 1,12) und zum unbedingten Vollzug des göttlichen Liebeswillen (Mk 3,4;

an dessen End- und Tiefpunkt im Kreuz, zu dem Jesus wie am Anfang seines Auftretens bei der Taufe *hinaufgestiegen* ist (vgl. Mk 1,10 mit 10,32f.38[133]), in Jesu Todesschrei epiphan[134], wie Mk 15,33.34a.38.39 in verschiedener Hinsicht zusätzlich erläutern[135].

Gemäß dem oben in Erinnerung gebrachten Konsens dokumentieren Vv 33.38 den Tod Jesu als eschatologisches Heilsereignis von universaler Bedeutung. Ich habe mit anderen[136] aufgrund des Stundenschemas (Vv 25.33f), der Anordnung der Motive in Vv 33.37.38.39 und der zentralen Stellung von V 37 in dieser Anordnung diesen Vers als eschatologischen Gerichts- und Siegesruf interpretiert; das Motiv der φωνὴ μεγάλη ist Jes 29,6; 1. Sam 7,10 in der Art von Ps 29 beim Gerichts- und Siegesruf der Gottheit[137] (im Unterschied zur Textlage beim Gebetsruf des leidenden Gerechten, s o) bezeugt.

Erinnert man zusätzlich den traditionell engen Zusammenhang von Sturm, Stimme und Geist, wie er schon im Alten Testament und darüberhinaus für die Macht der Gottheit erkennbar ist[138], so springt in die Augen, daß die apokalyptische Interpretation von V 37 der (korrigierten, s o) dämonologischen Deutung bzw der auf den Geistträger hin nicht widerspricht, sondern sie vielmehr, wie der Kontext (Vv 33.38) nahelegt, eschatologisch akzentuiert: Der Geistträger besiegt ganz wie die Gottheit im Alten Testament die Chaosmacht und die mit ihr verbündeten Menschen[139]; Jesu Todesschrei beendet die Finsternis, zerreißt den Tempelvorhang[140].

12,31), gehorsam bis in den Kreuzigungstod (3,6; 15,31). Bultmanns These, Mk 1,9−11 sei als hellenistische „Tauflegende unter dem Einfluß des christlichen Kults gestaltet" worden (Bult 268f.396: *„die Evangelien sind erweiterte Kultuslegenden"*), trifft trotz der Hinweise auf äth Hen 91,1; syr Bar 21,4 (Ruckstuhl 198) nach wie vor das Richtige, da diese apokalyptischen Texte selbst dem hellenistischen Einflußbereich verpflichtet sind, der absolute Sprachgebrauch also hier wie in Mk 1,10 nicht typisch jüdischem Denken zugerechnet werden kann (gegen Ruckstuhl 194.211, der zu pauschal mit der „Jerusalemer Urgemeinde" argumentiert). Ähnliches ist zu Schweizer ThW VI 397 A430 zu sagen.

[133] Zum Hinaufsteigen des Geistträgers (vgl dsAr 194−206; Schreiber Theologie 43f A92; 45) ist Mk 1,10 mit 10,33 (*„wir* steigen hinauf"); 15,41 („die mit hinaufgestiegen waren"); 13,11 („der Geist, der Heilige") zu vergleichen; wenn die Nachfolge gelingt, treibt der Geist die dem Erlöser Nachfolgenden ebenso wie den Erlöser selbst.

[134] Vgl OBetz ThW IX 287, 33f.

[135] Vgl HDBetz RAC Bd 12, 1983, 301 (zu Mk 15,39); dsAr 154ff.167f; Schreiber Theologie 38f.76f.

[136] Vgl zB dsAr 75 A2 (Feigel, 1910!); Schreiber Theologie 39 A71 (Bartsch); Kessler 244f; SSchulz Stunde 139; Schenk Passionsbericht 45; Gnilka Markus II 312 (anders 323).

[137] Vgl OBetz ThW IX 276, 22−24; 277, 1−12.

[138] Vgl dsAr 124f; 151 A3; Baumgärtel ThW VI 365, 20−28; Schreiber Theologie 40 A79.

[139] Vgl OBetz ThW IX 277, 5f; dsAr 149−160; Schlier Markuspassion 83: „Schrei Jesu, das eschatologische Triumphgeschrei".

[140] Vgl dsAr 167f; OBetz ThW IX 287, 33−36.

TAMohr hat diese Interpretation von V 37 mit dem Hinweis abgelehnt, nirgendwo sei „der Gerichtsruf Jahves oder des Messias bzw des
Menschensohnes der Schrei eines Sterbenden"[141]. Damit wird indirekt
behauptet, die Urchristenheit und also speziell auch Markus könnten nur
Vorgegebenes nachschreiben. Redaktions- und Formgeschichte haben aber
das Gegenteil erwiesen. Die Evangelisten traktieren Vorgegebenes durchaus eigenständig; die mündliche Tradition wurde von bestimmten sozialen
und kultischen Gemeindesituationen geprägt und entwickelte sich mit
und in diesen Situationen immer wieder variiert unverwechselbar zum
lebendigen Wort christlichen Glaubens. Außerdem verlief die urchristliche
Religionsgeschichte insgesamt nicht einlinig-schematisch vom Alten Testament bzw. Judentum zum Urchristentum, sondern vielschichtig, komplex[142]. Mein von Mohr übersehener Hinweis auf die Tammuzliturgien

---

[141] Mohr 328; ähnlich Dormeyer Passion 204 A852; Kazmierski 196 A21 und dazu dsAr 159
A2. Dieser Einwand kann übrigens ebenso gegen die dämonologische Deutung bzw
gegen die auf den Geistträger angewandt werden; ein in der Art von Mk 15 sterbender
θεῖος ἀνήρ ist im Hellenismus nicht nachweisbar. Aber: „Die θεῖος ἀνήρ-Vorstellung ist,
je nach dem religionsgeschichtlichen Kontext, variationsfähig" (HDBetz RAC Bd 12,
1983, 296; vgl aaO 302 speziell zu Mk). Vgl dazu Schreiber Theologie 77—79; dsAr
Exkurs IV,3.

[142] Vgl die methodologisch-prinzipiellen Darlegungen bei Hahn Methodenprobleme 12f und
die speziellen bei Schreiber Theologie 73 A50 (als Korrektur und Präzisierung von dsAr
171f) zum religionsgeschichtlichen Problem. Riesner 20ff.32f.55.63.85f bewertet dieses
Problem und das Verhältnis von Tradition und Redaktion bei Mk falsch, weil er übersieht,
daß die Art der Traditionsanordnung und schon wenige redaktionelle Bemerkungen die
Tradition neu auslegen, vgl Schreiber Theologie 20f. Meine Frage (aaO 75 A54), ob die
Gruppe der Hellenisten auf bestimmte Jünger des historischen Jesus zurückgeht, ist
inzwischen von Hengel und Holtz bejaht worden (vgl Holtz ThLZ, 1975, 324f). Baumgarten 53 sieht im Kreis der Hellenisten um Stephanus Propheten als „Träger urchristlicher
Apokalyptik", vgl dazu dsAr 171f; Schreiber Theologie 66—82, besonders 78f. Derartiges
zeigt beispielhaft, daß „das älteste Urchristentum ... nur durch Rückschlüsse und Rekon-
struktionen" in seiner Vielfalt erschlossen werden kann (vgl SSchulz Anfänge 270) und
daß es schon in seinen allerersten Anfängen (durch das hellenistische Judentum vermittelt)
und erst recht dann in der weiteren Entwicklung heidnische Elemente der verschiedensten
Art aufgenommen und für seine Verkündigung umgeprägt hat; vgl dsAr 247 A1. Dieser
Tatbestand ist von den neutestamentlichen Texten her evident, ganz gleich ob man
wie Schmithals (vgl Schreiber Theologie 74 A50) und SSchulz Anfänge 254 mehrere
Urgemeinden in Galiläa usw neben der in Jerusalem (vgl dazu Hasenfratz 78ff) postuliert
oder zu Anfang in Jerusalem zwei Gruppen annimmt (vgl Schreiber ZNW, 1981, 173ff,
besonders 174 A136). Die Formel von Holtz ThLZ, 1975, 324, Traditionen „jüdischer,
‚jesuanischer', und eigentlich christlicher" Art seien ursprünglich bei den Traditionsträ-
gern der einen Urgemeinde von Jerusalem „zusammengeflossen", ist deshalb prekär;
sie negiert das für die Entstehung des Christentums unverzichtbare Traditionsgut des
Heidentums, das aaO 326 in der Formel „palästina-jüdisches und hellenistisch-jüdisches
Denken" (Holtz ThLZ, 1975, 326) wenigstens noch kaschiert anklingt.

und deren eventuelle Nachwirkungen im synkretistischen Milieu der hellenistischen Urchristenheit auf die Benutzung des Alten Testamentes ist
somit nach wie vor wichtig[143], zumal dieses liturgische Material auch
dem alttestamentlichen verwandt ist[144]. Die Kühnheit der Abwandlung
alttestamentlich-apokalyptischer Vorstellungen in Vv 33.34a.37.38 ist in
der von mir vermuteten zeitgeschichtlichen Situation der Verfolgung[145]
im synkretistischen Milieu der hellenistischen Urchristenheit naheliegend;
ein Weiterleben des Tammuzkultes ist zB speziell in Antiochien, also für
die Stadt, in der die erste bedeutende heidenchristliche Gemeinde durch
die aus Jerusalem geflohenen Hellenisten ca. 40 nChr gegründet wurde
(vgl Ag 11,19ff), noch bis ins 5. Jahrhundert nChr bezeugt[146].

Ist der Tod Jesu bei Markus nach allem bisher Ausgeführten als
historisches Ereignis „in erschütternder Schlichtheit beschrieben" (s o
Schweizer)? Wenn Markus überliefern würde: ὁ Ἰησοῦς ἀφῆκεν τὴν ψυχήν
oder ὁ Ἰησοῦς ἐξέπνευσεν, so wäre die Frage halbwegs zu bejahen; der
Gebrauch von ἀποθνήσκειν (vgl LXX Gen 35,18; Mk 15,44) wäre noch
schlichter. Indem er aber die beiden typisch griechischen Euphemismen[147]
für den Augenblick des Todes so miteinander kombiniert bietet, daß in
der ersten Formel statt der menschlichen Seele die mächtige Stimme der
Gottheit zu lesen ist, die mittels des Partizips ἀφείς das ἐξέπνευσεν zur
Beschreibung der Hingabe des Geistes durch den Geistträger werden läßt,
wird der Tod Jesu (V 37, im Kontext von Vv 33.38!) nicht in „erschütternder Schlichtheit", sondern vielmehr dank dieser mythologischen Sprachführung höchst dramatisch beschrieben und, wie anderwärts dargelegt[148],

---

[143] Vgl dsAr 196 A2; Schreiber Theologie 40 A79: Jörg Jeremias Theophanie², 1977, 73ff.174
hält seine Darlegungen nach wie vor für richtig.

[144] Vgl OBetz ThW IX 276 A21.

[145] Vgl Schreiber Theologie 39.78.81.

[146] KZiegler, u a (Hg), Der Kleine Pauly, Lexikon der Antike V, 1979, 508; vgl dazu generell
Bultmann Theologie⁴ 123f und speziell WSchottroff RAC Bd 12, 1983, 158−161.177f
zur ursprünglichen Tammuz-Vorstellung im Zweistromland und WSchmidt ZRGG, 1963,
4f; Kearns 45.48.54 zu den wesentlichen Zügen des Mythos im Wechsel der göttlichen
Gestalten und Namen und Kearns 117.148−153 zur zentralen Bedeutung der Stimme
für die Theophanie und aaO 86 A7; dsAr 198 A5; 214 zum Motiv des Tempelbaus.

[147] Vgl WBauer Wörterbuch 442; Bultmann ThW I 507 A6; Schweizer ThW VI 451, 21f.

[148] Vgl dsAr 72−75.152ff.170; Schreiber Theologie 34.36.44.49.77. Wer die zentrale Bedeutung von 15,37 verkennt, gerät exegetisch in Schwierigkeiten, wie man zB bei Vögtle
362−383 studieren kann. Vögtle nimmt trotz der von ihm selbst bemerkten Schwierigkeiten, das Zerreißen des Vorhangs (Mk 15,38) positiv zu deuten (aaO 375), dennoch eine
solche Deutung vor, weil 15,39 auf 15,37 und nicht auf 15,38 zu beziehen sei (ebd). Die
Gewaltsamkeit zu 15,38 wird nötig, weil Vögtle die zentrale, nicht nur 15,39, sondern
auch 15,38 bestimmende Bedeutung von 15,37 tendenziell zwar richtig (vgl aaO 374), aber
unzureichend erkennt (vgl dsAr 167f.212ff). So bekommen auch die richtig aufgewiesenen
Bezüge zu Mk 10,45; 14,24 (Vögtle 372f.374) nicht ganz den ihnen von Mk gegebenen

zum theologischen Zentralereignis des Kreuzigungsberichtes — und des ganzen Markusevangeliums, wie der Bezug von Mk 1,11; 9,7 zu 15,39, der wiederum auf 15,37 (vgl V 39: οὕτως ἐξέπνευσεν) bezogen ist, beispielhaft zeigt[149].

§ 2 DIE VERKÜNDIGUNG VOR MARKUS

Im folgenden wird der sich für die vormarkinische Tradition abzeichnende Konsens, im Kreuzigungsbericht das Motiv der passio iusti (I) und die Einwirkung apokalyptischer Vorstellungen (II) anzunehmen, knapp skizziert und präzisiert.

I. Jesu Sterben als passio iusti

Manche Exegeten versuchen, die gesamte Christologie des Markusevangeliums vom Thema des leidenden Gerechten her zu interpretieren[150].

Stellenwert (vgl dsAr 155 A1; 213 A5; 202 A3; Schreiber Theologie 43.45.173 A81; 201 A208).

[149] Vgl Theißen Wundergeschichten 80f.172f.213—218; Vanhoye 250 („wichtigste Punkt im Zeugnis des Markus") gegen Peddinghaus 142.148 („das Fehlen einer theologischen Aussage" bei Vv 37.39) zu Mk 15,39. Der umständliche Bezug von V 39 auf V 37 (vgl dsAr 73f) schließt mE aus, daß V 39 (wegen Wsh 2,18, s u dsAr A164) statt V 38 alte Tradition ist (vgl GSchneider Evangelien 125).

[150] Vgl Lührmann NTS, 1981, 471 A30, der meint, es zeichne sich in dieser Hinsicht ein „relativer Konsens in der Literatur zum Markusevangelium ab"; Vögtle 366 meint, nach „heute allgemein geteilter Auffassung will ... die ganze mk Passionserzählung Jesus als leidenden Gerechten zeichnen"; weiter einschränkend Burchard ZNW, 1983, 3.11 A53. Ich halte zwar mit Lührmann NTS, 1981, 463 Mk 14,61f für ein Kompendium der markinischen Christologie (vgl Schreiber ZThK, 1961, 164 A1), möchte jedoch an der vor allem durch Mk 1,11; 9,7; 15,39 erwiesenen dominicrenden Bedeutung des Titels Gottessohn für Mk festhalten (vgl Schreiber ZThK, 1961, 163; neuerdings HDBetz RAC Bd 12, 1983, 300) und behaupte wegen 8,29—31; 14,61f; 15,32 (gegen Lührmann NTS, 1981, 462), daß der Messias-Titel auch bei Mk anders und doch ähnlich wie in der paulinischen Tradition zu Tod und Auferstehung Jesu gehört, wenn man beachtet, wie Mk beides versteht (vgl Schreiber ZNW, 1981, 154 A44 zu Mk 9,9; 15,39). Das Messias-König-Motiv ist im Vergleich zum passio-iusti-Motiv traditionsgeschichtlich aber sekundär (vgl dsAr s u A161), so wahrscheinlich es in Mk 15,26 (also eben nicht in der ältesten, im Präsens gehaltenen, den passio-iusti-Motiv besonders verpflichteten Tradition des Augenzeugen Simon von Kyrene) dem Evangelisten vorgegeben ist und in Mk 15 redaktionell auffällig dominiert (vgl dsAr 34ff; Schreiber Markuspassion 52f). Matera 147—151, der zwar richtig die ganze Markuspassion als Komposition des Mk wertet, verkennt die vorgenannten Argumente, wenn er die gesamte Christologie des Mk „in the light of the royal theme" sieht (aaO 150), obwohl das ‚Thema' nur in Mk 15 und indirekt (χριστός) in 1,1; 8,29; 9,41; 12,35; 13,21; 14,61 in jeweils bezeichnender Verknüpfung vorkommt (vgl zB 8,33 nach 8,29; 15,39 nach 15,32). Matera beachtet nicht genug, wer wann welchen Titel benutzt und wie diese deshalb jeweils von Mk verstanden

Eingeschränkt auf Teile der Passion scheint dieser Versuch erfolgversprechend und wirklich konsensfähig, wie für den Kreuzigungsbericht jetzt dargelegt werden soll.

Schon FKFeigel hat zu Mk 15,24 festgestellt: „Alle Substantiva und Verba sind aus Ps 22,19"[151]. Der damit beschriebene Schriftbeweis de facto (ChMaurer), diese Schilderung der Passion in alttestamentlichen Farben (ASuhl)[152], bedeutet inhaltlich, daß Jesus wie der Beter des Psalms ein leidender Gerechter ist[153].

Fast ebenso deutlich und entsprechend schon lange beobachtet[154] ist der Bezug von Mk 15,29 zu Ps 22,8 (vgl Ps 109,25; Kl 2,15), während der von Mk 15,36 und 15,23 zu Ps 22,16; 69,22 bzw Spr 31,6, der von Mk 15,27 zu Jes 53,12 und der von Mk 15,32c zu Ps 22,17; 69,10; Jes 53,12 nicht so eindeutig und folglich nach wie vor umstritten ist und wohl auch bleiben wird[155]. Über alle Zweifel erhaben ist aber schließlich, daß der Gekreuzigte mit den Worten von Ps 22,2 in Mk 15,34 nach Gott ruft und also — anders als in den Versen 15,24.27.29.32.36 — sogar aktiv ganz wie der leidende Gerechte im Psalter agiert — freilich im Unterschied zu diesem mit *mächtiger* Stimme[156]!

Läßt man diese Besonderheiten, die darauf hinweisen, daß der Gerechte betont[157] Gottes Sohn ist, beiseite und stellt damit zugleich die analytische Frage gemäß meiner obigen methodischen Überlegung vorläufig zurück, so kann man als Ergebnis summieren, daß in manchen Versen des markinischen Kreuzigungsberichtes Jesus als leidender Gerechter ge-

---

wurden; so sind zB drei *Verspottungen* (neben 15,16ff.29ff wertet Matera 122—124 auch 15,35f als Spott) der Ausgangspunkt und Rahmen für Materas Verständnis des Kreuzigungsberichtes, von dem her dann (aaO 140ff) zB 15,39 mit Hilfe der abzulehnenden Gleichsetzung von 15,34 mit 15,37 (vgl aaO 137f und dazu dsAr 4. Kap. B§1II) auf das Königs-Thema hin eingeebnet wird, anstatt umgekehrt von 15,39 (und 15,33.37.38) her den Spott der *Ungläubigen* zu deuten. Im übrigen kann der Titel ,Sohn Gottes' (bei Mk) traditionsgeschichtlich nicht aus dem Messias-Titel abgeleitet werden (vgl Lührmann NTS, 1981, 462; Schreiber RGG³ VI 119 zu Merklein ZNW, 1981, 9), wie Materas Interpretation nahelegt. Der χριστός-Titel bekommt bei Mk eine von Jesu Lehrautorität und Wunderkraft her bestimmte „neue inhaltliche Bestimmtheit" (RWeber 94). Der König der Juden (Mk 15,26) ist der θεῖος ἀνήρ von 15,33.37.38.39 (s o HDBetz)!

[151] Feigel 71f, bei ihm gesperrt gedruckt; vgl Steichele 252f zur Sache.

[152] Vgl Schreiber Theologie 32.

[153] Ebd.

[154] Vgl dsAr 222 A5; neuerdings zB Steichele 252.

[155] Vgl dsAr 90.223.231.238 A7 mit Steichele 276 einerseits und Suhl 61f andererseits; Peddinghaus 147ff zB möchte *alle* alttestamentlichen Anspielungen im ältesten Kreuzigungsbericht aus Ps 22 herleiten. Feigel 62f, besonders 71f (15,24 kein Zitat und doch Schriftbeweis) veranlaßt mich, an der Sicht von Schreiber Theologie 72 A43 festzuhalten.

[156] Vgl dsAr 4. Kap. B§1II.

[157] Vgl dsAr s u A164.A210 (Ruckstuhl).

schildert wird. Ein Blick auf die divergierenden Analysen zeigt, daß diese Art der Schilderung nicht erst von Markus geschaffen worden sein kann; es gibt keine einzige Analyse, die alle genannten Verse (Mk 15,23.24.27.29.32c.34.36) der Redaktion des Evangelisten zuspricht[158]; dh die Vorstellung, daß Jesus am Kreuz leidender Gerechter und also schriftgemäß Gottes Willen gehorsam war, ist vormarkinisch[159].

II. Jesu Tod als eschatologisches Heilsereignis

Der oben (§ 1 I) für den markinischen Text konstatierte Konsens gilt mit den dort schon beispielhaft angedeuteten Einschränkungen auch für die vormarkinische Tradition. Es gibt nämlich keine Analyse in den letzten 25 Jahren, die bei allem Streit um die rechte Deutung von V 37 (s o § 1 II) und der verschiedenartigen Akzentuierung der Deutung von V 33 und V 38 diese beiden für den Konsens entscheidenden Verse auf den Markusevangelisten zurückführt[160]. Daß der Konsens für die vormarkinische Tradition gleichsam kaum vermeidbar ist, wird an jenen Exegesen deutlich, die das Motiv der passio iusti betont im Kreuzigungsbericht herausarbeiten, doch gleichzeitig korrekt konstatieren, daß Jesus nach Meinung des vormarkinischen Kreuzigungsberichtes „mehr" ist als bloß leidender Gerechter, und zur Begründung dann auf Mk 15,33.38 und also auf den Konsens hinweisen[161]. Es gibt eben in alttestamentlich-jüdischer Tradition keinen

---

[158] Vgl dsAr Exkurs VI.

[159] „Das Bild, das hier entworfen wird, ist das des leidenden Gerechten" (GSchneider Evangelien 25). Vgl dazu Schreiber Theologie 32.71f als weiterführende Korrektur von dsAr 225.228 A2: Der Schriftgebrauch ist zwar persönlich stimuliert, aber nicht rein formal.

[160] Weinacht 66 und Schmithals Markus 694—696 schlagen zwar Mk 15,33.38 der Redaktion des Mk zu und stehen also gegen den Konsens, vgl dsAr Exkurs VI; aber sie bieten zur Begründung keine Analyse (vgl dsAr 4. Kap. C§3II1a.b). Die meisten Exegeten halten beide Verse für vormarkinisch. Oft werden die Verse oder einer der beiden Verse einer vormarkinischen Redaktion bzw später entstandenen Schicht der vormarkinischen Berichterstattung zugerechnet, vgl zB Peddinghaus 164 A655; LSchenke Christus 101; Mohr 342f. Dormeyer Passion 199.204—206 rechnet zwar V 33 (mit sicher falscher Begründung, vgl dsAr 4. Kap. C§2I) Markus zu, hält aber V 38 für alt; er fällt dabei insofern fast aus dem Konsens, als er V 38 zwar als Gerichtszeichen deutet, aber nicht apokalyptisch verstanden wissen will. Vgl auch dsAr Exkurs VI zum Konsens.

[161] Steichele 256—258; vgl Mohr 342f (zu V 33).337—341 (zu V 38).349 („der Menschensohn-Messias … stirbt als der leidende Gerechte und … als Gottes Sohn, wie … Gott durch mächtige Zeichen am Himmel und auf Erden bestätigt"). Wenn beide Exegeten wie auch Matera 147—151 zusätzlich auf die Bedeutung des Messias-König-Motivs in der Passion und speziell auch im Kreuzigungsbericht hinweisen, so ist hierzu an Schreiber ZThK, 1961, 163f (nur dem Gottessohn gegenüber Unverständige benutzen bei Mk den Messias-bzw Königstitel); ders Markuspassion 52f; dsAr 34ff.81.235f (das Messias-König-Motiv ist, abgesehen von Mk 15,26, in Mk 15 sekundär); ders Theologie 53 (der jüdische

leidenden Gerechten, dessen Sterben so von τέρατα begleitet wird, daß
sein Tod als kosmisch-eschatologisches Heilsereignis verstanden werden
muß. Daß Markus im Unterschied zu den späteren Evangelisten (vgl Mt
27,19; Lk 23,47) Jesus nie als Gerechten ausdrücklich bezeichnet, darf als
zusätzlicher Fingerzeig dafür genommen werden, daß die alte Vorstellung
vom leidenden Gerechten schon in vormarkinischer Zeit mit Hilfe apokalyptischer Vorstellungen so neu geformt wurde, daß die Bezeichnung Jesu
als Gerechter unangebracht erschien, insofern sein Tod als Weltgericht
und Heilsereignis verkündigt wurde.

LRuppert nimmt an, daß die Vorstellung vom leidenden Gerechten
von ihren alttestamentlichen Anfängen her „leicht durch Eschatologie und
Apokalyptik weitergeführt werden" konnte[162], und folgert, daß sie (dank
der Steigerung der Errettung des Frommen zu seiner Verherrlichung
in der Erhöhung [nach dem Tode]) dem Evangelisten vorgegeben und
„sicherlich im Kern apokalyptischer Herkunft" ist[163]. Diese durch Rupperts
gründliche Untersuchung der alttestamentlichen Texte abgesicherte Perspektive macht verständlich, weshalb das Motiv der passio iusti schon in
der Tradition vor Markus mit Hilfe anderer alttestamentlich-apokalyptischer Motive so überformt bzw weitergeführt wurde, daß der Tod Jesu
über alle traditionelle Vorstellung vom leidenden Gerechten hinaus und
also auch die auf Zukünftiges fixierte apokalyptische Denkweise hinter
sich lassend als in der Vergangenheit geschehenes, aber ein für allemal
wirksames kosmisch-eschatologisches Heilsereignis erscheint[164]. Wegen

---

Messias kein Wundertäter) und daran zu erinnern, daß in alttestamentlich-jüdischer
Tradition nie vom durch τέρατα begleiteten Tod des Messias die Rede ist. Für diese
religionsgeschichtliche Figur gilt also dasselbe wie für den leidenden Gerechten (s o). In
hellenistischen Berichten vom Tode des θεῖος ἀνήρ hingegen werden Wunder, wenn auch
nicht eschatologisch-kosmisch gemeinte, erwähnt (vgl Esser 93; Petzke Apollonius 185;
Räisänen 164: „Der markinische Jesus ist … bei seinem Tode theios anēr"; RWeber 128).
Daraus folgt, daß die τέρατα (und dabei vor allem Mk 15,37! s o) das passio iusti- und
das Messias-Motiv fortführen bzw überformen; die Reihen- und Rangfolge kann in
traditionsgeschichtlicher Sicht nicht umgedreht werden; Mt 27,19; Lk 23,47 sind sekundär
(s o), vgl Ruppert 47; Schreiber ZNW, 1981, 162 (zu Lk).

[162] Ruppert 37.

[163] AaO 74. Ruppert will freilich so bis zum Bewußtsein des historischen Jesus zurückschlie-
ßen (ebd); bei der Exegese des Kreuzigungsberichtes ist diese prekäre Absicht nicht
realisierbar.

[164] Vgl Ruppert 59: Zuerst genügte die passio iusti als „Schlüssel" für das göttliche Muß
des Leidens Jesu, während „später nach dem Sinn, das heißt der Heilsbedeutung des
Leidens Jesu" gefragt wurde. Bei der Exegese (vor)paulinischer Texte ergibt die Beachtung der Vorstellung vom leidenden Gerechten ein prinzipiell ähnliches Ergebnis, wie
es oben aus der textgemäßen Begrenzung dieser Vorstellung im Anschluß an Ruppert,
Steichele ua für die vormarkinische Tradition erschlossen wurde. Gewiß ist der Gerechte
von Wsh 2,18 Gottessohn in apokalyptischer Situation (vgl Wsh 3,8; 5,1f), aber er ist als

dieser Zeitstruktur des Heilsereignisses nenne ich die alte Kreuzigungs-
überlieferung eine hellenistische Epiphaniegeschichte mit gnostischer Tendenz und nicht „Sieben-Stunden-Apokalypse" oder „Kreuzigungs-Apoka-
lypse"[165]. Versteht man nämlich den Begriff „Apokalypse" nicht allgemein
im Sinne von Offenbarung, sondern, so wie es in der Tradition von Apk
1,1 sinnvoll und weithin üblich ist, als Bezeichnung für Offenba-
rungsschriften, die jenseitige und vor allem zukünftig-endzeitliche Geheimnisse enthüllen, dann ist offenkundig, daß die alte Überlieferung keine
‚Apokalypse' ist; sie schildert den Tod Jesu als Epiphanie und Gericht über
die Welt im ‚historischen' Rückblick und so als gegenwärtig wirksames
Mysterium.

---

solcher zB nicht wie der von 1. Ths 1,9f Erlöser der Gläubigen im Eschaton (vgl Schade
32, der übrigens aaO 166 in Unkenntnis von Ruppert 43f.72 Schweizer Erniedrigung zu
weit folgt); in der vorchristlich-jüdischen Tradition fehlt der Figur des Gerechten eben
die kosmisch-einmalige Heilsbedeutung. Darum kann sie dort mit anderen Gerechten im
Plural auftreten (vgl Wsh 3,1; 5,16), zB als Witwe oder Greis (Wsh 2,10), auch im
Eschaton (vgl Wsh 3,8 mit 5,1). Interessant ist in dieser Hinsicht auch die Kritik von
Baumgarten 133f an Georgis und Streckers Exegesen von Php 2,5—11, insofern klar
wird, daß Wsh und Apokalyptik als Verständnishorizont nicht ausreichen. Mk 15,39 kann
somit nicht statt V 38 alte Tradition sein (so als Möglichkeit GSchneider Evangelien
125): V 38 paßt zu Vv 33.37 (vgl dsAr 120—172), V 39 ursprünglich, dh von Wsh 2,18
her verstanden, nicht (s o).

[165] So Schenk Passionsbericht 45.51; vgl dsAr 96.171f und als Korrektur und Präzisierung
dazu Schreiber Theologie 72f (hellenistische Epiphaniegeschichte).76f (*geheime* Epiphanie).

C. Inhalt und Methode

Ist der Subjektivismus der alten Literarkritik, wie oben behauptet[166] und in bestimmter Hinsicht auch schon begründet wurde, der wichtigste Grund dafür, daß bislang zur Traditionsgeschichte von Mk 15,20b—41 kein allseits überzeugendes Resultat vorgelegt werden konnte, so muß sich dieser Faktor in der Wahl und Handhabung der jeweils bei der traditionsgeschichtlichen Analyse angewandten Methoden über bislang Dargelegtes hinaus beobachten lassen. Dabei wird die aus der bisherigen Forschung sich ergebende Alternative[167] (lassen sich schriftlich gefaßte vormarkinische Traditionen ermitteln, ja oder nein?) akut und eine Lösung versucht. Mit diesem Ziel werden zuerst frühere Überlegungen[168] methodologisch weitergeführt (§ 1), sodann werden einzelne Methoden in ihrer Anwendung überprüft (§ 2), und schließlich wird die Relevanz der form- und redaktionsgeschichtlichen Methode am Text des Kreuzigungsberichtes erprobt (§ 3).

§ 1 MÜNDLICHE ODER SCHRIFTLICHE TRADITION

Markus hat Traditionen verarbeitet. Das wird von niemand bestritten. Wenn man Güttgemanns oben schon erwähnte These dahingehend zusammenfassen kann, „Markus habe sein Evangelium frei schöpferisch verfertigt"[169], so ist damit keineswegs behauptet, Markus habe nach Güttgemanns alles frei erfunden. Auch Güttgemanns nimmt selbstverständlich an, daß Markus generell und speziell auch in seiner Passionsgeschichte Tradition verarbeitet hat[170].

Der für die folgenden Ausführungen wichtige Streit geht folglich vornehmlich darum, ob Markus schon schriftlich gefaßte und also für heutige Leser seines Evangeliums deutlich erkennbare, genau abgrenzbare

---

[166] Vgl dsAr 4. Kap. A§2.

[167] Ebd.

[168] Vgl aaO 4. Kap. B§2.

[169] Vielhauer Literatur 351.

[170] Güttgemanns 89. Anders neuerdings freilich Schmithals ZThK, 1980, 183: Der Autor der von Schmithals im Anschluß an Wendling postulierten „Grundschrift" „ist der Schöpfer der synoptischen Tradition außerhalb von Q". Aber *diese* Art Tradition hat Mk; auch nach Berger Formgeschichte 14, der gegen Schmithals Q entsprechend der „Grundschrift" entstanden denkt (ebd).

Traditionen vorlagen bzw ob „die Schaffung der Evangelienform und die Verschriftlichung der Jesustradition ... zeitlich" zusammenfallen[171]. Güttgemanns hält gerade auch beim markinischen Kreuzigungsbericht schriftliche Vorlagen des Markus „für eine unbeweisbare Hypothese"[172], obwohl er auch in diesem Fall die „Möglichkeit vormarkinischer Verschriftlichung" damit keineswegs leugnen will[173]. Seine Skepsis ist übrigens im Fall des Kreuzigungsberichtes nicht durch eigene Beobachtungen am Text[174], sondern neben seinen linguistischen Überlegungen vor allem durch die unbestreitbare, oben von mir dargelegte Misere bisheriger Forschung veranlaßt, keine allgemein überzeugenden analytischen Ergebnisse zur Markuspassion vortragen zu können[175].

Ist somit in den folgenden Arbeitsgängen umgekehrt zu Abschnitt B. primär nicht mehr zu klären, ob und welche Traditionen Markus vorgelegen haben, sondern vielmehr vornehmlich das methodische Instrumentarium und seine Verwendung in der bisherigen Forschung daraufhin zu prüfen, ob es bei sachgemäßer Anwendung die oben als wahrscheinlich konsensfähig erkundete vormarkinische Verkündigung in Form abgrenzbarer und also eventuell schriftlicher Vorlagen des Markus ermitteln kann, so wird mit dieser aus der bisherigen Debatte gewonnenen Fragestellung zugleich an zwei hilfreiche Vorgaben bei dieser Überprüfung erinnert. Einerseits sind Methoden, mit denen der oben ermittelte Inhalt vormarkinischer Verkündigung von passio iusti und eschatologischem Heilsereignis tangiert wird, wegen dieses Vorgangs selber betont auf ihre prinzipielle Relevanz und jeweilige praktische Anwendung hin zu kontrollieren; wer den Konsens der Forschung gefährdet, hat ob seiner Gründe und Vorgehensweisen besondere Aufmerksamkeit verdient[176]. Und andererseits sind Methoden, die bei rechter Anwendung die beiden zusammenhängenden, aber zugleich deutlich divergierenden Motive vormarkinischer Verkündigung in dieser Besonderheit näher verständlich machen, ganz abgesehen davon, ob man mit Güttgemanns vor Markus nur mündlich tradierte

---

[171] Vgl Vielhauer Literatur 352.

[172] Güttgemanns 89 A45a.

[173] Ebd; vgl aaO 231 und dazu Vielhauer Literatur 335 in Zustimmung und Widerspruch.

[174] Vgl Güttgemanns 229 A306a.

[175] Vgl aaO 227–229.

[176] Vgl vorweg als Beispiel Berger Formgeschichte 339, der den Konsens der Forschung (vgl dsAr 4. Kap. B§2I zum leidenden Gerechten) in Unkenntnis der Forschungsgeschichte (vgl Berger Formgeschichte 338f [Dibelius] mit Schreiber Markuspassion 33f [Feigel/Weidel]) und in zT widersprüchlicher (vgl Berger Fomgeschichte 339 mit aaO 349: Einmal gehören Mk 15,33f zusammen, das andere Mal werden dieselben Verse verschiedenen Traditionsstufen zugeordnet) und vor allem völlig vager (aaO 339: „vielleicht"), durch seinen Schematismus bedingter Argumentation meint umstoßen zu können.

„Motivnetze" bzw „Sprachfelder" oder gegen Güttgemanns genau abgrenzbare schriftliche Traditionen meint ermitteln zu können[177], in ihrer
Bedeutung für die Forschung hervorzuheben[178].

§ 2 METHODEN UND INHALT

Die Überschrift des Abschnitts C. ist für die Kennzeichnung der
Darstellung in diesem § 2 fast wörtlich einfach ‚umgedreht' eingesetzt
worden, um knapp anzudeuten, daß im folgenden der gültige Resultate
vereitelnde Subjektivismus bisheriger Analysen unter diesem Aspekt der
Umkehrung immer wieder im Mittelpunkt der Betrachtung stehen wird.
Er ist nämlich besonders dann zu beklagen, wenn nicht der Inhalt die
Methoden, sondern umgekehrt die Methoden den Inhalt bestimmen. Denn
unangemessene Methodenwahl oder die unsachgemäße Benutzung an sich
richtiger Methoden setzen an die Stelle des im Text bezeugten Inhaltes
einen fiktiven. Diese These, daß per Methode Inhalte fingiert werden, die
gar nicht vorhanden sind, klingt nach Zauberei und bezeichnet dennoch
genau die schlimmste Form des Subjektivismus als Fehlerquelle bisheriger
wissenschaftlicher Analysen des Kreuzigungsberichtes (und des Markusevangeliums insgesamt)[179]; wer an Potiphars Weib oder die Theologie des
Petrus[180] zurückdenkt, kann an diesen Beispielen ermessen, daß noch vieles
in methodologischer Hinsicht zu klären ist. Dabei wird mein Bemühen
sein, in diesen primär methodologischen Überlegungen auch jene Verse
des Kreuzigungsberichtes in Betracht zu ziehen, die bislang in diesem
Kapitel wenig oder gar nicht genannt wurden.

I. Die vokabelstatistische Methode

Statistik ist eine wissenschaftliche Methode zur zahlenmäßigen Erfassung, Untersuchung und Darstellung von Massenerscheinungen[181]; sie ist
in diesem Sinne eine mathematische Methode. Der Statistik des neutestamentlichen Wortschatzes wird deshalb von manchen Exegeten bei der
redaktionsgeschichtlichen Analyse eine Schlüsselrolle zugestanden. Zahlen
suggerieren Kontrollierbarkeit, Exaktheit, extreme Objektivität. Vor dieser
Suggestion ist in zweifacher Hinsicht zu warnen.

---

[177] Vgl Güttgemanns 229 A306a.
[178] Vgl hierzu dsAr Exkurs VI neben den folgenden Ausführungen.
[179] Vgl Conzelmann ThR, 1972, 272.
[180] Vgl dsAr 4. Kap. A§2 (A40); B§1II.
[181] Vgl Ahlheim 673; Morgenthaler Statistik 8.

Zum einen ist bei redaktionsgeschichtlichen Analysen der zu untersuchende Wortbestand zahlenmäßig oft klein. Liegen aber keine „Massenerscheinungen" vor, so kann Statistik gar nicht oder allenfalls mit größter Vorsicht praktiziert werden. Ihr das alles entscheidende Wort im Urteil über vorliegende Tradition oder Redaktion zuzumuten, ist somit ein schwerer Fehler. Und zum anderen basiert die Verwendung der Vokabelstatistik bei der redaktionsgeschichtlichen Analyse eines Einzeltextes auf der vorausgehenden Aufteilung von Tradition und Redaktion in der jeweiligen Gesamtschrift[182], so daß die derart erhobenen Vergleichszahlen, die ein objektives Ergebnis für den Einzeltext zu bieten scheinen, in Wahrheit durch die eben genannte nichtstatistische Vorarbeit stark bestimmt und also mit einem statistisch nicht zu kontrollierenden Unsicherheitsfaktor belastet sind.

Wer die beiden genannten Täuschungsmöglichkeiten nicht ständig im Auge behält und die Vokabelstatistik deshalb nicht als ein umsichtig gehandhabtes Hilfsmittel neben anderen, sondern als Grundlage redaktionsgeschichtlicher Analyse benutzt, zerstört (s o) die an sich gute Methode — und den Text dazu. Denn Form und Inhalt des jeweiligen Textes im Kontext der Gesamtschrift, dieses für das Wagnis jeder redaktionsgeschichtlichen Analyse unbedingt zu beachtende „Halteseil", wird, wenn man die Statistik trotz der beiden genannten Gefährdungen zur Grundlage der Analyse macht, in der scheinbar objektiven Mechanik statistischer Zahlen, die die oben dargelegte unkontrollierbare Vorgabe verdeckt, zerrieben und zerrissen, so daß dem Exegeten nichts anderes als der Sturz in seine Subjektivität bleibt. Wenn das traditionsreiche Gefüge des Textes erst einmal durch die Mühle der Vokabelzählerei getrieben, fein geschrotet daliegt, muß der Exeget nolens volens — das nach einer solchen Analyse lose umherliegende Textmaterial bedarf der Neuordnung — eine Hypothese nach seinem eigenen Verstand und Willen erstellen.

---

[182] Vgl dsAr 97f; ders Theologie 30; Dormeyer Passion 58ff; Neirynck Evangelica 618—636 (zu Gaston, Hawkins, Morgenthaler, Gnilka, Pryke, Pesch, Schmithals), besonders 619. Dschulniggs „Sprachkritik" (Dschnulnigg 589), die durch ein „statistisches Vergleichsverfahren 270 Sprachmerkmale des Mk" zu erheben versucht (aaO 3, vgl 74—83), ist in anderer Weise vom Subjektivismus bedroht, wie Dschulnigg selber andeutet (vgl aaO 76: „einigermaßen persönlicher Willkür entzogen") und an seiner methodischen Grundlegung (aaO 75f: Begriff der Gattung; 78: Zwei-Quellen-Theorie; 82: „oft oder hie und da"; 82f: Auswahl der „Vergleichsschriften", vgl Reiser Syntax 31—45) und besonders bei seiner Exegese immer dann beobachtet werden kann, wenn die (richtige!) formale Beobachtung von der inhaltlichen getrennt wird (vgl zB aaO 197f mit 580 zu Mk 1,10; 15,38: 15,33.37 bleiben als Kontext unerwähnt, die apokalyptische Färbung von 1,10f ebenfalls; s dazu dsAr 4. Kap. C§3II 1e) und also das seit Wrede bekannte Grundprinzip der form- bzw redaktionsgeschichtlichen Methode, die streng zu beachtende Form-Inhalt-Relation (vgl aaO Exkurs IV,1), mißachtet wird.

Am Beispiel von Dormeyers Analysen läßt sich das allgemein Dargelegte gut konkretisieren. Sie sind grundlegend von der Vokabelstatistik bestimmt[183]; ihre Durchführung zeigt dementsprechend schwerwiegende Fehler[184]; das so errichtete Hypothesengebäude (Markus hat eine Mischung aus hellenistischer Märtyrerakte und spätjüdischem Märtyrerbericht überliefert) wurde von Steichele im Anschluß an die soliden traditionsgeschichtlichen Überlegungen von Ruppert (und zT auch Schenke) durch eine Anmerkung als leicht zusammenklappbares Kartenhaus erwiesen[185].

Methodologisch ist Dormeyers Vorgehen und Resultat des näheren deshalb noch interessant, weil er bei der Grundlegung seiner Vokabelstatistik die von Morgenthaler insofern negiert, als er der Meinung ist, die Methode der Vokabelstatistik müsse von ihm erst „im wesentlichen selbständig erarbeitet werden"[186]. Dormeyers Selbständigkeit in der Erarbeitung einer bei der redaktionsgeschichtlichen Analyse einsatzbereiten Vokabelstatistik besteht dann darin, daß er die jeder derartigen Statistik innewohnende Gefährdung, durch statistisch nicht Kontrollierbares entwertet

---

[183] Dormeyer Passion 26ff.50 („aufgrund der Analyse der Vokabelstatistik und Stilkritik").

[184] Vgl Steichele 221 A105 zur Vokabelstatistik von Dormeyer zu Mk 15,25.33.34, also jenen Versen, die nach Schreiber Theologie 23; Linnemann Studien 157 (hier freilich mit einer mir nicht ausreichenden Begründung, s u dsAr 4. Kap. C§3II 1e) zur Grundstruktur der alten Überlieferung gehören. Wer Dormeyer Passion 194 A774 mit 126 A379 vergleicht, hat in der dann erkennbaren Manipulation ein extremes Beispiel dafür, wie sehr Dormeyers Analysen der oben von mir allgemein zur Vokabelstatistik benannten Gefahr des Subjektivismus erlegen sind, zumal Dormeyer, wie Steichele 221 A105 schon erwiesen hat, seine eigenen methodischen Grundsätze mißachtet: In Dormeyer Passion 126 A379 wird mit dürren Zahlen und so auch mit Mk 15,25.33.34 behauptet, das Stundenschema sei sekundär; bei der Analyse von 15,25 genügt dann ein Rückverweis in A774 auf diesen ‚Beweis' von A379, um 15,25 vokabelstatistisch der markinischen Redaktion zuzuweisen. Bei solchem ‚Beweisgang' wundert nicht, daß der aaO 194 A773 gegebene indirekte Hinweis auf Tradition in dieser Anmerkung gleichsam undiskutiert versteckt wird. Kommt Dormeyer derart zu seinem Wissen, die Tradition habe kein „Interesse an Zeitbestimmungen" (aaO 211), so paßt dazu, daß er die Sekundärliteratur ebenso behandelt. Obwohl Dormeyer Grundthesen dieser Arbeit (zB das Stundenschema ist apokalyptisch gemeint) in seinem Entwurf dilatorisch benutzt (vgl aaO 213f) und gerne unbegründet stramm urteilt, geht er doch auf dsAr 31f.54—58.156f mit keinem Wort ein; Argumente, die in Dormeyers Konzept nicht verrechenbar sind, werden totgeschwiegen.

[185] Steichele 259 A241; vgl auch Mohr 32; dsAr 38 A4. Bestand hat an Dormeyers Entwurf, abgesehen von richtigen Einzelheiten, nur seine Teilhabe am Konsens: Jesus wird als leidender Gerechter geschildert. Lehrreich ist, daß Dormeyer gelegentlich (zB Passion 244: Schweigen Jesu) objektiv Momente registriert, die mit seiner Theorie von der Entstehung der Markuspassion kollidieren, um dann doch an dieser verfehlten Theorie festzuhalten, indem er sie mit Richtigem (leidender Gerechter) kombiniert (aaO 252).

[186] Dormeyer Passion 24. Unter Vorzugswort bzw Vorzugsvokabel versteht Dormeyer aaO 26 zB etwas ganz anderes als Morgenthaler Statistik 49ff. Morgenthalers zweite Arbeit von 1971 scheint Dormeyer der Beachtung nicht wert.

zu werden (s o), zum System erhebt[187], so daß selbst eherne Elemente der Tradition wie zB Mk 15,25.33 nun in dieser frei flottierenden Fehlerautomatik mühelos in markinische Redaktion verwandelt werden können[188]. Indem Dormeyer meint, seine unter Berücksichtigung der Vorarbeit von zehn Exegeten erstellte „kursorische Aufteilung der Schichten des Mk-Ev" berechtige ihn, „1/3 — 1/2 des Mk-Ev" auf den Evangelisten zurückzuführen[189], vermag er der Willkür keine Zügel mehr anzulegen. Denn in vielen Fällen stehen die Dinge nun von vornherein fünfzig zu fünfzig, dh der Exeget kann dann völlig unabhängig von Form und Inhalt des Textes, aber auch von allen Zahlen bzw mit Hilfe des von ihm postulierten Zahlenverhältnisses allein nach seinem Willen entscheiden, ob er in einem bestimmten Wort Tradition oder Redaktion sehen will[190].

Meine vokabelstatistische Untersuchung wurde noch ohne[191] die grundlegenden Arbeiten von Morgenthaler unternommen. Die von mir damals notierten Warnungen[192], die durch andere Exegeten zu Recht verschärft wurden[193], entsprechen dem, was Morgenthaler selbst eindringlich dargelegt hat[194] und mE unbedingt zu beachten ist.

---

[187] Vgl Dormeyer Passion 58—65; besonders 58: „Dubletten und Formzerstörung (sic) gelten als deutlichste Kriterien der Hand" des Markusevangelisten. Als wenn Mk ein solcher Statistiker wie Dormeyer wäre!

[188] Vgl dsAr 47 A4; s u C§3II1 (zu Mk 15,25.33f). Entsprechend unqualifiziert geht Dormeyer mit Morgenthalers bzw meiner Grundlegung der Vokabelstatistik (vgl dsAr 97 A5) um. Der Hinweis bei Dormeyer Passion 19 A83 auf Morgenthaler Statistik 164 führt in die Irre, insofern Dormeyer die bei Morgenthaler Statistik 49f gegebene Erläuterung zu aaO 164 nicht beachtet. Was Dormeyer Passion 19 zur Wertung der Hapaxlegomena kritisch ausführt, wiederholt nur bereits Ausgeführtes (vgl dsAr 98); daß ich seltene Worte „automatisch" (Dormeyer Passion 19) der Tradition zuschlage, ist seine frei Erfindung: Ich verzichte im Unterschied zu Dormeyer vielmehr wegen der dsAr oben dargelegten Gründe „automatisch" (vgl dsAr 100) in gewissen Fällen auf jegliche vokabelstatistische Untersuchung!

[189] Vgl Dormeyer Passion 58 mit 27 und ebd A6. Prinzipiell ähnlich verfahren Pryke und Gaston: Die Verse, die in bisheriger Sekundärliteratur als redaktionell angesehen wurden, bilden die Basis der Vokabelstatistik. Wie wenig damit zu erreichen ist, zeigt Neirynck Evangelica 619 durch einen Vergleich von Pesch, Gnilka und Schmithals. Vgl zum Problem weiterhin dsAr Exkurse V. VI. Die oft völlig divergenten Argumente der verschiedenen Analysen nehmen auch Übereinstimmungen im Endresultat zu bestimmten Versen viel von ihrem wissenschaftlichen Wert; vgl zB Bult 190 („Tatsache") mit dsAr 234f: Beidemal wird Mk 15,37 zur ältesten Tradition gerechnet, aber die Begründungen schließen sich gegenseitig aus.

[190] Vgl dazu dsAr s o A184 (Dormeyer Passion 194 A773).

[191] Vgl dsAr 97 A5.

[192] Vgl aaO 98 A2; 99 A1.3; 117 A2.4.

[193] Vgl zB Linnemann Studien 142 („Für sich allein genommen, gibt deshalb die Vokabelstatistik kein ausreichendes Kriterium ab, um redaktionelle Ergänzungen auszuscheiden." Gegen Linnemann: Ich habe dies auch nie behauptet.).143; Busemann 43 (zur Wertung

Zu solcher Beachtung gehört vornehmlich die Einsicht, daß aus der Vokabelstatistik gewonnene Ergebnisse nur dann für die redaktionsgeschichtliche Analyse grundlegend sein können, wenn die eingangs dieses Unterabschnittes formulierten beiden Gefahren ausgeschlossen wurden, was zB bei einigen wenigen Feststellungen Morgenthalers zu Mk der Fall ist[195]. Aber selbst in diesen Fällen kann die Vokabelstatistik, wie Morgenthaler ausdrücklich betont und wie für alle andern Hinsichten oben von mir ohnehin dargelegt wurde, nur Hilfsmittel zur Überprüfung[196] von und Stimulanz[197] zu Ergebnissen sein, die durch an Form und Inhalt orientierten Methoden gewonnen wurden bzw zu gewinnen sind. Mehr kann die Vokabelstatistik im Methodengefüge historisch-kritischer Exegese der Synoptiker nicht leisten. Doch wäre es mE töricht, diese wichtige Hilfe zu verachten. Im vorgenannten Sinne sind die in dieser Arbeit abgedruckten vokabelstatistischen Überlegungen von 1959 mit den jetzt dazu formulierten Einschränkungen und Ergänzungen (von MFriedrich) mE als Hilfsmittel der Analyse nach wie vor brauchbar.

---

der Hapaxlegomena und Vorzugsvokabeln); Räisänen 58f (wo „Lieblingsvokabular" fehlt: Tradition; wo vorhanden: evtl Mk *oder* von ihm redigierte Tradition); Reiser Syntax 31 („genügt das sture Zählen nicht". „Die Statistik muß immer ergänzt werden durch eine sorgfältige Untersuchung der Gebrauchsweise unter Berücksichtigung von Darstellungsart und Gattung."), vgl aaO 85.97. Die Linnemann Studien 141 gemachten Einwände sind mE weniger stichhaltig, aber tendenziell (eingeschränkte Bedeutung der Vokabelstatistik) ebenfalls richtig.

[194] Vgl Morgenthaler Statistik 50: „Je kleiner die Zahlen und die Zahlendifferenzen sind, um so unsicherer ist das Resultat." Morgenthaler sieht in bestimmten Kombinationen, die, wie oben gezeigt, für die Anwendung der Vokabelstatistik bei der redaktionsgeschichtlichen Analyse unerläßlich sind, die Gefahr der „Willkür auf Seite des Auswählenden" und stellt zusätzlich fest, daß „jeder Schematismus nur in die Irre führen müßte" (ebd).

[195] Vgl zB Morgenthaler Statistik 16.22.37.46.

[196] Vgl aaO 8.65; RHStein ZNW, 1970, 74 („can only add its support to other arguments"). Wenn Dschulnigg 299f seiner hilfreichen Statistik zur Sprache des Mk (vgl aaO 84–257) „eine ganz entscheidende Funktion" zuerkennt und diese Art „Sprachkritik" (aaO 299) abgesehen von der Textkritik allen anderen Methoden vorordnet (vgl aaO 300f), so ist dem von Wredes Ansatz her zu widersprechen: Das „Gesamte der sprachlichen Gestalt einer Schrift" (aaO 300) kann ohne die *gleichzeitige* Beachtung des Inhalts der Schrift nicht angemessen erfaßt werden.

[197] Mir waren die von MFriedrich durch den synoptischen Vergleich gewonnenen und tabellarisch zusammengestellten vokabelstatistischen Ergebnisse (vgl dsAr Exkurs V) jedenfalls ein wichtiges Hilfsmittel, früher gewonnene Ergebnisse zu überprüfen und neue zu finden, obwohl manche, Mk zweifellos wichtige Wort-Bezüge so nicht erfaßt werden können, vgl zB das Sehen in Mk 15,39. — Die Überlegungen von Schweizer Beiträge, 1970, 24; Hasenfratz 85f zur Methodik der Vokabelstatistik zeigen übrigens, daß Schreiber Theologie 30ff bei aller Kürze nicht unbedingt wie bei Linnemann und besonders Dormeyer mißverstanden werden mußte.

II. Stilkritik

1. „Semitismen"

Im griechischen Text des Markusevangeliums läßt sich Überlieferung nachweisen, die ursprünglich in aramäischer Sprache tradiert worden ist. Diese zum erstenmal von Lessing angedeutete These[198] ist inzwischen so sorgfältig ausgearbeitet worden, daß sie mW von niemand mehr bestritten wird.

Fraglich und entsprechend umstritten ist jedoch für einzelne Stellen, ob Spracheigentümlichkeiten des Markus, die man pauschal als Semitismen zu bezeichnen pflegt, jeweils durch aramäische Überlieferung oder durch Lektüre des hebräischen bzw des ins Griechische übersetzten Alten Testaments bedingt oder auch einfach als Sprachgebrauch der Koine zu werten sind. Wie kompliziert in dieser Hinsicht die Sachklärung im Einzelfall ist, zeigen die Spezialarbeiten von MReiser und ECMaloney[199]. Wenn in jüngster Zeit wieder wie vor 1959[200] mit Hilfe von Semitismen auf älteste vormarkinische Tradition der aramäisch sprechenden Jerusalemer Urgemeinde oder wie zB im Fall von Mk 15,34 sogar auf den historischen Jesus zurückgeschlossen wurde[201], so sind folglich Rückfragen unumgänglich. Bei diesen Urteilen wurden nämlich methodisch wesentliche Argumente übersehen, an die Maloney mit seinem Hinweis auf JAFitzmyers Rat, „that source-, form-, and redaction-critical data must be reckoned with in any study of Semitic interference in the New Testament"[202], mit Recht alle erinnert hat, die in dieser Hinsicht stilkritisch argumentieren.

Vor diesen methodischen Überlegungen und Hinweisen zu einzelnen Stellen sind jedoch zwei forschungsgeschichtlich seit langem grundsätzlich feststehende Sachverhalte hervorzuheben, deren Mißachtung bei der Analyse zu unhaltbaren Urteilen führt. Zum einen ist seit der Perserzeit Aramäisch „zur Sprache des vorderen Orients geworden" und war deshalb zur Zeit „Jesu ... Volkssprache"[203]. Und zum anderen ist seit langem für das Zeitalter des Hellenismus ein intensiver kultureller Austausch zwischen Semiten und speziell auch Juden und Griechen erwiesen[204]; Jesus hat zB

---

[198] Vgl Kümmel Einleitung 19 und 21.23.29f zur Abklärung dieser These im Gang der Forschung. Hypothesen zu aramäischen Quellenschriften (vgl aaO 29: „aram. Urevangelium") können mE bei Darlegungen zu Mk 15,20b—41 vernachlässigt werden, zumal Bultmanns Urteil (vgl dsAr 174 A4) zur Sache nach wie vor gültig sein dürfte.

[199] Vgl Reiser Syntax 9.26f zur Kritik an Maloney. Das letzte Wort scheint hier noch lange nicht gesprochen zu sein, vgl Reiser Syntax 167f; zuletzt Rüger Aramaismen 73ff.

[200] Vgl dsAr 174 A4.

[201] Vgl Pesch Markusevangelium II 22; Steichele 203.237.251.253; Mohr 325f.328 und dazu kritisch Reiser Syntax 163f.

[202] Maloney 25; vgl Schreiber Theologie 90 A11; LSchenke Studien 306 A1; 309 A1.

[203] Jepsen RGG³ I 532; Baumgartner RGG³ I 534; vgl Köster Einführung 114.

[204] Vgl GFriedrich ThW X/1, 44—50; besonders 44 A119 (Literatur!).

nach Mk 12,16 bei seinen Zuhörern Kenntnis des Griechischen vorausgesetzt[205]. Zusammenfassend kann man zugespitzt formulieren, daß in urchristlicher Zeit „bekanntlich der gesamte Vordere Orient zweisprachig" war[206].

Beachtet man dieses Resultat bisheriger Forschung, so ist selbst ein tatsächlich auf aramäischen Einfluß zurückgehender Semitismus in einer bestimmten Formulierung des Markus allein noch keineswegs ein Beweis dafür, daß sich hier die älteste Urgemeinde aus Jerusalem oder gar der historische Jesus persönlich zu Wort meldet, wie umgekehrt das Fehlen von Semitismen nicht ohne weiteres gegen das Vorliegen alter Tradition ins Feld geführt werden kann, zumal es bekanntlich schon in der Jerusalemer Urgemeinde und evtl sogar unter den Jüngern des historischen Jesus „Hellenisten" gegeben hat[207]; es müssen also zu dieser wie jener Beobachtung jeweils durch andere Methoden erzielte Ergebnisse hinzukommen, um das Alter einer Tradition zu bestimmen. Erst wenn die von Maloney erneut angesprochene Kontroverse der Spezialisten über das bei der Interpretation des Markus zum Vergleich heranzuziehende Aramäisch entschieden ist[208], mag die Bedeutung von Aramaismen, die einem bestimmten Dialekt zugeordnet werden können, trotz der eben gegebenen Sicht für die Analyse mehr Gewicht erhalten. Wie das Alter einer Tradition zu beurteilen ist, wird aber letztlich auch dann immer nur mittels anderer, eingangs oben schon erinnerter Beobachtungen endgültig zu bestimmen sein.

Mk 15,34 ist für die Interpretation des Kreuzigungsberichtes ein besonders wichtiger Vers, weshalb an ihm beispielhaft die Bedeutung der genannten Grundsätze demonstriert werden soll. Die Syntax in V 34b zeigt Bezüge zur LXX und keinen aramäischen[209], aber dafür markinischen Einfluß[210]. Und der aramäische Wortlaut in V 34a kann beim heutigen

---

[205] Vgl aaO 47; Riesner 390ff.

[206] SSchulz ZNW, 1962, 126; vgl Köster Einführung 261f; Riesner 386.

[207] Vgl Holtz ThLZ, 1975, 324f.

[208] Vgl Maloney 43f und dazu Baumgartner RGG³ I 534; SSchulz ThR, 1960, 331; neuerdings Rüger TRE III 602ff; Riesner 388f.

[209] Maloney 250, vgl aaO 63.142.159.162.201.222 gegen Mohr 325, Ziffer 2; ähnliches gilt für Mk 15,27.39; vgl Maloney 250f.

[210] Die von Steichele 251 notierten Unterschiede zwischen Mk 15,34 und Ψ 21,1 lassen sich am besten redaktionsgeschichtlich durch das Kerygma des Evangelisten erklären. Der in Mk 1,9ff mit dem Geist versehene Täufling Jesus, der so als der einmalig geliebte Gottessohn (vgl dazu Ruckstuhl 193–220, besonders 215: „Grundanliegen" des Mk) vom Geist getrieben (Mk 1,12; vgl Rm 8,14) den Seinen durch Leiden zur Herrlichkeit vorangeht (Mk 10,32f) und die Todestaufe erleidet (10,38f), nennt in der Kraft dieses Geistes (vgl 14,38) Gott seinen Vater mit einer Formel (14,36: ἀββὰ ὁ πατήρ), die aus der hellenistischen Christenheit als „Gebetsruf des Getauften" (SSchulz Stunde 130), der in der Taufe den Geist der Sohnschaft empfangen hat und Tod und Auferstehung Jesu

Stand der Forschung ebenso in Jerusalem wie in Antiochien oder einem anderen Ort des Vorderen Orients formuliert worden sein, so daß der Schluß, hier habe die aramäisch sprechende „früheste palästinische Urgemeinde" ein „Wort Jesu" überliefert[211], ein Kurzschluß genannt werden darf[212]. Die in dieser Arbeit mit Hilfe verschiedener Methoden erarbeitete These, V 34 sei sekundär Dublette des Markus zu V 37[213], ist durch den Hinweis auf Semitismen in V 34 also nicht widerlegt worden. Dieses gilt um so mehr, wenn man beachtet, daß Semitismen wie die in der Art von V 34 eine seit langem erkannte Spezialität des Markus sind, die Matthäus zurückschneidet und Lukas ganz tilgt[214] und die in V 34 besagt, daß „Jesus auch in dieser Situation seine Vollmacht behält"[215].

„Mit Nachdruck muß" abschließend erneut „darauf hingewiesen werden, daß der bloße Aufweis von Aramaismen (oder gar Semitismen) keineswegs zu eindeutigen religionsgeschichtlichen und theologischen Fixierungen von Überlieferungsgut führt. Das beste Beispiel dürfte u.a. das ταλιθὰ κοῦμ von Mc 5,41 sein. Diese aramäische Redewendung in einem griechischen Text, d.h. einer vormarkinischen Wundergeschichte, beweist gerade nicht, daß eine solche Epiphaniegeschichte auf die aramäische

---

gleichgestaltet wurde (vgl Hasenfratz 124 A295), geläufig ist (Rm 8,15; Gl 4,6), und bewährt diesen Gebetsruf am Kreuz, in seiner Todestaufe (Mk 10,38), wie der über den Wortlaut der LXX hinausgehende, aber dem hebräischen Text entsprechende, Mk 1,10; 9,7; 12,6 (μου) korrespondierende Zusatz (μου) in Mk 15,34 unterstreicht, durch sein unbedingtes Gottvertrauen. Der in Ψ 21,2 zusätzlich genannte, aber Mk 15,34 fehlende Imperativ (vgl Steichele 251: πρόσχες μοι) paßt hingegen nicht zu dem in den Gebeten 14,36; 15,34 dokumentierten unbedingten Vertrauen und fehlt also deshalb. Zu εἰς τί (Mk) statt ἵνα τί (LXX), also evtl „wozu" statt „warum", verweise ich auf Burchard ZNW, 1983, 8 (das Ziel, der Zweck der Gottverlassenheit wird eingeklagt).

[211] Mohr 326.328; ähnlich LSchenke Christus 96; Steichele 203.

[212] Dormeyer Passion 201 bestreitet in V 34 Einfluß der LXX, weiß aber, daß Mk als „Übersetzer ... das Aramäische beherrscht". Frage: Kann der „Übersetzer" nicht auch die aramäischen Worte in V 34a selbst analog zum (hebräischen) AT formuliert haben, weil ihm an dem grotesken Mißverständnis von 15,35f lag (vgl Schreiber Theologie 48f; dsAr 174 A4)? Mk liebt jedenfalls anderwärts derartige Mittel, um seine Theologie zu verdeutlichen (vgl dsAr Exkurs IV,2), was Mohr 325, Ziffer 3 übersieht. Im übrigen hat Steichele 237f richtig daraufhingewiesen, daß der Schriftbeweis bei Mt, Lk und Joh zunimmt, und HHSchmid 136f hat diesen Umstand ua im Blick auf den Wechsel von Mk 15,34.37 zu Lk 23,46 (vgl Schreiber Theologie 14f.59f) dahingehend ausgewertet, hier zeige sich, „wie frei die Evangelisten ... vorgehen"; vgl dsAr 65f zu Lk 23,46; Mt 27,43: So wie Lk und Mt den Mk redigieren, so hat dies auch Mk bei seiner Tradition (15,37) durch 15,34 getan.

[213] Vgl dsAr 178f.

[214] Vgl Mk 3,4.17; 5,41; 7,11.34; 14,36; 15,22.34 und dazu dsAr 96 A6; 174 A4; Kümmel Einleitung 34 A38 unter Hinweis auf Hawkins (1909): die „acht aramäischen Worte bei Mk ... fehlen bei Lk sämtlich, nur zwei hat auch Mt (27,33.40)"; Rüger TRE III 602ff.

[215] Burchard ZNW, 1983, 8.

Urgemeinde Jerusalems zurückgeht. Im Gegenteil: Diese aramäische Redewendung wie überhaupt die zahlreichen Aramaismen ausgerechnet in den vormarkinischen θεῖος ἀνήρ-Geschichten (zB Mc 1,21ff; 5,1ff; 6,45ff)", zu denen auch der dominierende Teil der vormarkinischen Kreuzigungstradition gehört[216], „lassen dieses gesamte Traditionsgut im hellenistisch-orientalischen Christentum beheimatet sein"[217] — und sind so nur von Markus tradiert worden (s o)! Er kann als Heidenchrist bzw hellenistischer Judenchrist in der Art seiner Tradition V 34 als Dublette zu V 37 also sehr wohl selbst formuliert haben: V 34a bietet den längsten und inhaltsschwersten Aramaismus im Markusevangelium und zusammen mit V 34b in bewußter Abänderung des LXX-Textes (s o) die Paradoxchristologie des Markus in ihrer strengsten Form[218].

2. Der Gebrauch des Präsens und des Partizips

Meine These, der im Markusevangelium jeweils einmalig häufige Gebrauch des Präsens historicum in 15,20b−22.24.27 einerseits bzw von Partizipien in 15,34b−36 andererseits deute auf verschiedene Verfasserschaft, ist von E Linnemann akzeptiert worden[219]. Aber ihre dabei zugleich und betont geäußerte Kritik, diese beiden Beobachtungen *allein* seien kein Grund dafür, die einen Verse zusammenhängend der ältesten Tradition und die anderen dem Evangelisten zuzuschreiben, ist in der nachfolgenden Forschung vornehmlich beachtet worden[220]. Ich stelle deshalb fest, daß das, was Linnemann kritisiert, von mir so nie behauptet wurde. Im einen wie im anderen Fall wurden durch unterschiedliche Methoden gewonnene Beobachtungen in ihrer Wirkung dahingehend zusammengefaßt, daß in Mk 15,20b−22.24.27 wahrscheinlich älteste Tradition[221], in 15,34−36

---

[216] Vgl dsAr 4. Kap. B§2II.

[217] S Schulz ZNW, 1962, 126; vgl Hasenfratz 84f, besonders A75 (Cope: sic!); auch Bult 238; Peddinghaus 139; weiterhin Köster Einführung 117 zu Transkriptionen aramäischer Worte in Mk 5,41; 7,34: „Dafür finden sich in den Zauberpapyri und in gnostischen Texten viele Parallelen".

[218] Vgl Gräßer Text 40; Schreiber ZNW, 1981, 151f; ders Schweigen 82; Vanhoye 230.232.236.246f zur Paradoxchristologie des Mk; außerdem speziell zu Mk 15,34 S Schulz Stunde 137: „Hier und nur hier taucht das einzige alttestamentliche Zitat in der ganzen Passionsgeschichte auf!"

[219] Linnemann Studien 140. Vgl Kilpatrick ZNW, 1977, 258ff zum Präsens historicum, der aber nicht speziell auf Mk 15,20b−22.24.27 eingeht; so auch Reynolds passim, dessen Unterscheidung aaO 71 von „zero tense" und „dramatic present" zum Terminus „historical present" aber Materas Argumentation tangiert.

[220] Vgl Dormeyer Passion 18; Steichele 200.205; anders hingegen Schenk Deutung 234.236; ders Passionsbericht 17f.19.

[221] Vgl Schreiber Theologie 24.28.30; dsAr 87−89, besonders 89 A2.4.5. Da Linnemann Studien 140 das Präsens historicum als „Kennzeichen der Volkssprache" gelten läßt, ist die Argumentation von dsAr 87 („besonders alte Überlieferung") von ihr keineswegs

hingegen Redaktion des Evangelisten vorliegt[222]. Freilich habe ich in diesem Zusammenhang immer behauptet, daß der Gebrauch des Präsens wie des Partizips im Kreuzigungsbericht nicht dem sonst üblichen des Markus entspreche. Die gegenteilige Auffassung[223] möchte ich hiermit ausdrücklich als Irrtum zurückweisen. Denn der besondere Gebrauch der jeweils benutzten Verben ist schon seit langem und immer wieder aufgefallen, weil er im Kontext des Markusevangeliums einmalig ist[224].

---

widerlegt worden, wenn man entgegen ihrem Verfahren meine sonstigen Argumente für dieses Urteil beachtet. Hendriks 42 sieht wie Linnemann richtig, daß „nicht-literarische Sprache" das Präsens historicum liebt, und behauptet dann leider ähnlich wie Linnemann irrigerweise, ich würde deshalb „von vorneherein" „älteste Gemeindetradition" voraussetzen (aaO 49). Richtig ist, daß ich im Präsens historicum *ein* Argument dafür sehe. Ich urteile aber zB auch deshalb so, weil das Geschick des Augenzeugen der Kreuzigung Simon von Cyrene so im Präsens erzählt wird (15,21) und eine derartig klare Textaussage als Hinweis auf älteste Tradition mir evidenter ist als Hendriks hier auf Sekundäres hinführende Kollektionstheorie, die ihn veranlaßte, mit der Einmaligkeit präsentischer Formen im Kreuzigungsbericht so umzugehen, daß ein latenter Widerspruch in seinen Ausführungen zwischen aaO 42 (s o) und 49 („sekundäre Überarbeitung") zu beobachten ist. Matera (vgl auch Vorster 60) ist in dieser Hinsicht konsequenter, weil er das Präsens historicum durchweg als Redaktionsmittel sieht.

222 Vgl Schreiber ZThK, 1961, 159f; ders Theologie 25.27.29.48f.179—182; dsAr 91f und 91 A2. Reynolds 72, Ziffer 3 (Präsens historicum nicht notwendigerweise Kriterium für von Mt/Lk gemiedenen „vulgarism") kann das dsAr A221 zum Präsens historicum als Kennzeichen der Volkssprache Erinnerte insofern nicht umstoßen, als unabhängig von diesem Phänomen methodisch anders gelagerte Beobachtungen zusätzlich auf alte Tradition schließen lassen.

223 Vgl Dormeyer Passion 18; Steichele 202; Dschulnigg 263.320; Schenk Passionsbericht 272, der für die Markuspassion eine „Praes.-hist.-Schicht" als durchlaufenden Traditionsstrang neben einem apokalyptisch geprägten für erweisbar hält; sicher zu unrecht (vgl Mohr 28 Ziffer 2, aber auch aaO 28 A104 und dazu dsAr A224).

224 DsAr 88, vgl 88 A4; 91f; Reiser Syntax 150 („15,36 ἄφετε ἴδωεν").159.167 (zur „Häufigkeit von Partizipialkonstruktionen" in der Markuspassion); Mohr 326: „6 (!) Partizipien in V. 35f". Wenn Zerwick 55 seine Beobachtung von der Einmaligkeit der 6 präsentischen Formen in 15,20b—22.24.27 so (vgl aaO 54) mit den nachfolgenden Versen kombiniert, daß er den Sonderfall in das von ihm entdeckte, praktisch in jedem Kapitel des Mk vorhandenen „Schema" „präsentischer Einsatz, präteritale Fortsetzung bzw Schluß" einordnen kann, so zeigt schon die Tabelle bei Zerwick 50—53 die Gewaltsamkeit dieses Verfahrens, insofern Zerwick seinem Schematismus zuliebe nicht nur die einmalige hohe Zahl der präsentischen Formen, sondern auch die dabei benutzten Verben (vgl Hendriks 49: „aber meist von anderen Verben") nivellierend auf die anderen Texte des Mk hin traktiert. Ein Text wie zB Mk 5,35—43 mit seinen ähnlich auffällig vielen präsentischen Formen kann deshalb mit Mk 15,20b—22.24.27 nicht zusammengesehen werden, da in ihm die bei Mk für den Gebrauch des Präsens typischen Verben benutzt werden (vgl aaO 50). Steichele 202 übersieht diese wesentlichen Unterschiede, wenn er sich auf Zerwick 54f bezieht (vgl Steichele 202 A39). Ähnlich undifferenziert urteilen Linnemann

Steichele hat es wohl nicht zufällig für nötig befunden, den eben zurückgewiesenen, von ihm aber geteilten Irrtum Linnemanns im Fall von 15,34b—36 durch zwei weitere zu stützen, indem er Vv 34.37 mE falsch wertet, worüber oben schon gehandelt wurde[225], und zum anderen behauptet, in Vv 35f werde die Elia-Vorstellung anders als sonst im Markusevangelium gebraucht[226]. Aber Markus kombiniert (im Unterschied zu Matthäus und besonders Lukas) die sonstigen, bei Steichele genannten Elia-Vorstellungen nicht erst in 15,35f, sondern schon in 6,14.20 mit der vom Wundertäter[227]. Johannes der Täufer ist als Elia redivivus nach Markus eben in jeder Hinsicht Vorläufer des Gottessohnes und vor allem in dessen Geheimnis gehüllt; er wird wie dieser trotz seiner wunderwirkenden Kraft mißverstanden (6,14—16; 8,28; 15,35f), überliefert (1,14), hingerichtet (6,27; 9,13)[228], begraben (6,29)[229] — und erhöht (9,4)! Die Elia-Vorstellung von 15,35f ist Markus also nicht fremd, wie Steichele meint, sie gehört vielmehr genau in das Konzept des Markus: Da Jesus in der vom Evangelisten verarbeiteten Tradition θεῖος ἀνήρ ist, berichtet er im Rahmen seiner Eschatologie und Christologie dasselbe über die ihm vorgegebene Tradition hinaus auch von Johannes dem Täufer, dem Vorläufer. Mk 15,35f kann also gerade auch wegen der in diesen Versen erkennbaren Elia-Vorstellung vom Evangelisten erst formuliert worden sein.

3. Der Partikelgebrauch

Bei der analytischen Auswertung des Partikelgebrauches darf man nicht „rückwirkend (sic) von den Matthäus/Lukasredaktionen … auf den Stil" des Markus schließen: „Dieser Schluß enthält keinerlei Beweis-

---

Studien 140; Hendriks 49 (ohne Hinweis auf Zerwick), auf die sich wiederum Matera 42 A36 bezieht. Materas Theorie aaO 40—42, Mk setze das Präsens historicum bewußt „for the sake of vividness" ein (aaO 45), erklärt die eben noch einmal dargelegte Einmaligkeit der präsentischen Formen in 15,20b—22.24.27 nicht. Sie zeigt aber über dsAr 87f hinaus, weshalb Mk, der vom Wortschatz (und seinen θεῖος-ἀνήρ-Traditionen) her „das hellenistischste Evangelium geschrieben" hat (Morgenthaler Statistik 46), im Unterschied zu Lk und Mt die Sprachführung der Tradition evtl absichtlich, nun als „Kunstmittel" verstanden (dsAr 87 A1 wäre dann in diesem Sinne gemäß den Einsichten aaO 79f.92 zu den begrenzten schriftstellerischen Absichten der Evangelisten zu präzisieren), beibehalten hat. Mk formuliert, so möchte ich zu Vorster 51 bemerken, gewiß nicht ‚vulgär‘, aber doch weithin unbestreitbar volkstümlich (vgl Rydbeck 198 A20: „Alltagsrede") im Anschluß an seine Tradition (vgl Vorster 58f: Mk als „narrator" und dazu Wrede 142: Nähe zum Märchenstil).

[225] Vgl dsAr 4. Kap. B§1II.
[226] Vgl Steichele 206.
[227] Vgl Schreiber Theologie 180f.
[228] Vgl aaO 181; dsAr 181—189; Schreiber Vollzug 13f.
[229] Vgl Schreiber ZNW, 1981, 149; Grundmann Markus[8], 1980, 174.

kraft.“[230] Denn abgesehen von gewissen Fällen der Textgeschichte[231] ist es in historisch-kritischer Sicht[232] unsinnig, eine Rückwirkung der später Schreibenden auf ihre doch längst fertig formulierte Vorlage zu erschließen.

Im Unterschied zu diesem Vorgehen ist es aber nach wie vor eine keineswegs nur für die Untersuchung des Partikelgebrauchs wissenschaftlich gültige Methode[233], aus dem Verhalten der späteren Evangelisten, die wir bei der Verarbeitung ihrer Vorlagen besser beobachten können, auf das redaktionelle Verhalten des Markus, der nach der Zwei-Quellen-Theorie[234] als erster ein Evangelium schrieb, mit der gebotenen Vorsicht[235] zurückzuschließen. Dabei ist zu beachten, daß der Partikelgebrauch des Evangelisten auch schon in der Tradition bzw in deren redaktionellen Bearbeitung vorliegen kann[236].

Wer meint, mit dem zuletzt genannten Hinweis sei der Analogieschluß auf redaktionellen Partikelgebrauch des Markus insgesamt als nichtig erwiesen[237], irrt. Die allgemeine Annahme, Markus sei stilistisch als Redaktor wegen seiner schriftstellerischen Ambitionen prinzipiell wie die ihm nachfolgenden Redaktoren Matthäus und Lukas vorgegangen, bedeutet ja keineswegs, daß man Partikel, die sich von daher eher der Redaktion oder

---

[230] Dormeyer Passion 18 meint mit diesen Formulierungen im Anschluß an Linnemann (vgl aaO 18 A81; 19 A84) mein Verfahren zu charakterisieren. Aber weder Linnemann noch ich selbst haben geschrieben, was Dormeyer zusammenzufassen bzw zu kritisieren versucht. Dabei lag Dormeyer im Unterschied zu Linnemann dsAr 1—272 vor (vgl Dormeyer Passion 18 A80).

[231] Vgl zB dsAr 49ff.

[232] Anders steht es, wenn man textpragmatisch wie Dormeyer Sinn 108 oder rezeptionsästhetisch wie Weder Evangelium 405 argumentiert.

[233] Man kann sagen, daß die Synoptikerforschung recht eigentlich von dieser Methode lebt. Ihre richtige Anwendung bei der redaktionsgeschichtlichen Exegese hat Marxsen Einleitung 140f.147 (zu Vielhauer) angemahnt; vgl dazu Schreiber Theologie 15f (innermarkinischer Vergleich).

[234] Diese Theorie ist über frühere Ergebnisse hinaus durch die redaktionsgeschichtliche Forschung zusätzlich als beste Lösung des synoptischen Quellenproblems erwiesen worden, vgl Conzelmann ThR, 1978, 12 (zu Neirynck); Mohr 13 A15. Versuche (vgl zB Blank 202ff im Anschluß an H-HStoldt; Riesner 2ff), die Zwei-Quellen-Theorie in Frage zu stellen, verlieren deshalb vollends jede Überzeugungskraft.

[235] Vgl Schreiber ZNW, 1981, 142 A3. Schenke/Fischer 70 („Möglichkeit") zeigen (trotz ihrer zu bejahenden religionsgeschichtlichen Perspektive, vgl aaO 67) freilich, daß die angebrachte Vorsicht in vielerlei Vermutungen (vgl zB aaO 75f) „zum Markus-Evangelium als einer typischen Nachkriegserscheinung" (aaO 81) entarten kann, wenn die redaktionsgeschichtliche Methode vornehmlich in ihrem „Scheitern" (aaO 82) betrachtet wird, statt sie in der Handhabung zu verbessern.

[236] Vgl dsAr 66 A5; 78 A1; 80; auch Reiser Syntax 100f („Gebrauch von δέ gegenüber καί").119 zu dsAr 78ff.

[237] So Linnemann Studien 141.

redaktioneller Bearbeitung von Tradition als der Tradition selbst zurechnen lassen, automatisch der *markinischen* Redaktion zuteilen darf. Der Schluß, ein bestimmter Partikelgebrauch gehe in einem konkreten Fall auf markinische Redaktion zurück, ist vielmehr erst dann möglich, naheliegend oder evtl auch zwingend geboten, wenn durch andere Methoden gewonnene Ergebnisse in dieselbe Richtung weisen. Der Partikelgebrauch ist dann also mittels des Analogieschlusses ein zusätzliches Argument für die Annahme markinischer Redaktion[238].

4. Der Erzählungsstil

Die analytische Auswertung von Beobachtungen zum Erzählungsstil erfolgt ebenfalls aufgrund des eben besprochenen Analogieschlußverfahrens[239] einschließlich der dabei erörterten Einschränkung, nicht alleine, sondern nur im Verbund mit Ergebnissen, die auf andere Weise gewonnen wurden, analytische Urteile begründen zu können. Die Kritik[240] an meiner Auswertung des Erzählungsstils hat weder die vorstehend genannten Gesichtspunkte noch auch den diese Gesichtspunkte konkretisierenden Hinweis auf die „Erkenntnis formgeschichtlicher Arbeit" beachtet[241]; anscheinend ist es leichter, die eigene Arbeit Rudolf Bultmann zu widmen als seine zu kennen.

Will man diese Kenntnis vermitteln, so ist zuerst daran zu erinnern, daß Bultmann und die Formgeschichtler insgesamt den Begriff ‚Stil' nicht ästhetisch, sondern soziologisch definieren[242]. Dennoch ist es eine Überspitzung zu meinen, unter ‚Stil' sei deshalb „nicht Wortwahl und Satzkonstruktion, sondern ‚die gesamte Vortragsart' zu verstehen", dh der Stil sei eine „soziologische Tatsache"[243]. Dibelius betont vielmehr, daß der Begriff ‚Stil' bei formgeschichtlicher Argumentation „nicht nur ... auf Wortwahl und Satzkonstruktion" bezogen, aber „unter Umständen auch an Wortwahl und Satzbau" orientiert ist[244]. Andere Kriterien wie „Breite oder Spärlichkeit der Schilderung"[245] hängen eben mit Wortwahl und Satzbau zusam-

---

[238] Vgl Schreiber Theologie 29f; dsAr 77—86. Linnemanns gegenteilige Auffassung kommt dadurch zustande, daß sie bei der Bewertung des Partikelgebrauches ähnlich verfährt wie bei der Vokabelstatistik (s o); sie isoliert die Einzelmethoden so, wie sie in ihrer Analyse die Einzelverse des Textes (im Anschluß an die von ihr zu Recht abgelehnte historisierende Auslegung!) isoliert (vgl zB Linnemann Studien 149f).

[239] Vgl Bult 7f.

[240] Linnemann Studien 140; Dormeyer Passion 18.

[241] Schreiber Theologie 27.

[242] Vgl Vielhauer Literatur 284.

[243] Ebd.

[244] Dib 7.

[245] Ebd.

men[246]. Bultmann urteilt nicht anders, wie seine positive Bezugnahme auf Larfeld[247] und seine eigenen Darlegungen[248] zeigen.

Wer diese Darlegungen aufmerksam studiert, wird zugeben müssen, daß in meinen Ausführungen zum Erzählungsstil die von Bultmann und Dibelius im Blick auf den Kreuzigungsbericht knapp repetiert werden; methodisch und auch in Einzelheiten wiederhole ich kurz, was die formgeschichtliche Forschung erkannt und ausführlich dargelegt hat[249]. Meine knappe Darstellung zu kritisieren, auf die Auseinandersetzung mit der methodischen Grundlegung der Formgeschichte aber zu verzichten, führt deshalb bei der Einzelkritik zu gravierenden Fehlurteilen.

So hat zum Beispiel die Behauptung, ich hätte die erklärenden Glossen in Mk 15,22b.34b „automatisch" dem Evangelisten zugeschrieben[250], keinerlei Anhalt in meiner Argumentation. Wenn, wie es hier der Fall ist, eine einzelexegetisch nachweisbare, über das ganze Markusevangelium sich erstreckende Besonderheit auf markinische Redaktion zurückgeführt wird[251], kann dieser Vorwurf nicht erhoben werden. Denn so gewiß Markus im einen oder anderen Fall diese Besonderheit von der Tradition vorgegeben sein mag, so gewiß ist doch auch, daß er sie im Unterschied zu Matthäus und Lukas bejaht, insofern er sie auffällig häufig bietet. Das Beispiel erinnert an den methodischen Grundsatz, daß die Markus vorgegebenen Stoffe zuerst einmal im Sinne seiner Gedankenführung zu werten sind, bevor man sie ihm abspricht und anderen Gedankenkreisen bzw vorgegebener Tradition zuspricht[252]. Daß die Übersetzung in Mk 15,22.34 zweimal im Vergleich zu den anderen Stellen 3,17; 7,11.34; 12,42; 15,16.42 (auch 7,2) wie einmal vorher schon (5,41) bei der im Markusevangelium einmaligen, streng (vgl 5,43) ins Messiasgeheimnis verschlossenen Totenauferweckung besonders ausführlich, fast möchte

---

[246] Vgl dsAr 77 A2.

[247] Bult 348 A1.

[248] AaO 335—376.

[249] Vgl zB aaO 337 (Lk 23,39—43).340 („Verwendung der direkten Rede"; „Tendenz, neue Worte der handelnden Personen zu produzieren").342 (Mk 15,34.37) mit Schreiber Theologie 27f und dazu 25 („allen drei Evangelisten vertraute Art der theologischen Arbeit"). Meine Befürchtung, womöglich eine „zu knappe ... Darstellung" zu geben (Schreiber Theologie 21), war, wie Linnemann Studien 140 (zB zu Mk 15,23.29); Dormeyer Passion 18 zeigen, berechtigt; freilich hat Dormeyer auch die nun jedermann wieder vorliegende ausführlichere Argumentation nicht weitergeholfen (vgl Dormeyer Passion 18 A80).

[250] Linnemann Studien 140; Steichele 203 A44.

[251] Vgl Schreiber Theologie 28 A22; dsAr 96 A6.

[252] Vgl Wrede 2f.6.12.129; Schreiber Theologie 11f; neuerdings LSchottroff Gegenwart 707 zu diesem methodischen Gedanken; genau umgekehrt Räisänen 53.89.112—114.162f uö; Stegemann 47f.

man sagen, feierlich eingeleitet wird[253], spricht zusätzlich dafür, daß Markus in 15,22b.34b selbst formuliert hat; der Kreuzigungsbericht wird jedenfalls auch durch solche Formalien deutlich als Höhepunkt seiner Gesamtdarstellung gekennzeichnet.

Da die Kritik an der formgeschichtlich ermittelten Vorstellung von Gemeindetradition und Redaktion der Evangelisten, wie sie von Volkskunde, Rabbinistik[254] oder Quellentheorien[255] her geäußert wurde, nicht einleuchtet[256] bzw in dieser Hinsicht ohne Bedeutung ist[257], bleiben die von der Formgeschichte erarbeiteten und von mir benutzten Kriterien zum Erzählungsstil für die Analyse als Hilfsmittel wertvoll.

§ 3 DIE FORM- UND REDAKTIONSGESCHICHTLICHE METHODE

I. Methode, Methoden, Ergebnis

Als wichtigste Methoden historisch-kritischer Synoptikerexegese werden heutzutage meist Text- und Literarkritik sowie Form- und Redaktionsgeschichte genannt[258]. Obwohl dabei das historisch gewachsene Bezie-

---

[253] Vgl dsAr 222 A2.

[254] Vgl Boman; Hengel ZNW, 1969, 182—198; 192 A50; Blank 200f; Riesner 97ff; außerdem Lindemann ThR, 1984, 230f zu Blank und dem „gegenwärtigen Stil der konservativen Antikritik".

[255] Vgl zB Schmithals Markus 36f.43f.

[256] Vgl Güttgemanns 150f; Bult (Theißen) Ergänzungsheft[5], 1979, 9f zu Boman. Blank bringt in der Nachfolge von Riesenfeld und Gerhardsson (vgl zur Kritik an diesen Bult (Theißen) Ergänzungsheft, [5]1979, 9; Wiefel 214) einerseits Argumente, die durchaus von der Formgeschichte beachtet worden sind, und konstruiert andererseits ahistorisch-dogmatisch, indem er alle Tradition zuletzt auf den „Kreis der Apostel" zurückführt (Blank 201). Riesner weiß dank seiner methodischen Vorentscheidungen (vgl Riesner 2ff.88: gegen Zwei-Quellen-Theorie; 6ff.85: gegen Formgeschichte) im Stil der Leben-Jesu-Forschung um eine „Galiläische Krise" (aaO 476), die ab Mk 8,27ff Jesu Lehrweise im Sinne von Mk 4,10—12 verändert (vgl aaO 477—479), weil Jesus nun entscheiden mußte, „sich entweder der Bedrohung durch Flucht zu entziehen oder die Todesgefahr bewußt auf sich zu nehmen" (aaO 479). Und wie steht es mit dieser Entscheidung nach Mk 1,14 oder 3,6 oder 6,14ff? Wo steht bei Mk „Flucht"? Etwa in Mk 3,7 (ἀνεχώρησεν; vgl Zizemer 81.193 zu Mk 3,7; 8,27)? Sicher nur für die Exegeten, die das zum Messiasgeheimnis gehörende Motiv des Rückzuges historisieren! Es ist schade, daß Riesner seine zu begrüßende „geschichtliche Vorarbeit" (aaO 96) zur Verkündigung Jesu mit derart gravierenden methodischen und inhaltlichen Mängeln belastet.

[257] Schmithals Markus 43f will die formalen Analysen der Formgeschichte bei seiner Quellenhypothese „weitgehend" benutzen.

[258] Vgl zB Conzelmann/Lindemann 25ff.51ff.67ff.94ff; Roloff Testament 4ff.14ff.31ff; HZimmermann 32ff.89ff.134ff.220ff; Haacker 32ff.40ff.48ff.64ff, der noch weitere Methoden

hungsgeflecht zwischen den Methoden in der Regel erörtert wird[259], kommt der für die richtige Handhabung der Methoden entscheidende Gesichtspunkt mW nur in der Darstellung Vielhauers hinreichend zur Geltung[260]. Nur er sieht erstens (in Beachtung früherer Debatten zu dieser Frage[261]) Form- und Redaktionsgeschichte strikt als zwei Seiten *einer* Methode und macht zweitens Ursprung und Einheit dieser Methode und ihre *dominierende* Stellung gegenüber allen anderen Methoden durch die von Wrede (und Wellhausen) gewonnene, der Tendenz damaliger Text- und

nennt. Noch deutlicher gehen Strecker/Schnelle bei zT anderer Terminologie (vgl aaO 44: „Quellenkritik"; 63: „Literarkritik") akkurat auf weitere Methoden (Begriffs- und Motivgeschichte, religionsgeschichtlicher Vergleich, Hermeneutik einschließlich Linguistik usw) ein. – Die dsAr 4. Kap. C§2 besprochenen Methoden haben, wie dargelegt, gegenüber den oben genannten Methoden der Literarkritik bzw der Form- und Redaktionsgeschichte dienende Funktion. Sie werden einschließlich der Textkritik (vgl zB Bult 7) in den Dienst der einen oder anderen Sicht gestellt. Dieses Entweder – Oder ist möglichst genau zu erfassen, weil dann deutlich wird, daß auch die Literarkritik der Form- und Redaktionsgeschichte unterzuordnen ist (vgl aaO 3.7), da sie andernfalls als ‚alte Literarkritik' (vgl dsAr 4. Kap. A§2) subjektivistisch den Text zerstört; vgl zB dsAr s u II,1d (Schenke); Schreiber Markuspassion 29f.45. Übersieht man das Vorgenannte, so kann zB irrigerweise die methodisch (und auch sachlich) gemäß der alten Literarkritik verfahrende Analyse von Hirsch I 170–175 (vgl dsAr 24 A2; Exkurs VI) als „im Ansatz (!) ähnlich" mit Schreiber Theologie 22–49.62–82 zusammengesehen werden (Ernst 463); so kommt es generell zu „dem Fehlen von zuverlässigen Kriterien" (aaO 5).

[259] Vgl zB Roloff Testament 4ff; HZimmermann 91ff zur Literarkritik. Berger Exegese 69–74.202–217 handelt bei seiner Erkundung neuer Wege der Exegese hingegen nur noch von Kompositions- bzw Redaktions*kritik*; von Formgeschichte schreibt er nur noch in Anführungsstrichen (aaO 217). Der Text des Mk gerät dabei leicht unter die Räder der Sekundärliteratur (aaO 70 genügen zB 3 Autoren) und einen die Aussage des Textes vernichtenden Schematismus (aaO 71).

[260] Vielhauer Literatur 278f.290f; ebenso, aber kürzer und für das AT, KKoch Formgeschichte 72.83, für das NT (ohne Verweise zur Forschungsgeschichte) Schenke/Fischer 47. Koch ordnet folglich auch die Literarkritik der Form- und Redaktionsgeschichte korrekt zu und unter (aaO 94ff). Stuhlmachers Definition der Redaktionsgeschichte als „Wechselspiel" literarkritischer Arbeitsweisen zwecks tendenzkritischer Auswertung (Stuhlmacher Sachproblematik 35) entspricht sachlich dem, was Pesch Markusevangelium II 2f und Räisänen 12ff äußern und anderwärts praktizieren, und kommt also einer Abschaffung der Methode gleich (vgl dsAr Exkurs IV,2): Dieses ‚Spiel' erlaubt ‚Tendenzkritik' als Rückzug in vor aller Exegese festgelegte dogmatische Positionen (vgl zB Stuhlmacher ZNW, 1972, 20f und dazu generell richtig Schenke/Fischer 48). Vgl zu dieser Manipulation zB die wissenschaftliche Position von Marxsen Einleitung 141: Redaktionsgeschichte als Terminus für die der Formgeschichte „genau (!) entsprechende Untersuchung ... der Gesamtwerke"; dh Marxsen, der den Begriff „Redaktionsgeschichte" in die Forschung einführte, stimmt Vielhauer im entscheidenden Punkt (trotz Vielhauer Literatur 257.290f.348.409 und Marxsen Einleitung 147.162; vgl aber auch Vielhauer aaO 253 zu Marxsen aaO 162) zu. Vgl zur Sache Exkurs IV,1.

[261] Vgl Schreiber Theologie 9f; Conzelmann ThR, 1972, 233 (Marxsen, Strecker).

Literarkritik entgegenstehende, inzwischen aber unumstößlich gewordene Einsicht in den kerygmatischen Charakter der synoptischen Tradition verständlich[262]. Als mit dem Ende der Leben-Jesu-Forschung und der ihr verbundenen Quellenkritik auch die historische und theologische Absicht der damaligen Text- und Literarkritik, dem historischen Jesus näherzukommen, an der Art der synoptischen Berichterstattung scheiterte, blieb als Ergebnis dieser von A Schweitzer so eindringlich beschriebenen großartigen Forschungsepoche nur das Ergebnis der Zwei-Quellen-Theorie als Fundament für den Siegeszug der neuen form- und redaktionsgeschichtlichen Methode[263].

Seit Wredes Buch über das Messiasgeheimnis (1901), so läßt sich im Rückblick sagen, werden Inhalt und Form der zu untersuchenden Texte zum Leitfaden für deren historisch-kritische Analyse, weil der zuvor praktizierte Maßstab des historisch möglichen, wahrscheinlichen oder (angeblich in den Texten bezeugten) tatsächlichen Geschehens fast regelmäßig zum Griff am Text vorbei und in die subjektive Imagination des jeweiligen Exegeten geführt hatte. Um diesem Subjektivismus zu entgehen, wird die Gültigkeit von Urteilen über das Werden der Tradition nunmehr prinzipiell davon abhängig gemacht, ob die analytische Auflösung der jedermann zur Kontrolle vorliegenden ‚Endformen' der Tradition in Gestalt der Evangelien des Markus und Matthäus sowie des lukanischen Doppelwerkes zur Erkenntnis kleinerer, in sich sinnvoller, durch bestimmte theologische, kultische, soziale Gemeindebedürfnisse geprägter Texteinheiten führt, wobei zusätzlich auch umgekehrt immer Antwort auf die Frage verlangt wird, wie der Weg von den analytisch erschlossenen kleineren

---

[262] Wenn Roloff Testament 18 den (angeblich) antihistorisch wirkenden (tatsächlich: Historisierungen verhindernden) „kerygmatheologischen Ansatz" der Formgeschichte bei Dibelius und Bultmann beklagt, so ist dies eine Anklage der Texte! — Wellhausen historisiert gelegentlich (vgl Schreiber Markuspassion 12 A5; 26 A81; ders Theologie 9 A3; 176); Wrede ist somit methodisch eindeutiger als Wellhausen, weil er sich vorsichtigerweise zuerst einmal auf die Erforschung des markinischen Gesamtentwurfes konzentrierte (vgl dsAr A263, aber auch Exkurs IV A516), während Wellhausen schon damals wagte, Wredes literarische Einsichten im Sinne der Scheidung von Redaktion und Tradition weiterzuführen (vgl Vielhauer Literatur 279f). Wrede ist in diesem methodischen Sinne auch klarer als Bultmann, wie an beider Urteil zu DFStrauss abgelesen werden kann (vgl Wrede 280f mit Bultmann, zitiert und kommentiert bei Schreiber Markuspassion 14 A15). Vgl weiterhin Klatt 168; dsAr Exkurs IV A489 zur Differenz zwischen Wrede und Gunkel. Wredes höchstes exegetisches Ziel war im Unterschied zu Gunkel nie das „Innenleben" des jeweils untersuchten Schriftstellers (vgl hierzu Reventlow Bd 173, 7f).
[263] Vgl Gräßer Schweitzer 88ff. Vielhauer Literatur 290f versteht die Redaktionsgeschichte betont als Teilaspekt der Formgeschichte. Man kann auch umgekehrt akzentuieren wie Marxsen, weil Wredes redaktionsgeschichtliche Einsichten ohne Analyse der „Stoffe" gewonnen wurden (Wrede 129, vgl aaO 2: „sicheres Mittel".146: „besondere Untersuchung").

kerygmatischen Einheiten zur heute vorliegenden Verkündigungsstruktur der Evangelien verlaufen ist[263a]. Die Frage nach dem historisch tatsächlichen Geschehen kann überhaupt erst gestellt werden, wenn der vorgenannte Forschungsprozeß zu Ergebnissen geführt hat, die die Frage als sinnvoll erscheinen lassen[264].

Sieht man von den dargelegten Grundsätzen auf die bisherigen Analysen der markinischen Passionsgeschichte und speziell des Kreuzigungsberichtes, so fällt auf, daß schon Dibelius und Bultmann diese Grundsätze im Unterschied zu ihrer sonstigen Analyse der Synoptiker hier zT nicht streng genug beachtet haben[265]. Daß auch viele nachfolgende Exegesen bis auf den heutigen Tag methodisch und sachlich immer wieder einen Rückfall in die Zeit der Leben-Jesu-Forschung bieten, wird deshalb niemand verwundern. Die eben kurz beschriebene Kehre historisch-kritischer Exegese ist zwar angesichts des nicht zu leugnenden Desasters der Leben-Jesu-Forschung allenthalben mit- und nachvollzogen worden; Synoptikerexegese ist heutzutage ohne form- und redaktionsgeschichtliche Überlegungen kaum mehr vorstellbar. Und doch kommen diese Überlegungen oft unversehens einer Abschaffung der Methode gleich, insofern deren eben in Erinnerung gebrachtes Prinzip des engen Zusammenhanges von Inhalt und Form als Maßstab gültiger Urteile nicht streng genug beachtet wird.

So kann man zB zu dem im vorstehenden Paragraphen dieses Kapitels behandelten fehlerhaften Gebrauch der Vokabelstatistik und Stilkritik zusammenfassend sagen, Fehler seien immer besonders dann gemacht worden, wenn diese Methoden versteckt oder offen gemäß der von Reimarus bis Wrede reichenden Forschungsepoche dazu benutzt wurden, historische Tatsachen der Kreuzigung Jesu und (im Fall von Mk 15,34) Worte des historischen Jesus im direkten Zugriff zu ermitteln. Dazu paßt die Beobachtung, daß in jüngster Zeit gelegentlicher Überdruß an der Form- und Redaktionsgeschichte[266] und die Wiederbelebung alter Quellentheorien[267] zu konstatieren sind. Vielhauers Plädoyer für den Grundansatz der form-

---

[263a] Vgl hierzu dsAr 48.

[264] Vgl Marxsen Einleitung 134.

[265] Vgl Schreiber Markuspassion passim; auch Wrede 296ff zu Wellhausen.

[266] Vgl Conzelmann ThR, 1978, 10 („Langweiligkeit der Produktion"). Den Überdruß fördert, daß sich die universitäre Reformeuphorie der jüngsten Vergangenheit im Bereich der exegetischen Methodendebatte jetzt erst so richtig auszutoben beginnt. Dabei ist das angeblich Neue und Bessere oft nur ein Aufguß von wissenschaftlich längst Widerlegtem oder klarer Dargelegtem.

[267] Vgl dsAr 44 A1. — Wendling wird dabei immer wieder positiv in Erinnerung gebracht, vgl Dormeyer Passion 4ff; Mohr 31; Schmithals Markus 36f. Aber abgesehen von bestimmten, form- und redaktionsgeschichtlich positiv zu wertenden Feststellungen Wendlings (vgl Bult 2; Hasenfratz 109 A208), kann man den Subjektivismus seiner Methode schwerlich gutheißen, vgl Bult u Hasenfratz ebd; dsAr 93 A1; Exkurs VI.

und redaktionsgeschichtlichen Methode, dem seine Feststellung korrespondiert, der synoptischen Quellenkritik falle offenbar nichts Neues mehr ein[268], scheint mir deshalb besonderer Beachtung wert. Die folgenden Überlegungen bemühen sich darum, diesen Standpunkt am Beispiel der Exegese des Kreuzigungsberichtes zu erläutern, wobei gemäß unseren früheren Überlegungen die im folgenden zitierte, Vielhauers Position konkretisierende Warnung von MDibelius ständige Beachtung verlangt: Urteile über wahrscheinlich dem Kreuzigungsbericht zugrundeliegende Traditionen und historische Tatsachen „dürfen erst abgegeben werden, nachdem *der Sinn* der uns *vorliegenden* Markus-Darstellung erhellt ist, und zwar *ohne jede* Rücksicht auf die Frage der Geschichtlichkeit. *Erst dann* lassen sich die formbildenden Kräfte aufzeigen, von denen die Gestaltung der Traditionsstücke getragen ist; trotz des zunächst einheitlichen Charakters der Leidensgeschichte kommen dabei, wie gezeigt, sehr verschiedenartige Interessen in Frage. Nirgends aber ist vor kritischem Subjektivismus mehr zu warnen als bei der Erforschung der Leidensgeschichte."[269]

Unser Ziel in den folgenden Ausführungen ist, den engen Zusammenhang von „Sinn" und „formbildenden Kräften" als für jedermann kontrollierbaren Maßstab analytischer Urteile über das Traditionsgefüge des Textes herauszuarbeiten, um mit dem so jeweils abgesicherten Ergebnis dem „kritischen Subjektivismus" entgegenzuwirken und selbst möglichst zu entgehen. Es wäre mE aber auch schon viel gewonnen, wenn bei der natürlich weiterzuführenden Diskussion über einzelexegetische Fragen wenigstens prinzipiell klar würde, wie der eingangs dieses Kapitels beschriebenen Wirrnis der exegetischen Kontroverse durch die richtige Anwendung der form- und redaktionsgeschichtlichen Methode begründet ein Ende gemacht werden kann; das Ziel kontrollierbarer, rationaler Urteile ist unaufgebbar, wenn theologische Exegese als historisch-kritische Exegese gemäß ihrer großen Tradition heute wissenschaftlichen Rang behalten will.

II. Beispiele

Der vorstehend erörterte Maßstab wissenschaftlicher Exegese soll am „sogenannten Stundenschema"[270] (1) und den Dubletten[271] (2) des Kreuzigungsberichtes erprobt werden. Beide Phänomene eignen sich für eine solche Erprobung gut, da sie ob ihrer formalen Eigentümlichkeit schon oft bemerkt und für die Analyse ausgewertet worden sind, aber

---

268 Vielhauer Literatur 278; vgl Conzelmann ThR, 1972, 237.

269 Dib 218 (Sperrungen von mir); vgl dsAr 47f (speziell zu Mk 15,20b−41) und die entsprechende Warnung von KLSchmidt Rahmen 50 und dazu Conzelmann ThR, 1972, 244.

270 Vgl Peddinghaus 160 zu Mk 15,25.33f.

271 Vgl Linnemann Studien 137.

gleichwohl auch in den nun exemplarisch heranzuziehenden Exegesen der jüngsten Vergangenheit kontrovers interpretiert wurden. Wie kam es dazu?[272]

1. Das sogenannte Stundenschema

a) Erstes Beispiel

Nach WSchmithals stammen die Zeitangaben in Mk 15,25.33f.42 von Markus, während die in 15,1 zur von Schmithals postulierten Quelle des Markus, der „Grundschrift", gehört[273]. Welche Begründung wird für diese Aufteilung gegeben?

Schmithals meint, es sei „schon oft beobachtet worden", daß erst Markus die „Stundeneinteilung des Todestages Jesu" vorgenommen habe, und nennt konkret GSchille[274]. Aber der Genannte vermutet „drei Stunden-Versammlungen" der Gemeinde am Karfreitag, „so daß man zunächst drei getrennte Traditionsstücke erhielt"[275]. Diese Stücke wurden dann mit anderen „primären Erzählungseinheiten … relativ früh zu einem ‚Passionsbericht' zusammengestellt"[276]. Erst „von zweiter Hand", evtl von Markus, seien dann in Erinnerung an diese Gemeindefeiern „die drei Stundenangaben beigefügt" worden[277]. Den vormarkinischen, aber „sekundären … Vers 15,1" sieht Schille als „Brücke" zwischen der Primärtradition von Jesu letzter Nacht und den beiden nachfolgenden, ebenso alten Traditionen von der Kreuzigung und Grablegung[278]. Die Zeitangaben werden also, sieht man genauer zu, von Schmithals und Schille unterschiedlich gewertet[279]. Als Gemeinsamkeit bleibt vornehmlich, daß beide Exegeten konstruktiv verfahren; dh sie halten den Gottesdienst bzw die Mission[280] für den Ursprungsort der jeweils unterschiedlich postulierten Tradition. Entscheidend aber für die methodische Überlegung ist, daß beide

---

[272] Gemäß der früher festgelegten Begrenzung unserer Ausführungen (vgl dsAr 4. Kap. A§1) kann im folgenden nicht die gesamte Sekundärliteratur zum Stundenschema bzw zu den Dubletten berücksichtigt werden.

[273] Schmithals Markus 43f.682.

[274] Ebd.

[275] Schille ZThK, 1955, 199.

[276] AaO 183.

[277] AaO 198.

[278] AaO 182.183f.

[279] Schmithals Markus 44f hält im Unterschied zu Schille „im allgemeinen eine Geschichte der mündlichen Überlieferung" für nicht aufzeigbar.

[280] Vgl Schille ZThK, 1955, 199; Schmithals Markus 46.545ff. Ähnlich zB auch Peddinghaus (dsAr s u) und zu Beginn der Formgeschichte KLSchmidt (vgl Vielhauer Schmidt 19: „nicht der Zauberschlüssel zu den Rätseln der Entstehung der Evangelien") und Bertram (vgl Schreiber Markuspassion 22 A55: „brachte methodisch keinen Fortschritt").

Ausleger die Kontrolle ihrer Konstruktion durch die genaue Textanalyse versäumen[281]; sie bieten statt dessen unhaltbare Vermutungen[282].

Schmithals gibt — ich konzentriere mich wieder auf dieses Beispiel — dem Leser neben Behauptungen[283] und Querverweisen[284] als Begründung für seine ‚Analyse' bezeichnenderweise ‚historische' Argumente, die deutlich an die Leben-Jesu-Forschung erinnern, obwohl Schmithals jegliche Historisierung prinzipiell strikt ablehnt[285]: Die Grundschrift nennt die Oberpriester „sinnvollerweise erst in 15,1 als selbständiges Kollegium der Tempelaufsicht, das nach Dienstantritt bei Tagesanbruch zusammengerufen wird, und zwar im Amtszimmer des Oberpriesters."[286]. „Dienstantritt", „Amtszimmer", der Leser sieht die jüdischen Oberen heutigen Beamten gleich tätig werden[287] — und liest 15,1 und muß feststellen: dergleichen steht nicht da. Vielmehr fesseln die Synedristen Jesus höchstpersönlich, um ihn zu Pilatus zu bringen, und sind also wie in 14,55.64f allein an Jesu Vernichtung interessiert; sie verhalten sich in 15,1 genauso

---

[281] Vgl hierzu Bult 5f (Zirkel) und dazu Vielhauer Literatur 289: „Die analytische Methode ... die sachgemäßere".

[282] Schille ZThK, 1955, 188 kennt die Aufgabe, Inhalte aus „formal sichtbaren Zügen der Überlieferung" zu erschließen. Aber aaO 198 vermutet er (ähnlich auch Ernst 464.468) dann zB in der ältesten Gemeinde aufgrund von Did 8,3 täglich „drei Gebetsstunden", die am Karfreitag dem jeweils bei der Kreuzigung Jesu in den damaligen Stunden Geschehenen dienen „mußten". Doch Did 8,3 spricht nicht von 3 Gebetsstunden, sondern ermahnt, dreimal am Tage das Vaterunser zu beten. Die Stundenangaben Mk 15,25.33f haben mit dieser Mahnung nichts zu tun, vgl Linnemann Studien 156. Früher, vor Wrede, ging die Phantasie mit den Exegeten in das weite Feld des historisch Möglichen durch, im vorliegenden Fall ist der Kult der Gemeinde an die Stelle des Lebens Jesu getreten. Beidemal gleich ist, daß die rationale Kontrolle anhand der Texte versagt; vgl GSchneider BZ, 1972, 227 („Vermutungen").229 (Vor-Urteile).

[283] Vgl Schmithals Markus 652 („morgendliche Verhandlung").682 („Die GS markierte dagegen ...").

[284] Vgl aaO 59f.694.696.700.702.

[285] Vgl aaO 588f.

[286] AaO 652, vgl 659 („keine historischen Schwierigkeiten", aber nicht historisch gemeint).

[287] Vgl aaO 703 („Ladenschlußgesetz") und dazu aaO 702 („für einen Juden unmögliche Vorstellungen") und Ex 35,2f; Nu 15,32ff. Schmithals modernisiert sicher bewußt in katechetisch-homiletischer Absicht (vgl dazu Schreiber ZNW, 1981, 142 A3; 177 A143); aber für die historisch-kritische Exegese zählen neben dem üblicherweise von ihm gebotenen Material und vorzüglichen Einzelbeobachtungen (vgl zB Schmithals Markus 685f zu Mk 15,21) vornehmlich seine Darlegungen zum metaphorisch-allegorischen Denken (vgl zB aaO 45.700) und seine (vor allem durch Kirchenlieder) eindrücklich dokumentierten Hinweise auf die Wirkungsgeschichte dieser Denkart und ihre Inhalte. Seine Hypothese von der Grundschrift leuchtet mir hingegen nicht ein; sie steigert den Subjektivismus der alten Literarkritik wieder einmal kühn zum Solipsismus und erinnert damit an die Urteile von Wrede 280–284 zu Bauer und Volkmar.

wie in den Versen 14,55.64f, die Schmithals mE zu Recht dem Evangelisten zuschreibt[288].

Wie kommt es dazu, daß Dinge in den Text hineingesehen werden und das wirklich Dastehende übersehen wird? Schmithals braucht 15,1 für seine „Grundschrift"[289]. Die eben angedeuteten inhaltlichen Zusammenhänge werden deshalb wie die formalen übersehen. Gerade diese sind nun aber im vorliegenden Fall so eindeutig und auch längst bekannt[290], daß ihre Mißachtung als Symptom des irrigen Subjektivismus markiert werden muß.

Die Zeitangaben 15,1.42 gehören zu den typischen Formelementen der *markinischen* Redaktion, die Lukas radikal negiert und Matthäus abgewandelt hat[291], während die von 15,25.33f im ganzen Markusevangelium einmalig sind und im Verlauf der Traditionsgeschichte von Matthäus über Lukas bis zum Petrusevangelium immer mehr abgebaut wurden[292]. Wer wie Schmithals diese formale Differenz und den traditionsgeschichtlichen Befund bei seiner Analyse kommentarlos beiseite schiebt, negiert die form- und redaktionsgeschichtliche Methode, die das unterschiedliche Sprachprofil der Evangelisten und ihrer Traditionen und so den Sinn der Texte zu erschließen versucht[293]. Die Texte können dann nicht sagen, was

---

[288] Schmithals Markus 652, vgl Schreiber ZNW, 1981, 141f.161 A79.

[289] Vgl Schmithals Markus 51. „Quellenfäden" sind für Schmithals wegen seiner Konstruktion der „Grundschrift" so wichtig, daß er sie auch bei meiner Analyse zu erkennen vermag und mich mit den Quellenkonstrukteuren Hirsch, Knox und Schenk zusammen nennt, obwohl ich derartiges nic behauptet habe; er verzichtet wegen der widersprüchlichen Ergebnisse auf eine Auseinandersetzung, zumal Linnemann die Quellenkonstrukteure schon widerlegt habe, die „ihrerseits ohne einsichtige Begründung einen ... Urbericht annimmt" (aaO 684): Mir scheint, da sich ganz unterschiedlich argumentierende Exegeten auf Linnemann berufen, daß jeweils Maßstäbe fehlen und jedermann froh ist, wenn er für seine Hypothese auf die (zT falschen) Darlegungen Linnemanns pauschal verweisen kann — um sie dann insgesamt zu verwerfen; vgl Schreiber ZNW, 1981, 155 A51 (Schenke).

[290] Vgl Peddinghaus 164 A655; Schreiber Theologie 24.39.99. Neirynck Evangelica 214 A166 irrt übrigens, wenn er auf den genannten Seiten bei mir eine widersprüchliche Argumentation findet.

[291] Vgl dsAr 31f; Exkurs V; Schreiber Theologie 12.94; ders ZNW, 1981, 150 A32.33.

[292] Vgl dsAr 56f.272 A3 und auch 48 A2 zur sogenannten Kreuzprobenlegende.

[293] Die Methoden-Mischung, die Schmithals Markus 43f praktizieren möchte, kommt streckenweise einer Abschaffung der Form- und Redaktionsgeschichte gleich, obwohl Schmithals wohltuend häufig in der Tradition dieser Methode argumentiert und sie ja auch formal beachten will (Schmithals Markus 43f), aber eben, wie oben dargelegt, bei den Zeitangaben entgegen seiner erklärten Absicht wegen seiner Quellenhypothese gerade auch formal negiert. AaO 589 bescheinigt er der „Passionsquelle" von Pesch, sie sei „wissenschaftlich unhaltbar", um dann doch Peschs Argumentationen zB aaO 653.656.709.722 für seine eigenen Aufstellungen als Unterstützung heranzuziehen. Beides geht zusammen, wenn man beobachtet, daß Pesch mit den Formelementen der marki-

sie sagen wollen; sie werden mit „Dienstantritt" und „Amtszimmer" (s o) durch die jeweilige Subjektivität des Exegeten bevormundet und deshalb zB der „Vermutung" ausgeliefert, „das chronologische Gerüst der mk Passionswoche" weise darauf hin, daß die markinischen „Gemeinden in der Karwoche täglich Gottesdienst feierten"[294]. ERenan wußte wegen Mk 11,2—7, daß Jesus schon in Galiläa gern auf einem sanften Maultier ritt; Schmithals weiß wegen Mk 2,20; 16,2 über die Gottesdienste der markinischen Gemeinden zuviel[295].

b) Zweites Beispiel

HWeinacht rechnet die Zeitangaben in Mk 15,25.33f der Redaktion des Markus zu. Dieser habe eine von „alttestamentlichen Anspielungen" geprägte Darstellung durch 15,33.38.39 „einer martyrologischen Stilisierung" unterworfen[296]. Warum der Evangelist bei dieser Stilisierung Zeitangaben einfügte, wird nicht erörtert. Sie werden nur indirekt beachtet, insofern mit 15,33 auch 15,25.34a als sekundär erwiesen gelten[297].

Die Beobachtung, daß in Märtyrerberichten öfters von Wundern und der Bekehrung des Henkers die Rede ist, ersetzt in diesem Fall die genaue Textanalyse. Methodisch ist daraus zu lernen, daß gerade auch an sich richtiges, aber nur konstruktiv über den Text gestülptes Wissen diesen vergewaltigt. Der von Bultmann formulierte „Zirkel" von konstruktiver und analytischer Methode ist somit streng zu beachten[298]. Andernfalls können ganze Versteile, wie eben gezeigt, durch die Suggestion der Konstruktion gleichsam verschwinden, so daß dann selbst andere, exegetisch richtige Einzelbeobachtungen weitere Fehlschlüsse nicht verhindern[299].

---

nischen Redaktion ebenso egalisierend umgeht wie Schmithals (vgl zB Pesch Markusevangelium I 18f: „Zeitanschluß"; und dagegen Schreiber ZNW, 1981, 146 A14); Harmonie und Kontroverse beider Forscher resultieren aus ihrer Absicht, in Mißachtung der durch den synoptischen Vergleich erkennbaren Formelemente der Redaktion (verschiedene!) Quellen zu konstruieren. Aber abgesehen von jenen Momenten, die zur weithin anerkannten Zwei-Quellen-Theorie führten, geben eben Form und Inhalt des Mk im synoptischen Vergleich keine weiteren deutlichen Signale für die Abgrenzung zusätzlicher bzw anderer Quellen; vormarkinische Stoffgruppierungen kann man allenfalls vermuten, vgl Vielhauer Literatur 332—336. Diesen bloßen Vermutungscharakter hat auch die gängige, von Vielhauer selbst (gegen seine richtige methodische Einsicht) bejahte (aaO 307f.332f) Hypothese von der vormarkinischen Passionsgeschichte, deren *schriftliche* Fassung auch nach Vielhauer nicht bewiesen werden kann (aaO 335).

[294] Schmithals Markus 483.

[295] Ebd. Vgl Schweitzer Reimarus 183 (Renan) und dsAr 4. Kap. C§3II1f zum vorliegenden Methodenproblem.   [296] Weinacht 66f.   [297] AaO 66.

[298] Vgl dazu Bult 5; Marxsen Evangelist 14; RWeber 181.

[299] Vgl dsAr 4. Kap. B§1II zu Weinacht 66f, der Mk 15,37 von 15,34 her versteht, anstatt umgekehrt zu verfahren, wie seine eigene Beobachtung am Text des Psalters (aaO 66 A22) nahelegt.

c) Drittes Beispiel

Nach TAMohr sind die Zeitangaben in Mk 15,33 einer vormarkinischen, in 15,25.34 hingegen der markinischen Redaktion zuzurechnen[300]. Diese Argumentation hängt wie die eben von Weinacht erwähnte mit dem Fehlschluß zusammen, Mk 15,37 sei von 15,34 her formuliert worden[301]. Ansonsten wird mit EHirsch behauptet, die Zeitangabe in V 34a stoße sich mit der in V 33b und außerdem werde im Unterschied zu V 33 in V 25 und V 34 kein „Zeitraum", sondern ein „Zeitpunkt" markiert; Markus habe die ihm vorgegebene Angabe von V 33 also dazu benutzt, das Kreuzigungsgeschehen zeitlich zu gliedern[302].

Anders als Schmithals und Weinacht trägt Mohr eine analytische Argumentation vor. Aber seine Argumente, die Unterscheidung von „Zeitpunkt" und „Zeitraum" oder auch seine Vermutung, V 25 sei deshalb sekundär, weil Markus nur die Kreuzigung, nicht aber die Kleiderverlosung in V 24 habe zeitlich markieren und so hervorheben wollen[303], können mE nur den überzeugen, der die form- und redaktionsgeschichtliche Fragestellung nicht wirklich ernst nimmt.

Warum lag, so ist zB zu fragen, dem von Mohr postulierten ersten Redaktor B daran, die Finsternis von V 33 als „Zeitraum" zu schildern? Und warum hatte der Evangelist dann das Bedürfnis, „eine zeitliche Einteilung des Kreuzigungsgeschehens zu geben, die einen deutlichen Dreischritt ... verrät"[304]? Mohr hätte auf die gern in diesem Zusammenhang erwähnte Historisierungstendenz des Markus hinweisen können[305]. Aber dann hätte er darauf antworten müssen, warum, wie oben schon bei Schmithals erwähnt, die späteren Evangelisten ausgerechnet im Kreuzigungsbericht die Zeitangaben je länger je mehr zurückschneiden. ‚Historisiert' zB Lukas nicht viel stärker als Markus? Wie kann er dann 15,25 streichen?

Die genannten Probleme der Analyse von Mohr lassen sich freilich schlagartig verstehen, wenn man beachtet, daß er die Bedeutung des synoptischen Vergleiches für die redaktionsgeschichtliche Exegese reduziert[306], um statt dessen den Vergleich mit der Johannespassion methodisch

---

[300] Mohr 329f.342f.

[301] AaO 325ff.

[302] Mohr 329f.

[303] AaO 330. Die Interpretation aaO 329 künstelt (und ist, ungewollt, doketisch): V 33 (Finsternis) stellt angeblich kein „Geschehen an ... Jesus" dar.

[304] Ebd.

[305] Mohr hätte auch das Argument von LSchenke („Zeichenhaftigkeit", vgl dsAr s u Abschnitt d) benutzen können, was ihm freilich auch Schenkes Schwierigkeiten eingebracht hätte (ebd).

[306] Mohr 13 A15; vgl auch aaO 21 A68.

für besonders wichtig zu halten[307]. Da Mohr bei der Markusexegese dann so vorgeht, daß er „Abschnitt für Abschnitt je für sich" untersucht, also keine „Hypothesenhochhäuser", sondern „kleine Einzelhäuschen nebeneinander zu stellen" versucht[308], übersieht er, daß er mit seiner eben angedeuteten methodischen Grundlegung einen ‚Hypothesenwolkenkratzer' projektiert hat; dh — weiter im Bild gesprochen — nach dieser Grundlegung wird gar nicht „Einzelhäuschen" *neben* „Einzelhäuschen" gesetzt, sondern eins aufs andere, bis bei Markus durchlaufende, mit Johannes übereinstimmende Quellen sichtbar werden und also der ‚Wolkenkratzer' steht. Denn der ‚Zirkel' bei Mohr sieht so aus, daß „nur die Einzelanalyse" die Berechtigung der methodischen Grundlegung erweisen kann[309].

Dieser Methodenraster bedingt, daß in die „Einzelhäuschen" an ermittelter ältester Tradition nur das aufgenommen wird, was sich auch aus der Johannespassion per Analyse ermitteln läßt. Für den eben vorgeführten Fall bedeutet dies, daß die Zeitangaben nicht zur ältesten Tradition gehören können; sie fehlen in der Johannespassion. Daß Mk 15,33 dem Bearbeiter B, 15,25.34a der Redaktion des Markus zugeschrieben werden, wird dem Leser dann leichter verständlich, wenn er sich klar macht, daß ohne den zwischengeschalteten Bearbeiter B die beträchtlichen Differenzen zwischen der Darstellung der Markus- und Johannespassion allein den jeweiligen Evangelisten angelastet werden müßten. Diese grundsätzlich auch mögliche Perspektive einer Analyse ist für Mohr jedoch unannehmbar, da er mit RPesch, aber nun durch den Vergleich von Markus- und Johannespassion, älteste Tradition und — wie oben gezeigt[310] — sogar Worte des historischen Jesus meint ermitteln zu können[311]. Mit der Quellenkonstruktion der alten Literarkritik erscheint also auch deren Forschungsziel, das Mohr notfalls auch gegen die selbstgewählte Methode mit den altbekannten Argumenten der Leben-Jesu-Forschung verfolgt[312].

---

[307] AaO 9 („eminente Bedeutung").41f.

[308] AaO 40f.

[309] AaO 42.

[310] Vgl dsAr 4. Kap. C§2II1.

[311] Mohr 43. Vgl dsAr Exkurs VI.

[312] Vgl Mohr 327f zu Mk 15,34 (Der Vers gehe im Kern auf Historisches zurück, da der anstößige Notschrei Jesu nach Ps 22,2 nicht erbaulich für den Glauben und also nicht erfunden sein könne. Lk, Joh und PetrEv würden durch ihre Redaktion statt 15,34 „weit erbaulichere Worte Jesu am Kreuz" bieten). Die methodisch unzureichende Begrifflichkeit von anstößig, historisch hier und erbaulich dort verdeckt Mohr die Einsicht, daß alle Worte Jesu am Kreuz der Theologie des jeweiligen Evangelisten entsprechen und daß Mk 15,34 ein exakter Ausdruck für die das ganze Markusevangelium prägende Paradoxchristologie ist. Vgl treffend knapp Linnemann Studien 153: „Wenn einer späteren Christologie diese Worte im Munde Jesu unerträglich waren, ist damit nicht ausgeschlossen, daß sie einer früheren durchaus in das Konzept paßten."

Abschließend ist prinzipiell zum methodischen Vorgehen von Mohr festzustellen, daß die Erweiterung des synoptischen Vergleiches durch den mit dem Johannesevangelium im Bereich der Passionsgeschichten als Möglichkeit ernsthaft über bisherige Versuche hinaus geprüft werden sollte. Aber dieses Vorgehen ist mE nur lohnend und evtl erfolgverheißend, wenn die redaktionsgeschichtliche Exegese den synoptischen Vergleich genau beachtet und die übrigen Methoden von daher kontrolliert verwendet, um dann auch die Vergleichung mit der Johannespassion entsprechend vorzunehmen[313].

d) Viertes Beispiel

LSchenke geht bei seiner Analyse literarkritisch vor; die „zahlreichen literarischen Spannungen und Doppelungen" des Kreuzigungsberichtes bestimmen seine Analyse[314]. Aber Schenke versteht seine Analyse auch als „Fortsetzung und Ergänzung" seiner früheren redaktionsgeschichtlichen Darlegungen[315]. In dieser begrifflichen Differenz meldet sich das methodische Problem.

Mk 15,25 ist mit seiner nachträglichen Zeitangabe für die Kreuzigung als Doppelung zu 15,24 sekundär[316]. „Ist aber V. 25 sekundär, dann auch V. 33." „Das Stundenschema ... wirkt künstlich und dem Bericht aufgepreßt"[317], während die Zeitangabe V 34 „ursprünglich" ist[318]. Warum ist diese eine Zeitangabe im Unterschied zu den anderen ursprünglich?

Der sekundäre V 33 läßt die Finsternis mittags in der sechsten Stunde wegen Am 8,9 beginnen und in der neunten Stunde aus „mehreren Gründen ... enden: um die Zeichenhaftigkeit der Finsternis zu steigern, um die Todesszene ... und die Begräbnisszene ... natürlich folgen lassen zu können und *weil er wohl* in V. 34a die Stundenangabe ... *schon* ursprünglich *vorfand.*"[319] Die Stundenangabe in V 42 hingegen ist wohl wie die in V 25 sekundär und soll das durch den Redaktor geschaffene „Stundenschema abrunden"[320].

---

[313] Vgl Schreiber ZNW, 1981, 141—177; auch dsAr 45f.69 A4 zu diesem methodischen Vorgehen.

[314] LSchenke Christus 83, vgl aaO 7.

[315] AaO 7, vgl LSchenke Studien 3f.

[316] LSchenke Christus 84, vgl aaO 92.

[317] AaO 85.

[318] AaO 96.

[319] Ebd; „weil er wohl ... schon ... vorfand" (s o): Die von mir hervorgehobenen Worte zeigen an, wie die alte Literarkritik vorgeht. An die Stelle wirklicher, dh kontrollierbarer Begründung durch exakte formale und inhaltliche Beobachtungen am Text tritt die Willkür subjektivistischer Vermutung.

[320] Ebd.

Es ist zu fragen, warum das Stundenschema nach Schenke einmal „künstlich" und „aufgepreßt" wirkt und dann doch wieder dazu dient, „Todesszene ... und Begräbnisszene ... natürlich folgen lassen zu können"? Künstlich, natürlich — beide Urteile passen nur dann widerspruchslos zusammen, wenn man annimmt, daß Schenke dem Redaktor eine primitive Historisierungstendenz unterstellt. Bei dem dann vorausgesetzten, uns modernen Menschen besonders geläufigen Zeitverständnis ist es „natürlich", daß aufeinanderfolgende Vorkommnisse in zeitlicher Abfolge erzählt werden, und es ist doch zugleich „künstlich", wenn dabei durch 15,1.25.33.34.42 ein regelrechter „Drei-Stunden-Rhythmus" entsteht[321].

Aber ist dieses uns heute so selbstverständlich bestimmende, rein quantitative Zeitverständnis das der religiösen Texte der Antike und speziell das des Urchristentums? Können nicht sogar heute noch selbst bis auf die Minute genaue Zeitangaben qualitative Bedeutung haben? Fängt nicht zB die Narrenzeit in manchen westdeutschen Städten in jedem Jahr genau am 11.11. um 11.11 Uhr an? Für die Erforschung des Stundenschemas ist jedenfalls wichtig, daß es längst präzise Hinweise auf alttestamentlich-apokalyptische Zeitangaben gibt, die mit ihrem Schematismus das jeweils zeitlich bezeichnete Geschehen eschatologisch qualifizieren[322]. Wenn der ganze Kreuzigungsbericht von alttestamentlichen Anspielungen durchtränkt ist und Mk 15,33 auch nach Schenke gemäß Am 8,9 zu interpretieren ist, wäre dann das eben angedeutete qualitative Zeitverständnis nicht für das auffällige Stundenschema zumindest zu erwägen?

Schenke bemerkt hierzu nichts und sieht Linnemanns und speziell meine auf solchen Überlegungen basierende Annahme von der ursprünglichen Zusammengehörigkeit der Zeitangaben in Mk 15,25.33.34 als unbegründete Behauptung an, weil sie „nicht literarkritisch erwiesen" sei[323]. In der Tat wurden 15,25.33.34 von mir nicht literarkritisch, sondern form- und redaktionsgeschichtlich als zusammengehörig erwiesen[324]. Mit andern Worten: Wer die im Text eindeutig zu beobachtenden Doppelungen und Spannungen wirklich literarkritisch, dh also nicht am Maßstab des historisch Möglichen, sondern wie die Form- und Redaktionsgeschichte anhand von Form und Inhalt der zu interpretierenden ‚Literatur' analysiert, hat diesem Maßstab entsprechend für andere kontrollierbare Gesichtspunkte

---

[321] Vgl ebd (zu 15,25.33f; 15,1 wird hier von Schenke nicht erwähnt).

[322] Vgl dsAr 73 A6; 156; Schreiber Theologie 38; Delling ThW IX 681, 13f; neuerdings Stuhlmann 49; Brandenburger Markus 44.97f.

[323] Vgl LSchenke Christus 87f.90 (hier das Zitat, auf Linnemann bezogen).

[324] Vgl dsAr 54ff, besonders 56f.156; Schreiber Theologie 24.38f. Wenn dsAr 54 „Literarkritische Analyse" steht, so sichern dsAr 47f.56f, daß diese Überschrift nicht im Sinne der alten Literarkritik, sondern im eigentlichen Sinne, dh redaktionsgeschichtlich gemeint ist.

seiner Kritik anzugeben. Wer eine Verbesserung der exegetischen Debatte will, muß darauf den allergrößten Wert legen.

Im behandelten Fall ist zB eindeutig, daß die Zeitangaben in 15,1.42 über das ganze Markusevangelium verteilt benutzt werden, während die in 15,25.33f einmalig sind. Sieht man sodann die Kombination dieser einmaligen Zeitangaben mit apokalyptischen Aussagen (15,33.37.38), so eröffnet sich von dieser formalen Beobachtung her die weitere inhaltliche Interpretation der einmaligen Zeitangaben.

Prinzipiell ist für die Methodik einer redaktionsgeschichtlichen Exegese bzw einer Literarkritik im eigentlichen Sinne des Wortes herauszustellen, daß Doppelungen und Spannungen des jeweiligen Textes auf keinen Fall sofort kurzschlüssig in den modernen Denkraster historisch „künstlich" bzw „natürlich" oder ähnliches aufgelöst werden dürfen. Allein richtig ist vielmehr, die jeweils bei Doppelungen und Spannungen beobachtbaren Formelemente an den Gesamttext der zu interpretierenden Schrift zurückzukoppeln[325], um so ein Verständnis für die Aussage der Texte und ihr Wachstum zu finden. Die eingangs dieses Kapitels erwähnte Wirrnis der Forschungsresultate kann ohne dieses methodische Vorgehen nicht beseitigt werden, da die alte historisch-literarkritische Exegese die formalen Elemente des Textes nur zum sofortigen Sprung in die prinzipiell unendliche Vielfalt geschichtlicher Möglichkeiten nutzt, aus denen dann der jeweilige Exeget nach seinem Geschmack das in seine Gedanken Passende auswählt[326].

e) Fünftes Beispiel

ELinnemann meint bei ihrer ausführlichen „Nachvermessung" meiner Analyse[327] zum Stundenschema: „Leser, für die an jedem normalen Tag die Zeit im Drei-Stunden-Takt vorwärtsschritt, konnten aus den Zeitangaben der Kreuzigungsperikope nicht" die von mir diesen Angaben entnommene apokalyptische Deutung erschließen[328]. Gleichwohl bejaht Linnemann meine Annahme vom konstitutiven Charakter des Zeitschemas für die Tradition und rechnet also die Zeitangaben in 15,25.33.34a zum „Tradi-

---

[325] Vgl RWeber 180f zu diesem Verfahren. — Mk 15,1.42 können als typisch markinische Formelemente also korrekt nur im Zusammenhang mit Mk 1,35; 11,20; 13,35; 16,2 bzw 1,32; 4,35; 6,47; 11,11.19; 13,35; 14,17 interpretiert werden. Vgl Schreiber ZNW, 1981, 146 A14; dsAr Exkurs V zum methodischen Problem.

[326] Hoffentlich habe ich nun nicht wieder mit aufreizender Sicherheit methodisch Fragwürdiges und in keiner Hinsicht Überzeugendes niedergeschrieben (vgl zu diesem Stoßseufzer LSchenke Christus 88)! Es liegt mir daran zu betonen, daß ich mich gerne widerlegen und überzeugen lasse, wenn klare Maßstäbe klare Urteile erlauben; vgl Exkurs IV,1.

[327] Vgl Linnemann Studien 145.

[328] AaO 156; ähnlich aaO 155 (gegen Schweizer); vgl Steichele 257 A235.

tionskern" und „Grundbestand" des Kreuzigungsberichtes, weil diese
Verse, so lautet nun Linnemanns eigene Begründung, einem „übergreifen-
den Zeitschema" dienen, das „als spätere Hinzufügung" schwer erklärbar
sei, während „man sehr wohl verstehen" könne, „daß ein Erzähler, dem
die Einzelzüge, die wir in der Kreuzigungsperikope lesen, noch nicht zur
Hand waren, das Nichtwissen vom Leiden des Herrn mit dem Stundenschema überspielte und so die Kreuzigung Jesu erzählbar machte."[329]
   Der gegen Linnemanns Hypothese erhobene Einwand, der von ihr
angenommene Erzähler sei „wohl mehr ein Schreibtischprodukt denn eine
urchristliche geschichtliche Wirklichkeit"[330], trifft nicht das zur Klärung
anstehende methodische Kernproblem, wie schon daran zu erkennen ist,
daß Linnemann sofort danach bescheinigt wird, sie habe meine Schreib-
tischproduktion „einer grundlegenden und berechtigten Kritik unterzogen"[331]. Gibt es ernstzunehmende Einwände?
   Daß die formal gleichartigen Zeitangaben in 15,25.33f ein die übrigen
„isolierten Details" der Kreuzigungsperikope zusammenhaltendes, über-
greifendes Zeitschema bilden[332], scheint mir unwiderlegbar richtig. Wer
Gegenteiliges behauptet und das Zeitschema sukzessive entstanden denkt,
hat den Beweis zu erbringen, der zB in den Analysen von Mohr und
Schenke, wie gezeigt, schwerlich geliefert wurde. Aber kann das Zeitschema nicht doch zusammen mit 15,33.38 erst vom Evangelisten eingefügt
worden sein, wie zB Schmithals und Weinacht (s o) spiegelbildlich zu
Linnemanns Auffassung behaupten?
   Von Linnemanns Argumentation her kann man nur darauf verweisen,
daß die leicht isolierbaren sonstigen Verse ohne das Zeitschema kaum
tradierbar gewesen seien. Das entscheidende Argument hat Linnemann
hingegen dadurch verschenkt, daß sie die richtigen Beobachtungen zur
Form der Tradition von denen zum Inhalt trennt bzw zu zentralen Versen
fast nichts (15,33.37) oder zT Irriges (15,38) sagt, um dann im Vollzug
ihrer Methodik antike Leser zu postulieren, die es so gar nicht gegeben
hat.
   Die minime Interpretation zu 15,33.37 wurde schon nachgewiesen[333],
so daß jetzt nur noch Mk 15,38 und dann Linnemanns Leser mit ihrem
„normalen Tag" zur Erörterung anstehen.
   Linnemanns Deutung von 15,38 ist insoweit unhaltbar, als sie gegen
den Kontext 15,33.37 nur alttestamentlich-rabbinisches Material zum Tem-

---

[329] Vgl Linnemann Studien 155.157.

[330] Grundmann Markus[8], 1980, 429 A8.

[331] AaO 430 A9 (mit ausdrücklichem Bezug auf meine „Methodik"). Vgl Bultmann ThLZ,
   1925, 318 (zitiert bei Schreiber Markuspassion 64) zu derartiger Kritik.

[332] Vgl Linnemann Studien 155; exakter formuliert müßte es heißen, „leicht zu isolierenden
   Details"; vgl Schreiber Theologie 22f; dsAr 47f.

[333] Vgl dsAr 4. Kap. B§1I.II.

pelvorhang heranzieht[334], die alttestamentlich-apokalyptischen Traditionen hingegen für unerheblich erklärt[335] und schließlich den interessantesten Beleg aus diesem Vorstellungsbereich (Apk Bar 6,7ff)[336] verschweigt. Die genannten Subjektivismen werden durch die eigenwillige Behauptung komplettiert, in Mk 1,10 verstehe „niemand das σχίζεται" im Sinne von „Zerstörung"; deshalb werde es hier nicht mit „zerreißen", sondern „zumeist" mit: „der Himmel öffnete sich" übersetzt, weshalb das Wort auch in 15,38 bedeute, „daß sich der Vorhang einen Spalt weit öffnet"[337]. Dazu ist festzustellen, daß es dem üblichen Kommentarwissen entspricht, den markinischen Taufbericht von seiner apokalyptischen Terminologie her eschatologisch zu verstehen[338]; die entscheidenden Motive stammen

---

[334] Linnemann Studien 160f. Neusner ZThK, 1979, passim, der zB aaO 297f.303f so formuliert, daß man ihn den ‚Wrede' der Rabbinistik nennen kann (vgl dazu Hengel, in: Neusner Judentum S VIIf: „Revolution" „angeregt durch die form- und redaktionskritischen Methoden"; Wiefel 214), und Alexander ZNW, 1983, 237−246, besonders 240−242.244 erinnern mit ihren grundsätzlichen Überlegungen daran, daß die Art, in der Linnemann rabbinische Zeugnisse zu Interpretation von Mk 15,38 benutzt, höchst problematisch ist; vgl zB auch PKuhn 391 (rabbinische Traditionen „derart vielschichtig und kompliziert, mit so vielen ungelösten und zT unlösbaren Problemen behaftet"), vgl aaO 21f.24f. Linnemanns Hauptbeleg Scheq 8,5 wurde schon von den Rabbinen damals als „Übertreibung" (Strack/Billerbeck I 1044) kritisiert. Die so streng von Linnemann geforderte historisch-kritische Exegese (vgl Linnemann Studien 166f) fehlt also bei ihren eigenen Darlegungen an entscheidender Stelle − und ist bei den rabbinischen Belegen oft gar nicht möglich! Motivgeschichtlich (vgl hierzu dsAr 120ff; außerdem PKuhn 28 A80 zum Unterschied zwischen „sachlicher Entsprechung und historischer Abhängigkeit") ist hingegen eindeutig, daß nach dem für das Judentum so einschneidenden Ereignis der Tempelzerstörung 70 nChr (vgl PKuhn 392) im Zusammenhang mit der deshalb nötigen und dominierenden Tröstung (aaO 386) in der rabbinischen Literatur die leichte „Ersetzbarkeit" (vgl Linnemann Studien 161) des Tempelvorhangs als Thema erscheint, während in der Apokalyptik dessen Rettung vor der Zerstörung erzählt wird (Apk Bar 6,7ff): In Mk 15,38 steht das Gegenteil beider Tröstungen und so urchristliches und nicht jüdisches Denken und Fühlen zu lesen (vgl Schreiber Theologie 37.67f). Vgl hierzu noch PKuhn 417 A86 (für die Rabbinen ist unvorstellbar, daß Gott stirbt) mit Mk 15,37.39 (und dazu Schreiber Theologie 70).

[335] Vgl Linnemann Studien 167f.

[336] Vgl dazu dsAr 164f; Schreiber Theologie 37. Linnemann berücksichtigt außerdem die kosmische Bedeutung des Tempelvorhangs nicht, vgl dazu dsAr 165 A5.6.

[337] Linnemann Studien 161f; ähnlich Häring 125−130; Dschnulnigg 580. Der Text bezeugt das Gegenteil: Nach Mk 15,38 zerreißt der Vorhang „von oben bis unten", dh er wird durch Jesu Stimme *total* zerstört. Steichele 257 bemerkt zu Recht, daß „Symbole oft mehrdeutig sind"; seine Assoziationen (im Anschluß an GSchneider, KKertelge, aaO 257 A234) erscheinen mir erlaubt, wenn dabei klar bleibt, daß hier „ein Handeln Gottes" (ebd), aber eben durch den im Kreuzestod (Mk 15,37) *erhöhten* Gottessohn geschildert wird.

[338] So schon Loh 21; vgl im übrigen zB Pesch Markusevangelium I 90 („Ensemble apokalyptischer Topoi"; „apokalyptische Begriffe"; besonders 90f zu σχίζω: Hinweis auf Epipha-

hier wie im Kreuzigungsbericht aus alttestamentlich-apokalyptischer Tradition, so daß schon von dieser traditionellen Terminologie her eine Korrespondenz zwischen Tauf- und Kreuzigungsbericht entsteht[339], die Linnemanns Interpretation unmöglich macht.

Schön ist, daß Linnemann trotz der genannten Mängel im Endresultat mit genialer Intuition das richtige Endergebnis zu Mk 15,38 trifft: „Im Kreuzestode Jesu wird Gottes Majestät offenbar"[340], und zwar konkret, so muß man gegen Linnemann hinzufügen, in der mächtigen, den Vorhang zerreißenden (15,38) Stimme Jesu, im Todesschrei des Gekreuzigten (15,37), dem Sünder, der dieses erkennt und deshalb bekennt, zugute (15,39)[341].

Die Argumentation mit den Lesern des Markus, „für die an jedem normalen Tag die Zeit im Drei-Stunden-Takt vorwärts schritt" (s o), hätte Linnemann vermeiden können, wenn sie ein einschlägiges Handlexikon eingesehen hätte[342]. Dem heutigen Leser des Markusevangeliums wird dann nämlich klar, daß es den „normalen Tag" mit einer bestimmten, allgemein anerkannten Zeiteinteilung für den antiken Leser des Markusevangeliums nicht gab. In Ägypten rechnete man anders als in Babylonien und in Rom anders als in Griechenland; der Soldat hatte durch seinen Dienst eine exaktere Tages- und Nachteinteilung als der Privatmann, der seinen Tag nach den Mahlzeiten oder dem Arbeitsablauf gliederte; der Arme erlebte den zeitlichen Ablauf anders als der Reiche oder auch der Wissenschaftler, der über eine Sonnenuhr verfügte und des Nachts bzw bei schlechtem Wetter (evtl sogar auf Reisen) seine Wasseruhr ablesen konnte. Daß speziell auch der Fromme, je nachdem, welchem Kult er zugehörte, durchaus unterschiedliche Zeiteinteilungen des Tages jeweils für ‚normal' hielt, ist bei religiösen Texten zusätzlich zu beachten.

---

nie); Grundmann Markus[8], 1980, 41 („ein apokalyptisches Bild"); Schweizer NTD I 15f (historisierend), aber dennoch aaO 16 eindeutig („stark apokalyptische Ausrichtung"); Schmithals Markus 83 (*„eschatologische* Zuwendung Gottes"); präzise zusammenfassend Vielhauer Aufsätze, 1965, 205: „Die wunderhaften Züge: Zerreißen des Himmels, Herabkunft des Geistes und Ertönen der Gottesstimme … sind bekannte Motive der jüdischen Eschatologie, der nationalen wie der apokalyptischen …".

[339] Vgl Loh 21, außerdem dsAr 212. Lk hat übrigens im Sinne seiner heilsgeschichtlichen Konzeption hier wie dort deutlich geändert.

[340] Linnemann Studien 163, vgl aaO 161.168.

[341] Vgl dsAr 212ff; Schreiber Theologie 44ff.237f zum genaueren Verständnis.

[342] Vgl zum Folgenden zB CAndresen, u a (Hg), Lexikon der Alten Welt, 1965, 2974.3158ff; KZiegler, u a (Hg), Der Kleine Pauly, Lexikon der Antike V, 1979, 495ff.1037f.1351f. 1474f. — Delling ThW IX 680 A33; 681 A35 nivelliert Mk 15,25.33f auf „die allg übliche Zählung der Stunden" bzw die „Passion" hin (vgl hingegen aaO 679, 14ff), weil er die divergierenden Formelemente der vier Evangelien egalisierend betrachtet, vgl zB Delling ThW II 955 A47 zu Mk 2,20 und dazu Schreiber Theologie 220f; außerdem dsAr 120—126.

Der ‚normale Tag‘ mit einem für alle feststehenden Zeittakt ist also ein Modernismus, der nichts erklärt, aber alles verdirbt. Wer heute wissen will, wie die ersten Leser des Markusevangeliums die Zeitangaben dieses Evangeliums verstanden haben, muß sich durch den synoptischen Vergleich redaktionsgeschichtlich sachkundig machen. Einen anderen Weg zum ursprünglichen Verständnis der markinischen Zeitangaben gibt es nicht[343].

Abschließend möchte ich betonen, daß ich mit Linnemann (und Dibelius[344]) abgesehen von vielen, im Zuge meiner methodischen Überlegungen jetzt nicht gesondert zu erwähnenden exegetischen Einzelheiten völlig darin übereinstimme, daß exegetische Schlüsse nur „aus dem Textbefund selbst, nicht aus allgemeinen Erwägungen über den historischen oder unhistorischen Charakter einer Textaussage" gezogen werden dürfen[345]. Meine Kritik geht — zusammenfassend formuliert — nur dahin, daß sie diese richtige, grundlegende Einsicht nicht mit Hilfe der form- und redaktionsgeschichtlichen Methode konsequent genug praktiziert hat.

---

[343] Vgl Schreiber Theologie 106 A80 zu diesem methodischen Grundsatz. — Daß Stundenangaben wie die in Mk 15,25.33f der jüdischen Stundenzählung entsprechen (vgl Strack-Billerbeck II 442), ist kein Beweis für Linnemanns „normalen Tag". Im Spiegel der rabbinischen Argumentationen wird vielmehr das oben schon Ausgeführte noch einmal sichtbar: Je nach Jahreszeit waren die 12 Stunden des Tages und damit der Tag selbst verschieden lang, der dann vor allem aber trotz des doch alle Juden einigenden Bandes derselben Religion (selbst in diesem Kernbereich) von „Laien" oder durch „Fürstensöhne" unterschiedlich erlebt wurde (ebd). — Ist die theologisch-symbolische Deutung der Stundenangaben bei Joh seit langem anerkannt und hat zB Linnemann Gleichnisse 88 ein entsprechendes Verständnis für Mt 25,3.5f mustergültig erwiesen, so sollte die Mk angemessene Sicht langsam auch möglich sein: Nur bei ihm verläuft (wegen 15,1.42) der ganze Kreuzigungstag (und zwar nur dieser eine Tag, sonst aber keiner!) und speziell das Kreuzigungsgeschehen (wegen 15,25.33f) im Rhythmus des Drei-Stunden-Taktes. Wer diese literarische Einmaligkeit für normal erklärt, mißachtet mit solcher Nivellierung den in der einmaligen Form dargebotenen einmaligen Inhalt und bringt so sich und andere um die Polyphonie der urchristlichen Verkündigung. — Übrigens ist selbst innerhalb der von äußerster Präzision bestimmten, global gültigen Zeitmessung der Moderne zB im europäischen Kulturraum der ‚normale Tag‘ eines Lebensmittelhändlers in Lyon völlig anders als der seines Kollegen in Trier, obwohl doch schon beider Urahnen in ein und demselben römischen Reich lebten.

[344] Dibelius hat Wredes Ansatz für die Markuspassion (und die übrigen Passionsdarstellungen) besonders eindeutig als Formgeschichtler vertreten, vgl Vielhauer Literatur 290; Schreiber Markuspassion 23f. In der Sekundärliteratur wird Linnemann oft eine „völlig neue Lösung" (so zB Mohr 313 A5) bzw Radikalisierung meiner Exegese nachgesagt; sicher insofern zu Unrecht, als der oben zitierte Grundsatz von Linnemann seit Wrede für die Formgeschichte trotz gelegentlicher Inkonsequenz maßgebend ist.

[345] Linnemann Studien 136. Vgl außerdem die weitgehende Übereinstimmung zwischen Linnemann Studien 54—68 und Schreiber Markuspassion. Aber Linnemann hat sich „zu wenig mit Wortschatz, Stil und Theologie des ältesten Evangelisten befaßt" (GSchneider BZ, 1972, 242).

f) Sechstes Beispiel

Der von der Formgeschichte gebahnte Weg „für ein *neues literarisches Verständnis der synoptischen Evangelien*"[346], bei dem prinzipiell klar ist, daß die Darstellung des Markus nicht historisch, sondern kerygmatisch orientiert ist, bestimmt die Darlegungen von Peddinghaus sowohl in der Gliederung wie auch in der Einzelargumentation[347]. Aber sein methodisches Vorgehen ist erst dann zureichend charakterisiert, wenn man zusätzlich beachtet, daß Peddinghaus dank der richtigen Erkenntnis von der in der Markuspassion nur sehr begrenzt einsetzbaren formgeschichtlichen Methode[348] nun nicht wie zB Dormeyer, Schmithals oder Mohr die historisch-literarkritische Methode der Quellenscheidung vergangener Zeiten erneuert[349], sondern vielmehr zu dem Schluß kommt, ein Dialog zwischen Form- und Zeitgeschichte könne in dieser Notlage weiterhelfen[350]. Dieses Vorgehen bezeichnet er „besonders im Hinblick auf den Ort der Weitergabe eines Stückes" als traditionsgeschichtliche Methode[351]. Dieser „Ort" wird dann in Aufnahme der „Fragestellung" Schilles[352] im Gemeindegottesdienst gefunden und veranlaßt Peddinghaus zu der Hypothese, die mündlich festgeprägte Passionstradition habe Markus zum erstenmal niedergeschrieben, nachdem er sie vorher in der Erzählung während der Gottesdienste kennengelernt hatte[353]. So überlagert diese Kulthypothese den projektierten Dialog von Form- und Zeitgeschichte; die Hypothese geht, genau besehen, nicht aus dem Dialog hervor. Das hat Konsequenzen für die Einzelauslegung (s u).

In der Sache bedeutet diese methodische Grundlegung für die Ergebnisse der Einzelanalyse, daß traditionsgeschichtliche „Fragen nur noch im großen Rahmen" beantwortet werden können[354]. Im Fall des sogenannten

---

[346] Peddinghaus 80.

[347] Vgl zB Peddinghaus 1f.84.121f.126f. Hier besteht eine methodische Gemeinsamkeit mit LSchottroff, die ihr Vorgehen freilich als redaktionsgeschichtliches bezeichnet und dabei im Unterschied zum „Dialog" von Peddinghaus (s o) die zeitgeschichtlichen Darlegungen mit den exegetischen vermischt. Vgl dsAr Exkurs IV zum methodischen Problem. Ob im „Dialog" (s o) oder ob redaktions- und formgeschichtlich bzw ,unitarisch' (vgl dsAr Exkurs IV,1) argumentiert wird, stets bleibt zu kontrollieren, ob einseitig subjektiv-konstruktiv von der Zeitgeschichte her (oder sogar deutlich ideologisch motiviert) über den Text weg oder aber wirklich im hermeneutischen Zirkel von Analyse und Konstruktion in strenger Beachtung von Form und Inhalt des zu interpretierenden Textes exegesiert wird.

[348] Vgl Peddinghaus 81 und dazu Schreiber Markuspassion 40ff.

[349] Vgl Peddinghaus 102.127.

[350] Vgl aaO 66.

[351] AaO 82.

[352] AaO 85.

[353] Vgl aaO 174.184.

[354] AaO 164.

Stundenschemas stellt Peddinghaus deshalb zB fest, daß mit dieser Bezeichnung nicht die „an sich mögliche Eigenständigkeit dieser Tradition" und ihr ursprünglicher Zusammenhang mit 15,38 behauptet wird[355]. Die ursprünglich mündlich „innerhalb des Gottesdienstes" weitergegebene, ausschließlich auf Ps 22 zurückgehende Tradition[356] erlaube keine komplizierten literarkritischen Operationen, sondern nur die Unterscheidung „zwischen dem sog. Stundenschema, der vormarkinischen Gestalt und dem Entwurf des Markus"[357]. Wie kam es also zur Weiterbildung der Tradition durch das Stundenschema? Antwort: „Die Weitergabe der Passionstradition im Rahmen des Gottesdienstes läßt die Interpretation des Geschehens mit Hilfe eines solchen rhythmischen und einprägsamen Schemas als durchaus denkbar erscheinen"[358].

Die Frage, warum diese gottesdienstliche Rhythmisierung der ursprünglichen Überlieferung in 15,25 durch eine sekundäre „Glosse"[359] zu 15,24, in 15,34a aber zusammen mit 15,33 glatt eingefügt wurde[360], bleibt unbeantwortet. Die berechtigte Ablehnung der alten Literarkritik führt bei Peddinghaus dazu, die Dublette 15,24f nur noch nebenbei wegen des Tempuswechsels und der Wiederholung als auffällig zu registrieren[361]. Peddinghaus bleibt hier (wie in anderen Fällen) wegen seines oben kurz geschilderten Methodenansatzes hinter seiner eigenen Forderung zurück, nach der nicht „rein dogmatische Überlegungen" oder „rein grammatikalische oder rein stilistische Argumente", sondern vielmehr Beobachtungen zur „sachlichen wie formalen Art der Stoffdarbietung" für die Analyse ausschlaggebend sein müssen[362].

Peddinghaus' Argumentation leidet noch an einem anderen Widerspruch. Seine wertvolle, von Hengel in Zustimmung und Kritik umfassend weitergeführte zeitgeschichtliche Materialsammlung[363] legt eine apokalyp-

---

[355] Ebd.
[356] Vgl aaO 148f u dazu dsAr 4. Kap. B§2I; diese einlinige Ableitung des Kreuzigungsberichtes scheint mir nicht gelungen, vgl zB speziell zu Mk 15,37 Peddinghaus 140 (φωνὴ μεγάλη) mit dsAr 4. Kap. B§1II: Das Motiv fehlt in ψ 21,2; die Belege bei Peddinghaus 138 A502 sind wertlos (zB Gen 39,14), seine Behauptung zu Mk 15,34a.37 (aaO 140) falsch.   [357] Peddinghaus 155.
[358] AaO 164. Vgl aaO 166 („einfache Form der Erzählung aufgegeben"; sic!).167f (Interpretation im Einklang mit dem Konsens; vgl dsAr 4. Kap. B§1I).
[359] Peddinghaus 124.
[360] Vgl aaO 136.164.   [361] AaO 124.
[362] Vgl aaO 136; aaO 145ff machen deutlich, daß Peddinghaus die *Form* und den *Inhalt* von *Ps 22* im (*vorher* aaO 133ff per „Analyse" erschlossenen!) ältesten Kreuzigungsbericht wiederfindet: Mk 15,39 folgt zB „thematisch" aus dem „Hymnus" Ps 22,28—32 (aaO 147). Kurzum: *Form* und *Inhalt* von *Mk 15,20b—41* und von *Mk* insgesamt werden zugunsten der eben angedeuteten Hypothese vernachlässigt.
[363] Vgl Peddinghaus 1ff; Hengel Mors 158 A107 („völlig recht"). 162 A116 („völlig unsinnig").171 A137 („abgewogenen Ausführungen").

tische Interpretation von 15,33.38 nahe[364]. Aber diese Interpretation wird gleichwohl zurückgewiesen bzw in der Schwebe gelassen[365], um schließlich — entgegenstehende Argumente still negierend[366] — 15,33 als Zeichen der Trauer Gottes nach Vergil bzw volkstümlich-antiker Auffassung und nur 15,38 als Gerichtszeichen zu verstehen[367]. Der „Dialog" (s o) wurde versäumt.

Zur Klärung der anstehenden Methodenfrage scheint es nicht nötig, weitere Schwierigkeiten der Analyse von Peddinghaus darzulegen, da die angeführten genügen, um zu erkennen, daß sie zuletzt alle ein und denselben Grund haben: Peddinghaus beachtet nicht streng genug, daß Form- und Redaktionsgeschichte zuletzt *eine* Methode sind; wegen seiner Auffassung von der mündlich überlieferten vormarkinischen Tradition im Gemeindegottesdienst setzt er die Redaktionsgeschichte erst ganz gegen Ende seiner Arbeit ein[368], nachdem alle wichtigen einzelexegetischen Entscheidungen schon gefallen sind. So kann Peddinghaus zB Mk 15,35f erörtern, ohne die durch diese Verse gegebenen Bezüge zu anderen Stellen des Markusevangeliums[369] zu erwähnen. Nicht zufällig argumentiert er deshalb zB in diesem Zusammenhang gegen seine erklärte Grundintention auf der Ebene der Literatur historisierend[370].

Die markierte Fehlerquelle ist nicht erst seit Schille und danach nur bei Peddinghaus, sondern auch bei anderen Exegeten[371] und schon in den Anfängen der Formgeschichte bei KLSchmidt und GBertram zu

---

[364] Vgl Peddinghaus 152 („apokalyptisch-messianische Kreise"). 164 (Am 8,9).

[365] AaO 155.

[366] Vgl dsAr 155 A2 bei Peddinghaus nicht erwähnt.

[367] Peddinghaus 165f. Diese Entscheidung hängt mit Peddinghaus' Ansicht zusammen, das Wachstum der Kreuzigungstradition in der hellenistischen Gemeinde zu lokalisieren; daß jüdisch-apokalyptisches Denken hellenistisch beeinflußt sein kann, wird dabei von Peddinghaus übersehen. Die ebd mit A667 verbundene Argumentation gegen eine alttestamentlich-apokalyptische Deutung von Mk 15,33 ist mir unverständlich: in dsAr 133f steht nicht, was Peddinghaus angibt, sein Verweis auf Peddinghaus 102 A188 ergibt auch nichts zur Sache und V 33 ist keine „sachliche Dublette" zu V 38 (aaO 165 und dazu dsAr 4. Kap. C§3II2a).

[368] Vgl Peddinghaus 174ff.

[369] Vgl dsAr 181ff. Nach Peddinghaus 142.148 gehören Mk 15,35.36a (wie auch 15,37.39!) zum ältesten Bericht, weil hier jede theologische Aussage fehle!

[370] Vgl Peddinghaus 139 (als Spötter nur Juden, nicht Römer bzw Syrer vorstellbar, da diesen Elia als Nothelfer „unbekannt gewesen sein dürfte") mit aaO 140 („*Historisch* ist die hier gegebene Schilderung einfach undenkbar."). Doch kann diese Art der Argumentation auch positiv im Sinne des historischen Vergleiches verstanden werden, vgl Schreiber Theologie 17f.

[371] Vgl zB dsAr s o (a) zu Schmithals; Hengel ZNW, 1969, 192 A50; Riesner 59 weiß (im Anschluß an OBetz) aufgrund von 1.Kr 11,26, „daß die Leidensgeschichte Jesu als neue Oster-Haggada bei der Mahlfeier erzählt wurde".

beobachten und als solche auch schon längst erkannt[372]. Die Hypothese von der grundlegenden Bedeutung des Kultes für die Entstehung und Überlieferung der markinischen Tradition ist insoweit wie die Predigthypothese von Dibelius[373] unhaltbar, als sie, rein konstruktiv postuliert, analytischer Überprüfung von den Texten her, wie beim Stundenschema dargelegt, nicht standhält[374].

Für das Verständnis des Stundenschemas bedeutet diese Einsicht konkret, daß man nicht ein evtl mögliches Erzählen der Passionsgeschichte im Gottesdienst zum alles entscheidenden Ausgangspunkt der Interpretation machen darf, sondern sich daran halten muß, daß Markus wie Lukas (vgl Lk 1,1−4; Ag 1,1), freilich in ganz anderer theologischer Intention, für Leser[375] schreibt (Mk 13,14), die die Bedeutung des Stundenschemas aus seiner Gesamtdarstellung und speziell auch aus den übrigen Stundenangaben seines Evangeliums erschließen können. Zwei dieser Leser, Matthäus und Lukas, können wir bei ihrer Lektüre durch den synoptischen Vergleich genau beobachten; soweit sie Markus, ihre Vorlage, speziell auch beim Stundenschema und den sonstigen Zeitangaben, mit Konsequenz abändern[376], helfen sie uns gerade auch in diesem Fall, die Aussage der markinischen Texte zu verstehen und den interpretatorischen Zirkel von Konstruktion und Analyse textgemäß zu handhaben[377].

2. Dubletten

Wie gezeigt, kann selbst das eindeutige Formelement des Stundenschemas in sehr verschiedener Weise mit dem immer gleichen Effekt der divergierenden Auslegung exegetisch dann traktiert werden, wenn Form und Inhalt nicht gemäß der form- und redaktionsgeschichtlichen Methode untersucht werden. Bei den Dubletten des Kreuzigungsberichtes hat der Subjektivismus ohne Beachtung dieser Methode noch leichteres Spiel, weil in diesem Fall die formale Seite des Phänomens weniger auffällig ist, weshalb sie bei der Untersuchung noch leichter vom jeweiligen Inhalt getrennt werden kann und dann gelegentlich ganz geleugnet wird. Der Gebrauch des Begriffs ‚Dublette' macht deshalb eine Begriffsklärung lohnend (a); danach wird der Begriff in der Analyse kurz erprobt (b).

---

[372] Vgl dsAr 156 A3; Vielhauer Schmidt 19.

[373] Vgl dazu Bult 64; Vielhauer Literatur 287−289 („Methodenfrage"!).

[374] Dieser Sachverhalt läßt sich neuerdings anhand von Trocmé Liturgy studieren, insofern dieser bei der Durchführung seiner Kultthese alles, was man bei Wrede für die Exegese lernen kann, sträflich vernachlässigt: Er kombiniert und harmonisiert (vgl zB aaO 79 zu Mk 15,42; Lk 23,54 und dagegen die differenzierende Auslegung bei Schreiber ZNW, 1981, 147f.150f.164f) die Evangelien, wie es seiner Hypothese dienlich ist.

[375] Vgl Vielhauer Literatur 335.338.343. So schon Wrede 3 in seiner grundlegenden Maxime (vgl dsAr 4. Kap. A§2).

[376] Vgl dsAr 257 A1; 261 A1; 272 A3; Schreiber Theologie 27.51.54.58f.60.145−157.

[377] Vgl hierzu Bult 5; Vielhauer Literatur 285 („Zirkel").

a) Was ist eine Dublette?

Manche Forscher beschäftigt die in der Überschrift gestellte Frage kaum[378], andere sehen sie vollends als obsolet an. So kann RPesch zB eine auf Dubletten abhebende Exegese als „mit überbewerteten Spannungen und interpretatorisch nicht erfaßten Wiederholungen arbeitende Fehlanalyse"[379] abtun, die „in der Differenz und Widersprüchlichkeit der Ergebnisse ... nur die methodischen Schwächen literarkritischer Arbeit eines halben Jahrhunderts" offenbare[380]. Da nun Pesch, wie im Zitat gerade belegt, „Spannungen" und „Wiederholungen" durchaus auch selber erkennt, lohnt sich zu fragen, wie er sie derart richtig ‚bewerten‘ bzw ‚interpretatorisch‘ erfassen kann, daß sie in seiner weiteren Exegese keinerlei Rolle mehr spielen. Wie macht man so etwas?

Peschs Antwort lautet: Man bemühe sich „um eine historisch angemessene Textinterpretation, welche die dem Text angedichteten Spannungen aufheben" wird[381]. Durch diese Bemühung verwandeln sich also ‚überbewertete Spannungen‘ (s o) in ‚angedichtete‘, dh sie sind nicht mehr da.

Wer diese exegetische Kunst erlernen möchte, muß nur stets dann, wenn Spannungen und Wiederholungen Zweifel an der Einheitlichkeit eines Textes aufrühren, den methodischen „Grundsatz ‚in dubio pro traditione‘ "[382] und die zur Anwendung dieses Grundsatzes vorsorglich für die Exegese der Markuspassion von Pesch bereitgestellte vormarkinische Struktur von „dreizehn Dreiergruppen"[383] erinnern: Der Text Mk 15,20b−39 zB wird dann dank dieses Korseletts à la Pesch als die zwölfte, „vorletzte Dreiergruppe von Erzählstücken"[384] erkennbar und ermöglicht durch diese seine „dreiteilige Struktur"[385] (15,20b−24.25−32.33−39) das Kunststück, bloß Angedichtetes endgültig zum Verschwinden zu bringen. Mk 15,25 ist dann zB keine Dublette zu 15,24 mehr, sondern vielmehr der Beginn für eine „zweite mittlere Szene des Kreuzigungsberichts"[386], in der

---

[378] Vgl zB Schweizer NTD 1, 1983, 188 zu Mk 15,24f.

[379] Pesch Markusevangelium II 475.

[380] AaO 474.

[381] AaO 482. Eine „historisch angemessene Interpretation" nach Pesch (s o) ist in Wahrheit eine unhistorische, seiner Dogmatik entsprechende; vgl hierzu Pesch Jerusalem 127: „der Kanon (mit der Tradition der Kirche) das Maß".

[382] Pesch Markusevangelium II 7. Der „Grundsatz" (s o) konkretisiert das dsAr A 381 genannte „Maß" — und gefährdet so nicht etwa nur die historisch-kritische Exegese, sondern mit diesem Zugang zur Tradition auch die Tradition selbst (vgl dsAr Anhang I) und also die Kirche heute (vgl dsAr 4. Kap. D§2; Exkurs IV,1).

[383] Pesch Markusevangelium II 15.

[384] AaO 474.

[385] AaO 475.

[386] AaO 481.

es „keine Spannungen oder disfunktionale Wiederholungen gibt, ... auch nicht ... zu anderen Abschnitten der Passionsgeschichte", wie es „mit untauglichen, methodisch unzulässigen Argumenten" behauptet worden ist[387].

Hat man sich die Haken angesehen, an denen das Argumentationsnetz von Pesch hängt, so wird seine berechtigte Attacke gegen „subjektive Vorstellungen über eine nach Geschmack geforderte Textfassung"[388] zur pseudo-konservativen Kostümierung eben jener Subjektivismen, die er zu bekämpfen versucht. Daß Peschs Gewaltkur keine Besserung bewirkt, kann zB bei Gnilka, Schweizer oder Steichele nachgelesen werden, die in Kenntnis von Peschs Argumentation auch eine inhaltliche, aber eben andere Gliederung als Pesch geben[389]. Diese Exegeten müssen sich dann freilich andeutungsweise oder sogar sehr deutlich mit der Dublettenfrage auseinandersetzen[390], was Pesch durch sein Vorgehen ja nun gerade vermeiden möchte.

Wer statt ‚Dublette' ‚Parallelüberlieferung'[391] oder ‚Doppelüberlieferung'[392] schreibt, hat das von Pesch so arbeitsaufwendig und wortreich für die ganze Passionsgeschichte angestrebte Ziel wenigstens für gewisse Teilbereiche durch diese bloße Begriffssetzung wie mit einem Zauberwort sofort erreicht: Die Begriffe suggerieren von vornherein anhand rein formaler Beobachtung alte Tradition und evtl auch Historisches[393]. Wie wenig mit diesem Verfahren für den methodischen Konsens wissenschaftlicher Exegese gewonnen ist, wird schon daran deutlich, daß dieselben Forscher manche Dubletten nicht als formales Erkennungszeichen für Parallelüberlieferung, sondern als einen Hinweis auf Redaktion deuten[394]; daß der eine Exeget dann für alte Parallelüberlieferung hält, was der andere als Zutat des Markus ansieht[395], kann nicht verwundern. Suggestionen wirken eben nicht automatisch, sondern nur dann, wenn eine gewisse Disposition vorgegeben ist. Das wird vollends evident, wenn andere Forscher die Dubletten im Kreuzigungsbericht durchweg als typisches Stilmittel markinischer Redaktion werten[396].

Aber nicht nur der suggestive, auch der verschwommene Begriffsgebrauch führt in die Irre. Wenn zB die „literarischen Spannungen und

---

[387] AaO 482.

[388] Vgl aaO 482.

[389] Vgl Gnilka Markus II 314; Schweizer NTD 1, 1983, 188; Steichele 200 und Neirynck Evangelica 555 zu früheren Einteilungen (Albertz, Burkill, Schlier, Lohmeyer).

[390] Vgl Schweizer NTD 1, 1983, 188; Steichele 201.212.221f; Gnilka Markus II 310.

[391] Vgl Mohr 318 zu Mk 15,23.36.

[392] Vgl Grundmann Markus[3], 1968, 312.

[393] Vgl zB Mohr 320.322.343f zu Mk 15,36a.

[394] Vgl zB Mohr 315f.

[395] Vgl Mohr 323 mit Dormeyer Passion 202 zu Mk 15,36.

[396] Vgl Matera 43: Durch die Wiederholung erläutert der Evangelist das jeweils Mitgeteilte.

Doppelungen" zusammen genannt und die Doppelungen dann unter der Überschrift „Spannungen" mit abgehandelt werden[397], so führt das leicht zur Einebnung des wesentlichen Formelements der Dublette in Phänomene, die weniger eindeutig und entsprechend umstritten sind[398]. Ähnlich steht es, wenn mit Blick auf Mk 15,38f von einer thematischen Dublette gesprochen wird[399]. Mk 15,39 wiederholt den Inhalt von 15,38 weder wörtlich noch thematisch, eine Dublette liegt nicht vor; V 38 kann somit auf diesem Wege auch nicht als sekundäre Erweiterung erwiesen werden.

Aus allem Bisherigen ergibt sich positiv, daß es einen Ausweg aus dem Hin und Her der Debatte und der ihr nachfolgenden Skepsis gegenüber allen Analysen[400] nur dann vielleicht geben kann, wenn man den Begriff Dublette streng formal faßt: Nur wo eine inhaltlich deutliche, *einmalige* Wiederholung, also wirklich doppelt Vorhandenes zu beobachten ist, sollte man von Doppelung bzw Dublette sprechen[401]. Ob die so festgestellte Dublette dann als Hinweis auf Markus vorgegebene Parallelüberlieferung oder als Hinweis auf Redaktion des Markus, der Traditionen erst zusammenfügte, oder auch als ein Hinweis auf eine von ihm selber erst gewollt formulierte Wiederholung zu verstehen ist, muß dann die weitere form- und redaktionsgeschichtliche Exegese erweisen, und zwar unter Einsatz aller ihr zugeordneten Methoden historisch-kritischer Forschung.

b) Dubletten in Mk 15,20b—41[402]

Folgende Verse sind nach dem eben festgelegten Grundsatz als Dubletten zu bezeichnen: Mk 15,23/36; 15,24/25; 15,29/14,58; 15,30/31b.32a.b;

---

[397] Vgl LSchenke Christus 83.

[398] Vgl zB aaO 83f.91f zu Mk 15,21 und dazu mit Recht kritisch Pesch Markusevangelium II 475 oder Linnemann Studien 138 A11 zu Mk 15,33f (9. Stunde; Hirsch) mit LSchenke Christus 96.

[399] Peddinghaus 136: „Thematisch stellt v. 38 eine Dublette zu v. 39 dar, insofern beide eine Auseinandersetzung mit dem Judentum — allerdings in sehr unterschiedlicher Weise — zum Gegenstand haben." Vgl den Begriff „sachliche Dublette" zu Vv 33.38 (aaO 165).

[400] Vgl zB Steichele 202f; Gnilka Markus II 311f; Grundmann Markus[8], 1980, 430.

[401] Wenn Steichele 201 Mk 15,40f.47; 16,1 zu den „Dubletten bzw Wiederholungen" rechnet, so ist also Vorsicht geboten: Gewiß werden hier Frauen hintereinander genannt, aber eben drei- und nicht zweimal und außerdem in durchaus verschiedenen Situationen bzw Aktionen. Ähnlich ist der dreifache Spott in 15,29—32 zu beurteilen, vgl unten die abschließende Bemerkung. Direkt falsch (s dazu oben die weiteren Darlegungen) ist die Meinung von Dormeyer Passion 19, es sei eine „notwendige Folgerung, ... daß unmittelbar aufeinanderfolgende Dubletten nicht von einer Hand stammen". Dormeyer begeht hier denselben Fehler wie bei der Vokabelstatistik (vgl dsAr 4. Kap. C§2I); er verabsolutiert die formale Analyse und trennt sie von der inhaltlichen und sieht dann in den Text hinein, was gar nicht drinsteht (vgl Steichele 259 A241).

[402] Vgl dsAr 4. Kap. A§1 zum begrenzten Ziel der folgenden Bemerkungen.

15,34/37. Studiert man sie im Sinne Wredes mit Hilfe des synoptischen, innermarkinischen und historischen Vergleiches[403], so kommt man zu durchaus unterschiedlichen Wertungen und Feststellungen.

Mk 15,23/36

Beide Verse berichten von einer *mißlungenen* Tränkung Jesu durch seine Gegner[404]. Vor der Kreuzigung lehnt Jesus einen Betäubungstrank ab (V 23; vgl Spr 31,6: οἶνος), und den zweiten Tränkungsversuch, der an Ps 69,22 (ὄξος), erinnert und seine Herabnahme vom Kreuz durch Elia fördern soll (V 36), beantwortet er mit seinem lauten Todesschrei (V 37). Markus schildert so vor den beiden entscheidenden Ereignissen seiner Gesamtdarstellung, vor Kreuzigung (V 24) und Tod (V 37) Jesu, den wegen seiner Redaktion auch vorher schon (vgl zB Mk 1,14a; 3,2f.6; 8,31–33; 10,32; 14,41f) immer wieder aufblitzenden, ganz und gar an Gottes Willen gebundenen Leidenswillen Jesu (vgl 3,4.6; 12,29–31; 14,36). Nimmt man hinzu, daß früher dargelegte[405] stilistische und (im Fall von V 36: Sehen; Elia-Mißverständnis) zusätzliche redaktionsgeschichtliche Eigentümlichkeiten auf sekundäre Bearbeitung hinweisen, so sind beide Verse wahrscheinlich erst von Markus, womöglich unter Anspielung auf die Schrift (s o), formuliert worden, um den eben dargelegten Grundgedanken seiner Gesamtdarstellung[406] an deren Höhepunkt besonders deutlich zur Geltung zu bringen.

Mk 15,24/25

Bei dieser Dublette lassen sich im Unterschied zur vorstehenden keine Bezüge zum übrigen Evangelium herstellen; das entscheidende Dublettenwort σταυροῦν verwendet Markus (im Unterschied zu Mt 20,19; 23,34)

---

[403] Vgl Schreiber Theologie 15–18; auch Wrede 117 („Man muß aber bei der Erklärung des Markus völlig vergessen, daß es einen Matthaeusbericht giebt.") zum von mir so genannten innermarkinischen Vergleich und dazu die Zustimmung von Jülicher Linien 24 („Wrede behält Recht mit seiner Forderung ..."). Auf die früher dargelegten Abänderungen des Mk durch Mt und Lk wird hiermit ausdrücklich verwiesen, da sie, obwohl für die Interpretation höchst bedeutsam, um der gebotenen Kürze willen jetzt nicht noch einmal ausführlich dargelegt werden können.

[404] Vgl Pesch Markusevangelium II 496 zu Mk 15,36 („Impf. de conatu"); auch dsAr 71 A1; 192. Die im Anschluß an 15,23.36 zu beiden Versen üblichen, historisch eingefärbten Überlegungen, ob Juden oder Römer usw beteiligt waren (vgl dsAr 67ff.71.174 A4), haben im Text nur begrenzten Anhalt und diesen nur dann, wenn man Jesu Verhältnis zu Juden und Heiden *nach Markus* zur Grundlage der Exegese macht (vgl dazu Schreiber Theologie 25f.48f; ders ZNW, 1981, 154 A42).

[405] Vgl dsAr 69.71 A1; 90.191; Schreiber Theologie 29.44.48f.

[406] Vgl hierzu Schreiber Theologie 49.198f.231f.

nur in Mk 15. Ich nehme deshalb und aufgrund des früher Mitgeteilten[407] an, daß Markus hier zwei Traditionen verarbeitet hat. Das wichtigste Argument für dieses Urteil sei noch einmal ausdrücklich hervorgehoben. Die Zeitangabe wird nicht wie in V 33 im Zusammenhang mit dem entscheidenden Ereignis in V 24, sondern eben in der Dublette V 25 nachgetragen. Ich schließe daraus: Markus wollte das ihm vorgegebene Stundenschema für seine Konzeption (15,1.42.44f) beibehalten, als er die mit dem Stundenschema argumentierende Tradition mit der anderen verknüpfte. Er konnte so verfahren, weil sich dank seiner Bearbeitung von V 25 dieser Vers als „ganz gewöhnliche Parenthese" lesen läßt[408].

Mk 15,29/14,58

Diese Dublette ist von Vielhauer schon 1938 in ihrer theologischen Bedeutung korrekt beschrieben worden[409]: Markus hat ein vielleicht auf den historischen Jesus zurückgehendes apokalyptisches Logion einmal als Falschaussage (14,58) mit ihm wichtigen theologischen Interpretamenten versehen und das andere Mal als Spott (15,29 mit Bezug auf 15,38) so stilisiert, daß seine Anschauung von der Zerstörung der alten und der Begründung der neuen Gemeinde durch Jesu Tod zum Ausdruck kommt. Für unsere methodischen Überlegungen ist bei dieser Dublette hervorzuheben, daß sie allein in der redaktionsgeschichtlichen Perspektive festgestellt werden kann und muß; diese Dublette ist das Werk des Evangelisten, so gewiß sie als formgeschichtlich isolierbares Logion auf Tradition zurückgeht.

Mk 15,30/31b.32a.b

Bei dieser Dublette muß mE das Urteil ähnlich und doch auch ganz anders als bei der vorstehend behandelten ausfallen; ähnlich deshalb, weil die durch die Forderung der Katabase vom Kreuz konkretisierte Aufforderung, sich selbst zu retten (V 30), und ihre ausdrücklich (V 31: ὁμοίως καί = „ebenso auch") als Wiederholung gekennzeichnete Zuspitzung (V 31b.32a.b) in Sach- und Wortzusammenhänge des Markusevangeliums verweist[410]; ganz anders deshalb, weil in diesem Fall kein womöglich auf den historischen Jesus zurückgehendes Logion der Tradition dem

---

[407] Vgl dsAr 49f.54ff.82.89.156.170; Schreiber Theologie 24.28.29.31.38.

[408] Steichele 222, vgl dsAr 55; auch Reiser Syntax 76 und besonders 137: Die „im Griechischen doch recht gewöhnliche temporale Parataxe" wendet Mk „nur ein einziges Mal" in 15,25 an.

[409] Vgl Vielhauer Oikodome 59—62.64—66; außerdem dsAr 59.61; Schreiber Theologie 41; Vanhoye 250f zum Folgenden.

[410] Vgl dsAr 194ff; Schreiber Theologie 43f. Weil Horstmann 132 diese Zusammenhänge nicht hinreichend beachtet, verkennt sie die Einheit von Kreuz und Auferstehung bei

Evangelisten vorgegeben war. Diese Dublette bietet konzentriert markinische Gemeinde-Theologie[411].

Mk 15,34/37

V 37 wiederholt das Motiv der lauten Stimme von V 34. Da in V 34 diese laute Stimme mit Ps 22,2 artikuliert wird und so eine form- und redaktionsgeschichtlich nachweisbar redaktionelle, von Matthäus und Lukas ebenfalls geübte Technik sichtbar wird[412], halte ich die von Bultmann geäußerte Ansicht, V 34 sei eine sekundäre Dublette zu V 37, nach wie vor in dem Sinne für richtig, daß Markus diese Dublette in V 34 erst geschaffen hat; dieser Vers entspricht in äußerster Präzision der Paradoxchristologie des Evangelisten und ermöglicht außerdem die ihm theologisch wichtige Einfügung von 15,35f[413].

Abschließende Bemerkung

In Mk 15,39/40 (Sehen), 15,29a/32c (Spott), 15,24 (bzw 25)/27 (Kreuzigung) sind auch Wiederholungen zu beobachten. Und doch kann nicht von Dubletten im *vorliegenden* Text die Rede sein, weil 15,29a/32c erst nach der analytischen Entfernung der Redaktion (15,29b—32b) in etwa als Dublette ansprechbar sind und weil in den anderen beiden Fällen Ausdrucksweise[414] und Personen (15,39/40) oder nur die Personen (15,24.25/

Markus (und aaO 132 A147 meine Argumentation zu dieser Einheit); vgl Schreiber Theologie 108f zu Horstmann 132 (Mk 16,6: ἠγέρϑη).

[411] Die Vorgabe der Tradition für die Redaktion ist in diesem Fall also allgemeinerer Art: Kata- bzw Anabasis bei der Taufe (vgl Mk 1,9f; Ag 8,38f) und die Anabasis zum Tempel (vgl Schreiber Theologie 191f, auch 187; dsAr 196f); diese beiden traditionellen Vorstellungen werden Mk bestimmt haben, vgl Mk 10,32f.38f. Wenn die Tempelsymbolik des Mk (vgl dsAr A409; Schreiber Theologie 185ff) zur Kenntnis genommen wird, entfällt auch das Argument von Linnemann Studien 138 d), 15,29b verlange eine andere Fortsetzung als die vorhandene in 15,30: Der nach V 30 bis in den Kreuzestod praktizierte Gotteswille (12,31) bewirkt Gericht und Heil (15, 29b.38.39), vgl Schreiber Theologie 41f.43.231f.243. — Linnemann Studien 147f erörtert bisherige Möglichkeiten der Analyse, sieht dabei Richtiges und verfehlt dann doch die oben dargelegte Argumentation, weil nach ihrer Meinung die Selbsterrettung mit dem Herabsteigen „konkurriert" (aaO 148). In Wahrheit aber konkurrieren beide Aussagen keineswegs (s o), insofern die zweite Aussage (V 30b/V 32 a.b) jeweils die erste (V 30a/V 31b) konkretisiert. Wie soll sich denn ein Gekreuzigter anders selber retten als durch ein Herabsteigen vom Kreuz? Nach Mk hat Jesus im Vollzug von Mk 12,31 in seinem ganzen Leben immer *nur andere* gerettet (bzw geheilt) und ist deshalb Gottes Willen gehorsam als der „geliebte Sohn" (1,10; 9,7; 12,6) *hinaufgestiegen* zum Kreuz (10,32). Vgl dsAr 196ff; Schreiber Theologie 45.47.191f.

[412] Vgl dsAr 65.112; neuerdings Untergaßmair 119f.201 („eingefügte Jesus-Logien" des Lk in Mk-Vorlage); außerdem allgemein dsAr 188; Schreiber Theologie 20f.

[413] Vgl dsAr 67ff.190ff; auch 4. Kap. C§2III.4.

[414] Vgl Linnemann Studien 147 A23.

27) betont wechseln. Diese drei Wiederholungen können also nicht vom Formalargument der Dublette her, sondern nur durch andere Kriterien untersucht werden[415].

---

[415] Vgl Mk 15,47; 16,1 zu 15,39/40 (Schreiber Theologie 27); Ps 22,8 zu Mk 15,29a/32c (*alle* verspotten den Gekreuzigten, schon als Verständnis der Markus vorgegebenen Tradition; gegen Linnemann Studien 148, die in 15,32c „eine redaktionelle Komplettierung" vermutet, weil sie die bei *allen* Synoptikern gerade auch im Kreuzigungsbericht zu beobachtende redaktionelle Technik [vgl dsAr 65f.112; Schreiber Theologie 25] übersieht); Jes 53,12 zu Mk 15,27 (Schreiber Schweigen 80f).

D. Summa summarum

Die in diesem Kapitel durch Auseinandersetzung mit anderen Argumentationen versuchte Präzisierung meiner Ausführungen von 1959 soll mit dem Ziel einer Zuspitzung der derzeit allenthalben geführten Methodendebatte[416] auf die Probleme der Markusexegese zuerst als Antwort auf die oben gestellte Traditionsfrage (§ 1) und dann mehr allgemein (§ 2) kurz abschließend akzentuiert werden.

§ 1 TRADITION UND REDAKTION

Lag Markus mündliche oder schriftliche Tradition bei der Niederschrift seines Kreuzigungsberichtes vor? Diese früher aufgeworfene Frage[417] bedarf noch einer endgültigen Antwort. Endgültig kann diese Antwort freilich nur in dem Sinne sein, daß sie bislang Dargelegtes auf die gestellte Frage hin zu einer möglichst konzisen Vermutung zusammenfaßt. Dieser wichtigen Einschränkung unterliegen freilich alle Hypothesen, nicht nur die meine[418]; die von Markus womöglich verwertete Tradition liegt uns bekanntlich nicht gesondert zum exakten Vergleich mit der markinischen Bearbeitung vor, so daß ihre Gestalt nur aus dieser Bearbeitung durch eine Analyse erschlossen werden kann. Auch wer derartige Analysen generell[419] ablehnt und die gesamte Markuspassion und also auch den Kreuzigungsbericht in toto für vormarkinisch hält, unterliegt mit dieser

---

[416] Vgl Wiefel oder zB auch Schenk Stand passim; dsAr Exkurs IV,1. Die Zuspitzung entspricht der methodischen Grundlegung und den Resultaten der Arbeit; eine sachgerechte Exegese des Kreuzigungsberichtes erforderte die Beachtung des gesamten Markusevangeliums.

[417] Vgl aaO 4. Kap. C§1.

[418] Vgl aaO 4. Kap. A§2.

[419] So Pesch, wie oben dargelegt; ähnlich aber auch Schenk Stand 528, der Pesch kritisiert (aaO 530.533); vgl zu dieser Harmonie dsAr 4. Kap. C§3II1a A293. Schenk Stand 528 verkennt unter Berufung auf Schmithals, der (so ist gegen ebd zu betonen) mit seiner Grundschrift-These (im Gegensatz zu Wrede) den „Primat der Synchronie" mißachtet, daß Formgeschichte und *alte* Literarkritik scharf zu unterscheiden sind. Die Vorstellungen der Formgeschichte zur Traditionsentwicklung (vgl dazu Vielhauer Literatur 353f) sind also keineswegs „zusammengebrochen" (gegen Schenk Stand 528). Derartiges gilt vielmehr für die neueren Quellenhypothesen, weil sie methodisch alte Literarkritik treiben wie zB im Ergebnis Schenk Passionsbericht 272f selber.

seiner Vermutung der genannten Einschränkung. Er sollte seine Meinung deshalb der von Feigel schon 1910 geäußerten Kritik aussetzen[420] und somit prüfen, ob seine Auffassung mehr ist als eine Verlängerung der verfehlten Leben-Jesu-Forschung im Bereich der Markuspassion. Diese Überprüfung ist zumal dann geboten, wenn zT neue oder auch nur neu benannte alte Forschungsinstrumente[421] im Sinne der alten Literarkritik eingesetzt werden[422].

Für alle Hypothesen zur von Markus in seinem Kreuzigungsbericht verarbeiteten Tradition gilt aber neben dem eben Angemerkten noch ein zweiter allgemeingültiger Grundsatz. Alle Wissenschaft, also auch die historisch-kritische, zielt auf eine möglichst einfache Lösung der jeweils gestellten Aufgabe. Eine Hypothese, die ohne nähere Begründung zB annimmt, eine Vielzahl von Versen oder Versteilen bzw einzelnen Wörtern sei im Zuge der Überlieferung eines alten Traditionskernes diesem nach und nach angefügt worden[423], muß mE gegenüber einer Hypothese, die eine weniger komplizierte Traditionsentwicklung mit plausiblen Gründen darlegt, das Nachsehen haben; die einfache Lösung verdient bei einleuchtender Begründung immer den Vorzug vor komplizierteren und dann meist auch schlechter begründeten bzw schwerer begründbaren[424].

Schließlich ist noch vorweg zu bemerken, daß es in der Debatte zur vormarkinischen Tradition des Kreuzigungsberichtes Argumente gibt, über die eine Kontroverse nicht lohnt. Wenn zB bestimmte Verse des Kreuzigungsberichtes nicht der markinischen Redaktion, sondern der hellenistischen Urgemeinde zugesprochen werden[425], so fällt es schwer, dieses Entweder-Oder nachzuvollziehen, da Markus nach allgemeiner Überzeugung selber ein hellenistisch geprägter Christ war, also als Glied bzw Abkömmling jener Urgemeinde geschrieben hat. Freilich ist markinische Redaktion auch in solchen Fällen immer dann gesondert in Betracht zu ziehen, wenn für das Markusevangelium insgesamt typische formale und inhaltliche Gesichtspunkte bei der Analyse des Einzeltextes hervortreten. In diesen Fällen mag mitunter durchaus dahingestellt bleiben, ob Markus Tradition nur beibehalten oder aber im Sinne seiner Traditionsauffassung selber formuliert hat. Entscheidend für die Feststellung seiner redaktionellen Absichten ist zuletzt allein, daß er im Vergleich zu Matthäus und Lukas

---

420 Vgl Schreiber Markuspassion 14.28 A28; 44 A166.
421 Vgl zB dsAr Exkurs IV,2.
422 Vgl zB dsAr 4. Kap. B§1I zu Pesch und Holzmeister; außerdem Mohr 36.40 (zur Linguistik).
423 Vgl zB Linnemann Studien 168ff, die freilich die nach und nach entstandenen vormarkinischen Einzelzüge dann „auf einmal" (aaO 169) eingefügt sieht, während andere Einzelverse bzw Teile davon später von Mk dem Urbericht zugefügt wurden (ebd).
424 Vgl hierzu Exkurs VI.
425 Vgl zB LSchenke Christus 91f.94f.101.

formal und inhaltlich genau beobachtbar Einmaliges und so eben typisch Markinisches im Kontext urchristlicher Verkündigung bietet.

Was läßt sich also im Rückgriff auf die frühere Argumentation kurz noch einmal als typisch redaktionell, was als traditionell hervorheben[426]?

Das Motiv des Sehens[427] verbindet die drei großen Epiphanien des Markusevangeliums, Taufe, Verklärung und Kreuzigung, die den gesamten übrigen Traditionsstoff gleichsam zusammenhalten, so miteinander, daß die Erkenntnis des Gottessohnes (1,10) die Ostererkenntnis (9,9) des Heiden (15,39) wird[428], der unmittelbar vor dem Gekreuzigten durch dessen Todesschrei im Gegensatz zum egoistisch verblendeten Sehen des Unglaubens (4,12; 15,32.35f) die Wahrheit von 10,45 bekennt, die der Unglaube blindlings im Spott bezeugen muß (15,31).

Gemäß dieser am göttlichen Liebeswillen orientierten Dialektik des Sehens wird auch das Motiv des Hinauf- und des Hinabsteigens vom Evangelisten bei seiner Komposition benutzt; es verbindet ebenfalls Taufe (1,10), Verklärung (9,9) und Kreuzigung (15,30.32.41). Dem Aufstieg Jesu aus dem Todeswasser der Taufe korrespondiert der Abstieg des Geistes in den Getauften (1,10). Ungläubige hingegen steigen nur deshalb extra von Jerusalem herab (3,22), um die nie zu verzeihende Blasphemie des dank der Taufe zum Geistträger gewordenen zu begehen (3,22.28f), während Glaubende genau umgekehrt in Bejahung seiner Todestaufe (10,38f) nach Jerusalem mit Jesus hinaufsteigen (10,32), da letztlich nur dort, dh unter dem Kreuz (vgl 8,34f), die Macht des Geistträgers zu erfahren ist (15,37.39)[429]. Im gehorsamen Hinauf- (1,10; 3,13; 10,32f) und Hinabsteigen (9,9.19) des Gottessohnes und der ihm und seinem Wort Nachfolgenden

---

[426] Einzelheiten der Analyse, auch wichtige, werden im folgenden nicht wiederholt; die Rückverweise in den folgenden Anmerkungen dienen der Erinnerung des Lesers; vgl im übrigen das Stellen-Register.

[427] Vgl dsAr 69.70 A5; 74 A5; 195.213 A7; Schreiber ZThK, 1961, 166 A2; ders Theologie 26f.44f.54f.60.109.120.224f; Marxsen Einleitung 145f; neuerdings Lipp 89f (zu 15,31f.39).

[428] Vgl Schreiber Theologie 120, aber auch aaO 46.237 als leichte Korrektur von dsAr 202 A5.

[429] Schreiber Theologie 238. Auch der apokalyptische Topos, unverzüglich zu fliehen (Mk 13,15f), wird über seinen ursprünglichen Sinn hinaus dank der Redaktion des Mk (vgl aaO 126—145, besonders 143f) und des dabei von ihm benutzten Motivs des Hinauf- und Herabsteigens bzw des Gewandmotives durch anderwärts zu Lesendes (zB Mk 9,3; 14,51f; 15,24; vgl aaO 63 A7) mit zusätzlicher Bedeutung auf den Grundgedanken markinischer Theologie hin, nicht sich selbst, sondern andere zu retten, ausgerichtet. Inhaltlich soll und kann diese Sicht hier nicht näher begründet werden. Methodisch ist jedoch wichtig, eindeutig und also festzustellen, daß zB der „Walker" von Mk 9,3, der wahrscheinlich mit Mal 3,2 (vgl Mal 3,1.23 und dazu Schreiber ZThK, 1961, 159f) zusammenhängt, bei Mt und Lk ebenso fehlt wie Mk 14,51f; 15,24c; dh mit den typisch markinischen Formulierungen entfällt auch seine spezielle Fassung der Botschaft, vgl dsAr Exkurs V; Schreiber Markuspassion 64 A224 zum Problem.

(4,8; 9,9; 10,32f; 15,41) geschieht das genaue Gegenteil dessen, was der Unglaube mit seinem Hinaufsteigen tut (4,7; 15,8) bzw mit seiner Forderung hinabzusteigen (15,30.32) will. Das Motiv symbolisiert bei Markus also den Widerstreit zwischen dem Glauben, der sich in der Hingabe an Gottes Liebeswillen selber opfert und erniedrigt, um gerade so erhöht zu werden[430], und dem Unglauben, der in seinem Egoismus dem Trug dieser Welt verfällt und zuletzt mit dem Mörder[431] Barabbas gemeinsame Sache bei der Ermordung Jesu macht.

Die Verse 15,35f dienen der bei Markus auf Johannes den Täufer bezogenen Eliatypologie[432] und dem gerade auch im Kreuzigungsbericht dabei geschilderten Unverstand der Menschen, also dem sog. Messiasgeheimnis[433].

Mk 15,34 bietet formal und inhaltlich typisch Markinisches; formal[434]: Ps 22,2 als *Wort* des Gekreuzigten — also keine *indirekte* Anspielung auf den Psalter wie in der Tradition — entspricht der redaktionellen Technik von Lk 23,46; Mt 27,43, und Aramaismen mit Übersetzung sind eine Spezialität des Markus; inhaltlich[435]: strengste Paradoxchristologie, streng vor allem auch deshalb, weil totaler Zweifel und unbedingtes Vertrauen auf Gottvater bezogen sind, dessen Willen zu erfüllen den Kern des Gottessohngeheimnisses bei Markus ausmacht[436].

Der Vers 15,23 schildert betont den Leidenswillen Jesu[437] und gehört somit zu jener redaktionellen Linie des Evangelisten, die sich etwa in 3,2 (παρετήρουν).3 (εἰς τὸ μέσον).6 (ἀπολέσωσιν); 10,32; 14,40f beobachten läßt.

---

[430] Vgl Schreiber Theologie 232.236. Das vom kultischen und sakramentalen (vgl J Schneider ThW I 520,25f; Oepke ThW I 529,10; 542,9ff; Pesch Anfang 325; dsAr s o A411) Sprachgebrauch gespeiste markinische Motiv des Hinauf- und Hinabsteigens strukturiert also vom durch den göttlichen Willen bestimmten Kreuzestod Jesu her die Darstellung des Mk an den entscheidenden Stellen. Gnostisch ist das Motiv in Kombination mit anderen wie Fremdheit (Mk 9,19) und Weg (8,27; 9,33f; 10,17.32.46.52) bei Mk insofern benutzt (vgl L Schottroff Glaubende 59 A2; 292 A3 zum Problem), als es auf 15,37.39 zielt und dualistisch angesetzt wird (vgl Schreiber Theologie 192 A172; 226 A48). Auch der θεῖος ἀνήρ kann (nach einer Auseinandersetzung mit seinen Gegnern im Tempel!) als ein von der Erde zum Himmel Emporsteigender vorgestellt werden (vgl Esser 93), aber eben ohne den für Mk typischen Dualismus.

[431] Barabbas wird nur bei Markus in Mk 15,7ff mit einem Mord so in Verbindung gebracht, daß die Anabasis des Volkes (15,8) dem Mörder dient: er kommt frei, nicht Jesus (15,15); vgl dazu Mk 14,53—64; 15,1: die Mordaktion gegen Jesus (Schreiber ZNW, 1981, 141f); und dazu Mk 15,11.32.

[432] Vgl dsAr 179ff; 4. Kap. C§2II2.

[433] Vgl dsAr 191.

[434] Vgl dsAr 65.112 (Technik); 4. Kap. C§2II1 (Aramaismen).

[435] Vgl Schreiber ZNW, 1981, 151 A37: „Paradoxchristologie" (Gräßer).

[436] Vgl Schreiber ZThK, 1961, 159 A3; ders Theologie 198f.233, Ziffer 2.2.3.6.

[437] Vgl dsAr 96f.

Neben diesen nur bei Markus zu beobachtenden inhaltlichen, die Form der gesamten Darstellung mitprägenden Bezügen vom Kreuzigungsbericht zu andern Stellen des Evangeliums fallen nun, und zwar in denselben Versen des Kreuzigungsberichtes, weitere formale Beobachtungen, die für Redaktion sprechen, zusätzlich ins Gewicht. Die Dublettenbildungen 15,30ff.34.37 harmonieren mit den eben genannten inhaltlichen Momenten und entsprechen im übrigen einer Redaktionstechnik, die bei der Abänderung der Markusvorlage durch Matthäus und Lukas ebenfalls zu beobachten ist[438]. Die Dublette 15,29b; 14,58 unterstreicht, wie allein schon die Adjektive in 14,58 zeigen, eine für Markus typische Aussage[439].

Sieht man auf jene Verse, die bislang in unserer knapp akzentuierenden Zusammenfassung nicht erwähnt wurden, so fallen zu Beginn des Kreuzigungsberichtes die präsentischen Formen und vor allem die mit einem Tempuswechsel verbundene Dublette von 15,24f auf, die sich nur durch das Zusammenfügen zweier Traditionen erklären läßt[440]. Beachtet man nun weiterhin den oben geschilderten Konsens der Forschung[441], nach dem die Kreuzigung zuerst im Sinne des Leidens des Gerechten geschildert wurde, um sodann apokalyptisch neu interpretiert zu werden, und kombiniert man mit diesem Konsens, der die Möglichkeit von zwei Traditionsstufen nahelegt, die 1928 durch von Dobschütz dargelegte und seitdem vielfältig wiederholte und präzisierte Einsicht[442], Markus habe gerne Traditionen redaktionell miteinander verzahnt, so dürfte meine Hypothese, der Evangelist habe zwei alte Traditionen, nämlich eine vom persönlichen Interesse alter Zeugen und der passio-iusti-Tradition bestimmte (15,20b.21.22a.24.27) und eine von apokalyptischen Motiven geprägte (15,25.26.29a.32c.33.34a.37.38), ineinandergeschoben und mit vier Zusätzen (15,22b.23/29b−32b/34b−36/39−41) versehen, nach wie vor als Antwort auf die Traditionsfrage ihre Berechtigung haben[443].

Wurden die beiden Kreuzigungstraditionen mündlich oder schriftlich überliefert[444]? Die Art der Dublette[445] 15,24f deutet darauf hin, daß der Evangelist festgeprägte und also wahrscheinlich auch schon schriftlich gefaßte Tradition verarbeitet hat. Wer den synoptischen Traditionsprozeß in Analogie zu jüdischen Gewohnheiten sieht, wird vielleicht eher festge-

---

[438] Vgl dsAr 65.

[439] Vgl dsAr 203−211.

[440] Vgl dsAr 4. Kap. C§3II2b.

[441] Vgl aaO B§2.

[442] Dobschütz ZNW, 1928, 193−198 und zB Vielhauer Literatur 338 A8 und zuletzt Lipp 126, der auf Bultmann, Schweizer und Kuhn verweist; außerdem dsAr 89.

[443] Wesentlich für die exegetische Debatte scheint mir freilich nicht dieses Ergebnis, sondern der Weg, der zu diesem Ergebnis führte, vgl dsAr Exkurs IV,1.2.

[444] Vgl dsAr 4. Kap. C§1.

[445] Vgl aaO C§3II2.

prägte, aber dennoch mündlich tradierte Überlieferung annehmen[446]. Aber ganz abgesehen davon, ob man für den zum Teil revolutionär verlaufenden Traditionsprozeß des hellenistischen Juden- und Heidenchristentums[447], der für die Verschriftlichung der uns vorliegenden neutestamentlichen Überlieferung grundlegend war, eine jüdisch-konservative Art der Traditionsüberlieferung als konstitutiv heranziehen darf, dürfte die Festlegung, Markus habe nur mündlich überlieferte Tradition vorgelegen, falsch sein. Die Traditionsverwendung des Evangelisten war nämlich prinzipiell wahrscheinlich bei allem Unterschied der Zeiten ähnlich wie die der Kirchenväter, bei deren Traditionsverwertung auch sehr oft schwierig zu entscheiden ist, „ob ein altchristlicher Schriftsteller das ihm selbstverständlich gedächtnismäßig vollständig präsente Neue Testament einfach aus der Erinnerung zitiert oder ob er die von ihm regelmäßig benutzte Handschrift dazu aufgeschlagen hat. Selbst dann kann er den Text für die speziellen Bedürfnisse seines Gedankenganges verändert bzw umstilisiert haben."[448]

Die Dublette 15,24f und die mit ihr zusammenhängenden früher dargelegten Textbesonderheiten zeigen, daß Markus im Unterschied zu Matthäus und Lukas beide Traditionen nur durch seine Art der Verzahnung und mittels der Zusätze neu stilisiert hat, sonst aber das Vorgegebene wahrscheinlich unverändert ließ. Daß die erste Tradition den Augenblick des Todes Jesu nicht erwähnt, spricht nicht — so ist noch einmal zu betonen[449] — gegen die vorgenommene Abgrenzung dieser Tradition, da für deren persönlich-theologisches Motiv (s o) dieser Augenblick unwichtig war; die historisch kaum auswertbare Darstellung[450] von 15,37 zeigt vor allem auch dann, wenn man sie mit den späteren Darstellungen vergleicht (Mt 27,54; Lk 23,46; Joh 19,30), daß allein das für Mk 15,37 nachgewiesene theologische Motiv zur Darstellung des letzten Atemzuges Jesu geführt hat.

§ 2   DIE EPOCHE 1901

Die Überschrift dieses Paragraphen stammt von A Jülicher[451]. Er schrieb 1906: „Ob das Erscheinen von Wredes Buch 1901 eine neue Epoche

---

[446] Vgl Lindemann ThR, 1984, 231f zu dieser unhaltbaren Annahme.

[447] Vgl Schreiber Theologie 67 A23; 81.

[448] KuBAland Einführung 25, in: Nestle-Aland, Novum Testamentum Graece[26], Stuttgart 1979. Für Mk ist entsprechend an das AT besonders zu denken; *diese* Tradition stand ihm (und seinen Gemeinden) in jedem Fall (teilweise) *schriftlich* zur Verfügung. Bei den beiden mE ihm vorgegebenen, ganz und gar vom Schriftbeweis geprägten Kreuzigungstraditionen wird es kaum anders gewesen sein (s o).

[449] Vgl dsAr 228.

[450] Vgl aaO 171.234f; 4. Kap. B§1II.

[451] Jülicher Linien 1. Vgl Klatt 73f (HGreßmann) zu diesem Urteil über den „Anfang einer neuen Epoche" (aaO 74) auch abgesehen von der Person Wredes.

in der Geschichte unserer Wissenschaft gebildet hat, kann ... erst die nächste Generation entscheiden"[452]. Wie die „nächste Generation" dann entschieden hat, ist inzwischen bekannt: Bultmann, Vielhauer und Strecker haben zB die epochemachende Wirkung Wredes betont[453]; andere urteilen bis auf den heutigen Tag entgegengesetzt und benutzen deshalb den Begriff „Epoche" wohl nicht zufällig abwertend zu polemischen Zwecken[454]. Die Entscheidung, die Jülicher von der nächsten Generation erwartete, ist von jedem Exegeten der heutigen Generation also nach wie vor erst noch zu treffen. Aber wie?

Jülichers Bemühen ging dahin, daß er sich darauf zu besinnen versuchte, „was wir für die Leben-Jesu-Forschung Wrede verdanken"[455]. Er reflektierte also betont jene Elemente in Wredes Darlegungen, die RWeber heutzutage in einer Zusammenfassung der (berechtigten) Kritik „als Inkonsequenz und Eierschalen der liberalen Epoche der Jesusforschung" bezeichnet[456].

Immerhin betonte Jülicher bei seiner offen auf die Fortsetzung der Leben-Jesu-Forschung gerichteten Besinnung Vorzüge im methodischen Vorgehen Wredes, die heute von nicht wenigen als Fehler angesehen werden. Jülicher schrieb: „Weiter im Gegensatz gegen jene atomistische Art der Betrachtung, die am liebsten jedes einzelne Stück der evangelischen Überlieferung ... für sich untersucht, bei jedem Stück die verschiedenen Formen, in denen es überliefert ist, zu einander in ein leidliches Verhältnis

---

[452] Jülicher Linien 8f; vgl Troeltsch 110 zur historisch-kritischen Methode insgesamt („Revolution"). Schenk erläßt, statt Troeltschs theoretische Einsichten zur Historie an Wredes konkrete historische Arbeit zurückzukoppeln und also als epochal zu würdigen, lieber selber ein von der Linguistik inspiriertes (vgl Schenk Evangeliologie 9) „‚hermeneutisches' Manifest" (aaO 3), in dem Mk zB bescheinigt wird, er arbeite „mit demselben Effekt wie R.Lembkes ‚Heiteres Beruferaten' ... im Fernsehen" (aaO 50), während es Mk in den von Schenk so klassifizierten Darstellungsmomenten doch tatsächlich um die Kreuzesnachfolge und das Problem von 1. Kr 13,12 geht. ‚Widerlegt' Schenk die Bemühung Troeltschs um die historische Wahrheit immerhin noch in einer langen Anmerkung durch philosophisch-systematische Darlegung (vgl Schenk Evangeliologie 101—105 A77), so ist ihm eine Erwähnung Wredes bei seinen Ausführungen zu Mk wohl schon zuviel. Ich fürchte, Schenk hat mit seinem „Manifest" trotz trefflicher Erinnerung im einzelnen (vgl zB aaO 114f A137: Leipoldt) wider Willen ein ‚progressives' Pendant zu der von ihm zu Recht attackierten konservativen Trivialliteratur geschrieben (vgl aaO 126f A197), in deren Sicht Troeltsch als „Chefideologe" der ohnehin erledigten historisch-kritischen Exegese fungiert (Maier 206).

[453] Vgl Bult 1; Vielhauer 279; Strecker ZThK, 1960, 73; auch weiterhin zB Paulsen ZThK, 1978, 44 A109; 45 A110, der aber aaO 38 A80 Wredes Buch von 1901 in methodischer Hinsicht nicht erwähnt.

[454] Vgl Hengel Probleme 225 A9.

[455] Jülicher Linien 9.

[456] RWeber S V.

setzt, um dann zu entscheiden, ob erfunden, ob echt, ob echter Kern —
ich sage, weiter im Gegensatz gegen jene Betrachtungsweise kann man
nicht gehen als Wrede. Er erfüllt die Pflicht, unsere älteste evangelische
Quellenschrift, den Marcus als Ganzes, natürlich nicht nach zufälligen
Eindrücken, sondern aufgrund genauer Analyse einzelner sicherer Erscheinungsreihen zu begreifen, insbesondere die eigentlich bewegenden Momente in seiner Erzählung, das Farbengebende, das, woran das Interesse
des Schriftstellers hängt, zu bestimmen"[457].

Die neuere Wrede-Kritik entzieht sich zT der von Jülicher beschriebenen Pflichterfüllung Wredes und scheint dabei nicht zu bemerken, daß
ihre eigene Evangelienkritik überhaupt nur möglich ist, weil sie die von
Wrede bekämpften „beiden Hauptmängel" der Leben-Jesu-Forschung in
der durch Wrede, Wellhausen und die Formgeschichte erzwungenen[458],
variierten Form erneut praktiziert: „die atomistische Art der Betrachtung"
und den „Mangel an Sinn für die Geschichte der Überlieferung"[459]. Man
versucht zB Mk 4,10—12 oder 9,9 als Tradition zu isolieren und so
die Bedeutung dieser Verse für das Ganze des Markusevangeliums zu
entwerten[460]. Wer mit Wrede aus diesem Ganzen einen Sinn zu erschließen
sucht, wird der „Hybris" beschuldigt[461]. Wrede gilt, nachdem man die von
ihm als Kardinalfehler der Markusexegese kritisierten Praktiken unbekümmert erneut praktiziert hat, als widerlegt[462]. Der einfache methodische
Grundsatz Wredes, „Marcus als Ganzes ... aufgrund genauer Analyse
sicherer Erscheinungsreihen zu begreifen" (s o), wird von vielen nach wie
vor bei der exegetischen Detailarbeit mißachtet.

Manche machen sich aber auch gar nicht erst soviel exegetische Mühe
und folgen von vornherein statt Wrede lieber Weder und reisen dafür bis
Rom[463]; dh sie sehen bei der historisch-kritischen Exegese den Rat ihnen
zusagender Systematiker als entscheidend an[464] und verbünden sich unter
solch selbstgewählter Vormundschaft zu dem Entschluß, „der primäre

---

457 Jülicher Linien 19f.
458 Vgl zB dsAr Exkurs IV,2.
459 Jülicher Linien 15.
460 Vgl Räisänen 50—53.112.117.
461 AaO 162.
462 Vgl aaO 162f.
463 Vgl Stuhlmacher Exegese und Erfahrung 67 (Wrede).72 A19 (Weder) und dazu Gräßer
     ZThK, 1980, 200—221 grundsätzlich.
464 Vgl zB Stuhlmacher Exegese und Erfahrung 68 A2; 74 A21. Andeutungen zur mE
     unbedingt nötigen, sinnvollen Zusammenarbeit von exegetischer und systematischer
     Theologie mache ich als praktischer Theologe (in diesem §2 [s u]; Exkurs IV,1; dsAr
     249ff); aus Liebe zur Wahrheit kann auf solche Zusammenarbeit nicht verzichtet werden.
     Wrede zB hat sich auch um die praktische Theologie bemüht (vgl dsAr Anhang II).
     Trowitzsch 124ff formuliert zB als Systematiker mE heute in bestimmter Hinsicht treffend,
     was Mk damals wichtig war.

überlieferungsgeschichtliche Ansatz beim alttestamentlich-jüdischen Beleg-material und die methodische Annahme", „erst im sogenannten ‚Konvergenzbeweis' " zeige sich die Richtigkeit der zum „Gesamtbild" zusammengefügten Einzelanalysen, seien ausschlaggebend[465]. Die redaktionsgeschichtliche Exegese wird auf diese Weise ein „Hilfsmittel zu kirchenverbundener theologischer Interpretation der Texte"[466]. Konkret ergibt dieses Verfahren zB, daß Petrus wieder wie um 1900 dank phantastischer Spekulation zu den „Hauptgaranten und Tradenten der Jesusüberlieferung" gehört[467].

Die der Forschung sicher noch lange bleibende Grundschwierigkeit, mit dem Erbe der Leben-Jesu-Forschung in Wredes Art recht umzugehen und den Epochenwechsel zu realisieren, wird vollends sichtbar, wenn behauptet wird, „die radikalen Skeptiker unter den Exegeten" seien unfähig, „die Passion Jesu wirklich" als „ein höchst konkretes Geschehen" zu erkennen; „ihre Hermeneutik des Mißtrauens, die in allem nur noch Legenden, literarische Kompositionen und Interpretamente sieht und dabei den Boden der historischen Realität unter den Füßen verliert", mache „das reale Geschehen der Passion Jesu fast unzugänglich. Der anstößige und blutige Tod Jesu am Kreuz kann auf diese Weise gar nicht mehr anschaulich werden."[468]

---

[465] Stuhlmacher Sühne 292.

[466] Stuhlmacher Neues 412; vgl ders ZNW, 1972, 20f, auch Stuhlmacher/Claß 5—11 und dazu Schreiber ZNW, 1981, 156 A58: Exegese und Kirche sind gemeinsam der Realität dieser Welt in Christus verpflichtet. Das heißt freilich nicht, daß die neutestamentlichen Texte dem (jeweiligen) Zeitgeist ausgeliefert werden, wie es wohl Stuhlmacher ZThK, 1982, 308 mit einer generellen Bemerkung zur Bergpredigt im Kontext der jüngsten Friedensdebatte passiert ist, vgl Schreiber Realismus 233.

[467] Stuhlmacher Exegese und Erfahrung 85, vgl zB Feldmeier 268 und dazu die methodische Erwiderung bei Wrede 6. Das Petrusbild des Mk entspricht seiner Paradoxchristologie (vgl Schreiber ZNW, 1981, 151) und der Sicht von Gl 2, ist also der paulinischen Sphäre zuzuordnen (vgl Schreiber ZThK, 1961, 182f). — Die von Stuhlmacher und Weder versuchte „christliche Exegese" (vgl Weder NTS, 1981, 64) wird hoffentlich auf Dauer wissenschaftlich-kritisches Denken ebenso wenig behindern wie andere, sich exegetisch gebende Modeerscheinungen, etwa die materialistische Bibelexegese, zu der ELohse ZNW, 1981, 52—54 das Nötige gesagt hat.

[468] Lohfink 9f; vgl dazu die Prognose bei Schreiber Markuspassion 63. — Was Lohfink sich wünscht, bieten jüdische Märtyrerberichte, der Kreuzigungsbericht hingegen nicht (vgl Steichele 259 A241). Die von Lohfink erwähnte „Hermeneutik des Mißtrauens" (s o), kompensieren manche Exegeten jetzt immer häufiger mit „Sympathie" (Stuhlmacher Thema 8) und Dogmatik (vgl dazu Gräßer ZThK, 1980, 200—221; Lindemann ThR, 1984, 274). Beides sollte sich der historisch-kritische Exeget verbieten, vgl dazu dsAr Anhang I. Stuhlmachers Reaktion auf Gräßers Argumente (ZThK, 1980, 222—238) ergibt Bedenkliches (aaO 223: „Arten der Begegnung") und Erfreuliches (aaO 225: Hengel-Zitat), aber leider nichts Konkretes zur Verbesserung der historisch-kritischen Methode. Wenn dieser offenkundig durch dogmatische Neigungen bedingte Mangel als

Der mit solch vehementen Attacken im Taschenbuchformat vornehmlich angesprochene Gläubige kann als schlichter Bibelleser zB kontrollieren, daß im Kreuzigungsbericht des Markus merkwürdigerweise kein Blut fließt. Darüber sollte er nachdenken, um so vielleicht der eigentlichen Aussage des Berichtes näherzukommen. Der Exeget aber, der die Einzelumstände der Kreuzigung Jesu als Ergebnis historisch-kritischer Exegese meint darbieten zu können, sollte überlegen, ob er, der — übrigens völlig zu Recht, wenn man Wredes Kriterien folgt — mit zwei Sätzen Lk 23,46 wegen Ag 7,59 als sekundär erklärt[469], entsprechende Überlegungen bei Markus derart diffamieren darf, wie er es tut. Aber wer sich den „Spezialisten zum Thema der Passion Jesu"[470] anvertraut, anstatt zu lesen, was dasteht und jedes „Kind versteht"[471], kann wohl nicht anders, wenn in solchem Vertrauen auf die Spezialisten dann zB „der bahnbrechende Markuskommentar von R.Pesch"[472] das Hirn obsessioniert.

Peschs Kommentar ist wirklich in dem Sinne bahnbrechend, daß er in schönster Offenheit den Weg zurück in die Leben-Jesu-Forschung bahnt. Was sonst oft nur versteckt rumort und uns allen als Denkmuster anhaftet und deshalb von kritischen Lesern in meinen Ausführungen sehr wahrscheinlich auch noch zu finden ist[473], hier, bei Pesch, ist die moderne Sehnsucht, den Glauben auf anschaubare historische Tatsachen zu gründen, wie vor Wrede das Ziel aller exegetischen Mühen. Aufgrund seines Kommentars vermag Pesch nämlich das „Evangelium der Urgemeinde" wieder-

---

Wegweiser zu einem wissenschaftlichen Kommentar (vgl Stuhlmacher Sachproblematik passim) und für eine lutherische Synode (vgl Stuhlmacher Schriftauslegung 167—183) fungiert, wirkt es nicht gerade tröstlich, wenn das reformatorische Schriftprinzip als „noch keineswegs erledigt" angesehen wird (Stuhlmacher Sachproblematik 13). Die unaufhaltsame „Revolution" (Troeltsch 110) des historisch-kritischen Denkens führt hier anscheinend in unhaltbare Positionen der Vergangenheit. Reventlow Bd 173 und Bd 203 berichtet umfassend über die Entwicklung zur heutigen Debatte und über diese selbst, vgl zB Bd 203, 161—172 (Gräßer/Stuhlmacher).

[469] Lohfink 74.

[470] AaO 90.

[471] Vgl Wrede 20, auch aaO S VII. Aus Erfahrung kann ich bezeugen, daß Kinder und Jugendliche, die genau lesen, was im Mk-Text dasteht, sehr wohl entdecken können, was drinsteht und vom Evangelisten bezeugt wird; sie haben mich manches gelehrt, was ich bis dahin übersehen hatte, weshalb ihnen mein Dank gehört, vgl Schreiber Vollzug 5. Sie haben zB den Fehler von Hirsch I 172 („solange er am Kreuz hängt, will die Sonne nicht scheinen") nicht gemacht; Mk 15,25.33f.37.42.46 war ihnen eindeutig.

[472] Lohfink 90.

[473] Wenn Mohr 22 mir vorhält, mit einer Bemerkung zur „Historizität" eine redaktionsgeschichtliche Exegese zu beginnen, so hat er freilich in diesem Fall nicht beachtet, was ich im Anschluß an Wrede unter der Methode des historischen Vergleiches verstehe (vgl Schreiber Theologie 17f und dazu Wrede 7f; neuerdings zB RWeber 200).

herzustellen und zu erläutern: „Wer sich in die hier angebotenen Texte einliest, meint Augenzeuge des biblischen Geschehens zu werden."[474]

Die Leistung, solche Illusion zu ermöglichen, fand öffentliche Anerkennung und Ehrung, wie der Tageszeitung zu entnehmen war:

„Das einzige von Jesus selbst Geschriebene, von dem uns berichtet wird, hat er mit dem Finger vor der Ehebrecherin in den Staub des Tempels gemalt. Er selbst war sein Buch; sein Leben und Sterben war das Wort, über das dann nachher mehr Bücher verfaßt werden sollten als über sonst jemand. Das erste schriftliche Zeugnis über ihn stammt vom Stadtkommandanten der römischen Besatzungsmacht, der das Schild ‚König der Juden' über den blutenden Kopf dieses sterbenden Kriminellen hatte nageln lassen. Das zweite Dokument dieser verlorenen Sekundärliteratur nach 2000 Jahren freigelegt und wiederhergestellt zu haben ist das Verdienst des Frankfurter und Freiburger Neutestamentlers Rudolf Pesch, der dafür kürzlich mit dem Preis der ‚Wissenschaftlichen Gesellschaft in Freiburg' für die ‚beste Darstellung von Forschungsergebnissen in allgemein verständlicher Form' geehrt wurde.

Pesch hat aus dem ältesten, dem Markusevangelium, noch einmal in akribischer Feinarbeit einen in sich geschlossenen und vollständigen ersten Text von nur 29 Seiten herausgefiltert, der mit hoher Wahrscheinlichkeit als die Gründungsurkunde der Urkirche gelten darf: einen Augenzeugenbericht ohne Gattungsvorbild von ungeheurer Dichte, der nicht später als im Jahre 37 (!) verfaßt worden sein kann. Es ist die drängend erzählte Geschichte vom Hinaufzug dieses Wehrlosen nach Jerusalem, seinen letzten Tagen dort, seiner nächtlichen Verhaftung und rechtmäßigen (!) Verurteilung sowie seiner Passion bis zum Tod auf dem Verbrecherhügel vor den Toren der Stadt. Damit ist dieser Text auch die erste verfaßte Nachricht von dem unerhörten Skandal jener Menschen, die da nun glaubten, daß derselbe Gehenkte das weiterlebende ‚Licht der Völker' sei — auf dessen spezifische Hinrichtungsweise seine Gegner in menschenmöglichster Raffinesse doch vor allem nur deshalb gedrungen hatten, weil das Gesetz den Gekreuzigten ausdrücklich (Dtn. 21/23) als einen von Gott selbst Verfluchten bezeichnete. Es ist das erste wunderbare Lied über die Auferstehung des Ausgelöschten."[475]

---

[474] Pesch Urgemeinde 4. Die im Zitat spürbare modernistische Tendenz konvergiert bei Pesch mit seiner dogmatischen. Beides zusammen ruiniert die antiken Texte in rationalistischer Manier, wie man an Peschs methodischer Grundlegung und seiner Verteidigung gegenüber der Kritik genauer studieren kann (vgl Pesch Passion passim; ders Jerusalem passim).

[475] PBadde, Augenzeuge der Auferstehung, Frankfurter Allgemeine Zeitung (= FAZ) vom 4.1.1984; die Ausrufungszeichen stehen im Originaltext. — Die Presse spiegelt, zumal in der Vorweihnachts- und Passionszeit, Jahr für Jahr das „historische" Interesse der Moderne an (aufregenden) Tatsachen, vgl zB aus letzter Zeit: „Turiner Schweißtuch aus der Zeit der Kreuzigung" (FAZ 16.12.1983); „Am 3. April 33 gekreuzigt, Berechnung zweier Astrophysiker" (FAZ 23.12.1983). Vgl dazu Lohfink, der schon auf dem Buchdeckel weiß, daß Jesus „wahrscheinlich" (vgl dazu Hengel Chronologie 44 A8) am 7.4.30 hingerichtet wurde; Stauffer Jesus 18.74.81 datiert auf das Jahr 32, andere noch anders (vgl Hengel Chronologie 45: „breiter Consensus [sic] besteht, kommt es auf Differenzen von 1 oder 2 Jahren nicht an"; bis 3 zählen ist manchmal schwer, vgl aaO 44 A8 mit aaO 58 A50; sogar WStein 254 orientiert da in Kürze besser). Die Anzeige in der FAZ 10.3.1984 („Die Untersuchungs-Kommission ‚J' prüft das aufgetauchte lange Weiterleben Jesu in Asien und die Fakten, daß er nicht am Kreuz gestorben ist, bzw. seine Hinrichtung

Der Artikel wurde ungekürzt zitiert, weil er die bislang geschilderte, wohl noch lange Zeit bleibende Schwierigkeit der Forschung besonders eindrücklich veranschaulicht. Das moderne Bewußtsein fordert sichere historische Daten über Jesu Kreuzestod und bekommt dann, weil die kerygmatischen Texte derartige Daten kaum liefern, die Phantasmen der Leben-Jesu-Forschung als ‚Historie'. Nach der Krise des altkirchlichen Dogmas im Zeitalter der Aufklärung sucht die heutige Zeit, soweit sie nicht resigniert oder irrational geworden ist, immer noch wie das 19. Jahrhundert vergeblich Fundierung in den historischen Einzeldaten des Lebens Jesu, die doch selbst dann, wenn sie in unendlicher Fülle vorhanden wären, nichts als eine Handvoll Flugsand aus jener weltweiten Wüste sind, durch die das Gottesvolk zieht[476]. Diese längst mögliche Erkenntnis vom andauernden Zug berufener Frauen und Männer in der Nachfolge Jesu auf Gott zu, diesen Weg im Auf und Ab der Geschichte anhand der entsprechend variierenden Glaubenszeugnisse der Evangelisten und der übrigen neutestamentlichen Zeugen des historischen Jesus zu realisieren, ist unsere wissenschaftliche Aufgabe.

Wrede gehört zu den Forschern der Jahrhundertwende, die zu dieser Erkenntnis Entscheidendes beigetragen haben[477]. Wer seinen Namen „mit

---

überlebte. Erregende Sensationsergebnisse kostenlos: Die Untersuchungs-Kommission ‚J', Jakobstraße 65, 7300 Esslingen"), zeigt vollends das publizistisch so erfolgreiche Niveau historisierender Theologie. Die Illustrierten Stern 16, 1973, 80ff; Bunte 47, 1984, 38ff, aber auch Verleger (Econ-Verlag: SObermeier, Starb Jesus in Kashmir? 1983; Knaur-Sachbuch [sic], TB 3712: HKersten, Jesus lebte in Indien, 1983) und die Süddeutsche Zeitung 124, 1./2. Juni 1983, 3 beteiligten sich ausführlich an diesem Geschäft um den Jesus in Asien, ua mit Hilfe von Däniken und eines indischen Professors, Archäologe, Spezialist, renommiert bis hin nach Japan und den USA, der sich auch auf eine Äußerung Nehrus berufen kann! Zu den Anfängen dieser Betrachtungsweise schreibt Schweitzer Reimarus 325: „plumper Schwindel und dreiste Erfingung". Vgl neuerdings Schenk Stand 531 zur „Trivialliteratur". Freilich bietet Schenk selbst neben Vortrefflichem aaO 535 Triviales (zu Auschwitz) und aaO 528 Irriges (zur Strukturanalyse).

476 Daß diese Wüste sich schlagartig (so zB Mk 9,2−8) in ein Paradies verwandelt, wenn in der Kreuzesnachfolge der Blick allein auf Jesus gerichtet ist und so die Gegenwart des Reiches Gottes und also Gottes Wille erfahrbar werden, sei anmerkungsweise noch einmal ausdrücklich hervorgehoben, um den immer wieder erhobenen Vorwurf anti-historischer Impulse zB gegen Wrede, Bultmann oder auch mich zu entkräften. Die exegetische Arbeit kann wegen der Art der Texte nicht darauf abzielen, möglichst viele historische Einzeldaten aus dem Leben Jesu oder der Urchristenheit nach vollzogener Exegese vorzuzeigen. Sie kann nur feststellen, was die antiken Texte theologisch (auch mit evtl eruierbaren historischen Einzeldaten) wertend jeweils sagen wollen. Die den neutestamentlichen Zeugen vornehmlich wichtige theologische Wahrheit und Wirklichkeit heute wieder erkennbar zu machen, sie nicht im Treibsand der Historie versacken zu lassen, ist die Aufgabe der historisch-kritischen Wissenschaft.

477 Die Epochenwende, die mit Wredes Namen für die Markusforschung markiert werden kann, fällt zeitlich mit jenen naturwissenschaftlichen Einsichten zusammen, die das

Ehrfurcht ausspricht, erinnert sich, daß die neutestamentliche Wissenschaft alles andere als fertig ist, daß für ihre großen Werke nur die höchsten Anstrengungen freier Geister Förderliches ausrichten können."[478] Da die apokalyptischen Wehen der seit 1900 entstehenden Weltkultur bislang analog zu denen des Römischen Reiches zu verlaufen scheinen und jedenfalls, mit E Troeltsch formuliert, ‚alles wackelt'[479], entspricht die von Wrede vorbildlich gelebte Wahrheitssuche kritischer Forschung der Sicht neutestamentlichen Glaubens und dem in Jesus offenbar gewordenen göttlichen Willen zur Nächstenliebe freier Geister[480]. Nicht die Mullas und Restaurateure alter Religionen[481], sondern er, der Gekreuzigte und Auferstandene,

gegenwärtige Atomzeitalter bestimmen (vgl Schreiber Realismus 224) und dem technisch-industriellen Denken globale Bedeutung in politischer, sozialer und wirtschaftlicher Hinsicht verleihen. Gleichzeitig werden die Gedanken Nietzsches, Freuds und die sog. moderne Kunst langsam wirksam. Diese von PTillich reflektierte Gleichzeitigkeit von höchst wirksamen Gedanken und Phänomenen wird mW in der gegenwärtigen theologischen Debatte nicht zureichend vom Evangelium her bedacht.

[478] Jülicher Wrede 510. Neben Wrede S VI verweise ich noch beispielhaft auf FOverbeck und ASchweitzer (vgl dazu Schreiber Vollzug 205; ders Realismus 224 A6), um das in der Form- und Redaktionsgeschichte fortwirkende Wahrheitsbewußtsein freier Geister anzudeuten. Vgl außerdem dsAr Anhang I.

[479] Vgl WKöhler 1.

[480] Daß hier, in diesem Gotteswillen, markinische (vgl Schreiber Theologie 231f.238.242f), aber auch alle andere urchristliche Theologie (vgl HDBetz Prinzipien 27) ihr Zentrum hat, ist mir sicher. Vgl hierzu zB das theologische Ergebnis der „Lokalkoloritstudie" zu Mk 7,24–30 von Theißen ZNW, 1984, 223–225.

[481] Die Formulierung knüpft an Fragen (und Antworten!) an, die sich ergeben, wenn man das historisch-kritisch ermittelte Evangelium auf die heutige Zeit bezieht: „Können wir abendländischen Christen ... tatsächlich ohne Theologie auskommen, ohne die Rechtfertigung des christlichen Glaubens in intellektueller Redlichkeit, wenn nicht weit von uns entfernt ein Bürgerkrieg wegen religiöser Differenzen tobt, wenn der Ayatollah Khomeini einen islamischen Gottesstaat errichten will und zugleich Krieg mit seinen Nachbarn führt? ... Geht es ohne Theologie angesichts der neu auftauchenden Fragen in vielen Bereichen der Wissenschaft und des alltäglichen Lebens, im Verhältnis zu den Mitchristen, zu den anderen uns näher rückenden Weltreligionen?" (KRahner, in: H-JFischer, Wie kann der Mensch Gott denken? Karl Rahners Anstöße für die moderne Theologie, FAZ 3.3.1984). Vgl zB konkret den „Kulturkampf" in Israel (FAZ 13.3.1984) bzw die derzeit zu beobachtende „Gewalt aus Liebe zu Zion" der Ultraorthodoxen (FAZ 4.6.1984), etwa des Rabbi Meir Kahane (FAZ 6.8.1984), und zum vorliegenden Problem grundsätzlich Benz Europa 184–196. — Wie die folgenden Formulierungen andeuten (s o), meint die Absage an die alten Religionen und die Ankündigung einer neuen nicht den Bruch mit der Tradition, sondern deren Wiederherstellung (vgl zB Mk 3,4; 11,17). Weder konservatives noch progressives, sondern allein paradoxes Denken ist hier, vom Zentrum markinischer Verkündigung her, also theologisch in rationaler Intention angebracht, weil andernfalls Naivität oder gar Explosionen von Irrationalität auch gut gemeinte Absichten in ihr Gegenteil verkehren und folglich insgesamt dem Bösen in der Welt dienen.

der den alten Tempel zerstörte, um den neuen, nicht mit Händen erbauten
Tempel als Stätte der Anbetung für alle zu errichten, wird als der gehorsame Sohn das letzte Wort haben, damit Gott, der Vater, alles in allem sei. Diesem ‚Endredaktor' waren trotz differierender Zeit und Meinung alle großen ‚Redaktoren' neutestamentlicher Tradition zuletzt allein verpflichtet. Die Wissenschaft ist, will sie wirklich dem Wissen von damals heute Geltung verschaffen, ebenso dran.

Exkurs IV

BEMERKUNGEN ZUR MARKUS-EXEGESE

Drei Probleme — Ansatz und Entfaltung der Redaktionsgeschichte (1), die Denk- und Darstellungsart des Markus (2) und das mit dem Markusevangelium gegebene religionsgeschichtliche Problem (3) —, die wegen des Themas dieser Arbeit direkt oder indirekt immer wieder berührt werden mußten, behandele ich im folgenden exkursartig, ohne Anspruch auf eine endgültige Lösung, aber im Zusammenhang und auch mit der Absicht[482], Mißverständnisse, die bislang schon in der Rezeption meiner Überlegungen zu beobachten sind und die sich wegen der in dieser Arbeit nachlesbaren Entwicklung meiner eigenen Gedanken zu diesen Problemen erneut und verstärkt evtl ergeben können, möglichst eindeutig zu korrigieren.

1. ANSATZ UND ENTFALTUNG DER REDAKTIONSGESCHICHTE

(zu dsAr 7.9.43f.323 – 327.357f)

Form- und Redaktionsgeschichte als zwei verschiedene Methoden darzustellen[483], zur Benutzung zu empfehlen[484] bzw selbst zu benutzen[485], ist heutzutage üblich. Die Methodik historisch-kritischer Exegese wird in dieser Sicht „um die Formgeschichte nach dem 1. Weltkrieg und die

---

[482] Vgl zum Verständnis für diese Absicht 4. Kap. A§2.

[483] Vgl neben der dsAr 4. Kap. §3I genannten Literatur Richter 19.72ff.167ff; AlStock Umgang 19f.21f; Stuhlmacher Sachproblematik 29f.30ff.34f; Strecker Theologie 97ff.108ff; Breytenbach 18ff.28ff. Die Forschungsberichte von Gubler, Martin und Vorster behandeln das in solcher Darstellung vorliegende Problem ebensowenig wie RHStein in seinen verdienstvollen Überlegungen zur Redaktionsgeschichte, der mich übrigens insofern mißversteht, als er meint, ich wolle durch den synoptischen Vergleich vornehmlich „the pre-Markan tradition" ermitteln (vgl RHStein NT, 1971, 187). Meine von ihm korrekt zitierten Darlegungen (aaO 187 A1) geben das nicht her (vgl Schreiber ZThK, 1961, 154 A3); vgl außerdem die Präzisierungen von 1967 (Schreiber Theologie 11f.15f, besonders 18.20f), die Stein wohl übersehen hat, und deren Bekräftigung bei Schreiber ZNW, 1981, 141f A2.3; 152 A38. Stein aaO 187f verkennt mE die grundlegende Bedeutung des synoptischen Vergleiches für die Form- und Redaktionsgeschichte.

[484] Vgl zB Strecker/Schnelle 152.

[485] Vgl zB Vogler 15f; Pesch Markusevangelium I 68, der freilich zwischen Form- und Redaktions*kritik* unterscheidet, vgl dazu dsAr Exkurs IV,2.

Redaktionsgeschichte nach dem 2. Weltkrieg" erweitert vorgestellt[486]; Linnemann kann 1970 von der Redaktionsgeschichte sogar als einer „sich gerade erst etablierenden Methode" schreiben[487]. Dementgegen wurde in dieser Arbeit im Anschluß an Jülicher und Vielhauer hervorgehoben, daß die Begriffe ‚Formgeschichte' und ‚Redaktionsgeschichte' eine neue Epoche in der Handhabung der historisch-kritischen Methode signalisieren; beide Begriffe bezeichnen im Ansatz ein und dasselbe, zum erstenmal von WWrede[488] konsequent als Absage an den Historismus (der Leben-Jesu-Forschung) gedachte und praktizierte exegetische Verfahren, bei dem der Stil, die streng beachtete Form-Inhalt-Relation, der jeweils untersuchten Texte deren (ihre Überlieferungsgeschichte aufhellende) Interpretation bestimmt.

Natürlich sind im Rückblick zusätzlich noch andere Gelehrte vor und nach Wrede für die endgültige Etablierung dieser Methode bedeutsam[489],

---

[486] Dormeyer Passion 2; vgl zB Dschulnigg 294.

[487] Linnemann Studien 145; vgl Stuhlmacher Sachproblematik 34: „junge ... redaktionsgeschichtliche Arbeit".

[488] Wrede 88: „Es muss festgehalten werden: das erste, das gegebene kritische Objekt sind gar nicht die Möglichkeiten des Lebens Jesu, sondern es sind die vorliegenden bestimmten Texte der Evangelien. Die *Form und der Inhalt* dieser Texte redet aber auch eine Sprache, die nicht miss:uverstehen ist" (Sperrung von Schreiber). Vgl Bult 1; Marxsen Einleitung 142; dsAr 13.

[489] Vgl dazu Vielhauer Literatur 278−281.290f. Wrede selbst sah sich vor allem von seinem Freunde AEichhorn beeinflußt (Wrede S III: „meinem Freunde und Lehrer", vgl Strecker ZThK, 1960, 68; Paulsen ZThK, 1978, 29 A40; KAland Glanz 244; auch Klatt 21: „Wortführer") und war dessen „Medium" für Gunkel in der „*Göttinger* Zeit" (Klatt 22f als Korrektur von Klatt 167: Gunkel gab den „Ton an"), den er insoweit kritisiert hat, als Gunkel einige vorliterarische Gattungen nicht eigentlich formgeschichtlich erschloß (vgl Klatt 62 A41). Die nach Schmithals ZThK, 1980, 179 „in den ersten beiden Jahrzehnten unseres Jahrhunderts" in der Synoptiker-Forschung wirksamen „diffusen Tendenzen" durchfährt nach der Beobachtung Jülichers, Bultmanns und Vielhauers (vgl dsAr 4. Kap. C§3I; D§2) die Arbeit Wredes wie ein Blitz (vgl Lietzmann Wrede 108 das Holtzmann-Zitat: „Panik"), insofern der subjektiven Willkür jeglicher Art durch genaue Beachtung der antiken Texte das Ende angekündigt wird. Weil Schmithals diese Zäsur übersieht, meint er, allein „die Linie Herder-Strauß-Gunkel" komme in der Formgeschichte zu Ehren (ebd) und schreibt dabei ua auch vom „Positivismus der Leben-Jesu-Theologie". Müßte es (nach Wrede und Schweitzer) nicht besser ‚Illusionismus der Leben-Jesu-Forschung' heißen? — Die Bedeutung Wredes für die Formgeschichte wird häufig unterschätzt (vgl zB Frankemölle 164f zu Dibelius, Bultmann und Gunkel), seine Bedeutung für die Redaktionsgeschichte ebenfalls (vgl dsAr A490). Schenk Stand 528 erwähnt zB Wrede nur noch als Kronzeugen für die Qualität Volkmars (und verschweigt dabei Wredes Kritik an Volkmar). Dazu paßt, daß er „das Wort ‚Redaktion'" als „irreführend zu vermeiden" rät (ebd); er erwähnt Wredes form- und überlieferungsgeschichtlich orientierte Anstrengung, entschlossen für den Primat der Synchronie zu optieren (vgl dsAr 4. Kap. D§2), nicht und meint irrigerweise, Schmithals beachte diesen Primat besser als die Formgeschichte.

und natürlich darf die in den beiden Begriffen ausgedrückte unterschiedliche Akzentuierung des eben erinnerten Grundansatzes der Methode nicht geleugnet werden. Aber wenn Wrede nicht[490] und statt dessen zB FChBaur mit seiner Tendenzkritik als Urahn der Redaktionsgeschichte genannt wird[491], so wundert nicht, daß diesem Zerrbild der Forschungsgeschichte parallel die derzeitige Markusforschung, weil nun ohne Kriterien, unterschiedslos als Feld willkürlicher Spekulationen erscheint[492], dem Historismus und dazugehörigen (ideologischen) Subjektivismen wie eh und je preisgeben. Rückt man hingegen das Zerrbild zurecht, so ergibt sich auch ein solides Fundament für die Markusforschung, nämlich die antiken Texte selbst in ihrer formalen und inhaltlichen Eigenart[493].

---

[490] Vgl HZimmermann 135f (Formgeschichte); Roloff Testament 32 (Redaktionsgeschichte); vgl dazu Strecker Theologie 110f (Wrede fehlt).112 (Zustimmung zu Zimmermann, Roloff).

[491] Vgl Roloff Testament 32. Roloff hat die eindeutigen Darlegungen von Strecker ZThK, 1960, 68 A4; 71 übersehen.

[492] Vgl Roloff Testament 34; die Zitate bei Breytenbach 12f und das Urteil bei Strecker Theologie 111: „eine weitgehend noch unbewältigte Aufgabe".

[493] Vgl dazu die Beispiele dsAr 4. Kap. C§3II. Gegen Roloff Testament 34; Stuhlmacher Sachproblematik 34 läßt sich dann zB auch feststellen, daß Pesch in seinen Exegesen häufig nicht mustergültig den Fortschritt der Redaktionsgeschichte, sondern vielmehr deren Abschaffung betreibt (vgl Schreiber ZNW, 1981, 152 A38; 156 A58): Wenn Pesch Markusevangelium I 18 zB die Zeitangaben des Mk heutigem Zeitempfinden gemäß hintereinander auflistet, anstatt deren formale und inhaltliche Besonderheiten im synoptischen Vergleich zu ermitteln (vgl dsAr Exkurs V), so kann er nach dieser Nivellierung entsprechend unbekümmert postulieren, was ihm in seinen Entwurf paßt. Wer hingegen in der Nachfolge Wredes zB beobachtet, daß gewisse Zeitangaben des Mk von Lk *nie* übernommen werden, erhält damit von den Texten her die Möglichkeit „einer exakten methodischen Kontrolle" (vgl Roloff, Bd 411, 286 mit Schreiber ZNW, 1981, 146 A14). — Was eben zum Begriff ‚Redaktionsgeschichte' zu bemerken war, gilt in anderer Weise auch für den Begriff ‚Formgeschichte', wie ihn Berger benutzt. Sein Ziel, erstmals „jeden neutestamentlichen Text und Teiltext formgeschichtlich zu bestimmen" (Berger Formgeschichte 11) hat „zur Folge" (ebd), daß er sich aus der Begrifflichkeit der antiken Rhetorik und modernen Kriterien (vgl aaO 16—22) gleichsam eine riesige Registratur erstellt, in der dann die verschiedenen Texte ‚abgelegt' werden. Mk 15,40f wird zB zusammen mit 3,16—19 (und vielen anderen Stellen) im Fach „Listen und Kataloge" abgelegt (vgl aaO 223ff) — und so ganz nebenbei nach Ag 1,13 verstanden (aaO 224)! Da Berger die inhaltlichen und formalen Differenzen bei Mk 15,40f parr unterschlägt oder zB Mk 3,14 gegen den (von ihm zitierten!) Wortlaut interpretiert, funktioniert seine ‚Textablage' oft gleichsam automatisch als Produktionsanlage von Fehlern durch Verachtung der Texte; die Irreführung im Titel des Buches hat ihre Entsprechung in den systembedingten Mängeln des Inhalts. Die „Studenten beider Konfessionen", denen solches als grundlegendes „Lehrbuch" der Form*geschichte* im Verlagsprospekt angeboten wird, sind zu bedauern; OMichel (vgl aaO 8) auch, insofern Berger ihn als Anreger seiner ‚Registratur' nennt, die in Wahrheit von dem in seiner Bibelkunde schon angewandten schematischen Verfahren lebt.

Wrede zieht einen Trennungsstrich zwischen seine und Baurs (und DFStrauß'!) Exegesen[494]. Warum? Baur historisiert[495] und gehört insofern methodisch auf die Seite der Leben-Jesu-Forschung, deren Subjektivismus erst Wrede mit seinem die Form- und Redaktionsgeschichte inspirierenden methodischen Ansatz überwunden hat. Außerdem ist Baur bei seinen historischen Arbeiten im Unterschied zu Wrede spekulativ interessiert (Creuzer, Schelling, Hegel[496]). Der angedeuteten methodischen Differenz entsprechend fallen die Ergebnisse beider Forscher zu Markus gegensätzlich aus; Baur meint, „Unbefangenheit und Tendenzlosigkeit" seien Kennzeichen der von Matthäus und Lukas abhängigen markinischen Darstellung[497]!

Die Behauptung, Baur sei insofern ein Wegbereiter der Redaktionsgeschichte, als seine tendenzkritische Exegese „am jeweiligen Ganzen eines Evangeliums" orientiert sei[498], verkennt die eben aufgewiesene Differenz zwischen Baur und Wrede und so das mit dem Begriff „Redaktionsgeschichte" eigentlich Gemeinte: Gewiß haben viele Bibelleser vor Baur und Wrede (und nach ihnen bis auf den heutigen Tag) am jeweiligen Ganzen eines Evangeliums ihr Verständnis der Einzeltexte orientiert und waren (und sind) dennoch gewiß keine Redaktionsgeschichtler, weil als solcher nur derjenige bezeichnet werden kann, der im Sinne Wredes und der Formgeschichte das jeweilige Ganze eines Evangeliums von exakt ermittelten formalen Elementen her inhaltlich interpretiert, um so ein Verständnis der Überlieferungsgeschichte der untersuchten Texte (nicht der evtl in ihnen wirksamen, aber erst *nach* der literargeschichtlichen Exegese zu untersuchenden historischen Tatsachen!) zu gewinnen. In der Intention meines Exkurses scheint mir insgesamt zum bisher Dargelegten die Bemerkung erlaubt zu sein, daß, wie am Beispiel Baur vorgeführt wurde, manche Darstellungen über Entstehung und Wesen der Form- und Redaktionsgeschichte daran leiden, daß nicht sorgsam genug bedacht wird, welche Forscher was und wann geschrieben haben[499].

---

[494] Vgl Wrede 280f. Der Trennungsstrich ist für eine funktionstüchtige Formgeschichte nach wie vor wichtig.

[495] Vgl Stegemann 1.

[496] Vgl hierzu MTetz RGG³ I, 935—938. Gegen Ellis 34 (und Benoit 45—47) ist festzustellen, daß Wrede nichts mit Hegels Dialektik zu tun hat, während diese Baurs Handhabung der historisch-kritischen Methode dominiert (Hornig 164). Mk denkt nach Wrede nicht „Hegel-like" (so Kee Functions 179 zur Handhabung des AT durch Mk).

[497] Vgl Baur 2.110.

[498] Stegemann 2; ähnlich Schmithals ZThK, 1980, 182 („extrem ‚redaktionskritische' Position").

[499] Wenn zB ASchlatter und MNoth als Wegbereiter neutestamentlicher Redaktionsgeschichte genannt werden, so wäre zu bedenken, daß gleichzeitig als *erste* Redaktionsgeschichtler Genannte (GBornkamm, HConzelmann, WMarxsen) diese Forscher gar nicht (Schlatter)

Daß Variationen alter Quellenhypothesen auch dann keine Lösung
anstehender Probleme ergeben, wenn sie Elemente redaktionsgeschichtlicher Betrachtung enthalten bzw sogar ausdrücklich die redaktionsgeschichtliche Methode bejahen, wurde an Beispielen dargelegt[500]; das an
den Texten formal und inhaltlich Beobachtbare reicht diesbezüglich nicht
zu mehr als der weithin anerkannten Zwei-Quellen-Theorie.

Ähnliches ist auch zu linguistischen und jenen Arbeiten zu sagen, die
— so lautet die neueste Wortschöpfung zur Methodik der Markusforschung — „die ‚unitarische' Option" bejahen[501]. Soweit beidemal nicht

---

bzw nur als „Analogie zu unserer Fragestellung" (Noth) erwähnen und statt dessen
andere Neutestamentler und vor allem Formgeschichtler (KLSchmidt, Dibelius, Bultmann, Lohmeyer, Dodd, Lightfoot) als förderlich nennen (Conzelmann Mitte 2 A1.3; 3
A3; vgl auch ders ZThK, 1952, 17 A4). Bornkamm Sturmstillung 49 sieht seine, oft als
Anfang der Redaktionsgeschichte nach dem 2. Weltkrieg bezeichnete Exegese methodisch
ausdrücklich „der *formgeschichtlichen* Erforschung *der Evangelien*" (Sperrung von mir)
verpflichtet. Marxsen Evangelist 11f bezieht sich betont auf Wrede (1901!). Schlatter
hingegen meint (noch 1935!) zu Mt und Mk, der Verschiedenheit beider Texte komme
„nur ein geringes Gewicht" zu und richtig urteile man, wenn man „auf das zurückschaut,
was dem literarischen Vorgang voranging und ihn hervorrief. Das weltgeschichtliche
Gewicht eignet ... den Ereignissen ...", weil beide „Erzähler" zwar als „Führer ihrer
Kirchen mit eigener Autorität" den jeweiligen Verhältnissen entsprechend schreiben, aber
eben mit Bezug auf die Ereignisse (Schlatter[2], 1984, 5). Dieser Grundsatz ist mit dem
von Wrede und dem der Form- und Redaktionsgeschichte unvereinbar (s o). — Typisch
für manche von der Linguistik inspirierten Beiträge zur Methodendebatte ist, daß eine
Bemühung um die genaue Darstellung der Forschungsgeschichte ganz entfällt, weil ein die
Vielfalt der Geschichte negierendes und deshalb Irrtümer produzierendes, schematisches
Denken dominiert, das schon bei der sogenannten Bibelkunde problematisch ist; vgl zB
die falsche „Grobgliederung" von Mk 1 bei Preuß/Berger 265: „Der Anfang. Keine
Gegner. Vier Jünger". Mk 1,13 (σατανᾶ).14 (παραδοθῆναι) widerlegen diese „Grobgliede-
rung".

[500] Vgl dsAr C§3II1a (Schmithals).C§3II1c (Mohr). Schmithals ZThk, 1980, 184 negiert
die „Formgeschichte der markinischen Erzähltradition". Seine interessanten Argumente
können in diesem Exkurs nicht näher vorgeführt werden. Der Rückverweis auf sein
Verfahren (vgl dsAr C§3II1a und dazu Schmithals ZThK, 1980, 159 A49; 164 A68; 174
A108; 183 A147) muß genügen, um anzudeuten, daß die von ihm im Endeffekt betriebene
Wiederbelebung der alten Literarkritik keine Überwindung der (tatsächlichen oder ver-
meintlichen) Schwächen der Formgeschichte bewirkt. Wenn Schmithals (aaO 176f) übrigens meint, die „formgeschichtliche Schule knüpfte ... an David Friedrich Strauß an und
führte dessen Ansätze unter den eigenen Bedingungen weiter", so ist dementgegen, wie
in diesem Exkurs geschehen, an Wrede zu erinnern; vgl Schreiber Markuspassion 14
A15; 46f zu Strauß und dessen (negativer) Wirkung auf die Formgeschichte (Bultmann);
außerdem Lindemann ThR, 1984, 233f zur Kritik an Schmithals.

[501] Vgl Cancik (Hg) S IV; Zuntz Heide 222 zu dieser Formulierung, die besagen soll, daß
man Mk (in seiner Zeit ‚rezeptionsaesthetisch') als Autor des zweiten Evangeliums bei
der Exegese zu beachten versucht.

in dem von Wrede erarbeiteten Argumentationsrahmen exegesiert wird, verschärfen diese Methoden nur die altbekannten Unsicherheiten der Forschung. Es bleiben nämlich (bei der unitarischen Option) dann, abgesehen von wertvollen Einzelbeobachtungen und reicher Belehrung in zeit- und literaturgeschichtlichen Fragen, nur die alten Widersprüche (etwa bei Einleitungsproblemen[502]) und an die Leben-Jesu-Forschung Erinnerndes[503] als Endresultat oder (bei linguistischer Sicht) vornehmlich eine Vielzahl neuer Begriffe, die wegen ihrer Orientierung auf eine *allgemeingültige* Texttheorie hin[504] den Blick auf den *einmaligen* Text des Markus oft eher verwirren statt zu klären, und dies zumal dann, wenn nun im Namen der neuen, allgemeingültigen Methode der alte Subjektivismus kultiviert wird und Streit erzeugt[505] bzw betont wird, wichtige Untersuchungsinstrumente der Linguistik seien erst noch zu entwickeln, zur Zeit seien deshalb „nur kleine erste Schritte" anhand einer „bewußt skizzenhaft" als „Fragment" entworfenen linguistischen Theorie möglich[506].

---

[502] Vgl allgemein Cancik (Hg) S IV und konkret etwa Hengel Entstehungszeit 1ff, besonders 43 bzw Zuntz Marci 47ff: Mk wurde 68/69 bzw 40 nChr niedergeschrieben.

[503] Vgl zB Hengel Probleme 244—252.

[504] Vgl zB Breytenbach 90 A32; 353 zu van Dijk; das Heil für die eigenen wissenschaftlichen Nöte von Wissenschaftlern zu erwarten, die sich als Linguisten nie mit dem zu untersuchenden konkreten Gegenstand neutestamentlicher Wissenschaft, dem Markusevangelium, bislang selbständig befaßt haben, ist auch dann eigenartig, wenn man im Unterschied zu meiner Vermutung (vgl dsAr 4. Kap. A61) eine allgemeingültige linguistische Theorie für möglich hält.

[505] Vgl Mohr 5f. Unnötiger Streit scheint mir zB dann für die weitere Forschung entfacht zu werden, wenn der „Redaktionskritik" vorgehalten wird, sie habe keine zuverlässigen „Kriterien für die Scheidung zwischen *bewußt und unbewußt* übernommenen Texten" (Frankemölle 168, Sperrung von mir), so richtig das damit Gemeinte (Stellungnahme gegen eine „isoliert betriebene Stellenexegese" [ebd], vgl dazu 158.169.173: methodische Priorität der „Synchronie", also Bejahung von Wredes Programm, von dem aber Frankemölle nichts zu wissen scheint) ist.

[506] Vgl Breytenbach 14.91.100. Ähnlich urteilen AlStock Umgang 27 („kaum noch zu überschauendes Unternehmen"); Egger 48 („keine allgemein anerkannte Methode"), der bei seinen wohltuend nüchternen, einzelexegetisch Richtiges bietenden Überlegungen dennoch grundsätzlich irrt, wenn er die historisch-kritische Methode vor allem an der Entstehungsgeschichte des biblischen Textes interessiert sieht (aaO 50) und wohl auch deshalb in den neuen Methoden „eine Art Kontrollinstrument exegetischer Methoden" und die Möglichkeit einer „Metamethode", die mE durchaus entbehrlich ist, vermutet (aaO 3). Egger hat die in dieser Arbeit geschilderten Sachverhalte übersehen und müht sich deshalb auf neuen Wegen um das, was die historisch-kritische Forschung seit Wrede beschäftigt. Diese Feststellung gilt in anderer Weise auch für die Darlegungen von AlStock, bei dem übrigens zu studieren ist, wie gut sich die neuen exegetischen Methoden dazu eignen, von der historisch-kritischen zur traditionellen dogmatischen Betrachtung zu gelangen (vgl ders Methode passim, besonders 91f).

In dieser Forschungssituation scheinen mir der Hinweis von Lentzen-Deis[507], neue Begriffe nur notfalls einzuführen, und die das bewährte Begriffsinstrumentarium sichtende Darstellung der Formgeschichte von Vielhauer[508] für das weitere Vorgehen besonderer Beachtung wert. Beide markieren nämlich in Abwehr unkontrollierbarer Modernismen, die womöglich sogar form- und redaktionsgeschichtlich firmieren[509], so den seit Wrede möglichen, in mehr als achtzigjähriger exegetischer Arbeit mühsam gebahnten Weg wissenschaftlicher Urteile zum Markusevangelium, ohne doch damit neue Einsichten auf diesem Weg zu blockieren[510].

Wer dieser Markierung folgt und dabei zusätzlich beachtet, daß Wrede zu jenen großen Gelehrten der Jahrhundertwende gehört, die ohne jede starre Begrifflichkeit in vorbildlich klarer Sprache das aus Form und Inhalt der antiken Texte ihnen Erkennbare dargestellt haben, wird zu ähnlichen, heute weiterführenden Beobachtungen am Text frei; Begriffsklärung und Methodenstrenge dienen dann der Sache und entarten nicht zum Selbstzweck.

Für Vollzug und Resultat historisch-kritischer Exegese ergeben sich auf diesem Wege schöne Aussichten für jedermann, also auch für jene, die die Markierung übersehen, aber den Weg tatsächlich (ein Stück weit) gehen[511]. Ein Katholik publiziert zB in Wilmington, Delaware, ohne Wrede zu erwähnen (und also wohl zu kennen), unter Berufung auf einen Anglisten, den man bislang jedenfalls als Neutestamentler in Europa nicht unbedingt zu kennen brauchte, mit seiner „Biblical Literary Criticism (also called Rhetorical or Composition Criticism)" genannten Methode[512] prinzipiell dasselbe Ergebnis zu Mk 13,14, das völlig unabhängig davon

---

[507] Vgl Lentzen-Deis 2. Wer diesen Hinweis mißachtet, verwirrt die wissenschaftliche Debatte evtl sogar durch ‚Etikettenschwindel', vgl zB Berger Formgeschichte 3 mit 11.16 zum Begriff ‚Formgeschichte'.

[508] Vgl Vielhauer Literatur 291−310.

[509] Vgl zB Dormeyer Passion 2f.50.57.

[510] Vgl zB Lentzen-Deis 11 (der unlösbare Zusammenhang von Form und Inhalt ist bei der Textlinguistik zu beachten); Vielhauer Literatur 308 A18 (Hinweis auf die „sehr erwägenswerten Argumente" zur Passionsgeschichte von Schreiber und Linnemann).

[511] Vgl neben dem folgenden Beispiel (AgStock) zB Vanhoye 230.250f, der aaO 229 die Markuspassion freilich für römisch und „aufgrund der Predigt des Petrus" erweitert hält, oder auch zB Schreiber ZThK, 1961, 157.173 mit Cancik Gattung 101f, der ‚unitarisch' optiert, zu Tod und Auferstehung Jesu: „Im Tode, will Markus sagen, ist der Sieg"; Mk hat deshalb keine Auferstehungsgeschichte (aaO 102). Auch zur Methode gilt Entsprechendes, vgl zB Breytenbach 14 („hauptsächlich synchron aber auch diachron").18 (Wrede).31 (Schreiber); außerdem Frankemölle 158.169.173.

[512] AgStock 10. Vgl aaO 10−13, auch aaO 7 (WHarrington): Stock lehnt im Unterschied zur Form- und Redaktionsgeschichte jede Scheidung von Tradition und Redaktion ab, während Dewey 5−39 in seinem Forschungsbericht zur „Rhetorical Criticism" die Notwendigkeit der Methodenvielfalt betont.

ein Protestant diesseits des Atlantiks in der Nachfolge Wredes als Redaktionsgeschichtler ebenfalls erzielt hat[513]. Daß der eine Exeget das Markusevangelium vom antiken Drama her meint verstehen zu können[514] und der andere die zweifellos vorhandene Dramatik der markinischen Darstellung aus deren formalen und inhaltlichen Momenten so nicht meint ableiten zu können[515], ändert nichts daran, daß — Begriffe und Methodenbezeichnungen hin, Forschungsgeschichte her (beides ist wichtig, aber nicht letztentscheidend) — zwei in ganz verschiedenem gesellschaftlichem Kontext arbeitende Exegeten ohne weite Kongreßreisen oder sonstige Kontaktnahmen unabhängig voneinander dennoch bei einer wichtigen, aber schwer zu deutenden Stelle zum selben Ergebnis kommen, weil sie sich bei der Interpretation der markinischen Texte an die von Wrede zum erstenmal praktizierte Form-Inhalt-Relation gehalten haben[516].

Wer diesen alles entscheidenden Gesichtspunkt nicht streng genug beachtet, ist hingegen arm dran. Er mag zB bei seiner modernen Exegese sich „der Methoden und Ergebnisse, welche die antike Philologie geschaffen hat" „zutiefst verpflichtet" fühlen[517] und „in längerer gemeinsamer Arbeit" „von Philologen und Theologen" „die ‚unitarische' Option" und die „rezeptionsaesthetische Betrachtungsweise" bejahen, dieses alles und die im Ganzen und vielen Einzelheiten dabei zutage tretende, zT wunderbar formulierte stupende Gelehrsamkeit führen zuletzt dann doch zu der

---

[513] Vgl AgStock 182f mit Schreiber Theologie 142f. Stock verweist (mit Recht) speziell auf Mk 11,17. Zusätzlich wäre noch auf die Plazierung des in Mk einmaligen Fluchwunders (Mk 11,12—14, vgl dazu Schreiber Theologie 134—138) zwischen (!) die Tempelgeschichten 11,1—11.15—18 hinzuweisen, das der bei Mk ebenfalls einmaligen Aufforderung von 13,14, aufmerksam zu lesen, entspricht, vgl hierzu auch Conzelmann ZNW, 1959, 220 A50; Hengel Entstehungszeit 30 A116.

[514] Vgl AgStock 16ff; so schon Burch (1931), den Stock aber nicht erwähnt; anders hingegen Kee Community 18.

[515] Vgl dsAr 28 A3; 211 A1. Daß AgStock Forschungsgeschichte und Sekundärliteratur offenkundig gering achtet, ist mE kein Gewinn für die Erkenntnis der von Mk vertretenen Sache. Dieser Mangel scheint jedoch hier und da von manchen als ‚Fortschritt' empfunden zu werden. Dschulnigg 412 plädiert bei seiner „Sprachkritik" (vgl aaO 299.589) immerhin für „eine punktuelle Durchleuchtung der Forschungsgeschichte" und würdigt deshalb zB auch Wrede (aaO 413—420.601) richtig als ersten Redaktionsgeschichtler — leider ohne die für Wredes Exegesen entscheidende Form-Inhalt-Relation zu erwähnen; so wird aus der markinischen Geheimnistheorie bei Dschulnigg eine Idee Wredes (vgl aaO 601: „seine Idee").

[516] Ich bin deshalb gegen AgStock und seinen Gewährsmann RMFrye der Meinung, daß bei sorgfältigem Vorgehen gemäß Wredes Ansatz auch zur vormarkinischen Überlieferung allgemein akzeptable Ergebnisse möglich sind; formgeschichtliches Denken darf nicht auf die Redaktion der Evangelien beschränkt bleiben (so Stock faktisch bei seiner Methode des „Composition Criticism"), da es der einzige funktionstüchtige Schlüssel zur vormarkinischen Tradition und zu evtl in dieser Tradition überlieferten historischen Tatsachen ist und bleibt.

selbstkritischen Einsicht, trotz „gemeinsamer Ansätze, Ziele und Schwer-
punkte ... in vielen Fragen keine ‚einheitliche Position' gefunden" zu
haben, „nicht einmal zu den gravierenden Problemen der Datierung,
der Stilistik ‚volkstümlicher' Texte oder der ‚Semitismen' "[518], von der
Theologie des Markus ganz zu schweigen[519].
    Wie kann derartiges passieren? Weshalb führen größte Gelehrsamkeit
und jahrelange, intensive Zusammenarbeit nicht zur Übereinstimmung?
Weshalb wird zB Mk 13,14[520] kontrovers einmal auf den Nero redivivus
oder die Absicht des Caligula, ein Standbild im Jerusalemer Tempel
aufzustellen, gedeutet, natürlich mit entsprechend weitreichenden Konsequenzen für Datierung und Ort der Niederschrift sowie den Verfasser des
zweiten Evangeliums?[521]
    Ist der „ganze Vers ... bewußt änigmatisch formuliert"[522] und also
ohne Beachtung des insgesamt (Wrede: von einer Geheimnistheorie her!)
bewußt gestalteten markinischen Textgefüges vieldeutig, so führt nicht der
Vers selbst, sondern das vom jeweiligen Gelehrten herantransportierte
verschiedenartige zeitgeschichtliche Material und also subjektives Wollen
zum Dissens im Ergebnis der Exegese; dh der Subjektivismus der Leben-
Jesu-Forschung hat, nachdem er auf der Ebene des Lebens Jesu dank
Wrede und der Formgeschichte als Gefährdung der Wissenschaft (fast[523])
endgültig erledigt wurde, nun wieder in der zeitgeschichtlichen Perspektive

---

[517] Cancik (Hg) S III.
[518] Vgl aaO S IV; auch Zuntz Heide 222 zum „‚unitarischen' Sinn".
[519] Vgl Cancik (Hg) S IV („nicht in der Theologie").
[520] Vgl dsAr s o A513. Der Vers wird wegen seiner gerade auch in jüngster Zeit ihm wieder
    zugemessenen Bedeutung für die Interpretation von Mk 13 und den so gegebenen
    Vergleichsmöglichkeiten in methodischer Hinsicht als Beispiel herangezogen.
[521] Vgl Hengel Entstehungszeit 43; Zuntz Marci 47ff, deren zeitgeschichtlich strukturiertes
    Verfahren Brandenburger 46f.50f nicht ‚unitarisch', sondern form- und religionsgeschicht-
    lich praktiziert: „apokalyptische Motive, Gattungselemente und Denkmuster" (aaO 12)
    werden in Krisenzeiten als Sinnhorizont aktiviert (vgl zB aaO 24 [Hölscher].55.93). Da
    Brandenburger die konkrete Krisenzeit wie Hengel und Zuntz selbst bestimmt (vgl aaO
    46) — die markinischen Texte geben keine eindeutigen zeitgeschichtlichen Daten —
    aktiviert und ordnet also auch bei seinem methodischen Ansatz in subjektiver Willkür
    der Exeget selbst das formgeschichtliche Material, wie auch daran erkannt werden kann,
    daß Brandenburger die redaktionsgeschichtliche Frage vor sich her schiebt (aaO 5) und
    also zB Mk 13,2 (aaO 75.97) bzw 13,3 (aaO 144f) bzw 13,28f (aaO 104—125) ohne
    11,15—19; 14,58; 15,29.38 bzw 5,37; 9,2; 14,33 bzw 11,12—14.20f zu erwähnen, erörtern
    kann. Wer umgekehrt verfährt, also zuerst einmal im Sinne Wredes aus Form und Inhalt
    des Mk dessen Botschaft und von daher von Mk verwertete Tradition und so seine
    zeitgeschichtliche Situation zu erfassen sucht, argumentiert nach Brandenburger fragwür-
    dig (aaO 122 A245).
[522] Hengel Entstehungszeit 28.
[523] Vgl dsAr 4. Kap. D§2 zu Stuhlmacher, Lohfink, Pesch.

freie Bahn. Der Evangelist, seit langem als Hellenist bekannt[524], der in Mk 11,17f nicht irgendeinen römischen Kaiser, sondern ausdrücklich die jüdischen Hohenpriester beschuldigt, den Jerusalemer Tempel zur „Räuberhöhle" gemacht zu haben, deren Zerstörung folglich zentral zum Heilsgeschehen gehört[525], und der durch 15,39.44f den römischen Beamten Pilatus in die unmittelbare Nähe des Glaubens rückt[526], wird durch das mühsam herantransportierte zeitgeschichtliche Material gegen seine klaren Aussagen zu einem Juden gemacht, der sich ängstet, Römer könnten ungeheuerlicherweise den jüdischen Tempel entweihen[527].

Jeder, der, wie am Beispiel vorgeführt, eine einzelne Textstelle aus dem Form-Inhalt-Gefüge des Markusevangeliums herausbricht, um sie isoliert in den von ihm selbstgewählten Zeithorizont zu implantieren, in den er dann nach und nach das ganze Markusevangelium einbezieht, verfällt dem Subjektivismus, auch wenn er selber meint, solche Exegese sei „konsequent redaktionsgeschichtlich"[528]. Ich habe vor dieser Gefähr-

---

[524] Vgl ASchlatter, Markus, der Evangelist für die Griechen, 1935.

[525] Vgl Mk 13,2; 14,58; 15,29.38: Die Zerstörung des Tempels gehört schon zum Programm der Gemeindetradition, die die Redaktion des Mk entscheidend bestimmt, vgl Schreiber Theologie 36f.39.73—77.

[526] Vgl dazu Schreiber Schweigen 82.

[527] Bei dieser zeitgeschichtlich gesteuerten Interpretation wird also die wahre Verankerung des Markus in seiner Zeit verkannt: Haben die jüdischen Oberen den Tempel entweiht (Mk 11,17f) und in der heiligen Passanacht den Sohn Gottes mit infamen Mitteln zum Tode verurteilt (14,64), so wird schon bei diesen Anlässen deutlich (vgl 11,17; 14,58), was Gott durch seinen Sohn (und mittels der von den Juden erzwungenen Assistenz der Römer!) mit der jüdischen „Räuberhöhle" (vgl 11,17) tun wird (15,29.38; vgl 12,1—12).

[528] So LSchottroff Gegenwart 707, vgl dsAr 4. Kap. C§3II1f (Peddinghaus). Schottroff kombiniert zB zu schnell Mk 13,2 mit Josephus (aaO 708), übersieht deshalb 13,3 und damit gegebene redaktionelle Bezüge (vgl Schreiber Theologie 98f.187f). So spricht aus 13,2 dann der Jude Josephus (aaO 708: „unmittelbare Betroffenheit ...; hier wird nicht ... Gericht angekündigt, sondern ... geklagt"), nicht Mk (vgl zB 11,17: „Räuberhöhle"; 15,38). Ebenso steht es mit der richtigen methodischen Grundlegung bei LSchottroff EvTh, 1982, 3 und deren Anwendung. Schon aaO 3f wird 15,41 gegen den Wortsinn exegesiert; ab aaO 5ff verdrängt zeitgeschichtliches Material die markinische Redaktion als Horizont sachgemäßer Auslegung, so daß die spezielle zeitgeschichtliche Situation des Mk trotz interessanter, vielseitiger Belehrung nicht zureichend erfaßt wird. Mk denkt nicht patriarchalisch wie Mt und Lk (gegen aaO 4; vgl Hasenfratz 97f; Dschulnigg 581f), die Frauen haben bei ihm einen Vorrang vor den Zwölf; vgl Schreiber ZNW, 1981, 150 A30; außerdem Mk 10,45 (διακονεῖν) mit 1,13.31; 15,41: nur die Frauen tun bei Mk, was die Engel tun und Jesu Heilandswerk ausmacht und steigen so (vgl hingegen 10,35ff.41) mit ihm empor (15,41: συναναβαίνειν). — Brandenburger (dsAr s o A521) handhabt die Formgeschichte ähnlich wie Schottroff die Redaktionsgeschichte; vgl weiterhin dsAr s u A576 (Kee, Theißen): auch die wichtigen Einsichten der Soziologie bedürfen der redaktionsgeschichtlichen Kontrolle.

dung der Redaktionsgeschichte durch vorschnelle zeitgeschichtliche Fixierungen schon früher einmal gewarnt[529] und kann diese Warnung hiermit nur wiederholen: Erst wenn das Markusevangelium redaktionsgeschichtlich möglichst weitgehend exegesiert wurde, kann seine zeit-, literatur- und religionsgeschichtliche Einordnung sinnvollerweise vorgenommen werden, gleichsam als Probe auf diese Exegese, insofern sie die Texte in ihrer überlieferungsgeschichtlichen Situation verstehen will[530].

Die Begriffe Form- und Redaktionskritik als Methodenbezeichnung den seit Dibelius bzw Marxsen üblichen Begriffen Form- und Redaktionsgeschichte vorzuziehen, da im Begriff Formgeschichte eine „Geschichtstheorie" wirksam sei[531], ist unnötig, wenn man die Entfaltung der Methode von ihrem Anfang, also, wie bislang schon betont, von Wrede her versteht. Wrede wollte den ursprünglichen Sinn der antiken Texte ermitteln, sonst nichts[532]. Was Wrede mit dieser Zielsetzung ohne eine besondere Geschichtstheorie[533], ohne hermeneutische Ergüsse und linguistische Eskapaden unerbittlich gegen sich selbst für Markus geleistet hat, ist von Bultmann mit einem Goethe-Vers umschrieben worden:

> Das Tüchtige, auch wenn es falsch ist,
> wirkt Tag für Tag, von Haus zu Haus.
> Das Tüchtige, wenn's wahrhaftig ist,
> wirkt über alle Zeiten hinaus.[534]

---

[529] Vgl Schreiber Theologie 126 A166 und dazu Marxsen Einleitung 144f.

[530] Der Begriff ‚Redaktionsgeschichte' ist insofern unmißverständlich (vgl Wrede S VI: „Vorstellungsgeschichte"); anders Strecker Theologie 110f. — Hier hat dann auch der von Schille Menschen 17 geforderte Vergleich mit dem (nach-)paulinischen Schrifttum seinen richtigen Platz; aaO 14f.16f verkennt Schille mE die Funktion des synoptischen Vergleichs, vgl dazu Schreiber Theologie 15f („von den Seitenreferenten radikal abwendet"). Vgl im übrigen dazu Wrede 12 („oder von anderen Quellen ... nur ... Markus selbst").

[531] Vgl Haacker 48.64.

[532] Vgl dsAr Anhang I.

[533] Wenn Richter 17f den Begriff „historisch-kritische Wissenschaft" insoweit für überholt hält, als die ursprünglich angeblich objektiv verfahrende „Philologie" nach derzeitiger Einsicht wie die Theologie „ohne System-Vorstellungen" nicht praktizierbar sei, so kann man bei Wrede, den Richter (aaO 211) im Unterschied zB zu JRohde nicht erwähnt, dementgegen wieder lernen, in welchem Sinne Philologen wie Theologen der Wahrheit verpflichtet sind und also historisch-kritische Wissenschaft nach wie vor höchst aktuell ist. Schreiber Vollzug 146—149.166ff gibt Andeutungen zu der ‚System-Vorstellung', die die historisch-kritische Wissenschaft und das Wahrheitsbewußtsein der Gegenwart prägt.

[534] RBultmann hat dieses Wort (wohl aus dem Gedächtnis, vgl Trunz 328: „und wenn auch falsch"; „wahrhaft") eigenhändig in sein Exemplar des Wrede-Buches von 1901 geschrieben. Das Buch steht derzeit in der Bibliothek des Evangelisch-Theologischen Seminars der Ruhr-Universität.

Bultmann hat mW von ihm benutzte wissenschaftliche Literatur sonst nie mit einem Dichter-Wort gekennzeichnet[535]. Wenn er Wrede mit den eben zitierten Worten besondere Tüchtigkeit bezeugt, so können wir Nachfahren Wredes und Bultmanns von beiden Gelehrten lernen, welches Ziel der Exeget mit der Anwendung der historisch-kritischen Methode eigentlich immer verfolgen sollte. Wrede formuliert: „Es kommt nur auf die Auffassung des Markus selbst an, auf eine Kritik nach dem, was in ihm liegt."[536] Historisch-kritische Exegese im Sinne Wredes und der Form- und Redaktionsgeschichte bedeutet also nicht Kritik historischer Texte, sondern vielmehr Kritik dieser Texte an uns: Sie, die Texte, dürfen sich ohne jede Zensur unsererseits bei dieser Exegese zur Geltung bringen[537].

---

[535] So urteile ich aufgrund von zahlreichen Stichproben bei anderen Büchern der Bibliothek Bultmanns, die bei Gründung der Ruhr-Universität zum größten Teil vom Ev.-Theol. Seminar übernommen wurde.

[536] Wrede 12. Wredes Intention wird also verkannt, wenn man formuliert: Wrede „unterzog die Darstellung des Markus einer rigorosen Kritik" (Räisänen 7); richtig ist: Mk unterzog, indem Wrede sich bemühte, ihn heute zum Sprechen zu bringen, das falsche Bild der Leben-Jesu-Forschung zu Mk einer rigorosen Kritik; vgl die richtige Formulierung Räisänen 19.

[537] Vgl dsAr 9 A1; Schreiber ZNW, 1981, 156 A58. Wenn der Vollzug und das Resultat historisch-kritischer Exegese von Wrede selbst und vielen Exegeten nach ihm als „schmerzlich" empfunden worden ist (Wrede S VI), so besteht dieser Schmerz also darin, daß die Texte unser Bild von ihnen zerstören und damit uns selbst nicht nur in Einzelheiten und unserer Weltsicht, sondern im Innersten, in dem was wir glauben und unser Leben fundiert, verletzen — um uns so zu belehren und zu erneuern! „Wir können die Evangelien nicht anders machen, wir müssen sie nehmen, wie sie sind." Die historisch-kritische Exegese des Markusevangeliums, wie sie Wrede praktiziert hat, ist also insofern ein höchst positiv zu wertendes Unternehmen, als sie dahinführt, ein „wichtiges Stück Vorstellungsgeschichte aufzuhellen" (ebd) — der Wahrheit des Evangeliums heute zuliebe (vgl Schreiber Vollzug 205f)! Troeltsch, der Freund Wredes (vgl Klatt 20ff), hat übrigens bei seinen berühmten systematischen Darlegungen zur historischen Kritik (vgl Troeltsch 105ff) diese Kritik ähnlich wie Wrede verstanden, nämlich als Ablehnung dogmatischer Vorurteile (vgl aaO 115ff) und als ein Verfahren, bei dem die überlieferten Gegenstände und Ereignisse „durch Kritik festgestellt werden müssen" (aaO 108; vgl dsAr Anhang I). Wer dieses wie jenes verschweigt und nur allgemein „die Haltung und Praxis des methodisch-prinzipiellen Zweifels gegenüber aller Überlieferung" als Kennzeichen für Troeltschs Auffassung negativ beschwört (vgl zB Stuhlmacher Sachproblematik 46), fällt methodisch nolens volens in die dogmatische Sichtweise „historisch nicht gebildeter Zeitalter" zurück (Troeltsch 119); vgl zB hierzu Stuhlmachers Darlegungen. Bedienen sich „die jüdische und islamische Theologie" ohnehin dieser Sicht, so ist die christliche Theologie dann ebenso gestellt (Troeltsch 119f) und ein sinnvoller Dialog zwischen den Religionen, zwischen Glauben und Unglauben von vornherein abgeblockt. Man muß kein Prophet sein, um angesichts dieser möglichen Verweigerung gegenüber dem göttlichen Willen zur Nächstenliebe das Gericht Gottes als drohende Katastrophe des Erdballs anzusagen (vgl Troeltsch 123: „große dunkle Zukunftsfrage"; „Gottes- und Menschenliebe"); die „Natur der dogmatischen Neigungen der Menschen" (aaO 119) kann, wie

Auf dieses exegetische Ziel sind alle methodischen und hermeneutischen Überlegungen zu richten. Historisch-kritische Exegese ist derart verstanden gegen Egoismus und Tod praktizierte Nächstenliebe an längst Verstorbenen und also Gemeinschaft im Heiligen Geiste über Jahrtausende hinweg als Hinführung zum Glauben stiftenden Wort Gottes. Als Wissenschaftler will und soll der historisch-kritische Exeget nur διάκονος des Textes bzw des jeweiligen Autors sein, gleichsam dessen Stimme heute — sonst nichts. All sein eigenes Wissen und Denken hat allein darin seinen Sinn und Zweck. Wer sich bei diesem Dienst nicht jeweils ganz auf den zu exegesierenden Text einläßt, versäumt die Wissenschaft und die Liebe zugleich[538]. Historisch-kritische Exegese ist, ernsthaft betrieben, Diakonie; sie hat mit der Kreuzesnachfolge zu tun[539].

2. DIE DENK- UND DARSTELLUNGSART DES MARKUS

(zu dsAr 31ff; 65f; 94f; 199 A1.2; 201 A1a; 202 A3.4.5; 247f)

Nicht wenige Exegeten sehen in Markus nach wie vor einen Redaktor, der seine Tradition mehr schlecht als recht zu einer Gesamtdarstellung zusammengefügt hat. Räisänen hat diesen Standpunkt besonders eingehend zu begründen und dabei auch Wredes Ergebnisse in Frage zu stellen versucht[540]. Genau umgekehrt behauptet Schmithals, dem Markusevangelium liege eine „ästhetische Kunsterzählung" als eigenständige Tradition zugrunde, die ein urchristlicher „Theologe" und „Poet", der „als solcher Paulus und Johannes überlegen war", geschaffen habe[541].

---

innen- und außenpolitische Vorgänge derzeit zeigen, sich so auswirken, wenn der echte Dialog (vgl dazu Küng 15ff.71f.577ff) verweigert wird. Was zB Weinrich 337 als „reformatorische Grundeinsicht" zur historisch-kritischen Exegese formuliert, verrät Unkenntnis dieser Exegese (im Sinne Wredes, s o) und der Reformation und also einen Irrationalismus, der bei seiner „Herzenssache" und „dem neugierigen Glauben, ... die Herrlichkeit Gottes zu sehen" (ebd) Mk 14,50; 15,37.39 schrecklich fern ist — hoffentlich nicht als Förderung der drohenden Katastrophe!

[538] Vgl Schreiber Predigt 482 (EKäsemann) zum seelsorglichen Aspekt historisch-kritischer Exegese.

[539] Vgl aaO 482f.484f. Für den nicht glaubenden Historiker gilt, wenn er sich im Sinne Wredes um die jeweils zu interpretierenden Texte redlich müht, mutatis mutandis Mk 9,38—41; der Text steht (nur bei Mk) im Kontext des Weges zum Kreuz (8,27—10,52). — Die derzeit umstrittene Stellung der (neutestamentlichen) Exegese innerhalb der Theologie kann man beispielhaft an den verschiedenartigen Darlegungen bei GEbeling Studium 20ff; Pannenberg 388ff; Petzke ThPr, 1975, 2ff; Schellong (dsAr Anhang I A1) studieren.

[540] Vgl Räisänen 162f.167f. Ihm nach argumentieren zB Pesch Markusevangelium II 36—47; auch Hengel Probleme 237 A40.

[541] Schmithals ZThK, 1980, 183. Auch Schmithals nimmt also vormarkinische Tradition an (vgl dsAr Exkurs VI); ähnlich Berger Formgeschichte 339, obwohl er aaO 14 das Urteil von Schmithals noch radikalisiert.

Wrede und die ihm nachfolgende Form- und Redaktionsgeschichte haben Markus im Unterschied zu diesen beiden Meinungen, die es in abgewandelter Form ja auch zu Wredes Zeit schon gab, als „Schriftsteller", der seine „Stoffe" zu einem sinnvollen Ganzen gefügt hat, angesehen[542]; ‚Schriftsteller' (oder meinetwegen auch ‚Poet', s o) ist also kein Gegenbegriff zu ‚Redaktor'[543]. Was Wrede zu den „Ideen des Verfassers" Markus schreibt[544], zeigt, wie er dessen theologische Leistung des Näheren sieht. Sie, diese „Ideen", bedingen, betrachtet man die Texte in historischer Perspektive, die „offenbarsten Verstöße" und „eine ganze Anzahl schlimmer Sinnlosigkeiten"; der zur Darstellung der Ideen eingesetzte „Apparat" wirkt in manchen Fällen fast „ungeheuerlich" — aber gerade so als unübersehbarer Hinweis auf die richtige historisch-kritische Einsicht, daß Markus „nichts anderes am Herzen (liegt), als diese Ideen in der Geschichte auszuprägen". Das „dogmatische Motiv", „diese Lichter", mit denen er „etwas unbeholfen aus Gedanken Geschichte zu formen sucht", illuminieren nun, dank Wrede, wieder den Verstand der Exegeten zum Glauben des Markus hin, wie sie es damals bei den ersten Lesern um 70 nChr getan haben[545]. Diese Art der Untersuchung von ‚Ideen' hat Jülicher dahingehend zusammenfassend beschrieben, Wrede habe das Markusevangelium „als Ganzes ... auf Grund genauer Analyse sicherer Erscheinungsreihen" begriffen und dabei „insbesondere die eigentlich bewegenden Momente ..., das Farbgebende, das, woran das Interesse des Schriftstellers hängt", bestimmt[546].

---

[542] Vgl Wrede 129 oder zB Bult 394 zu den beiden Begriffen; neuerdings ähnlich, aber mit Betonung der Leistung des Mk Zuntz Heide 213 (Mk ein „Meister", der die Tradition „mit bewußter Kunst sprachlich" gestaltet); Hengel Entstehungszeit 26 (Mk hat seine Texte „durchgehend ... ausformuliert", aber nicht „frei formuliert").

[543] Vgl neuerdings so auch P-GMüller 148—152, der freilich (wie manche anderen Exegeten, zB Meye 67f; Minear 89) aaO 152f die Zwölf des Mk falsch nach Lk interpretieren. Vgl auch Petzke Apollonius 234 zu Philostrat (Redaktor von Volkstradition und zugleich Schriftsteller).   [544] Wrede 135.

[545] Ebd. Vgl auch aaO 31f, dazu Schreiber Theologie 20 A56; 11f.17f.160—162.170—172; ders Markuspassion 41f.44f. Räisänen 13 behauptet zu dieser Hinsicht einen Unterschied zwischen Wrede und mir, den es tatächlich nicht gibt. Auch ich meine wie Wrede, daß „sich der Evangelist schon tatsächlich ganz im Dunkeln hinsichtlich der geschichtlichen Fakten des Lebens Jesu befand" (ebd) und traue ihm (und seiner Tradition) vor allem wie Wrede nicht zu, „dass er historisch denkt und unterscheidet" (Wrede 73f; vgl Schreiber Theologie 13.162; ders Markuspassion 24 A65 gegen Schenk Stand 531; ders Evangeliologie 13—15, der die Besonderheiten des Mk und seiner Tradition nicht beachtet) und erwäge deshalb wie Wrede (und Lohmeyer) den theologischen Sinn der markinischen Geographie und Chronologie und stelle bei Mk insoweit Absichten fest. DAKoch NTS, 1983, 164 A59 hat bei seiner Kritik an Schreiber Theologie 177 die A103 und also Wrede übersehen; der oben im Anschluß an Wrede erneut dargelegte Argumentationszusammenhang ist somit keineswegs widerlegt.

[546] Vgl Jülicher Linien 19f.

Dieses Verfahren und die damit erzielte Einsicht in die Ideen des Markus sind von der Form- und Redaktionsgeschichte übernommen und vielfach vertieft[547], aber prinzipiell gleichartig weitergeführt worden. So ist zB die seit Hawkins (1909) und Larfeld (1925) mögliche, von Marxsen (1956) dann gemachte, heute allgemein anerkannte[548] Entdeckung, daß der „hellenistischer Missionssprache entstammende ... terminus εὐαγγέλιον ... Leitbegriff" der markinischen Darstellung ist und sie also zur „Verkündigung und Anrede" macht[549], zu werten; die durch den synoptischen Vergleich gewonnene Einsicht in diese formale Besonderheit des Markus ergab den Einblick in den speziellen Verkündigungscharakter des zweiten Evangeliums.

Wie das Beispiel zeigt, war und ist Wredes Ergebnis, Markus habe mit Hilfe „einer aus der Gemeindetheologie stammenden dogmatischen Christologie" seine „Jesusdarstellung" geprägt, „indem er in ihrem Interesse die Traditionsstoffe, aus denen er sein Evangelium schuf, gruppiert, bearbeitet und leitmotivisch durchgestaltet"[550], für die Erforschung der

---

[547] Vgl zB schon Bult 370ff; Dib 231f.

[548] Vgl zuletzt Schenk Evangeliologie 47 A128; Dschulnigg 383ff oder zB Strecker Überlegungen 104. Anders freilich nach wie vor Stuhlmacher Thema 20f, der aaO 19 der aber auch in einem Rückfall hinter die von Lietzmann Briefe (1910!) 89 dokumentierten Einsichten 1.Kr 2,8 als „Jerusalemer ... Passionstradition" zu verstehen vermag und wegen solch ‚heilsgeschichtlicher' Ideologismen von Strecker GGA, 1971, 23; ders Evangelium 507.511f korrekt kritisiert wurde.

[549] Bornkamm RGG³ II 760. Wenn Strecker Evangelium 539f den Begriff anders als Marxsen und Bornkamm betont heilsgeschichtlich versteht, so kann ich dem nicht zustimmen, weil zB Mk 1,15 ein Perfekt enthält oder zB 10,29 schon jetzt und hier, *mitten in der Verfolgung*, das *Heil* der endzeitlichen Zukunft als Gegenwart ansagt (also nicht: der „verfolgten Jüngerschaft wird die endzeitliche Zukunft verheißen, in der für die Leiden der Gegenwart ein Ausgleich bereitsteht", aaO 539); kurzum: Kreuz und Auferstehung Jesu sind bei Mk im sog. Messiasgeheimnis derart ein und dasselbe (Mk 9,9; 15,39; oder zB 9,10−13 nach 9,9), daß die Geschichte Jesu transparent für die im Evangelium wirksame eschatologische Gegenwart des Gekreuzigten und Auferstandenen wird; die markinische Heilsgeschichte von Galiläa nach Jerusalem (und zurück: 14,28; 16,7!) ist bis zum Ende der Tage und darüber hinaus (13,31) in Jesu Wort, im verkündigten Evangelium, in ihm selbst präsent (8,32.35). − Ebenso steht es mit ESchweizers (EvTh, 1973, 534) Zustimmung zu Weedens Meinung, bei Mk sei Jesu „Präsenz nirgends gelehrt". Besagen nicht schon Mk 8,35; 10,29 und die Formulierungen, in denen Mk in paulinischer Weise ‚Wort' und ‚Evangelium' synonym benutzt (vgl Köster/Robinson Entwicklungslinien 87f), im Zusammenhang mit dem „Leitbegriff" (s o) εὐαγγέλιον das Gegenteil? Vgl hierzu die betonte Zustimmung von Vielhauer ThR, 1965/66, 143 zu Marxsen. Schenk Evangeliologie 53f.116 A142 ist nach Bultmann Theologie 89f zu korrigieren, weil Mk LXX und Paulus näher steht als RLembke (vgl Schenk Evangeliologie 50).

[550] So das treffende Resümee von Vielhauer Literatur 279 zu Wrede; vgl Schreiber Theologie 20f.

Denk- und Darstellungsart des Evangelisten von grundlegender Bedeutung. Räisänen hat nun aber speziell auch an Mk 9,9, also jener Stelle, die Wrede als Schlüssel zum Verständnis der von ihm entdeckten Geheimnistheorie des Markus bezeichnet hat, zu zeigen versucht, daß Wredes eigene Interpretation und nachfolgende Variationen dieser Interpretation unhaltbar sind[551]. Eine kurze Darstellung dieses exegetischen Streites in methodischer Hinsicht kann deshalb abschließend konkretisieren, wie gegensätzlich redaktionsgeschichtliche bzw redaktionskritische[552] Exegese die Denk- und Darstellungsart des Markus erfaßt[552a].

Wredes entscheidendes Argument für die Schlüsselfunktion von Mk 9,9, im Reigen der Schweigegebote sei allein an dieser Stelle im ganzen Markusevangelium neben dem üblichen Gebot mit einer Zeitangabe zusätzlich „eine Motivierung" gegeben, aus der sich, nimmt man Gebot und Motivierung zusammen, ergibt, daß das in allen Schweigegeboten gemeinte Geheimnis der Gottessohnschaft Jesu hier auf Erden erst mit der Auferstehung entschleiert werden soll[553], tut Räisänen mit der Bemerkung ab, dieser zeitliche Hinweis auf die Auferstehung erscheine in „V.9b … ziemlich unbetont, ja fast nebenbei"[554]; dh gegen die das Formgefüge des ganzen Evangeliums beachtende exakte, den inhaltlichen Schluß ergebende formale Beobachtung Wredes setzt Räisänen ohne jede Begründung[555] ein bloßes Geschmacksurteil über einen Halbvers des Evangeliums.

---

[551] Vgl Räisänen 109—118. Inwieweit Wredes Verständnis tatsächlich nicht haltbar ist, habe ich anderweitig angedeutet (Schreiber Theologie 113 A103; 230), aber so, daß sein Verdienst ungeschmälert bleibt (aaO 113 A103).

[552] Vgl Räisänen 3.8f.13.16f. Ich halte übrigens den Begriff ‚Redaktionsgeschichte' (von Wrede her gesehen, vgl Wrede S VI: „Stück Vorstellungsgeschichte") im Unterschied zu anderen (vgl zB Strecker Theologie 110f) für korrekt. Mit dem Begriff ‚Redaktionskritik' werden oft falsche Gesichtspunkte in die richtige Methode eingebracht. Schenk Stand 528 lehnt sogar den Begriff Redaktion ab.

[552a] Da Räisänens Redaktionskritik zuletzt, wie gleich darzulegen ist, „die allein übriggebliebene Methode, zwischen den Zeilen zu lesen", anwendet (aaO 162), gesteht er Mk zwar „eigene theologische Gedanken" bzw „neue Akzente" bei der Zusammenstellung der Tradition zu (aaO 168). Aber „ein irgendwie befriedigendes Gesamtbild seiner Theologie" ist nach Räisänen nicht zu gewinnen (ebd). Räisänen übersieht mE bei der markinischen Botschaft von Kreuz und Auferstehung, daß das „urchristliche Denken … von unserer Art zu denken wesentlich verschieden" war. „Was uns als Gegensatz erscheint, wurde dort teilweise als durchaus vereinbar betrachtet" (Hengel Chronologie 60 A55). Die Redaktionsgeschichte trägt dem Rechnung, indem sie genau liest, was da steht, um zu verstehen, was drin steht (vgl Schreiber ZNW, 1981, 150 A33).

[553] Vgl Wrede 66f.

[554] Räisänen 113.

[555] Räisänen 113 A18 („Vgl. Nineham, Mk 238f.") suggeriert zwar eine Begründung, führt aber den, der nachliest, zu der Einsicht, daß Nineham hier (im Gegensatz zu Räisänen 116!) die Meinung vertritt, Markus verbinde in 9,9—13 Kreuz und Auferstehung miteinander.

Diese Art des Vorgehens wird den nicht weiter verwundern, der beachtet, was Räisänen generell unter Redaktionskritik vornehmlich versteht, nämlich die Scheidung von Tradition und Redaktion, die mittels „Sprach-, Stil- und Motivanalyse wenigstens irgendwie befriedigende Resultate" erzielt[556]. Räisänen ist „irgendwie" immer dann zufrieden, wenn er Tradition feststellen kann, weil diese dann nach seiner Meinung für die Gedanken des Markus (fast) nichts besagt. Im Falle von Mk 9,9 spricht nun freilich auch nach Räisänen das Vokabular für markinische Redaktion — aber der Vers ist dann zuletzt seiner Meinung nach im Kern dennoch wahrscheinlich auf Tradition zurückzuführen und also nicht im Sinne Wredes zu werten[557]!

Wie kommt es zu solchen Subjektivismen? Räisänen hat sich sehr grundsätzlich für die Exegese des Herrn Jedermann entschieden, der ohne Beachtung des markinischen Textgefüges weiß, was der Evangelist vor zweitausend Jahren dem „common sense" entsprechend dachte[558]. Die markinische Konstruktion des Leidensweges, die überragende Bedeutung der drei großen Epiphanien Taufe, Verklärung und Kreuzigung für den Aufbau des Markusevangeliums, das markinische Institut der drei Vertrauten, die zuletzt genauso unverständig sind wie die Zwölf, die Jünger und alle Außenstehenden, die Verbindung von Auferstehungsbotschaft und Kreuz, die sich zB durch die Kombination von 9,9 mit 9,10—13 ergibt, das Fehlen eines markinischen Auferstehungsberichtes und die dadurch dringliche Frage, wie das Verhältnis von 9,7 zu 15,39 auf dem Hintergrund von 9,9 zu deuten ist, alle diese, für das Verständnis von Mk 9,9 wesentlichen Gesichtspunkte und noch vieles mehr wird von Räisänen bei seiner Auslegung nur nebenbei oder gar nicht erwähnt oder, wie eben am Beispiel vorgeführt, ‚widerlegt'. Da Räisänen bei seinen Widerlegungen immer wieder auf meine Darlegungen eingeht, erlaube ich mir in dieser Hinsicht meinerseits noch einen kurzen Hinweis, damit der Unterschied zwischen seiner Redaktionskritik und der Redaktionsgeschichte hoffentlich vollends zugunsten der Denk- und Darstellungsart des Markus deutlich wird.

---

[556] Räisänen 16f. Räisänens Art der Redaktionskritik ist „irgendwie" unbefriedigend, insofern sie Willkür fördert. Er polemisiert zB gegen die „Richtung einer nicht-buchstäblichen Markus-Interpretation" (aaO 12) und vertritt die Meinung, das Markusevangelium sei „im großen und ganzen *buchstäblich*", (aaO 13) „gewöhnlichem common sense" entsprechend (aaO 14), aufzufassen — aber wenn er sein Prinzip dann konkret anwenden müßte, liest er den Text Mk 15,39 doch lieber nicht „allzu buchstäblich" (aaO 155; ähnlich Kazmierski 202 A46; vgl dazu Schreiber ZNW, 1981, 152 A38) und übersieht deshalb die redaktionelle Absicht des Mk (vgl u a 3,11; 9,8.9; 15,32.39: ‚sehen'; dazu dsAr s o A427).

[557] Vgl Räisänen 111.118.

[558] Räisänen 14, vgl aaO 108 („Augen eines gewöhnlichen Lesers") und dazu Schreiber ZNW, 1981, 152 A38.

Räisänen urteilt, mein Verständnis der temporalen Partikel ὅταν in Mk 9,9 sei „ein Paradebeispiel für den Mißbrauch des Wörterbuchs. Eine allgemeine Regel wird ohne jede kontextuelle Kontrolle auf einen Einzelfall angewandt" und also mißachtet, daß diese Partikel nach Burkill und Turner „bei Markus in 14 Fällen von 20" entgegen meinem Verständnis benutzt worden ist[559]. Einmal abgesehen davon, daß bei Markus statt 20 wohl 21 Vorkommen zu zählen sind[560], ist die von Räisänen geübte Kontrolle mittels der Vokabelstatistik (von Turner, auf den Burkill verweist), wie früher dargelegt[561], vom Subjektivismus bedroht. Hat Markus auch nach Räisänen 6mal ὅταν so benutzt, wie ich es für Mk 9,9 annehme, so ist Räisänens statistisch begründete Übereinstimmung mit Burkill und Turner zu V 9 womöglich die Teilhabe an einem Irrtum und jedenfalls keine „kontextuelle Kontrolle".

Wann findet eine solche Kontrolle tatsächlich statt? Welche formalen und inhaltlichen Beobachtungen am Text verdienen diese Bezeichnung? Räisänen hat bei seiner Polemik übersehen, daß ich zur Begründung meiner Exegese gar nicht mit dem Blick ins Wörterbuch und der dort zu lesenden allgemeinen Regel, sondern mit einer Textkontrolle durch den synoptischen Vergleich beginne[562]. Dieser Vergleich macht jeden Leser auf die formale Besonderheit der markinischen Darstellung in Gestalt der temporalen Partikel aufmerksam, welche die schon von Wrede beobachtete Besonderheit der „Motivierung" (s o) des Schweigegebotes in Mk 9,9 noch einmal speziell akzentuiert[563]. Jeder Leser ist dann aber gefragt, warum Matthäus und Lukas ändern. Räisänen sagt dazu kein Wort[564]. Ich brauche

[559] Räisänen 116 A27. Burkill 65 nimmt übrigens u a für den Redaktionsvers 3,11 den von mir für 9,9 postulierten Sprachgebrauch an.

[560] Vgl Morgenthaler Statistik 127; dsAr Exkurs V.

[561] Vgl dsAr 4. Kap. C§2I. Turner St.Mark 60, auf den sich Burkill und Räisänen berufen, schreibt zu Mk 9,9: „though more than one occurrence is implied, there is no sort of suggestion of the idea ‚as often as' ", weil er anderwärts wie Räisänen harmonisiert, statt kontextuell zu kontrollieren. Pryke 144 hingegen zählt (mE ebenfalls ohne überzeugende Begründung) ὅταν in 9,9 zum Vokabular des Mk.

[562] Schreiber Theologie 112 („von Matthäus und Lukas vermiedenen Partikelgebrauch bestätigt"), vgl aaO 113 („also von Markus im Unterschied zu Matthäus und Lukas"). — Das Folgende präzisiert dsAr 202 A5; 210 gemäß Schreiber Theologie 41f.109.113 A103; 120 A134; 222.

[563] Vgl außerdem dsAr Exkurs V: Daß die Partikel von Matthäus nur 7 und von Lukas nur 9mal aus dem Markustext übernommen wird, zwingt zusätzlich zum Nachdenken. Die Änderungen, die Mt und Lk zB an Mk 3,11; 4,15 oder 12,23.25 vornehmen, sind mE hochinteressant für die rechte Einschätzung der Auferstehungslehre des Mk. Eine Begründung für diese Ansicht hätte freilich vieles zu beachten; bei 12,23.25 zB 10,10 — 12.29f oder bei 3,11 zB 15,39 im synoptischen Vergleich.

[564] Anderwärts unterstellt er Mt und Lk ohne jede Begründung, sie hätten die Darstellung des Mk „nach eigenem Geschmack umgestaltet" (vgl Räisänen 58).

und will meine weitere, durchweg vom synoptischen (und so vom innermarkinischen) Vergleich zehrende Auslegung hier nicht wiederholen.
Methodisch wichtig und für die Einsicht in die Denk- und Darstellungsart
des Markus wesentlich ist nämlich allein, daß die Änderungen des Matthäus
und Lukas in Mk 9,9 mit ihrer jeweiligen Gesamtkonzeption harmonieren[565]. Das erlaubt den Schluß, die von Matthäus und Lukas eliminierten,
typisch markinischen Formulierungen seien ebenfalls mit dem Inhalt und
der Form des zweiten Evangeliums zusammenzusehen und zu interpretieren, etwa mit dessen Abschluß (Mk 16,8).

Wie geht Räisänen mit 16,8 und der Tatsache um, daß Markus als
einziger Evangelist keinen Auferstehungsbericht bietet? Er stellt korrekt
fest, daß 9,9f mit 16,8 zusammengesehen werden muß, daß die Jünger
also nicht nur Jesu Leiden, sondern ebenso auch seine Auferstehung nicht
verstehen[566]. Er betont auch zu Recht, daß 16,8 als Schluß sprachlich
möglich sei; Markus hat „sein Buch mit dem dramatischen Stilmittel der
Aposiopese geschlossen"[567]. Aber gerade wegen dieses kühnen literarischen
Stilmittels — Markus ist ja nach Räisänens vorweggetroffener Grundent-
scheidung, seiner common sense-Methodik, ein primitiver Redaktor (s o)
— neigt Räisänen „trotz allem zu der Vermutung", Markus habe einen
Schluß gemäß Lk 24 ursprünglich berichtet oder „wenigstens ... gedacht",
auch wenn dieser Schluß aus „nicht mehr erklärbaren Gründen ... sehr
früh verloren gegangen" sei — evtl eben schon im Kopf des Markus!?[568]

---

565 Mt hat den Mk-Text bewußt (vgl Mt 28,8) auf die Auferstehungserscheinungen hin (Mt
   28,9f.16ff) abgeändert, bis (Mt 17,9: ἕως οὗ) zu denen das Schweigegebot gilt. Lk streicht
   Mk 9,9 und bietet statt dessen (gemäß seiner Heilsgeschichte) verständige Jünger (Lk
   9,36: „und *selber* ..." usw), die nach der Himmelfahrt ab Pfingsten auf Jesu Befehl hin
   alles richtig bezeugen. — Vgl grundsätzlich zum Problem des Partikelgebrauchs Vaihinger
   583f: „Speziell die Verbindungen der Sätze durch die *konjunktiven Partikel* sind ja sozusagen
   die logischen Scharniere, durch welche die einzelnen Glieder verknüpft werden und
   zusammenhängen: in einer einzigen Partikel ist nicht selten eine grosse logische Gedanken-
   reihe zusammengefasst und zusammengepresst, wie in einer mathematischen, verkürzen-
   den Formel, welche an Stelle einer entwickelten Reihe figuriert. Wenn es gilt, einen
   sprachlich fixierten, gegebenen Gedankenzusammenhang logisch zu analysieren, so muss
   sich die Hauptaufmerksamkeit nicht auf die Vorstellungen, sondern auf ihre Verbindungs-
   zeichen, die Partikeln richten, wie die Analyse einer mathematischen Formel nicht die
   Buchstaben, die in Zusammenhang gebracht sind, sondern die Operationszeichen ins
   Auge zu fassen hat".

566 Räisänen 129—131.   567 Vgl Räisänen 132f.

568 AaO 133. Alternativ hält Räisänen 134 einen „nachösterlichen Wendepunkt" in Gestalt
   der Verkündigung der Gemeinde für möglich und nähert sich damit einer Auffassung,
   die er aaO 132 als „modern-theologische Erklärung" abgelehnt hat. — Schenke/Fischer
   74ff.87—90 plädieren anders als Räisänen (u a wegen 14,28; 16,7: diese Verse erfordern
   angeblich einen abschließenden Bericht von der Auferstehung Jesu als „Verbindung zum
   gegenwärtigen, himmlischen Sein Jesu", aaO 76) für „die Annahme einer bewußten
   Unterdrückung eines ursprünglichen Schlusses" (ebd): Mk hat sein „ursprünglich ...

Wenn Räisänen seine Mk 16,8 und Lk 24 harmonisierende Vermutung schließlich noch wie die Leben-Jesu-Forschung, aber nun ‚redaktionskritisch' nicht durch Wissen über Jesu Seelenzustände, sondern über die der Leser des Markus mit dem Satz stützt, nur „ein derartiger Ausgang kann die psychologische Spannung lösen, die im Leser bei der Schilderung des Unverständnisses entstanden ist (ähnlich wie V. 8,29 die durch Stellen wie 1,27; 4,41; 7,37; 6,52 und 8,17−21 hervorgerufene Spannung löst)"[569], so wird vollends deutlich, daß rational kontrollierte Wissenschaftlichkeit in Gestalt der Redaktionsgeschichte gegenüber solcher Redaktionskritik auf verlorenem Posten steht[570]. Jedenfalls läßt sich über Derartiges schlecht streiten und nur hoffen, daß auch andere zB nach Mk 8,29 den Vers 8,33 lesen und dann als Leser heute eine gewisse unlösbare Spannung zu Räisänens „Schreibtischphantasie"[571] verspüren.

Die geistigen Dinge sind irreversibel und gehen ihren Weg bis ans Ende der Nacht (GBenn); konkret: Wredes Ergebnis wurde „von seiten aller Sachkundigen abgelehnt"[572], aber sein Buch erschien 1969 in 4. Auflage und ist (trotz WSanday[573]) seit 1971 auch in englischer Übersetzung zu lesen, und CColpe schrieb 1981: „zum Problem immer noch am besten Wrede"[574].

---

umstrittenes Werk" „am Schluß nicht so unter Kontrolle gebracht", daß die Kirche dessen „mythologischen Hintergrund" akzeptieren konnte (ebd). Form und Inhalt des Markusevangeliums machen mE diese Argumentation unmöglich. Nach Mk kann das ‚himmlische Sein Jesu' nur unter dem Kreuz (Mk 15,39) bzw auf dem Kreuzweg in Galiläa (9,2−9) erkannt werden, vgl Schreiber Theologie 48 („Ostererkenntnis").119f.195; nur wer den *gekreuzigten* Nazarener sucht, bekommt Anteil an der Auferstehung Jesu (Mk 16,6f). Vgl außerdem aaO 218−228 mit 229−243, besonders 229f.233; dsAr Exkurs IV,2 zu der Art des Mk, sehr verschiedenartige Tradition für seine Verkündigung zu nutzen. Da Schenke/Fischer 82 bei der Markusexegese vornehmlich das „vielfältige Scheitern" der redaktionsgeschichtlichen Methode beobachten, dominiert in ihrer Sicht die von Mk verarbeitete Tradition mit ihrem (verschiedenartigen, zT sehr mythologischen) Vorstellungsapparat, während Mk mE diesen Apparat benutzt, um das ‚himmlische Sein Jesu' als Eins-Sein Jesu mit dem göttlichen Willen des Vaters zu bezeugen (vgl zB Mk 3,4.35; 10,18.27; 12,28−34; 13,31f; 14,35f; 15,34).

[569] Räisänen 133, vgl dazu Schreiber Theologie 13.15 (Wrede-Zitat).

[570] Die nicht mit Lk 24, aber sehr wohl mit Mk 9,7.9 zusammenstimmende Perspektive von 16,8 her, die Kreuz und Auferstehung paradox zusammenführt (vgl 9,5f; 15,37.39; 16,6), ist nach Räisänen 116 ein abzulehnender „Zirkelschluß".

[571] Vgl Räisänen 13 zu diesem Stichwort und dazu Schreiber Theologie 20 A56; ders Markuspassion 64.

[572] Lietzmann Wrede 108.

[573] Vgl Martin 92 A20; Schweitzer Leben 44f (und dazu Gräßer Schweitzer 126 A3); Blevins 13ff.195.

[574] Colpe RAC Bd 12, 1983, 48, der dieses Urteil zu der sich im Gebrauch des Gottessohntitels bei Mk zeigenden Spannung von Geheimnis und Offenbarung abgibt und speziell auf Wrede 23f.33f verweist.

3. DAS MARKUSEVANGELIUM ALS RELIGIONSGESCHICHTLICHES PROBLEM

(zu dsAr 172.305f)

Unter dem Einfluß von Vorstellungen zur Urgemeinde, wie sie etwa
bei Dibelius vorliegen, ist es mir trotz langjähriger Arbeit am Text,
die eigentlich zT Gegenteiliges ergab, seinerzeit nicht gelungen, meine
Einsichten zum religionsgeschichtlichen Aspekt des markinischen Kreuzigungsberichtes eindeutig zu formulieren. Dementsprechend habe ich später
Korrekturen vornehmen müssen[575]. Der Leser dieser Arbeit kann selber
durch den Vergleich des vierten Kapitels mit den vorangehenden leicht
feststellen, daß ich mein religionsgeschichtliches Urteil zum Kreuzigungsbericht gemäß meinen Darlegungen im ZThK-Aufsatz von 1961 und
meinen nachfolgenden Arbeiten variiert habe. 1959 habe ich, kurz gesagt,
meist noch in die Anmerkungen gesteckt, was dann ab 1961 im Haupttext
zu lesen ist, daß nämlich der Kreuzigungsbericht des Markus und seine
Theologie insgesamt und besonders seine Christologie von einer durch
gnostisch zu nennende Züge und Motive mitbestimmten θεῖος-ἀνήρ-
Christologie geprägt ist. Daß der Entwurf des Markus von dieser Christologie geprägt wird, ist, was die θεῖος-ἀνήρ-Anschauung anlangt, (in sehr
verschiedener Akzentuierung[576]) heute weithin anerkannt, während die
gnostische Komponente meist bestritten bzw sogar als absurd abgelehnt
wird[577]. Auf Vielhauers Bedenken zu meinen Hypothesen habe ich seiner-

---

[575] Vgl zB dsAr 172 mit Schreiber Markuspassion 36f.

[576] Anders als zB Lipp 201ff erinnert Kee Christentum 142f nur kurz an Theißen (Wanderradi-
kalismus, aaO 142 A23), hält Mk im übrigen aber neben Apk für die „einzige andere
Schrift im Neuen Testament, in der ebenfalls die apokalyptische Sicht dominiert"; Mk
sei das Produkt einer offenen, doch konventikelhaften, „esoterischen, eschatologisch
orientierten Gruppe", die nach dem Verlöschen ihrer „Naherwartung ... keine Basis mehr
für ein Fortbestehen" hatte. Diese soziologische Sicht, vornehmlich mit 5 Belegen (Mk
4,11; 9,2—9; 10,30; 13,14.30) ‚begründet' (ebd), ist, auch wenn dafür vorher schon viele
Buchseiten beschrieben wurden (vgl Kee Community passim mit Kee Christentum 142
A21), unhaltbar, weil inhaltlich zB Mk 15,33 auch dort nicht erwähnt und methodisch
Wredes für die Formgeschichte grundlegender Ansatz nicht korrekt erfaßt wird (vgl Kee
Community 4ff), weshalb Kees Kritik an Wrede (aaO 95.132.167ff) unqualifiziert ausfällt;
aus Kee Functions 170.183 kann man erschließen, weshalb Mk 15,33 unbeachtet blieb.
Was Kee von EDHirsch methodisch zu lernen versucht (Kee Community 1f), steht bei
Wrede, direkt am Gegenstand entwickelt, klarer zu lesen. Aber Kee geht auch anderweitig
mit der Sekundärliteratur so großzügig wie mit den Quellen um (vgl zB Schreiber
Markuspassion passim; Bult Ergänzungsheft⁴, 1971, 102 mit Kee Community 30—32); die
soziologischen Annahmen dominieren beidemal die Texte, so daß man nur in Einzelheiten
unbeschadet der falschen Gesamtsicht gerne von Kees Beobachtungen lernt. Vgl Schreiber
ZNW, 1981, 153 A38 (Theißen); Frankemölle 166.182.190 zum vorliegenden methodischen Problem.

[577] Vgl Conzelmann ThR, 1972, 244 und dazu Schreiber ZNW, 1981, 155.

zeit zu antworten versucht[578]. Er ist dennoch bei seiner Meinung geblieben[579] und hat zu deren Stützung zusätzlich auf „den stark jüdisch-judenchristlichen Einschlag gerade in der Christologie des Mk" verwiesen[580].

Ich bestreite diesen Einschlag keineswegs. Aber kann es irgendeinen Zweifel geben, daß die dafür als Beispiel angeführte, aus jüdischer Messianologie und urchristlicher Tradition von Markus übernommene Elia-Typologie dank seiner Redaktion von der Geheimnistheorie geprägt wird[581] und insofern ganz anders als im Judentum und auch anders als in Q verstanden wird? Und ist es mit 14,61f, dem zweiten von Vielhauer erwähnten Beispiel für den jüdisch-judenchristlichen Einschlag der markinischen Christologie, nicht ebenso, wenn man den Kontext (14,64!) beachtet? In diesen Versen spricht sich mE die das Paradox liebende, hellenistisch-gnostische, direkt an den vierten Evangelisten erinnernde Christologie besonders klar aus[582].

Vielhauer meint zusammenfassend zur Theologie des Markus, sie repräsentiere die „Jesustradition ... in einem ... hellenistisch-judenchristlichen, aber ganz auf die Heidenchristen ausgerichteten Stadium"[583]. Auch diesem Urteil schließe ich mich gerne an — jedoch im eben angedeuteten Sinn! Vielhauer fällt nämlich mE bei seiner eben angedeuteten speziellen Akzentuierung der markinischen Theologie *methodisch* hinter seine eigenen, mir so hilfreichen Darlegungen zu Wrede und der Formgeschichte zurück, insofern er in den eben erwähnten beiden Beispielen die vormarkinische Tradition und nicht deren (allein aus Form und Inhalt des zweiten Evangeliums zu erschließende) Verwertung durch Markus zum entscheidenden Interpretationshorizont erhebt[584]. Allein durch diese methodische Unsi-

---

578 Vgl Schreiber Theologie 218ff.

579 Vgl Vielhauer Literatur 345f.

580 AaO 346.

581 Vgl Schreiber ZThK, 1961, 159f. Die Typologie kann (unter Einfluß von Mk!) gnostisch benutzt werden, vgl Beltz 137ff. Bei Mt (11,14; 17,13) ist das Geheimnis aufgehoben, Lk hat die Typologie ganz beseitigt (Schreiber ZThK, 1961, 175).

582 Die Feinde des Gottessohnes verstehen in Mk 14,61−64 wie zB auch in 12,12 (und wie die Jünger anderwärts!) Jesus sehr wohl und gerade so gemäß 4,12 (und 8,18!) überhaupt nicht; vgl Wrede 74f und dazu Schreiber ZThK, 1961, 157; Bultmann Theologie 400, 5; außerdem Schreiber Theologie 111 A96; 197 A190; ders ZNW, 1981, 143f.151; Vanhoye 236.   583 Vielhauer Literatur 346.

584 Vgl hierzu auch die Kritik von Marxsen Einleitung 147 an Vielhauers Auffassung von Mk 16,8, die in diesem Punkt der Räisänens ähnelt, und das positive Urteil von Vielhauer Literatur 341 A20 zu Burkill, der doch oft (anders als Wrede) historisch-zeitgeschichtlich argumentiert und also das Form-Inhalt-Gefüge des Markusevangeliums nicht ausreichend beachtet; vgl zu Burkill noch Schreiber Theologie 113 A103. — Wenn Esser 253 A38 (ähnlich wie Vielhauer) zB meine Argumentation zu Mk 12,2ff bestreitet, scheint mir Mk 9,4 nicht genug bedacht: Elia (= Johannes der Täufer) wird (nach Mk 6,29!) bei Mk

cherheit kann ich mir erklären, daß Vielhauer bei Markus „keine Spur
der Präexistenzvorstellung" und des Mythos vom verborgenen Erlöser
überhaupt feststellen kann[585]. Daß Bultmanns gegenteilige Auffassung
zur Präexistenz bei redaktionsgeschichtlicher Sicht nach wie vor betont
vertreten wird, scheint mir symptomatisch[586]. So wird wohl Vielhauers
häufig zitierte Meinung, in 1. Kr 2,8 und ähnlichen Stellen sei „der Erlöser
den dämonischen Mächten verborgen, bei Mk ist Jesu wahres Wesen
gerade den Dämonen offenbar"[587], redaktionsgeschichtlich gesehen nicht
das letzte Wort zur Sache bleiben.

Hat nicht schon Wrede für die θεῖος-ἀνήρ-Traditionen des Markus
dargelegt, daß die Dämonen den „Träger des Geistes" immer erst im
Augenblick ihrer Niederlage erkennen, wenn er „als übermächtiger, gebie-
tender Feind" erscheint[588]? Bringt der Redaktionsvers 3,11 dies nicht
generalisierend prägnant zum Ausdruck[589], wenn hier für die Dämonen
Jesus sehen, vor ihn hinstürzen und ihn bekennen müssen dramatisch zu
einem einzigen Akt der Unterwerfung wird? Ist diese eschatologische
Situation für die Mächte wirklich so total anders als die in Php 2,9−11
beschriebene, wenn man beachtet, daß die ursprünglich dem gnostischen
Erlösermythos entgegenstehenden θεῖος-ἀνήρ-Traditionen (mitsamt allem
anderen, auch dem spezifisch jüdischen Traditionsgut[590]) von Markus
gemäß seiner zweiten Kreuzigungtradition durch die Geheimnistheorie
und andere redaktionelle Mittel, zB auch Mk 3,11, auf diese Tradition hin
orientiert und so neu im Sinne seiner Paradoxchristologie interpretiert
wurden?[591]

---

nicht einfach als Prophet, sondern in Analogie zu Jesu Sendung als vom Himmel her
kommend gedacht; ähnliches gilt für Mose. In der Präexistenzfrage ist mE noch manches
sorgfältig zu diskutieren; auch der Begriff selbst, vgl dazu (im Blick auf Joh) LSchottroff
Glaubende 290 A1.

[585] Vielhauer Literatur 346. Daß die „Inthronisationsvorstellung kein genuiner Ausdruck
und deshalb auch kein Indiz des Erlösermythos" ist (ebd), wird auch von mir angenommen, doch so, daß ich die (auch von Vielhauer beschriebene) sekundäre Prägung der
Vorstellung durch die Geheimnistheorie als Prägung durch den Mythos verstehe (Schreiber Theologie 223f).

[586] Vgl zB Mohr 422f, dessen Argumenten ich freilich nicht in jeder Hinsicht folgen kann.

[587] Vielhauer Literatur 346; vgl aaO 438f.

[588] Wrede 24; vgl Schreiber ZThK, 1961, 163; ders Theologie 221. Wenn Wrede 24 zugleich
„das dämonische Wissen als solches" hervorhebt (ebd; vgl Wrede 73), so ist die dabei
angezogene Stelle (Mk 1,24) mit den besten Handschriften wohl anders zu lesen (οἶδά
statt οἶδαμεν), und außerdem und vor allem ist redaktionsgeschichtlich die Intention des
Mk, also 3,11 (s o), zu beachten. Bult 397 meint deshalb zu Recht, daß Jesu auf die
Passion ausgerichtetes Leben bei Mk „das Gericht" über die Dämonen bedeutet.

[589] Vgl die Übersetzung von Wrede 23, auch dsAr s o A559 (ὅταν) und dazu Schille Menschen
92: ‚Erhöhungs-Credo'; außerdem dsAr 212 A3.

[590] Schreiber Theologie 225.

[591] Vgl Schreiber Theologie 77f; ders Schweigen 83 A17.

Mit diesen Fragen wird natürlich nicht die Lösung des Problems behauptet, zumal dafür noch vieles und anderes[592] und nicht zuletzt das Verhältnis des Johannes zu Markus[593] gründlich traktiert werden müßten. Vielhauers Darlegungen zur johanneischen Christologie, diesem späteren Fall von Überformung einer θεῖος-ἀνήρ-Christologie durch eine gnostische[594], vornehmlich in den Reden wirksame, haben mich an ein Wort Wredes zu diesem Verhältnis erinnert[595] und so daran, daß die religionsge-

---

[592] ZB: Die „Zeitstrukturen" der markinischen Geschichtsdarstellung (vgl Lüderitz 192—197), deren „Tendenz zur Abstraktion" (aaO 189), Symbolik und „Anachronismen" (vgl Vielhauer Literatur 436 [zum Begriff] mit Schreiber ZNW 1981, 150 A33); die markinische Handhabung des Wortes εὐθύς (vgl dazu instruktiv Schille Menschen 68—71; Schenke/Fischer 77: „Schlag auf Schlag"); die Bedeutung der Frauen bei Mk im Unterschied zu Mt, Lk und der (nach)paulinischen Briefliteratur; die markinische Vorstellung von der Entstehung der Kirche, diesem „nicht mit Händen gemachten Tempel" (14,58), im Scheitern aller (14,50), also auch der Zwölfer-Institution wie des radikal Vereinzelten (14,51f), durch die unerwartete Gnosis eines solch verlorenen Einzelnen unter dem Kreuz des Geistträgers (15,39), vgl 1,9—13; 10,29f; 13,13 und dazu Best 162.

[593] Vgl die Andeutungen Schreiber ZNW, 1981, 154f.166.171f; oder zB dsAr 45 A4; 193 A2.

[594] Vgl Vielhauer Literatur 437—445, besonders 441. „Die Vereinigung des Unvereinbaren durch den vierten Evangelisten" (Vielhauer Literatur 439), also die der θεῖος-ἀνήρ-Anschauung mit dem gnostischen Erlösermythos, ist mE bei streng redaktionsgeschichtlicher Sicht auch in wesentlichen Einzelmotiven ganz parallel zu Johannes oder doch ähnlich bei Mk zu finden (gegen Vielhauer Literatur 437). Beide Evangelisten richten ihre Darstellung zB auf die Passion als Erhöhung aus (vgl aaO 354 A45 mit 440 A45) und bejahen die θεῖος-ἀνήρ-Vorstellung von daher in theologisch reflektierter Kritik (vgl aaO 336.440f); beide kombinieren die Erkenntnis des Auferstandenen jetzt und hier auf Erden mit dem Bekenntnis zum Gottessohn (vgl Joh 11,25—27 mit Mk 9,7.9; 15,39); beide üben Kritik am Kirchentum (und Petrus) und betonen die Vereinzelung des Glaubenden bei gleichzeitiger Findung der Brüder (und Schwestern!) durch die Bindung an den im Gottessohn Jesus offenbarten Willen des göttlichen Vaters (vgl aaO 452 und dazu Schreiber ZNW, 1981, 154 A42); beide zeigen als signifikante Züge ihres Denkens einen sonst nur noch in der Gnosis zu findenden (ethischen) Dualismus und die dazu passende göttliche Erlösergestalt, aber beides streng an die Person Jesu gebunden (vgl Vielhauer Literatur 445.449 mit Schreiber Theologie 225—227; auch LSchottroff Glaubende 286: „Entscheidungsdualismus"); beide lehnen bestimmte gnostische Vorstellungen ab bzw kennen sie nicht (vgl Vielhauer Literatur 449f zu Joh); beide haben (bei völlig unterschiedlicher Ausformulierung, vgl dsAr 69 A4) eine ähnliche christologische Konzeption, speziell auch in der Eschatologie (vgl Vielhauer Literatur 444 mit Schreiber Theologie 145); beide Evangelisten benutzen schließlich, wie schon häufig bemerkt, ähnliche schriftstellerische Mittel zur Darstellung ihrer Theologie (Symbolik der Wunder, Bildworte, Doppeldeutigkeit der Begriffe, Technik der Mißverständnisse, Offenbarungsreden für die Vertrauten, Anachronismen, vgl Vielhauer Literatur 434—436 zu Joh).

[595] Wrede 145: „Man betrachte Markus durch ein starkes Vergrößerungsglas, und man hat etwa eine Schriftstellerei, wie sie Johannes zeigt." Wrede 144.179—206 übersieht die

schichtliche Frage nach Verbindungen zwischen Markus und der Gnosis
die Markus-Exegese seit ihrer epochalen Wende durch Wrede begleitet[596].
Meine Arbeit zum Kreuzigungsbericht des Markus kann vielleicht
mithelfen einzusehen, daß den Evangelisten bei der Komposition seines
Buches neben der an entscheidenden Stellen deutlich zu beobachtenden
(vor)paulinischen Tradition (Mk 10,45; 14,22—24) speziell in der Schilderung der Kreuzigung Jesu ebenso deutlich erkennbare, gnostisch (im Sinne
von H Jonas[597]) zu nennende Vorstellungen wesentlich bestimmt haben.
Bultmanns von mir geteilte Annahme, der zB durch Php 2,6ff; Rm 3,24
repräsentierte Christusmythos habe die Darstellung des Markus geprägt,
hat im Kreuzigungsbericht, also in der sog. Jesus-Tradition selbst, die
Markus redigiert, einen starken, mE nicht mehr wegzudisputierenden
Anhalt[598], der noch gewichtiger wird, wenn man beachtet, daß die im
Kreuzigungsbericht offenkundig wirksame θεῖος-ἀνήρ-Vorstellung „je
nach dem religionsgeschichtlichen Kontext, variationsfähig" ist[599]. Wie
variationsfähig in (häretisch-) gnostischer Hinsicht diese Vorstellung tatsächlich ist, läßt sich neuerdings auch an einigen Nag Hammadi-Texten
studieren[600]. Für Markus ist vieles ja erst angedeutet und nur weniges, wie

---

zwischen dem ältesten und dem spätesten kanonischen Evangelium bestehenden stoff-
lichen Unterschiede bei seinem Urteil keineswegs.

[596] Vgl Wrede 245—251; H J Ebeling 200; neuerdings Schenk Deutung passim; ders Passionsbericht 37—51; J M Robinson Gattung 106—126; ders Gnosticism 132—134.140—142 (zT
Überlegungen im Anschluß an Wrede), speziell aaO 141 (Mk, ähnlich wie Joh, orthodox,
nicht häretisch-gnostisch); Schenke/Fischer 76f.

[597] Vgl Schreiber Theologie 67.81; ders ZNW, 1981, 154 A44; 174 A136. Die von Jonas mE
vorbildlich dargelegten Grundgedanken der Gnosis entsprechen dem Stand der neusten
Forschung (vgl K Rudolph ZdZ, 1984, 217f; Tröger ZdZ, 1984, 222f zum „Grundmuster"
[aaO 223] gnostischen Denkens) und harmonieren trotz verbliebener tiefgreifender
Interpretationsunterschiede im einzelnen (zB zwischen Bultmann und Colpe, vgl L Schottroff Glaubende 59 A2) mit dem Urteil aller Fachkundigen (vgl Vielhauer Literatur 415
zu den „Unbelehrbaren"; B Aland 11).

[598] Vgl Schreiber Theologie 78. Die Ansicht, beim „Problem der Vorchristlichkeit" der
Gnosis müsse u a auch „die christologische Konzeption des Markusevangelisten" und die
Tatsache Beachtung finden, daß die Gnosis parasitär in verschiedenen „Wirtsreligionen"
wuchert und also gerade auch zu Beginn des Urchristentums eine „innergemeindliche
Erscheinung" sei (S Schulz ThR, 1960, 334; ders Anfänge 265.268.), scheint mir nach wie
vor richtig.

[599] H D Betz RAC Bd 12, 1983, 296. Betz hat aaO 301f die kritische Bejahung der θεῖος-
ἀνήρ-Traditionen im Zeichen des Kreuzes und der Leidensnachfolge durch Mk gut
beschrieben und Mk selbst deshalb „eine neue, ungleich kompliziertere θεῖος-ἀνήρ-
Christologie" attestiert; was Betz kompliziert nennt, nenne ich gnostisch (s o H Jonas,
vgl Schreiber ZNW, 1981, 154 A44, auch ders Theologie 228 A50).

[600] Vgl dazu Tröger Passion 35—40.302—309. — Ansatzpunkt der markinischen Variation
dürfte die volkstümliche Dämonologie der Tradition sein, die Mk dualistisch strukturiert,
vgl dazu generell Jonas 191—199; Schreiber Theologie 226 A48 und speziell Thraede

jetzt zum Kreuzigungsbericht, genauer ausgeführt[601], so daß auf die für die Auslegung des zweiten Evangeliums Verantwortlichen noch viel Arbeit wartet. Es ist zu hoffen, daß bei der Erledigung dieser Arbeit auch der Akzentuierungsunterschied — mehr ist es mE beim näheren Hinsehen nicht — zwischen Schulz und Vielhauer über die Form des Markusevangeliums endgültig abgeklärt werden kann. Denn schon jetzt läßt sich feststellen, daß Schulz seine „Vitentheorie", nach der die „hellenistische θεῖος-ἀνήρ-Biographie" Markus veranlaßte, das Evangelium erstmals als Geschichte Jesu zu verkündigen[602], nicht isoliert, sondern deutlich mit der anderen Einsicht kombiniert bietet, nach der „für das Markus-Evangelium das hellenistisch-epiphaniechristologische Schema von Erniedrigung und Erhöhung konstitutiv" (sic!) ist[603]. Schulz sieht also wie Vielhauer, nur in anderer Terminologie[604], das hellenistische Kerygma für die „Form des Ganzen"[605] als konstitutiv an und bemüht sich (anders als Vielhauer) darüber hinaus, die im Prinzip nicht mehr revidierbare Einsicht der Formgeschichte vom Einfluß der volkstümlichen Erzählstruktur auf die synoptische Tradition[606] religionsgeschichtlich durch den Hinweis auf die helleni-

---

RAC Bd 7, 1969, 62f zu Mk 5,1ff; 8,30.32.33; Schreiber ZThK, 1961, 157 zu Mk 8,33; 14,62—64. Die in Mk 1,12f geschilderte Wirkung (εὐθύς, ἐκβάλλει) der Taufe Jesu (1,9—11) ist typisch für den radikalen Dualismus des Mk: Der Geistträger erfährt die Welt *sofort* als Wüste, versucht vom Satan; vgl Schreiber Theologie 168f.

[601] Vgl hierzu die Entwicklung bei Schreiber Theologie 27 A18; ders Markuspassion 59f; ders ZNW, 1981, 141ff, die dsAr 40f vorzeichnet.

[602] Vgl Vielhauer Literatur 350.

[603] SSchulz TU 87, 1964, 144.

[604] Diese Andersartigkeit deutet an, daß Schulz das hellenistische Kerygma in seiner markinischen Ausprägung anders als Vielhauer und ähnlich wie ich sieht, vgl Kümmel Einleitung[20], 1980, 61 A23; 63 A36.

[605] Vgl Vielhauer Literatur 350.

[606] Vgl Bult 398; Vielhauer Literatur 351 (KLSchmidt); Lüderitz 168 („Elemente prophetischer Bücher" des AT); Reiser Alexanderroman 159 („romanhafte Biographie"); Cancik Gattung 110 („Prophetenbuch" und „βίος eines θεῖος ἀνήρ") geben neuerdings Beiträge zur Formbestimmung des Mk, die genau besehen Bultmanns Feststellung unterstreichen: „Die etwa vorhandenen Analogien lassen nur die Eigenart des Evangeliums um so deutlicher hervortreten" (Bult 399); die spezielle Ausprägung des *urchristlichen Kerygmas* durch den *jeweiligen* Evangelisten bestimmt die Form seiner Schrift (Marxsen Einleitung 162), die uns heute deshalb den Zugang zum Verstehen des jeweiligen Inhaltes eröffnet. Die Polemik von Cancik Gattung 87ff.94ff gegen Formgeschichtler ist deshalb unangebracht, da deren Argumente gegen die historisierende Leben-Jesu-Literatur der Moderne gerichtet sind. Ist Mk „gewiß kein Historiker" und auch kein Biograph (Zuntz Heide 212f) und seine Schrift schon für den antiken Leser allenfalls „eine ziemlich exotische" Biographie (Cancik Gattung 96; vgl Reiser Alexanderroman 161: „literarische Tradition … der hellenistischen Volksliteratur"), so erklärt sich dieses wie jenes mittels der von

stische ϑεῖος-ἀνήρ-Biographie zu präzisieren. Die von Vielhauer für diese
Präzisierung angemahnten Einzelbelege hat man inzwischen beizubringen
versucht[607]. Doch ändert dieser erfreuliche Umstand nichts daran, daß die
spezielle Form des Markusevangeliums nicht aus diesen Biographien,
sondern (gemäß der noch weiter zu spezifizierenden Einsicht der Formgeschichte) aus dem speziellen Kerygma des Markus und seiner Gemein-
de(n) abzuleiten ist[608].

Mit einem Hinweis auf die theologische Konstruktion des Leidensweges[609] (Mk 8,27–11,11) möchte ich das bislang Ausgeführte abschlie-
ßen, weil an dieser Konstruktion mE beispielhaft zu erkennen ist, wie
Markus jüdische, hellenistische und gnostische Vorstellungen zu seiner
unverwechselbaren Botschaft des christlichen Glaubens verarbeitet hat:

---

der Form- und Redaktionsgeschichte richtig erkannten Bedeutung des aus Glauben und
Kult der Gemeinden erwachsenen Kerygmas für die „Form des Ganzen" (Vielhauer, s o);
„allein die Person" Jesu dafür verantwortlich zu machen (so Reiser Alexanderroman
160), ist sicher falsch, weil uns diese Person (nach Mk und *allen* anderen neutestamentlichen
Autoren) nur im jeweiligen Kerygma begegnet. Außerdem sollte bei allem, was noch
kontrovers ist (vgl zB Esser 253 A38 gegen Schreiber), inzwischen klar sein, daß
Mk seine Form dem Kerygma hellenistisch geprägter Gemeinden verdankt (vgl Esser
146–148).

[607] Vgl Reiser Alexanderroman; Cancik Demonax; früher schon HDBetz Lukian 120f (Demonax) und dazu die fundierten Warnungen von Dihle 394 (Trümmerfeld).397.400ff, dessen
Ausführungen aaO 386.404 durch Berger Formgeschichte 338f nicht widerlegt worden
sind. Die von Dihle 390ff herausgearbeitete Einsicht, daß die antike Biographie in allen
ihren Spielarten „in den Umkreis moralischer Theorie und Paränese" gehört (aaO 391),
ergibt trotz der tiefen, von Dihle anderwärts (aaO 400.402ff) zu Recht hervorgehobenen
Unterschiede doch auch eine zusätzliche Beziehung zu Mk: Der Kern seiner Geheimnistheorie ist eine ‚moralische Theorie' (vgl Mk 3,4; 12,30f), aber freilich, das macht den
entscheidenden Unterschied zur antiken Biographie, eine den Menschen unerschwingliche,
allein von Gott zu realisierende (Mk 10,27, vgl Schreiber ZNW, 1981, 144 A9).

[608] Die zwischen Vielhauer Literatur 408f und Marxsen Einleitung 162 geführte, neuerdings
von Cancik und Reiser in anderer Richtung wieder belebte Debatte über den literarischen
Gattungsbegriff ‚Evangelium', erinnerte mich an Bult 400, man könne „höchstens im
modernen Leben-Jesu-Roman eine Geschichte des Evangeliums als literarischer Gattung
sehen", nicht aber in den kanonischen Evangelien, da in ihnen „die literarische Form als
solche kein Eigenleben gewonnen" habe, insofern sie „ganz im Dienste des christlichen
Glaubens und Kults" stehen, sich also — so füge ich hinzu — ob der Lebendigkeit
dieser beiden Faktoren bei aller Bindung an die Tradition doch in (theologischem) Inhalt
und Form je eigenständig zeigen. Die formgeschichtliche These, „das Evangelium als
Ganzes" sei „*eine original christliche Schöpfung*" (Bult 399f), meint, genau besehen, diesen
von der Redaktionsgeschichte näher beschriebenen Sachverhalt. Vgl Esser 9f und aaO
29 („Kerygma-Typen") zum Problem; außerdem Guelich 185–204 als Überblick zu den
divergierenden Lösungsversuchen bisheriger Forschung.

[609] Vgl dsAr 199 A1; 202 A3; neuerdings Best 146.

Daß ein frommer Jude aus Galiläa (Mk 1,9), zumal ein Rabbi (9,5; 11,21; 14,45; auch 10,51), zum Passah (14,12) hinauf nach Jerusalem zieht, entspricht jüdischem Brauch[610];

daß der Heraufziehende seinen *Tod* auf einer *Reise* voraussagt (Mk 8,31; 9,31; 10,33f), macht den Rabbi als θεῖος ἀνήρ erkennbar[611];

daß aber diese *einmalige* Reise (9,30) wie die Voraussage des Todes (8,30; 9,32) hier auf Erden ein absolut[612] geltendes (vgl 4,12; 8,18; 14,62.64) *Geheimnis* umschreiben, das allein auf dem *Weg* der Nachfolge (8,27; 9,33f; 10,17.32.52) im *Vorausgehen* des Erlösers und im *Hinaufsteigen* mit ihm zum Kreuz (10,32; 15,41) so als *Heil* (= Auferstehung) offenbar wird (8,34f; 9,9; 15,39), daß mit dieser radikalen Selbstentäußerung *zugleich* das *Gericht* über die Ungläubigen und die Erde geschieht (4,12; 15,32f.38), dieser die beiden vorgenannten Sichtweisen prägende, die redaktionelle Konstruktion in der vorliegenden Form erst ermöglichende Motivzusammenhang hat mW in gnostischer Literatur seine deutlichsten Parallelen[613].

Diese Feststellungen zum Vorstellungshorizont des Evangelisten besagen nicht, daß er jüdische, hellenistische oder gnostische Inhalte verkündigt. Im Gegenteil, seine spezifische Mischung der verschiedenen Vorstellungen, dieser Synkretismus, zielt auf eine klare, unverwechselbar christliche Verkündigung des in Jesus offenbar gewordenen göttlichen Willens zur unbedingt gültigen Nächstenliebe (vgl zB Mk 3,4.6.35; 12,29−31; 14,35f; für den Leidensweg: 10,17−31), deren hier auf Erden nie[614] endendes

---

[610] Daß der Titel ‚Rabbi' neben 9,5 bei Mk nur noch in 11,21; 14,45, also *immer* im Unverstand des jeweils Sprechenden benutzt wird, zeigt, wie sehr der Evangelist jüdisches Traditions- und Vorstellungsgut kritisch von seinen hellenistisch-gnostischen Voraussetzungen her benutzt; selbst 10,51 (ῥαββουνί; vgl WBauer Wörterbuch 1334: „eigtl. Steigerungsform") kann eine absichtliche Differenzierung sein: Nur der *blinde*, Jesus immerhin unentwegt als Davidssohn anrufende (10,47f), dann auf dem Leidensweg hin als Sehender gerettete Bartimäus redet Jesus *so* an. Die Änderungen des Mt und Lk (vgl ELohse ThW VI 966) unterstützen diese Sicht.

[611] Vgl zum Reisemotiv: Petzke Apollonius 182f; HDBetz Lukian 87ff.164; Cancik Gattung 96; zur Voraussage des Todes: Bieler I 91ff; Petzke Apollonius 184f; HDBetz Lukian 118f.

[612] Auch der θεῖος ἀνήρ hält seine *Lehre* geheim, aber nicht so absolut, vgl Bieler I 99f; außerdem Schreiber Theologie 233f; ders ZThK, 1961, 169f zur von Mk streng durchgeführten Geheimnistheorie.

[613] Vgl dsAr 216ff; Schreiber Theologie 192 A172.

[614] So mit Horstmann 132.138f gegen Roloff, Bd 411, 297, der aaO 308f A63.66 im Anschluß an Strecker und Wrede den Partikelgebrauch des Mk nicht exakt genug beachtet. Außerdem verharmlost Roloff aaO 299 das mit Mk 16,8 für seine Auffassung von Mk 9,9 gegebene Problem.

Geheimnis (vgl 1. Kr 13,12) die Gegner Jesu unter dem Kreuz wider Willen bezeugen müssen: „Andere hat er gerettet, sich selbst kann er nicht retten" (15,31; vgl 15,37.39).

Exkurs V (von Martin Friedrich)

Vorbemerkung

Obwohl es seit Hawkins (1909) mancherlei vergleichende Tabellen zum Vokabular der synoptischen Evangelien gibt[1], fehlt ein Hilfsmittel für jene redaktionsgeschichtliche Arbeit am Markusevangelium, die (gemäß den Ansätzen bei Wrede, Bultmann, Marxsen und Schreiber) vom synoptischen und innermarkinischen Vergleich ausgeht. Besonders deutlich wird dieser Mangel in der neuesten Veröffentlichung von Neirynck und Segbroeck, in der von den Großevangelien aus nach Übereinstimmungen und Abweichungen zu Mk gefragt wird, die Fälle aber, in denen der markinische Sprachgebrauch von den beiden anderen Synoptikern abweicht, aus den Listen nicht hervorgehen. Frühere Untersuchungen vergleichen den (gesamten) Vokabelbestand rein numerisch (Hawkins; Morgenthaler; KAland) oder erheben das für Markus typische Vokabular aus den vom jeweiligen Forscher als redaktionell angesehenen Abschnitten des Markus (Schweizer; Pryke; Neirynck). Gaston, der beide Verfahrensweisen verbindet, und Dschulnigg, der in seiner „Sprachkritik" (vgl aaO 299) ein komplizierteres Verfahren praktiziert, ermöglichen zwar weitergehende Beobachtungen auch zum markinischen Vokabular; sie vernachlässigen aber gerade das leitende Prinzip der vorliegenden Tabellen.

In diesen Tabellen werden nämlich nur solche Wörter (und zwei Wendungen, vgl dsAr 411.417) aufgeführt, die als typisch markinisch insofern gelten können, als sie von Mt und Lk bei ihrer Bearbeitung des markinischen Stoffes überwiegend ersetzt oder gemieden worden sind. Meine Tabellen sind (ohne Anspruch auf Vollständigkeit[2]) also in dieser Perspektive rein numerisch wie die von Hawkins, Morgenthaler und Aland erstellt und setzen Urteile zur Redaktion der Evangelien nicht voraus (wie es bei Schweizer, Pryke, Neirynck und auch Gaston [vgl Gaston 6] der Fall ist), ermöglichen sie aber, und zwar besonders zu Markus, insofern sie auf sein spezifisches Sprachprofil hinweisen. Jede Tabelle registriert daher alle

---

[1] Vgl Hawkins; Morgenthaler Statistik; Gaston; Neirynck/van Segbroeck; KAland Spezialübersichten; außerdem die zT materialreichen Untersuchungen zum markinischen Vokabular von Turner Usage; Larfeld; Schweizer Anmerkungen; Pryke; Neirynck; Dschulnigg 73—257.

[2] Vor allem aus Gastons Arbeit könnte man noch manche Wörter tabellarisch zusätzlich anführen, vgl zB Gaston 18 (ἀκολουθέω, ἄνεμος).

Vorkommen bei Mk und die Übernahme bzw Nichtübernahme durch Mt und Lk in Spalten nebeneinander; bieten Mt oder Lk (ungefähr) denselben Wortlaut eines markinischen Verses, aber eben das entscheidende Stichwort des Mk nicht, so wird dieser Sachverhalt durch ein in Klammern gesetztes Ausrufungszeichen (!) jeweils besonders hervorgehoben.

Unter den Spalten der jeweiligen Tabelle wird die Gesamtzahl der aufgeführten Stellen im jeweiligen Evangelium genannt, die bei Mt und Lk außerdem nach von Mk übernommenen und über Mk hinausgehenden Belegstellen aufgegliedert wird. Die zuletzt genannten Stellen (mehrmaliges Vorkommen eines Wortes in einem Vers wird durch 2× bzw 3× gekennzeichnet) werden im Einzelnen aufgeführt, wobei zusätzlich durch Abkürzungen (Q = Spruchquelle, Q^r = Spruchquelle, aber wahrscheinlich redigiert, S = Sondergut, S^r = Sondergut, aber wahrscheinlich redigiert, R = Redaktion) die wahrscheinliche Herkunft des Materials angedeutet wird. Vgl dsAr 312 A189 zum Problem dieser Angaben; Mk 16,9—20 wurden nicht berücksichtigt.

In Anmerkungen werden ohne jeden Anspruch auf Vollständigkeit Hinweise zur Sekundärliteratur gegeben, um den Gang der Forschung im Blick auf die für die Redaktion des Mk interessante Vokabelstatistik anzudeuten. Grundlage der folgenden Statistik war die (den Text von Nestle-Aland [26]1979 zugrundelegende) Computer-Konkordanz zum Novum Testamentum Graece, Berlin/New York 1980.

TABELLEN

ἀκάθαρτος[1]

Mk	Mt	Lk
1,23	—	4,33
1,26	—	— (!)
1,27	—	4,36
3,11	—	—
3,30	—	—
5,2	— (!)	— (!)
5,8	—	8,29
5,13	— (!)	— (!)
6,7	10,1	— (!)
7,25	— (!)	—
9,25	—	9,42
	Von Mk: 1mal	*Von Mk:* 4mal
	Außerdem: 1mal	*Außerdem:* 2mal
	[12,43(Q)]	[6,18(R?); 11,24(Q)]
Total: 11mal	*Total:* 2mal	*Total:* 6mal

---

[1] Vgl Hawkins, 1909, 12; Morgenthaler Statistik, 1958, 181; Dschulnigg, 1984, 98f.

ἀλλά[1]

Mk	Mt	Lk
1,44	8,4	5,14
1,45	–	–
2,17	9,12	5,31
2,17	9,13	5,32
2,22	9,17	5,38
3,26	–	–
3,27	–	–
3,29	–	–
4,17	13,21	–
4,22	–	–
5,19	–	– (!)
5,26	–	–
5,39	9,24	8,52
6,9	–	–
6,52	–	–
7,5	–	–
7,15	15,11	–
7,19	–	–
7,25	–	–
8,33	16,23	–
9,8	– (!)	–
9,13	– (!)	–
9,22	–	–
9,37	–	– (!)
10,8	19,6	–
10,27	– (!)	–
10,40	20,23	–
10,43	20,26	22,26
10,45	20,28	–
11,23	–	–
11,32	– (!)	– (!)
12,14	–	20,21
12,25	22,30	–
12,27	22,32	20,38
13,7	24,6	21,9
13,11	–	–
13.11	10,20	–
13,20	– (!)	–
13,24	– (!)	–
14,28	– (!)	–
14,29	–	–
14,36	– (!)	– (!)

[1] Vgl Turner Usage, 1928, 279f; Morgenthaler Statistik, 1958, 181.

Mk	Mt	Lk
14,36	26,39	22,42
14,49	—	—
16,7	—	—
	Von Mk: 17mal	*Von Mk:* 10mal
	Außerdem: 20mal	*Außerdem:* 25mal
	[4,4(Qʳ?); 5,15(R);	[1,60(S); 6,27(Qʳ?);
	5,17(Qʳ); 5,39(Qʳ);	7,7(Q); 7,25.26(Qʳ?);
	6,13(Qʳ); 6,18(S);	8,16(R); 8,27(R);
	7,21(Qʳ); 8,8(Q);	11,33(R); 11,42(Qʳ);
	9,18(R); 10,34(Q);	12,7(Qʳ); 12,51(Q);
	11,8.9(Q); 16,12(R);	13,3.5(S); 14,10.13(S);
	16,17(R); 17,12(R);	16,21.30(S); 17,8(S);
	18,22(Qʳ); 18,30(S);	18,13(S); 22,36(S);
	19,11(S); 21,21(R);	22,53(R?); 23,15(S);
	27,24(S?)]	24,6(R); 24,21.22(S)]
Total: 45mal	*Total:* 37mal	*Total:* 35mal

ἀναβαίνω°; καταβαίνω⁺; συναναβαίνω[1]

Mk	Mt	Lk
1,10°	3,16°	—
1,10⁺	3,16⁺	3,22⁺
3,13°	5,1°	—
3,22⁺	— (!)	— (!)
4,7°	13,7°	— (!)
4,8°	—	—
4,32°	— (!)	
6,51°	14,32°	—
9,9⁺	17,9⁺	— (!)
10,32°	20,17°	—
10,33°	20,18°	18,31°
13,15⁺	24,17⁺	— (vgl aber 17,31⁺)
15,8°	—	—
15,30⁺	27,40⁺	—
15,32⁺	27,42⁺	—
15,41	—	— (vgl Ag 13,31)
	Von Mk: 11mal	*Von Mk:* 2mal
	Außerdem: 9mal	*Außerdem:* 20mal
	[7,25⁺(Q); 7,27⁺(Q);	[2,4°.42°.51⁺(S);

[1] Vgl dsAr 196ff; Schreiber Theologie, 1967, 43f.45.191f.197f.

Mk	Mt	Lk
	8,1$^+$(R); 11,23$^+$(Q); 14,23°(R); 14,29$^+$(S^r); 15,29°(R); 17,27°(S); 28,2$^+$(R)]	5,19°(R); 6,17$^+$(R); 8,23$^+$(R); 9,28°(R); 9,54$^+$(S); 10,15$^+$(Q); 10,30$^+$.31$^+$(S); 17,31$^+$(Q); 18,10°.14$^+$(S); 19,4°.5$^+$.6$^+$(S); 19,28°(R); 22,44$^+$(S); 24,38°(S)]
Total: 16mal	*Total:* 20mal	*Total:* 22mal

ἀναβλέπω

Mk	Mt	Lk
6,41	14,19	9,16
7,34	—	—
8,24	—	—
10,51	— (!)	18,41
10,52	20,34	18,43
16,4	—	— (!)
	Von Mk: 2mal	*Von Mk:* 3mal
	Außerdem: 1mal	*Außerdem:* 4mal
	[11,5(Q)]	[7,22(Q); 18,42(R); 19,5(S); 21,1(R)]
Total: 6mal	*Total:* 3mal	*Total:* 7mal

διαβλέπω

Mk	Mt	Lk
8,25	—	—
	Von Mk: 0mal	*Von Mk:* 0mal
	Außerdem: 1mal	*Außerdem:* 1mal
	[7,5(Q)]	[6,42(Q)]
Total: 1mal	*Total:* 1mal	*Total:* 1mal

ἐμβλέπω[1]

Mk	Mt	Lk
8,25	—	—
10,21	— (!)	— (!)
10,27	19,26	— (!)
14,67	—	— (!)
	Von Mk: 1mal	*Von Mk:* 0mal
	Außerdem: 1mal	*Außerdem:* 2mal
	[6,26(Q)]	[20,17(R); 22,61(R)]
Total: 4mal	*Total:* 2mal	*Total:* 2mal

[1] Vgl Cadbury Style, 1920, 176; Bult, 1921, 202; Dschulnigg, 1984, 163.

ἀνίστημι[1]

Mk	Mt	Lk
1,35	—	— (!)
2,14	9,9	5,28
3,26	— (!)	— (!)
5,42	— (!)	8,55
7,24	— (!)	—
8,31	— (!)	— (!)
9,9	— (!)	—
9,10	—	—
9,27	—	—
9,31	— (!)	—
10,1	— (!)	—
10,34	— (!)	18,33
12,23	— (!)	— (!)
12,25	— (!)	— (!)
14,57	—	—
14,60	26,62	—
	Von Mk: 2mal	*Von Mk:* 3mal
	Außerdem: 2mal	*Außerdem:* 24mal
	[12,41(Q?); 22,24(R)]	[1,39(S); 4,16(R);
		4,29(R); 4,38.39(R);
		5,25(R); 6,8(R); 9,8(R);
		9,19(R); 10,25(R);
		11,7.8(Q od. S);
		11,32(Q^r); 15,18.20(S);
		16,31(S); 17,19(S);
		22,45.46(R); 23,1(R);
		24,7.12(R); 24,33.46(S)]
Total: 16mal	*Total:* 4mal	*Total:* 27mal

[1] Vgl Turner Usage, 1924/25, 339.

Γαλιλαία[1]

Mk	Mt	Lk
1,9	3,13	—
1,14	4,12	4,14
1,16	4,18	—
1,28	—	— (!)
1,39	4,23	— (!)
3,7	4,25	— (!)
6,21	—	—
7,31	15,29	—
9,30	17,22	—
14,28	26,32	—
15,41	27,55	23,49
16,7	28,7	24,6
	Von Mk: 10mal	*Von Mk:* 3mal
	Außerdem: 6mal	*Außerdem:* 10mal
	[2,22(S[r]?); 4,15(R);	[1,26(S[r]); 2,4(S); 2,39(R);
	19,1(R); 21,11(R);	3,1(R); 4,31(R); 5,17(R);
	28,10(S); 28,16(S)]	8,26(R); 17,11(S[r]); 23,5(S);
		23,55(R)]
Total: 12mal	*Total:* 16mal	*Total:* 13mal

[1] Vgl Lohmeyer Galiläa, 1936, 26—36; Marxsen Evangelist, 1959, 33—59; Schreiber Theologie, 1967, 172—184.

διαστέλλομαι[1]

Mk	Mt	Lk
5,43	—	— (!)
7,36	—	—
7,36	—	—
8,15	— (!)	—
9,9	— (!)	—
	Von Mk: 0mal	*Von Mk:* 0mal
	Außerdem: 1mal	
	[16,20(R)]	
Total: 5mal	*Total:* 1mal	*Total:* 0mal

[1] Vgl Rengstorf ThW VII, 1964, 591; Schweizer Leistung, 1964, 26; Dschulnigg, 1984, 97f.

διδάσκαλος[1]

Mk	Mt	Lk
4,38	− (!)	− (!)
5,35	−	8,49
9,17	− (!)	9,38
9,38	−	− (!)
10,17	19,16	18,18
10,20	− (!)	− (!)
10,35	−	−
12,14	22,16	20,21
12,19	22,24	20,28
12,32	−	−
13,1	−	−
14,14	26,18	22,11

	Von Mk: 4mal	*Von Mk:* 6mal
	Außerdem: 8mal	*Außerdem:* 11mal
	[8,19(Qʳ); 9,11(R);	[2,46(S); 3,12(S);
	10,24.25(Q); 12,38(Qʳ);	6,40(2 × Q); 7,40(S);
	17,24(Sʳ); 22,36(R);	10,25(S?); 11,45(Q?);
	23,8(R?)]	12,13(S); 19,39(S?);
		20,39(R); 21,7(R)]
Total: 12mal	*Total:* 12mal	*Total:* 17mal

---

[1] Vgl Turner Usage, 1927/28, 348; Lipp, 1984, 108; Dschnulnigg, 1984, 188.354−360.

διδάσκω[1]

Mk	Mt	Lk
1,21	−	4,31
1,22	7,29	− (!)
2,13	−	−
4,1	−	−
4,2	− (!)	− (vgl aber 5,3)
6,2	13,54	− (!)
6,6	9,35	−
6,30	−	− (!)
6,34	−	−
7,7	15,9	−
8,31	− (!)	−
9,31	−	−
10,1	−	−

---

[1] Schweizer Anmerkungen, 1962, 95f; Baarlink, 1977, 154f; Lipp, 1984, 238f; Dschulnigg, 1984, 157f.354−360.

Mk	Mt	Lk
11,17	— (!)	— (!)
12,14	—	20,21
12,35	—	—
14,49	26,55	— (!)
	Von Mk: 5mal	*Von Mk:* 3mal
	Außerdem: 9mal	*Außerdem:* 14mal
	[4,23(R); 5,2(R); 5,19(2 × ?);	[4,15(R); 5,17(R); 6,6(R);
	11,1(R); 21,23(R);	11,1(2 × R); 12,12(R);
	22,16(R); 28,15.20(S)]	13,10(S); 13,22(R); 13,26(?);
		19,47(R); 20,1.21(R);
		21,37(R); 23,5(S)]
Total: 17mal	*Total:* 14mal	*Total:* 17mal

διδαχή[1]

Mk	Mt	Lk
1,22	7,28	4,32
1,27	—	— (!)
4,2	— (!)	— (!)
11,18	—	— (!)
12,38	— (!)	— (!)
	Von Mk: 1mal	*Von Mk:* 1mal
	Außerdem: 2mal	
	[16,12(R); 22,33(R)]	
Total: 5mal	*Total:* 3mal	*Total:* 1mal

[1] Vgl Hawkins, 1909, 12; Lipp, 1984, 239; Dschulnigg, 1984, 133.354—360.

δύναμαι[1]

Mk	Mt	Lk
1,40	8,2	5,12
1,45	—	—
2,4	—	—

[1] Vgl Larfeld, 1925, 270; Turner Usage, 1926/27, 354f; Morgenthaler Statistik, 1958, 181.

Mk	Mt	Lk
2,7	—	5,21
2,19	9,15	5,34
2,19	—	—
3,20	—	
3,23	—	—
3,24	—	—
3,25	—	—
3,26	—	—
3,27	12,29	—
4,32	— (!)	— (!)
4,33	—	—
5,3	—	—
6,5	— (!)	—
6,19	— (!)	—
7,15	— (!)	—
7,18	—	—
7,24	—	—
8,4	— (!)	—
9,3	—	—
9,22	—	—
9,23	—	—
9,28	17,19	—
9,29	—	—
9,39	—	—
10,26	19,25	18,26
10,38	20,22	—
10,39	20,22	—
14,5	26,9	—
14,7	—	—
15,31	27,42	— (!)

	Mt	Lk
	Von Mk: 9mal	*Von Mk:* 4mal
	Außerdem: 18mal	*Außerdem:* 21mal
	[3,9(Q); 5,14(S?);	[1,20.22(S); 3,8(Q);
	5,36(S); 6,24(2 × Q);	6,39(Q?); 6,42(Qʳ);
	6,27(Q); 7,18(Qʳ);	8,19(R); 9,40(R); 11,7(S);
	9,28(S); 10,28(2 × Q);	12,25(Q); 12,26(Qʳ);
	12,34(S?); 16,3(Q?);	13,11(S); 14,20(Q?);
	17,16(R); 19,12(S?);	14,26.27(Q?); 14,33(S);
	22,46(R); 26,42(R);	16,2(S); 16,13(2 × Q);
	26,53(R); 26,61(R)]	16,26(S); 19,3(S);
		20,36(R); 21,15(R)]
Total: 32mal	*Total:* 27mal	*Total:* 25mal

δώδεκα[1] (nicht als Personengruppe[+])

Mk	Mt	Lk
3,14	— (vgl aber 10,1)	6,13
3,16	10,2	— (!)
4,10	— (!)	— (!)
5,25[+]	9,20[+]	8,43[+]
5,42[+]	—	—
6,7	10,1	9,1
6,43[+]	14,20[+]	9,17[+]
8,19[+]	—	—
9,35	—	—
10,32	20,17	18,31
11,11	— (!)	—
14,10	26,14	22,3
14,17	26,20	— (!)
14,20	— (!)	—
14,43	26,47	22,47
	Von Mk: 8mal	*Von Mk:* 7mal
	Außerdem: 5mal	*Außerdem:* 5mal
	[10,5(Qod.S); 11,1(R);	[2,42[+](S); 8,1(S);
	19,28[+](2 × Q?);	8,42[+](R); 9,12(R);
	26,53[+](R?)]	22,30[+](Q)]
Total: 15mal	*Total:* 13mal	*Total:* 12mal

[1] Vgl Turner Usage, 1924/25, 232f.339; ders, 1926/27, 22—30; Morgenthaler Statistik, 1958, 181; Dschulnigg, 1984, 121.399—403.

ἐγείρω; διεγείρω°

Mk	Mt	Lk
1,31	— (!)	—
2,9	9,5	5,23
2,11	9,6	5,24
2,12	9,7	— (!)
3,3	—	6,8
4,27	—	—
4,38	8,25	8,24°
4,39°	8,26	8,24°
5,41	—	8,54
6,14	14,2	9,7
6,16	—	—
9,27	—	—
10,49	—	—
12,26	— (!)	20,37

Mk	Mt	Lk
13,8	24,7	21,10
13,22	24,24	—
14,28	26,32	—
14,42	26,46	—
16,6	28,6	24,6
	Von Mk: 11mal	*Von Mk:* 10mal
	Außerdem: 25mal	*Außerdem:* 10mal
	[1,24(S); 2,13.14.20.	[1,69(S); 3,8(Q); 7,14.16(S);
	21(S); 3,9(Q); 8,15(R);	7,22(Q); 9,22(R); 11,8(S);
	9,19.25(R); 10,8(R);	11,31(Q); 13,25(Qʳ);
	11,5.11(Q); 12,11(R);	24,34(S)]
	12,42(Q); 16,21(R);	
	17,7.9(R); 17,23(R);	
	20,19(R); 24,11(R);	
	25,7(S); 27,52(S);	
	27,63.64(S); 28,7(R)]	
Total: 19mal	*Total:* 36mal	*Total:* 20mal

εἰσπορεύομαι[1]

Mk	Mt	Lk
1,21	—	— (!)
4,19	— (!)	— (!)
5,40	—	—
6,56	—	—
7,15	— (!)	—
7,18	15,17	—
7,19	—	—
11,2	— (!)	19,30
	Von Mk: 1mal	*Von Mk:* 1mal
		Außerdem: 4mal
		[8,16(R); 11,33(R);
		18,24(R); 22,10(R)]
Total: 8mal	*Total:* 1mal	*Total:* 5mal

---

[1] Vgl Hawkins, 1909, 12; Larfeld, 1925, 231; Dschulnigg, 1984, 119f.

ἐκπορεύομαι[1]

Mk	Mt	Lk
1,5	3,5	—
6,11	— (!)	— (!)
7,15	15,11	—
7,19	— (!)	—
7,20	15,18	—
7,21	— (!)	—
7,23	— (!)	—
10,17	—	—
10,46	20,29	—
11,19	—	—
13,1	— (!)	—
	Von Mk: 4mal	*Von Mk:* 0mal
	Außerdem: 1mal	*Außerdem:* 3mal
	[4,4(Q)]	[3,7(Q); 4,22.37(R)]
Total: 11mal	*Total:* 5mal	*Total:* 3mal

[1] Vgl Hawkins, 1909, 12; Larfeld, 1925, 231; Turner Usage, 1927/28, 289; Morgenthaler Statistik, 1958, 181; Dschulnigg, 1984, 199.377.

ἐπερωτάω[1]

Mk	Mt	Lk
5,9	—	8,30
7,5	— (!)	—
7,17	— (!)	—
8,23	—	—
8,27	— (!)	9,18
8,29	— (!)	— (!)
9,11	17,10	—
9,16	—	—
9,21	—	—
9,28	— (!)	—
9,32	—	— (!)
9,33	—	—
10,2	— (!)	—
10,10	—	—
10,17	—	18,18
11,29	— (!)	— (!)

[1] Vgl Cadbury Style, 1920, 167; Larfeld, 1925, 270; Morgenthaler Statistik, 1958, 181; Dschulnigg, 1984, 136f.

Mk	Mt	Lk
12,18	22,23	20,27
12,28	22,35	–
12,34	22,46	20,40
13,3	– (!)	21,7
14,60	– (!)	–
14,61	– (!)	–
15,2	27,11	– (!)
15,4	– (!)	–
15,44	–	–
	Von Mk: 5mal	*Von Mk:* 6mal
	Außerdem: 3mal	*Außerdem:* 11mal
	[12,10(R); 16,1(R);	[2,46(S); 3,10.14(S);
	22,41(R)]	6,9(R); 8,9(R); 17,20(S);
		18,40(R); 20,21(R);
		22,64(R); 23,6.9(S)]
Total: 25mal	*Total:* 8mal	*Total:* 17mal

ἔρχεται, ἔρχονται (nur diese Formen)[1] (+ kein praesens historicum)

Mk	Mt	Lk
1,7+	– (!)	3,16+
1,40	– (!)	–
2,3	– (!)	– (!)
2,18	– (!)	–
3,20	–	–
3,31	–	– (!)
4,15+	13,19+	8,12+
4,21+	–	–
5,15	– (!)	– (!)
5,22	–	– (!)
5,35	–	8,49
5,38	– (!)	–
6,1	– (!)	– (!)
6,48	– (!)	–
8,22	–	–
10,1	– (!)	–
10,46	–	–

---

[1] Vgl Hawkins, 1909, 34; Turner Usage, 1924/25, 225–227.

Mk	Mt	Lk
11,15	—	—
11,27	—	—
11,27	— (!)	— (!)
12,18	— (!)	— (!)
13,35⁺	24,42⁺	— (vgl aber 12,40)
14,17	— (!)	—
14,32	26,36	—
14,37	26,40	—
14,41	26,45	—
14,66	— (!)	—
15,36⁺	27,49⁺	—
16,2	— (!)	—

	Von Mk: 6(+:3)mal	*Von Mk:* 3(+:2)mal
	Außerdem: 9(+:9)mal	*Außerdem:* 10(+:10)mal
	[7,15⁺(Q?); 8,9⁺(Q);	[7,8⁺(Q); 12,39⁺.40⁺(R?);
	17,11⁺(R); 18,7⁺(Q?);	12,54⁺(Q^r); 14,26.27⁺
	21,5⁺(R); 24,43.44⁺(R);	(Q od. S); 17,1⁺(Q od. S);
	25,11⁺(S); 25,19⁺(S)]	17,20⁺(2 × S); 23,29⁺(S)]
Total: 29(+:5)mal	*Total:* 15(+:12)mal	*Total:* 13(+:12)mal

εὐαγγέλιον[1]

Mk	Mt	Lk
1,1	—	—
1,14	— (!)	—
1,15	—	—
8,35	—	—
10,29	— (!)	— (!)
13,10	—	—
14,9	26,13	—

	Von Mk: 1mal	*Von Mk:* 0mal
	Außerdem: 3mal	
	[4,23(R); 9,35(R);	
	24,14(R)]	
Total: 7mal	*Total:* 4mal	*Total:* 0mal

---

[1] Vgl Hawkins, 1909, 12; Larfeld, 1925, 269f; Marxsen Evangelist, 1956, 77−101; Strecker Überlegungen, 1972; ders Evangelium, 1975, 535−540; Lipp, 1984, 235−237; Dschulnigg, 1984, 213f.383−387.

εὐθύς; εὐθέως[1]

Mk	Mt	Lk
1,10	3,16	—
1,12	—	—
1,18	4,20°	—
1,20	— (!)	—
1,21	—	— (!)
1,23	—	— (!)
1,28	—	— (!)
1,29	—	— (!)
1,30	—	— (!)
1,42	8,3°	5,13°
1,43	—	—
2,8	—	— (!)
2,12	—	—
3,6	—	—
4,5	13,5°	—
4,15	—	— (!)
4,16	13,20	— (!)
4,17	13,21	—
4,29	—	—
5,2	—	—
5,29	—	— (!)
5,30	—	—
5,42	—	— (!)
5,42	—	— (!)
6,25	—	—
6,27	—	—
6,45	14,22°	—
6,50	14,27	—
6,54	—	—
7,25	—	—
7,35°	—	—
8,10	— (!)	—
9,15	—	—
9,20	—	— (!)
9,24	—	—
10,52	20,34°	— (!)
11,2	21,2°	— (!)
11,3	21,3	—
14,43	— (!)	— (!)
14,45	26,49°	—
14,72	26,74°	— (!)
15,1	— (!)	— (!)

[1] Vgl Hawkins, 1909, 12; Cadbury Style, 1920, 199; Larfeld, 1925, 14; Morgenthaler Statistik, 1958, 181; Pryke, 1978, 87—96; Dschulnigg, 1984, 84—86.

Mk	Mt	Lk
	Von Mk: 13mal	*Von Mk:* 1mal
	Außerdem: 5mal	*Außerdem:* 6mal
	[4,22°(R); 14,31°(S);	[6,49(Q[r]?); 12,36°(S);
	24,29°(R); 25,15°(Q	12,54°(S); 14,5°(S);
	od.S); 27,48°(R)]	17,7°(S); 21,9°(R)]
Total: 42mal	*Total:* 18mal	*Total:* 7mal

ἡμέρα ἐκείνη; ἡμέραι ἐκείναι[+1]

Mk	Mt	Lk
1,9[+]	— (vgl aber 3,1)	—
2,20	— (!)	5,35[+]
4,35	—	— (!)
8,1[+]	—	—
13,17[+]	24,19[+]	21,23[+]
13,19	— (!)	— (!)
13,24[+]	24,29[+]	
13,32	24,36	21,34
14,25	26,29	—
	Von Mk: 4mal	*Von Mk:* 3mal
	Außerdem: 7 od. 8mal	*Außerdem:* 6mal
	[3,1[+](R); 7,22(Q[r]); 13,1	[2,1[+](S?); 4,2[+](Q[r]); 6,23
	(R); 22,23(R); 22,46(R);	(Q[r]); 9,36[+](R); 10,12(Q);
	24,22[+](2 × R?); 24,38[+](Q?)	17,31(R?)]
	(textkritisch umstrit-	
	ten)]	
Total: 9mal	*Total:* 11 od. 12mal	*Total:* 9mal

[1] Vgl Bult, 1921, 206; Doudna, 1961, 126f; Schreiber Theologie, 1967, 120—126.

θάλασσα[1]

Mk	Mt	Lk
1,16	4,18	—
1,16	4,18	—
2,13	—	—
3,7	—	—

[1] Vgl Cadbury Style, 1920, Bult, 1921, 207f; 186; Morgenthaler Statistik, 1958, 181; Schreiber Theologie, 1967, 203—210.213.216f; Dschulnigg, 1984, 139.173.

Mk	Mt	Lk
4,1	13,1	—
4,1	— (!)	—
4,1	— (!)	—
4,39	8,26	— (!)
4,41	8,27	— (!)
5,1	— (!)	— (!)
5,13	8,32	— (!)
5,13	— (!)	— (!)
5,21	—	—
6,47	— (!)	—
6,48	14,25	—
6,49	14,26	—
7,31	15,29	—
9,42	18,6	17,2
11,23	21,21	—
	Von Mk: 11mal	*Von Mk:* 1mal
	Außerdem: 5mal	*Außerdem:* 2mal
	[4,15(R); 8,24(R);	[17,6(Q); 21,25(R)]
	13,47(S); 17,27(S);	
	23,15(?)]	
Total: 19mal	*Total:* 16mal	*Total:* 3mal

θαμβέομαι[+], ἐκθαμβέομαι[1]

Mk	Mt	Lk
1,27[+]	—	— (!)
9,15	—	—
10,24[+]	—	—
10,32[+]	—	—
14,33	— (!)	—
16,5	—	—
16,6	— (!)	—
Total: 7mal	*Total:* 0mal	*Total:* 0mal

---

[1] Vgl Hawkins, 1909, 12; ASchulz, 1962, 50; Dschulnigg, 1984, 91f.

θεωρέω

Mk	Mt	Lk
3,11	—	—
5,15	— (!)	— (!)
5,38	— (!)	— (!)
12,41	—	— (!)
15,40	27,55	— (!)
15,47	— (!)	— (!)
16,4	—	— (!)
	Von Mk: 1mal	*Von Mk:* 0mal
	Außerdem: 1mal	*Außerdem:* 7mal
	[28,1(R)]	[10,18(S?); 14,29(S?);
		21,6(R); 23,35(R);
		23,48(R?); 24,37.39(S)]
Total: 7mal	*Total:* 2mal	*Total:* 7mal

ἱμάτιον

Mk	Mt	Lk
2,21	9,16	5,36
5,27	9,20	8,44
5,28	9,21	—
5,30	—	—
6,56	14,36	—
9,3	17,2	— (! 9,29: ἱματίσμος)
10,50	—	—
11,7	21,7	19,35
11,8	21,8	19,36
13,16	24,18	—
15,20	27,31	—
15,24	27,35	23,34
	Von Mk: 10mal	*Von Mk:* 5mal
	Außerdem: 3mal	*Außerdem:* 5mal
	[5,40(Q); 9,16(R);	[5,36(R); 6,29(Q);
	26,65(R!)]	7,25(Q^r); 8,27(R);
		22,36(S)]
Total: 12mal	*Total:* 13mal	*Total:* 10mal
		Außerdem 2mal ἱματίσμος:
		7,25(Q^r); 9,29

ἵνα[1]

Mk	Mt	Lk
1,38	—	—
2,10	9,6	5,24
3,2	12,10	6,7
3,9	—	—
3,9	—	—
3,10	—	—
3,12	12,16	—
3,14	—	—
3,14	—	—
4,12	— (!)	8,10
4,21	— (!)	—
4,21	— (!)	— (vgl aber 11,33)
4,22	—	— (!)
4,22	—	— (!)
5,10	—	8,31
5,12	—	8,32
5,18	—	—
5,23	— (!)	—
5,23	—	—
5,43	—	—
6,8	—	— (!)
6,12	—	—
6,25	—	—
6,36	14,15	9,12
6,41	—	— (!)
6,56	14,36	—
7,9	—	—
7,26	—	—
7,32	—	—
7,36	—	—
8,6	—	—
8,22	—	—
8,30	16,20	— (!)
9,9	—	—
9,12	—	—
9,18	—	9,40
9,22	—	—
9,30	—	—
10,13	19,13	18,15
10,17	19,16	— (!)
10,35	—	—

---

[1] Vgl Cadbury Style, 1920, 137f; Turner Usage, 1927/28, 356—359; Morgenthaler Statistik, 1958, 181.

Mk	Mt	Lk
10,37	20,21	—
10,48	20,31	18,39
10,51	20,33	18,41
11,16	—	—
11,25	—	—
11,28	—	—
12,2	—	20,10
12,13	—	20,20
12,15	—	—
12,19	—	20,28
13,18	24,20	—
13,34	—	—
14,10	— (!)	— (!)
14,12	— (!)	—
14,35	—	—
14,38	26,41	22,46
14,49	26,56	—
15,11	27,20	—
15,15	27,26	—
15,20	— (!)	—
15,21	27,32	— (!)
15,32	—	—
16,1	—	—

Von Mk: 17mal

Außerdem: 22mal
[1,22(S); 2,15(S); 4,3(Q); 4,14(S); 5,29.30(S); 7,1(Q?); 7,12(Q); 8,8(Q); 10,25(S); 12,17(S); 17,27(S); 18,6(R); 18,14(Q?); 18,16(S); 21,4(R); 23,26(S); 26,4.5(R); 26,16(R); 26,63(R); 28,10(S)]

Von Mk: 14mal

Außerdem: 32mal
[1,4.43(S); 4,3(Q); 6,31.34(Q); 7,6(Q); 7,36(R); 8,12.16(R); 9,45(R); 10,40(S); 11,33(R); 11,50(Q?); 12,36(S), 14,10(S); 14,23(S od. Q); 14,29(S); 15,29(S); 16,4.9.24.27.28(S); 17,2(R); 18,5(S); 19,4(S); 19,15(Q?); 20,14(R); 21,36(S?); 22,8(S); 22,30(S?); 22,32(S)]

Total: 64mal   *Total:* 39mal   *Total:* 46mal

κηρύσσω[1]

Mk	Mt	Lk
1,4	3,1	3,3
1,7	—	— (!)
1,14	4,17	—
1,38	—	—
1,39	— (!)	4,44
1,45	—	—
3,14	— (!) (vgl aber 10,7)	— (vgl aber 9,2)
5,20	—	8,39
6,12	—	— (!)
7,36	—	—
13,10	— (vgl aber 24,14)	—
14,9	26,13	—
	Von Mk: 3mal	*Von Mk:* 3mal
	Außerdem: 6mal	*Außerdem:* 6mal
	[4,23(R); 9,35(R);	[4,18.19(S); 8,1(S);
	10,7(R); 10,27(Q);	9,2(R); 12,3(Q);
	11,1(R); 24,14(R)]	24,47(S)]
Total: 12mal	*Total:* 9mal	*Total:* 9mal

[1] Vgl Morgenthaler Statistik, 1958, 181; Schweizer Anmerkungen, 1962, 93ff; Lipp, 1984, 238f; Dschulnigg, 1984, 185f.382f.

κράζω[1]

Mk	Mt	Lk
3,11	—	— (vgl aber 4,41)
5,5	—	—
5,7	8,29	— (!)
9,24	—	—
9,26	—	—
10,47	20,30 (vgl 9,27)	— (!)
10,48	20,31	18,39
11,9	21,9	—
15,13	— (!)	— (!)
15,14	27,23	— (!)
	Von Mk: 5mal	*Von Mk:* 1mal
	Außerdem: 7mal	*Außerdem:* 3mal
	[9,27(R); 14,26(R);	[4,41(R); 9,39(R);
	14,30(Sʳ); 15,22.23(R);	19,40(S od. R)]
	21,15(R); 27,50(R)]	
Total: 10mal	*Total:* 12mal	*Total:* 4mal

[1] Vgl Larfeld, 1925, 270.

κρατέω[1]

Mk	Mt	Lk
1,31	— (!)	— (!)
3,21	—	—
5,41	9,25	8,54
6,17	14,3	—
7,3	—	—
7,4	—	—
7,8	—	—
9,10	—	—
9,27	—	—
12,12	21,46	— (!)
14,1	26,4	— (!)
14,44	26,48	—
14,46	26,50	—
14,49	26,55	— (!)
14,51	—	—
	Von Mk: 7mal	*Von Mk:* 1mal
	Außerdem: 5mal	*Außerdem:* 1mal
	[12,11(S?); 18,28(S);	[24,16(S)]
	22,6(Q); 26,57(R);	
	28,9(S)]	
Total: 15mal	*Total:* 12mal	*Total:* 2mal

[1] Vgl Hawkins, 1909, 13; Cadbury Style, 1920, 94; Hauck Markus, 1931, 7; Morgenthaler Statistik, 1958, 181; Schreiber Theologie, 1967, 111; Lipp, 1984, 94f; Dschulnigg, 1984, 140.

μετὰ τρεῖς ἡμέρας[1]

Mk	Mt	Lk
8,31	— (!)	— (!)
9,31	— (!)	—
10,34	— (!)	— (!)
	Von Mk: 0mal	*Von Mk:* 0mal
	Außerdem: 1mal	*Aber:* 1mal
	[27,63(S)]	[μετὰ ἡμέρας τρεῖς:
		2,46(S)]
Total: 3mal	*Total:* 1mal	[*Total:* 1mal]

[1] Turner Usage, 1924/25, 339; Larfeld, 1925, 270; Lichtenstein, 1950/51, 38; Schreiber Theologie, 1967, 103–109; Dschulnigg, 1984, 96.

ξηραίνω[1]

Mk	Mt	Lk
3,1	— (!)	— (!)
4,6	13,6	8,6
5,29	—	—
9,18	—	—
11,20	21,19	—
11,21	21,20	—
	Von Mk: 3mal	*Von Mk:* 1mal
Total: 6mal	*Total:* 3mal	*Total:* 1mal

---

[1] Vgl Hawkins, 1909, 13; Cadbury Style, 1920, 182; Dschulnigg, 1984, 133f.

ὁδός[1]

Mk	Mt	Lk
1,2	11,10	7,27
1,3	3,3	3,4
2,23	—	—
4,4	13,4	8,5
4,15	13,19	8,12
6,8	—	9,3
8,3	15,32	—
8,27	— (!)	— (!)
9,33	—	— (!)
9,34	— (!)	— (!)
10,17	— (!)	—
10,32	20,17	—
10,46	20,30	18,35
10,52	— (!)	— (!)
11,8	21,8	19,36
12,14	22,16	20,21
	Von Mk: 9mal	*Von Mk:* 8mal
	Außerdem: 13mal	*Außerdem:* 12mal
	[2,12(S); 4,15(R);	[1,76.79(S); 2,44(S); 3,5(R);
	5,25(Q); 7,13.14(Q);	9,57(Qʳ); 10,4(S); 10,31(S);
	8,28(R?); 10,5(S?);	11,6(S); 12,58(Q); 14,23(Q);
	10,10(R); 21,8 (R);	24,32.35(S)]
	21,19(R); 21,32(S?);	
	22,9.10(Q)]	
Total: 16mal	*Total:* 22mal	*Total:* 20mal

---

[1] Vgl Bult, 1921, 202; dsAr 198ff; Schreiber Theologie, 1967, 190—203.212f.216; Dschulnigg, 1984, 121f.196f.

οἰκία und οἶκος ohne Erwähnung des Besitzers[1] (als Schauplatz)

Mk	Mt	Lk
2,1	—	—
3,20	—	—
6,10	— (!)	9,4
7,17	—	—
7,24	—	—
9,28	— (!)	—
9,33	—	—
10,10	—	—
	Von Mk: 0mal	*Von Mk:* 1mal
	Außerdem: 4mal	
	[9,28(R); 13,1(R);	
	13,36(S); 17,25(S)]	
Total: 8mal	*Total:* 4mal	*Total:* 1mal

---

[1] Vgl Wrede, 1901, 134; Hawkins, 1909, 35; Bult, 1921, 202; Schreiber Theologie, 1967, 162—164; Dschulnigg, 1984, 100.

ὅλος[1]

Mk	Mt	Lk
1,28	—	— (!)
1,33	—	—
1,39	—	—
6,55	14,35	—
8,36	16,26	9,25
12,30	22,37	10,27
12,30	22,37	10,27
12,30	22,37	10,27
12,30	—	10,27
12,33	—	—
12,33	—	—
12,33	—	—
12,44	—	— (!)
14,9	26,13	—
14,55	26,59	—
15,1	—	— (!)
15,16	27,27	—
15,33	— (!)	23,44

---

[1] Vgl Larfeld, 1925, 265.

Mk	Mt	Lk
	Von Mk: 8mal	*Von Mk:* 6mal
	Außerdem: 14mal	*Außerdem:* 11mal
	[1,22(S); 4,23.24(R);	[1,65(S); 4,14(R); 5,5(S);
	5,29.30(S); 6,22.23(Q);	7,17(S); 8,39(R); 11,34(Q);
	9,26.31(R);	11,36(2 × Q?); 13,21(Q);
	13,33(Q); 20,6(S);	23,5(R)]
	22,40(R); 24,14(R);	
	26,56(R)]	
Total: 18mal	*Total:* 22mal	*Total:* 17mal

ὅπου[1]

Mk	Mt	Lk
2,4	—	—
2,4	—	—
4,5	13,5	—
4,15	—	—
5,40	—	—
6,10	—	— (!)
6,55	—	—
6,56	—	—
9,18	—	—
[9,44	—	—]
[9,46	—	—]
9,48	—	—
13,14	—	—
14,9	26,13	—
14,14	—	— (!)
14,14	— (!)	22,11
16,6	28,6	—
	Von Mk: 3mal	*Von Mk:* 1mal
	Außerdem: 10mal	*Außerdem:* 4mal
	[6,19(2 ×).20(2 ×).	[9,57(Q); 12,33.34(Q);
	21(Q); 8,19(Q);	17,37(Q)]
	24,28(Q); 25,24.26	
	(S od. Q?); 26,57(R)]	
Total: 17(15)mal	*Total:* 13mal	*Total:* 5mal

---

[1] Vgl Morgenthaler Statistik, 1958, 181; Dschulnigg, 1984, 93.

ὅταν (mit Indikativ⁺)[1]

Mk	Mt	Lk
2,20	9,15	5,35
3,11⁺	—	—
4,15	— (!)	— (!)
4,16	— (!)	8,13
4,29	—	—
4,31	—	—
4,32	13,32	—
8,38	—	9,26
9,9	— (!)	—
11,19⁺	—	—
11,25⁺	—	—
12,23	— (!)	— (!)
12,25	— (!)	—
13,4	—	21,7
13,7	— (!)	21,9
13,11	10,19	[12,11]
13,14	24,15	21,20
13,28	24,32	21,30
13,29	24,33	21,31
14,7	—	—
14,25	26,29	—
	Von Mk: 7mal	*Von Mk:* 9mal
	Außerdem: 12mal	*Außerdem:* 20mal
	[5,11(Q); 6,2.5.6.	[6,22(2 × Q); 6,26(Q od. S);
	16(S); 10,23(S);	11,2.21.24(Q); 11,34.36(Qʳ);
	12,43(Q); 15,2(R);	12,54.55(S); 13,28(Q od. S);
	19,28(S od. Q); 21,40(R);	14,8.10(2 ×).12.13(S);
	23,15(S?); 25,31(S)]	16,4.9(S); 17,10(S);
		23,42(S)]
Total: 21mal	*Total:* 19mal	*Total:* 29mal

[1] Vgl Hawkins, 1909, 35; Turner St. Mark, 1929, 60; Burkill Revelation, 1963, 65; Räisänen 116 A27; dsAr 383f; Dschulnigg, 1984, 165f.

ὄχλος[1]

Mk	Mt	Lk
2,4	—	5,19
2,13	—	—
3,9	—	—

[1] Vgl Bult, 1921, 208; Lipp, 1984, 78f; Dschulnigg, 1984, 183f.

Mk	Mt	Lk
3,20	—	—
3,32	—	—
4,1	13,2	8,4
4,1	13,2	—
4,36	—	—
5,21	—	8,40
5,24	— (!)	8,42
5,27	— (!)	— (!)
5,30	—	—
5,31	—	8,45
6,34	14,14 (vgl 9,36)	—
6,45	14,22	—
7,14	15,10	—
7,17	—	—
7,33	—	—
8,1	—	—
8,2	15,32	—
8,6	15,35	—
8,6	15,36	—
8,34	—	—
9,14	17,14	9,37
9,15	—	—
9,17	—	9,38
9,25	—	—
10,1	19,2	—
10,46	20,29	—
11,18	—	— (!)
11,32	21,26	—
12,12	21,46	— (!)
12,37	23,1	— (!)
12,41	—	—
14,43	26,47	—
15,8	—	—
15,11	27,20	—
15,15	—	—

	Von Mk: 17mal	*Von Mk:* 7mal
	Außerdem: 33mal	*Außerdem:* 34mal
	[4,25(R); 5,1(R); 7,28(R);	[3,7(Q^r); 3,10(S); 4,42(R);
	8,1.18(R); 9,8.23.25(R);	5,1.3(S); 5,15(R); 5,29(R);
	9,33(?); 11,7(Q);	6,17.19(R); 7,9(Q^r); 7,11.
	12,15(R); 12,33(Q); 12,46	12(S); 7,24(Q); 8,19(R);
	(R); 13,34(R); 13,36(S);	9,11.12.16(R); 9,18(R);
	14,5.13.15.19(2×).23(R);	11,14(Q); 11,27(S); 11,29(R);
	15,30.31.33.39(R); 20,31	12,1(R); 12,13(S);

Mk	Mt	Lk
	(S?); 21.8.9(R); 21,11(S?); 22,33(R); 26,55(R); 27,15 (R); 27,24(R od. S)]	12,54(S); 13,14.17(S); 14,25(S?); 18,36(R); 19,3 (S); 19,39(S?); 22,6.47(R); 23,4.48(S)]
Total: 38mal	*Total:* 50mal	*Total:* 41mal

ὀψία, ὀψέ[1]

Mk	Mt	Lk
1,32	8,16	— (!)
4,35	— (!)	— (!)
6,47	14,23	—
11,11	—	—
11,19	—	—
13,35	— (!)	— (!)
14,17	26,20	— (!)
15,42	27,57	—
	Von Mk: 4mal	*Von Mk:* 0mal
	Außerdem: 4mal	
	[14,15(R); 16,2(S?); 20,8(S); 28,1(R)]	
Total: 8mal	*Total:* 8mal	*Total:* 0mal

[1] Vgl Cadbury Style, 1920, 187; Schreiber Theologie, 1967, 94ff.153f; Dschulnigg, 1984, 113.174f.

πάλιν[1]

Mk	Mt	Lk
2,1	—	—
2,13	—	—
3,1	— (!)	— (!)
3,20	—	—
4,1	—	—
5,21	—	—
7,14	— (!)	—
7,31	— (!)	—

[1] Vgl Hawkins, 1909, 13; Cadbury Style, 1920, 199; Turner Usage, 1927/28, 283—287; Morgenthaler Statistik, 1958, 181; Pryke, 1978, 96—99.

Mk	Mt	Lk
8,1	—	—
8,13	—	—
8,25	—	—
10,1	— (!)	—
10,1	— (!)	—
10,10	—	—
10,24	19,24	—
10,32	— (!)	— (!)
11,3	— (!)	—
11,27	—	—
12,4	21,36	—
14,39	26,42	—
14,40	26,43	—
14,61	— (!)	—
14,69	—	—
14,70	26,72	— (!)
14,70	— (!)	—
15,4	—	—
15,12	—	— (vgl aber 23,20)
15,13	— (!)	— (!)
	Von Mk: 5mal	*Von Mk:* 0mal
	Außerdem: 12mal	*Außerdem:* 3mal
	[4,7.8(Qʳ); 5,33(Sʳ);	[6,43(Qʳ?);
	13,45.47(Sʳ); 18,19(Sʳ);	13,20(Qʳ); 23,20(R)]
	20,5(S); 22,1.4(Qʳ);	
	26,44(2 × R); 27,50(R)]	
Total: 28mal	*Total:* 17mal	*Total:* 3mal

πᾶς, πᾶσα, πᾶν; ἅπας[+], ἅπασα[+], ἅπαν[+][1]

Mk	Mt	Lk
1,5	3,5	—
1,5	3,5	—
1,27[+]	—	4,36
1,32	—	4,40[+]
1,37	—	—
2,12	—	—
2,12	—	5,26[+]
2,13	—	—
3,28	12,31	—

---

[1] Vgl Cadbury Style, 1920, 195f.

Mk	Mt	Lk
4,1	13,2	—
4,11	—	—
4,13	—	—
4,31	13,31	—
4,32	— (!)	—
4,34	—	— (!)
5,5	—	—
5,20	—	—
5,26	—	—
5,33	—	—
5,40	—	—
6,30	—	—
6,33	— (!)	—
6,39	—	—
6,41	—	—
6,42	14,20	9,17
6,50	—	—
7,3	—	—
7,14	— (!)	—
7,18	15,17	—
7,19	—	—
7,23	— (!)	—
7,37	—	—
8,25[+]	—	—
9,12	17,10	—
9,15	—	—
9,23	—	—
9,35	—	—
9,35	—	—
9,49	—	—
10,20	19,20	18,21
10,27	19,26	— (!)
10,28	19,27	— (!)
10,44	— (!)	—
11,11	—	—
11,17	— (!)	— (!)
11,18	—	19,48[+]
11,24	21,22	—
11,32[+]	21,26	20,6[+]
12,22	22,27	— (!)
12,28	— (!)	—
12,33	—	—
12,43	—	21,3
12,44	—	21,4
12,44	—	21,4

Mk	Mt	Lk
13,4	—	—
13,10	—	—
13,13	24,9	21,17
13,20	24,22	—
13,23	— (!)	—
13,30	24,34	21,32
13,37	—	—
14,23	26,27	—
14,27	26,31	—
14,29	26,33	—
14,31	26,35	—
14,36	—	—
14,50	26,56	—
14,53	— (!)	—
14,64	— (!)	—
	Von Mk: 22mal	*Von Mk:* 12mal
	Außerdem: 110mal	*Außerdem:* 157mal
Total: 69mal	*Total:* 132mal	*Total:* 169mal

περιβλέπομαι[1]

Mk	Mt	Lk
3,5	—	6,10
3,34	—	—
5,32	—	—
9,8	— (!)	—
10,23	— (!)	— (!)
11,11	— (!)	—
	Von Mk: 0mal	*Von Mk:* 1mal
Total: 6mal	*Total:* 0mal	*Total:* 1mal

[1] Vgl Hawkins, 1909, 13; Cadbury Style, 1920, 176; Bult, 1921, 202; Dschulnigg, 1984, 86.

πιστεύω[1]

Mk	Mt	Lk
1,15	—	—
5,36	—	8,50
9,23	—	—

[1] Vgl Morgenthaler Statistik, 1958, 181.

Mk	Mt	Lk
9,24	–	–
9,42	18,6	–
11,23	–	–
11,24	21,22	–
11,31	21,25	20,5
13,21	24,23	–
15,32	27,42	–
	Von Mk: 5mal	*Von Mk:* 2mal
	Außerdem: 6mal	*Außerdem:* 7mal
	[8,13(Q^r); 9,28(R);	[1,20.45(S); 8,12.13(R);
	21,32(3 × S); 24,26(Q)]	16,11(S); 22,67(R);
		24,25(S)]
Total: 10mal	*Total:* 11mal	*Total:* 9mal

πλοῖον; πλοιάριον[1]

Mk	Mt	Lk
1,19	4,21	(vgl Lk 5,2–11)
1,20	4,22	(vgl Lk 5,2–11)
3,9	–	–
4,1	13,2	–
4,36	8,23	8,22
4,36	–	–
4,37	– (!)	–
4,37	8,24	– (!)
5,2	–	– (!)
5,18	–	8,37
5,21	–	– (!)
6,32	14,13	– (!)
6,45	14,22	–
6,47	14,24	–
6,51	14,32	–
6,54	–	–
8,10	15,39	–
8,14	–	–
	Von Mk: 10mal	*Von Mk:* 2mal
	Außerdem: 3mal	*Außerdem:* 6mal
	[9,1(R); 14,29(S^r);	[5,2(S); 5,3(2 × S); 5,7(2 × S);
	14,33(R)]	5,11(S)]
Total: 18mal	*Total:* 13mal	*Total:* 8mal

[1] Vgl Morgenthaler Statistik, 1958, 181; Schreiber Theologie, 1967, 169f; Dschulnigg, 1984, 139.

πολύς[1]

Mk	Mt	Lk
1,34	—	— (!)
1,34	— (!)	4,41
1,45	—	—
2,2	—	—
2,15	9,10	5,29
2,15	—	—
3,7	4,25	6,17
3,8	—	— (!)
3,10	12,15	— (!)
3,12	— (!)	—
4,1	13,2	8,4
4,2	13,3	—
4,5	13,5	—
4,33	— (!)	—
5,9	—	8,30
5,10	—	—
5,21	—	— (!)
5,23	—	—
5,24	—	—
5,26	—	—
5,26	—	—
5,38	—	—
5,43	—	—
6,2	—	—
6,13	—	—
6,13	—	—
6,20	—	—
6,23	—	—
6,31	—	—
6,33	—	—
6,34	14,14	—
6,34	—	—
6,35	— (!)	— (!)
6,35	—	—
7,4	—	—
7,13	—	—
8,1	—	—
8,31	16,21	9,22
9,12	—	—
9,14	— (!)	9,37
9,26	—	—
9,26	—	—

---

[1] Vgl Cadbury Style, 1920, 118; Larfeld, 1925, 265; Morgenthaler Statistik, 1958, 181.

Mk	Mt	Lk
10,22	19,22	—
10,31	19,30	—
10,45	20,28	—
10,48	—	—
10,48	—	18,39
11,8	21,8	—
12,5	—	—
12,27	—	—
12,37	—	—
12,41	—	— (!)
12,41	—	—
12,43	—	21,3
13,6	24,5	21,8
13,6	24,5	—
13,26	24,30	21,27
14,24	26,28	—
14,56	26,60	—
15,3	— (!)	—
15,41	—	—

Von Mk: 17mal (Mt)

Von Mk: 11mal (Lk)

Mt	Lk
Außerdem: 43mal	*Außerdem:* 49mal
[2,18(S); 3,7(Q?);	[1,1.14.16(S); 2,34.35.
5,12(Q); 5,20(R);	36(S); 3,13(S); 3,18(R);
6,25.30(Q); 7,13(Q);	4,25.27(Sʳ); 5,6(S); 5,15(R);
7,22(2×Q); 8,1(R);	6,17(R); 6,23(Q); 6,35(Q);
8,11(Q); 8,16(R);	7,11(S); 7,21(2×Qʳ);
8,30(R); 9,14(R);	7,42.43.47(2×S);
9,37(Q); 10,31(Q);	8,3(R); 8,29(R); 9,13(R);
11,20(Qʳ); 12,41.42(Q);	10,2(Q); 10,24(Q);
13,17(Q); 13,58(R);	10,40.41(S); 11,31(Q);
14,24(R); 15,30(2×R);	11,32(Q?); 11,53(R);
19,2(R); 20,10(S);	12,7(Q); 12,19(2×S);
20,29(R); 21,36(R);	12,23(Q); 12,47.48(3×S);
22,14(R); 24,10.11(2×).	13,24(Q); 14,16(S?);
12(S); 25,19.21.23(Q?);	14,25(Qʳ); 15,13(S);
26,9(R); 26,47.53(R);	16,10(2×S); 17,25(Q);
27,19(R); 27,52.53(S);	22,65(R); 23,27(S?)]
27,55(R)]	

Total: 61mal (Mk)   *Total:* 60mal (Mt)   *Total:* 60mal (Lk)

προάγω[1]

Mk	Mt	Lk
6,45	14,22	— (!)
10,32	—	—
11,9	21,9	—
14,28	26,32	—
16,7	28,7	—
	Von Mk: 4mal	*Von Mk:* 0mal
	Außerdem: 2mal	*Außerdem:* 1mal
	[2,9(S); 21,31(S)]	[18,39(R)]
Total: 5mal	*Total:* 6mal	*Total:* 1mal

[1] Schreiber ZThK, 1961, 170 A1; ASchulz, 1962, 50.

προσκαλέομαι[1]

Mk	Mt	Lk
3,13	10,1	— (!)
3,23	—	—
6,7	(vgl 10,1)	— (!)
7,14	15,10	—
8,1	15,32	—
8,34	—	—
10,42	20,25	—
12,43	—	— (!)
15,44	—	—
	Von Mk: 4mal	*Von Mk:* 0mal
	Außerdem: 2mal	*Außerdem:* 4mal
	[18,2(R); 18,32(S)]	[7,18(Q?); 15,26(S);
		16,5(S); 18,16(R]
Total: 9mal	*Total:* 6mal	*Total:* 4mal

[1] Vgl Larfeld, 1925, 232.270; Dschulnigg, 1984, 186f.

πρωΐ, πρωΐα[1]

Mk	Mt	Lk
1,35	—	— (!)
11,20	—	—
13,35	— (!)	— (!)

[1] Vgl Schreiber Theologie, 1967, 94f.100−103.153f; Dschulnigg, 1984, 134.

Mk	Mt	Lk
15,1	27,1	— (!)
16,2	— (!)	— (!)
	Von Mk: 1mal	*Von Mk:* 0mal
	Außerdem: 3mal	
	[16,3(S?); 20,1(S);	
	21,18(R)]	
Total: 5mal	*Total:* 4mal	*Total:* 0mal

πρῶτον als Adverb[1]

Mk	Mt	Lk
3,27	12,29	—
4,28	—	—
7,27	—	—
9,11	17,10	—
9,12	— (!)	—
13,10	—	—
	Von Mk: 2mal	*Von Mk:* 0mal
	Außerdem: 6mal	*Außerdem:* 10mal
	[5,24(R?); 6,33(Q);	[6,42(Q); 9,59(Q);
	7,5(Q); 8,21(Q);	9,61(Q od. S); 10,5(Q);
	13,30(S); 23,26(S)]	11,38(R); 12,1(R);
		14,28.31(Q od. S);
		17,25(R); 21,9(R)]
Total: 6mal	*Total:* 8mal	*Total:* 10mal

---

[1] Vgl Strecker Überlegungen, 1972, 100.

ῥαββί[1]; ῥαββούνι°

Mk	Mt	Lk
9,5	— (!)	— (!)
10,51°	— (!)	— (!)
11,21	—	—
14,45	26,49	— (!)
	Von Mk: 1mal	
	Außerdem: 3mal	
	[23,7.8(S); 26,25(R?)]	
Total: 4mal	*Total:* 4mal	*Total:* 0mal

---

[1] Vgl Turner Usage, 1928, 347.

συζητέω[1]

Mk	Mt	Lk
1,27	—	— (!)
8,11	— (!)	—
9,10	—	—
9,14	—	—
9,16	—	—
12,28	—	—
		Von Mk: 0mal
		Außerdem: 2mal
		[22,23(R); 24,15(S)]
Total: 6mal	*Total:* 0mal	*Total:* 2mal

---

[1] Vgl Hawkins, 1909, 13; Dschulnigg, 1984, 132.

ὑπάγω[1]

Mk	Mt	Lk
1,44	8,4	— (!)
2,11	9,6	— (!)
5,19	—	— (!)
5,34	—	— (!)
6,31	—	—
6,33	—	—
6,38	—	—
7,29	—	—
8,33	16,23	—
10,21	19,21	— (!)
10,52	— (!)	— (!)
11,2	— (!)	19,30
14,13	26,18	—
14,21	26,24	— (!)
16,7	— (!)	—
	Von Mk: 6mal	*Von Mk:* 1mal
	Außerdem: 13mal	*Außerdem:* 4mal
	[4,10(Q); 5,24(Q?);	[8,42(R); 10,3(Q^r);
	5,41(Q^r); 8,13(Q^r);	12,58(Q^r); 17,14(S)]
	8,32(R); 13,44(S);	
	18,15(Q?); 20,4.7.	
	14(S); 21,28(S);	
	27,65(S); 28,10(S)]	
Total: 15mal	*Total:* 19mal	*Total:* 5mal

---

[1] Vgl Cadbury Style, 1920, 173; Larfeld, 1925, 231.270; Turner Usage, 1927/28, 287f; Dschulnigg, 1984, 101.106.

φέρω[1]

Mk	Mt	Lk
1,32	—	—
2,3	— (!)	5,18
4,8	—	—
6,27	14,11	—
6,28	14,11	—
7,32	—	—
8,22	—	—
9,17	— (!)	—
9,19	17,17	—
9,20	—	—
11,2	— (!)	— (!)
11,7	— (!)	— (!)
12,15	— (!)	— (!)
12,16	— (!)	—
15,22	— (!)	— (!)
	Von Mk: 3mal	*Von Mk:* 1mal
	Außerdem: 1mal	*Außerdem:* 3mal
	[14,18(R)]	[15,23(S); 23,26(R); 24,1(R)]
Total: 15mal	*Total:* 4mal	*Total:* 4mal

---

[1] Vgl Hawkins, 1909, 13; Cadbury Style, 1920, 174; Larfeld, 1925, 270; Turner Usage, 1924/25, 12—14; Morgenthaler Statistik, 1958, 181; Dschulnigg, 1984, 136.

Exkurs VI (von Martin Friedrich, Carlies Raddatz, Johannes Schreiber und Beate Wuschka)

TABELLEN ZUR FORSCHUNGSGESCHICHTE

Vorbemerkung

Die Tabellen geben eine Übersicht über eine Reihe von Versuchen, die Traditionsgeschichte des markinischen Kreuzigungsberichtes (Mk 15,20b−41) zu ermitteln. Hinter den in der ersten Spalte der jeweiligen Tabelle aufgeführten Versen des Textes steht in der zweiten Spalte das Ergebnis (mit einem Sigel angedeutet, s u). Die in der dritten Spalte („Belege") aufgeführten Zahlen verweisen auf die Buchseiten, auf denen das Ergebnis und die zu ihm führenden Argumente nachgelesen werden können. Die vierte Spalte bietet diese Argumente in Stichworten. Im Unterschied zu ähnlichen Zusammenstellungen bieten die Tabellen also einen sofortigen Einblick in die Hauptargumente der jeweils dargestellten Untersuchung (Spalte vier) und die Möglichkeit, diese Argumente schnell im Zusammenhang nachzulesen (Spalte drei).

Diese Gliederung der Tabellen kann vielleicht mithelfen, die für die Beurteilung der Einzelmomente wesentliche Grundstruktur der jeweiligen Analyse zugänglich zu machen, vgl hierzu dsAr 282f. So ist zB aaO 436 sofort erkennbar, daß Bultmann, wie Dibelius schon kritisiert hat (vgl Schreiber Markuspassion 23f), gelegentlich nicht formgeschichtlich, sondern (gegen seine eigentliche Absicht, vgl aaO 26f.54) im Sinne der alten Literarkritik direkt historisch argumentiert. Derartige Beobachtungen zur Grundstruktur der jeweiligen Analyse können der in letzter Zeit häufig geäußerten Skepsis gegenüber allen Analysen (vgl dsAr 368) entgegenwirken, die vornehmlich dadurch entstanden ist, daß Elemente sehr unterschiedlich angelegter Untersuchungen in Mißachtung von deren Grundstrukturen mehr oder weniger willkürlich zu einer neuen Hypothese zusammengestellt wurden; vgl dsAr 278 zum Problem und zB die Frageserie bei Grundmann Markus[8], 1980, 428−430.

In den folgenden Tabellen wurden nicht alle Untersuchungen erfaßt. So fehlen zB die äußerst wichtigen Überlegungen von Dibelius (vgl Dib 194−196.218), weil dieser Forscher auf eine Einzelanalyse verzichtet hat (vgl Schreiber Markuspassion 25 und ebd A72). Dennoch dürften die vorgelegten Tabellen die wichtigsten Standpunkte bisheriger Forschung soweit widerspiegeln, daß die eben erläuterte Absicht als Hilfe für zukünftige Analysen wirksam werden kann.

Siglen

T = Tradition
T¹ = (älteste) Tradition
T² = andere (jüngere) Tradition (bzw erste Redaktion)
T³ = andere (noch jüngere) Tradition (bzw spätere Redaktion)
Mk = Redaktion des Evangelisten

TABELLEN

WENDLING   Entstehung (1908)[1]   J Schreiber

Verse	Ergebnis	Belege	Argumente
20b	T²	197	Gewandmotiv, bereitet V 24b vor; vgl 217
		219	„äußerliche Bindemittel" (ἵνα) zu 15,15
21	T¹	196f	„gut historisch", vgl 198: „Schmerzen … lindern"
22a	T¹	201	Textabdruck von T¹
22b	T²(?)	218	„Übersetzung des Namens Golgatha"
23	T¹	198	„Myrrenwein" fehlt Spr 31,6; „Humanität" (V 21!) paßt zu „Verhalten des Pilatus" (s V 26)
24a	T¹	198	Vorlage für V 25, vgl 201 (s V 22a)
24b	T²	197	„Liebhaberei für Gewandmotive"
		217	„kleine Gruppen" (15,24b + 25; 29.30; 33; 34b + 35 − 36): „Zusätze"
25	T²	198	„Dublette" zu V 24, ähnlich „wie 34:37"
		202	„Todestag … mit seinen Vierteln" 15,1.25.33.42
26.27	T¹	198	kühl, objektiv: „Ton des Pilatusberichts"
29	T²	200	„Entscheidend": Ps 22,8f, vgl 217 (s V 24b); 200 (s V 35)
30	T²	219f	„äußerliche Bindemittel" (καταβαίνω)
31	T¹	180	„Mehrzahl tritt wieder in Aktion (15,3.11.31)"
32	T¹	220	V 32a Vorlage für V 30 (καταβαίνω), vgl 198
		200	V 32b „ohne Tendenz und at. Vorbild"
33	T²	197	typisch für „phantasiebegabten Erzähler M²"; 223: „Farben", vgl 217 (s V 24b); 202 (s V 25)
34a	T¹	198	9. Stunde (V 37!) Vorlage der Stunden in Vv 25.33 (vgl 202)
34b − 36	T²	198	„anschauliche Darstellung"
34b	T²	197	„jüngere Erzähler weiß die Worte" zu V 37: Ps 22,2; vgl 198 (s V 25); 198 A1; 217 (s V 24b); 219f „Bindemittel": φωνή
35	T²	200	„Gestalten" farbloser als in T¹, vgl 217 (s V 24b)

---

[1] Vgl Wendling Entstehung 201 (Übersetzung); 201 A1 („historisch"); 202 (M¹ [hier: T¹]: „älteste Passionsbericht"; M² [hier: T²]: „Der jüngere Erzähler" stattete die Kreuzigung „mit pathetischen und wunderhaften Zügen aus" und „berichtete …, wie galiläische Frauen Zeuginnen der Kreuzigung … wurden.") zur Grundtendenz der Analyse.

Verse	Ergebnis	Belege	Argumente
36	T²	197	Ps 69,22; von V34b abhängig; vgl 217 (S V 24b)
		198	„Dublette zu" oder „Weiterentwicklung" von V 32
37	T¹	197	„offenbar" Vorlage zur „Dublette" V 34
38	T²	197	s V 33
39	Mk	174f	„Tendenz": Gegner als „Anhänger Jesu"
		176	„unsichere Art" (V 39 über 38 zu 37); „Manier des Ev", vgl 14,8f
		233f	zweiter „Kunstgriff": „Zusatz mitten hinein" in Vorlage
40.41	T²	201	„Ausführlichkeit"; 15,40—16,8: „zusammenhängende Legende"

BULTMANN   Tradition (1921)[1]   JSchreiber

Verse	Ergebnis	Belege	Argumente
20b—24a	T¹	165	„offenbar ein alter Geschichtsbericht"
24b	T²	165	„Weissagung (Ψ 21,19)"
25a	Mk	165	„Zeitbestimmung … redaktionelle Arbeit", vgl 206: Zeitangaben von Mk
25b	T²	165	„Dublette zu … V 24"
26	T²	164	„sekundär" wie Mk 15,2, da Jesu Messiasanspruch Grund der Hinrichtung
27	T²(?)	165	„Weissagung" nach Jes 53,12(?)
29.30	T²	165	„legendarische Bildung"
31.32	T³	165	Dublette zu Vv 29f; später, da „Auftreten … der typischen Gegner Jesu" und „sekundäre Anschauung" vom gekreuzigten Messias; s V 26!
33a	Mk	166	„Zeitbestimmungen … Redaktionsarbeit", s V 25a!
33b	T²	166	„Legende des christlichen Hellenismus"
34a	Mk	166	„Zeitbestimmungen … Redaktionsarbeit", s V 25a!
34b	T²	165f	„nach Ψ 21,2 geformte sekundäre Interpretation des wortlosen Schreis V. 37", vgl 190
35.36b	T²	166	wegen V 34b „als sekundär erwiesen"
36a	T¹·²·³(?)	166	„älter oder eine noch spätere Einfügung", „jedenfalls … legendarisch" nach Ψ 68,22
37	T¹(?)	166	„der einzig neutrale Vers"
		190	„Tatsache eines lauten Schreis"

[1] Bult² (1931), 294—296.342 bietet dieselben Argumente; nur bei Mk 15,33.38f läßt sich eine leichte Akzentverlagerung bzw Präzisierung beobachten, vgl Bult (1921) 166.172 mit Bult (1931) 295f.306.

Verse	Ergebnis	Belege	Argumente
38	T²	166	s V 33b
39	T²	166	s V 33b
40.41	T	166	„isoliertes Traditionsstück", „Frauen als Zeugen" statt geflohener Jünger; nicht geschichtlich

GOGUEL Leben (1934)[1]   BWuschka

Verse	Ergebnis	Belege	Argumente
20b.21	T¹	361f	„Geschichtlichkeit des Vorgangs"
22	T²	371	„ursprüngliche Überlieferung"
23a	T¹	364	V 23a bis οἶνον „gehört zum gewöhnlichen Verlauf einer Hinrichtung"
23b	Mk	364	Hervorhebung Mk: Jesus hat die Leiden bis ans Ende ertragen
24	T¹	371	„ursprüngliche Überlieferung"
		366	zu V 24b: „Es war üblich, daß die Kleider des Verurteilten den Henkern gehörten."
25	T¹	365	„Der Todeskampf Jesu dauerte nach Markus (15,25. 34) drei Stunden, ... und da der Evangelist nicht verdächtigt werden kann, daß er die Leiden Jesu haben abkürzen wollen, kann die Angabe aufrecht erhalten werden."
26	T¹	371	„ursprüngliche Überlieferung"
27	T²/Mk?	366f	spätere Erweiterung; Einfluß von Jes 53,2?
29—32	T²/Mk?	368	Anklänge an Ps 22,8—9; „nachträgliche Entwicklungen des Berichts"
33	Mk/T²?	369	Finsternis: „Bildung der Überlieferung" durch AT
34a	T¹	365	Stundenangabe; s V 25
34b	T¹	369	Mk fühlte sich „durch die Überlieferung gebunden", diesen Ausruf Jesu wiederzugeben; vgl 371
35.36	Mk/T²?	370f	„von der prophetischen Exegese" (?)
37	T¹	371	„ursprüngliche Überlieferung"
38	Mk/T²?	371	„symbolisches Wunder"; „Prophezeiung von der Zerstörung des Tempels"
39	Mk/T²?	371	—
40.41	—	—	—

---

[1] Goguel postuliert, daß der „früheste(n) Bericht" der syn Tradition „sich doch wenigstens noch sehr nah an die Tatsachen hält" (84). Demgemäß „entdeckt" er im Kreuzigungsbericht „eine sehr einfache ursprüngliche Überlieferung", die später ausgeschmückt wurde (371). Die Herkunft der neuen Verse benennt er meist nicht, wie auch seine Rekonstruktion va inhaltlich skizziert ist u daher häufig ohne Versangabe bleibt. Vgl auch Linnemann Studien 136; Mohr 313.

438 Exkurs VI

FINEGAN (1934)[1] BWuschka

Verse	Ergebnis	Belege	Argumente
20b	T^2/Mk?	74f	„Einschiebung" (15,15b wird eigentlich in 15,22 fort-geführt)
21	T^1	75	„Augenzeuge(n)", „schwerlich erfunden"
22a	T^1	78	„historische Basis", „geschichtlich"
22b	T^2/Mk?	75	„Übersetzung des Ortsnamens ... wohl später hinzu-gefügt."
23	?	75	„novellistischer und apologetischer Zug"
24a	T^1	78	„unmotivierte Tatsache"
24b.25.			
27—36.38f	—	75f	—
26.37	T^1	78	„historische Basis"
40	T^1 (u Mk)	77	T^1: „nicht aus Tendenz oder Erfindung zu erklären" Mk: Frauennamen aus „Interesse für Abwechslung" variiert
41	T^1	77f	zu Vv 40.41: Die Frauen „stehen unmotiviert als Ge-gebenes da."; „Augenzeugen"; „historische Basis"

[1] Ziel Finegans ist die Herausarbeitung der der Leidensgeschichte Jesu „letztlich zugrunde liegende(n) Urform der Tradition" (1); seine Formulierungen bleiben — außer bei den Versen, die der von ihm ermittelten ‚historischen Basis' angehören — sehr vage, so daß eine Zuordnung der übrigen Verse zu einer Traditions- bzw Redaktionsstufe oft nicht möglich ist.

HIRSCH I (1941)[1] BWuschka

Verse	Ergebnis	Belege	Argumente
20bα	T^2	169	Subjekt von V 20 und damit Subjekt der ganzen Kreu-zigung undeutlich
20bβ	T^1	169	Anschluß (ἵνα) an V 16
21.22	T^1/T^2	170f	T^1/T^2: Vv 21.22.27 „stellen keine Fragen" T^2: Vv 21 (ohne τὸν πατέρα bis Ῥούφου). 22
23	T^2	171	„Ersatzbildung von Mk II"; fällt „sprachlich aus dem Rahmen 22.24a"

[1] Hirsch unterscheidet in seiner Analyse des Werdens des Mk-Ev drei Stadien der Entste-hung: Mk I, der „erste Erzähler" (2), ist der anschauliche, knappe Erlebnisbericht eines der drei Hauptjünger (nicht am Bedürfnis einer Gemeinde orientiert; entstanden schon im ersten Jahr nach Jesu Tod); Mk II, die „korrigierte Ausgabe" (2) vermittelt die Geschichte Jesu aus dem Blick der gläubigen Gemeinde Roms, der Mk I bekannt war (Bild Jesu u seiner Jünger stilisiert; Redestücke hinzugefügt; Bild Jesu nach „dogma-tischen Leitsätzen" (194) gestaltet); „Mark" (2) schließlich ist die Zusammensetzung beider Erzählungen durch R in den 70er Jahren in der röm. Gemeinde. Zur Methode Hirsch I 2.188—213.

Verse	Ergebnis	Belege	Argumente
24a	T¹	171	V 24a (bis αὐτὸν) fehlt bei Lk
24b	T²	170	notwendige enge Zusammengehörigkeit von Vv 24a u 25a
25a	T¹	170	fehlt bei Lk
25b	T²	170	„mit dem Titulus aber hängt 25b (ab καὶ) zusammen"
26	T²	170	Titulus „paßt nur zur Mk II-Fassung des Prozesses Jesu"
27	T¹/T²	170	s Vv 21.22; vgl 267
29.30	T¹	171	fehlt bei Lk
31aα	Mk	171	31aα: ὁμοίως! Kupplung für Vv 29.30 u 31.32
31.32a	T²	197f	durch Mk II neu hinzugefügte Geschichte; vgl 171
32b	T¹/T²	171	Abschluß in beiden Fassungen der Verspottung
33.37—39	T²	172	„Legenden": 1) V 39 gehört zu 33.37.38, da Spannung zu 34—36; 2) „Einsatz von 34 ... Bruch" zu 33; also: „in 33—39 zwei Berichte vom Tode Jesu ..., die ... den Vers 37 ... gemeinsam haben."
34—36a.37	T¹	171f	der „alte echte" Bericht vom Tode Jesu; s Vv 33.37—39
36b	Mk	172	„In 36 schließt das von λέγων an Folgende sehr schlecht an."
37	T¹/T²	172	s Vv 33.37—39
40	T² (u Mk)	175	T²: „Ökonomie von Mk II" — Einführung der Frauen zur Stützung von 16,1ff
		173f	Mk: „harmonisierende Erweiterungen"
		175	Mk: Vv 40.41 machen einen „aufgeschwemmten Eindruck"; vgl 267
41a	T²	175	— (41a: bis διηκόνουν)
41b	Mk	173ff	s V 40

TAYLOR   Mark (1963)[1]   CRaddatz

Verse	Ergebnis	Belege	Argumente
20b—24a	T¹	649	„accepted by Bultmann" als „stable minimum"
21—24	T¹	657	„foundation narrative", „no semitisms"
21	T¹	588	„undoubtedly historical"

[1] Taylor: T¹ = Taylor „A"; T² = Taylor „B". Mk = markinische Hinzufügung. „A" = ursprünglicher, einheitlicher, schriftlicher, in Rom entstandener Bericht ohne Semitismen. „B" = von Semitismen geprägte, unzusammenhängende Traditionen, die auf Erinnerungen Petri zurückgehen. Taylor bezeichnet mit „B" nicht eigentlich eine feste Schicht, sondern das Material, das Markus bei seiner Bearbeitung von „A" benutzte (aaO 101.658).

Verse	Ergebnis	Belege	Argumente
25a	Mk	590	„temporal scheme": katechetisch-liturgisches Gut (Rom)
25b	T²	657	„insertion", „possible semitisms"
26	T¹	657	wie 15,21−24
27	T²	657	wie V 25b
29.30	T¹	650	„doublet"; „greater originality" (vgl 657)
	T¹	591	realistisch: historischer Bericht
31.32	T²	650	„doublet"; „seems imaginative" (vgl 657)
33a	Mk	650	wie V 25a aus V 34a entwickelt
33b	T² (u Mk)	593	T²: Naturphänomen
			Mk: deutet übernatürlich, vgl 657
34−37	T¹	651	„too lifelike, too non-Hellenistic" (nach Grant); (vgl 657)
34a	T¹	650	Uhrzeit des Schreis historisch
35f	Mk	595	Kombination zweier historischer Berichte
37	T¹	596	Sprache: Heidenkirche
38	T²	596	„legendary insertion doctrinal in origin"
39	T¹	650	„not legendary"; „without any overgrowth of detail"
40.41	Mk	653	Harmonisierung von 15,47 u 16,1; Überleitung zu 15,42−47

PEDDINGHAUS   (1965)[1]   JSchreiber

Verse	Ergebnis	Belege	Argumente
20b	T¹	124	„lebendige Darstellungsweise", Praes. hist., Jesus als der „passive, der erleidende Teil"
		142	volkstümlich, „mündliche Wiedergabe"
21	T¹	120	„theologisch untendenziös"
		124	s V 20b; vgl 142.148: theologische Aussage fehlt
22a	T¹	124	s V 20b
22b	T³	123	Übersetzung in einer gekennzeichneten Glosse
23	T³	123	Unterbrechung des Praes.; aktives Handeln Jesu; vgl 124: „Reaktion" Jesu
24	T¹	123f	Ψ 21,9; s V 20b
		147f	Ψ 21,19

---

[1] Vgl Peddinghaus 142 („Mk 15,24.27.29f.32c.34a.35−36a.37.39").148 (als „der ursprüngliche Kreuzigungsbericht" „aus Ψ 21 entwachsen").150 (zur „Paränese während des Gottesdienstes").160ff (spätere Zusätze) zur Grundtendenz der Analyse.

Verse	Ergebnis	Belege	Argumente
25	T²	124	„Tempuswechsel … Wiederholung von v. 24a,“ „Glosse“
		140	mit V 36b (T³!) eingefügt?
		164	„Stundenschema“, s V 33
26	T²	124	mit V 25 hinzugefügte „Interpretation“; vgl 160ff
27	T¹	124	Fortsetzung der lebendigen Erzählweise, s V 20b
		147f	„Herleitung … aus Ψ 21“
29.30	T¹	125	die „20b−22.24.27 bestimmende Darstellungsweise findet in v. 29f.32c und möglicherweise … in v. 34−36 ihre … Fortsetzung“; vgl 142.148
		147f	Ψ 21,13ff: spottende Feinde
31.32ab	Mk	134	„die traditionellen Gegner“, „ἄλλους ἔσωσεν … Rückverweis auf die … Heilungsgeschichten Jesu“, christliche Interpretation des Titulus
32c	T¹	148	Ψ 21,17a
33	T²	136	V 33 „unterbricht die Erzählung“; s V 25 (T³)
34a	T¹	139	Ψ 21,2; vgl 141f
		148	Ψ 21,2: „Hilfeschrei … in Todesnot“
34b	T³	136	„Übersetzung des Ausrufes Jesu … wahrscheinlich eine Glosse“
35	T¹	139	„Mk. 15,34f auf Ψ 21,2(3) zurückzuführen“
		142	„Volksfrömmigkeit“: Nothelfer Elia
36a	T¹	139f	Ψ 21,16 (nicht 68,22)
36b	T³	140	„notwendig durch den Einschub von v. 33“; „möglicherweise von derselben Hand wie 15,23“
37	T¹	139	„entstammt … Ψ 21,2f“
38	T²	136	Dublette zu V 39, die die Erzählung unterbricht; vgl 140 (s V 25: T³)
		164	gehört möglicherweise zum Stundenschema (s V 25)
		166	„Vorzeichen des göttlichen Gerichtes“
39	T¹ u T²	140f	T¹: „Akklamation“ des Heiden, „Höhepunkt“ der Tradition
		147	T¹: „thematisch“ Ψ 21,28−32
		136	T²: Einschub von V 38 veranlaßt Erweiterung ὅτι οὕτως ἐξέπνευσεν
40.41	Mk	119f	„Übergangsbildung“ (Verbindungsstück zu 15,42−16,8)

LINNEMANN   Studien (1970)[1]   CRaddatz

Verse	Ergebnis	Belege	Argumente
20b—21	T³	158	altes, isoliertes Stück von Mk eingearbeitet
22a	T¹	157	„Exposition" der Urfassung
22b	T²	169	vormarkinische „Verdolmetschung"
23	T²	154	Aussage: Zustimmung Jesu zum Leiden
24a	T¹	168	Bedeutung des Kreuzestodes
24b	T²	152	Schriftbezug (Ps 22,19); „isolierter Einzelzug"
25a	T¹	157	Stundenschema: „Grundbestand"; vgl 155
25b	T²	157	wegen V 24b eingefügt
26	Mk	169	„Jesus als ... Messias gekreuzigt"
27	T²	152	Schriftbezug (Jes 53,12), s V 24b
29a	T²	153	Schriftbezug (Ps 22,8), s Vv 24b.27
29b	Mk	170	mk Christologie: „Der Gekreuzigte (ist) Gottes Sohn"
30a	T²	153	Schriftbezug Ps 22,9?
30b	Mk	170	s V 29b
31a	Mk	158	„Bildung anhand von Mk 14,61f"
31b	T²	153	s V 30a
32ab	Mk	158	s V 31a
32c	Mk	170	„Komplettierung"
33	T¹	151A50	„eindeutig ... kosmisches Ereignis", vgl 168
34a	T¹	157	s V 25a
34b	T²	153	Zitat Ps 22,2
34c	T²	169	s V 22b
35.36	T²	151	Ziel: Notwendigkeit des Kreuzes
37	T¹	148	Fortsetzung von V 34a
38	T¹	163	Offenbarung Gottes tragendes Motiv
39	Mk	170	s V 29b
40.41	T³?/Mk?	158	Mk Verbindung oder Bildung?

---

[1] Linnemann: T¹ ist die aus dem Stundenschema entwickelte „Urfassung" der Kreuzigungsperikope (157). T² faßt „Einzelzüge" aus verschiedenen Traditionsschichten zusammen,
die Markus in die Urfassung einarbeitete (169). T³ ist eine alte Schicht, die Linnemann
von den T²-Schichten explizit abgrenzt (ebd). „Mk" bezeichnet Zusätze, die auf Markus
selbst zurückgehen.

Hinweis: Auf S 170 argumentiert Linnemann mehrfach mit V 31a. Aus dem Zusammenhang
ergibt sich, daß V 31a nicht gemeint sein kann. Offenbar handelt es sich um einen
Druckfehler; V 31a ist durch V 32 zu ersetzen.
In der Zusammenstellung der zur Urfassung gehörigen Verse (158) liegt gleichfalls
ein Druckfehler vor: „21a" muß heißen 22a; vgl 157f.169!

WEINACHT (1972)[1]   CRaddatz

Verse	Ergebnis	Belege	Argumente
20b	—	—	—
21	T[1]	67 A24	Tabelle, Argument fehlt (vgl aber S 66)
22a	T[1]	67 A24	wie V 15,21
22b	Mk	66	„martyrologische Stilisierung" zu 15,33.34a.38
23.24	T[1]	67 A24	s Vv 21.22a
25	Mk	66	s V 22b
26.27	T[1]	66	s Vv 21.22a
29a	T[1]	66	„Abschluß" des alten Berichtes (mit Vv 36a.37)
29b	Mk	67 A24	Verweis auf Bult 291f
30	T[2]	67 A24	s Vv 21.22a.26f
31.32	T[2]	67 A24	„Redaktion ..., die Petrus in den ... Passionsberichten eingeführt hat"
33	Mk	66	„martyrologische Stilisierung" (s Vv 22b.25)
34a	Mk[+]	67 A24	implizite Begründung S 66 (vgl zu V 33)
34a	T[2++]	67 A24	s Vv 31f
34b	Mk	67 A23.24	Übersetzung
34c	Mk	66	s Vv 22b.25
35	T[2]	67 A24	s Vv 31f.34a
36a	T[1]	66	s V 29a
36b	T[2]	67	„unzeitgemäß"
37	T[1]	66	s Vv 29a.36a
38	Mk	66	s Vv 22b.25.33.34c
39	Mk	65f	Schwerpunktverlagerung auf das Bekenntnis V 39c
40.41	—	—	—

[1] Weinacht: T[1] entspricht der Beurteilung des ältesten Passionsberichtes bei Dibelius und Bultmann (Weinacht 65). Markus nahm eine „martyrologische Stilisierung" von T[1] vor. T[2] (s o zu 15,31f) wird nicht eigens charakterisiert.
[+] Zeitangabe.
[++] Ohne Zeitangabe.

GSCHNEIDER   Passion (1973)[1]   BWuschka

Verse	Ergebnis	Belege	Argumente
20b.22b	—	—	—
21	T[1]	112	„alte Erinnerung"
22a	T[1]	113	„Name Golgotha"
23	?	112f	—

[1] Schneider unterscheidet in seiner Analyse von Mk 15,20b—41 zwischen dem ältesten Kreuzigungsbericht (hier: T[1]; semitisch bzw aramäisch), dem vor-markinischen Bericht, der T[1] und Zusätze (T[2]) umfaßt und dem Mk-Ev bzw den Zusätzen des Evangelisten (hier: Mk); s Schneider 16.25.113.125.

Verse	Ergebnis	Belege	Argumente
24	T¹	25	„Art der Schriftverwendung", Ps 22,19; vgl 110.113
25	T²	113	„mit Sicherheit" sekundäre, vormk Einschaltung; „harte Konstruktion"
26	T¹?	113f	Vv 15,2 u 15,9 setzen „die Kreuzesaufschrift traditionsgeschichtlich" voraus
27	T²	114	„möglicherweise … sekundäre Ergänzung zur Kreuzesinschrift"
29.30.31	T¹ u Mk	25	T¹: s V 24; V 29: Ps 22,8
		118f	Mk: hat „veranschaulichend eingegriffen" (Vorübergehende, Hohepriester)
32a	Mk	118f	„Titulatur", vgl 14,61 u 15,2
32b	Mk	119	„abrundender Nachtrag"
33	T¹	125	„Sicher" gehört die „Finsternis zum ältesten Bestand der Erzählung"; vgl Am 8,9f
34a	T¹	123f	älteste Tradition: „wortlose Schrei"
34b	T¹	25	s V 24; vgl Ps 22,2
		124	alte, auf die „aramäisch sprechende palästinische Gemeinde" zurückgehende Deutung des Schreis
34c	Mk?	25	Übersetzung „(vom Evangelisten?)"
35.36	T²/Mk?	124	—
37	Mk?	127	—; s aber V 34a
38.39	T¹/Mk?	125	„angefügte Deutung des Todes Jesu" gehörte „zu diesem Urgestein": entweder V 38 od 39; Gründe für beide Vv liegen vor
40.41	T²/Mk?	134	Augenzeugen der Kreuzigung

Dormeyer   Passion (1974)[1]   MFriedrich

Verse	Ergebnis	Belege	Argumente
20b	Mk	189	„Dublette"; Anschluß an V 15; „Rmk … um die Verbindung der Szenen bemüht"
21	T¹	191f	„Vorzugsvokabeln"; „Häufung der Hapaxlegomena"; „Simon als Augenzeuge"

---

[1] Nach Dormeyer bildet die „Märtyrerakte T" die älteste schriftliche Fassung der Passionstradition (vgl 238—258). Im Kreuzigungsbericht führte diese älteste Schicht (hier: T¹) Augenzeugen auf und gab die wichtigsten Stadien der Passion wieder (211), deutete aber auch schon Jesu Leiden „als das des unschuldigen Gerechten" (212). Die sekundäre Redaktion Rs (vgl 258—268; hier: T²) hat den Bericht nur geringfügig überarbeitet, um Jesus als wahren Messiaskönig Israels zu bekennen (212). Mk hat aus verschiedenen theologischen Motiven weitere Eingriffe vorgenommen (212—214; Dormeyer Sinn 76—89 enthält eine ausführliche Deutung der markinischen Endfassung der Kreuzigungsszene).

Verse	Ergebnis	Belege	Argumente
22a	T¹	192	„Golgotha ... alte Ortsangabe"
22b	Mk	192	„red. ὅ ἐστιν"
23	T¹	193	Vorzugsworte; „gehört ... zum Ablauf einer Exekution"
24a	T¹	193	„bringt die Erfüllung des Finalsatzes 15,15"
24b	Mk	193f	„red. Schriftanklang an LXX Is 50,6"; „nebensächliche Handlung"
25	Mk	194	Vorzugswort; Parenthese
26	T¹	194	„Vorzugsvokabel"; Häufung von Hapaxlegomena; „offizielle Grund für die Verurteilung Jesu"
27	T¹	195f	„Vorzugsvokabeln"; „Schuldtitel der anderen Gekreuzigten" (s V 26)
29a	Mk	197	„farblose, nachträgliche Dublette zu V 31"
29b	Mk	196f	„Wiederholung des red. Tempelwortes 14,58"
30	Mk	197	„wie V 29a Dublette zu V 31f"
31a	T¹(u Mk)	197	„Vorzugsvokabeln"; Konstruktion (Mk: Schriftgelehrte)
31b	T²	198	Zusammenhang mit V 32a (vgl aber 197: „V 31 gehört also zu T")
32a	T²	197f	„Titel βασιλεὺς Ἰσραὴλ"; abhängig von 14,55—15,5
32b	Mk	198	„wirkt angehängt"; „typisch red. Gedanken"
32c	T¹	198	kunstvoller Zusammenhang mit V 31a erst sekundär zerstört
33	Mk	199	„red. Stundenschema"; Finsternis zeigt „apokalyptische Bedeutung des Todes Jesu"
34a	T¹(u Mk)	200f	„Sprachgebrauch der LXX"; „aramäische Zitierung des hebräischen AT"; Vorzugsvokabel (Mk: Zeitangabe)
34b	Mk	201	selbständige Übersetzung
35	Mk	201	Partizipialkonstruktion
36	Mk	201f	„Anwendung der LXX"; Dublette zu V 23; „Rückbezug auf V 35"
37	T¹	204	Vorzugswort; Rückgriff auf V 34
38	T¹	204—206	„Vorzugsvokabel"; Häufung der Hapaxlegomena; Mk deutet nachträglich um durch 14,58 u 15,29
39	Mk	206	παρεστηκώς; υἱὸς θεοῦ; Anfügung an V 38
40	T¹(u Mk)	206f	„Vorzugsvokabeln" (Mk hat zur Harmonisierung der Frauennamen umformuliert)
41	Mk	207f	konstruierter Zusammenhang Galiläa-Jerusalem

SCHENK   Passionsbericht (1974)[1]   CRaddatz

Verse	Ergebnis	Belege	Argumente
20b	T[1]	25	alttestamentliche Anspielung
21	T[1]	28	ἀπ' ἀγροῦ: antijüdische Polemik, Söhne als Zeugen
22a	T[1]	30	unreiner Ort: Tendenz wie V 21
22b	T[1]	52	topographisch gemeinte Übersetzung
23a	T[1]	31f	Spr 31,6 polemisch bezogen
23b	Mk	52	Aktivität Jesu betont
24a	T[1]	17	Praes. hist. (wie 15,20b.21.22a.27)
24b	T[1]	34	τί ἄρη: mit V 21 Kreuzesnachfolge
25	T[2]	33—37	apokalyptisches Endgeschehen (s Vv 33.34a)
26	T[2]	40	„Akt des Hohnes" (vgl 41 zu V 29)
27	T[1]	35	Jes 53,12 auf Handeln der Römer bezogen (wie 15,20b.23.24)
29	T[1]/T[2]		widersprüchliche Argumentation: vgl 21.24.35.40f
30	T[2]	41	Fortführung von V 29
31	Mk	52f	V 30a wird „soteriologische Aussage"
32aα	Mk	53	βασιλεῦς erst in Mk 15; Doppelausdruck
32aβ	Mk	53	Katabasis aus 30b, Gegensatz: Anabasis (10,32)
32b	Mk	54	ungläubiges „Sehen" (V 36!), dagegen: Centurio (V 39)
32c	Mk	54	Oberpriester = „Verbrecher". Schriftbezug V 29b betont
33	T[2]	42	„letzte apokalyptische Epoche vor dem Weltende"
34a	T[2]	45	Schrei: „Gericht und Heil"; „Sieben-Stunden-Apokalypse"
34b	Mk	55f	Historisierung, Schriftbezug, Gebetstheologie (vgl Mk 9,23; 11,24)
35	Mk	57	„Verblendung" im Sinne der mk „Geheimnistheorie"
36a	Mk	58	s V 23b; Betonung des Schriftbezugs; „wie" V 32c
36b	Mk	57f	Bezug Unglaube-Finsternis: Korrektur von T[2]; Motiv des Sehens
37	T[2]	45	Fortsetzung von V 34a, ἐκπνέω: gnostischer Sinn
38	T[2]	47	Profanierung des Tempels als Folge des Schreis
39	T[2]	48	Folge des Schreis; Beginn des neuen Tempels
	Mk	58	Ἰδὼν: mk Kreuzeskonzeption (s Vv 32b.36b)
40	Mk	61f	Frauen als dreifach Glaubende: Sehen-Dienen-Anabasis

---

[1] T[1] = älteste Traditionsschicht. Herkunft: Hellenistisches Judenchristentum (Jerusalem). Kennzeichen: Schriftzitate, anti-jüdische Polemik, Zeugenmotiv.

    T[2] = jüngere Schicht. Herkunft: Andere Gruppen des hellenistischen Judenchristentums. Gnostisierende Sieben-Stunden-Apokalypse.

    Mk = Zusammenfügung von T[1] und T[2]. Schriftbezug verstärkt, Korrektur der apokalyptischen Züge.

SCHENKE   Christus (1974)[1]   CRaddatz

Verse	Ergebnis	Belege	Argumente
20b	T[1]	91	„ursprünglicher Bericht"
21	T[2]	91	„Einschub der hellenistischen Urgemeinde in Jerusalem"
22a	T[1]	91	„alter Bestandteil des Textes"
22b	T[2]	84	„Übersetzung der Ortsnamen"
23	T[1]	102	— (summarische Zusammenfassung)
24	T[1]	102	— (s aber auch zu V 25)
25	T[2]	92	sekundäre Dublette zu V 24a; s V 33
26	T[1]	102	Rückbezug auf 15,2
27	T[1]	102	„Entsprechung" in V 32b
29a	T[1]	92	Anklänge an Ψ 21,8 (s Vv 24.34)
29b	T[2]	93	Bezug auf 14,57.58b
30	T[2]	94	„Kompilation von 31b ... und 32a"
31a	T[2] (u Mk)	93	T[2]: „wirkt künstlich"
			Mk: Schriftgelehrte, Pl. „Hohepriester"
31b	T[1]	94	„Paradoxie eines gekreuzigten Messias"
32	T[1]	85	„Korrespondenz mit 14,61f; 15,2.26"
32b	T[1]	94	ursprünglicher Abschluß der Spottszene
33a	T[2]	96	Zeitangaben Vv 25.33 aus V 34a entwickelt
33b	T[2]	95	Gerichtsgedanke nach Am 8,9 eingefügt
34a	T[1]	96	Ps 22,9 aramäisch zitiert
34b	T[2]	86	Übersetzung ins Griechische
35	Mk	99	„Paradoxon des Kreuzestodes"
36a	T[1]	98	Bezug auf Ψ 68,22 und V 34a
36b	Mk	99	s V 35
37	T[1]	97	Gleichzeitigkeit Vv 34a—36a—37
38	T[2]	101	anti-jüdische Bearbeitungstendenz ab Mk 14
39	T[1]	108f	Höhepunkt der Erzählung: Bekenntnis der christlichen Gemeinde
40b	Mk	101	Angleichung von Mk 15,47 an Mk 16,1
40.41	Mk	102	„typisch markinische Motive"

---

[1] „T[1]" entspricht der von Schenke rekontruierten „ursprünglichen Fassung", die er als Bekenntnis der christlichen Gemeinde zum Gekreuzigten als den Messias versteht. Charakteristisch sind die atlichen Anspielungen (106). „T[2]" bezeichnet die redaktionelle Bearbeitung durch hellenistische Kreise der Jerusalemer Urgemeinde, die gegen das Judentum polemisierende Züge in die Urfassung eintrugen (94.96). Markus hat den gesamten Komplex, den Schenke schon mit Mk 14,53 beginnen läßt, im Sinne seiner Christologie überarbeitet.

Hinweis: Schenke rechnet in der Zusammenfassung zu der von ihm rekonstruierten ursprünglichen Fassung auch die Vv 22b u 25 zum ältesten Bestand (135). Beide Verse hatte er im Hauptteil als redaktionelle Hinzufügungen dargestellt (V 22b: 84; V 25: 92). Im abgedruckten „Text" der ursprünglichen Schicht fehlen beide Verse (137). Somit ist für 135 ein Druckfehler zu vermuten.

GNILKA   Markus II (1979)[1]   MFriedrich

Verse	Ergebnis	Belege	Argumente
20b—22a	T¹	311	„Motivik" „aus den Psalmen vom leidenden Gerechten"
22b	T²	311	Übersetzung zu späterem Zeitpunkt notwendig
23	Mk	311f	Mk stellt „auch sonst das Vorbildhafte in der Passion Jesu" heraus; Kollision mit V 36
24	T¹	312	„= Ps 22,18"
25	T²	312	„Stundenzählung" ist „apokalyptisch-theologisches Motiv"
26.27	T¹	312	„Königsmotivik"
29a	T¹	312	„Anspielung auf Ps 22,8"; Berufung auf Schenk u Schweizer
29b.30	T²	312	Tempelwort 14,58 wird eingebracht; apokalyptisch
31.32	T¹(u Mk)	312	verbinden Kreuzigungsbericht mit Messias- u Königsfrage; Einfluß von Ps 22,9b (Mk: V 31 Schriftgelehrte; V 32 Finalsatz)
33	T²	312	„apokalyptische Motive"
34a	T¹	312	„Sterbestunde Jesu" „gehört zur alten Tradition"
34b	T²	311	Übersetzung erst später notwendig
35	Mk	312	„Assoziation ... wirkt gekünstelt"; „Glaubensmotiv"; „Interesse an Elija"
36a	T¹	312	Anlehnung an Ps 69,22
36b	Mk	312	s V 35
37	T¹/T²	312	„laute Stimme" ist „erneut ein apokalyptisches Motiv"
38	T²	312f	apokalyptisch; „Nochmals ... etwas über den Tempel gesagt"
39	Mk	313	„Gottessohn ein von Markus bevorzugtes christologisches Prädikat"
40	T¹	313f	„Frauenliste ... traditionell" (Widersprüche zu 15,47 u 16,1); „Anlehnung an Ps 38,12" (314)
41	Mk	313	„markinische Anliegen" (Galiläa, „Zug nach Jerusalem", Nachfolge) „verdichten sich"

---

[1] Gnilka postuliert einen Grundbericht (= T¹), der mit Simon von Kyrene und den Frauen als Zeugen verbunden war (314), aber die Geschichte auch schon „durch Motive bzw Zitate aus den Psalmen vom leidenden Gerechten, insbesondere aus Ps 22" (311) interpretiert. Dieser Bericht wurde „unter Zuhilfenahme apokalyptischen Gedankenguts" (311) überarbeitet (= T²). Von Mk stammen verschiedene „Eingriffe" (314; vgl auch 327).

SCHMITHALS   Markus (1979)[1]   MFriedrich

Verse	Ergebnis	Belege	Argumente
20b	Mk	677	Dublette zu V 15b
21.22	T[1]	684—687	„Ortskenntnis" (685); T[1]: verschlüsselt theologische Aussagen (685f)
23	T[1]	687—689	„mit Bewußtsein leiden" zeigt „Tiefe menschlichen Leidens" (688)
24	T[1]	689f	Ps 22 als „at Zentralstelle für die Erzählung" (689)
25	Mk	684	„genaue Zeitangabe" für „liturgische Begehung des Karfreitags" (682)
26	Mk	683	„redaktionellen Grund für Jesu Verurteilung"
27	T[1]	690	Verweis auf Jes 53,12; Zeichen der Erniedrigung Jesu
29a	T[1]	690	Vv 29a.31.32b: „dreifache Verspottungsszene knüpft an Ps 22 an" (s V 24); Dreizahl beliebtes Stilmittel
29b	Mk	683	Verweis auf 14,58 (666—669) als markinisch
30	Mk	683	Dublette zu V 31b; „Jesus faktisch als der Messias gelästert"
31	T[1](u Mk)	690f	s V 29a (Mk: Schriftgelehrte [684])
32a	Mk	683f	„setzt ... das christliche Messiasbild voraus"; anachronistisch
32b	T[1]	691	s V 29a; „vgl Ps 22,17"
33	Mk	694	Verweis auf Zeitangaben (s V 25); „unterbricht ... die Verspottungsszene"
34	T[1] (u Mk)	696—698	Anknüpfung an Ps 22 (s V 24) als „Deutung des ganzen Passionsgeschehens" (697) (Mk: Stundenangabe; s V 25)
35.36	T[1]	698f	erneuter Spott; „völlige Verlassenheit Jesu" (699)
37	T[1]	699f	Schrei als verschlüsselter Hinweis (s V 21) auf „Wende der Äonen"
38	Mk	694f	Zusammenhang mit V 39; „Trauermotiv"; in T[1] „nur schlecht am Platz"
39	Mk	692—694	Kreuzigung wegen Messiasanspruch bestätigt „mk Messiasgeheimnistheorie"
40.41	T[1]	700f	Frauen als „Zeugen für das ‚gestorben' "

---

[1] Schmithals postuliert eine „Grundschrift" (= T[1]) als narrative Verkündigungsschrift (vgl Schmithals Markus 44f) bzw „ästhetische Kunsterzählung" (vgl ders ZThK, 1980, 183), die vom Evangelisten im Sinne seiner Messiasgeheimnistheorie bearbeitet wurde (vgl Schmithals Markus 52ff). Die Analyse beschränkt sich auf eine Herausschälung der Redaktionsverse; der Rest (= Grundschrift) wird dann allgemein ausgelegt (vgl aaO 684).

Mohr   (1982)[1]   BWuschka

Verse	Ergebnis	Belege	Argumente
20b	T¹	343	—
21	T¹	334f	der Gemeinde bekannte Zeugen (s V 40)
22a	T¹	330	Praes. hist.; vgl 318
		343	aram. Name d. Kreuzigungsstätte
		349	„historisch"
22b	Mk	331	Verweis auf V 34b; vgl 348
23	T²	318	unterbricht das Praes. hist. in Vv 20b−22.24; θεῖος ἀνήρ
24	T¹	343f	gegen die LXX präsentisch formuliert; historisch zuverlässig
25	Mk	330	Dublette; Aorist; Stundenangabe zur Zeiteinteilung
26	T¹	344ff	historisch; vgl 15,2
27	T¹	330	s V 22a
		343	semitisch; Gebrauch d. unpersönl. σταυροῦσιν; unpers. Pl.
		A176	auch Vv 20b−22a.24
29.30	T²	104	V 29 setzt 14,58 voraus; V 29a = Ψ 21,8 für Mk untypisch (leidender Gerechter), vgl 315.337f; gegen „mkn. Tendenz, nur die jüd. Aristokraten zu belasten"
31.32a	Mk	316f	„ὁμοίως"; ausgeführter u theologisch reflektierter als Vv 29f; typ. Gegner Jesu; Kombination von Sehen, Glauben, Retten
32b	T²	317	„blasses Anhängsel"; „vermutlich" zur vormk Version gehörig
33	T²	329f	Stundenangabe stößt sich mit Mk 34aα; „Deutung der Kreuzigung"
		342	V 33 u 38: gegenseitige Ergänzung
34a	T¹ (u Mk)	325	T¹: aram. Worte
		328	als historischer Kern; vgl 325−328
		326f	Mk: 34aα = Stundenangabe; Verknüpfung von Vv 34b u 37b durch 34aα u 37a; vgl 349
34b	Mk	325	„wahrscheinlichste Annahme": Übersetzung
35.36b	Mk	321f	Rahmung von V 36a soll jüd. Gegner belasten; vgl 319−322
		324	Vv 35.36b fehlen bei Joh

---

[1] Mohr unterscheidet in seiner Analyse einen „ältesten Kreuzigungsbericht" (346; Mohr: „P"; hier: T¹), einen „für die Verkündigung und Unterweisung bestimmten Geschichtsbericht" (347), der auf „historisch zuverlässige Ueberl. zurückgeht" (343f), vom vormk Passionsbericht (Mohr: „B"; hier: T², nur Zusätze zu T¹ in Tabelle aufgeführt), der spätjüdisch-weisheitliche und apokalyptische Traditionen aufgreift und Jesus als den leidenden Gerechten begreift. Die letzte Stufe ist die mk Bearbeitung dieses Berichts (typ. Gegner Jesu, Stundeneinteilung, ...).

Verse	Ergebnis	Belege	Argumente
36a	T¹	322	Par zu Joh 19,28; vgl 343.349
		326	hängt traditionsgeschichtlich mit V 37b zusammen
37a	Mk	326f	s V 34a; vgl 328.348
37b	T¹	326	der „eigentliche Tod Jesu"
38.39	T²	339	„enger Zusammenhang zwischen Mk 14,57ff; 15,29f und 15,38f"; vgl 340f
40	T¹	334f	Zeugen; s V 21; vgl 343
		331	„Differenzen gegenüber V 41"
41	Mk	331	„typisch mkn. Theologumena"

Anhang I

WREDE-ZITAT ZUR METHODE[1]

„Aus gegebenen Urkunden will die biblische Theologie einen Thatbestand erheben, wenn nicht einen äussern, so doch einen geistigen: sie sucht ihn so objectiv, so richtig, so scharf als möglich aufzufassen — das ist alles. Wie sich der Systematiker mit ihren Resultaten abfindet und auseinandersetzt, das ist seine Sache. Sie selbst hat wie jede andere wirkliche Wissenschaft ihren Zweck lediglich in sich selbst und verhält sich durchaus spröde gegen jedes Dogma und jede systematische Theologie[1]. Was könnte ihr diese auch bieten? Die Thatsachen richtig sehen lehren? Nicht sehen lehren, sondern höchstens färben. Die gefundenen Thatsachen korrigieren? Thatsachen korrigieren ist absurd. Oder sie legitimieren? Thatsachen bedürfen keiner Legitimation.

Von jedem, der sich mit neutestamentlicher Theologie wissenschaftlich befassen will, muß bei dieser Sachlage zuerst verlangt werden, daß er des Interesses an historischer Forschung fähig sei. Ein reines, uninteressiertes Erkenntnisinteresse, das *jedes* sich wirklich aufdrängende Ergebnis annimmt, muß ihn leiten. Er muß im Stande sein, eigenes Denken von fremdem, moderne Gedanken von solchen der Vergangenheit zu unterscheiden, er muß vom Objecte der Forschung die eigene, ihm noch so teure Anschauung gänzlich fernzuhalten, sie gewissermassen zu suspendieren vermögen. Denn er will ja nur erkennen, was wirklich gewesen ist."

---

[1] Wrede, W., Über Aufgabe und Methode der sogenannten Neutestamentlichen Theologie, Göttingen 1897, S.9f.

Die Anmerkung 1) wird nicht wiedergegeben; sie handelt von der Inspirationslehre und analogen Theorien. Über den theologiegeschichtlichen Hintergrund des Begriffes „Tatsache" informiert Staats 316ff instruktiv, während die barbarische Formulierung von Schellong 147 („Historisch-kritische Methode ist das Instrumentarium, mit dem die bürgerlichen Interessen als alleinige Denkmöglichkeit zementiert und gegenüber Texten mit anderen Grundlagen und Tendenzen durchgesetzt werden.") den Grad derzeit möglicher Desinformation signalisiert.

Anhang II

DANK AN LEHRER UND FREUNDE

Aus Anhang I geht hervor, daß objektiv verfahrende wissenschaftliche Exegese nur von dazu Disponierten betrieben werden kann. Da im Vorwort ein Dank an jene, die mir diese Disposition beizubringen versucht haben, zu weit geführt hätte, möchte ich ihn hier abstatten.

Mein Interesse an neutestamentlicher Exegese hat Professor OMichel (Tübingen) geweckt, als ich in seinem Seminar bei einer Arbeit über Rudolf Bultmanns Exegesen zur Auferstehung Jesu Martin Heideggers Gedanken gründlich studieren mußte. Professor Michel war es auch, der durch seine zweistündige Vorlesung "Auslegung der Passionsgeschichte" im Wintersemester 1950/51 so über Mk 15,37 handelte, daß mich die Auslegung dieses Verses seit dem beschäftigt.

Freilich wären diese für meinen Lebensweg entscheidenden Anregungen nie zu dem geworden, was man jetzt nachlesen kann, wenn es nicht jene Tübinger Studienfreunde, denen dieses Buch gewidmet ist, gegeben hätte, mit denen ich theologische Fragen und insbesondere auch die Frage symbolischer Redeweise freimütig diskutieren konnte.

Als ich in einem letzten Semester vor dem ersten theologischen Examen in Bonn Professor Vielhauer frug, ob Mk 15,20b—41 so und so zu verstehen sei, antwortete er: „Das weiß ich auch nicht, da müssen Sie schon selber arbeiten." Seit dem bin ich sein Schüler in Dankbarkeit.

Stellen für wissenschaftliche Mitarbeiter waren bekanntlich in den fünfziger Jahren noch nicht so reichlich vorhanden wie heutzutage. Um so intensiver erlebte ich die Förderung durch Professor HRiesenfeld mittels eines Stipendiums des Weltrates der Kirchen zu einem Studium an der Universität Uppsala/Schweden und die von Professor GFriedrich, dem ich in Erlangen als Korrekturassistent am Theologischen Wörterbuch helfen durfte.

Von besonderer Wichtigkeit war dann aber, daß ich nach dem Erlebnis der verschiedensten kirchlichen Tätigkeiten in Dirmingen, Tutzing und Bayreuth als wissenschaftlicher Assistent von Professor GOtto in Mainz kontinuierlich und zusammenhängend, freundlich begleitet auch von Professor HBraun und Professor MMezger, arbeiten durfte. Spätestens seit dieser besonders glücklichen Zeit erscheint mir WWrede je länger je mehr als Vorbild meiner theologischen Arbeit. Ich hoffe, den Dank an ihn über das in diesem Buch hinaus Ausgeführte dahingehend einmal abstatten zu können, daß ich seine heute meist vergessenen Verdienste um die praktische

Theologie und so um das ganze der Theologie, ja der Universität schlecht-
hin darstellen und aktualisieren kann; Wredes Wille zur Wahrheit war und
ist mE vorbildlich.

Nachbemerkung

Während der Drucklegung dieses Buches erschien das umfassend angelegte Werk von WSchmithals, Einleitung in die drei ersten Evangelien, Berlin 1985. Konnte diese wegen ihrer Darlegungen zur Geschichte der synoptischen Frage bedeutsame Veröffentlichung also leider von mir mit ihren Einzelargumenten nicht mehr berücksichtigt werden, so möchte ich doch wenigstens durch diese Nachbemerkung darauf hinweisen, daß jede Synoptikerexegese die von Schmithals dargestellten methodischen Möglichkeiten der Quellen-, Traditions- und Redaktionskritik im Vollzug ihrer selbst entweder falsch als alte, vom Subjektivismus bedrohte oder richtig als neue, wirklich an den Texten orientierte Literarkritik praktiziert. Schmithals erörtert diese Alternative nicht; er scheint den Begriff Literarkritik bewußt zu meiden.

In der gebotenen Kürze dieser Nachbemerkung konkretisiere ich die genannte Alternative am besten vielleicht als Erinnerung an Schmithals' theologischen Lehrer: Ist es richtig, mit RBultmann (WWrede) gegen RBultmann (DFStrauß) für eine neue, dh ihren Namen recht eigentlich erst verdienende, streng an Form und Inhalt der zu untersuchenden Texte gebundene Literarkritik zu argumentieren (so meine Auffassung), oder muß man Bultmanns von Wrede her verstandenen methodischen Grundansatz einer formgeschichtlichen Synoptikerexegese speziell auch für Mk und dessen Vorlagen im Rückgriff auf Methoden und Ergebnisse früherer Forscher ablehnen (so Schmithals)?

Bei der Beantwortung dieser Frage sind dank der Darlegungen von Schmithals viele andere Fragen zu beantworten, von denen ich einige wenige zur Verdeutlichung noch nennen möchte. Nimmt die formgeschichtliche Methode wirklich „ihren Ausgangspunkt im Bereich der neutestamentlichen Briefliteratur" bei GHeinrici bzw JWeiß (Schmithals 299, vgl 253ff), so daß man Wrede bei der Darstellung von Bultmanns formgeschichtlicher Arbeit zu den Synoptikern entgegen Bultmanns Worten (vgl Bult 1) im Unterschied zu JWeiß gar nicht erst zu erwähnen braucht (vgl Schmithals 267)?

Aber schreibt Schmithals (255ff) nicht selbst, daß Weiß erst durch Wrede zu seinen Überlegungen zu Mk veranlaßt wurde, und zwar so, daß er gegen Wredes angeblich „ungesund kritische ... Stimmung" (vgl dazu dsAr Anhang I!) im Stil der Leben-Jesu-Forschung nach „Petruserinnerungen" suchte?

Knüpft Wrede mit seinen Überlegungen tatsächlich „an Baur und seine Schüler" an (Schmithals 238), so daß diese „in ihrer Weise bereits"

sein methodisches Prinzip vertreten haben (239)? Hatte Wrede also gar
nicht den ihm von W Bousset nachgerühmten Mut, „von vorne anzufan-
gen" (335)?

Kann man im Blick auf aktuelle Forschungen zB das Buch von
W Marxsen aus dem Jahre 1956 eine „methodisch beispielhafte, im Ergebnis
aber ganz unbefriedigende Untersuchung" nennen (424)? Kann etwas
methodisch *beispielhaft* sein, wenn es sachlich zu einem ganz unbefriedigen-
den Ergebnis führt? Ist Marxsens Untersuchung von 1956 nicht vielmehr
allein in dem Sinne methodisch vorbildlich, als sie sich ausdrücklich auf
Wrede beruft und ihre falsche, dh vorschnelle, aus Form und Inhalt der
Texte nicht zu erschließende zeitgeschichtliche Fixierung des Markusevangeliums von Marxsen in seiner Einleitung 1978 ausdrücklich widerru-
fen wurde, um so 1956 schon gewonnene Einsichten im Anschluß an
Wredes Methode nun endgültig besser zu formulieren?

Mit diesen Fragen und vielen andern, die ob der gebotenen Kürze
hier nicht formuliert werden können, ist ganz unabhängig von der Forschungsgeschichte *prinzipiell* zu klären, ob eine richtig durchgeführte
„redaktionskritische Analyse" eine „*Wertung* der theologischen Leistung
des jeweiligen Evangelisten ... sinnvoll nur im Rahmen der historischen
Situation des einzelnen Evangelisten" vornehmen kann, so daß ein herme-
neutischer Zirkel entsteht, in dem den „ ‚Tendenzen' des Schriftstellers ..
eine überzeugende zeitgeschichtliche Deutung dieser Tendenzen" korrespondiert (346f)? Kann man dieses Verfahren, das aus dem Zusammenspiel
einer theologischen „*Wertung*" mit einer zeitgeschichtlichen „Deutung"
durch den jeweiligen Exegeten besteht, überhaupt als „Analyse" bezeichnen?
Ist das nicht alte Literarkritik?

Wrede und die ihm nachfolgenden Form- und Redaktionsgeschichtler
bemühen sich jedenfalls entgegen diesem Verfahren darum, *durch die streng
beachtete Form-Inhalt-Relation* der jeweils untersuchten Texte allererst selber
eine ‚Wertung' zu erfahren; dh Urteile zu theologischen Tendenzen und
dazu passenden zeitgeschichtlichen Situationen werden *allein* von diesem
Gesichtspunkt her erlaubt.

Darauf nochmals hinzuweisen, war die Absicht dieser Nachbemerkung. Daß ich in vielen andern hier nicht berührten Hinsichten mit
Schmithals voll übereinstimme und seine Darstellung für mich insgesamt
außerordentlich lehrreich war, sei deshalb zum Abschluß ausdrücklich
angemerkt.

Literaturverzeichnis

(Die mit * gekennzeichnete Literatur konnte nur ab S 273 benutzt werden, vgl dsAr S VIIf; Lexikon-Artikel werden in der Regel nicht in diesem Literaturverzeichnis, sondern nur in den Anmerkungen aufgeführt.)

Aalen, S., Die Begriffe ‚Licht' und ‚Finsternis' im AT, im Spätjudentum und im Rabbinismus (SNVAO 1951−1), Oslo 1951.

* Adam, G., u.a., Einführung in die exegetischen Methoden⁵, München 1975.

* Adloff, K., Karfreitag. Markus 15,20b−39(−41), GPM 27, 1972/73, 195−204.

* −, Epiphanias. Markus 1,9−15, GPM 31, 1976/77, 70−80.

* Ahlheim, K.-H. (Bearb.), Duden. Fremdwörterbuch (Der große Duden 5)², Mannheim/ Zürich 1966.

* Aland, B. (Hg.), Gnosis. Festschrift für Hans Jonas zum 75. Geburtstag, Göttingen 1978.

* Aland, K. (Hg.), Synopsis Quattuor Evangeliorum. Locis parallelis evangeliorum apocryphorum et patrum adhibitis⁸, Stuttgart 1973.

* −, Vollständige Konkordanz zum Griechischen Neuen Testament, Bd II: Spezialübersichten, Berlin/New York 1978.

* −, Glanz und Niedergang der deutschen Universität. 50 Jahre deutscher Wissenschaftsgeschichte in Briefen an und von Hans Lietzmann (1892−1942), Berlin/New York 1979.

Albertz, M., Die Botschaft des Neuen Testamentes I, Zürich 1947.

Aldwinckle, R. F., Myth and Symbol in Contemporary Philosophy and Theology: The Limits of Demythologizing, JR 34, 1954, 267−279.

* Alexander, P. S., Rabbinic Judaism and the New Testament, ZNW 74, 1983, 237−246.

Alleman, H. C., New Testament Commentary², Philadelphia (USA) 1944.

Allen, J. A., The Gospel of the Son of God Crucified, Interpretation 9, 1955, 131−143.

Allen, W. C., The Aramaic Element in St. Mark, ET 13, 1901/02, 328−331.

−, The Gospel according to Saint Mark (The Oxford Church Biblical Commentary), New York/London 1915.

Anders, G., Die Antiquiertheit des Menschen, München 1956.

Anwander, A., Das Kreuz Christi und andere Kreuze, ThQ 115, 1934, 491−515.

Asting, R., Die Verkündigung des Wortes im Urchristentum, Stuttgart 1939.

Aufhauser, J. B., Antike Jesus-Zeugnisse (KlT 126), Bonn 1925.

Aurelius, E., Från Getsemane Till Golgata, Lund 1911.

Aytoun, R. A., Himself He Cannot Save, JThS 21, 1920, 245−248.

* Baarlink, H., Anfängliches Evangelium. Ein Beitrag zur näheren Bestimmung der theologischen Motive im Markusevangelium, Kampen 1977.

Bacon, B. W., After Six Days: A New Clue for Gospel Critics, HThR 8, 1915, 94−121.

−, Is Mark a Roman Gospel? (HThS 7), Cambridge 1919.

−, The Beginnings of the Gospel Story³, New Haven 1925.

−, The Gospel of Mark: Its Composition and Date, New Haven 1925.

Bakhuizen van den Brink, J. N., Eine Paradosis zu der Leidensgeschichte, ZNW 26, 1927, 213−219.

Baljon, J. M. S., Commentar Op Het Evangelie van Markus, Utrecht 1906.

* Balz, H. R., Methodische Probleme der neutestamentlichen Christologie (WMANT 25), Neukirchen 1967.

* Bammel, E., Crucifixion as a Punishment in Palestine, in: SBT, 2.Ser.13, 1970, 162—165.

Bardtke, H., Die Handschriftenfunde am Toten Meer, Berlin 1953.

Barr, A., The Use and Disposal of the Marcan Source in Luke's Passion Narrative, ET 55, 1943/44, 227—231.

Bartelt, W., Das Evangelium des hl. Lukas (HBK 12,1), Freiburg 1936.

Barth, Ch., Die Errettung vom Tode in den individuellen Klage- und Dankliedern des Alten Testamentes, Basel 1947.

Barton, G. A., On the Trial of Jesus before the Sanhedrium, JBL 41, 1922, 205—211.

—, Studies in New Testament Christianity, Philadelphia 1928.

—, The Question of „Ur-Marcus" Once More, JBL 48, 1929, 239—247.

Bartsch, H. W., Die theologischen Konsequenzen der formgeschichtlichen Betrachtung der Evangelien, ThBl 19, 1940, 301—306.

* —, Historische Erwägung zur Leidensgeschichte, EvTh 22, 1962, 449—459.

Bauer, A., Heidnische Märtyrerakten, APF 1, 1901, 29—47.

Bauer, B., Kritik der Evangelien und Geschichte ihres Ursprungs I—IV, Berlin 1850ff.

Bauer, W., Leben Jesu im Zeitalter der neutestamentlichen Apokryphen, Tübingen 1909.

—, Jesus der Galiläer, in: Festgabe für Adolf Jülicher zum 70. Geburtstag 26. Januar 1927, Tübingen 1927, 16—34.

—, Johannesevangelium und Johannesbrief, ThR NS 1, 1929, 135—160.

—, Griechisch-deutsches Wörterbuch zu den Schriften des Neuen Testamentes und der übrigen urchristlichen Literatur[4], Berlin 1952.

* Baumgarten, J., Paulus und die Apokalyptik. Die Auslegung apokalyptischer Überlieferungen in den echten Paulusbriefen (WMANT 44), Neukirchen—Vluyn 1975.

Baur, F. Ch., Das Markusevangelium nach seinem Ursprung und Charakter, Tübingen 1851.

Belser, J., Die Geschichte des Leidens und Sterbens, der Auferstehung und Himmelfahrt des Herrn[2], Freiburg i.B. 1913.

* Beltz, W., Elia redivivus, in: K.-W. Tröger (Hg.), Altes Testament—Frühjudentum—Gnosis, Berlin, Gütersloh 1980, 137—141.

* Benoit, P., Exegese und Theologie. Gesammelte Aufsätze, Düsseldorf 1965.

Benz, E., Der gekreuzigte Gerechte bei Plato, im Neuen Testament und in der alten Kirche (AAWLM.G 12), Wiesbaden 1950.

* —, Europa und die Veränderung der religiösen Weltlage seit dem 2. Weltkrieg, ZRGG 15, 1963, 184—196.

* Berger, K., Exegese des Neuen Testaments. Neue Wege vom Text zur Auslegung, Heidelberg 1977.

* —, Formgeschichte des Neuen Testaments, Heidelberg 1984.

Bertram, G., Die Leidensgeschichte Jesu und der Christuskult (FRLANT NF 15), Göttingen 1922.

—, Rezension über RBultmann, die Geschichte der synoptischen Tradition, ThBl 1, 1922, 9—13.

—, Die Bedeutung der kultgeschichtlichen Methode für die neutestamentliche Forschung, ThBl 2, 1923, 25—36.

—, Der gegenwärtige Stand der Leben=Jesu=Forschung, ChW 38, 1924, 797—803.834—841.

—, Glaube und Geschichte, das Problem der Entstehung des Christentums in formgeschichtlicher Beleuchtung, ThBl 6, 1927, 162—169.

—, Die Himmelfahrt Jesu vom Kreuz aus und der Glaube an seine Auferstehung, in: Festgabe für Adolf Deissmann zum 60. Geburtstag 7. November 1926, Tübingen 1927, 187—217.

—, Neues Testament und historische Methode (SGV 134), Tübingen 1928.

* Best, E., Following Jesus. Discipleship in the Gospel of Mark (Journal for the Study of the New Testament Supplement Series 4), Sheffield 1981.

* Betz, H. D., Lukian von Samosata und das Neue Testament (TU 76), Berlin 1961.

* —, Die hermeneutischen Prinzipien in der Bergpredigt (Mt 5,17—20), in: Verifikationen. Festschrift für Gerhard Ebeling zum 70. Geburtstag, hg v E Jüngel, J Wallmann, W Werbeck, Tübingen 1982, 27—41.

* Betz, O., Das Problem der Gnosis seit der Entdeckung der Texte von Nag Hammadi, VF 21/22, 1976/77, H 2/1976, 46—80.

Bickermann, E., Das Messiasgeheimnis und die Komposition des MK = Evangeliums, ZNW 22, 1923, 122—146.

—, Das leere Grab, ZNW 23, 1924, 281—292.

Bieder, W., Die Vorstellung von der Höllenfahrt Jesu Christi, Zürich 1949.

Bieler, L., ΘΕΙΟΣ ΑΝΗΡ. Das Bild des „göttlichen Menschen" in Spätantike und Frühchristentum, Bd I, Wien 1935.

Bieneck, J., Sohn Gottes als Christusbezeichnung der Synoptiker, Zürich 1951.

Bietenhard, H., Die himmlische Welt im Urchristentum und Spätjudentum (WUNT 2), Tübingen 1951.

Bishop, E. F. F., Mark 15,29: A Suggestion, ET 57, 1945/46, 112.

Bisping, A., Erklärung der Evangelien nach Markus und Lukas (Exegetisches Handbuch zum NT 2), Münster 1868.

Black, M., Unsolved New Testament Problems. The Problem of the Aramaic Element in the Gospels, ET 59, 1947/48, 171—176.

—, An Aramaic Approach to the Gospels and Acts[2], Oxford 1954.

* Blank, R., Analyse und Kritik der formgeschichtlichen Arbeiten von Martin Dibelius und Rudolf Bultmann (ThDiss 16), Basel 1981.

Blass, F., Textkritische Bemerkungen zu Markus, BFChTh 3,3, 1899, 49—93.

Blaß, F., Debrunner, A., Grammatik des neutestamentlichen Griechisch[9], Göttingen 1954.

Bleiben, T. E., The Synoptists' Interpretation of the Death of Christ, ET 44, 1942/43, 145—149.

* Blevins, J. L., The Messianic Secret in Markan Research, 1901—1976, Washington 1981.

Blinzler, J., Der Prozeß Jesu[2], Regensburg 1955.

Blunt, A. W. F., The Gospel according to St. Mark[6] (The Clarendon Bible), Oxford 1949.

* Böttger, P. Chr., Der König der Juden — das Heil für die Völker. Die Geschichte Jesu Christi im Zeugnis des Markusevangeliums (NStB 13), Neukirchen—Vluyn 1981.

Boll, F., Artikel Finsternisse, in: PRE 1,6, Stuttgart 1909, 2329—2364.

* Boman, T., Die Jesus-Überlieferung im Lichte der neueren Volkskunde, Göttingen 1967.

Bonhoeffer, D., Widerstand und Ergebung[6], hg v E Bethge, München 1955.

Bonner, C., Two Problems in Melito's Homily on the Passion, HThR 31, 1938, 175—190.

—, The Homily on the Passion by Melito Bishop of Sardis with some Fragments of the Apokryphal Ezekiel (StD 12), London 1940.

Bornhäuser, K., Zeiten und Stunden in der Leidens- und Auferstehungsgeschichte, BFChTh 26, 1921, 179—260.

—, Die Leidens- und Auferstehungsgeschichte Jesu, Gütersloh 1947.

Bornkamm, G., Die Sturmstillung im Matthäusevangelium, WuD 1, 1948, 49—54.

—, Die Verzögerung der Parusie, in: In memoriam Ernst Lohmeyer, hg v WSchmauch, Stuttgart 1951, 116—126.

—, Matthäus als Interpret der Herrenworte, ThLZ 79, 1954, 341—346.

Bousset, W., Kyrios Christos[2] (FRLANT 21), Göttingen 1921.

Bousset, W., u. Greßmann, H., Die Religion des Judentums im Späthellenistischen Zeitalter[3] (HNT 21), Tübingen 1926.

* Brandenburger, E., Markus 13 und die Apokalyptik (FRLANT 134), Göttingen 1984.

Brandt, W., Die Evangelische Geschichte und der Ursprung des Christentums, Leipzig 1893.

Bratcher, R. G., A Note on υἱὸς θεοῦ (Mark XV, 39), ET 68, 1956/57, 27—29.

* —, Mark XV.39: the Son of God, ET 80, 1968/69, 286.

Braun, H., Der Sinn der neutestamentlichen Christologie, ZThK 54, 1957, 341—377.

* —, An die Hebräer (HNT 14), Tübingen 1984.

* Breytenbach, D., Nachfolge und Zukunftserwartung nach Markus. Eine methodenkritische Studie (AThANT 71), Zürich 1984 (Diss München 1983).

Briggs, E. G., A Critical and Exegetical Commentary on the Book of Psalms Vol I[5] (ICC 14,1), Edinburgh 1952; Vol II[4] (ICC 14,2), Edinburgh 1951.

Brockmöller, K., Christentum am Morgen des Atomzeitalters[2], Frankfurt 1954.

Brown, E. F., „Destroy this Temple and in Three Days I will Raise it up" (St. John 2,19), JThS 24, 1923, 315—317.

Bruder, H., Concordantiae omnium vocum Novi Testamenti Graeci[7], Göttingen 1913.

Brückner, M., Die Petruserzählungen im Markusevangelium, ZNW 8, 1907, 48—65.

Brückner, W., Die Christologie des Marcusevangeliums, PrM 4, 1900, 415—438; 13, 1909, 289—308. 338—353.400—411.

Buckley, E. R., The Sources of the Passion Narrative in St. Mark's Gospel, JThS 34, 1933, 138—144.

Büchsel, F., Die Hauptfragen der Synoptikerkritik. Eine Auseinandersetzung mit RBultmann, MDibelius und ihren Vorgängern, BFChTh 40, 1939, 347—440.

Buess, E., Die Geschichte des mythischen Erkennens, München 1953.

Bultmann, R., Die Erforschung der synoptischen Evangelien (AWR NT 1), Gießen 1925.

—, Fascher, Die formgeschichtliche Methode, ThLZ 50, 1925, 313—318.

—, Die Geschichte der synoptischen Tradition[2] (FRLANT NF 12), Göttingen 1931.

—, Reich Gottes und Menschensohn, ThR NF 9, 1937, 1—35.

—, Das Evangelium des Johannes (KEK Abt. II[19]), Göttingen [10]1941; [18]1964.

—, Neues Testament und Mythologie. Das Problem der Entmythologisierung der neutestamentlichen Verkündigung (KuM 1, hg v HWBartsch), Hamburg 1948.

—, Theologie des Neuen Testaments, Tübingen 1948; [4]1961.

* —, Die Geschichte der synoptischen Tradition (FRLANT 29), Göttingen [1]1921; [6]1964 (mit Ergänzungsheft [2]1962, [5]1979).

Burch, E. W., Tragic Action in the Second Gospel: A Study in the Narrative of Mark, JR 11, 1931, 346—358.

* Burchard, Ch., Markus 15,34, ZNW 74, 1983, 1—11.

Burkill, T. A., St Marks Philosophy of History, NTS 3, 1956/57, 142—148.

* —, Mysterious Revelation. An Examination of the Philosophy of St. Mark's Gospel, Ithaca/New York 1963.

Burkitt, F. C., The Gospels and their Oldest Manuscripts, Antiquity 4, 1930, 12—21.

Burney, C. F., The Aramaic Origin of the Fourth Gospel, Oxford 1922.

Burrows, M., Mark's Transition and the Translation Hypothesis, JBL 48, 1929, 117—123.

Buse, I., St John and the Marcan Passion Narrative, NTS 4, 1957/58, 215—219.

* Busemann, R., Die Jüngergemeinde nach Markus 10. Eine redaktionsgeschichtliche Untersuchung des 10. Kapitels im Markusevangelium (BBB 57), Königstein/Ts./Bonn 1983.

* Bussmann, C., Sluis, D. van der, Die Bibel studieren. Einführung in die Methoden der Exegese (Studienbücher Theologie für Lehrer), München 1982.

Bußmann, W., Synoptische Studien I–III, Halle 1925/1929/1931.

Byington, St. T., Jesus' Mountain Sides, ET 65, 1953/54, 94.

Cadbury, H., The Style and Literary Method of Luke (HThS 6), Cambridge 1919f.

—, Between Jesus and the Gospels, HThR 16, 1923, 81–92.

Cadoux, A. T., The Sources of the Second Gospel, London 1935.

Campenhausen, H. v., Die Idee des Martyriums in der alten Kirche, Göttingen 1936.

—, Der Ablauf der Osterereignisse und das leere Grab (SAHW.PH 1952,4), Heidelberg 1952.

—, Kirchliches Amt und geistliche Vollmacht in den ersten drei Jahrhunderten (BHTh 14), Tübingen 1953.

* Cancik, H., Bios und Logos. Formengeschichtliche Untersuchungen zu Lukians ,Leben der Demonax‘, in: Markus-Philologie. Historische, literargeschichtliche und stilistische Untersuchungen zum zweiten Evangelium, hg v Cancik, H (WUNT 33), Tübingen 1984, 115–130.

* —, Die Gattung Evangelium. Markus im Rahmen der antiken Historiographie, in: Markus-Philologie. Historische, literargeschichtliche und stilistische Untersuchungen zum zweiten Evangelium, hg v Cancik, H (WUNT 33), Tübingen 1984, 85–113.

* —, (Hg.), Markus-Philologie, Historische, literargeschichtliche und stilistische Untersuchungen zum zweiten Evangelium (WUNT 33), Tübingen 1984.

Carrington, P., The Primitive Christian Calender. A Study of the Making of the Markan Gospel, Vol. I Introduction & Text, Cambridge 1952.

Casel, O., Art und Sinn der ältesten christlichen Osterfeier, JLW 14, 1958, 1–78.

Casey, R. P., St. Mark's Gospel, Theology 55, 1952, 362–370.

Chapman, D. J., Matthew, Mark and Luke. A Study in the Order and Interrelation of the Synoptic Gospels, London/New York/Toronto 1937.

Clarke, W. K. L., Concise Bible Commentary, London 1952.

Clemen, C., Religionsgeschichtliche Erklärung des Neuen Testamentes[2], Gießen 1924.

* Colpe, C., Die religionsgeschichtliche Schule. Darstellung und Kritik ihres Bildes vom gnostischen Erlösermythus (FRLANT 78), Göttingen 1961.

Conzelmann, H., Zur Lukasanalyse, ZThK 49, 1952, 16–33.

—, Die Mitte der Zeit. Studien zur Theologie des Lukas (BHTh 17), Tübingen 1954; [3]1960.

—, Gegenwart und Zukunft in der synoptischen Tradition, ZThK 54, 1957, 277–296.

* —, Geschichte und Eschaton nach Mc 13, ZNW 50, 1959, 210–221.

* —, Historie und Theologie in den synoptischen Passionsberichten, in: Zur Bedeutung des Todes Jesu, Exegetische Beiträge, hg v FViering, Gütersloh 1967, 37–53.

* —, Literaturbericht zu den Synoptischen Evangelien, ThR (NF) 37, 1972, 220–272.

* —, Literaturbericht zu den Synoptischen Evangelien (Fortsetzung und Nachtrag), ThR (NF) 43, 1978, 3–51.321–327.

* Conzelmann, H., u. Lindemann, A., Arbeitsbuch zum Neuen Testament, Tübingen 1975.

Couchoud, P. L., Notes de critique verbale sur St Marc et St Matthieu, JThS 34, 1933, 113–138.

Creed, J. M., The Conclusion of the Gospel according to St Mark, JThS 31, 1930, 175–180.

Crönert, W., Besprechung von LRadermacher, Neutestamentliche Grammatik² (1925), Gnomon 4, 1928, 74—91.

Crum, J. M. C., St. Mark's Gospel: Two Stages of its Making, Cambridge 1936.

Cullmann, O., Christus und die Zeit, Zürich 1946.

—, Zur Frage der Erforschung der neutestamentlichen Christologie, KuD 1, 1955, 133—141.

Dähnhardt, O., Natursagen II: Sagen zum Neuen Testament, Leipzig/Berlin 1909.

Dahl, N. A., Das Volk Gottes. Untersuchung zum Kirchenbewußtsein des Urchristentums, Oslo 1941.

—, Der historische Jesus als geschichtswissenschaftliches und theologisches Problem, KuD 1, 1955, 104—132.

—, Die Passionsgeschichte bei Matthäus, NTS 2, 1955/56, 17—32.

Dalman, G., Der leidende und der sterbende Messias der Synagoge im ersten nachchristlichen Jahrtausend (SIJB 4), Berlin 1888.

—, Grammatik des jüdisch-palästinischen Aramäisch², Leipzig 1905.

—, Jesus — Jeschua. Die drei Sprachen Jesu, Leipzig 1922.

—, Die Worte Jesu I², Leipzig 1930.

* Danker, F. W., The Demonic Secret in Mark: A Reexamination of the Cry of Dereliction (15, 34), ZNW 61, 1970, 48—69.

Daube, D., The Anointing at Bethany and Jesus' Burial, AThR 32, 1950, 186—199.

* Dauer, A., Die Passionsgeschichte im Johannesevangelium. Eine traditionsgeschichtliche und theologische Untersuchung zu Joh 18,1—19,30, München 1972.

Dausch, P., Die drei älteren Evangelien (Die Heilige Schrift des NT 2), Bonn 1918.

Davies, P. E., Mark's Witness to Jesus, JBL 73, 1954, 197—202.

Dehn, G., Der Gottessohn. Eine Einführung in das Evangelium des Markus³ (UCB 2), Berlin 1932.

Deissmann, G. A., Licht vom Osten, Tübingen 1923.

Detzel, H., Christliche Ikonographie I, Freiburg 1894.

* Dewey, J., Markan Public Debate. Literary Technique, Concentric Structure, and Theology in Mark 2,1—3,6 (SBL Diss Ser 48), Chico, California 1980.

Dibelius, M., Die Geisterwelt im Glauben des Paulus, Göttingen 1909.

—, Referat zu RBultmann, Geschichte der synoptischen Tradition, DLZ 43, 1922, 128—134.

—, Zur Formgeschichte der Evangelien, ThR Nf 1, 1929, 185—216.

—, Zur Formgeschichte des Neuen Testaments, ThR NF 3, 1931, 207—242.

—, Jungfrauensohn und Krippenkind. Untersuchungen zur Geburtsgeschichte Jesu im Lukas-Evangelium (SAHW.PH 4), Heidelberg 1932.

—, Rezension von RBultmann, Geschichte der synoptischen Tradition², DLZ 53, 1932, 1105—1111.

—, Die Formgeschichte des Evangeliums, Tübingen ²1933; ³1959.

—, La signification religieuse des récits évangéliques de la Passion, RHPhR 13, 1933, 30—45.

—, Jesus² (Sammlung Göschen 1130), Berlin 1949.

—, Botschaft und Geschichte. Gesammelte Aufsätze, I: Zur Evangelienforschung, Tübingen 1953; II: Zum Urchristentum und zur hellenistischen Religionsgeschichte, Tübingen 1956, hg v HKraft und GBornkamm.

Dibelius, M., u. Köhler, W., Der Todestag Jesu, ThB 13, 1934, 65—71.

* Dietrich, W., Das Petrusbild der lukanischen Schriften (BWANT 94), Stuttgart/Berlin/Köln/Mainz 1972.

* Dihle, A., Die Evangelien und die griechische Biographie, in: Das Evangelium und die Evangelien. Vorträge zum Tübinger Symposium 1982, hg v PStuhlmacher (WUNT 28), Tübingen 1983, 383—412.

Dillersberger, J., Markus. Das Evangelium des heiligen Markus, in theologisch und heilsgeschichtlich vertiefter Schau V², Salzburg/Leipzig 1938.

Dinkler, E., Jesu Wort vom Kreuztragen, in: Neutestamentliche Studien für Rudolf Bultmann zu seinem siebzigsten Geburtstag am 20. August 1954 (BZNW 21), Berlin 1954, 110—129.

Dittmar, W., Vetus Testamentum in Novo, Göttingen 1903.

Dobschütz, E. v., Zur Erzählerkunst des Markus, ZNW 27, 1928, 193—198.

—, Der Historiker und das NT, ZNW 32, 1933, 42—52.

Dodd, Ch., The Framework of the Gospel Narrative, ET 43, 1931/32, 396—400.

—, Present Tendencies in the Criticism of the Gospels, ET 43, 1931/32, 246—251.

—, The Apostolic Preaching and its Development², London 1937.

—, The Gospels as History: A Reconsideration, Manchester 1938.

—, New Testament Studies, Manchester 1953.

Dölger, F. J., Die „Gottes-Stimme" bei Ignatius von Antiochien, Kelsos und Origenes, AuC 5, 1936, 218—223.

* Dormeyer, D., Die Passion Jesu als Verhaltensmodell. Literarische und theologische Analyse der Traditions- und Redaktionsgeschichte der Markuspassion (NTA NS 11), Münster 1974.

* —, Der Sinn des Leidens Jesu. Historisch-kritische und textpragmatische Analysen zur Markuspassion (SBS 96), Stuttgart 1979.

* Doudna, J. Ch., The Greek of the Gospel of Mark (JBL.MS 12), Philadelphia 1961.

Drescher, R., Das Markusevangelium und seine Entstehung, ZNW 17, 1916, 228—256.

Drews, A., Die Christusmythe I—II, Jena 1910/11.

—, Das Markusevangelium, Jena 1921.

—, Der Sternenhimmel in der Dichtung und Religion der Alten Völker und des Christentums. Eine Einführung in die Astralmythologie, Jena 1923.

* Dschulnigg, P., Sprache, Redaktion und Intention des Markus-Evangeliums. Eigentümlichkeiten der Sprache des Markus-Evangeliums und ihre Bedeutung für die Redaktionskritik (SBB 11), Stuttgart 1984.

Dürr, L., Die Wertung des göttlichen Wortes im Alten Testament und im antiken Orient (MVÄG 42,1), Leipzig 1938.

Duhm, A., Der Gottesdienst im ältesten Christentum (SGV 133), Tübingen 1928.

Duhm, B., Das Buch Jeremia (KHC 11), Tübingen 1901.

—, Das Buch Jesaia⁴ (HK 3,1), Göttingen 1922.

—, Die Psalmen² (KHC 14), Tübingen 1922.

Dunkerley, R., The Life of Jesus: A New Approach, ET 57, 1945/46, 264—268.

Dyk, P. v., Kritischer Kommentar zu den vier Evangelien, Leipzig 1902.

Easton, B. S., The Gospel Before the Gospels, New York 1928.

—, Christ in the Gospels, London 1930.

Ebeling, G., Die „nicht-religiöse Interpretation biblischer Begriffe", ZThK 52, 1955, 296—360.

—, Theologie und Wirklichkeit, ZThK 53, 1956, 372—383.

* —, Wort Gottes und Tradition. Studien zu einer Hermeneutik der Konfessionen (KiKonf 7), Göttingen 1964.

* —, Studium der Theologie. Eine enzyklopädische Orientierung (UTB 446), Tübingen 1975.

Ebeling, H. J., Das Messiasgeheimnis und die Botschaft des Marcus-Evangelisten (BZNW 19), Berlin 1939.

* Egger, W., Nachfolge als Weg zum Leben. Chancen neuerer exegetischer Methoden dargelegt an Mk 10,17—31 (ÖBS 1), Klosterneuburg 1979.

Eichrodt, W., Theologie des Alten Testaments I³; II—III², Berlin 1948.

Eisler, R., Weltenmantel und Himmelszelt, München 1910.

Elliger, K., Das Buch der zwölf Kleinen Propheten II: Die Propheten Nahum, Habakuk, Zephanja, Haggai, Sacharja, Maleachi (ATD 25), Göttingen 1950.

* Ellis, E. E., Gospels Criticism: A Perspective on the State of the Art, in: Das Evangelium und die Evangelien. Vorträge vom Tübinger Symposium 1982, hg v PStuhlmacher (WUNT 28), Tübingen 1983, 27—54.

Enslin, M. S., The Artistry of Mark, JBL 66, 1947, 385—399.

Erbes, K., Zeit und Ziel der Grüße Röm 16,3 und der Mitteilungen 2 Tim 4,9—21, ZNW 10, 1909, 128—147.

Erbt, W., Das Markusevangelium. Eine Untersuchung über die Form der Petrusbriefe und die Geschichte der Urgemeinde (MVÄG 16,1), Leipzig 1911.

* Ernst, J., Das Evangelium nach Markus, übersetzt u erkl. von Josef Ernst (RNT 2), Regensburg 1981.

Esking, E., Das Martyrium als theologisch-exegetisches Problem, in: In memoriam Ernst Lohmeyer, hg v WSchmauch, Stuttgart 1951, 224—232.

* Esser, D., Formgeschichtliche Studien zur hellenistischen und zur frühchristlichen Literatur unter besonderer Berücksichtigung der vita Apollonii des Philostrat und der Evangelien, Diss Bonn 1969.

Euler, K. F., Die Verkündigung vom leidenden Gottesknecht aus Jes 53 in der griechischen Bibel (BWANT 66), Stuttgart 1934.

Farrer, A., A Study of St. Mark, New York 1952.

Fascher, E., Die formgeschichtliche Methode (BZNW 2), Berlin 1924.

—, Theologische Beobachtungen zu δεῖ, in: Neutestamentliche Studien für Rudolf Bultmann zu seinem siebzigsten Geburtstag am 20. August 1954 (BZNW 21), Berlin 1954, 228—254.

Feigel, F. K., Der Einfluß des Weissagungsbeweises und anderer Motive auf die Leidensgeschichte, Tübingen 1910.

Feine, P., u. Behm, J., Einleitung in das Neue Testament⁹, Heidelberg 1950.

* Feldmeier, R., Die Darstellung des Petrus in den synoptischen Evangelien, in: Das Evangelium und die Evangelien. Vorträge vom Tübinger Symposium 1982, hg v PStuhlmacher (WUNT 28), Tübingen 1983, 267—271.

Fiebig, P. W. J., Jüdische Wundergeschichten des neutestamentlichen Zeitalters, Tübingen 1911.

—, Rabbinische Wundergeschichten, Bonn 1911.

—, Der Erzählungsstil der Evangelien, Leipzig 1925.

—, Die Umwelt des Neuen Testamentes, Göttingen 1926.

—, Der zerrissene Tempelvorhang, Neues Sächsisches Kirchenblatt 40, 1933, 227—236.

Finegan, J., Die Überlieferung der Leidens- und Auferstehungsgeschichte Jesu (BZNW 15), Berlin 1934.

* Fowler, R. M., Loaves and Fishes. The Function of the Feeding Stories in the Gospel of Mark (SBL Diss Ser 54), Chicago 1981.

* Frankemölle, H., Evangelist und Gemeinde. Eine methodenkritische Besinnung (mit Beispielen aus dem Matthäusevangelium), Bib 60, 1979, 153—190.

Freyer, H., Theorie des gegenwärtigen Zeitalters, Stuttgart 1955.

Fridrichsen, A., Jesu kamp mot de urene ånder, SvTK 5, 1929, 299–314.

—, Markusevangelist, Stockholm 1952.

Friedrich, G., Beobachtungen zur messianischen Hohepriestererwartung in den Synoptikern, ZThK 53, 1956, 265–311.

* —, Zur Vorgeschichte des Theologischen Wörterbuchs zum Neuen Testament, ThW X,1, 1–52.

* —, Die Verkündigung des Todes Jesu im Neuen Testament (Biblisch-Theologische Studien 6), Neukirchen–Vluyn 1982.

Gärtner, B., Die rätselhaften Termini Nazoräer und Iskariot (HSoed 4), Uppsala 1957.

* Gärtner, B. E., Markus Evangelium (TNT 2), Stockholm 1967.

Galling, K., Der Charakter der Chaosschilderung in Gen 1,2, ZThK 47, 1950, 145–157.

* Gaston, L., Horae Synopticae Electronicae. Word Statistics of the Synoptic Gospels (Sources for Biblical Study 3), Missoula, Montana 1973.

Gebser, J., Abendländische Wandlung, Konstanz 1943.

—, Ursprung und Gegenwart I–II, Stuttgart 1949/1953.

—, Kulturphilosophie als Methode und Wagnis, ZW 27, 1956, 813–820.

* Gerhardsson, B., Der Weg der Evangelientradition, in: Das Evangelium und die Evangelien. Vorträge vom Tübinger Symposium 1982, hg v PStuhlmacher (WUNT 28), Tübingen 1983, 79–102.

Gerke, A., Seneca-Studien (JCPh.S Bd 12), Leipzig 1896.

Gerke, F., Christus in der spätantiken Plastik³, Mainz 1948.

* Gerstenberger, E. S., Schrage, W., Leiden (Biblische Konfrontationen 1004), Stuttgart/Berlin/Köln/Mainz 1977.

* Gese, H., Psalm 22 und das Neue Testament. Der ältere Bericht vom Tode Jesu und die Entstehung des Herrenmahles, ZThK 65, 1968, 1–22.

Gilbert, G. H., From John Mark to John the Theologian; The First Great Departure from Primitive Christianity, HThR 16, 1923, 235–257.

Ginzel, K. F., Spezieller Kanon der Sonnen- und Mondfinsternisse von 900 v. Chr. bis 600 n. Chr., Berlin 1899.

* Gnilka, J., Das Evangelium nach Markus. I–II (EKK 2), Zürich/Einsiedeln/Köln/Neukirchen–Vluyn 1978/79.

Gogarten, F., Entmythologisierung und Kirche, Stuttgart 1953.

—, Verhängnis und Hoffnung der Neuzeit. Die Säkularisierung als theologisches Problem, Stuttgart 1953.

Goguel, M., Luke and Mark, HThR 26, 1933, 1–55.

—, Das Leben Jesu, Zürich 1934.

Gómez-Pallete, M., Cruz y crucifixion, notas para una exegésis de Mc 15,25, EE 20, 1946, 535–544; 21, 1947, 85–109.

Goppelt, L., Typos (BFChTh.M 43), Gütersloh 1939.

Gould, E. P., A Critical and Exegetical Commentary on the Gospel according to St. Mark⁶ (ICC NT 2), Edinburgh 1921).

Gräßer, E., Das Problem der Parusieverzögerung in den synoptischen Evangelien und in der Apostelgeschichte (BZNW 22), Berlin 1957.

* —, Text und Situation. Gesammelte Aufsätze zum Neuen Testament, Gütersloh 1973.

* —, Albert Schweitzer als Theologe (BHTh 60), Tübingen 1979.

* —, Offene Fragen im Umkreis einer Biblischen Theologie, ZThK 77, 1980, 200–221.

Grant, F. C., The Growth of the Gospels, Milwaukee 1933.

—, The Gospel of the Kingdom, New York 1940.

—, The Earliest Gospel, Nashville–New York 1943.

Graves, R., u. Pordo, J., The Nazarene Gospel Restored, London 1953.

Greßmann, H., Der Ursprung der israelitisch-jüdischen Eschatologie (FRLANT 6), Göttingen 1905.

—, Das religionsgeschichtliche Problem des Ursprungs der hellenistischen Erlösungsreligion. Eine kritische Auseinandersetzung mit Reitzenstein. Teil II: Die manichäische Religion, ZKG 41, 1922, 154—180.

—, Der Messias (FRLANT 43), Göttingen 1929.

Grimm, C. H., Kurzgefaßtes exegetisches Handbuch zu den Apokryphen des AT, 2. und 4. Makk, Leipzig 1857.

Grobel, K., Formgeschichte und synoptische Quellenanalyse (FRLANT NF 35), Göttingen 1937.

Grützmacher, R. H., Ist das liberale Jesusbild modern? (BZSt 3,2), Berlin 1907.

* Grundmann, W., Das Evangelium nach Markus (ThHK II), Berlin [3]1968; [8]1980.

* Gubler, M. L., Die frühesten Deutungen des Todes Jesu. Eine motivgeschichtliche Darstellung aufgrund der neueren exegetischen Forschung (Orbis Biblicus et Orientalis 15), Göttingen 1977.

* Guelich, R., The Gospel Genre, in: Das Evangelium und die Evangelien. Vorträge vom Tübinger Symposium 1982, hg v PStuhlmacher (WUNT 28), Tübingen 1983, 183—220.

* Güttgemanns, E., Offene Fragen zur Formgeschichte des Evangeliums. Eine methodologische Skizze der Grundlagenproblematik der Form- und Redaktionsgeschichte (BEvTh 54), München 1970; [2]1971.

Gunkel, H., Schöpung und Chaos in Urzeit und Endzeit, Göttingen 1895.

—, Zum religionsgeschichtlichen Verständnis des Neuen Testaments (FRLANT 4), Göttingen 1903.

—, Genesis[3] (HK 1,1), Göttingen 1910.

—, Die Urgeschichte und die Patriarchen[2] (SAT 1,1), Göttingen 1921.

—, Die Psalmen[4] (HK 2,2), Göttingen 1926.

* Guy, H. A., Son of God in Mk 15:39, ET 81, 1970, 151.

* Haacker, K., Neutestamentliche Wissenschaft. Eine Einführung in Fragestellungen und Methoden, Wuppertal 1981.

Hadorn, W., Die Entstehung des Markus-Evangeliums (BFChTh 2,4), Gütersloh 1898.

Haenchen, E., Die Apostelgeschichte[10] (KEK Abt. III), Göttingen 1956.

* —, Das Johannesevangelium. Ein Kommentar, hg v UBusse, Tübingen 1980.

* Häring, E., Die Schilderung des Todes von Jesus unter Berücksichtigung der Grablegungs- und Auferstehungsperikope. Methodenkritisch akzentuierte Studien zu Mk 15,33—16,8, Diss Luzern/Salzburg 1976.

* Hahn, F., Methodenprobleme einer Christologie des Neuen Testaments, VF 15, 1970, H 2, 3—41.

* —, Christologische Hoheitstitel. Ihre Geschichte im frühen Christentum[4] (FRLANT 83), Göttingen 1974.

* Hamilton, N. Q., Resurrection Tradition and the Composition of Mark, JBL 84, 1965, 415—421.

Hanson, R. P. C., Further Evidence for Indications of the Johannine Chronology of the Passion to be found in the Synoptic Evangelists, ET 53, 1941/42, 178—180.

Harnack, A. v., Bruchstücke des Evangeliums und der Apokalypse des Petrus[2] (TU 9,2), Leipzig 1893.

—, Probleme im Texte der Leidensgeschichte Jesu, SPAW.PH 1, 1901, 251—266.

—, Militia Christi, Tübingen 1905.

—, Beiträge zur Einleitung in das NT I: Lukas der Arzt, der Verfasser des dritten Evangeliums und der Apostelgeschichte, Leipzig 1906.

—, Marcion: Das Evangelium vom fremden Gott[2], Leipzig 1921.

Hartlich, C., u. Sachs, W., Der Ursprung des Mythosbegriffes in der modernen Bibelwissenschaft, Tübingen 1952.

—, Kritische Prüfung der Haupteinwände Barths gegen Bultmann, in: KuM 2, Hamburg 1952, 113—125.

Hartmann, G., Der Aufbau des Markusevangeliums (NTA 17,2.3), Münster 1936.

Hase, K. v., Neutestamentliche Parallelen zu buddhistischen Quellen (BZSt 1,12), Berlin 1905.

* Hasenfratz, H. P., Die Rede von der Auferstehung Jesu Christi. Ein methodologischer Versuch (FThL 10), Bonn 1975.

Hasenzahl, W., Die Gottverlassenheit des Christus, BFChTh 39, 1938, 1—148.

Hauck, F., Das Evangelium des Markus (ThHK 2), Leipzig 1931.

—, Das Evangelium des Lukas (ThHK 3), Leipzig 1934.

Haupt, W., Worte Jesu und Gemeindeüberlieferung (UNT 3), Leipzig 1913.

Hawkins, J. C., Horae synopticae[2], Oxford 1909.

Heitmüller, W., Jesus, Tübingen 1913.

Helmbold, H., Vorsynoptische Evangelien, Stuttgart 1953.

* Hendriks, W., Zur Kollektionsgeschichte des Markusevangeliums, in: L'Evangile selon Marc. Tradition et rédaction, hg v MSabbe (BETHL 34), Gembloux (Belgique) 1974, 35—57.

* Hendriksen, W., The Gospel of Mark (New Testament Commentary. The Banner of Truth Trust), Edinburgh 1976.

* Hengel, M., Judentum und Hellenismus. Studien zu ihrer Begegnung unter besonderer Berücksichtigung Palästinas bis zur Mitte des 2. Jahrhunderts vChr (WUNT 10), Tübingen 1968; [2]1973.

* —, Mc 7,3 πυγμῇ: Die Geschichte einer exegetischen Aporie und der Versuch ihrer Lösung, ZNW 60, 1969, 182—198.

* —, Neutestamentliche Wege und Holzwege, EK 3, 1970, 112—114.

* —, Christologie und neutestamentliche Chronologie, in: Neues Testament und Geschichte. Historisches Geschehen und Deutung im Neuen Testament. Oscar Cullmann zum 70. Geburtstag, hg v HBaltensweiler, BReicke, Zürich 1972, 43—67.

* —, Der Sohn Gottes. Die Entstehung der Christologie und die jüdisch-hellenistische Religionsgeschichte, Tübingen 1975.

* —, Mors turpissima crucis. Die Kreuzigung in der antiken Welt und die „Torheit" des „Wortes vom Kreuz", in: Rechtfertigung. Festschrift für Ernst Käsemann zum 70. Geburtstag, hg v JFriedrich, WPöhlmann, PStuhlmacher, Göttingen/Tübingen 1976, 125—184.

* —, Messianische Hoffnungen und politischer „Radikalismus" in der „jüdisch-hellenistischen Diaspora". Zur Frage der Voraussetzung des jüdischen Aufstandes unter Trajan 115—117 nChr, in: Apocalypticism in the Mediterranean World and the Near East. Proceedings of the International Colloquium on Apocalypticism, Uppsala, August 12—17, 1979, hg v DHellholm, Tübingen 1983, 655—686.

* —, Probleme des Markusevangeliums, in: Das Evangelium und die Evangelien. Vorträge vom Tübinger Symposium 1982, hg v PStuhlmacher (WUNT 28), Tübingen 1983, 221—266.

* —, Entstehungszeit und Situation des Markusevangeliums, in: Markus-Philologie. Historische, literargeschichtliche und stilistische Untersuchungen zum zweiten Evangelium, hg v HCancik (WUNT 33), Tübingen 1984, 1—45.

Hennecke, E. (Hg.), Neutestamentliche Apokryphen, Tübingen 1904; ²1924.

Herbst, W., Das Markus-Evangelium (BhG NT 2), Leipzig/Hamburg 1936.

Higgins, A. J. B., Jesus as Prophet, ET 57, 1945/46, 292—294.

Hirsch, E., Frühgeschichte des Evangeliums I—II, Tübingen 1941.

Hoffmann, R. A., Das Markusevangelium und seine Quellen. Ein Beitrag zur Lösung der Urmarcusfrage, Königsberg 1904.

—, Das Wort Jesu von der Zerstörung und dem Wiederaufbau des Tempels, in: Neutestamentliche Studien Georg Heinrici zu seinem 70. Geburtstag, Leipzig 1914, 130—139.

* Hofius, O., Der Vorhang vor dem Thron Gottes. Eine exegetisch-religionsgeschichtliche Untersuchung zu Hebräer 6,19f und 10,19f (WUNT 14), Tübingen 1972.

Holland, R., Zur Typik der Himmelfahrt, ARW 18, 1925, 207—220.

Hollmann, G., Die Bedeutung des Todes Jesu nach seinen eigenen Aussagen auf Grund der synoptischen Evangelien, Tübingen 1901.

* Holtz, T., Überlegungen zur Geschichte des Urchristentums, ThLZ 100, 1975, 322—331.

Holtzmann, H. J., Die Synoptiker³, Tübingen 1901.

Holzmeister, U., Die Passionsliteratur der letzten sechs Jahre, ZKTh 39, 1915, 318—367.

—, Die Finsternis beim Tode Jesu, Bibl 22, 1941, 404—411.

* Hornig, G., Die Anfänge der historisch-kritischen Theologie. Johann Salomo Semlers Schriftverständnis und seine Stellung zu Luther (FSThR 8), Göttingen 1961.

* —, Lehre und Bekenntnis im Protestantismus, in: Handbuch der Dogmen- und Theologiegeschichte, hg v CAndresen, III/2, Göttingen 1984, 71—287.

Horst, F., Die zwölf kleinen Propheten, Nahum bis Maleachi² (HAT 1,14), Tübingen 1954.

* Horstmann, M., Studien zur markinischen Christologie. Mk 8,27—9,13 als Zugang zum Christusbild des zweiten Evangeliums (NTA 6), Münster 1969.

Hoskyns, E. C., u. Davey, F. N., Das Rätsel des Neuen Testamentes, Stuttgart 1938.

* Huck, A., Greeven, H., Synopse der drei ersten Evangelien mit Beigabe der johanneischen Parallelstellen, Tübingen 1981.

Hudson, J. T., The Aramaic Basis of St. Mark, ET 53, 1941/42, 264—270.

Hühn, E., Die messianischen Weissagungen des israelitisch-jüdischen Volkes bis zu den Targumim, Tübingen 1899.

Hunter, A. M., The Gospel according to Saint Mark (Torch Bible Commentaries), London 1949.

Hunzinger, A. W., Die religionsgeschichtliche Methode (BZSt 4,11), Berlin 1909.

Jensen, A. E., Mythos und Kult bei Naturvölkern. Religionswissenschaftliche Betrachtungen (Studien zur Kulturkunde 10), Wiesbaden 1951.

Jeremias, A., Babylonisches im Neuen Testament, Leipzig 1905.

Jeremias, F., Das Orientalische Heiligtum, Angelos 4, 1932, 56—69.

Jeremias, Joach., Der Eckstein, Angelos 1, 1925, 65—70.

—, Das Gebetsleben Jesu, ZNW 25, 1926, 123—146.

—, Golgotha (Angelos Beih. 1), Leipzig 1926.

—, Jesus als Weltvollender, BFChTh 33, 1930, 195—282.

—, Die Abendmahlsworte Jesu², Göttingen 1949.

—, Unbekannte Jesusworte (BFChTh 45,2), Gütersloh 1951.

—, Die Gleichnisse Jesu², Göttingen 1952.

—, Kennzeichen der ipsissima vox Jesu, in: Synoptische Studien, Alfred Wikenhauser zum siebzigsten Geburtstag am 22. Februar 1953 dargebracht von Freunden, Kollegen und Schülern, München 1953, 86—93.

—, Perikopen-Umstellungen bei Lukas? NTS 4, 1957/58, 115—119.

* —, Neutestamentliche Theologie. Teil 1: Die Verkündigung Jesu, Gütersloh 1971; ²1973.

* Jeremias, Jö., Theophanie. Die Geschichte einer alttestamentlichen Gattung² (WMANT 10), Neukirchen 1977.

Jeremias, Joh., Das Evangelium nach Markus, Chemnitz 1928.

—, Das Evangelium nach Matthaeus, Leipzig 1932.

Jonas, H., Gnosis und spätantiker Geist I² (FRLANT 51), Göttingen 1954.

Jordan, H., Jesus und die modernen Jesusbilder (BZSt 5,5.6), Berlin 1909.

Jülicher, A., Neue Linien in der Kritik der evangelischen Überlieferung (Vorträge der Hessischen und Nassauischen theologischen Ferienkurse H 3), Gießen 1906, 14—36.

—, Art. Wrede, W., RE³ Bd 21, 1908, 506—510.

Jülicher, A. u. Fascher, E., Einleitung in das Neue Testament⁷ (GThW 3,1), Tübingen 1931.

Kähler, M., Der sogenannte historische Jesus und der geschichtliche, biblische Christus², Leipzig 1896.

Käsemann, E., Das wandernde Gottesvolk (FRLANT NF 37), Göttingen 1939.

—, Kritische Analyse von Phil 2,5—11, ZThK 47, 1950, 313—360.

—, Die Johannesjünger in Ephesus, ZThK 49, 1952, 144—159.

—, Das Problem des historischen Jesus, ZThK 51, 1954, 125—153.

Kahle, P., Zehn Jahre Entdeckungen in der Wüste Juda, ThLZ 82, 1957, 640—650.

Kautzsch, E., Die Apokryphen und Pseudepigraphen des Alten Testamentes I—II, Tübingen 1900.

—, Die Heilige Schrift des Alten Testamentes⁴ I—II, hg v ABertholet, Tübingen 1922—23.

* Kazmierski, C. R., Jesus, the Son of God. A Study of the Markan Tradition and its Redaction by the Evangelist (Forschung zur Bibel 33), Würzburg ¹1979; ²1983.

* Kearns, R., Vorfragen zur Christologie III. Religionsgeschichtliche und Traditionsgeschichtliche Studie zur Vorgeschichte eines christologischen Hoheitstitels, Tübingen 1982.

* Kee, H. C., The Functions of Scriptural Quotations and Allusions in Mark 11—16, in: Jesus und Paulus, Festschrift für W. G. Kümmel zum 70. Geburtstag, hg v EEEllis und EGräßer, Göttingen 1975, 165—188.

* —, Community of the New Age. Studies in Mark's Gospel, London 1977.

* —, Das frühe Christentum in soziologischer Sicht. Methoden und Anstöße, Göttingen 1982.

Keller, W., Und die Bibel hat doch recht, Düsseldorf 1955.

Keppler, P., Zur Passionspredigt des Mittelalters, HJ 3, 1882, 285—315.

Kerényi, K., Die griechisch-orientalische Romanliteratur in religionsgeschichtlicher Beleuchtung, Tübingen 1927.

* Kessler, H., Die theologische Bedeutung des Todes Jesu. Eine traditionsgeschichtliche Untersuchung, Düsseldorf 1970.

Kiddle, M., The Death of Jesus and the Admission of the Gentiles in St. Mark, JThS 35, 1934, 45—50.

Kilpatrick, G. D., A Theme of the Lucan Passion Story and Luke 23,47, JThS 43, 1942, 34—36.

* —, The Historic Present in the Gospels and Acts, ZNW 68, 1977, 258—262.

* Kingsbury, J. D., The „Divine Man" as the Key to Mark's Christology — The End of an Era?, Interp. 35, 1981, 243—257.

Kittel, G., Die Religionsgeschichte und das Urchristentum, Gütersloh 1932.

* Klatt, W., Hermann Gunkel. Zu seiner Theologie der Religionsgeschichte und zur Entstehung der formgeschichtlichen Methode, Göttingen 1969.

Kleist, J. A., The Gospel of Saint Mark, Milwaukee 1936.

Klostermann, A., Das Markusevangelium, Göttingen 1867.

Klostermann, E., Apocrypha III. Agrapha, Slavische Josephusstücke, Oxyhynchos-Fragment² (KlT 11), Bonn 1911.

—, Das Lukasevangelium² (HNT 5), Tübingen 1929.

—, Das Markusevangelium⁴ (HNT 3), Tübingen 1950.

Knopf, R., Lietzmann, H., u. Weinel, H., Einführung in das Neue Testament⁵ (STö.T 2), Berlin 1949.

* Koch, D. A., Inhaltliche Gliederung und geographischer Aufriß im Markusevangelium, NTS 29, 1983, 145—166.

* Koch, K., Was ist Formgeschichte? Neue Wege der Bibelexegese, Neukirchen ²1967; ³1974.

* —, Einleitung, in: Apokalyptik, hg v KKoch, JMSchmidt (WdF 365), Darmstadt 1982, 1—29.

Koehler, L., Das formgeschichtliche Problem des Neuen Testamentes (SGV 127), Tübingen 1927.

Köhler, W., Ernst Troeltsch, Tübingen 1941.

* Köster, H., Einführung in das Neue Testament im Rahmen der Religionsgeschichte und Kulturgeschichte der hellenistischen und römischen Zeit, Berlin/New York 1980.

* Köster, H., u. Robinson, J. M., Entwicklungslinien durch die Welt des frühen Christentums, Tübingen 1971.

Kroll, J., Gott und Hölle. Der Mythos vom Descensuskampfe (SBW 20), Leipzig 1932.

Kühl, E., Die Heilsbedeutung des Todes Christi, Berlin 1890.

Kümmel, W. G., Besprechung von ELohmeyer, Galiläa und Jerusalem, ThLZ 62, 1937, 304—307.

—, Rudolf Thiel und die Quellen der Geschichte Jesu, ThLZ 64, 1939, 115—121.

* —, Die Theologie des Neuen Testaments nach seinen Hauptzeugen Jesus-Paulus-Johannes² (GNT 3), Göttingen 1972.

* —, Einleitung in das Neue Testament²⁰, Heidelberg 1980.

* Küng, H., Ess, J. v., Stietencron, H. v., Bechert, H., Christentum und Weltreligionen. Einführung zum Dialog mit Islam, Hinduismus und Buddhismus, München/Zürich 1984.

Kuhn, K. G., Die in Palästina gefundenen hebräischen Texte und das Neue Testament, ZThK 47, 1950, 192—211.

* Kuhn, P., Gottes Trauer und Klage in der Rabbinischen Überlieferung (Talmud und Midrasch) (AGJU 13), Leiden 1978.

Kundsin, K., Das Urchristentum im Lichte der Evangelienforschung (AWR.NT 2), Gießen 1929.

Lagrange, M. J., Evangile selon Saint Marc⁴, Paris 1929.

Laible, H., Zu Matthäus 27,51, in: HStrack/PBillerbeck III, 733—736.

* Lampe, P., Luz, U., Diskussionsüberblick, in: Das Evangelium und die Evangelien. Vorträge vom Tübinger Symposium 1982, hg v PStuhlmacher (WUNT 28), Tübingen 1983, 413—432.

* Lane, W. L., Commentary on the Gospel of Mark (NIC), London 1974.

* Lang, F. G., „Über Sidon mitten ins Gebiet der Dekapolis". Geographie und Theologie in Markus 7,31, ZDPV 94, 1978, H 2, 145—160.

* Lapide, P., Die Zerreißprobe von Golgatha und Auschwitz, ZdZ 38, 1984, 241—244.

Larfeld, W., Die neutestamentlichen Evangelien nach ihrer Eigenart und Abhängigkeit, Gütersloh 1925.

* Laufen, R., Die Doppelüberlieferungen der Logienquelle und des Markusevangeliums (BBB 54), Königstein/Ts, Bonn 1980.

Lee, E. K., St Mark and the Fourth Gospel, NTS 3, 1956/57, 50−58.

Leipoldt, J., Sterbende und auferstehende Götter. Ein Beitrag zum Streit um Arthur Drews Christusmythe (Neues Testament und Religionsgeschichte 2), Leipzig/Erlangen 1923.

−, Der Tod bei Griechen und Juden, Beiheft zu Germanentum, Christentum und Judentum², Leipzig 1942.

−, Ein neues Evangelium? ThLZ 83, 1958, 482−495.

Leisegang, H., Pneuma Hagion. Der Ursprung des Geistbegriffs der synoptischen Evangelien aus der griechischen Mystik, Leipzig 1922.

* Lentzen-Deis, F., Methodische Überlegungen zur Bestimmung literarischer Gattungen im Neuen Testament, Bib 62, 1981, 1−20.

* Lesky, A., Geschichte der griechischen Literatur³, Bern/München 1971.

Lichtenstein, J. H., Das Evangelium des Markus, Leipzig 1903.

Lidzbarski, M., Das Johannesbuch der Mandäer, Gießen 1915.

−, Ginza. Der Schatz oder Das große Buch der Mandäer (QRG 13), Leipzig/Göttingen 1925.

Lietzmann, H., William Wrede. Geb. am 10. Mai 1859, gest. am 23. November 1906, in: Biographisches Jahrbuch für die Altertumswissenschaft, hg v WKroll 30, Leipzig 1907, 104−110.

−, Die Briefe des Apostels Paulus. Die 4 Hauptbriefe (HNT 3,1), Tübingen 1910.

Lightfoot, R. H., History and Interpretation in the Gospels, London 1934.

−, Locality and Doctrine in the Gospels, London 1938.

−, The Gospel Message of St. Mark, Oxford 1950.

−, A Consideration of Three Passages in St. Mark's Gospel, in: In memoriam Ernst Lohmeyer, hg v WSchmauch, Stuttgart 1951, 110−115.

* Lindemann, A., Literaturbericht zu den Synoptischen Evangelien 1978−1983, ThR 49, 1984, 223−276.

Lindeskog, G., Die Jesusfrage im neuzeitlichen Judentum. Ein Beitrag zur Geschichte der Leben-Jesu-Forschung, Leipzig 1938.

−, The Veil of the Temple, CNT 11, 1947, 132−137.

* Linnemann, E., Gleichnisse Jesu. Einführung und Auslegung³, Göttingen 1964.

* −, Studien zur Passionsgeschichte (FRLANT 102), Göttingen 1970.

* Lipp, W., Der rettende Glaube. Eine Untersuchung zu Wundergeschichten im Markusevangelium, Diss Marburg 1984.

Lösch, St., Deitas Jesu und antike Apotheose, Rottenburg a.N. 1933.

Loewenich, W. v., Der Mensch im Lichte der Passionsgeschichte, Stuttgart 1947.

−, Luther als Ausleger der Synoptiker (FGLP 10,5), München 1954.

Lofthouse, W. F., The Cry of Dereliction, ET 53, 1941/42, 188−192.

* Lohfink, G., Der letzte Tag Jesu. Die Ereignisse der Passion, Freiburg i.Br. 1981.

Lohmeyer, E., Die Idee des Martyriums im Judentum und Urchristentum, ZSTh 5, 1928, 232−249.

−, Galiläa und Jerusalem, Göttingen 1936.

−, Das Evangelium des Markus¹² (KEK Abt I,2), Göttingen 1953.

−, Gottesknecht und Davidsohn² (FRLANT 61), Göttingen 1953.

−, Die Offenbarung des Johannes (HNT 16), Tübingen 1953.

—, Das Evangelium des Matthäus, hg v WSchmauch (KEK Sonderband), Göttingen 1956.

Lohse, E., Lukas als Theologe der Heilsgeschichte, EvTh 14, 1954, 256—275.

—, Märtyrer und Gottesknecht. Untersuchungen zur urchristlichen Verkündigung vom Sühnetod Jesu Christi (FRLANT 46), Göttingen 1955.

* —, Entstehung des Neuen Testaments[2] (Theologische Wissenschaft 4), Stuttgart/Berlin/ Köln/Mainz 1975.

* —, Das Evangelium für die Armen, ZNW 72, 1981, 51—64.

Loisy, A., L'évangile selon Marc, Paris 1912.

* Lüderitz, G., Rhetorik, Poetik, Kompositionstechnik im Markusevangelium, in: Markus-Philologie. Historische, literargeschichtliche und stilistische Untersuchungen zum zweiten Evangelium, hg v HCancik (WUNT 33), Tübingen 1984, 165—203.

* Lührmann, D., Markus 14,55—64. Christologie und Zerstörung des Tempels im Markus-evangelium, NTS 27, 1981, 457—474.

Maag, V., Text, Wortschatz und Begriffswelt des Buches Amos, Leiden 1951.

Macleroy, C. M., Notes on the Cry of Forsakenness on the Cross, ET 53, 1941/42, 326.

Macuch, R., Alter und Heimat des Mandäismus nach neuerschlossenen Quellen, ThLZ 82, 1957, 401—408.

* Maier, G., Das Ende der historisch-kritischen Methode, Wuppertal 1974.

* Maloney, E. C., Semitic Interference in Marcan Syntax (SBL Diss Ser 51), Chico, California 1981.

* Manicardi, E., Il cammino di Gesù nel Vangelo di Marco. Schema narrativo e tema cristologico (AnBib 96), Rom 1981.

Manson, W., Jesus the Messiah. The Synoptic Tradition of the Revelation of God in Christ: With Special Reference to Formcriticism, London 1952.

Marmorstein, A., Iranische und jüdische Religion, ZNW 26, 1927, 231—242.

Marti, K., Das Buch Jesaja (KHC 10), Tübingen/Leipzig 1900.

* Martin, R. P., Mark: Evangelist and Theologian, Exeter 1972.

Marxsen, W., Redaktionsgeschichtliche Erklärung der sogenannten Parabeltheorie des Markus, ZThK 52, 1955, 255—271.

—, Der Evangelist Markus. Studien zur Redaktionsgeschichte des Evangeliums (FRLANT 67), Göttingen 1956.

* —, Einleitung in das Neue Testament. Eine Einführung in ihre Probleme[4], Gütersloh 1978.

* Matera, F. J., The Kingship of Jesus. Composition and Theology in Mark 15 (SBL Diss Ser 66), Chico, Cal. 1982 (Diss Richmond 1981).

Maurer, C., Knecht Gottes und Sohn Gottes im Passionsbericht des Markusevangeliums, ZThK 50, 1953, 1—38.

McCasland, S. V., The Scripture Basis of „On the Third Day", JBL 48, 1929, 124—137.

McCown, C. C., Studies of Palestinian Geography in the Gospels, JBL 50, 1931, 107—129; 57, 1938, 51—56; 59, 1940, 113—131; 60, 1941, 1—25.

Meinertz, M., Art. Formgeschichtliche Methode, in: LThK IV, 64f.

Menzies, A., The Earliest Gospel, London 1901.

* Merklein, H., Die Auferweckung Jesu und die Anfänge der Christologie (Messias bzw. Sohn Gottes und Menschensohn), ZNW 72, 1981, 1—26.

* Meye, R. P., Messianic Secret and Messianic Didache in Mark's Gospel, in: OIKONOMIA. Heilsgeschichte als Thema der Theologie. Oscar Cullmann zum 65. Geburtstag gewidmet, hg v FChrist, Hamburg-Bergstedt 1967, 57—68.

Meyer, A., Die Auferstehung Jesu, Tübingen 1905.

—, Die Entstehung des Markusevangeliums, in: Festgabe für Adolf Jülicher zum 70. Geburtstag 26. Januar 1927, Tübingen 1927, 35—60.

Meyer, E., Ursprung und Anfänge des Christentums I: Die Evangelien 4.5, Stuttgart/ Berlin 1924.

* Michel, K. H., Die Bibel im Spannungsfeld der Wissenschaften, in: ThBeitr 10, 1979, 199—219.

Michel, O., Prophet und Märtyrer, BFChTh 37, 1933, 53—128.

—, Das Zeugnis des Neuen Testamentes vor der Gemeinde (FRLANT 57), Göttingen 1941.

—, Spätjüdisches Prophetentum, in: Neutestamentliche Studien für Rudolf Bultmann zu seinem siebzigsten Geburtstag am 20. August 1954 (BZNW 21), Berlin 1954, 60—66.

—, Der Brief an die Hebräer[9] (KEK Abt. XIII), Göttingen 1955.

—, Der Brief an die Römer[10] (KEK Abt. IV), Göttingen 1955.

Micklem, P. A., St. Matthew (WC 1), London 1925.

* Minear, P. S., Audience Criticism and Markan Ecclesiology, in: Neues Testament und Geschichte. Historisches Geschehen und Deutung im Neuen Testament. Oscar Cullmann zum 70. Geburtstag, hg v HBaltensweiler, BReicke, Zürich 1972, 79—89.

* Mohr, T. A., Markus- und Johannespassion. Redaktions- und traditionsgeschichtliche Untersuchung der Markinischen und Johanneischen Passionstradition (AThANT 70), Zürich 1982.

Molin, G., Die Söhne des Lichtes. Zeit und Stellung der Handschriften vom Toten Meer, Wien/München 1954.

Montefiore, C. G., The Synoptic Gospels I, London 1909.

Morgenthaler, R., Statistische Beobachtungen am Wortschatz des Neuen Testamentes, ThZ 11, 1955, 97—114.

—, Statistik des neutestamentlichen Wortschatzes, Zürich/Frankfurt aM 1958; [3]1982.

* —, Statistische Synopse, Zürich/Stuttgart 1971.

Moulton, J. H., Einleitung in die Sprache des Neuen Testamentes, Heidelberg 1911.

Moulton, J. H., u. Howard, W. F., A Grammar of New Testament Greek Vol II, Edinburgh 1919—1929.

Moulton, J. H., u. Milligan, G., The Vocabulary of the Greek Testament Illustrated from the Papyri and Other Non-Literary Sources, London 1914ff.

Moulton, W. F., u. Geden, A. S., A Concordance to the Greek Testament[3], Edinburgh 1926.

Mowinckel, S., Psalmenstudien II, Das Thronbesteigungsfest Jahwäs und der Ursprung der Eschatologie (SVSK.HF 6), Kristiania 1922.

—, Religion und Kultus, Göttingen 1953.

Mülhaupt, E., D. Martin Luthers Evangelien-Auslegung V, Göttingen 1950.

* Müller, P. G., Der Traditionsprozeß im Neuen Testament. Kommunikationsanalytische Studien zur Versprachlichung des Jesusphänomens, Freiburg/Basel/Wien 1982.

* Müller, U. B., Die christologische Absicht des Markusevangeliums und die Verklärungsgeschichte, ZNW 64, 1973, 159—173.

Nebe, A., Die Leidensgeschichte unseres Herrn Jesu Christi nach den vier Evangelien I—II, Wiesbaden 1881.

* Neidhart, W., Assoziieren statt deduzieren?, ThPr 1982—1/2, 169—172.

* Neirynck, F., Evangelica. Gospel Studies-Études d'Évangile. Collected Essays by FN, ed by FvanSegbroeck (BEThL 60), Leuven 1982.

* Neirynck, F., Segbroeck, F. v., New Testament Vocabulary. A Companion Volume to the Concordance (BEThL 65), Leuven 1984.

Nestle, E., Mark 15,34, ET 9, 1897/98, 521f.

—, Matth 27,51 und Parallelen, ZNW 3, 1902, 167f.

Neumann, E., Ursprungsgeschichte des Bewußtseins, Zürich 1949.

—, Kulturentwicklung und Religion, Zürich 1953.

* Neusner, J., Die Verwendung des späteren rabbinischen Materials für die Erforschung des Pharisäismus im 1. Jahrhundert nChr, ZThK 76, 1979, 292—309.

* —, Das pharisäische und talmudische Judentum. Neue Wege zu seinem Verständnis, hg v HLichtenberger (Texte und Studien zum Antiken Judentum 4), Tübingen 1984.

* Niederwimmer, K., Johannes Markus und die Frage nach dem Verfasser des zweiten Evangeliums, ZNW 58, 1967, 172—188.

* Nineham, D. E., The Gospel of St Mark (PGC), London 1968.

Noak, B., Satanas und Soteria, Kopenhagen 1948.

Norden, E., Agnostos Theos, Leipzig/Berlin 1913.

Nygren, A., Christus der Gnadenstuhl, in: In memoriam Ernst Lohmeyer, hg v WSchmauch, Stuttgart 1951, 89—93.

Ogg, G., Is a.d. 41 the Date of the Crucifixion? JThS 43, 1942, 187—188.

Ohrt, F., Die ältesten Segen über Christi Taufe und Christi Tod in religionsgeschichtlichem Lichte (KDVS 25,1), Kopenhagen 1938.

Oslender, F., Christi Passion. Farbige Bilder aus dem sechsten bis zwölften Jahrhundert erläutert von WDirks, Hamburg 1956.

* Oswald, J., Die Beziehungen zwischen Psalm 22 und dem vormarkinischen Passionsbericht, ZKTh 101, 1979, 53—66.

Otto, R., Reich Gottes und Menschensohn, München 1934.

Owen, E. C. E., οἶκος αἰώνιος, JThS 38, 1937, 248—250.

Pallis, A., Notes on St. Luke and the Acts, London 1928.

—, Notes on St. Mark and St. Matthew, London 1932.

Pallis, S. A., The Babylonian Akitu Festival (KDVS 12,1), Kopenhagen 1926.

* Pannenberg, W., Wissenschaftstheorie und Theologie, Frankfurt 1973.

Parker, P., The Gospel Before Mark, Chicago 1953.

Patai, R., Man and Temple in Ancient Jewish Myth and Ritual, London 1947.

Paton, W. R., Die Kreuzigung Jesu, ZNW 2, 1901, 339—341.

* Paulsen, H., Traditionsgeschichtliche Methode und religionsgeschichtliche Schule, ZThK 75, 1978, 20—55.

* Peddinghaus, C. D., Die Entstehung der Leidensgeschichte. Eine traditionsgeschichtliche und historische Untersuchung des Werdens und Wachsens der erzählenden Passionstradition bis zum Entwurf des Markus, Diss Heidelberg 1965.

Pernot, H., Études sur la langue des Évangiles, Paris 1927.

Perry, A. M., The Sources of Luke's Passion Narrative, Chicago 1920.

* Pesch, R., Anfang des Evangeliums Jesu Christi. Eine Studie zum Prolog des Markusevangeliums (Mk 1,1—15), in: Das Markus-Evangelium, hg v RPesch (WdF 411), Darmstadt 1979, 311—355.

* —, Das Markusevangelium I—II (HThK 2), Freiburg 1976/77.

* —, Das Evangelium der Urgemeinde, Freiburg/Basel/Wien 1979.

* —, (Hg.), Das Markus-Evangelium (WdF 411), Darmstadt 1979.

* —, Die Überlieferung der Passion Jesu, in: Redaktion und Theologie des Passionsberichtes nach den Synoptikern, hg v MLimbeck (WdF 481), Darmstadt 1981, 339—365.

* —, Das Evangelium in Jerusalem. Mk 14,12—16 als ältestes Überlieferungsgut der Urgemeinde, in: Das Evangelium und die Evangelien. Vorträge zum Tübinger Symposium 1982, hg v PStuhlmacher (WUNT 28), Tübingen 1983, 113—155.

Peterson, E., ΕΙΣ ΘΕΟΣ. Epigraphische, formgeschichtliche und religionsgeschichtliche Untersuchungen (FRLANT 41), Göttingen 1926.

Petrie, C. S., The Proto-Luke Hypothesis, ET 54, 1942/43, 172—177.

* Petzke, G., Die Tradition über Apollonius von Tyana und das Neue Testament (SCHNT 1), Leiden 1970.

* —, Exegese und Praxis, ThPr 10, 1975, 2—19.

Pfister, F., Die parataktische Darstellungsform in der volkstümlichen Erzählung, Wochenschrift für klassische Philologie 28, 1911, 809—813.

—, Laux Satura, in: Festgabe für Adolf Deissmann zum 60. Geburtstag 7. November 1926, Tübingen 1927, 67—81.

Piper, O. A., Das Problem des Leben Jesu seit Schweitzer, in: Verbum dei manet in aeternum. Eine Festschrift für Prof. D. Otto Schmitz zu seinem siebzigsten Geburtstag am 16. Juni 1953, Witten-Ruhr 1953, 73—93.

* Pobee, J., The Cry of the Centurion — A Cry of Defeat, in: The Trial of Jesus. Cambridge Studies in honour of CFDMoule, ed EBammel (SBT 2.Ser.13), London 1970, 91—102.

Pölzl, F. X., Kurzgefaßter Kommentar zur Leidens- und Verklärungsgeschichte Jesu Christi[2], Graz/Wien 1913.

* Popkes, W., Christus Traditus. Eine Untersuchung zum Begriff der Dahingabe im Neuen Testament (AThANT 49), Zürich 1967.

Preuschen, E., Todesjahr und Todestag Jesu, ZNW 5, 1904, 1—17.

* Preuss, H. D., Berger, K., Bibelkunde des Alten und Neuen Testaments. Teil 2: Neues Testament, Heidelberg 1980.

Procksch, O., Petrus und Johannes bei Markus und Matthäus, Gütersloh 1920.

—, Die Genesis[3] (KAT 1), Leipzig/Erlangen 1924.

—, Jesaja I (KAT 9), Leipzig/Erlangen 1930.

* Pryke, E. J., Redactional Style in the Marcan Gospel, London 1978.

Rad, G. v., Das erste Buch Mose[2] (ATD 2), Göttingen 1950.

* —, Theologie des Alten Testaments II. Die Theologie der prophetischen Überlieferungen Israels[5] (EETh 1), München 1968.

Radermacher, L., Neutestamentliche Grammatik[2] (HNT 1), Tübingen 1925.

Rae, F. J., Holy Week, ET 57, 1945/46, 194—196.

* Räisänen, H., Das „Messiasgeheimnis" im Markusevangelium. Ein redaktionskritischer Versuch (Schriften der Finnischen Exegetischen Gesellschaft 28), Helsinki 1976.

Ragg, L., St. Luke (WC 3), London 1925.

Rahner, H., Griechische Mythen in christlicher Deutung, Zürich 1945.

Ramsey, A. M., The Glory of God and the Transfiguration of Christ, London 1949.

Rawlinson, A. E. J., St. Mark (WC 2), London 1925.

Reil, J., Die frühchristlichen Darstellungen der Kreuzigung Christi (SCD NF 2), Leipzig 1904.

—, Christus am Kreuz in der Bildkunst der Karolingerzeit (SCD NF 21), Leipzig 1930.

* Reiser, M., Der Alexanderroman und das Markusevangelium, in: Markus-Philologie. Historische, literargeschichtliche und stilistische Untersuchungen zum zweiten Evangelium, hg v HCancik (WUNT 33), Tübingen 1984, 131—163.

* —, Syntax und Stil des Markusevangeliums im Lichte der hellenistischen Volksliteratur (WUNT 2,11), Tübingen 1984.

Reitzenstein, R., Das mandäische Buch des Herrn der Größe und die Evangelienüberlieferung (SAHW.PH 12), Heidelberg 1919.

Renan, E., Vie de Jésus[17], Paris 1882.

* Reventlow, H. Graf, Hauptprobleme der alttestamentlichen Theologie im 20. Jahrhundert (Erträge der Forschung 173), Darmstadt 1982.

* —, Hauptprobleme der Biblischen Theologie im 20. Jahrhundert (Erträge der Forschung 203), Darmstadt 1983.

* Reynolds, S. M., The Zero Tense in Greek. A Critical Note, WThJ 32, 1969, 68—71.

* Richter, W., Exegese als Literaturwissenschaft. Entwurf einer alttestamentlichen Literaturtheorie und Methodologie, Göttingen 1971.

Riddle, D. W., The Martyr Motiv in the Gospel according to Mark, JR 4, 1924, 397—410.

Riesenfeld, H., Jésus Transfiguré (ASNU 16), Uppsala 1947.

—, Till Markusevangeliets komposition, SEÅ 18/19, 1953/54, 140—160.

—, Tradition und Redaktion im Markusevangelium, in: Neutestamentliche Studien für Rudolf Bultmann zu seinem siebzigsten Geburtstag am 20. August 1954 (BZNW 21), Berlin 1954, 157—164.

* Riesner, R., Jesus als Lehrer. Eine Untersuchung zum Ursprung der Evangelien-Überlieferung (WUNT 2,7), Tübingen 1981.

Rießler, P., Altjüdisches Schrifttum außerhalb der Bibel, Augsburg 1928.

Robinson, D. F., The Sources of Mark, JBL 66, 1947, 153—164.

* Robinson, J. M., On the Gattung of Mark (and John), in: Jesus and man's hope, Bd I: A Perspective Book, hg v DYHadidian, Chairman u.a., Pittsburgh 1970, 99—129.

* —, The Literary Composition of Mark, in: L'Evangile selon Marc. Tradition et rédaction, hg v MSabbe (BEThL 34), Gembloux (Belgique) 1974, 11—19.

* —, Gnosticism and the New Testament, in: Gnosis. Festschrift für Hans Jonas, hg v BAland, Göttingen 1978, 125—143.

Robinson, Th. H., u. Horst, F., Die zwölf kleinen Propheten[2] (HAT 1,14), Tübingen 1954.

Robson, E. S., Rhythm and Intonation in St Mark, JThS 17, 1916, 270—280.

* Rohde, J., Die redaktionsgeschichtliche Methode. Einführung und Sichtung des Forschungsstandes, Hamburg 1966.

* Roloff, J., Das Markusevangelium als Geschichtsdarstellung, in: Das Markus-Evangelium hg v RPesch (WdF 411), Darmstadt 1979, 283—310.

* —, Neues Testament (Neukirchener Arbeitsbücher), Neukirchen—Vluyn 1977.

Roscher, W. H. O., Der Omphalosgedanke bei verschiedenen Völkern, besonders den semitischen. Ein Beitrag zur vergleichenden Religionswissenschaft, Volkskunde und Archäologie (BSGW 70,2) Leipzig 1918.

Rose, H. J., Herakles and the Gospels, HThR 31, 1938, 113—142.

Rosenstock-Huessy, E., Des Christen Zukunft oder Wir überholen die Moderne, München 1955.

Rost, L., Alttestamentliche Wurzeln der ersten Auferstehung, in: In memoriam Ernst Lohmeyer, hg v WSchmauch, Stuttgart 1951, 67—72.

* Ruckstuhl, E., Jesus als Gottessohn im Spiegel des markinischen Taufberichts Mk 1,9—11, in: Die Mitte des Neuen Testaments. Einheit und Vielfalt neutestamentlicher Theologie. Festschrift für E. Schweizer zum 70. Geburtstag, hg v ULuz und HWeder, Göttingen 1983, 193—220.

Rudolph, K., Die Mandäer. I Prolegomena: Das Mandäerproblem; II Der Kult, Leipzig 1957.

* —, „Apokalyptik in der Diskussion", in: Apocalypticism in the Mediterranean World and the Near East, hg v DHellholm, Tübingen 1983, 771—789.

* —, Gnosis und Gnostizismus. Forschung und Wirkungsgeschichte, ZdZ 38, 1984, 217—221.

Rudolph, W., Jeremia (HAT 1,12), Tübingen 1947.

* Rüger, H. P., Die lexikalischen Aramaismen im Markusevangelium, in: Markus-Philologie. Historische, literargeschichtliche und stilistische Untersuchungen zum zweiten Evangelium, hg v HCancik (WUNT 33), Tübingen 1984, 73—84.

Runeberg, A., Jesu Kossfästelse i Religionshistorisk Belysning, Stockholm 1952.

* Ruppert, L., Jesus als der leidende Gerechte? Der Weg Jesu im Lichte eines alt- und zwischentestamentlichen Motivs (SBS 59), Stuttgart 1972.

Russel, C. E., St Luke's Three Words from the Cross, MCM 34, 1944, 73—74.

* Rydbeck, L., Fachprosa, vermeintliche Volkssprache und Neues Testament. Zur Beurteilung der sprachlichen Niveauunterschiede im nachklassischen Griechisch (SGU = AUU 5), Uppsala 1967.

Sahlin, H., Zum Verständnis von drei Stellen des Markusevangeliums, Biblica 33, 1952, 53—66.

Saintyves, P., Essais de folklore biblique, Paris 1922.

Sanday, W. (Hg.), Studies in the Synoptic Problem, Oxford 1911.

* Schade, H. H., Apokalyptische Christologie bei Paulus. Studien zum Zusammenhang von Christologie und Eschatologie in den Paulusbriefen (Göttinger Theologische Arbeiten 18), Göttingen 1981.

Schärf, R., Die Gestalt des Satans im Alten Testament, in: CG Jung, Symbolik des Geistes. Studien über psychologische Phänomenologie (Psychologische Abhandlungen VI), Zürich 1948, 151—319.

Schanz, P., Commentar über das Evangelium des heiligen Marcus, Freiburg i.B. 1881.

Scharberg, G. B. v., Die Chronologie des Lebens Jesu, Hermannstadt 1928.

Schelkle, K. H., Die Passion Jesu in der Verkündigung des Neuen Testamentes, Heidelberg 1949.

* Schellong, D., Von der bürgerlichen Gefangenschaft des kirchlichen Bewußtseins. Dargestellt an Beispielen aus der evangelischen Theologie, in: GKehrer (Hg), Zur Religionsgeschichte der Bundesrepublik Deutschland (Forum Religionswissenschaft 2), München 1980, 132—166.

* Schenk, W., Die gnostisierende Deutung des Todes Jesu und ihre kritische Interpretation durch den Evangelisten Markus, in: Gnosis und Neues Testament. Studien aus Religionswissenschaft und Theologie, hg v KWTröger, Berlin 1973, 231—243.

* —, Der Passionsbericht nach Markus, Berlin 1974.

* —, Evangelium—Evangelien—Evangeliologie. Ein „hermeneutisches" Manifest (TEH 216), München 1983.

* —, Der derzeitige Stand der Auslegung der Passionsgeschichte, EvErz 36, 1984, 527—543.

Schenke, H. M., Die fehlenden Seiten des sog. Evangeliums der Wahrheit, ThLZ 83, 1958, 497—500.

* Schenke, H. M., Fischer, K. M., Einleitung in die Schriften des Neuen Testaments, Bd II: Die Evangelien und die anderen neutestamentlichen Schriften, Berlin 1979.

* Schenke, L., Studien zur Passionsgeschichte des Markus. Tradition und Redaktion in Markus 14,1—42 (Forschung zur Bibel 4), Würzburg 1971.

* —, Der gekreuzigte Christus. Versuch einer literarkritischen und traditionsgeschichtlichen Bestimmung der vormarkinischen Passionsgeschichte (SBS 69), Stuttgart 1974.

Schick, E., Formgeschichte und Synoptikerexegese (NTA 18,2.3), Münster 1940.

Schille, G., Das Leiden des Herrn, ZThK 52, 1955, 161—205.

—, Die Topographie des Markusevangeliums, ihre Hintergründe und ihre Einordnung, ZDPV 73, 1957, 133—166.

* —, Bemerkungen zur Formgeschichte des Evangeliums, NTS 4, 1957/58, 1—24.101—114; NTS 5, 1958/59, 1—11.

* —, Offen für alle Menschen. Redaktionsgeschichtliche Beobachtungen zur Theologie des Markusevangeliums (AzTh 55), Stuttgart 1974.

Schlatter, A., Jesu Gottheit und das Kreuz (BFChTh 5,5), Gütersloh 1901.

—, Erläuterungen zum Neuen Testament, Bd I, Stuttgart 1908; [5]1936.

—, Der Märtyrer in den Anfängen der Kirche (BFChTh 19,3), Gütersloh 1915.

—, Die Geschichte des Christus[2], Stuttgart 1923.

—, Der Evangelist Matthäus, Stuttgart 1929.

—, Das Evangelium des Lukas, Stuttgart 1931.

* —, Markus. Der Evangelist für die Griechen, Stuttgart 1935; [2]1984 (KHRengstorf, Geleitwort zur Neuausgabe, S V—XVI).

—, Der Glaube im Neuen Testament[4], Stuttgart 1937.

Schlier, H., Der Brief an die Galater[11] (KEK Abt. VII), Göttingen 1951.

* —, Die Markuspassion, Einsiedeln 1974.

Schmauch, W., Der Ölberg. Exegese einer Ortsangabe besonders bei Matthäus und Markus, ThLZ 78, 1952, 391—396.

* Schmid, H. H., „Mein Gott, mein Gott, warum hast du mich verlassen?". Psalm 22 als Beispiel alttestamentlicher Rede von Krankheit und Tod, WuD 11, 1971, 119—140.

Schmid, J., Markus und der aramäische Matthäus, in: Synoptische Studien, Alfred Wikenhauser zum siebzigsten Geburtstag am 22. Februar 1953 dargebracht von Freunden, Kollegen und Schülern, München 1953, 86—93.

—, Das Evangelium nach Markus[3] (RNT 2), Regensburg 1954.

Schmidt, C., Pistis Sophia, Leipzig 1925.

Schmidt, H., Die Psalmen (HAT 1,15), Tübingen 1934.

Schmidt, K. L., Der Rahmen der Geschichte Jesu. Literarkritische Untersuchungen zur ältesten Jesusüberlieferung, Berlin 1919.

—, Die Stellung der Evangelien in der allgemeinen Literaturgeschichte, in: ΕΥΧΑΡΙΣΤΗΡΙΟΝ. Studien zur Religion und Literatur des Alten und Neuen Testaments. Hermann Gunkel zum 60. Geburtstage, dem 23. Mai 1922 dargebracht von seinen Schülern und Freunden, hg v HSchmidt, 2. Teil (FRLANT NF 19,2), Göttingen 1923, 50—134.

—, Kanonische und apokryphe Evangelien und Apostelgeschichten, Zürich/Basel 1944.

* Schmidt, W., Baals Tod und Auferstehung, ZRGG 15, 1963, 1—13.

* Schmithals, W., Die Apokalyptik. Einführung und Deutung, Göttingen 1973.

* —, Gnosis und Neues Testament, VF 21/22, 1976/77, H 2/1976, 22—46.

* —, Das Evangelium nach Markus (Ökumenischer Taschenbuchkommentar zum Neuen Testament 2/1.2), Gütersloh/Würzburg 1979.

* —, Kritik der Formkritik, ZThK 77, 1980, 149—185.

Schmitz, O., Die Opferanschauungen des späteren Judentums und die Opferaussagen des Neuen Testaments. Eine Untersuchung ihres geschichtlichen Verhältnisses, Tübingen 1910.

* Schnackenburg, R., Das Evangelium nach Markus (Geistliche Schriftlesung 2,2), Düsseldorf 1971.

Schneider, C., Studien zum Ursprung liturgischer Einzelheiten östlicher Liturgien, Kyrios 1, 1936, 57—73.

* Schneider, G., Das Problem einer vorkanonischen Passionserzählung, BZ 16, 1972, 222—244.

* —, Die Passion Jesu nach den drei älteren Evangelien, München 1973.

Schniewind, J., Zur Synoptiker-Exegese, ThR NF 2, 1930, 129—189.

—, Das Evangelium nach Markus[5] (NTD 1), Göttingen 1949.

—, Das Evangelium nach Matthäus[4] (NTD 2), Göttingen 1949.

—, Nachgelassene Reden und Aufsätze, Berlin 1952.

Scholem, G. G., Major Trends in Jewish Mysticism, New York 1946.

* Schottroff, L., Der Glaubende und die feindliche Welt. Beobachtungen zum gnostischen Dualismus und seiner Bedeutung für Paulus und das Johannesevangelium (WMANT 37), Neukirchen—Vluyn 1970.

* —, Maria Magdalena und die Frauen am Grabe Jesu, EvTh 42, 1982, 3—25.

* —, Die Gegenwart in der Apokalyptik der synoptischen Evangelien, in: Apocalypticism in the Mediterranean World and the Near East, hg v DHellholm, Tübingen 1983, 707—728.

* Schottroff, W., Gottmensch I, in: RAC 12, 1983, 155—234.

* —, Herbert Braun — eine theologische Biographie, in: Die Auslegung Gottes durch Jesus. Festgabe für Herbert Braun zu seinem 80. Geburtstag am 4. Mai 1983, hg v L u WSchottroff, Mainz 1983 (Ms), 263—306.

* Schreiber, J., Die Christologie des Markusevangeliums, ZThK 58, 1961, 154—183.

* —, Theologie des Vertrauens. Eine redaktionsgeschichtliche Untersuchung des Markusevangeliums, Hamburg 1967.

* —, Theologische Erkenntnis und unterrichtlicher Vollzug. Dargestellt am Beispiel des Markusevangeliums[2], Hamburg 1968.

* —, Die Markuspassion. Wege zur Erforschung der Leidensgeschichte Jesu, Hamburg 1969.

* —, Das Schweigen Jesu, in: Theologie und Unterricht. Festgabe für Hans Stock zu seinem 65. Geburtstag, hg v KWegenast, Gütersloh 1969, 79—87.

* —, Art. Predigt, in: GOtto (Hg), Praktisch Theologisches Handbuch[2], Hamburg 1975, 476—492.

* —, Die Bestattung Jesu. Redaktionsgeschichtliche Beobachtungen zu Mk 15,42—47 par, ZNW 72, 1981, 141—177.

* —, Realismus in der Friedensdebatte, in: Die Auslegung Gottes durch Jesus. Festgabe für Herbert Braun zu seinem 80. Geburtstag am 4. Mai 1983, hg v L u WSchottroff, Mainz 1983, 223—243.

* Schreiner, J. (Hg.), Einführung in die Methoden der biblischen Exegese, Würzburg 1971.

Schubert, H. v., Die Composition des Pseudopetrinischen Evangelienfragments, Berlin 1893.

—, Das Petrusevangelium. Synoptische Tabelle, Berlin 1893.

* Schützeichel, H., Der Todesschrei Jesu. Bemerkungen zu einer Theologie des Kreuzes, TThZ 83, 1974, 1—16.

* Schulte, K. J., Der Tod Jesu in der Sicht der modernen Medizin, Berliner medizinisches Organ für die gesamte praktische und theoretische Medizin 14, 1963, 177—186.210—220.

* Schulz, A., Nachfolgen und Nachahmen. Studien über das Verhältnis der neutestamentlichen Jüngerschaft zur urchristlichen Vorbildethik (StANT 6), München 1962.

* Schulz, S., Die Bedeutung neuer Gnosisfunde für die neutestamentliche Wissenschaft, ThR 26, 1960, 209—266.301—334.

* —, Maranatha und Kyrios Jesus, ZNW 53, 1962, 125—144.

* —, Die Bedeutung des Markus für die Theologiegeschichte des Urchristentums (TU 87), 1964, 135—145.

* —, Die Stunde der Botschaft. Einführung in die Theologie der vier Evangelisten, Hamburg 1967.

* —, Die neue Frage nach dem historischen Jesus, in: Neues Testament und Geschichte. Historisches Geschehen und Deutung im Neuen Testament. Oscar Cullmann zum 70. Geburtstag, hg v HBaltensweiler, BReicke, Zürich 1972, 33—42.

* —, Die Anfänge urchristlicher Verkündigung. Zur Traditions- und Theologiegeschichte der ältesten Christenheit, in: Die Mitte des Neuen Testaments. Einheit und Vielfalt neutestamentlicher Theologie. Festschrift für Eduard Schweizer zum 70. Geburtstag, hg v. ULuz, HWeder, Göttingen 1983, 254—271.

Schulze, M., Der Plan des Marcusevangeliums in seiner Bedeutung für das Verständnis der Christologie desselben, ZWTh 37, 1894, 332—373.

Schweitzer, A., Von Reimarus zu Wrede. Eine Geschichte der Leben-Jesu-Forschung, Tübingen 1906.

* —, Aus meinem Leben und Denken, Hamburg 1956.

Schweizer, E., Ego Eimi. Die religionsgeschichtliche Herkunft und theologische Bedeutung der johanneischen Bildreden, zugleich ein Beitrag zur Quellenfrage des vierten Evangeliums (FRLANT NF 38), Göttingen 1939.

—, With the Holy Ghost and Fire, ET 65, 1953/54, 29.

—, Erniedrigung und Erhöhung bei Jesus und seinen Nachfolgern (AThANT 28), Zürich 1955.

—, Schuld und Tod in biblischer Sicht, ZW 27, 1956, 728—738.

* —, Anmerkungen zur Theologie des Markus, in: Neotestamentica et Patristica. Eine Freundesgabe Herrn Prof. Dr. Oscar Cullmann zu seinem 60. Geburtstag überreicht (NT Suppl. 6), Leiden 1962, 35—46.

* —, Neotestamentica. Deutsche und englische Aufsätze 1951—1963, Zürich/Stuttgart 1963.

* —, Die theologische Leistung des Markus, in: ESchweizer, Beiträge zur Theologie des Neuen Testaments. Neutestamentliche Aufsätze (1955—1970), Zürich 1970, 21—42.

* —, Das Evangelium des Markus (NTD 1), Göttingen 1967; [16]1983.

* —, Beiträge zur Theologie des Neuen Testaments. Neutestamentliche Aufsätze (1955—1970), Zürich 1970.

* —, Neuere Markus-Forschungen in USA, EvTh 33, 1973, 533—537.

* —, Neues Testament und Christologie im Werden. Aufsätze, Göttingen 1982.

Schwen, (o. Vorname), Zu den Kreuzworten Jesu, ThStKr 32, 1909, 309f.

Scott, E. F., The Crisis in the Life of Jesus. The Cleansing of the Temple and its Significance, New York 1952.

Seeberg, A., Der Tod Christi in seiner Bedeutung für die Erlösung, Leipzig 1895.

—, Das Evangelium Christi, Leipzig 1905.

Sellin, E., Das Zwölfprophetenbuch (KAT 12), Leipzig/Erlangen 1922.

Sigge, T., Das Johannesevangelium und die Synoptiker (NTA 16,2.3), Münster 1935.

Smith, H., Ante-Nicene Exegesis of the Gospels (Translations of Christian Literature-Series VI), Bd VI, London 1929.

* Smith, M., Clement of Alexandria and Secret Mark: The Score at the End of the First Decade, HThR 75, 1982, 449—461.

Snaith, N. H., The Jewish New Year Festival. Its Origins and Development, London 1947.

Soden, H. v., Die synoptische Frage und der geschichtliche Jesus, Essen 1941.

Sparks, H. F. D., St Luke's Transpositions, NTS 3, 1956/57, 219—223.

* Staats, R., Der theologiegeschichtliche Hintergrund des Begriffes „Tatsache", ZThK 70, 1973, 316—345.

Staerk, W., Die Erlösererwartung in den östlichen Religionen (Soter II), Stuttgart 1938.

Stamm, J. J., Das Leiden des Unschuldigen in Babylon und Israel, Zürich 1946.

Stauffer, E., The Theologie des Neuen Testaments[4], Gütersloh 1948.

—, Jesus. Gestalt und Geschichte, Bern 1957.

* Stegemann, E., Das Markusevangelium als Ruf in die Nachfolge, Diss Heidelberg 1974.

* Steichele, H. J., Der leidende Sohn Gottes. Eine Untersuchung einiger alttestamentlicher Motive in der Christologie des Markusevangeliums. Zugleich ein Beitrag zur Erhellung des überlieferungsgeschichtlichen Zusammenhangs zwischen Altem und Neuem Testament (BU 14), Regensburg 1980 (Diss Münster 1977).

* Stein, R. H., The „Redaktionsgeschichtlich" Investigation of a Markan Seam (Mc 1,21f), ZNW 61, 1970, 70—94.

* —, The Proper Methodology for Ascertaining a Markan Redaction History, NT 13, 1971, 181—198.

* Stein, W., Der Große Kultur-Fahrplan. Die wichtigsten Daten der Weltgeschichte bis heute in thematischer Übersicht, Politik—Kunst—Religion—Wirtschaft, Wien 1984.

Steindorff, G., Die Apokalypse des Elias, eine unbekannte Apokalypse und Bruchstücke der Sophonias-Apokalypse (TU NF 2,3a), Leipzig 1899.

Stewart, D., Why the Cross? ET 64, 1952/53, 154—155.

* Stock, Ag., Call to Discipleship. A Literary Study of Mark's Gospel (Good News Studies 1), Wilmington, Delaware 1982.

* Stock, Al., Überlegungen zur Methode eines Theologischen Kommentars, in: EKK.V 4, Einsiedeln/Neukirchen 1972, 75—96.

* —, Umgang mit theologischen Texten, Einsiedeln 1974.

* Stoldt, H.-H., Geschichte und Kritik der Markushypothese, Göttingen 1977.

Strack, H., u. Billerbeck, P., Kommentar zum Neuen Testament aus Talmud und Midrasch, Bde I—VI, München 1922—1961.

Strauß, D. F., Das Leben Jesu[4] I—II, Tübingen 1840.

* Strecker, G., William Wrede. Zur hundertsten Wiederkehr seines Geburtstages, ZThK 57, 1960, 67—91.

* —, Peter Stuhlmacher: Das paulinische Evangelium. I. Vorgeschichte, Göttingen 1968, GGA 223, 1971, 20—23.

* —, Literarische Überlegungen zum εὐαγγέλιον-Begriff im Markusevangelium, in: Neues Testament und Geschichte. Historisches Geschehen und Deutung im Neuen Testament. Oscar Cullmann zum 70. Geburtstag, hg v HBaltensweiler, BReicke, Zürich 1972, 91—104.

* —, Das Evangelium Jesu Christi, in: Jesus Christus in Historie und Theologie. Neutestamentliche Festschrift für Hans Conzelmann zum 60. Geburtstag, hg v GStrecker, Tübingen 1975, 503—548.

* —, (Hg.), Theologie im 20. Jahrhundert. Stand und Aufgaben, Tübingen 1983.

* Strecker, G., Schnelle, U., Einführung in die neutestamentliche Exegese, Göttingen 1983.

Streeter, B. H., The Four Gospels. A Study of Origins, London 1924.

* Stuhlmacher, P., Das paulinische Evangelium. I. Vorgeschichte, Göttingen 1968.

* —, Neues vom Neuen Testament, PTh 58, 1969, 405—427.

* —, Thesen zur Methodologie gegenwärtiger Exegese, ZNW 63, 1972, 18—26.

* —, Zur Methoden- und Sachproblematik einer interkonfessionellen Auslegung des neuen Testaments, in: EKK.V 4, Einsiedeln/Neukirchen 1972, 11—55.

* —, Evangelische Schriftauslegung heute, in: PStuhlmacher, Schriftauslegung auf dem Wege zur biblischen Theologie, Göttingen 1975, 167—183.

* —, „... in verrosteten Angeln", ZThK 77, 1980, 222—238.

* —, Exegese und Erfahrung, in: Verifikationen. Festschrift für Gerhard Ebeling zum 70. Geburtstag, hg v EJüngel, JWallmann, WWerbeck, Tübingen 1982, 67—89.

* —, Jesu vollkommenes Gesetz der Freiheit. Zum Verständnis der Bergpredigt. Gerhard Fichtner zum 50. Geburtstag, ZThK 79, 1982, 283—322.

* —, Das Evangelium und die Evangelien. Vorträge vom Tübinger Symposium 1982 (WUNT 28), Tübingen 1983.

* —, Sühne oder Versöhnung? Randbemerkungen zu Gerhard Friedrichs Studie: „Die Verkündigung des Todes Jesu im Neuen Testament", in: Die Mitte des Neuen Testaments. Einheit und Vielfalt neutestamentlicher Theologie. Festschrift für Eduard Schweizer zum 70. Geburtstag, hg v ULuz, HWeder, Göttingen 1983, 291—316.

* —, Zum Thema: Das Evangelium und die Evangelien, in: Das Evangelium und die Evangelien. Vorträge vom Tübinger Symposium 1982, hg v PStuhlmacher (WUNT 28), Tübingen 1983, 1—26.

* Stuhlmacher, P., Claß, H., Das Evangelium von der Versöhnung in Christus (Calwer Paperback), Stuttgart 1979.

* Stuhlmann, R., Das eschatologische Maß im Neuen Testament, Göttingen 1983.

Sühling, F., Die Taube als religiöses Symbol im christlichen Altertum (RQ.S 24), Freiburg i.B. 1930.

* Suhl, A., Die Funktion der alttestamentlichen Zitate und Anspielungen im Markusevangelium, Gütersloh 1965.

Sundwall, J., Om bruket av ὅτι recitativum: Markusevangeliet, APSu 31, 1933, 73—84.

—, Die Zusammensetzung des Markusevangeliums (AAAboH 9,2), Åbo 1934.

Surkau, H. W., Martyrien in jüdischer und frühchristlicher Zeit (FRLANT NF 36), Göttingen 1938.

Swete, H. B., The Gospel according to St. Mark², London 1908.

Sydow, E. v., Dichtungen der Naturvölker, Wien 1935.

Taylor, V., Behind the Third Gospel, Oxford 1926.

—, The Formation of the Gospel Tradition, London 1933.

—, Jesus and his Sacrifice. A Study of the Passion-Sayings in the Gospels, London 1937.

—, The Atonement in New Testament Teaching, London 1941.

—, The Passion Sayings, ET 54, 1942/43, 249—250.

—, The Proto-Luke Hypothesis: A Rejoinder, ET 54, 1942/43, 219—222.

—, Unsolved New Testament Problems. The Messianic Secret in Mark, ET 59, 1947/48, 146—151.

—, Unsolved New Testament Problems. The Apokalyptic Discourse of Mark XIII, ET 60, 1948/49, 94—98.

—, The Gospel according to St. Mark, London 1952.

—, The Names of Jesus, London 1953.

—, The Origin of the Markan Passion-Sayings, NTS 1, 1954/55, 159—167.

* Theißen, G., Urchristliche Wundergeschichten. Ein Beitrag zur formgeschichtlichen Erforschung der synoptischen Evangelien (StNT 8), Gütersloh 1974.

* —, Lokal- und Sozialkolorit in der Geschichte von der syrophönikischen Frau (Mk 7,24—30), ZNW. 75, 1984, 202—225.

Thiel, R., Drei Markus-Evangelien, Berlin 1938.

Tiililä, O., Das Strafleiden Christi (AASF B. 48,1), Helsinki 1941.

* Tiliette, X., Der Kreuzesschrei, EvTh 43, 1983, 3—15.

Tillich, P., Die religiöse Lage der Gegenwart, Berlin 1926.

* Trocmé, R., The Passion as Liturgy. A Study in the Origin of the Passion Narratives in the Four Gospels, London 1983.

* Tröger, K. W., Die Passion Jesu Christi in der Gnosis nach den Schriften von Nag Hammadi (Ms., Habil.-Schrift), Berlin 1978.

* —, (Hg.), Altes Testament—Frühjudentum—Gnosis. Neue Studien zu „Gnosis und Bibel", Berlin/Gütersloh 1980.

* —, Kirche und Gnosis. Zum 100. Geburtstag von Rudolf Bultmann, ZdZ 38, 1984, 221—228.

* Troeltsch, E., Über historische und dogmatische Methode in der Theologie. Bemerkungen zu dem Aufsatz „Über die Absolutheit des Christentums" von Niebergall, in: Theologie als Wissenschaft. Aufsätze und Thesen, hg v GSauter (TB 43), München 1971, 105—127.

* Trowitzsch, M., Gott als „Gott für dich". Eine Verabschiedung des Heilsegoismus (BEvTh 92), München 1983.

* Trunz, E. (Hg.), Goethes Werke Bd 1[10], München 1974.

Turner, C. H., Marcan Usage: Notes, Critical and Exegetical on the Second Gospel, JThS 25, 1923/24, 377—386; 26, 1924/25, 12—20.145—156.225—240.337—346; 27, 1925/26, 58—62; 28, 1926/27, 9—30.349—362; 29, 1927/28, 275—289.346—361.

—, Western Readings in the Second Half of St Mark's Gospel, JThS 29, 1927/28, 1—16.

* —, The Gospel according to St. Mark, in: ChGore, HLGoudge, AGuillaume, A new Commentary on Holy Scripture. Including the Apocrypha. Part III. The New Testament, London 1929, 42—124.

Ungern-Sternberg, A. v., Der traditionelle alttestamentliche Schriftbeweis de Christo und de evangelio, Halle 1913.

* Untergaßmair, F. G., Kreuzweg und Kreuzigung Jesu. Ein Beitrag zur lukanischen Redaktionsgeschichte und zur Frage nach der lukanischen „Kreuzestheologie" (Paderborner Theologische Studien 10), Paderborn/München/Wien/Zürich 1980.

Usener, H., Beiläufige Bemerkungen, RMP NF 55, 1900, 286f.

Vaganay, L., Le problème Synoptique, Lyon 1954.

Vaihinger, H., Die Philosophie des Als Ob. System der theoretischen, praktischen und religiösen Fiktionen der Menschheit auf Grund eines idealistischen Positivismus. Mit einem Anhang über Kant und Nietzsche[2], Berlin 1913.

* Vanhoye, A., Struktur und Theologie der Passionsberichte in den synoptischen Evangelien [1967], in: Redaktion und Theologie des Passionsberichtes nach den Synoptikern, hg v MLimbeck (WdF 481), Darmstadt 1981, 226—260.

Vezin, A., Das Evangelium Jesu Christi, Freiburg 1947.

Vielhauer, Ph., Oikodome. Das Bild vom Bau in der christlichen Literatur vom Neuen Testament bis Clemens Alexandrinus, Diss Heidelberg 1939; wieder abgedruckt in: Oikodome. Aufsätze zum Neuen Testament II, hg v GKlein (TB 65), München 1979, 1—168.

—, Franz Overbeck und die neutestamentliche Wissenschaft, EvTh 10, 1950/51, 193—207.

—, Zum „Paulinismus" der Apostelgeschichte, EvTh 10, 1950/51, 1—15.

—, Das Benedictus des Zacharias, ZThK 49, 1952, 255—272.

—, Zu WAndersen, EvTh 12, 1952/53, 481—484.

—, Urchristentum und Christentum in der Sicht Wilhelm Kamlahs, EvTh 15, 1955, 307—337.

* —, Einleitung (zu Apokalypsen und Verwandtes), in: EHennecke (Hg), Neutestamentliche Apokryphen in deutscher Übersetzung. Bd II: Apostolisches, Apokalypsen und Verwandtes, hg v WSchneemelcher, Tübingen 3., völlig neubearbeitete Auflage 1964, 407—427.

* —, Aufsätze zum Neuen Testament (TB 31), München 1965.

* —, Einleitung in das Neue Testament, ThR NF 31, 1965/66, 97—155.193—231.

* —, Geschichte der urchristlichen Literatur. Einleitung in das Neue Testament, die Apokryphen und die Apostolischen Väter, Berlin/New York 1975; durchges. Nachdruck 1978.

* —, Karl Ludwig Schmidt (1891—1956), in: KLSchmidt, Neues Testament—Judentum—Kirche. Kleine Schriften, hg zu seinem 90. Geburtstag am 5. Februar 1981 v GSauter (TB 69), München 1981, 13—36.

* Vögtle, A., Das markinische Verständnis der Tempelworte, in: Die Mitte des Neuen Testaments. Einheit und Vielfalt neutestamentlicher Theologie. Festschrift für Eduard Schweizer zum 70. Geburtstag, hg v ULuz, HWeder, Göttingen 1983, 362—383.

Vogel, T., Zur Charakteristik des Lukas nach Sprache und Stil², Leipzig 1899.

* Vogler, W., Judas Iskarioth. Untersuchungen zu Tradition und Redaktion von Texten des Neuen Testaments und außerkanonischer Schriften (ThA 42), Berlin 1983.

Volz, P., Der Prophet Jeremia (KAT 10), Leipzig/Erlangen 1922.

—, Das Dämonische in Jahwe (SGV 110), Tübingen 1924.

—, Die Eschatologie der jüdischen Gemeinde im neutestamentlichen Zeitalter², Tübingen 1934.

Vondran, H., Der Leidensgedanke im Spiegel des Selbstbewußtseins Jesu, NKZ 43, 1932, 257—275.

Voort, A. J. v. d., The Origin of St. Mark's Gospel. A New Theory, Scripture 6, 1954, 100—107.

Vordapet, E., übersetzt von Conybeare, F. C., The Revelation of the Lord to Peter, ZNW 23, 1924, 8—17.

* Vorster, W. S., Mark: Collector, Redactor, Author, Narrator?, JTSA 31, 1980, 46—61.

* Weber, H. R., Kreuz. Überlieferung und Deutung der Kreuzigung Jesu im neutestamentlichen Kulturraum (Bibliothek ThTh Ergänzungsband), Stuttgart 1975.

* Weber, R., Christologie und „Messiasgeheimnis". Eine redaktionsgeschichtliche Untersuchung, Diss Marburg 1981.

* Weder, H., Zum Problem einer „Christlichen Exegese", NTS 27, 1981, 64—82.

* —, „Evangelium Jesu Christi" (Mk 1,1) und „Evangelium Gottes" (Mk 1,14), in: Die Mitte des Neuen Testaments. Einheit und Vielfalt neutestamentlicher Theologie. Festschrift neutestamentlicher Theologie. Festschrift für Eduard Schweizer zum 70. Geburtstag, hg v ULuz, HWeder, Göttingen 1983, 399—411.

* Weeden, Th. J., The Cross as Power in Weakness (Mark 15: 20b—41), in: The Passion in Mark. Studies on Mark 14—16, hg v WHKelber, Philadelphia 1976, 115—134.

Weidel, K., Studien über den Einfluß des Weissagungsbeweises auf die evangelische Geschichte, ThStKr 83, 1910, 83—109.163—195; 85, 1912, 167—282.

* Weinacht, H., Die Menschwerdung des Sohnes Gottes im Markusevangelium. Studien zur Christologie des Markusevangeliums (HUTh 13), Tübingen 1972.

* Weinrich, M., Grenzen der Erinnerung. Historische Kritik und Dogmatik im Horizont Biblischer Theologie. Systematische Vorüberlegungen, in: „Wenn nicht jetzt, wann dann?" Aufsätze für H-JKraus zum 65. Geburtstag. Hg v HGGeyer, JMSchmidt, WSchneider, MWeinrich, Neukirchen—Vluyn 1983, 327—338.

Weiser, A., Das Buch der zwölf Kleinen Propheten I: Die Propheten Hosea, Joel, Amos, Obadja, Jona, Micha (ATD 24), Göttingen 1950.

—, Die Psalmen, 2 Teile (ATD 14 u 15), Göttingen 1950.

—, Das Buch des Propheten Jeremia (ATD 20), Göttingen 1952; (ATD 21), Göttingen 1955.

Weiß, B., Die Geschichtlichkeit des Markusevangeliums (BZSt 1,3), Berlin 1905.

—, Der Gebrauch des Artikels bei den Gottesnamen, ThStKr 84, 1911, 319—392.503—538.

Weiss, B., Das Markusevangelium und seine synoptischen Parallelen, Berlin 1872.

—, Das Matthäusevangelium[8] (KEK Abt I,1), Göttingen 1890.

—, Die Evangelien des Markus und Lukas[8] (KEK Abt I,2), Göttingen 1892.

—, Die vier Evangelien, Leipzig 1900.

—, Die Quellen der synoptischen Überlieferung, Leipzig 1908.

Weiss, J., Das älteste Evangelium, Göttingen 1903.

—, Das Urchristentum, Göttingen 1917.

Weiss, J./Bousset, W., Die drei älteren Evangelien, in: SNT[3] 1, Göttingen 1917, 31—525.

Wellhausen, J., Das Evangelium Marci, Berlin 1903.

—, Das Evangelium Lucae, Berlin 1904.

—, Das Evangelium Mattaei, Berlin 1904.

—, Einleitung in die drei ersten Evangelien, Berlin 1905.

Wendling, E., Ur-Marcus, Tübingen 1905.

—, Die Entstehung des Marcus-Evangelismus, Tübingen 1908.

Wenschkewitz, H., Die Spiritualisierung der Kultusbegriffe Tempel, Priester und Opfer im Neuen Testament (Angelos Beih. 4), Leipzig 1932, 70—230.

Werner, M., Der Einfluß paulinischer Theologie im Markusevangelium (BZNW 1), Berlin 1923.

—, Entstehung des christlichen Dogmas problemgeschichtlich dargestellt, Bern/Leipzig 1941.

Wernle, P., Die synoptische Frage, Freiburg i.B. 1899.

Westberg, F., Zur neutestamentlichen Chronologie und Golgathas Ortslage, Leipzig 1911.

Wetstein, J. J., Novum testamentum graecum I, Amstelaedami 1751.

Wette, W. M. L. de, Kurze Erklärung des Evangeliums Matthäi[3], Leipzig 1845.

Wetter, G. O., Der Sohn Gottes. Eine Untersuchung über den Charakter und die Tendenz des Johannes-Evangeliums (FRLANT NF 9), Göttingen 1916.

Wichmann, W., Die Leidenstheologie, Stuttgart 1930.

* Widengren, G. (Hg.), Der Mandäismus (WdF 167), Darmstadt 1982.

* Wiefel, W., Formgeschichte—Redaktionsgeschichte—und was danach? Zur synoptischen Arbeit in den siebziger Jahren, ZdZ 38, 1984, 210—217.

Wiesenhütter, A., Die Passion Christi in der Predigt des deutschen Protestantismus von Luther bis Zinzendorf, Berlin 1930.

Wikenhauser, A., Einleitung in das Neue Testament, Freiburg 1953.

Windisch, H., Johannes und die Synoptiker (UNT 12), Leipzig 1926.

—, Die Verstockungsidee in Mc 4,12 und das kausale ἵνα der späteren Koine, ZNW 26, 1927, 203—209.

—, Die Sprüche vom Eingehen in das Reich Gottes, ZNW 27, 1928, 163—192.

Witzel, M., Tammuz-Liturgien und Verwandtes (AnOr 10), Rom 1935.

Wohleb, L., Beobachtungen zum Erzählungsstil des Markus-Evangeliums, RQ 26, 1928, 185—196.

Wohlenberg, G., Das Evangelium des Markus[3] (KNT 2), Leipzig/Erlangen 1930.

Wrede, W., Das Messiasgeheimnis in den Evangelien. Zugleich ein Beitrag zum Verständnis des Markusevangeliums, Göttingen 1901; [4]1969.

Zahn, T., Einleitung in das Neue Testament[2] I—II, Leipzig 1900.

—, Der zerrissene Tempelvorhang, NKZ 13, 1902, 729—756.

—, Das Evangelium des Lucas[3 4] (KNT 3), Leipzig/Erlangen 1920.

—, Das Evangelium des Matthäus[4] (KNT 1), Leipzig/Erlangen 1922.

—, Grundriß der Geschichte des Lebens Jesu, Leipzig 1928.

Zerwick, M., Untersuchungen zum Markus-Stil, Rom 1937.

* Zimmermann, H., Neutestamentliche Methodenlehre. Darstellung der historisch-kritischen Methode[6], Stuttgart 1978.

* Zimmern, F., The Last Words of Jesus, JBL 66, 1947, 465—466.

Zimmern, H., Zum Streit um die Christusmythe. Das babylonische Material in seinen Hauptpunkten dargestellt, Berlin 1910.

—, Zum babylonischen Neujahrsfest (BSGW 70,5), Leipzig 1918.

* Zizemer, O., Das Verhältnis zwischen Jesus und Volk im Markusevangelium, Diss München 1983.

* Zuntz, G., Ein Heide las das Markusevangelium, in: Markus-Philologie. Historische, literargeschichtliche und stilistische Untersuchungen zum zweiten Evangelium, hg v HCancik (WUNT 33), Tübingen 1984, 205—222.

* —, Wann wurde das Evangelium Marci geschrieben?, in: Markus-Philologie. Historische, literargeschichtliche und stilistische Untersuchungen zum zweiten Evangelium, hg v HCancik (WUNT 33), Tübingen 1984, 47—71.

Register der Bibelstellen

(von Anja Böhmer, Martin Friedrich, Dorothee Kalle und Beate Wuschka)

Hochgestellte Ziffern bezeichnen die Häufigkeit des Vorkommens und fettgedruckte im Mk-Register (in methodischer Hinsicht) besonders wichtige Vorkommen. Die in den Exkursen V und VI aufgelisteten Bibelstellen wurden in dieses Register nicht aufgenommen.

Altes Testament

Gen 1,2 124^2; 137
  1,3 151 A4
  2,7 124
  11,7f 276 A4
  19,11 135 A5
  35,18 (LXX) 301
  39,14−18 296 A121
  39,14 296; 342 A356
  40,14 262 A4
  40,22 262 A4
  45,2 296 A122

Ex 10,22 139 A3
  14,21 125 A7
  15,8 123 A2; 125; 125 A7; 126
  15,10 123 A2; 125; 125 A7; 126
  19 125 A8
  19,16ff 125 A8
  19,19 125; 126; 149 A4
  19,24 126^2
  20,19 126
  23,20 184 A3
  33,20 164 A1
  35,2f 329 A287

Lev 10,1f 164 A1
  16,2 164 A1
  24,14 224 A1

Nu 15,32ff 329 A287

Dt 5,22 125
  5,25ff 126

18,11f 139
18,15 213 A4
21,22 271 A8
21,23 362
28,29 135 A5; 154 A3

1. Sa(m) 2,6 140 A7
  7,10 299
  28,3 139
  28,8 139
  28,9 139

2. Sa(m) 15,23 296 A122
  22,10 147 A1
  22,12 147 A1

1. Kö 8,55 296 A122; 297 A124
  18,27f 296 A122

2. Kö 1,8 184 A4
  1,35 198 A3
  1,40 198 A3
  1,45 198 A3
  18,28 296 A121

Jes 5,14 140 A7
  5,30 138 A3; 144; 144 A2
  6,1ff 232 A2
  6,4 127 A8
  8,21−23a 144 A6
  8,22 144
  8,22b 144 A6
  9,7 129 A1
  11,4 128; 129^3; 129 A1^2, 129 A2.4^2
  13,10 144 A2; 291 A81

14,50 **211**; 213 A4; 252 A1; 279; 378
A537; 389 A592

14,51f 221; **354 A429²**; 389 A592

14,53—64 355 A431

14,53f 32

14,54par 115 A7

14,54 115 A8

14,55—61 63 A2; 208 A3

14,55 111 A3; 329; 330

14,57 106 A5.6; 206 A5

14,58par 166

14,58 58; 58 A4; **59**; 59 A3; **61³**; 62; 62
A1; 108; 108 A3; 113 A1; 162; 203 A4²;
204 A1.2; 205 A3; **206²**; 206 A5; 207
A3; 208 A3; 209; 209 A1.1a.2; 210 A6.7;
211; 211 A5; 218 A1; **279 A23**; 347;
349²; 356²; 374 A521; **375 A525.527**; 389
A592

14,59ff 18 A5

14,59 115

14,61—64 387 A582

14,61f **302 A150²**; **387**

14,61 58; 59; 59 A3; 62²; 62 A5; 109; 109
A1; 207²; 208 A3²; 302 A150

14,62—64 391 A600

14,62 62 A5; 109 A1; 205 A3; 207 A2².3;
208 A1².3; 212 A4; 213 A7; 253 A4.5;
393

14,64f 329; 330

14,64 207; 210 A7; 375 A527; **387**; **393**

14,65 42 A3

14,66—72 252 A1

14,66—71 82²; 82 A1

14,66ff 56

14,66 114

14,69 82; 112 A5

14,70 112 A5

15 32; 36 A1; 38 A4; 97 A5; 100; 145
A5²; 157 A3²; 190 A4; 207 A3; 208
A2.3; 212 A3; 230 A2.3; 248; 259 A8;
266; 300 A141; 302 A150²; 304 A161;
349

15,1—47 199 A2; 209

15,1—15 35; 71²; 81³; 81 A1

15,1ff 34; 34 A5; 35³

15,1 **31**; 31 A1²; **32³**; **33⁵**; 33 A2².3.4; 34;
56²; 56 A2; 104 A6; 111 A3²; 186 A2;
328²; 329³; **330²**; 335; 335 A321; **336**;
336 A325; **340 A343**; **349**; 355 A431

15,2—15 33

15,2ff 33; 235 A3²

15,2 34; 35; 35 A2; 81; 208 A1²; 235 A3

15,3 186 A2; 210 A7

15,7ff 355 A431

15,8 194 A1a; **355**; 355 A431

15,9 34; 35; 35 A2; 81

15,10 186 A2

15,11 71; 186 A2; 210 A7; 355 A431

15,12 34; 35; 35 A2; 81

15,13 100 A2.4

15,14 100 A2.4

15,15 71; 100 A2; 107 A7; 355 A431

15,15b **42 A3**

15,16—20 42 A2.4; 100 A2; 265 A4

15,16—20a **41**; **42**; 43; 63 A1; 70; 71 A7

15,16ff 41 A6; 303 A150

15,16 33; 96 A6; 222 A2; 224 A1; 322

15,17—20 52

15,17—20a 33

15,18 34; 35; 35 A2; 81

15,19 114 A1; 194 A3

15,20—41 183 A5; 188 A3

15,20f 42; 43; 84²

15,20 41; **42**; **43**; 83; 85 A9²; 88 A3; 100;
100 A2; 107

15,20b—41 **5 A1**; 6; **9 A1**; **11⁴**; 15; 16;
17; 21²; 22²; **24²**; **26**; **30**; **43**; 44; **47**; 54;
78; 78 A4; 79 A4; 83; 97; 99²; 100 A1;
104; 120; 173; 174 A3; 211 A1; 213 A1;
220²; **240**; 241 A3; 242 A2; 255 A2; 267
A3²; 275; 286 A50; 288; 307; 314 A198;
327 A269; **342 A362**; 347; 434; 453

15,20b—39 345

15,20b—27 87 A2; 88; 88 A2.3; 89

15,20b—24 89; 345

15,20b—24a 21

15,20b—22 317²; 317 A219; 318 A224²;
319 A224

15,20bff 42

15,20b 42 A4; 97; 100⁴; **117 A1**; 220 A2;
221; **224**; **225**; 228 A2; 240; 261 A1; 356

15,21—41 48 A1

15,21ff 41

15,21 36; 42 A4; **79 A4**; 83; 97; 101⁴; **117
A1**; 120; 121; 220 A2; 221²; 221 A3²;
224; **225**; 225 A4; 226; 226 A3; 228 A2;
236 A4²; **240**; **280 A28**; **318 A221**; 329
A287; 347 A398; **356**

Register moderner Autoren

erstellt von Anja Böhmer, Martin Friedrich, Dorothee Kalle und Beate Wuschka

BEIHEFTE ZUR ZEITSCHRIFT FÜR DIE NEUTESTAMENTLICHE WISSENSCHAFT

MICHAEL WOLTER

Rechtfertigung und zukünftiges Heil

Untersuchungen zu Römer 5,1—11
Groß-Oktav. VIII, 246 Seiten. 1978. Ganzleinen DM 73,—
ISBN 3 11 007579 2 (Band 43)

ULRICH FISCHER

Eschatologie und Jenseitserwartung im hellenistischen Diasporajudentum

Groß-Oktav. VIII, 272 Seiten. 1978. Ganzleinen DM 69,50
ISBN 3 11 007595 4 (Band 44)

LUISE ABRAMOWSKI

Drei christologische Untersuchungen

Herausgegeben von Eduard Lohse
Groß-Oktav. X, 109 Seiten. 1981. Ganzleinen DM 44,—
ISBN 3 11 008500 3 (Band 45)

BERNHARD EHLER

Die Herrschaft des Gekreuzigten

Ernst Käsemanns Frage nach der Mitte der Schrift
Groß-Oktav. XV, 365 Seiten. 1986. Ganzleinen DM 146,—
ISBN 3 11 010397 4 (Band 46)

in Vorbereitung
RUDOLF LORENZ

Der 10. Osterfestbrief des Athanasius von Alexandrien

Text — Übersetzung — Erläuterungen
Groß-Oktav. Ca. 90 Seiten. 1986. Ganzleinen ca. DM 38,—
ISBN 3 11 010652 3

Preisänderungen vorbehalten

Walter de Gruyter Berlin · New York

DATE DUE

HIGHSMITH #LO-45220